Wolters' Mini-woordenboek
Engels/Nederlands
Nederlands/Engels

Wolters' Mini-woordenboek
Engels/Nederlands
Nederlands/Engels

Wolters-Noordhoff Groningen

Vierde oplage van de eerste druk 1990

Copyright © 1987 by Macmillan S.A., 61 Av. d'Ouchy, 1006
Lausanne, Switzerland

Alle rechten voorbehouden. Niets uit deze uitgave mag worden
verveelvoudigd, opgeslagen in een geautomatiseerd
gegevensbestand of openbaar gemaakt, in enige vorm of op
enige wijze, hetzij elektronisch, mechanisch, door fotokopieën,
opnamen of op enige andere manier, zonder voorafgaande
schriftelijke toestemming van de uitgever.

*All rights reserved. No part of this publication may be
reproduced, stored in a retrieval system, or transmitted, in any
form or by any means, electronic, mechanical, photocopying,
recording, or otherwise, without the prior written permission of
the publisher.*

ISBN 9001 58761 5

Inhoud · Contents

Voorwoord

Wolters' Mini-woordenboeken bevatten ruim 10.000 begrippen met hun uitspraak in twee talen.

Zij zijn compact en bieden een uitstekende moderne basiswoordenschat.

Wolters' Mini-woordenboeken zijn ook bijzonder handzaam en kunnen gemakkelijk mee op reis of naar school.

Zowel na het gedeelte Engels/Nederlands als het gedeelte Nederlands/Engels treft u in dit woordenboek praktische aanvullingen aan, zoals
een woordenlijst van culinaire begrippen; vooral handig in een restaurant bij het lezen van de menukaart
informatie over tijdsaanduiding, telwoorden, de dagen van de week, onregelmatige werkwoorden, veelgebruikte afkortingen en een lijst met nuttige uitdrukkingen en zinnen.

Groningen, april 1987

Wolters-Noordhoff
Uitgever van de Wolters' Woordenboeken

Engels/Nederlands
English/Dutch

Afkortingen

adj	bijvoeglijk naamwoord	*p*	verleden tijd
adv	bijwoord	*pl*	meervoud
Am	Amerikaans	*plAm*	meervoud (Amerikaans)
art	lidwoord	*pp*	voltooid deelwoord
c	'de'-woord	*pr*	tegenwoordige tijd
conj	voegwoord	*pref*	voorvoegsel
n	zelfstandig naamwoord	*prep*	voorzetsel
nAm	zelfstandig naamwoord	*pron*	voornaamwoord
	(Amerikaans)	*v*	werkwoord
nt	onzijdig	*vAm*	werkwoord (Amerikaans)
num	telwoord		

Inleiding

Het woordenboek is zodanig opgezet, dat het zoveel mogelijk beant-
woordt aan de eisen van de praktijk. Onnodige taalkundige aanduidin-
gen zijn achterwege gelaten. De volgorde van de woorden is strikt
alfabetisch, ook als het samengestelde woorden of woorden met een
koppelteken betreft. Als enige uitzondering op deze regel zijn enkele
idiomatische uitdrukkingen opgenomen als een afzonderlijk artikel,
waarbij het meest toonaangevende woord van de uitdrukking bepalend
is voor de alfabetische rangschikking. Wanneer bij een grondwoord nog
daarvan afgeleide samenstellingen of uitdrukkingen zijn gegeven, staan
ook deze weer in alfabetische volgorde.

Achter elk grondwoord vindt u een fonetische transcriptie (zie de Gids
voor de uitspraak) en vervolgens, wanneer van toepassing, de woordsoort. Wanneer bij hetzelfde grondwoord meerdere woordsoorten behoren, zijn de vertalingen telkens naar de woordsoort gegroepeerd.

Het meervoud van zelfstandige naamwoorden is altijd opgenomen,
wanneer dat onregelmatig is; tevens is het meervoud gegeven van
bepaalde woorden waarover de gebruiker in twijfel zou kunnen verke-
ren.

Wanneer in onregelmatige meervoudsvormen of in afgeleide samenstellingen en uitdrukkingen het teken ~ wordt gebruikt, duidt dit een
herhaling aan van het grondwoord als geheel.

In onregelmatige meervoudsvormen van samengestelde woorden
wordt alleen het gedeelte, dat verandert, voluit geschreven en het onver-
anderde deel aangegeven door een liggend streepje (-).

Een sterretje (*) voor een werkwoord geeft aan, dat dit werkwoord
onregelmatig is. Voor nadere bijzonderheden kunt u de lijst van onregelmatige werkwoorden raadplegen.

Dit woordenboek is gebaseerd op de Britse spelling. Alle woorden en
woordbetekenissen die overwegend Amerikaans zijn, zijn als zodanig
aangegeven (zie lijst van gebezigde afkortingen).

Uitspraak

Elk trefwoord in dit deel van het woordenboek wordt gevolgd door een transcriptie in het internationale fonetische alfabet (IPA). In dit alfabet vertegenwoordigt elk teken altijd dezelfde klank. Letters die hieronder niet beschreven zijn worden min of meer op dezelfde wijze uitgesproken als in het Nederlands.

Medeklinkers

b	nooit scherp zoals in he**b**
d	nooit scherp zoals in raa**d**
ð	als de **z** in **z**ee, maar lispend uitgesproken
g	als een zachte **k**, zoals in het Franse gar**ç**on
ŋ	als de **ng** in ba**ng**
r	plaats de tong eerst als voor de ʒ (zie beneden), open dan de mond enigszins en beweeg de tong daarbij naar beneden
ʃ	als de **sj** in **sj**ofel
θ	als de **s** in **s**amen, maar lispend uitgesproken
ʋ	als de **w** in **w**aar
w	een korte, zwakke **oe**-klank
ʒ	als de **g** in eta**g**e

N.B. De lettergroep **sj** moet worden uitgesproken als een **s** gevolgd door een **j**-klank, maar *niet* als in **sj**ofel.

Klinkers

ɑ:	als de **aa** in m**aa**t
æ	een klank tussen de **a** in **a**ls en de **e** in b**e**st
ʌ	min of meer als de **a** in **a**ls
e	als in b**e**st
ɛ	als de **e** in b**e**st, maar met de tong wat lager
ə	als de **e** in acht**e**r
ɔ	min of meer als de **o** in p**o**t
u	als de **oe** in g**oe**d, maar korter

1) Een dubbele punt (:) geeft aan dat de voorafgaande klinker lang is.

2) Enkele aan het Frans ontleende Engelse woorden bevatten neusklanken, die aangegeven worden d.m.v. een tilde boven de klinker (b.v. ã). Deze worden door de neus en de mond tegelijkertijd uitgesproken.

Tweeklanken

Een tweeklank bestaat uit twee klinkers, waarvan er één sterk is (beklemtoond) en de andere zwak (niet beklemtoond) en die samen als één klinker worden uitgesproken, zoals ei in het Nederlands. In het Engels is de tweede klinker altijd zwak. Een tweeklank kan soms gevolgd worden door een [ə]. In dergelijke gevallen heeft de tweede klinker van de tweeklank de neiging zeer zwak te worden.

Klemtoon

Het teken (') geeft aan dat de klemtoon op de volgende lettergreep valt. Als in een woord meer dan één lettergreep wordt beklemtoond, wordt het teken (ˌ) geplaatst vóór de lettergreep, waarop de bijklemtoon valt.

Amerikaanse uitspraak

Onze transcriptie geeft de gebruikelijke Engelse uitspraak aan. De Amerikaanse uitspraak verschilt in enkele opzichten van het Britse Engels en kent daarbij nog belangrijke regionale verschillen. Hier volgen enkele van de meest opvallende afwijkingen:

1) In tegenstelling tot in het Britse Engels wordt de **r** ook uitgesproken voor een medeklinker en aan het einde van een woord.

2) In vele woorden (b.v. *ask*, *castle*, *laugh* enz.) wordt [ɑ:] uitgesproken als [æ:].

3) De [ɔ]-klank wordt in het Amerikaans uitgesproken als [ɑ], vaak ook als [ɔ:].

4) In woorden als *duty*, *tune*, *new* enz. valt in het Amerikaans de [j]-klank voor de [u:] vaak weg.

5) Bovendien wordt bij een aantal woorden in het Amerikaans de klemtoon anders gelegd.

A

a [ei.ə] *art* (an) een *art*

abbey ['æbi] *n* abdij *c*

abbreviation [ə,bri:vi'eiʃən] *n* afkorting *c*

aberration [,æbə'reiʃən] *n* afwijking *c*

ability [ə'biləti] *n* bekwaamheid *c*; vermogen *nt*

able ['eibəl] *adj* in staat; capabel, bekwaam; *be ~ to* in staat *zijn om; *kunnen

abnormal [æb'nɔ:məl] *adj* abnormaal

aboard [ə'bɔ:d] *adv* aan boord

abolish [ə'bɔliʃ] *v* afschaffen

abortion [ə'bɔ:ʃən] *n* abortus *c*

about [ə'baut] *prep* over; betreffende, omtrent; om; *adv* omstreeks, ongeveer; omheen

above [ə'bʌv] *prep* boven; *adv* boven

abroad [ə'brɔ:d] *adv* naar het buitenland, in het buitenland

abscess ['æbses] *n* abces *nt*

absence ['æbsəns] *n* afwezigheid *c*

absent ['æbsənt] *adj* afwezig

absolutely ['æbsəlu:tli] *adv* absoluut

abstain from [əb'stein] zich *onthouden van

abstract ['æbstrækt] *adj* abstract

absurd [əb'sə:d] *adj* absurd, ongerijmd

abundance [ə'bʌndəns] *n* overvloed *c*

abundant [ə'bʌndənt] *adj* overvloedig

abuse [ə'bju:s] *n* misbruik *nt*

abyss [ə'bis] *n* afgrond *c*

academy [ə'kædəmi] *n* academie *c*

accelerate [ək'seləreit] *v* versnellen

accelerator [ək'seləreitə] *n* gaspedaal *nt*

accent ['æksənt] *n* accent *nt*; nadruk *c*

accept [ək'sept] *v* aanvaarden, *aannemen; accepteren

access ['ækses] *n* toegang *c*

accessary [ək'sesəri] *n* medeplichtige *c*

accessible [ək'sesəbəl] *adj* toegankelijk

accessories [ək'sesəriz] *pl* toebehoren *pl*, accessoires *pl*

accident ['æksidənt] *n* ongeluk *nt*, ongeval *nt*

accidental [,æksi'dentəl] *adj* toevallig

accommodate [ə'kɔmədeit] *v* *onderbrengen

accommodation [ə,kɔmə'deiʃən] *n* accommodatie *c*, logies *nt*, onderdak *nt*

accompany [ə'kʌmpəni] *v* vergezellen; begeleiden

accomplish [ə'kʌmpliʃ] *v* *volbrengen; bereiken

in accordance with [in ə'kɔ:dəns wið] ingevolge

according to [ə'kɔ:diŋ tu:] volgens; overeenkomstig

account [ə'kaunt] *n* rekening *c*; verslag *nt*; ~ **for** verantwoorden; **on** ~ **of** vanwege

accountable [ə'kauntəbəl] *adj* verklaarbaar

accurate ['ækjurət] *adj* nauwkeurig

accuse [ə'kju:z] *v* beschuldigen; aanklagen

accused [ə'kju:zd] *n* verdachte *c*

accustom [ə'kʌstəm] *v* wennen; **accustomed** gewoon, gewend

ache [eik] *v* pijn *doen; *n* pijn *c*

achieve [ə'tʃi:v] *v* bereiken; presteren

achievement [ə'tʃi:vmənt] *n* prestatie *c*

acid ['æsid] *n* zuur *nt*

acknowledge [ək'nɔlidʒ] *v* erkennen; *toegeven; bevestigen

acne ['ækni] *n* acne *c*

acorn ['eikɔ:n] *n* eikel *c*

acquaintance [ə'kweintəns] *n* bekende *c*, kennis *c*

acquire [ə'kwaiə] *v* *verwerven

acquisition [,ækwi'ziʃən] *n* acquisitie *c*

acquittal [ə'kwitəl] *n* vrijspraak *c*

across [ə'krɔs] *prep* over; aan de andere kant van; *adv* aan de overkant

act [ækt] *n* daad *c*; bedrijf *nt*, akte *c*; nummer *nt*; *v* *optreden, handelen; zich *gedragen; toneelspelen

action ['ækʃən] *n* actie *c*, handeling *c*

active ['æktiv] *adj* actief; bedrijvig

activity [æk'tivəti] *n* activiteit *c*

actor ['æktə] *n* acteur *c*, toneelspeler *c*

actress ['æktris] *n* actrice *c*, toneelspeelster *c*

actual ['æktʃuəl] *adj* eigenlijk, werkelijk

actually ['æktʃuəli] *adv* feitelijk

acute [ə'kju:t] *adj* acuut

adapt [ə'dæpt] *v* aanpassen

add [æd] *v* optellen; toevoegen

adding-machine ['ædiŋmə,ʃi:n] *n* telmachine *c*

addition [ə'diʃən] *n* optelling *c*; toevoeging *c*

additional [ə'diʃənəl] *adj* extra; bijkomend; bijkomstig

address [ə'dres] *n* adres *nt*; *v* adresseren; *aanspreken

addressee [,ædre'si:] *n* geadresseerde *c*

adequate ['ædikwət] *adj* toereikend; adequaat, passend

adjective ['ædʒiktiv] *n* bijvoeglijk naamwoord

adjourn [ə'dʒə:n] *v* uitstellen

adjust [ə'dʒʌst] *v* afstellen; aanpassen

administer [əd'ministə] *v* toedienen

administration [əd,mini'streiʃən] *n* administratie *c*; beheer *nt*

administrative [əd'ministrətiv] *adj* administratief; bestuurlijk; ~ **law** bestuursrecht *nt*

admiral ['ædmərəl] *n* admiraal *c*

admiration [,ædmə'reiʃən] *n* bewondering *c*

admire [əd'maiə] *v* bewonderen

admission [əd'miʃən] *n* toegang *c*; toelating *c*

admit [əd'mit] *v* *toelaten; *toegeven; bekennen

admittance [əd'mitəns] *n* toegang *c*; **no** ~ verboden toegang

adopt [ə'dɔpt] *v* adopteren; *aannemen

adult ['ædʌlt] *n* volwassene *c*; *adj* volwassen

advance [əd'va:ns] *n* vooruitgang *c*; voorschot *nt*; *v* *vooruitgaan; *voorschieten; **in** ~ vooruit, van tevoren

advanced [əd'va:nst] *adj* gevorderd

advantage [əd'va:ntidʒ] *n* voordeel *nt*

advantageous [,ædvən'teidʒəs] *adj* voordelig

adventure [əd'ventʃə] *n* avontuur *nt*

adverb ['ædvə:b] *n* bijwoord *nt*

advertisement [əd'və:tismənt] *n* advertentie *c*; annonce *c*

advertising ['ædvətaizin] *n* reclame *c*

advice [əd'vais] *n* advies *nt*, raad *c*

advise [əd'vaiz] *v* adviseren, *aanraden

advocate ['ædvəkət] *n* voorstander *c*

aerial ['ɛəriəl] *n* antenne *c*

aeroplane ['ɛərəplein] *n* vliegtuig *nt*

affair [ə'fɛə] *n* aangelegenheid *c*; verhouding *c*, affaire *c*

affect [ə'fekt] *v* beïnvloeden; *betreffen

affected [ə'fektid] *adj* geaffecteerd

affection [ə'fekʃən] *n* aandoening *c*; genegenheid *c*

affectionate [ə'fekʃənit] *adj* lief, aanhankelijk

affiliated [ə'filieitid] *adj* aangesloten

affirmative [ə'fə:mətiv] *adj* bevestigend

affliction [ə'flikʃən] *n* leed *nt*

afford [ə'fɔ:d] *v* zich veroorloven

afraid [ə'freid] *adj* angstig, bang; ***be ~** bang *zijn

Africa ['æfrikə] Afrika

African ['æfrikən] *adj* Afrikaans; *n* Afrikaan *c*

after ['a:ftə] *prep* na; achter; *conj* nadat

afternoon [,a:ftə'nu:n] *n* middag *c*, namiddag *c*; **this ~** vanmiddag

afterwards ['a:ftəwədz] *adv* later; nadien, naderhand

again [ə'gen] *adv* weer; opnieuw; **~ and again** telkens

against [ə'genst] *prep* tegen

age [eidʒ] *n* leeftijd *c*; ouderdom *c*; **of ~** meerderjarig; **under ~** minderjarig

aged ['eidʒid] *adj* bejaard; oud

agency ['eidʒənsi] *n* agentschap *nt*; bureau *nt*; vertegenwoordiging *c*

agenda [ə'dʒendə] *n* agenda *c*

agent ['eidʒənt] *n* vertegenwoordiger *c*, agent *c*

aggressive [ə'gresiv] *adj* agressief

ago [ə'gou] *adv* geleden

agrarian [ə'grɛəriən] *adj* agrarisch, landbouw-

agree [ə'gri:] *v* het eens *zijn; toestemmen; *overeenkomen

agreeable [ə'gri:əbəl] *adj* aangenaam

agreement [ə'gri:mənt] *n* contract *nt*; akkoord *nt*, overeenkomst *c*; overeenstemming *c*

agriculture ['ægrikʌltʃə] *n* landbouw *c*

ahead [ə'hed] *adv* vooruit; **~ of** voor; ***go ~** *doorgaan; **straight ~** rechtuit

aid [eid] *n* hulp *c*; *v* *bijstaan, *helpen

ailment ['eilmənt] *n* kwaal *c*; ziekte *c*

aim [eim] *n* doel *nt*; **~ at** richten op, mikken op; beogen, nastreven

air [ɛə] *n* lucht *c*; *v* luchten

air-conditioning ['ɛəkən,diʃənin] *n* luchtverversing *c*; **air-conditioned** *adj* air conditioned

aircraft ['ɛəkra:ft] *n* (pl ~) vliegtuig *nt*; toestel *nt*

airfield ['ɛəfi:ld] *n* vliegveld *nt*

air-filter ['ɛə,filtə] *n* luchtfilter *nt*

airline ['ɛəlain] *n* luchtvaartmaatschappij *c*

airmail ['ɛəmeil] *n* luchtpost *c*

airplane ['ɛəplein] *nAm* vliegtuig *nt*

airport ['ɛəpɔ:t] *n* luchthaven *c*

air-sickness ['ɛə,siknəs] *n* luchtziekte *c*

airtight ['ɛətait] *adj* luchtdicht

airy ['ɛəri] *adj* luchtig

aisle [ail] *n* zijbeuk *c*; gangpad *nt*

alarm [ə'la:m] *n* alarm *nt*; *v* alarmeren

alarm-clock [ə'la:mklɔk] *n* wekker *c*

album ['ælbəm] *n* album *nt*

alcohol ['ælkəhɔl] *n* alcohol *c*

alcoholic [,ælkə'hɔlik] *adj* alcoholisch

ale [eil] *n* bier *nt*

algebra ['ældʒibrə] n algebra c
Algeria [æl'dʒiəriə] Algerije
Algerian [æl'dʒiəriən] adj Algerijns; n
Algerijn c
alien ['eiliən] n buitenlander c; vreemdeling c; adj buitenlands
alike [ə'laik] adj eender, gelijk
alimony ['æliməni] n alimentatie c
alive [ə'laiv] adj in leven, levend
all [ɔ:l] adj al; ~ in alles inbegrepen;
~ right! goed!; at ~ helemaal
allergy ['ælədʒi] n allergie c
alley ['æli] n steeg c
alliance [ə'laiəns] n bondgenootschap
nt
Allies ['ælaiz] pl Geallieerden pl
allot [ə'lɔt] v *toewijzen
allow [ə'lau] v veroorloven, *toestaan;
~ to *laten; *be allowed *mogen;
*be allowed to *mogen
allowance [ə'lauəns] n toelage c
all-round [,ɔ:l'raund] adj veelzijdig
almanac ['ɔ:lmənæk] n almanak c
almond ['ɑ:mənd] n amandel c
almost ['ɔ:lmoust] adv bijna; haast
alone [ə'loun] adv alleen
along [ə'lɔŋ] prep langs
aloud [ə'laud] adv hardop
alphabet ['ælfəbet] n alfabet nt
already [ɔ:l'redi] adv reeds, al
also ['ɔ:lsou] adv ook; tevens, eveneens
altar ['ɔ:ltə] n altaar nt
alter ['ɔ:ltə] v wijzigen, veranderen
alteration [,ɔ:ltə'reiʃən] n wijziging c,
verandering c
alternate [ɔ:l'tə:nət] adj afwisselend
alternative [ɔ:l'tə:nətiv] n alternatief
nt
although [ɔ:l'ðou] conj ofschoon, hoewel
altitude ['æltitju:d] n hoogte c
alto ['æltou] n (pl ~s) alt c
altogether [,ɔ:ltə'geðə] adv helemaal;

in totaal
always ['ɔ:lweiz] adv altijd
am [æm] v (pr be)
amaze [ə'meiz] v verwonderen, verbazen
amazement [ə'meizmənt] n verbazing
c
ambassador [æm'bæsədə] n ambassadeur c
amber ['æmbə] n barnsteen nt
ambiguous [æm'bigjuəs] adj dubbelzinnig; onduidelijk·
ambitious [æm'biʃəs] adj ambitieus;
eerzuchtig
ambulance ['æmbjuləns] n ziekenauto
c, ambulance c
ambush ['æmbuʃ] n hinderlaag c
America [ə'merikə] Amerika
American [ə'merikən] adj Amerikaans; n Amerikaan c
amethyst ['æmiθist] n amethist c
amid [ə'mid] prep onder; tussen, midden in, te midden van
ammonia [ə'mouniə] n ammonia c
amnesty ['æmnisti] n amnestie c
among [ə'mʌŋ] prep te midden van;
tussen, onder; ~ other things onder andere
amount [ə'maunt] n hoeveelheid c;
som c, bedrag nt; ~ to *bedragen
amuse [ə'mju:z] v amuseren, vermaken
amusement [ə'mju:zmənt] n amusement nt, vermaak nt
amusing [ə'mju:ziŋ] adj amusant
anaemia [ə'ni:miə] n bloedarmoede c
anaesthesia [,ænis'θi:ziə] n verdoving
c
anaesthetic [,ænis'θetik] n pijnstillend
middel
analyse ['ænəlaiz] v ontleden, analyseren
analysis [ə'næləsis] n (pl -ses) analyse
c

analyst ['ænəlist] *n* analist *c*; analyticus *c*

anarchy ['ænəki] *n* anarchie *c*

anatomy [ə'nætəmi] *n* anatomie *c*

ancestor ['ænsestə] *n* voorvader *c*

anchor ['æŋkə] *n* anker *nt*

anchovy ['æntʃəvi] *n* ansjovis *c*

ancient ['einʃənt] *adj* oud; ouderwets,
verouderd; oeroud

and [ænd, ənd] *conj* en

angel ['eindʒəl] *n* engel *c*

anger ['æŋgə] *n* toorn *c*, boosheid *c*;
woede *c*

angle ['æŋgəl] *v* hengelen; *n* hoek *c*

angry ['æŋgri] *adj* kwaad

animal ['æniməl] *n* dier *nt*

ankle ['æŋkəl] *n* enkel *c*

annex¹ ['æneks] *n* bijgebouw *nt*; bijlage *c*

annex² [ə'neks] *v* annexeren

anniversary [,æni'və:səri] *n* verjaardag
c

announce [ə'nauns] *v* bekendmaken,
aankondigen

announcement [ə'naunsmənt] *n* aankondiging *c*, bekendmaking *c*

annoy [ə'nɔi] *v* irriteren, ergeren

annoyance [ə'nɔiəns] *n* ergernis *c*

annoying [ə'nɔiiŋ] *adj* vervelend, hinderlijk

annual ['ænjuəl] *adj* jaarlijks; *n* jaarboek *nt*

per annum [pər 'ænəm] jaarlijks

anonymous [ə'nɔniməs] *adj* anoniem

another [ə'nʌðə] *adj* nog een; een ander

answer ['ɑ:nsə] *v* antwoorden; beantwoorden; *n* antwoord *nt*

ant [ænt] *n* mier *c*

anthology [æn'θɔlədʒi] *n* bloemlezing
c

antibiotic [,æntibai'ɔtik] *n* antibioticum *nt*

anticipate [æn'tisipeit] *v* verwachten,

*voorzien; *voorkomen

antifreeze ['æntifri:z] *n* antivries *c*

antipathy [æn'tipəθi] *n* afkeer *c*

antique [æn'ti:k] *adj* antiek; *n* antiquiteit *c*; ~ **dealer** antiquair *c*

antiquity [æn'tikwəti] *n* Oudheid *c*;
antiquities *pl* oudheden *pl*

antiseptic [,ænti'septik] *n* antiseptisch
middel

antlers ['æntləz] *pl* gewei *nt*

anxiety [æŋ'zaiəti] *n* bezorgdheid *c*

anxious ['æŋkʃəs] *adj* verlangend; bezorgd

any ['eni] *adj* enig

anybody ['enibɔdi] *pron* wie dan ook

anyhow ['enihau] *adv* hoe dan ook

anyone ['eniwʌn] *pron* iedereen

anything ['eniθiŋ] *pron* wat dan ook

anyway ['eniwei] *adv* in elk geval

anywhere ['eniwɛə] *adv* waar dan
ook; overal

apart [ə'pɑ:t] *adv* apart, afzonderlijk;
~ **from** afgezien van

apartment [ə'pɑ:tmənt] *n Am* appartement *nt*, flat *c*; etage *c*; ~ **house**
Am flatgebouw *nt*

aperitif [ə'perətiv] *n* aperitief *nt/c*

apologize [ə'pɔlədʒaiz] *v* zich verontschuldigen

apology [ə'pɔlədʒi] *n* excuus *nt*, verontschuldiging *c*

apparatus [,æpə'reitəs] *n* apparaat *nt*,
toestel *nt*

apparent [ə'pærənt] *adj* schijnbaar;
duidelijk

apparently [ə'pærəntli] *adv* blijkbaar;
klaarblijkelijk

apparition [,æpə'riʃən] *n* verschijning
c

appeal [ə'pi:l] *n* beroep *nt*

appear [ə'piə] *v* *lijken, *schijnen;
*blijken; *verschijnen; *optreden

appearance [ə'piərəns] *n* voorkomen
nt; aanblik *c*; optreden *nt*

appendicitis [ə,pendi'saitis] n blindedarmontsteking c

appendix [ə'pendiks] n (pl -dices,
-dixes) blindedarm c

appetite ['æpətait] n trek c, eetlust c

appetizer ['æpətaizə] n borrelhapje nt

appetizing ['æpətaiziŋ] adj smakelijk

applause [ə'plɔːz] n applaus nt

apple ['æpəl] n appel c

appliance [ə'plaiəns] n toestel nt, apparaat nt

application [,æpli'keiʃən] n toepassing
c; aanvraag c; sollicitatie c

apply [ə'plai] v toepassen; gebruiken;
solliciteren; *gelden

appoint [ə'pɔint] v aanstellen, benoemen

appointment [ə'pɔintmənt] n afspraak
c; benoeming c

appreciate [ə'priːʃieit] v schatten;
waarderen, op prijs stellen

appreciation [ə,priːʃi'eiʃən] n schatting
c; waardering c

approach [ə'proutʃ] v naderen; n aanpak c; toegang c

appropriate [ə'proupriət] adj juist, geschikt, passend

approval [ə'pruːvəl] n goedkeuring c;
instemming c; on ~ op zicht

approve [ə'pruːv] v goedkeuren; ~ of
instemmen met

approximate [ə'prɔksimət] adj bij be-
nadering

approximately [ə'prɔksimətli] adv circa, ongeveer

apricot ['eiprikɔt] n abrikoos c

April ['eiprəl] april

apron ['eiprən] n schort c

Arab ['ærəb] adj Arabisch; n Arabier
c

arbitrary ['ɑːbitrəri] adj willekeurig

arcade [ɑː'keid] n zuilengang c, galerij
c

arch [ɑːtʃ] n boog c; gewelf nt

archaeologist [,ɑːki'ɔlədʒist] n archeoloog c

archaeology [,ɑːki'ɔlədʒi] n oudheidkunde c, archeologie c

archbishop [,ɑːtʃ'biʃəp] n aartsbisschop c

arched [ɑːtʃt] adj boogvormig

architect ['ɑːkitekt] n architect c

architecture ['ɑːkitektʃə] n bouwkunde c, architectuur c

archives ['ɑːkaivz] pl archief nt

are [ɑː] v (pr be)

area ['ɛəriə] n streek c; gebied nt; oppervlakte c; ~ code netnummer nt

Argentina [,ɑːdʒən'tiːnə] Argentinië

Argentinian [,ɑːdʒən'tiniən] adj Argentijns; n Argentijn c

argue ['ɑːgjuː] v argumenteren, debatteren, discussiëren; redetwisten

argument ['ɑːgjumənt] n argument nt;
discussie c; woordenwisseling c

arid ['ærid] adj dor

*arise [ə'raiz] v *oprijzen, *ontstaan

arithmetic [ə'riθmətik] n rekenkunde c

arm [ɑːm] n arm c; wapen nt; leuning c; v bewapenen

armchair ['ɑːmtʃɛə] n fauteuil c, leunstoel c

armed [ɑːmd] adj gewapend; ~
forces strijdkrachten pl

armour ['ɑːmə] n harnas nt

army ['ɑːmi] n leger nt

aroma [ə'roumə] n aroma nt

around [ə'raund] prep om, rond; adv
rondom

arrange [ə'reindʒ] v rangschikken, ordenen; regelen

arrangement [ə'reindʒmənt] n regeling
c

arrest [ə'rest] v arresteren; n aanhouding c, arrestatie c

arrival [ə'raivəl] n aankomst c; komst
c

arrive [ə'raiv] v *aankomen

arrow ['ærou] n pijl c

art [ɑ:t] n kunst c; vaardigheid c; ~ collection kunstverzameling c; ~ exhibition kunsttentoonstelling c; ~ gallery kunstgalerij c; ~ history kunstgeschiedenis c; arts and crafts kunstnijverheid c; ~ school kunstacademie c

artery ['ɑ:təri] n slagader c

artichoke ['ɑ:titʃouk] n artisjok c

article ['ɑ:tikəl] n artikel nt; lidwoord nt

artifice ['ɑ:tifis] n list c

artificial [,ɑ:ti'fiʃəl] adj kunstmatig

artist ['ɑ:tist] n kunstenaar c; kunstenares c

artistic [ɑ:'tistik] adj artistiek, kunstzinnig

as [æz] conj als, zoals; even; aangezien, omdat; ~ from vanaf; met ingang van; ~ if alsof

asbestos [æz'bestɔs] n asbest nt

ascend [ə'send] v omhoog *gaan; *opstijgen; *beklimmen

ascent [ə'sent] n stijging c; beklimming c

ascertain [,æsə'tein] v constateren; zich vergewissen van, zich vergewissen van

ash [æʃ] n as c

ashamed [ə'ʃeimd] adj beschaamd; *be ~ zich schamen

ashore [ə'ʃɔ:] adv aan land

ashtray ['æʃtrei] n asbak c

Asia ['eiʃə] Azië

Asian ['eiʃən] adj Aziatisch; n Aziaat c

aside [ə'said] adv opzij, terzijde

ask [ɑ:sk] v *vragen; *verzoeken; uitnodigen

asleep [ə'sli:p] adj in slaap

asparagus [ə'spærəgəs] n asperge c

aspect ['æspekt] n aspect nt

asphalt ['æsfælt] n asfalt nt

aspire [ə'spaiə] v streven

aspirin ['æspərin] n aspirine c

ass [æs] n ezel c

assassination [ə,sæsi'neiʃən] n moord c

assault [ə'sɔ:lt] v *aanvallen; aanranden

assemble [ə'sembəl] v *bijeenbrengen; in elkaar zetten, monteren

assembly [ə'sembli] n vergadering c, bijeenkomst c

assignment [ə'sainmənt] n opdracht c

assign to [ə'sain] *opdragen aan; *toeschrijven aan

assist [ə'sist] v *bijstaan, *helpen; ~ at bijwonen

assistance [ə'sistəns] n hulp c; steun c, bijstand c

assistant [ə'sistənt] n assistent c

associate [ə'souʃiət] n partner c, vennoot c; bondgenoot c; lid nt; v associëren; ~ with *omgaan met

association [ə,sousi'eiʃən] n genootschap nt, vereniging c

assort [ə'sɔ:t] v sorteren

assortment [ə'sɔ:tmənt] n assortiment nt, sortering c

assume [ə'sju:m] v *aannemen, veronderstellen

assure [ə'ʃuə] v verzekeren

asthma ['æsmə] n astma nt

astonish [ə'stɔniʃ] v verbazen

astonishing [ə'stɔniʃiŋ] adj verbazend

astonishment [ə'stɔniʃmənt] n verbazing c

astronomy [ə'strɔnəmi] n sterrenkunde c

asylum [ə'sailəm] n asiel nt; gesticht nt, tehuis nt

at [æt] prep in, bij, op; naar

ate [et] v (p eat)

atheist ['eiθiist] n atheïst c

athlete ['æθli:t] n atleet c

athletics [æθ'letiks] pl atletiek c

Atlantic [ət'læntik] Atlantische Oceaan

atmosphere ['ætməsfiə] n atmosfeer c; sfeer c, stemming c

atom ['ætəm] n atoom nt

atomic [ə'tomik] adj atomisch; atoom-

atomizer ['ætəmaizə] n sproeier c; spuitbus c, verstuiver c

attach [ə'tætʃ] v hechten, vastmaken; aanhechten; bijvoegen; attached to gehecht aan

attack [ə'tæk] v *aanvallen; n aanval c

attain [ə'tein] v bereiken

attainable [ə'teinəbəl] adj haalbaar; bereikbaar

attempt [ə'tempt] v proberen, trachten; beproeven; n poging c

attend [ə'tend] v bijwonen; ~ on bedienen; ~ to passen op, zich *bezighouden met; letten op, aandacht besteden aan

attendance [ə'tendəns] n opkomst c

attendant [ə'tendənt] n oppasser c

attention [ə'tenʃən] n aandacht c; *pay ~ opletten

attentive [ə'tentiv] adj oplettend

attic ['ætik] n zolder c

attitude ['ætitjuːd] n houding c

attorney [ə'təːni] n advocaat c

attract [ə'trækt] v *aantrekken

attraction [ə'trækʃən] n attractie c; aantrekking c, bekoring c

attractive [ə'træktiv] adj aantrekkelijk

auburn ['ɔːbən] adj kastanjebruin

auction ['ɔːkʃən] n veiling c

audible ['ɔːdibəl] adj hoorbaar

audience ['ɔːdiəns] n publiek nt

auditor ['ɔːditə] n toehoorder c

auditorium [,ɔːdi'tɔːriəm] n aula c

August ['ɔːgəst] augustus

aunt [ɑːnt] n tante c

Australia [ɔ'streiliə] Australië

Australian [ɔ'streiliən] adj Australisch; n Australiër c

Austria ['ɔstriə] Oostenrijk

Austrian ['ɔstriən] adj Oostenrijks; n Oostenrijker c

authentic [ɔ'θentik] adj authentiek; echt

author ['ɔːθə] n auteur c, schrijver c

authoritarian [ɔː,θori'tɛəriən] adj autoritair

authority [ɔː'θorəti] n gezag nt; macht c; authorities pl autoriteiten pl, overheid c

authorization [,ɔːθərai'zeiʃən] n machtiging c; toestemming c

automatic [,ɔːtə'mætik] adj automatisch

automation [,ɔːtə'meiʃən] n automatisering c

automobile ['ɔːtəməbiːl] n auto c; ~ club automobielclub c

autonomous [ɔː'tonəməs] adj autonoom

autopsy ['ɔːtopsi] n autopsie c

autumn ['ɔːtəm] n najaar nt, herfst c

available [ə'veiləbəl] adj verkrijgbaar, voorhanden, beschikbaar

avalanche ['ævələːnʃ] n lawine c

avaricious [,ævə'riʃəs] adj gierig

avenue ['ævənjuː] n laan c

average ['ævəridʒ] adj gemiddeld; n gemiddelde nt; on the ~ gemiddeld

averse [ə'vəːs] adj afkerig

aversion [ə'vəːʃən] n tegenzin c

avert [ə'vəːt] v afwenden

avoid [ə'void] v *vermijden; *ontwijken

await [ə'weit] v wachten op, afwachten

awake [ə'weik] adj wakker

*awake [ə'weik] v wekken

award [ə'wɔːd] n prijs c; v toekennen

aware [ə'wɛə] adj bewust

away [ə'wei] adv weg; *go ~ *weggaan

awful ['ɔːfəl] adj afschuwelijk, ver-

schrikkelijk
awkward ['ɔ:kwəd] *adj* pijnlijk; onhandig
awning ['ɔ:niŋ] *n* zonnescherm *nt*
axe [æks] *n* bijl *c*
axle ['æksəl] *n* as *c*

B

baby ['beibi] *n* baby *c*; ~ **carriage** *Am* kinderwagen *c*
babysitter ['beibi,sitə] *n* babysitter *c*
bachelor ['bætʃələ] *n* vrijgezel *c*
back [bæk] *n* rug *c*; *adv* terug; *go ~ *teruggaan
backache ['bækeik] *n* rugpijn *c*
backbone ['bækboun] *n* ruggegraat *c*
background ['bækgraund] *n* achtergrond *c*; vorming *c*
backwards ['bækwədz] *adv* achteruit
bacon ['beikən] *n* spek *nt*
bacterium [bæk'ti:riəm] *n* (pl -ria) bacterie *c*
bad [bæd] *adj* slecht; ernstig, erg; stout
bag [bæg] *n* zak *c*; tas *c*, handtas *c*; koffer *c*
baggage ['bægidʒ] *n* bagage *c*; ~ **deposit office** *Am* bagagedepot *nt*; **hand ~** *Am* handbagage *c*
bail [beil] *n* borgsom *c*
bailiff ['beilif] *n* deurwaarder *c*
bait [beit] *n* aas *nt*
bake [beik] *v* *bakken
baker ['beikə] *n* bakker *c*
bakery ['beikəri] *n* bakkerij *c*
balance ['bæləns] *n* evenwicht *nt*; balans *c*; saldo *nt*
balcony ['bælkəni] *n* balkon *nt*
bald [bɔ:ld] *adj* kaal
ball [bɔ:l] *n* bal *c*; bal *nt*
ballet ['bælei] *n* ballet *nt*

balloon [bə'lu:n] *n* ballon *c*
ballpoint-pen ['bɔ:lpointpen] *n* ballpoint *c*
ballroom ['bɔ:lru:m] *n* danszaal *c*
bamboo [bæm'bu:] *n* (pl ~s) bamboe *nt*
banana [bə'nɑ:nə] *n* banaan *c*
band [bænd] *n* orkest *nt*; band *c*
bandage ['bændidʒ] *n* verband *nt*
bandit ['bændit] *n* bandiet *c*
bangle ['bæŋgəl] *n* armband *c*
banisters ['bænistəz] *pl* trapleuning *c*
bank [bæŋk] *n* oever *c*; bank *c*; *v* deponeren; ~ **account** bankrekening *c*
banknote ['bæŋknout] *n* bankbiljet *nt*
bank-rate ['bæŋkreit] *n* disconto *nt*
bankrupt ['bæŋkrʌpt] *adj* failliet, bankroet
banner ['bænə] *n* vaandel *nt*
banquet ['bæŋkwit] *n* banket *nt*
banqueting-hall ['bæŋkwitiŋhɔ:l] *n* banketzaal *c*
baptism ['bæptizəm] *n* doopsel *nt*, doop *c*
baptize [bæp'taiz] *v* dopen
bar [bɑ:] *n* bar *c*; stang *c*; tralie *c*
barber ['bɑ:bə] *n* kapper *c*
bare [beə] *adj* naakt, bloot; kaal
barely ['beəli] *adv* nauwelijks
bargain ['bɑ:gin] *n* koopje *nt*; *v* *afdingen
baritone ['bæritoun] *n* bariton *c*
bark [bɑ:k] *n* bast *c*; *v* blaffen
barley ['bɑ:li] *n* gerst *c*
barmaid ['bɑ:meid] *n* barjuffrouw *c*
barman ['bɑ:mən] *n* (pl -men) barman *c*
barn [bɑ:n] *n* schuur *c*
barometer [bə'rɔmitə] *n* barometer *c*
baroque [bə'rɔk] *adj* barok
barracks ['bærəks] *pl* kazerne *c*
barrel ['bærəl] *n* ton *c*, vat *nt*
barrier ['bæriə] *n* barrière *c*; slagboom

c

barrister ['bærɪstə] *n* advocaat *c*

bartender ['bɑ:,tendə] *n* barman *c*

base [beɪs] *n* basis *c*; grondslag *c*; *v* baseren

baseball ['beɪsbɔ:l] *n* honkbal *nt*

basement ['beɪsmənt] *n* souterrain *nt*

basic ['beɪsɪk] *adj* fundamenteel

basilica [bə'zɪlɪkə] *n* basiliek *c*

basin ['beɪsən] *n* kom *c*, bekken *nt*

basis ['beɪsɪs] *n* (pl bases) grondslag *c*, basis *c*

basket ['bɑ:skɪt] *n* mand *c*

bass¹ [beɪs] *n* bas *c*

bass² [bæs] *n* (pl ~) baars *c*

bastard ['bɑ:stəd] *n* bastaard *c*; schoft *c*

batch [bætʃ] *n* partij *c*

bath [bɑ:θ] *n* bad *nt*; ~ **salts** badzout *nt*; ~ **towel** badhanddoek *c*

bathe [beɪð] *v* baden, een bad *nemen

bathing-cap ['beɪðɪŋkæp] *n* badmuts *c*

bathing-suit ['beɪðɪŋsu:t] *n* badpak *nt*; zwembroek *c*

bathing-trunks ['beɪðɪŋtrʌŋks] *n* zwembroek *c*

bathrobe ['bɑ:θroub] *n* badjas *c*

bathroom ['bɑ:θru:m] *n* badkamer *c*; toilet *nt*

batter ['bætə] *n* beslag *nt*

battery ['bætəri] *n* batterij *c*; accu *c*

battle ['bætəl] *n* slag *c*; strijd *c*, gevecht *nt*; *v* *vechten

bay [beɪ] *n* baai *c*; *v* blaffen

***be** [bi:] *v* *zijn

beach [bi:tʃ] *n* strand *nt*; **nudist** ~ naaktstrand *nt*

bead [bi:d] *n* kraal *c*; **beads** *pl* kralensnoer *c*; rozenkrans *c*

beak [bi:k] *n* snavel *c*; bek *c*

beam [bi:m] *n* straal *c*; balk *c*

bean [bi:n] *n* boon *c*

bear [bɛə] *n* beer *c*

***bear** [bɛə] *v* *dragen; dulden; *verdragen

beard [bɪəd] *n* baard *c*

bearer ['bɛərə] *n* drager *c*

beast [bi:st] *n* beest *nt*; ~ **of prey** roofdier *nt*

***beat** [bi:t] *v* *slaan; *verslaan

beautiful ['bju:tɪfəl] *adj* mooi

beauty ['bju:ti] *n* schoonheid *c*; ~ **parlour** schoonheidssalon *c*; ~ **salon** schoonheidssalon *c*; ~ **treatment** schoonheidsbehandeling *c*

beaver ['bi:və] *n* bever *c*

because [bi'kɔz] *conj* omdat; aangezien; ~ **of** vanwege, wegens

***become** [bi'kʌm] *v* *worden; goed *staan

bed [bed] *n* bed *nt*; ~ **and board** vol pension, kost en inwoning; ~ **and breakfast** logies en ontbijt

bedding ['bedɪŋ] *n* beddegoed *nt*

bedroom ['bedru:m] *n* slaapkamer *c*

bee [bi:] *n* bij *c*

beech [bi:tʃ] *n* beuk *c*

beef [bi:f] *n* rundvlees *nt*

beehive ['bi:haɪv] *n* bijenkorf *c*

been [bi:n] *v* (pp be)

beer [bɪə] *n* bier *nt*; pils *c*

beet [bi:t] *n* biet *c*

beetle ['bi:təl] *n* kever *c*

beetroot ['bi:tru:t] *n* beetwortel *c*

before [bi'fɔ:] *prep* voor; *conj* voordat; *adv* van tevoren; eerder, tevoren

beg [beg] *v* bedelen; smeken; *vragen

beggar ['begə] *n* bedelaar *c*

***begin** [bi'gɪn] *v* *beginnen; *aanvangen

beginner [bi'gɪnə] *n* beginneling *c*

beginning [bi'gɪnɪŋ] *n* begin *nt*; aanvang *c*

on behalf of [ɔn bi'hɑ:f ɔv] namens, in naam van; ten behoeve van

behave [bi'heɪv] *v* zich *gedragen

behaviour [bi'heɪvjə] *n* gedrag *nt*

behind [bi'haind] *prep* achter; *adv* achteraan

beige [beiʒ] *adj* beige

being ['biːiŋ] *n* wezen *nt*

Belgian ['beldʒən] *adj* Belgisch; *n* Belg *c*

Belgium ['beldʒəm] België

belief [bi'liːf] *n* geloof *nt*

believe [bi'liːv] *v* geloven

bell [bel] *n* klok *c*; bel *c*

bellboy ['belbɔi] *n* piccolo *c*

belly ['beli] *n* buik *c*

belong [bi'lɔŋ] *v* toebehoren

belongings [bi'lɔŋiŋz] *pl* bezittingen *pl*

beloved [bi'lʌvd] *adj* bemind

below [bi'lou] *prep* onder; beneden; *adv* onderaan, beneden

belt [belt] *n* riem *c*; garter ~ *Am* jarretelgordel *c*

bench [bentʃ] *n* bank *c*

bend [bend] *n* bocht *c*; kromming *c*

***bend** [bend] *v* *buigen; ~ **down** zich bukken

beneath [bi'niːθ] *prep* onder; *adv* beneden

benefit ['benifit] *n* winst *c*, baat *c*; voordeel *nt*; *v* profiteren

bent [bent] *adj* (pp bend) krom

beret ['berei] *n* baret *c*

berry ['beri] *n* bes *c*

berth [bəːθ] *n* couchette *c*; kooi *c*

beside [bi'said] *prep* naast

besides [bi'saidz] *adv* bovendien; trouwens; *prep* behalve

best [best] *adj* best

bet [bet] *n* weddenschap *c*; inzet *c*

***bet** [bet] *v* wedden

betray [bi'trei] *v* *verraden

better ['betə] *adj* beter

between [bi'twiːn] *prep* tussen

beverage ['bevəridʒ] *n* drank *c*

beware [bi'wɛə] *v* zich hoeden, oppassen

bewitch [bi'witʃ] *v* beheksen, betoveren

beyond [bi'jɔnd] *prep* verder dan; voorbij; behalve; *adv* verder

bible ['baibəl] *n* bijbel *c*

bicycle ['baisikəl] *n* fiets *c*; rijwiel *nt*

big [big] *adj* groot; omvangrijk; dik; gewichtig

bile [bail] *n* gal *c*

bilingual [bai'liŋgwəl] *adj* tweetalig

bill [bil] *n* rekening *c*; nota *c*; *v* factureren

billiards ['biljədz] *pl* biljart *nt*

***bind** [baind] *v* *binden

binoculars [bi'nɔkjələz] *pl* verrekijker *c*; toneelkijker *c*

biology [bai'ɔlədʒi] *n* biologie *c*

birch [bəːtʃ] *n* berk *c*

bird [bəːd] *n* vogel *c*

Biro ['bairou] *n* ballpoint *c*

birth [bəːθ] *n* geboorte *c*

birthday ['bəːθdei] *n* verjaardag *c*

biscuit ['biskit] *n* koekje *nt*

bishop ['biʃəp] *n* bisschop *c*

bit [bit] *n* stukje *nt*; beetje *nt*

bitch [bitʃ] *n* teef *c*

bite [bait] *n* hap *c*; beet *c*; steek *c*

***bite** [bait] *v* *bijten

bitter ['bitə] *adj* bitter

black [blæk] *adj* zwart; ~ **market** zwarte markt

blackberry ['blækbəri] *n* braam *c*

blackbird ['blækbəːd] *n* merel *c*

blackboard ['blækbɔːd] *n* schoolbord *nt*

black-currant [,blæk'kʌrənt] *n* zwarte bes

blackmail ['blækmeil] *n* chantage *c*; *v* chanteren

blacksmith ['blæksmiθ] *n* smid *c*

bladder ['blædə] *n* blaas *c*

blade [bleid] *n* lemmet *nt*; ~ **of grass** grasspriet *c*

blame [bleim] *n* schuld *c*; verwijt *nt*; *v* de schuld *geven aan, beschuldigen

blank [blæŋk] *adj* blanco

blanket ['blæŋkit] *n* deken *c*

blast [blɑ:st] *n* explosie *c*

blazer ['bleizə] *n* sportjasje *nt*, blazer *c*

bleach [bli:tʃ] *v* bleken

bleak [bli:k] *adj* guur

* **bleed** [bli:d] *v* bloeden; *uitzuigen

bless [bles] *v* zegenen

blessing ['blesiŋ] *n* zegen *c*

blind [blaind] *n* rolgordijn *nt*, jaloezie *c*; *adj* blind; *v* verblinden

blister ['blistə] *n* blaar *c*, blaas *c*

blizzard ['blizəd] *n* sneeuwstorm *c*

block [blɔk] *v* versperren, blokkeren; *n* blok *nt*; ~ **of flats** flatgebouw *nt*

blonde [blɔnd] *n* blondine *c*

blood [blʌd] *n* bloed *nt*; ~ **pressure** bloeddruk *c*

blood-poisoning ['blʌd,pɔizəniŋ] *n* bloedvergiftiging *c*

blood-vessel ['blʌd,vesəl] *n* bloedvat *nt*

blot [blɔt] *n* vlek *c*; smet *c*; **blotting paper** vloeipapier *nt*

blouse [blauz] *n* blouse *c*

blow [blou] *n* klap *c*, slag *c*; windvlaag *c*

* **blow** [blou] *v* *blazen; *waaien

blow-out ['blouaut] *n* bandepech *c*

blue [blu:] *adj* blauw; neerslachtig

blunt [blʌnt] *adj* bot; stomp

blush [blʌʃ] *v* blozen

board [bɔ:d] *n* plank *c*; bord *nt*; pension *nt*; bestuur *nt*; ~ **and lodging** vol pension, kost en inwoning

boarder ['bɔ:də] *n* kostganger *c*

boarding-house ['bɔ:diŋhaus] *n* pension *nt*

boarding-school ['bɔ:diŋsku:l] *n* internaat *nt*

boast [boust] *v* opscheppen

boat [bout] *n* schip *nt*, boot *c*

body ['bɔdi] *n* lichaam *nt*; lijf *nt*

bodyguard ['bɔdigɑ:d] *n* lijfwacht *c*

bog [bɔg] *n* moeras *nt*

boil [bɔil] *v* koken; *n* steenpuist *c*

bold [bould] *adj* stoutmoedig; vrijpostig, brutaal

Bolivia [bə'liviə] Bolivië

Bolivian [bə'liviən] *adj* Boliviaans; *n* Boliviaan *c*

bolt [boult] *n* grendel *c*; bout *c*

bomb [bɔm] *n* bom *c*; *v* bombarderen

bond [bɔnd] *n* obligatie *c*

bone [boun] *n* been *nt*, bot *nt*; graat *c*; *v* uitbenen

bonnet ['bɔnit] *n* motorkap *c*

book [buk] *n* boek *nt*; *v* reserveren, boeken; *inschrijven

booking ['bukiŋ] *n* reservering *c*, bespreking *c*

bookseller ['buk,selə] *n* boekhandelaar *c*

bookstand ['bukstænd] *n* boekenstalletje *nt*

bookstore ['bukstɔ:] *n* boekwinkel *c*, boekhandel *c*

boot [bu:t] *n* laars *c*; bagageruimte *c*

booth [bu:ð] *n* kraam *c*; hokje *nt*

border ['bɔ:də] *n* grens *c*; rand *c*

bore¹ [bɔ:] *v* vervelen; boren; *n* zeurpiet *c*

bore² [bɔ:] *v* (p bear)

boring ['bɔ:riŋ] *adj* vervelend, saai

born [bɔ:n] *adj* geboren

borrow ['bɔrou] *v* lenen; ontlenen

bosom ['buzəm] *n* borst *c*

boss [bɔs] *n* chef *c*, baas *c*

botany ['bɔtəni] *n* plantkunde *c*

both [bouθ] *adj* beide; **both ... and** zowel ... als

bother ['bɔðə] *v* vervelen, hinderen; moeite *doen; *n* last *c*

bottle ['bɔtəl] *n* fles *c*; ~ **opener** flesopener *c*; **hot-water** ~ warmwaterkruik *c*

bottleneck ['bɔtəlnek] *n* flessehals *c*

bottom ['bɔtəm] *n* bodem *c*; achterwerk *nt*, zitvlak *nt*; *adj* onderst

bough [bau] *n* tak *c*

bought [bɔːt] *v* (p, pp buy)

boulder ['bouldə] *n* rotsblok *nt*

bound [baund] *n* grens *c*; *be ~ to* *moeten; ~ for* op weg naar

boundary ['baundəri] *n* grens *c*; landsgrens *c*

bouquet [bu'kei] *n* boeket *nt*

bourgeois ['buəʒwaː] *adj* burgerlijk

boutique [bu'tiːk] *n* boutique *c*

bow[1] [bau] *v* *buigen

bow[2] [bou] *n* boog *c*; *~ tie* vlinderdasje *nt*, strikje *nt*

bowels [bauəlz] *pl* darmen, ingewanden *pl*

bowl [boul] *n* schaal *c*

bowling ['boulin] *n* bowling *c*, kegelspel *c*; *~ alley* kegelbaan *c*

box[1] [bɔks] *v* boksen; **boxing match** bokswedstrijd *c*

box[2] [bɔks] *n* doos *c*

box-office ['bɔks,ɔfis] *n* plaatskaartenbureau *nt*, kassa *c*

boy [bɔi] *n* jongen *c*; joch *nt*, knaap *c*; bediende *c*; *~ scout* padvinder *c*

bra [braː] *n* beha *c*, bustehouder *c*

bracelet ['breislit] *n* armband *c*

braces ['breisiz] *pl* bretels *pl*

brain [brein] *n* hersenen *pl*; verstand *nt*

brain-wave ['breinweiv] *n* inval *c*

brake [breik] *n* rem *c*; *~ drum* remtrommel *c*; *~ lights* remlichten *pl*

branch [braːntʃ] *n* tak *c*; filiaal *nt*

brand [brænd] *n* merk *nt*; brandmerk *nt*

brand-new [,brænd'njuː] *adj* splinternieuw

brass [braːs] *n* messing *nt*; koper *nt*, geelkoper *nt*; *~ band* *n* fanfarekorps *nt*

brassiere ['bræziə] *n* bustehouder *c*, beha *c*

brassware ['braːsweə] *n* koperwerk *nt*

brave [breiv] *adj* moedig, dapper; flink

Brazil [brə'zil] Brazilië

Brazilian [brə'ziljən] *adj* Braziliaans; *n* Braziliaan *c*

breach [briːtʃ] *n* bres *c*

bread [bred] *n* brood *nt*; **wholemeal ~** volkorenbrood *nt*

breadth [bredθ] *n* breedte *c*

break [breik] *n* breuk *c*; pauze *c*

***break** [breik] *v* *breken; *~ down* stuk *gaan; ontleden

breakdown ['breikdaun] *n* panne *c*, motorpech *c*

breakfast ['brekfəst] *n* ontbijt *nt*

bream [briːm] *n* (pl ~) brasem *c*

breast [brest] *n* borst *c*

breaststroke ['breststrouk] *n* schoolslag *c*

breath [breθ] *n* adem *c*; lucht *c*

breathe [briːð] *v* ademen

breathing ['briːðiŋ] *n* ademhaling *c*

breed [briːd] *n* ras *nt*; soort *c/nt*

***breed** [briːd] *v* fokken

breeze [briːz] *n* bries *c*

brew [bruː] *v* brouwen

brewery ['bruːəri] *n* brouwerij *c*

bribe [braib] *v* *omkopen

bribery ['braibəri] *n* omkoping *c*

brick [brik] *n* steen *c*, baksteen *c*

bricklayer ['brikleiə] *n* metselaar *c*

bride [braid] *n* bruid *c*

bridegroom ['braidgruːm] *n* bruidegom *c*

bridge [bridʒ] *n* brug *c*; bridge *nt*

brief [briːf] *adj* kort; beknopt

briefcase ['briːfkeis] *n* aktentas *c*

briefs [briːfs] *pl* slip *c*, onderbroek *c*

bright [brait] *adj* helder; blinkend; snugger, pienter

brill [bril] *n* griet *c*

brilliant ['briljənt] *adj* schitterend; briljant

brim [brim] *n* rand *c*

* **bring** [briŋ] *v* *brengen; *meebrengen; ~ **back** *terugbrengen; ~ **up** opvoeden, *grootbrengen; ter sprake *brengen

brisk [brisk] *adj* levendig

Britain ['britən] Engeland

British ['britiʃ] *adj* Brits; Engels

Briton ['britən] *n* Brit *c*; Engelsman *c*

broad [brɔːd] *adj* breed; ruim, wijd; globaal

broadcast ['brɔːdkɑːst] *n* uitzending *c*

* **broadcast** ['brɔːdkɑːst] *v* *uitzenden

brochure ['brouʃuə] *n* brochure *c*

broke¹ [brouk] *v* (p break)

broke² [brouk] *adj* platzak

broken ['broukən] *adj* (pp break) stuk, kapot

broker ['broukə] *n* makelaar *c*

bronchitis [brɔŋ'kaitis] *n* bronchitis *c*

bronze [brɔnz] *n* brons *nt*; *adj* bronzen

brooch [broutʃ] *n* broche *c*

brook [bruk] *n* beek *c*

broom [bruːm] *n* bezem *c*

brothel ['brɔθəl] *n* bordeel *nt*

brother ['brʌðə] *n* broer *c*; broeder *c*

brother-in-law ['brʌðərinlɔː] *n* (pl brothers-) zwager *c*

brought [brɔːt] *v* (p, pp bring)

brown [braun] *adj* bruin

bruise [bruːz] *n* blauwe plek, kneuzing *c*; *v* kneuzen

brunette [bruː'net] *n* brunette *c*

brush [brʌʃ] *n* borstel *c*; kwast *c*; *v* poetsen, borstelen

brutal ['bruːtəl] *adj* beestachtig

bubble ['bʌbəl] *n* bel *c*

bucket ['bʌkit] *n* emmer *c*

buckle ['bʌkəl] *n* gesp *c*

bud [bʌd] *n* knop *c*

budget ['bʌdʒit] *n* begroting *c*, budget *nt*

buffet ['bufei] *n* buffet *nt*

bug [bʌg] *n* wandluis *c*; kever *c*; *nAm* insekt *nt*

* **build** [bild] *v* bouwen

building ['bildiŋ] *n* gebouw *nt*

bulb [bʌlb] *n* bol *c*; bloembol *c*; **light** ~ gloeilamp *c*

Bulgaria [bʌl'gɛəriə] Bulgarije

Bulgarian [bʌl'gɛəriən] *adj* Bulgaars; *n* Bulgaar *c*

bulk [bʌlk] *n* omvang *c*; massa *c*; meerderheid *c*

bulky ['bʌlki] *adj* lijvig, omvangrijk

bull [bul] *n* stier *c*

bullet ['bulit] *n* kogel *c*

bullfight ['bulfait] *n* stierengevecht *nt*

bullring ['bulriŋ] *n* arena *c*

bump [bʌmp] *v* *stoten; botsen; bonzen; *n* stoot *c*, bons *c*

bumper ['bʌmpə] *n* bumper *c*

bumpy ['bʌmpi] *adj* hobbelig

bun [bʌn] *n* broodje *nt*

bunch [bʌntʃ] *n* bos *c*; groep *c*

bundle ['bʌndəl] *n* bundel *c*; *v* *samenbinden, bundelen

bunk [bʌŋk] *n* kooi *c*

buoy [bɔi] *n* boei *c*

burden ['bəːdən] *n* last *c*

bureau ['bjuərou] *n* (pl ~x, ~s) bureau *nt*, schrijftafel *c*; *nAm* commode *c*

bureaucracy [bjuə'rɔkrəsi] *n* bureaucratie *c*

burglar ['bəːglə] *n* inbreker *c*

burgle ['bəːgəl] *v* *inbreken

burial ['beriəl] *n* teraardebestelling *c*, begrafenis *c*

burn [bəːn] *n* brandwond *c*

* **burn** [bəːn] *v* branden; verbranden; aanbranden

* **burst** [bəːst] *v* *barsten; *breken

bury ['beri] *v* *begraven; *bedelven

bus [bʌs] *n* bus *c*

bush [buʃ] *n* struik *c*

business ['biznəs] n zaken pl, handel c; bedrijf nt, zaak c; werk nt; aangelegenheid c; ~ **hours** openingstijden pl, kantooruren pl; ~ **trip** zakenreis c; **on** ~ voor zaken

business-like ['biznislaik] adj zakelijk

businessman ['biznəsmən] n (pl -men) zakenman c

bust [bʌst] n buste c

bustle ['bʌsəl] n drukte c

busy ['bizi] adj bezig; druk

but [bʌt] conj maar; doch; prep behalve

butcher ['butʃə] n slager c

butter ['bʌtə] n boter c

butterfly ['bʌtəflai] n vlinder c; ~ **stroke** vlinderslag c

buttock ['bʌtək] n bil c

button ['bʌtən] n knoop c; v knopen

buttonhole ['bʌtənhoul] n knoopsgat nt

*__buy__ [bai] v *kopen; aanschaffen

buyer ['baiə] n koper c

by [bai] prep door; met, per; bij

by-pass ['baipɑ:s] n ringweg c; v passeren

C

cab [kæb] n taxi c

cabaret ['kæbərei] n cabaret nt; nachtclub c

cabbage ['kæbidʒ] n kool c

cab-driver ['kæb,draivə] n taxichauffeur c

cabin ['kæbin] n cabine c; hut c; kleedhokje nt; kajuit c

cabinet ['kæbinət] n kabinet nt

cable ['keibəl] n kabel c; telegram nt; v telegraferen

cadre ['kɑ:də] n kader nt

café ['kæfei] n café nt

cafeteria [,kæfə'tiəriə] n cafetaria c

caffeine ['kæfi:n] n coffeïne c

cage [keidʒ] n kooi c

cake [keik] n cake c; gebak nt, taart c, koek c

calamity [kə'læməti] n onheil nt, ramp c

calcium ['kælsiəm] n calcium nt

calculate ['kælkjuleit] v uitrekenen, berekenen

calculation [,kælkju'leiʃən] n berekening c

calendar ['kæləndə] n kalender c

calf [kɑ:f] n (pl calves) kalf nt; kuit c; ~ **skin** kalfsleer nt

call [kɔ:l] v *roepen; noemen; opbellen; n roep c; visite c, bezoek nt; telefoontje nt; *__be called__ *heten; ~ **names** *uitschelden; ~ **on** *bezoeken; ~ **up** Am opbellen

callus ['kæləs] n eelt c

calm [kɑ:m] adj rustig, kalm; ~ **down** kalmeren; bedaren

calorie ['kæləri] n calorie c

Calvinism ['kælvinizəm] n calvinisme nt

came [keim] v (p come)

camel ['kæməl] n kameel c

cameo ['kæmiou] n (pl ~s) camee c

camera ['kæmərə] n fototoestel nt; filmcamera c; ~ **shop** fotowinkel c

camp [kæmp] n kamp nt; v kamperen

campaign [kæm'pein] n campagne c

camp-bed [,kæmp'bed] n veldbed nt, stretcher c

camper ['kæmpə] n kampeerder c

camping ['kæmpiŋ] n camping c; ~ **site** camping c, kampeerterrein nt

camshaft ['kæmʃɑ:ft] n nokkenas c

can [kæn] n blik nt; ~ **opener** blikopener c

*__can__ [kæn] v *kunnen

Canada ['kænədə] Canada

Canadian [kə'neidiən] adj Canadees;

n Canadees *c*

canal [kə'næl] *n* kanaal *nt*; gracht *c*, singel *c*

canary [kə'neəri] *n* kanarie *c*

cancel ['kænsəl] *v* annuleren; *afzeggen

cancellation [,kænsə'leiʃən] *n* annulering *c*

cancer ['kænsə] *n* kanker *c*

candelabrum [,kændə'la:brəm] *n* (pl -bra) kandelaber *c*

candidate ['kændidət] *n* kandidaat *c*, gegadigde *c*

candle ['kændəl] *n* kaars *c*

candy ['kændi] *nAm* snoepje *nt*; snoep *nt*, snoepgoed *nt*; ~ **store** *Am* snoepwinkel *c*

cane [kein] *n* riet *nt*; stok *c*

canister ['kænistə] *n* trommel *c*, bus *c*

canoe [kə'nu:] *n* kano *c*

canteen [kæn'ti:n] *n* kantine *c*

canvas ['kænvəs] *n* tentdoek *nt*

cap [kæp] *n* pet *c*, muts *c*

capable ['keipəbəl] *adj* kundig, bekwaam

capacity [kə'pæsəti] *n* capaciteit *c*; vermogen *nt*; bekwaamheid *c*

cape [keip] *n* cape *c*; kaap *c*

capital ['kæpitəl] *n* hoofdstad *c*; kapitaal *nt*; *adj* belangrijk, hoofd-; ~ **letter** hoofdletter *c*

capitalism ['kæpitəlizəm] *n* kapitalisme *nt*

capitulation [kə,pitju'leiʃən] *n* capitulatie *c*

capsule ['kæpsju:l] *n* capsule *c*

captain ['kæptin] *n* kapitein *c*; gezagvoerder *c*

capture ['kæptʃə] *v* gevangen *nemen, *vangen; *innemen; *n* vangst *c*; inneming *c*

car [ka:] *n* auto *c*; ~ **hire** autoverhuur *c*; ~ **park** parkeerplaats *c*; ~ **rental** *Am* autoverhuur *c*

carafe [kə'ræf] *n* karaf *c*

caramel ['kærəməl] *n* karamel *c*

carat ['kærət] *n* karaat *nt*

caravan ['kærəvæn] *n* caravan *c*; woonwagen *c*

carburettor [,ka:bju'retə] *n* carburateur *c*

card [ka:d] *n* kaart *c*; briefkaart *c*

cardboard ['ka:dbɔ:d] *n* karton *nt*; *adj* kartonnen

cardigan ['ka:digən] *n* vest *nt*

cardinal ['ka:dinəl] *n* kardinaal *c*; *adj* kardinaal, hoofd-

care [keə] *n* verzorging *c*; zorg *c*; ~ **about** zich bekommeren om; ~ **for** *houden van; *take ~ of zorgen voor, verzorgen

career [kə'riə] *n* loopbaan *c*, carrière *c*

carefree ['keəfri:] *adj* onbezorgd

careful ['keəfəl] *adj* voorzichtig; zorgvuldig, nauwkeurig

careless ['keələs] *adj* achteloos, slordig

caretaker ['keə,teikə] *n* concierge *c*

cargo ['ka:gou] *n* (pl ~es) lading *c*, vracht *c*

carnival ['ka:nivəl] *n* carnaval *nt*

carp [ka:p] *n* (pl ~) karper *c*

carpenter ['ka:pintə] *n* timmerman *c*

carpet ['ka:pit] *n* vloerkleed *nt*, tapijt *nt*

carriage ['kæridʒ] *n* wagon *c*; koets *c*, rijtuig *nt*

carriageway ['kæridʒwei] *n* rijbaan *c*

carrot ['kærət] *n* peen *c*, wortel *c*

carry ['kæri] *v* *dragen; voeren; ~ **on** voortzetten; *doorgaan; ~ **out** uitvoeren

carry-cot ['kærikɔt] *n* reiswieg *c*

cart [ka:t] *n* kar *c*, wagen *c*

cartilage ['ka:tilidʒ] *n* kraakbeen *nt*

carton ['ka:tən] *n* kartonnen doos; slof *c*

cartoon [ka:'tu:n] *n* tekenfilm *c*

cartridge ['ka:tridʒ] *n* patroon *c*

carve [ka:v] v *snijden; kerven, *houtsnijden

carving ['ka:viŋ] n houtsnijwerk nt

case [keis] n geval nt; zaak c; koffer c; etui nt; **attaché ~** aktentas c; in ~ indien; in ~ of in geval van

cash [kæʃ] n contanten pl, contant geld; v verzilveren, incasseren, innen

cashier [kæ'ʃiə] n kassier c; caissière c

cashmere ['kæʃmiə] n kasjmier nt

casino [kə'si:nou] n (pl ~s) casino nt

cask [ka:sk] n ton c, vat nt

cast [ka:st] n worp c

* cast [ka:st] v gooien, *werpen; cast iron gietijzer nt

castle ['ka:səl] n slot nt, kasteel nt

casual ['kæʒuəl] adj ongedwongen; terloops, toevallig

casualty ['kæʒuəlti] n slachtoffer nt

cat [kæt] n kat c

catacomb ['kætəkoum] n catacombe c

catalogue ['kætəlɔg] n catalogus c

catarrh [kə'ta:] n catarre c

catastrophe [kə'tæstrəfi] n catastrofe c

* catch [kætʃ] v *vangen; *grijpen; betrappen; *nemen, halen

category ['kætigəri] n categorie c

cathedral [kə'θi:drəl] n dom c, kathedraal c

catholic ['kæθəlik] adj katholiek

cattle ['kætəl] pl vee nt

caught [kɔ:t] v (p, pp catch)

cauliflower ['kɔliflauə] n bloemkool c

cause [kɔ:z] v veroorzaken; aanrichten; n oorzaak c; beweegreden c, aanleiding c; zaak c; ~ to *doen

causeway ['kɔ:zwei] n straatweg c

caution ['kɔ:ʃən] n voorzichtigheid c; v waarschuwen

cautious ['kɔ:ʃəs] adj bedachtzaam

cave [keiv] n grot c; spelonk c

cavern ['kævən] n hol nt

caviar ['kæviɑ:] n kaviaar c

cavity ['kævəti] n holte c

cease [si:s] v *ophouden

ceiling ['si:liŋ] n plafond nt

celebrate ['selibreit] v vieren

celebration [,seli'breiʃən] n viering c

celebrity [si'lebrəti] n roem c

celery ['seləri] n selderij c

celibacy ['selibəsi] n celibaat nt

cell [sel] n cel c

cellar ['selə] n kelder c

cellophane ['seləfein] n cellofaan nt

cement [si'ment] n cement nt

cemetery ['semitri] n begraafplaats c, kerkhof nt

censorship ['sensəʃip] n censuur c

centigrade ['sentigreid] adj celsius

centimetre ['senti:mi:tə] n centimeter c

central ['sentrəl] adj centraal; ~ heating centrale verwarming; ~ station centraal station

centralize ['sentrəlaiz] v centraliseren

centre ['sentə] n centrum nt; middelpunt nt

century ['sentʃəri] n eeuw c

ceramics [si'ræmiks] pl aardewerk nt, ceramiek c

ceremony ['serəməni] n ceremonie c

certain ['sə:tən] adj zeker; bepaald

certificate [sə'tifikət] n certificaat nt; attest nt, akte c, diploma nt, getuigschrift nt

chain [tʃein] n keten c, ketting c

chair [tʃeə] n stoel c; zetel c

chairman ['tʃeəmən] n (pl -men) voorzitter c

chalet ['ʃælei] n chalet nt

chalk [tʃɔ:k] n krijt nt

challenge ['tʃæləndʒ] v uitdagen; n uitdaging c

chamber ['tʃeimbə] n kamer c

chambermaid ['tʃeimbəmeid] n kamermeisje nt

champagne [ʃæm'pein] n champagne

c

champion ['tʃæmpjən] *n* kampioen *c*; voorvechter *c*

chance [tʃɑ:ns] *n* toeval *nt*; kans *c*, gelegenheid *c*; risico *nt*; gok *c*; **by ~** toevallig

change [tʃeindʒ] *v* wijzigen, veranderen; wisselen; zich verkleden; overstappen; *n* wijziging *c*, verandering *c*; wisselgeld *nt*, kleingeld *nt*

channel ['tʃænəl] *n* kanaal *nt*; **English Channel** het Kanaal

chaos ['keiɔs] *n* chaos *c*

chaotic [kei'ɔtik] *adj* chaotisch

chap [tʃæp] *n* vent *c*

chapel ['tʃæpəl] *n* kerk *c*, kapel *c*

chaplain ['tʃæplin] *n* kapelaan *c*

character ['kærəktə] *n* karakter *nt*

characteristic [,kærəktə'ristik] *adj* kenmerkend, karakteristiek; *n* kenmerk *nt*; karaktertrek *c*

characterize ['kærəktəraiz] *v* kenmerken

charcoal ['tʃɑ:koul] *n* houtskool *c*

charge [tʃɑ:dʒ] *v* berekenen; belasten; aanklagen; *laden; n prijs c;* belasting *c*, lading *c*, last *c*; aanklacht *c*; **~ plate** *Am* credit card; **free of ~** kosteloos; **in ~ of** belast met; ***take ~ of** op zich *nemen

charity ['tʃærəti] *n* liefdadigheid *c*

charm [tʃɑ:m] *n* bekoring *c*, charme *c*; amulet *c*

charming ['tʃɑ:miŋ] *adj* charmant

chart [tʃɑ:t] *n* tabel *c*; grafiek *c*; zeekaart *c*; **conversion ~** omrekentabel *c*

chase [tʃeis] *v* *najagen; *verdrijven, *verjagen; n jacht c*

chasm ['kæzəm] *n* kloof *c*

chassis ['ʃæsi] *n* (pl ~) chassis *nt*

chaste [tʃeist] *adj* kuis

chat [tʃæt] *v* kletsen, babbelen; *n* babbeltje *nt*, praatje *nt*, geklets *nt*

chatterbox ['tʃætəbɔks] *n* babbelkous *c*

chauffeur ['ʃoufə] *n* chauffeur *c*

cheap [tʃi:p] *adj* goedkoop; voordelig

cheat [tʃi:t] *v* *bedriegen; oplichten

check [tʃek] *v* controleren, *nakijken; n ruit c; nAm rekening c;* cheque *c*; **check!** schaak!; **~ in** zich *inschrijven

check-book ['tʃekbuk] *nAm* chequeboekje *nt*

checkerboard ['tʃekəbɔ:d] *nAm* schaakbord *nt*

checkers ['tʃekəz] *plAm* damspel *nt*

checkroom ['tʃekru:m] *nAm* garderobe *c*

check-up ['tʃekʌp] *n* onderzoek *nt*

cheek [tʃi:k] *n* wang *c*

cheek-bone ['tʃi:kboun] *n* jukbeen *nt*

cheer [tʃiə] *v* juichen; **~ up** opvrolijken

cheerful ['tʃiəfəl] *adj* opgewekt, vrolijk

cheese [tʃi:z] *n* kaas *c*

chef [ʃef] *n* chef-kok *c*

chemical ['kemikəl] *adj* scheikundig, chemisch

chemist ['kemist] *n* apotheker *c*; **chemist's** apotheek *c*; drogisterij *c*

chemistry ['kemistri] *n* scheikunde *c*, chemie *c*

cheque [tʃek] *n* cheque *c*

cheque-book ['tʃekbuk] *n* chequeboekje *nt*

chequered ['tʃekəd] *adj* geruit, geblokt

cherry ['tʃeri] *n* kers *c*

chess [tʃes] *n* schaakspel *nt*

chest [tʃest] *n* borst *c*; borstkas *c*; kist *c*; **~ of drawers** ladenkast *c*

chestnut ['tʃesnʌt] *n* kastanje *c*

chew [tʃu:] *v* kauwen

chewing-gum ['tʃu:iŋgʌm] *n* kauwgom *c/nt*

chicken ['tʃikin] *n* kip *c*; kuiken *nt*

chickenpox ['tʃikinpɔks] *n* waterpok-

ken pl
chief [tʃi:f] n chef c; adj hoofd-, voornaamst
chieftain ['tʃi:ftən] n opperhoofd nt
child [tʃaild] n (pl children) kind nt
childbirth ['tʃaildbə:θ] n bevalling c
childhood ['tʃaildhud] n jeugd c
Chile ['tʃili] Chili
Chilean ['tʃiliən] adj Chileens; n Chileen c
chill [tʃil] n rilling c
chilly ['tʃili] adj kil
chimes [tʃaimz] pl carillon nt
chimney ['tʃimni] n schoorsteen c
chin [tʃin] n kin c
China ['tʃainə] China
china ['tʃainə] n porselein nt
Chinese [tʃai'ni:z] adj Chinees; n Chinees c
chink [tʃiŋk] n kier c
chip [tʃip] n schilfer c; fiche c; v *afsnijden, *afbreken; chips frites pl
chiropodist [ki'rəpədist] n pedicure c
chisel ['tʃizəl] n beitel c
chives [tʃaivz] pl bieslook nt
chlorine ['klɔ:ri:n] n chloor nt
chock-full [tʃɔk'ful] adj afgeladen, stampvol
chocolate ['tʃɔklət] n chocola c; bonbon c; chocolademelk c
choice [tʃɔis] n keuze c; keus c
choir [kwaiə] n koor nt
choke [tʃouk] v stikken; wurgen; n choke c
*choose [tʃu:z] v *kiezen
chop [tʃɔp] n kotelet c, karbonade c; v hakken
Christ [kraist] Christus
christen ['krisən] v dopen
christening ['krisəniŋ] n doop c
Christian ['kristʃən] adj christelijk; n christen c; ~ name voornaam c
Christmas ['krisməs] Kerstmis
chromium ['kroumiəm] n chroom nt

chronic ['krɔnik] adj chronisch
chronological [,krɔnə'lɔdʒikəl] adj chronologisch
chuckle ['tʃʌkəl] v grinniken
chunk [tʃʌŋk] n stuk nt
church [tʃə:tʃ] n kerk c
churchyard ['tʃə:tʃjɑ:d] n kerkhof nt
cigar [si'gɑ:] n sigaar c; ~ shop sigarenwinkel c
cigarette [,sigə'ret] n sigaret c; ~ tobacco shag c
cigarette-case [,sigə'retkeis] n sigarettenkoker c
cigarette-holder [,sigə'ret,houldə] n sigarettepijpje nt
cigarette-lighter [,sigə'ret,laitə] n aansteker c
cinema ['sinəmə] n bioscoop c
cinnamon ['sinəmən] n kaneel c
circle ['sə:kəl] n cirkel c; kring c; balkon nt; v omringen, *omgeven
circulation [,sə:kju'leiʃən] n circulatie c; bloedsomloop c; omloop c
circumstance ['sə:kəmstæns] n omstandigheid c
circus ['sə:kəs] n circus nt
citizen ['sitizən] n burger c
citizenship ['sitizənʃip] n staatsburgerschap nt
city ['siti] n stad c
civic ['sivik] adj burger-
civil ['sivəl] adj civiel; beleefd; ~ law burgerlijk recht; ~ servant ambtenaar c
civilian [si'viljən] adj burger-; n burger c
civilization [,sivəlai'zeiʃən] n beschaving c
civilized ['sivəlaizd] adj beschaafd
claim [kleim] v vorderen, opeisen; beweren; n eis c, aanspraak c
clamp [klæmp] n klem c; klemschroef c
clap [klæp] v applaudisseren, klappen

clarify ['klærifai] v ophelderen, verduidelijken

class [klɑ:s] n rang c, klasse c; klas c

classical ['klæsikəl] adj klassiek

classify ['klæsifai] v indelen

class-mate ['klɑ:smeit] n klasgenoot c

classroom ['klɑ:sru:m] n leslokaal nt

clause [klɔ:z] n clausule c

claw [klɔ:] n klauw c

clay [klei] n klei c

clean [kli:n] adj zuiver, schoon; v schoonmaken, reinigen

cleaning ['kli:niŋ] n schoonmaak c, reiniging c; ~ fluid reinigingsmiddel nt

clear [kliə] adj helder; duidelijk; v opruimen

clearing ['kliəriŋ] n open plaats c

cleft [kleft] n kloof c

clergyman ['klə:dʒimən] n (pl -men) dominee c, predikant c; geestelijke c

clerk [klɑ:k] n kantoorbediende c, beambte c; klerk c; secretaris c

clever ['klevə] adj intelligent; slim, pienter, knap

client ['klaiənt] n klant c; cliënt c

cliff [klif] n rots c, klip c

climate ['klaimit] n klimaat nt

climb [klaim] v *klimmen; *stijgen; n stijging c

clinic ['klinik] n kliniek c

cloak [klouk] n mantel c

cloakroom ['kloukru:m] n garderobe c

clock [klɔk] n klok c; at ... o'clock om ... uur

cloister ['klɔistə] n klooster nt

close¹ [klouz] v *sluiten; closed adj toe, dicht, gesloten

close² [klous] adj nabij

closet ['klɔzit] n kast c; nAm kleerkast c

cloth [klɔθ] n stof c; doek c

clothes [klouðz] pl kleding c, kleren pl

clothes-brush ['klouðzbrʌʃ] n kleerborstel c

clothing ['klouðiŋ] n kleding c

cloud [klaud] n wolk c; clouds bewolking c

cloud-burst ['klaudbə:st] n wolkbreuk c

cloudy ['klaudi] adj betrokken, bewolkt

clover ['klouvə] n klaver c

clown [klaun] n clown c

club [klʌb] n club c; sociëteit c, vereniging c; knots c, knuppel c

clumsy ['klʌmzi] adj onhandig

clutch [klʌtʃ] n koppeling c; greep c

coach [koutʃ] n bus c; rijtuig nt; koets c; trainer c

coachwork ['koutʃwə:k] n carrosserie c

coagulate [kou'ægjuleit] v stollen

coal [koul] n kolen pl

coarse [kɔ:s] adj grof

coast [koust] n kust c

coat [kout] n mantel c, jas c

coat-hanger ['kout,hæŋə] n kleerhanger c

cobweb ['kɔbweb] n spinneweb nt

cocaine [kou'kein] n cocaïne c

cock [kɔk] n haan c

cocktail ['kɔkteil] n cocktail c

coconut ['koukənʌt] n kokosnoot c

cod [kɔd] n (pl ~) kabeljauw c

code [koud] n code c

coffee ['kɔfi] n koffie c

cognac ['kɔnjæk] n cognac c

coherence [kou'hiərəns] n samenhang c

coin [kɔin] n munt c; geldstuk nt, muntstuk nt

coincide [,kouin'said] v *samenvallen

cold [kould] adj koud; n kou c; verkoudheid c; catch a ~ kou vatten

collapse [kə'læps] v *bezwijken, instorten

collar ['kɔlə] n halsband c; boord nt/c, kraag c; ~ **stud** boordeknoopje nt

collarbone ['kɔləboun] n sleutelbeen nt

colleague ['kɔli:g] n collega c

collect [kə'lekt] v verzamelen; ophalen, afhalen; collecteren

collection [kə'lekʃən] n collectie c, verzameling c; lichting c

collective [kə'lektiv] adj collectief

collector [kə'lektə] n verzamelaar c; collectant c

college ['kɔlidʒ] n instelling voor hoger onderwijs; school c

collide [kə'laid] v botsen

collision [kə'liʒən] n aanrijding c, botsing c; aanvaring c

Colombia [kə'lɔmbiə] Colombia

Colombian [kə'lɔmbiən] adj Colombiaans; n Colombiaan c

colonel ['kə:nəl] n kolonel c

colony ['kɔləni] n kolonie c

colour ['kʌlə] n kleur c; v kleuren; ~ **film** kleurenfilm c

colourant ['kʌlərənt] n kleurstof c

colour-blind ['kʌləblaind] adj kleurenblind

coloured ['kʌləd] adj gekleurd

colourful ['kʌləfəl] adj bont, kleurrijk

column ['kɔləm] n pilaar c, zuil c; kolom c; rubriek c; kolonne c

coma ['koumə] n coma nt

comb [koum] v kammen; n kam c

combat ['kɔmbæt] n strijd c, gevecht nt; v *bestrijden, *vechten

combination [,kɔmbi'neiʃən] n combinatie c

combine [kəm'bain] v combineren; *samenbrengen

*come [kʌm] v *komen; ~ **across** *tegenkomen; *vinden

comedian [kə'mi:diən] n toneelspeler c; komiek c

comedy ['kɔmədi] n blijspel nt, komedie c; **musical** ~ musical c

comfort ['kʌmfət] n gemak nt, komfort nt, gerief nt; troost c; v troosten

comfortable ['kʌmfətəbəl] adj geriefelijk, comfortabel

comic ['kɔmik] adj komisch

comics ['kɔmiks] pl stripverhaal nt

coming ['kʌmiŋ] n komst c

comma ['kɔmə] n komma c

command [kə'ma:nd] v *bevelen; n bevel nt

commander [kə'ma:ndə] n bevelhebber c

commemoration [kə,memə'reiʃən] n herdenking c

commence [kə'mens] v *beginnen

comment ['kɔment] n commentaar nt; v aanmerken

commerce ['kɔmə:s] n handel c

commercial [kə'mə:ʃəl] adj handels-, commercieel; n reclamespot c; ~ **law** handelsrecht nt

commission [kə'miʃən] n commissie c

commit [kə'mit] v toevertrouwen; plegen, *begaan

committee [kə'miti] n commissie c, comité nt

common ['kɔmən] adj gemeenschappelijk; gebruikelijk, gewoon; ordinair

commune ['kɔmju:n] n commune c

communicate [kə'mju:nikeit] v meedelen, mededelen

communication [kə,mju:ni'keiʃən] n communicatie c; mededeling c

communiqué [kə'mju:nikei] n communiqué nt

communism ['kɔmjunizəm] n communisme nt

communist ['kɔmjunist] n communist c

community [kə'mju:nəti] n samenleving c, gemeenschap c

commuter [kə'mju:tə] n forens c

compact ['kɔmpækt] adj compact

companion [kəm'pænjən] n metgezel c

company ['kʌmpəni] n gezelschap nt; maatschappij c; firma c, onderneming c

comparative [kəm'pærətiv] adj relatief

compare [kəm'pɛə] v *vergelijken

comparison [kəm'pærisən] n vergelijking c

compartment [kəm'pɑ:tmənt] n coupé c

compass ['kʌmpəs] n kompas nt

compel [kəm'pel] v *dwingen

compensate ['kɔmpənseit] v compenseren

compensation [,kɔmpən'seiʃən] n compensatie c; schadevergoeding c

compete [kəm'pi:t] v wedijveren

competition [,kɔmpə'tiʃən] n wedstrijd c; concurrentie c

competitor [kəm'petitər] n concurrent c

compile [kəm'pail] v samenstellen

complain [kəm'plein] v klagen

complaint [kəm'pleint] n klacht c; **complaints book** klachtenboek nt

complete [kəm'pli:t] adj compleet, volledig; v voltooien

completely [kəm'pli:tli] adv helemaal, volkomen, geheel

complex ['kɔmpleks] n complex nt; adj ingewikkeld

complexion [kəm'plekʃən] n teint c

complicated ['kɔmplikeitid] adj gecompliceerd, ingewikkeld

compliment ['kɔmplimənt] n compliment nt; v gelukwensen, feliciteren

compose [kəm'pouz] v samenstellen

composer [kəm'pouzə] n componist c

composition [,kɔmpə'ziʃən] n compositie c; samenstelling c

comprehensive [,kɔmpri'hensiv] adj uitgebreid

comprise [kəm'praiz] v omvatten

compromise ['kɔmprəmaiz] n compromis nt

compulsory [kəm'pʌlsəri] adj verplicht

comrade ['kɔmreid] n kameraad c

conceal [kən'si:l] v *verbergen

conceited [kən'si:tid] adj verwaand

conceive [kən'si:v] v opvatten; zich voorstellen

concentrate ['kɔnsəntreit] v concentreren

concentration [,kɔnsən'treiʃən] n concentratie c

conception [kən'sepʃən] n begrip nt; conceptie c

concern [kən'sə:n] v *aangaan, *betreffen; n zorg c; aangelegenheid c; bedrijf nt, onderneming c

concerned [kən'sə:nd] adj bezorgd; betrokken

concerning [kən'sə:niŋ] prep omtrent, betreffende

concert ['kɔnsət] n concert nt; ~ **hall** concertzaal c

concession [kən'seʃən] n concessie c; tegemoetkoming c

concierge [,kõsi'ɛəʒ] n concierge c

concise [kən'sais] adj beknopt, summier

conclusion [kəŋ'klu:ʒən] n gevolgtrekking c, conclusie c

concrete ['kɔŋkri:t] adj concreet; n beton nt

concurrence [kəŋ'kʌrəns] n samenloop c

concussion [kəŋ'kʌʃən] n hersenschudding c

condition [kən'diʃən] n voorwaarde c; toestand c, conditie c; omstandigheid c

conditional [kən'diʃənəl] adj voorwaardelijk

conduct¹ ['kɔndʌkt] n gedrag nt

conduct² [kən'dʌkt] v leiden; begeleiden; dirigeren

conductor [kən'dʌktə] *n* conducteur *c*; dirigent *c*

confectioner [kən'fekʃənə] *n* banketbakker *c*

conference ['kɔnfərəns] *n* conferentie *c*

confess [kən'fes] *v* bekennen; biechten; *belijden

confession [kən'feʃən] *n* bekentenis *c*; biecht *c*

confidence ['kɔnfidəns] *n* vertrouwen *nt*

confident ['kɔnfidənt] *adj* gerust

confidential [,kɔnfi'denʃəl] *adj* vertrouwelijk

confirm [kən'fə:m] *v* bevestigen

confirmation [,kɔnfə'meiʃən] *n* bevestiging *c*

confiscate ['kɔnfiskeit] *v* vorderen, beslag leggen op

conflict ['kɔnflikt] *n* conflict *nt*

confuse [kən'fju:z] *v* verwarren

confusion [kən'fju:ʒən] *n* verwarring *c*

congratulate [kən'grætʃuleit] *v* feliciteren, gelukwensen

congratulation [kən,grætʃu'leiʃən] *n* felicitatie *c*, gelukwens *c*

congregation [,kɔŋgri'geiʃən] *n* gemeente *c*; orde *c*, congregatie *c*

congress ['kɔŋgres] *n* congres *nt*; bijeenkomst *c*

connect [kə'nekt] *v* *verbinden; *aansluiten

connection [kə'nekʃən] *n* relatie *c*; verband *nt*; aansluiting *c*, verbinding *c*

connoisseur [,kɔnə'sə:] *n* kenner *c*

connotation [,kɔnə'teiʃən] *n* bijbetekenis *c*

conquer ['kɔŋkə] *v* veroveren; *overwinnen

conqueror ['kɔŋkərə] *n* veroveraar *c*

conquest ['kɔŋkwest] *n* verovering *c*

conscience ['kɔnʃəns] *n* geweten *nt*

conscious ['kɔnʃəs] *adj* bewust

consciousness ['kɔnʃəsnəs] *n* bewustzijn *nt*

conscript ['kɔnskript] *n* dienstplichtige *c*

consent [kən'sent] *v* toestemmen; instemmen; *n* instemming *c*, toestemming *c*

consequence ['kɔnsikwəns] *n* consequentie *c*, gevolg *nt*

consequently ['kɔnsikwəntli] *adv* bijgevolg

conservative [kən'sə:vətiv] *adj* behoudend, conservatief

consider [kən'sidə] *v* beschouwen; *overwegen; menen, *vinden

considerable [kən'sidərəbəl] *adj* aanzienlijk; flink, aanmerkelijk

considerate [kən'sidərət] *adj* attent

consideration [kən,sidə'reiʃən] *n* overweging *c*; consideratie *c*, aandacht *c*

considering [kən'sidəriŋ] *prep* gezien

consignment [kən'sainmənt] *n* zending *c*

consist of [kən'sist] *bestaan uit

conspire [kən'spaiə] *v* *samenzweren

constant ['kɔnstənt] *adj* aanhoudend

constipation [,kɔnsti'peiʃən] *n* obstipatie *c*, constipatie *c*

constituency [kən'stitʃuənsi] *n* kiesdistrict *nt*

constitution [,kɔnsti'tju:ʃən] *n* grondwet *c*

construct [kən'strʌkt] *v* bouwen; opbouwen, construeren

construction [kən'strʌkʃən] *n* constructie *c*; opbouw *c*; gebouw *nt*, bouw *c*

consul ['kɔnsəl] *n* consul *c*

consulate ['kɔnsjulat] *n* consulaat *nt*

consult [kən'sʌlt] *v* raadplegen

consultation [,kɔnsəl'teiʃən] *n* raadpleging *c*; consult *nt*; ~ **hours** *n* spreekuur *nt*

consumer [kən'sju:mə] *n* verbruiker *c*, consument *c*

contact ['kɔntækt] *n* contact *nt*; aanraking *c*; *v* zich in verbinding stellen met; ~ **lenses** contactlenzen *pl*

contagious [kən'teidʒəs] *adj* aanstekelijk, besmettelijk

contain [kən'tein] *v* bevatten; *inhouden

container [kən'teinə] *n* reservoir *nt*; container *c*

contemporary [kən'tempərəri] *adj* eigentijds; toenmalig; hedendaags; *n* tijdgenoot *c*

contempt [kən'tempt] *n* verachting *c*, minachting *c*

content [kən'tent] *adj* tevreden

contents ['kɔntents] *pl* inhoud *c*

contest ['kɔntest] *n* strijd *c*; wedstrijd *c*

continent ['kɔntinənt] *n* continent *nt*, werelddeel *nt*; vasteland *nt*

continental [,kɔnti'nentəl] *adj* continentaal

continual [kən'tinjuəl] *adj* voortdurend; **continually** *adv* steeds

continue [kən'tinju:] *v* voortzetten, vervolgen; *voortgaan, *doorgaan

continuous [kən'tinjuəs] *adj* voortdurend, doorlopend, onafgebroken

contour ['kɔntuə] *n* omtrek *c*

contraceptive [,kɔntrə'septiv] *n* voorbehoedmiddel *nt*

contract¹ ['kɔntrækt] *n* contract *nt*

contract² [kən'trækt] *v* *oplopen

contractor [kən'træktə] *n* aannemer *c*

contradict [,kɔntrə'dikt] *v* *tegenspreken

contradictory [,kɔntrə'diktəri] *adj* tegenstrijdig

contrary ['kɔntrəri] *n* tegendeel *c*; *adj* tegengesteld; **on the** ~ integen-

deel

contrast ['kɔntrɑ:st] *n* contrast *nt*; verschil *nt*, tegenstelling *c*

contribution [,kɔntri'bju:ʃən] *n* bijdrage *c*

control [kən'troul] *n* controle *c*; *v* controleren

controversial [,kɔntrə'və:ʃəl] *adj* controversieel, omstreden

convenience [kən'vi:njəns] *n* gemak *nt*

convenient [kən'vi:njənt] *adj* geriefelijk; geschikt, passend, gemakkelijk

convent ['kɔnvənt] *n* klooster *nt*

conversation [,kɔnvə'seiʃən] *n* conversatie *c*, gesprek *nt*

convert [kən'və:t] *v* bekeren; omrekenen

convict¹ [kən'vikt] *v* schuldig *bevinden

convict² ['kɔnvikt] *n* veroordeelde *c*

conviction [kən'vikʃən] *n* overtuiging *c*; veroordeling *c*

convince [kən'vins] *v* overtuigen

convulsion [kən'vʌlʃən] *n* kramp *c*

cook [kuk] *n* kok *c*; *v* koken; bereiden, klaarmaken

cookbook ['kukbuk] *nAm* kookboek *nt*

cooker ['kukə] *n* fornuis *nt*; **gas** ~ gasfornuis *nt*

cookery-book ['kukəribuk] *n* kookboek *nt*

cookie ['kuki] *nAm* biscuit *nt*

cool [ku:l] *adj* koel; **cooling system** koelsysteem *nt*

co-operation [kou,ɔpə'reiʃən] *n* samenwerking *c*; medewerking *c*

co-operative [kou'ɔpərətiv] *adj* coöperatief; gewillig, bereidwillig; *n* coöperatie *c*

co-ordinate [kou'ɔ:dineit] *v* coördineren

co-ordination [kou,ɔ:di'neiʃən] *n* coördinatie *c*

copper ['kɔpə] n roodkoper nt, koper nt

copy ['kɔpi] n kopie c; afschrift; exemplaar nt; v kopiëren; namaken; **carbon** ~ doorslag c

coral ['kɔrəl] n koraal c

cord [kɔ:d] n koord nt; snoer nt

cordial ['kɔ:diəl] adj hartelijk

corduroy ['kɔ:dərɔi] n ribfluweel nt

core [kɔ:] n kern c; klokhuis nt

cork [kɔ:k] n kurk c; stop c

corkscrew ['kɔ:kskru:] n kurketrekker c

corn [kɔ:n] n korrel c; graan nt, koren nt; eksteroog nt, likdoorn c; ~ **on the cob** maïskolf c

corner ['kɔ:nə] n hoek c

cornfield ['kɔ:nfi:ld] n korenveld nt

corpse [kɔ:ps] n lijk nt

corpulent ['kɔ:pjulənt] adj corpulent; gezet, dik

correct [kə'rekt] adj goed, correct, juist; v corrigeren, verbeteren

correction [kə'rekʃən] n correctie c; verbetering c

correctness [kə'rektnəs] n juistheid c

correspond [,kɔri'spɔnd] v corresponderen; *overeenkomen

correspondence [,kɔri'spɔndəns] n briefwisseling c, correspondentie c

correspondent [,kɔri'spɔndənt] n correspondent c

corridor ['kɔridɔ:] n gang c

corrupt [kə'rʌpt] adj corrupt; v *omkopen

corruption [kə'rʌpʃən] n omkoping c

corset ['kɔ:sit] n korset c

cosmetics [kɔz'metiks] pl kosmetica pl, schoonheidsmiddelen pl

cost [kɔst] n kosten pl; prijs c

***cost** [kɔst] v kosten

cosy ['kouzi] adj knus, gezellig

cot [kɔt] nAm stretcher c

cottage ['kɔtidʒ] n buitenhuis nt

cotton ['kɔtən] n katoen nt/c; katoenen

cotton-wool ['kɔtənwul] n watten pl

couch [kautʃ] n divan c

cough [kɔf] n hoest c; v hoesten

could [kud] v (p can)

council ['kaunsəl] n raad c

councillor ['kaunsələ] n raadslid nt

counsel ['kaunsəl] n raad c

counsellor ['kaunsələ] n raadsman c

count [kaunt] v tellen; optellen; meetellen; achten; n graaf c

counter ['kauntə] n toonbank c; balie c

counterfeit ['kauntəfi:t] v vervalsen

counterfoil ['kauntəfɔil] n controlestrook c

counterpane ['kauntəpein] n sprei c

countess ['kauntis] n gravin c

country ['kʌntri] n land nt; platteland nt; streek c; ~ **house** landhuis nt

countryman ['kʌntrimən] n (pl -men) landgenoot c

countryside ['kʌntrisaid] n platteland nt

county ['kaunti] n graafschap nt

couple ['kʌpəl] n paar c

coupon ['ku:pɔn] n coupon c, bon c

courage ['kʌridʒ] n dapperheid c, moed c

courageous [kə'reidʒəs] adj dapper, moedig

course [kɔ:s] n koers c; gang c; loop c; cursus c; **intensive** ~ spoedcursus c; **of** ~ uiteraard, natuurlijk

court [kɔ:t] n rechtbank c; hof nt

courteous ['kɔ:tiəs] adj hoffelijk

cousin ['kʌzən] n nicht c, neef c

cover ['kʌvə] v bedekken; n schuilplaats c, beschutting c; deksel nt; omslag c/nt

cow [kau] n koe c

coward ['kauəd] n lafaard c

cowardly ['kauədli] adj laf

cow-hide ['kauhaid] n koeiehuid c

crab [kræb] n krab c

crack [kræk] n gekraak nt; barst c; v kraken; *breken, barsten

cracker ['krækə] nAm koekje nt

cradle ['kreidəl] n wieg c; bakermat c

cramp [kræmp] n kramp c

crane [krein] n hijskraan c

crankcase ['kræŋkkeis] n carter nt

crankshaft ['kræŋkʃɑ:ft] n krukas c

crash [kræʃ] n botsing c; v botsen; neerstorten; ~ barrier vangrail c

crate [kreit] n krat c

crater ['kreitə] n krater c

crawl [krɔ:l] v *kruipen; n crawl c

craze [kreiz] n rage c

crazy ['kreizi] adj gek; dwaas, krank-zinnig

creak [kri:k] v kraken

cream [kri:m] n crème c; room c; adj roomkleurig

creamy ['kri:mi] adj romig

crease [kri:s] v kreuken; n vouw c; plooi c

create [kri'eit] v *scheppen; creëren

creature ['kri:tʃə] n schepsel nt; we-zen nt

credible ['kredibəl] adj geloofwaardig

credit ['kredit] n krediet nt; v credite-ren; ~ card credit card

creditor ['kreditə] n schuldeiser c

credulous ['kredjuləs] adj goedgelovig

creek [kri:k] n inham c, kreek c

*creep [kri:p] v *kruipen

creepy ['kri:pi] adj eng, griezelig

cremate [kri'meit] v cremeren

cremation [kri'meiʃən] n crematie c

crew [kru:] n bemanning c

cricket ['krikit] n cricket nt; krekel c

crime [kraim] n misdaad c

criminal ['kriminəl] n delinquent c, misdadiger c; adj crimineel, misda-dig; ~ law strafrecht nt

criminality [,krimi'næləti] n criminali-teit c

crimson ['krimzən] adj vuurrood

crippled ['kripəld] adj kreupel

crisis ['kraisis] n (pl crises) crisis c

crisp [krisp] adj croquant, knappend

critic ['kritik] n criticus c

critical ['kritikəl] adj kritisch; kritiek, hachelijk, zorgwekkend

criticism ['kritisizəm] n kritiek c

criticize ['kritisaiz] v bekritiseren

crochet ['krouʃei] v haken

crockery ['krɔkəri] n aardewerk nt, vaatwerk nt

crocodile ['krɔkədail] n krokodil c

crooked ['krukid] adj verdraaid, krom; oneerlijk

crop [krɔp] n oogst c

cross [krɔs] v *oversteken; adj kwaad, boos; n kruis nt

cross-eyed ['krɔsaid] adj scheel

crossing ['krɔsiŋ] n overtocht c; krui-sing c; oversteekplaats c; overweg c

crossroads ['krɔsroudz] n kruispunt nt

crosswalk ['krɔswɔ:k] nAm zebrapad nt

crow [krou] n kraai c

crowbar ['krouba:] n breekijzer nt

crowd [kraud] n massa c, menigte c

crowded ['kraudid] adj druk; overvol

crown [kraun] n kroon c; v kronen; bekronen

crucifix ['kru:sifiks] n kruisbeeld nt

crucifixion [,kru:si'fikʃən] n kruisiging c

crucify ['kru:sifai] v kruisigen

cruel [kruəl] adj wreed

cruise [kru:z] n boottocht c, cruise c

crumb [krʌm] n kruimel c

crusade [kru:'seid] n kruistocht c

crust [krʌst] n korst c

crutch [krʌtʃ] n kruk c

cry [krai] v huilen; schreeuwen; *roe-pen; n kreet c, schreeuw c; roep c

crystal ['kristəl] n kristal nt; adj kristallen

Cuba ['kju:bə] Cuba

Cuban ['kju:bən] adj Cubaans; n Cubaan c

cube [kju:b] n kubus c; blokje nt

cuckoo ['kuku:] n koekoek c

cucumber ['kju:kəmbə] n komkommer c

cuddle ['kʌdəl] v knuffelen

cudgel ['kʌdʒəl] n knuppel c

cuff [kʌf] n manchet c

cuff-links ['kʌfliŋks] pl manchetknopen pl

cul-de-sac ['kʌldəsæk] n doodlopende weg

cultivate ['kʌltiveit] v bebouwen; verbouwen, kweken

culture ['kʌltʃə] n cultuur c; beschaving c

cultured ['kʌltʃəd] adj beschaafd

cunning ['kʌniŋ] adj sluw

cup [kʌp] n kopje nt; beker c

cupboard ['kʌbəd] n kast c

curb [kə:b] n trottoirband c; v beteugelen

cure [kjuə] v *genezen; n kuur c; genezing c

curio ['kjuəriou] n (pl ~s) rariteit c

curiosity [,kjuəri'ɔsəti] n nieuwsgierigheid c

curious ['kjuəriəs] adj benieuwd, nieuwsgierig; raar

curl [kə:l] v krullen; n krul c

curler ['kə:lə] n krulspeld c

curling-tongs ['kə:liŋtɔŋz] pl krultang c

curly ['kə:li] adj krullend

currant ['kʌrənt] n krent c; bes c

currency ['kʌrənsi] n valuta c; foreign ~ buitenlands geld

current ['kʌrənt] n stroming c; stroom c; adj gangbaar, huidig; alternating ~ wisselstroom c; direct ~ ge-

lijkstroom c

curry ['kʌri] n kerrie c

curse [kə:s] v vloeken; vervloeken; n vloek c

curtain ['kə:tən] n gordijn nt; doek nt

curve [kə:v] n kromming c; bocht c

curved [kə:vd] adj krom, gebogen

cushion ['kuʃən] n kussen nt

custodian [kʌ'stoudiən] n suppoost c

custody ['kʌstədi] n hechtenis c; hoede c; voogdij c

custom ['kʌstəm] n gewoonte c; gebruik nt

customary ['kʌstəməri] adj gebruikelijk, gewoon, gewoonlijk

customer ['kʌstəmə] n klant c; cliënt c

Customs ['kʌstəmz] pl douane c; ~ duty accijns c; ~ officer douanebeambte c

cut [kʌt] n snee c; snijwond c

*cut [kʌt] v *snijden; knippen; verlagen; ~ off *afsnijden; afknippen; *afsluiten

cutlery ['kʌtləri] n bestek nt

cutlet ['kʌtlət] n karbonade c

cycle ['saikəl] n fiets c; rijwiel nt; kringloop c, cyclus c

cyclist ['saiklist] n fietser c; wielrijder c

cylinder ['silində] n cilinder c; ~ head cilinderkop c

cystitis [si'staitis] n blaasontsteking c

Czech [tʃek] adj Tsjechisch; n Tsjech c

Czechoslovakia [,tʃekəslə'vɑ:kiə] Tsjechoslowakije

D

dad [dæd] n vader c

daddy ['dædi] n papa c

daffodil ['dæfədil] n narcis c

daily ['deili] adj dagelijks; n dagblad nt

dairy ['deəri] n zuivelwinkel c

dam [dæm] n dam c; dijk c

damage ['dæmidʒ] n schade c; v beschadigen

damp [dæmp] adj vochtig; nat; n vocht nt; v bevochtigen

dance [dɑ:ns] v dansen; n dans c

dandelion ['dændilaiən] n paardebloem c

dandruff ['dændrəf] n roos c

Dane [dein] n Deen c

danger ['deindʒə] n gevaar nt

dangerous ['deindʒərəs] adj gevaarlijk

Danish ['deiniʃ] adj Deens

dare [deə] v wagen, durven; uitdagen

daring ['deəriŋ] adj gedurfd

dark [dɑ:k] adj duister, donker; n duisternis c

darling ['dɑ:liŋ] n schat c, lieveling c

darn [dɑ:n] v stoppen

dash [dæʃ] v snellen; n gedachtenstreepje nt

dashboard ['dæʃbɔ:d] n dashboard nt

data ['deitə] pl gegeven nt

date[1] [deit] n datum c; afspraak c; v dateren; **out of ~** ouderwets

date[2] [deit] n dadel c

daughter ['dɔ:tə] n dochter c

dawn [dɔ:n] n ochtendschemering c; dageraad c

day [dei] n dag c; **by ~** overdag; **~ trip** excursie c; **per ~** per dag; **the ~ before yesterday** eergisteren

daybreak ['deibreik] n dageraad c

daylight ['deilait] n daglicht nt

dead [ded] adj dood; gestorven

deaf [def] adj doof

deal [di:l] n transactie c, affaire c

***deal** [di:l] v uitdelen; **~ with** v te maken *hebben met; zaken *doen met

dealer ['di:lə] n koopman c, handelaar c

dear [diə] adj lief; duur; dierbaar

death [deθ] n dood c; **~ penalty** doodstraf c

debate [di'beit] n debat nt

debit ['debit] n debet nt

debt [det] n schuld c

decaffeinated [di:'kæfineitid] adj coffeïnevrij

deceit [di'si:t] n bedrog nt

deceive [di'si:v] v *bedriegen

December [di'sembə] december

decency ['di:sənsi] n fatsoen nt

decent ['di:sənt] adj fatsoenlijk

decide [di'said] v beslissen, *besluiten

decision [di'siʒən] n beslissing c, besluit nt

deck [dek] n dek nt; **~ cabin** dekhut c; **~ chair** ligstoel c

declaration [,deklə'reifən] n verklaring c; aangifte c

declare [di'kleə] v verklaren; *opgeven; *aangeven

decoration [,dekə'reifən] n versiering c

decrease [di:'kri:s] v verminderen; *afnemen; n vermindering c

dedicate ['dedikeit] v toewijden

deduce [di'dju:s] v afleiden

deduct [di'dʌkt] v *aftrekken

deed [di:d] n handeling c, daad c

deep [di:p] adj diep

deep-freeze [,di:p'fri:z] n diepvrieskast c

deer [diə] n (pl ~) hert nt

defeat [di'fi:t] v *verslaan; n nederlaag c

defective [di'fektiv] adj gebrekkig, defect

defence [di'fens] n verdediging c; defensie c

defend [di'fend] v verdedigen

deficiency [di'fiʃənsi] n gebrek nt

deficit ['defisit] n tekort nt

define [di'fain] v *omschrijven, bepalen, definiëren

definite ['definit] adj bepaald; vastomlijnd

definition [,defi'niʃən] n bepaling c, definitie c

deformed [di'fɔ:md] adj misvormd, mismaakt

degree [di'gri:] n graad c; titel c

delay [di'lei] v vertragen; uitstellen; n oponthoud nt, vertraging c; uitstel nt

delegate ['deligət] n gedelegeerde c

delegation [,deli'geiʃən] n delegatie c, afvaardiging c

deliberate¹ [di'libəreit] v beraadslagen, overleggen

deliberate² [di'libərət] adj opzettelijk

deliberation [di,libə'reiʃən] n beraad nt, overleg nt

delicacy ['delikəsi] n lekkernij c

delicate ['delikət] adj fijn; teder; delikaat

delicatessen [,delikə'tesən] n delicatessen pl; delicatessenwinkel c

delicious [di'liʃəs] adj lekker, heerlijk

delight [di'lait] n genot nt, verrukking c; v in verrukking *brengen; delighted opgetogen

delightful [di'laitfəl] adj heerlijk, verrukkelijk

deliver [di'livə] v afleveren, bezorgen; verlossen

delivery [di'livəri] n levering c, bezorging c; bevalling c; verlossing c; ~ van bestelauto c

demand [di'ma:nd] v vereisen, eisen; n eis c; navraag c

democracy [di'mɔkrəsi] n democratie c

democratic [,demə'krætik] adj democratisch

demolish [di'mɔliʃ] v slopen

demolition [,demə'liʃən] n afbraak c

demonstrate ['demənstreit] v aantonen; demonstreren, betogen

demonstration [,demən'streiʃən] n demonstratie c; betoging c

den [den] n hol nt

Denmark ['denmɑ:k] Denemarken

denomination [di,nɔmi'neiʃən] n benaming c

dense [dens] adj dicht

dent [dent] n deuk c

dentist ['dentist] n tandarts c

denture ['dentʃə] n kunstgebit nt

deny [di'nai] v ontkennen; *onthouden, weigeren, *ontzeggen

deodorant [di:'oudərənt] n deodorant c

depart [di'pɑ:t] v *heengaan, *vertrekken; *overlijden

department [di'pɑ:tmənt] n departement nt, afdeling c; ~ **store** warenhuis nt

departure [di'pɑ:tʃə] n vertrek nt

dependant [di'pendənt] adj afhankelijk

depend on [di'pend] *afhangen van

deposit [di'pɔzit] n storting c; statiegeld nt; bezinksel nt, afzetting c; v storten

depository [di'pɔzitəri] n bergplaats c

depot ['depou] n opslagplaats c; nAm station nt

depress [di'pres] v deprimeren

depressed [di'prest] adj neerslachtig

depressing [di'presiŋ] adj triest

depression [di'preʃən] n neerslachtigheid c; depressie c; teruggang c

deprive of [di'praiv] *ontnemen

depth [depθ] n diepte c

deputy ['depjuti] n afgevaardigde c; plaatsvervanger c

descend [di'send] v dalen

descendant [di'sendənt] n afstammeling c

descent [di'sent] n afdaling c

describe [di'skraib] v *beschrijven

description [di'skripʃən] n beschrijving

c; signalement nt

desert¹ ['dezət] n woestijn c; adj woest, verlaten

desert² [di'zə:t] v deserteren; *verlaten

deserve [di'zə:v] v verdienen

design [di'zain] v *ontwerpen; n ontwerp nt; doel nt

designate ['dezigneit] v *aanwijzen

desirable [di'zaiərəbəl] adj begeerlijk, wenselijk

desire [di'zaiə] n wens c; zin c, begeerte c; v begeren, verlangen, wensen

desk [desk] n bureau nt; lessenaar c; schoolbank c

despair [di'spɛə] n wanhoop c; v wanhopen

despatch [di'spætʃ] v *verzenden

desperate ['despərət] adj wanhopig

despise [di'spaiz] v verachten

despite [di'spait] prep ondanks

dessert [di'zə:t] n dessert nt

destination [,desti'neiʃən] n bestemming c

destine ['destin] v bestemmen

destiny ['destini] n noodlot nt, lot nt

destroy [di'strɔi] v vernielen, vernietigen

destruction [di'strʌkʃən] n vernietiging c; ondergang c

detach [di'tætʃ] v losmaken

detail ['di:teil] n bijzonderheid c, detail nt

detailed ['di:teild] adj uitvoerig, gedetailleerd

detect [di'tekt] v ontdekken

detective [di'tektiv] n detective c; ∼ story detectiveroman c

detergent [di'tə:dʒənt] n wasmiddel nt

determine [di'tə:min] v vaststellen, bepalen

determined [di'tə:mind] adj vastbesloten

detour ['di:tuə] n omweg c; omleiding c

devaluation [,di:vælju'eiʃən] n devaluatie c

devalue [,di:'vælju:] v devalueren

develop [di'veləp] v ontwikkelen

development [di'veləpmənt] n ontwikkeling c

deviate ['di:vieit] v *afwijken

devil ['devəl] n duivel c

devise [di'vaiz] v beramen

devote [di'vout] v wijden

dew [dju:] n dauw c

diabetes [,daiə'bi:ti:z] n diabetes c, suikerziekte c

diabetic [,daiə'betik] n suikerzieke c, diabeticus c

diagnose [,daiəg'nouz] v een diagnose stellen; constateren

diagnosis [,daiəg'nousis] n (pl -ses) diagnose c

diagonal [dai'ægənəl] n diagonaal c; adj diagonaal

diagram ['daiəgræm] n schema nt; figuur c, grafiek c

dialect ['daiəlekt] n dialect nt

diamond ['daiəmənd] n diamant c

diaper ['daiəpə] nAm luier c

diaphragm ['daiəfræm] n tussenschot nt

diarrhoea [daiə'riə] n diarree c

diary ['daiəri] n agenda c; dagboek nt

dictaphone ['diktəfoun] n dictafoon c

dictate [dik'teit] v dicteren

dictation [dik'teiʃən] n dictaat nt; dictee nt

dictator [dik'teitə] n dictator c

dictionary ['dikʃənəri] n woordenboek nt

did [did] v (p do)

die [dai] v *sterven; *overlijden

diesel ['di:zəl] n diesel c

diet ['daiət] n dieet nt

differ ['difə] v verschillen

difference ['difərəns] n verschil nt; onderscheid nt

different ['difərənt] adj verschillend; ander

difficult ['difikəlt] adj moeilijk; lastig

difficulty ['difikəlti] n moeilijkheid c; moeite c

* **dig** [dig] v *graven; *delven

digest [di'dʒest] v verteren

digestible [di'dʒestəbəl] adj verteerbaar

digestion [di'dʒestʃən] n spijsvertering c

digit ['didʒit] n cijfer nt

dignified ['dignifaid] adj waardig

dike [daik] n dijk c; dam c

dilapidated [di'læpideitid] adj bouwvallig

diligence ['dilidʒəns] n vlijt c, ijver c

diligent ['dilidʒənt] adj vlijtig, ijverig

dilute [dai'lju:t] v aanlengen, verdunnen

dim [dim] adj dof, mat; donker, zwak, vaag

dine [dain] v warm *eten

dinghy ['diŋgi] n bootje nt

dining-car ['dainiŋkɑ:] n restauratiewagen c

dining-room ['dainiŋru:m] n eetkamer c; eetzaal c

dinner ['dinə] n warme maaltijd; avondeten nt, middageten nt

dinner-jacket ['dinə,dʒækit] n smoking c

dinner-service ['dinə,sə:vis] n eetservies nt

diphtheria [dif'θiəriə] n difterie c

diploma [di'ploumə] n diploma nt

diplomat ['dipləmæt] n diplomaat c

direct [di'rekt] adj rechtstreeks, direct; v richten; *wijzen; leiden; regisseren

direction [di'rekʃən] n richting c; instructie c; regie c; bestuur nt; directional signal Am richtingaanwijzer c; **directions for use** gebruiksaanwijzing c

directive [di'rektiv] n richtlijn c

director [di'rektə] n directeur c; regisseur c

dirt [də:t] n vuil nt

dirty ['də:ti] adj smerig, vies, vuil

disabled [di'seibəld] adj gehandicapt, invalide

disadvantage [,disəd'vɑ:ntidʒ] n nadeel nt

disagree [,disə'gri:] v het oneens *zijn, van mening verschillen

disagreeable [,disə'gri:əbəl] adj onaangenaam

disappear [,disə'piə] v *verdwijnen

disappoint [,disə'pɔint] v teleurstellen; *be disappointing *tegenvallen

disappointment [,disə'pɔintmənt] n teleurstelling c

disapprove [,disə'pru:v] v afkeuren

disaster [di'zɑ:stə] n ramp c; catastrofe c, onheil nt

disastrous [di'zɑ:strəs] adj rampzalig

disc [disk] n schijf c; grammofoonplaat c; **slipped ~ hernia** c

discard [di'skɑ:d] v afdanken

discharge [dis'tʃɑ:dʒ] v lossen, *uitladen; ~ **of** *ontheffen van

discipline ['disiplin] n discipline c

discolour [di'skʌlə] v verkleuren

disconnect [,diskə'nekt] v ontkoppelen; uitschakelen

discontented [,diskən'tentid] adj ontevreden

discontinue [,diskən'tinju:] v *opheffen, staken

discount ['diskaunt] n korting c, reductie c

discover [di'skʌvə] v ontdekken

discovery [di'skʌvəri] n ontdekking c

discuss [di'skʌs] v *bespreken; discussiëren

discussion [di'skʌʃən] n discussie c; gesprek nt, bespreking c, debat nt
disease [di'zi:z] n ziekte c
disembark [ˌdisim'ba:k] v van boord *gaan, ontschepen
disgrace [dis'greis] n schande c
disguise [dis'gaiz] v zich vermommen; n vermomming c
disgusting [dis'gʌstiŋ] adj misselijk, walgelijk
dish [diʃ] n bord nt; schotel c, schaal c; gerecht nt
dishonest [di'sɔnist] adj oneerlijk
disinfect [ˌdisin'fekt] v ontsmetten
disinfectant [ˌdisin'fektənt] n ontsmettingsmiddel nt
dislike [di'slaik] v een hekel *hebben aan, niet *houden van; n afkeer c, hekel c, antipathie c
dislocated ['disləkeitid] adj ontwricht
dismiss [dis'mis] v *wegzenden; *ontslaan
disorder [di'sɔ:də] n wanorde c
dispatch [di'spætʃ] v versturen, *verzenden
display [di'splei] v vertonen; tonen; n tentoonstelling c, expositie c
displease [di'spli:z] v ontstemmen, mishagen
disposable [di'spouzəbəl] adj wegwerp-
disposal [di'spouzəl] n beschikking c
dispose of [di'spouz] beschikken over
dispute [di'spju:t] n onenigheid c; ruzie c, geschil nt; v twisten, betwisten
dissatisfied [di'sætisfaid] adj ontevreden
dissolve [di'zɔlv] v oplossen; *ontbinden
dissuade from [di'sweid] *afraden
distance ['distəns] n afstand c; ~ in kilometres kilometertal nt
distant ['distənt] adj ver
distinct [di'stiŋkt] adj duidelijk; verschillend
distinction [di'stiŋkʃən] n onderscheid nt, verschil nt
distinguish [di'stiŋgwiʃ] v onderscheid maken, *onderscheiden
distinguished [di'stiŋgwiʃt] adj voornaam
distress [di'stres] n nood c; ~ signal noodsein nt
distribute [di'stribju:t] v uitdelen
distributor [di'stribjutə] n agent c; stroomverdeler c
district ['distrikt] n district nt; streek c; wijk c
disturb [di'stə:b] v storen, verstoren
disturbance [di'stə:bəns] n storing c; verwarring c
ditch [ditʃ] n greppel c, sloot c
dive [daiv] v *duiken
diversion [dai'və:ʃən] n wegomlegging c; afleiding c
divide [di'vaid] v delen; verdelen; *scheiden
divine [di'vain] adj goddelijk
division [di'viʒən] n deling c; scheiding c; afdeling c
divorce [di'vɔ:s] n echtscheiding c; v *scheiden
dizziness ['dizinəs] n duizeligheid c
dizzy ['dizi] adj duizelig
***do** [du:] v *doen; voldoende *zijn
dock [dɔk] n dok nt; kade c; v aanleggen
docker ['dɔkə] n havenarbeider c
doctor ['dɔktə] n arts c, dokter c; doctor c
document ['dɔkjumənt] n document nt
dog [dɔg] n hond c
dogged ['dɔgid] adj hardnekkig
doll [dɔl] n pop c
dome [doum] n koepel c
domestic [də'mestik] adj huiselijk; binnenlands; n bediende c
domicile ['dɔmisail] n woonplaats c

domination [,dɔmi'neiʃən] *n* overheersing *c*

dominion [də'minjən] *n* heerschappij *c*

donate [dou'neit] *v* *schenken

donation [dou'neiʃən] *n* schenking *c*, gift *c*

done [dʌn] *v* (pp do)

donkey ['dɔŋki] *n* ezel *c*

donor ['dounə] *n* donateur *c*

door [dɔ:] *n* deur *c*; **revolving ~** draaideur *c*; **sliding ~** schuifdeur *c*

doorbell ['dɔ:bel] *n* deurbel *c*

door-keeper ['dɔ:,ki:pə] *n* portier *c*

doorman ['dɔ:mən] *n* (pl -men) portier *c*

dormitory ['dɔ:mitri] *n* slaapzaal *c*

dose [dous] *n* dosis *c*

dot [dɔt] *n* punt *c*

double ['dʌbəl] *adj* dubbel

doubt [daut] *v* betwijfelen, twijfelen; *n* twijfel *c*; **without ~** zonder twijfel

doubtful ['dautfəl] *adj* twijfelachtig; onzeker

dough [dou] *n* deeg *nt*

down¹ [daun] *adv* neer; omlaag, naar beneden, omver; *adj* neerslachtig; *prep* langs, van ... af; **~ payment** aanbetaling *c*

down² [daun] *n* dons *nt*

downpour ['daunpɔ:] *n* stortbui *c*

downstairs [,daun'stɛəz] *adv* naar beneden, beneden

downstream [,daun'stri:m] *adv* stroomafwaarts

down-to-earth [,dauntu'ə:θ] *adj* nuchter

downwards ['daunwədz] *adv* neer, naar beneden

dozen ['dʌzən] *n* (pl ~, ~s) dozijn *nt*

draft [drɑ:ft] *n* wissel *c*

drag [dræg] *v* slepen

dragon ['drægən] *n* draak *c*

drain [drein] *v* droogleggen; afwate-

ren; *n* afvoer *c*

drama ['drɑ:mə] *n* drama *nt*; treurspel *nt*; toneel *nt*

dramatic [drə'mætik] *adj* dramatisch

dramatist ['dræmətist] *n* toneelschrijver *c*

drank [dræŋk] *v* (p drink)

draper ['dreipə] *n* manufacturier *c*

drapery ['dreipəri] *n* stoffen *nt*

draught [drɑ:ft] *n* tocht *c*; **draughts** damspel *nt*

draught-board ['drɑ:ftbɔ:d] *n* dambord *nt*

draw [drɔ:] *n* trekking *c*

*draw [drɔ:] *v* tekenen; *trekken; *opnemen; **~ up** opstellen

drawbridge ['drɔ:bridʒ] *n* ophaalbrug *c*

drawer ['drɔ:ə] *n* la *c*, lade *c*; **drawers** onderbroek *c*

drawing ['drɔ:iŋ] *n* tekening *c*

drawing-pin ['drɔ:iŋpin] *n* punaise *c*

drawing-room ['drɔ:iŋru:m] *n* salon *c*

dread [dred] *v* vrezen; *n* vrees *c*

dreadful ['dredfəl] *adj* vreselijk, ontzettend

dream [dri:m] *n* droom *c*

*dream [dri:m] *v* dromen

dress [dres] *v* aankleden; zich kleden, zich aankleden; *verbinden; *n* japon *c*, jurk *c*

dressing-gown ['dresiŋgaun] *n* kamerjas *c*

dressing-room ['dresiŋru:m] *n* kleedkamer *c*

dressing-table ['dresiŋ,teibəl] *n* toilettafel *c*

dressmaker ['dres,meikə] *n* naaister *c*

drill [dril] *v* boren; trainen; *n* boor *c*

drink [driŋk] *n* borrel *c*, drank *c*

*drink [driŋk] *v* *drinken

drinking-water ['driŋkiŋ,wɔ:tə] *n* drinkwater *nt*

drip-dry [,drip'drai] *adj* zelfstrijkend,

no-iron
drive [draiv] *n* rijweg *c*; autorit *c*
* **drive** [draiv] *v* *rijden; besturen
driver ['draivə] *n* chauffeur *c*
drizzle ['drizəl] *n* motregen *c*
drop [drɔp] *v* *laten vallen; *n* druppel *c*
drought [draut] *n* droogte *c*
drown [draun] *v* *verdrinken; * **be drowned** *verdrinken
drug [drʌg] *n* verdovend middel; geneesmiddel *nt*
drugstore ['drʌgstɔ:] *nAm* drogisterij *c*, apotheek *c*; warenhuis *nt*
drum [drʌm] *n* trommel *c*
drunk [drʌŋk] *adj* (pp drink) dronken
dry [drai] *adj* droog; *v* drogen; afdrogen
dry-clean [,drai'kli:n] *v* chemisch reinigen
dry-cleaner's [,drai'kli:nəz] *n* stomerij *c*
dryer ['draiə] *n* centrifuge *c*
duchess [dʌtʃis] *n* hertogin *c*
duck [dʌk] *n* eend *c*
due [dju:] *adj* verwacht; verschuldigd; vervallen
dues [dju:z] *pl* schulden *pl*
dug [dʌg] *v* (p, pp dig)
duke [dju:k] *n* hertog *c*
dull [dʌl] *adj* vervelend, saai; flets, mat; bot
dumb [dʌm] *adj* stom; suf, dom
dune [dju:n] *n* duin *nt*
dung [dʌŋ] *n* mest *c*
dunghill ['dʌŋhil] *n* mesthoop *c*
duration [dju'reiʃən] *n* duur *c*
during ['djuəriŋ] *prep* gedurende, tijdens
dusk [dʌsk] *n* avondschemering *c*
dust [dʌst] *n* stof *nt*
dustbin ['dʌstbin] *n* vuilnisbak *c*
dusty [dʌsti] *adj* stoffig
Dutch [dʌtʃ] *adj* Nederlands, Hollands

Dutchman ['dʌtʃmən] *n* (pl -men) Nederlander *c*, Hollander *c*
dutiable ['dju:tiəbəl] *adj* belastbaar
duty ['dju:ti] *n* plicht *c*; taak *c*; invoerrecht *nt*; **Customs** ~ accijns *c*
duty-free [,dju:ti'fri:] *adj* belastingvrij
dwarf [dwɔ:f] *n* dwerg *c*
dye [dai] *v* verven; *n* verf *c*
dynamo ['dainəmou] *n* (pl ~s) dynamo *c*
dysentery ['disəntri] *n* dysenterie *c*

E

each [i:tʃ] *adj* elk, ieder; ~ **other** elkaar
eager ['i:gə] *adj* verlangend, ongeduldig
eagle ['i:gəl] *n* arend *c*
ear [iə] *n* oor *nt*
earache ['iəreik] *n* oorpijn *c*
ear-drum ['iədrʌm] *n* trommelvlies *nt*
earl [ə:l] *n* graaf *c*
early ['ə:li] *adj* vroeg
earn [ə:n] *v* verdienen
earnest ['ə:nist] *n* ernst *c*
earnings ['ə:niŋz] *pl* inkomsten *pl*, verdiensten *pl*
earring ['iəriŋ] *n* oorbel *c*
earth [ə:θ] *n* aarde *c*; grond *c*
earthenware ['ə:θənwɛə] *n* aardewerk *nt*
earthquake ['ə:θkweik] *n* aardbeving *c*
ease [i:z] *n* ongedwongenheid *c*, gemak *nt*
east [i:st] *n* oost *c*, oosten *nt*
Easter ['i:stə] Pasen
easterly ['i:stəli] *adj* oostelijk
eastern ['i:stən] *adj* oost-, oostelijk
easy ['i:zi] *adj* gemakkelijk; geriefelijk; ~ **chair** leunstoel *c*

easy-going ['i:zi,gouiŋ] *adj* ontspannen

* **eat** [i:t] *v* *eten

eavesdrop ['i:vzdrɔp] *v* afluisteren

ebony ['ebəni] *n* ebbehout *nt*

eccentric [ik'sentrik] *adj* excentriek

echo ['ekou] *n* (pl ~es) weerklank *c*, echo *c*

eclipse [i'klips] *n* verduistering *c*

economic [,i:kə'nɔmik] *adj* economisch

economical [,i:kə'nɔmikəl] *adj* spaarzaam, zuinig

economist [i'kɔnəmist] *n* econoom *c*

economize [i'kɔnəmaiz] *v* sparen

economy [i'kɔnəmi] *n* economie *c*

ecstasy ['ekstəzi] *n* extase *c*

Ecuador ['ekwədɔ:] Ecuador

Ecuadorian [,ekwə'dɔ:riən] *n* Ecuadoriaan *c*

eczema ['eksimə] *n* eczeem *nt*

edge [edʒ] *n* kant *c*, rand *c*

edible ['edibəl] *adj* eetbaar

edition [i'difən] *n* editie *c*, uitgave *c*; **morning** ~ ochtendeditie *c*

editor ['editə] *n* redakteur *c*

educate ['edʒukeit] *v* opleiden, opvoeden

education [,edʒu'keifən] *n* onderwijs *nt*; opvoeding *c*

eel [i:l] *n* aal *c*, paling *c*

effect [i'fekt] *n* gevolg *nt*, effect *nt*; *v* *teweegbrengen; **in** ~ feitelijk

effective [i'fektiv] *adj* doeltreffend, effectief

efficient [i'fifənt] *adj* efficiënt, doelmatig

effort ['efət] *n* inspanning *c*; poging *c*

egg [eg] *n* ei *nt*

egg-cup ['egkʌp] *n* eierdopje *nt*

eggplant ['egplɑ:nt] *n* aubergine *c*

egg-yolk ['egjouk] *n* eierdooier *c*

egoistic [,egou'istik] *adj* zelfzuchtig

Egypt ['i:dʒipt] Egypte

Egyptian [i'dʒipfən] *adj* Egyptisch; *n* Egyptenaar *c*

eiderdown ['aidədaun] *n* donzen dekbed

eight [eit] *num* acht

eighteen [,ei'ti:n] *num* achttien

eighteenth [,ei'ti:nθ] *num* achttiende

eighth [eitθ] *num* achtste

eighty ['eiti] *num* tachtig

either ['aiðə] *pron* een van beide; **either ... or** hetzij ... hetzij, of ... of

elaborate [i'læbəreit] *v* uitwerken

elastic [i'læstik] *adj* elastisch; rekbaar; elastiek *nt*

elasticity [,elæ'stisəti] *n* rek *c*

elbow ['elbou] *n* elleboog *c*

elder ['eldə] *adj* ouder

elderly ['eldəli] *adj* bejaard

eldest ['eldist] *adj* oudst

elect [i'lekt] *v* *kiezen, *verkiezen

election [i'lekfən] *n* verkiezing *c*

electric [i'lektrik] *adj* elektrisch; ~ **razor** scheerapparaat *nt*; ~ **cord** snoer *nt*

electrician [,ilek'trifən] *n* elektricien *c*

electricity [,ilek'trisəti] *n* elektriciteit *c*

electronic [ilek'trɔnik] *adj* elektronisch

elegance ['eligəns] *n* elegantie *c*

elegant ['eligənt] *adj* elegant

element ['elimənt] *n* bestanddeel *nt*, element *nt*

elephant ['elifənt] *n* olifant *c*

elevator ['eliveitə] *nAm* lift *c*

eleven [i'levən] *num* elf

eleventh [i'levənθ] *num* elfde

elf [elf] *n* (pl elves) elf *c*

eliminate [i'limineit] *v* elimineren

elm [elm] *n* iep *c*

else [els] *adv* anders

elsewhere [,el'sweə] *adv* elders

elucidate [i'lu:sideit] *v* toelichten

emancipation [i,mænsi'peifən] *n* emancipatie *c*

embankment [im'bæŋkmənt] *n* kade *c*

embargo [em'bɑ:gou] *n* (pl ~es) embargo *nt*

embark [im'ba:k] v inschepen; instappen

embarkation [,emba:'keiʃən] n inscheping c

embarrass [im'bærəs] v in verwarring brengen; in verlegenheid *brengen; hinderen; embarrassed verlegen, gegeneerd; embarrassing pijnlijk

embassy ['embəsi] n ambassade c

emblem ['embləm] n embleem nt

embrace [im'breis] v omhelzen; n omhelzing c

embroider [im'brɔidə] v borduren

embroidery [im'brɔidəri] n borduurwerk nt

emerald ['emərəld] n smaragd nt

emergency [i'mə:dʒənsi] n spoedgeval nt, noodgeval nt; noodtoestand c; ~ exit nooduitgang c

emigrant ['emigrənt] n emigrant c

emigrate ['emigreit] v emigreren

emigration [,emi'greiʃən] n emigratie c

emotion [i'mouʃən] n ontroering c, emotie c

emperor ['empərə] n keizer c

emphasize ['emfəsaiz] v benadrukken

empire ['empaiə] n keizerrijk nt, rijk nt

employ [im'plɔi] v tewerkstellen; gebruiken

employee [,emplɔi'i:] n werknemer c, employé c

employer [im'plɔiə] n werkgever c

employment [im'plɔimənt] n tewerkstelling c, werk nt; ~ exchange arbeidsbureau nt

empress ['empris] n keizerin c

empty ['empti] adj leeg; v ledigen

enable [i'neibəl] v in staat stellen

enamel [i'næməl] n email nt

enamelled [i'næməld] adj geëmailleerd

enchanting [in'tʃa:ntiŋ] adj prachtig, betoverend

encircle [in'sə:kəl] v omcirkelen, om-

ringen; *insluiten

enclose [iŋ'klouz] v *bijsluiten, *insluiten

enclosure [iŋ'klouʒə] n bijlage c

encounter [iŋ'kauntə] v ontmoeten; n ontmoeting c

encourage [iŋ'kʌridʒ] v aanmoedigen

encyclopaedia [en,saiklə'pi:diə] n encyclopedie c

end [end] n einde nt; slot nt; v beëindigen; *aflopen

ending ['endiŋ] n einde nt

endless ['endləs] adj oneindig

endorse [in'dɔ:s] v aftekenen, endosseren

endure [in'djuə] v *verdragen

enemy ['enəmi] n vijand c

energetic [,enə'dʒetik] adj energiek

energy ['enədʒi] n energie c; kracht c

engage [iŋ'geidʒ] v in dienst *nemen; *bespreken; zich *verbinden; engaged verloofd; bezig, bezet

engagement [iŋ'geidʒmənt] n verloving c; verplichting c; afspraak c; ~ ring verlovingsring c

engine ['endʒin] n machine c, motor c; locomotief c

engineer [,endʒi'niə] n ingenieur c

England ['iŋglənd] Engeland

English ['iŋgliʃ] adj Engels

Englishman ['iŋgliʃmən] n (pl -men) Engelsman c

engrave [in'greiv] v graveren

engraver [in'greivə] n graveur c

engraving [in'greiviŋ] n prent c; gravure c

enigma [i'nigmə] n raadsel nt

enjoy [in'dʒɔi] v *genieten van

enjoyable [in'dʒɔiəbəl] adj fijn, prettig, leuk; lekker

enjoyment [in'dʒɔimənt] n genot nt

enlarge [in'la:dʒ] v vergroten; uitbreiden

enlargement [in'la:dʒmənt] n vergroting c

enormous [i'nɔ:məs] *adj* reusachtig, enorm

enough [i'nʌf] *adv* genoeg; *adj* voldoende

enquire [iŋ'kwaiə] *v* informeren; *onderzoeken

enquiry [iŋ'kwaiəri] *n* informatie c; onderzoek *nt*; enquête c

enter ['entə] *v* *betreden, *binnengaan; *inschrijven

enterprise ['entəpraiz] *n* onderneming c

entertain [,entə'tein] *v* vermaken, *onderhouden; *ontvangen

entertainer [,entə'teinə] *n* conferencier c

entertaining [,entə'teiniŋ] *adj* vermakelijk, amusant

entertainment [,entə'teinmənt] *n* vermaak *nt*, amusement *nt*

enthusiasm [in'θju:ziæzəm] *n* enthousiasme *nt*

enthusiastic [in,θju:zi'æstik] *adj* enthousiast

entire [in'taiə] *adj* heel, geheel

entirely [in'taiəli] *adv* helemaal

entrance ['entrəns] *n* ingang c; toegang c; binnenkomst c

entrance-fee ['entrənsfi:] *n* entree c

entry ['entri] *n* ingang c, entree c; toegang c; post c; **no ~** verboden toegang

envelope ['envəloup] *n* envelop c

envious ['enviəs] *adj* afgunstig, jaloers

environment [in'vaiərənmənt] *n* milieu *nt*; omgeving c

envoy ['envɔi] *n* gezant c

envy ['envi] *n* afgunst c; *v* benijden

epic ['epik] *n* epos *nt*; *adj* episch

epidemic [,epi'demik] *n* epidemie c

epilepsy ['epilepsi] *n* epilepsie c

epilogue ['epilɔg] *n* epiloog c

episode ['episoud] *n* episode c

equal ['i:kwəl] *adj* gelijk; *v* evenaren

equality [i'kwɔləti] *n* gelijkheid c

equalize ['i:kwəlaiz] *v* gelijk maken

equally ['i:kwəli] *adv* even

equator [i'kweitə] *n* evenaar c

equip [i'kwip] *v* uitrusten

equipment [i'kwipmənt] *n* uitrusting c

equivalent [i'kwivələnt] *adj* equivalent, gelijkwaardig

eraser [i'reizə] *n* gom c/nt

erect [i'rekt] *v* opbouwen, oprichten; *adj* overeind, rechtopstaand

err [ə:] *v* zich vergissen; dwalen

errand ['erənd] *n* boodschap c

error ['erə] *n* fout c, vergissing c

escalator ['eskəleitə] *n* roltrap c

escape [i'skeip] *v* ontsnappen; vluchten, ontvluchten, *ontgaan; *n* ontsnapping c

escort[1] ['eskɔ:t] *n* escorte *nt*

escort[2] [i'skɔ:t] *v* escorteren

especially [i'speʃəli] *adv* voornamelijk, vooral

esplanade [,esplə'neid] *n* promenade c

essay ['esei] *n* essay *nt*; verhandeling c, opstel c

essence ['esəns] *n* essentie c; kern c, wezen *nt*

essential [i'senʃəl] *adj* onontbeerlijk; wezenlijk, essentieel

essentially [i'senʃəli] *adv* vooral

establish [i'stæbliʃ] *v* vestigen; vaststellen

estate [i'steit] *n* landgoed *nt*

esteem [i'sti:m] *n* respect *nt*, achting c; *v* achten

estimate[1] ['estimeit] *v* taxeren, schatten

estimate[2] ['estimət] *n* schatting c

estuary ['estʃuəri] *n* riviermonding c

etcetera [et'setərə] enzovoort

etching ['etʃiŋ] *n* ets c

eternal [i'tə:nəl] *adj* eeuwig

eternity [i'tə:nəti] *n* eeuwigheid c

ether ['i:θə] n ether c

Ethiopia [iθi'oupiə] Ethiopië

Ethiopian [iθi'oupiən] adj Ethiopisch;
n Ethiopiër c

Europe ['juərəp] Europa

European [,juərə'pi:ən] adj Europees;
n Europeaan c

evacuate [i'vækjueit] v evacueren

evaluate [i'væljueit] v schatten

evaporate [i'væpəreit] v verdampen

even ['i:vən] adj effen, plat, gelijk;
constant; even; adv zelfs

evening ['i:vniŋ] n avond c; ~ dress
avondkleding c

event [i'vent] n gebeurtenis c; geval
nt

eventual [i'ventʃuəl] adj eventueel;
uiteindelijk

ever ['evə] adv ooit; altijd

every ['evri] adj ieder, elk

everybody ['evri,bɔdi] pron iedereen

everyday ['evridei] adj alledaags

everyone ['evriwʌn] pron ieder, iedereen

everything ['evriθiŋ] pron alles

everywhere ['evriweə] adv overal

evidence ['evidəns] n bewijs nt

evident ['evidənt] adj duidelijk

evil ['i:vəl] n kwaad nt; adj slecht

evolution [,i:və'lu:ʃən] n evolutie c

exact [ig'zækt] adj nauwkeurig, precies

exactly [ig'zæktli] adv precies

exaggerate [ig'zædʒəreit] v *overdrijven

examination [ig,zæmi'neiʃən] n examen
nt; onderzoek nt; verhoor nt

examine [ig'zæmin] v *onderzoeken

example [ig'zɑ:mpəl] n voorbeeld nt;
for ~ bijvoorbeeld

excavation [,ekskə'veiʃən] n opgraving
c

exceed [ik'si:d] v *overschrijden;
*overtreffen

excel [ik'sel] v *uitblinken

excellent ['eksələnt] adj voortreffelijk,
uitstekend

except [ik'sept] prep uitgezonderd, behalve

exception [ik'sepʃən] n uitzondering c

exceptional [ik'sepʃənəl] adj buitengewoon, uitzonderlijk

excerpt ['eksə:pt] n passage c

excess [ik'ses] n exces nt

excessive [ik'sesiv] adj buitensporig

exchange [iks'tʃeindʒ] v uitwisselen,
wisselen, ruilen; n ruil c; beurs c;
~ office wisselkantoor nt; ~ rate
koers c

excite [ik'sait] v *opwinden

excitement [ik'saitmənt] n drukte c,
opwinding c

exciting [ik'saitiŋ] adj spannend

exclaim [ik'skleim] v *uitroepen

exclamation [,eksklə'meiʃən] n uitroep
c

exclude [ik'sklu:d] v *uitsluiten

exclusive [ik'sklu:siv] adj exclusief

exclusively [ik'sklu:sivli] adv uitsluitend

excursion [ik'skə:ʃən] n uitstapje nt,
excursie c

excuse¹ [ik'skju:s] n excuus nt

excuse² [ik'skju:z] v verontschuldigen,
excuseren

execute ['eksikju:t] v uitvoeren

execution [,eksi'kju:ʃən] n terechtstelling c

executioner [,eksi'kju:ʃənə] n beul c

executive [ig'zekjutiv] adj uitvoerend;
n uitvoerende macht; directeur c

exempt [ig'ʒempt] v *ontheffen, vrijstellen; adj vrijgesteld

exemption [ig'zempʃən] n vrijstelling c

exercise ['eksəsaiz] n oefening c; thema nt; v oefenen; uitoefenen

exhale [eks'heil] v uitademen

exhaust [ig'zɔ:st] n uitlaatpijp c, uitlaat c; v uitputten; ~ gases uit-

laatgassen *pl*

exhibit [igˈzibit] *v* tentoonstellen; vertonen

exhibition [ˌeksiˈbiʃən] *n* expositie *c*, tentoonstelling *c*

exile [ˈeksail] *n* ballingschap *c*; balling *c*

exist [igˈzist] *v* *bestaan

existence [igˈzistəns] *n* bestaan *nt*

exit [ˈeksit] *n* uitgang *c*; uitrit *c*

exotic [igˈzɔtik] *adj* exotisch

expand [ikˈspænd] *v* uitbreiden; uitspreiden; ontplooien

expect [ikˈspekt] *v* verwachten

expectation [ˌekspekˈteiʃən] *n* verwachting *c*

expedition [ˌekspəˈdiʃən] *n* verzending *c*; expeditie *c*

expel [ikˈspel] *v* *uitwijzen

expenditure [ikˈspenditʃə] *n* kosten *pl*, uitgave *c*

expense [ikˈspens] *n* uitgave *c*; **expenses** *pl* onkosten *pl*

expensive [ikˈspensiv] *adj* prijzig, duur; kostbaar

experience [ikˈspiəriəns] *n* ervaring *c*; *v* *ervaren, *ondervinden, beleven; **experienced** ervaren

experiment [ikˈsperimənt] *n* proef *c*, experiment *nt*; *v* experimenteren

expert [ˈekspəːt] *n* deskundige *c*, vakman *c*, expert *c*; *adj* deskundig

expire [ikˈspaiə] *v* *vervallen, *aflopen, *verstrijken; uitademen; **expired** vervallen

expiry [ikˈspaiəri] *n* vervaldag *c*, afloop *c*

explain [ikˈsplein] *v* verklaren, uitleggen

explanation [ˌekspləˈneiʃən] *n* toelichting *c*, uitleg *c*, verklaring *c*

explicit [ikˈsplisit] *adj* uitdrukkelijk, expliciet

explode [ikˈsploud] *v* ontploffen

exploit [ikˈsplɔit] *v* uitbuiten, exploiteren

explore [ikˈsplɔː] *v* verkennen, *onderzoeken

explosion [ikˈsplouʒən] *n* explosie *c*

explosive [ikˈsplousiv] *adj* explosief; *n* springstof *c*

export[1] [ikˈspɔːt] *v* uitvoeren, exporteren

export[2] [ˈekspɔːt] *n* export *c*

exportation [ˌekspɔːˈteiʃən] *n* uitvoer *c*

exports [ˈekspɔːts] *pl* uitvoer *c*

exposition [ˌekspəˈziʃən] *n* tentoonstelling *c*

exposure [ikˈspouʒə] *n* blootstelling *c*; belichting *c*; ~ **meter** belichtingsmeter *c*

express [ikˈspres] *v* uitdrukken; betuigen, uiten; *adj* expresse-; uitdrukkelijk; ~ **train** sneltrein *c*

expression [ikˈspreʃən] *n* uitdrukking *c*; uiting *c*

exquisite [ikˈskwizit] *adj* voortreffelijk

extend [ikˈstend] *v* verlengen; uitbreiden; verlenen

extension [ikˈstenʃən] *n* verlenging *c*; uitbreiding *c*; toestel *nt*; ~ **cord** verlengsnoer *c*

extensive [ikˈstensiv] *adj* omvangrijk; veelomvattend, uitgebreid

extent [ikˈstent] *n* omvang *c*

exterior [ekˈstiəriə] *adj* uiterlijk; *n* buitenkant *c*

external [ekˈstəːnəl] *adj* uiterlijk

extinguish [ikˈstiŋgwiʃ] *v* blussen, doven

extort [ikˈstɔːt] *v* *afdwingen

extortion [ikˈstɔːʃən] *n* afpersing *c*

extra [ˈekstrə] *adj* extra

extract[1] [ikˈstrækt] *v* *uittrekken, *trekken

extract[2] [ˈekstrækt] *n* fragment *nt*

extradite [ˈekstrədait] *v* uitleveren

extraordinary [ikˈstrɔːdənri] *adj* buitengewoon

extravagant [ik'strævəgənt] *adj* overdreven, extravagant

extreme [ik'stri:m] *adj* extreem; hoogst, uiterst; *n* uiterste *nt*

exuberant [ig'zju:bərənt] *adj* uitbundig

eye [ai] *n* oog *nt*

eyebrow ['aibrau] *n* wenkbrauw *c*

eyelash ['ailæʃ] *n* wimper *c*

eyelid ['ailid] *n* ooglid *nt*

eye-pencil ['ai,pensəl] *n* wenkbrauwstift *c*

eye-shadow ['ai,ʃædou] *n* ogenschaduw *c*

eye-witness ['ai,witnəs] *n* ooggetuige *c*

F

fable ['feibəl] *n* fabel *c*

fabric ['fæbrik] *n* stof *c*; structuur *c*

façade [fə'sɑ:d] *n* gevel *c*

face [feis] *n* gezicht *nt*; *v* het hoofd *bieden aan; ~ **massage** gezichtsmassage *c*; **facing** tegenover

face-cream ['feiskri:m] *n* gezichtscrème *c*

face-pack ['feispæk] *n* schoonheidsmasker *nt*

face-powder ['feis,paudə] *n* gezichtspoeder *nt/c*

facility [fə'siləti] *n* faciliteit *c*

fact [fækt] *n* feit *nt*; **in** ~ in feite

factor ['fæktə] *n* factor *c*

factory ['fæktəri] *n* fabriek *c*

factual ['fæktʃuəl] *adj* feitelijk

faculty ['fækəlti] *n* vermogen *nt*; gave *c*, talent *nt*, bekwaamheid *c*; faculteit *c*

fad [fæd] *n* gril *c*

fade [feid] *v* verkleuren, *verschieten

faience [fai'ɑ̃:s] *n* aardewerk *nt*, faience *c*

fail [feil] *v* falen; tekort *schieten; *ontbreken; *nalaten; zakken; **without** ~ beslist

failure ['feiljə] *n* mislukking *c*; fiasco *nt*

faint [feint] *v* *flauwvallen; *adj* zwak, vaag, flauw

fair [fɛə] *n* kermis *c*; beurs *c*; *adj* billijk, eerlijk; blond; mooi

fairly ['fɛəli] *adv* vrij, nogal, tamelijk

fairy ['fɛəri] *n* fee *c*

fairytale ['fɛəriteil] *n* sprookje *nt*

faith [feiθ] *n* geloof *nt*; vertrouwen *nt*

faithful ['feiθful] *adj* trouw

fake [feik] *n* vervalsing *c*

fall [fɔ:l] *n* val *c*; *nAm* herfst *c*

*** fall** [fɔ:l] *v* *vallen

false [fɔ:ls] *adj* vals; verkeerd, onwaar, onecht; ~ **teeth** kunstgebit *nt*

falter ['fɔ:ltə] *v* wankelen; stamelen

fame [feim] *n* faam *c*, roem *c*; reputatie *c**

familiar [fə'miljə] *adj* vertrouwd; familiaar

family ['fæməli] *n* gezin *nt*; familie *c*; ~ **name** achternaam *c*

famous ['feiməs] *adj* beroemd

fan [fæn] *n* ventilator *c*; waaier *c*; fan *c*; ~ **belt** ventilatorriem *c*

fanatical [fə'nætikəl] *adj* fanatiek

fancy ['fænsi] *v* lusten, zin *hebben in; zich verbeelden, zich voorstellen; *n* gril *c*; fantasie *c*

fantastic [fæn'tæstik] *adj* fantastisch

fantasy ['fæntəzi] *n* fantasie *c*

far [fɑ:] *adj* ver; *adv* veel; **by** ~ verreweg; **so** ~ tot nu toe

far-away ['fɑ:rəwei] *adj* ver

farce [fɑ:s] *n* klucht *c*, farce *c*

fare [fɛə] *n* reiskosten *pl*, tarief *nt*; kost *c*, voedsel *nt*

farm [fɑ:m] *n* boerderij *c*

farmer ['fɑ:mə] *n* boer *c*; **farmer's**

wife boerin c
farmhouse ['fɑ:mhaus] n boerderij c
far-off ['fɑ:rɔf] adj afgelegen
fascinate ['fæsineit] v boeien
fascism ['fæʃizəm] n fascisme nt
fascist ['fæʃist] adj fascistisch; n fascist c
fashion ['fæʃən] n mode c; manier c
fashionable ['fæʃənəbəl] adj modieus
fast [fɑ:st] adj vlug, snel; vast
fast-dyed [,fɑ:st'daid] adj wasecht, kleurecht
fasten ['fɑ:sən] v vastmaken, bevestigen; *sluiten
fastener ['fɑ:sənə] n sluiting c
fat [fæt] adj vet, dik; n vet nt
fatal ['feitəl] adj fataal, dodelijk, noodlottig
fate [feit] n lot nt, noodlot nt
father ['fɑ:ðə] n vader c; pater c
father-in-law ['fɑ:ðərinlɔ:] n (pl fathers-) schoonvader c
fatherland ['fɑ:ðələnd] n vaderland nt
fatness ['fætnəs] n dikte c
fatty ['fæti] adj vettig
faucet ['fɔ:sit] nAm kraan c
fault [fɔ:lt] n schuld c; fout c, defect nt, gebrek nt
faultless ['fɔ:ltləs] adj foutloos; feilloos
faulty ['fɔ:lti] adj gebrekkig, defect
favour ['feivə] n gunst c; v begunstigen, bevoorrechten
favourable ['feivərəbəl] adj gunstig
favourite ['feivərit] n lieveling c, favoriet c; adj lievelings-
fawn [fɔ:n] adj lichtbruin; n reekalf nt
fear [fiə] n vrees c, angst c; v vrezen
feasible ['fi:zəbəl] adj uitvoerbaar
feast [fi:st] n feest nt
feat [fi:t] n prestatie c
feather ['feðə] n veer c
feature ['fi:tʃə] n kenmerk nt; gelaats-

trek c
February ['februəri] februari
federal ['fedərəl] adj federaal
federation [,fedə'reiʃən] n federatie c; bond c
fee [fi:] n honorarium nt
feeble ['fi:bəl] adj zwak
*feed [fi:d] v voeden; fed up with beu
*feel [fi:l] v voelen; betasten; ~ like zin *hebben in
feeling ['fi:liŋ] n gevoel nt
fell [fel] v (p fall)
fellow ['felou] n kerel c
felt¹ [felt] n vilt nt
felt² [felt] v (p, pp feel)
female ['fi:meil] adj vrouwelijk
feminine ['feminin] adj vrouwelijk
fence [fens] n omheining c; hek nt; v schermen
fender ['fendə] n bumper c
ferment [fə:'ment] v gisten
ferry-boat ['feribout] n veerboot c
fertile ['fə:tail] adj vruchtbaar
festival ['festivəl] n festival nt
festive ['festiv] adj feestelijk
fetch [fetʃ] v halen; afhalen
feudal ['fju:dəl] adj feodaal
fever ['fi:və] n koorts c
feverish ['fi:vəriʃ] adj koortsig
few [fju:] adj weinig
fiancé [fi'ɑ:sei] n verloofde c
fiancée [fi'ɑ:sei] n verloofde c
fibre ['faibə] n vezel c
fiction ['fikʃən] n fictie c, verzinsel nt
field [fi:ld] n akker c, veld nt; gebied nt; ~ glasses veldkijker c
fierce [fiəs] adj wild; woest, fel
fifteen [,fif'ti:n] num vijftien
fifteenth [,fif'ti:nθ] num vijftiende
fifth [fifθ] num vijfde
fifty ['fifti] num vijftig
fig [fig] n vijg c
fight [fait] n strijd c, gevecht nt

*fight [fait] *v* *strijden, *vechten

figure ['figə] *n* gestalte *c*, figuur *c*; cijfer *nt*

file [fail] *n* vijl *c*; dossier *nt*; rij *c*

Filipino [,fili'pi:nou] *n* Filippijn *c*

fill [fil] *v* vullen; ~ **in** invullen; **filling station** benzinestation *nt*; ~ **out** *Am* invullen; ~ **up** opvullen

filling ['filiŋ] *n* vulling *c*

film [film] *n* film *c*; *v* filmen

filter ['filtə] *n* filter *nt*

filthy ['filθi] *adj* smerig, vuil

final ['fainəl] *adj* laatst

finance [fai'næns] *v* financieren

finances [fai'nænsiz] *pl* financiën *pl*

financial [fai'nænʃəl] *adj* financieel

finch [fintʃ] *n* vink *c*

*find [faind] *v* *vinden

fine [fain] *n* boete *c*; *adj* fijn; mooi; uitstekend, prachtig; ~ **arts** schone kunsten

finger ['fiŋgə] *n* vinger *c*; **little** ~ pink *c*

fingerprint ['fiŋgəprint] *n* vingerafdruk *c*

finish ['finiʃ] *v* afmaken, beëindigen; eindigen; *n* einde *nt*; eindstreep *c*; **finished** af; op

Finland ['finlənd] Finland

Finn [fin] *n* Fin *c*

Finnish ['finiʃ] *adj* Fins

fire [faiə] *n* vuur *nt*; brand *c*; *v* *schieten; *ontslaan

fire-alarm ['faiərə,la:m] *n* brandalarm *nt*

fire-brigade ['faiəbri,geid] *n* brandweer *c*

fire-escape ['faiəri,skeip] *n* brandtrap *c*

fire-extinguisher ['faiərik,stiŋgwiʃə] *n* brandblusapparaat *nt*

fireplace ['faiəpleis] *n* haard *c*

fireproof ['faiəpru:f] *adj* brandvrij; vuurvast

firm [fə:m] *adj* vast; stevig; *n* firma *c*

first [fə:st] *num* eerst; **at** ~ eerst; aanvankelijk; ~ **name** voornaam *c*

first-aid [,fə:st'eid] *n* eerste hulp; ~ **kit** verbandkist *c*; ~ **post** eerste hulppost

first-class [,fə:st'kla:s] *adj* eersteklas

first-rate [,fə:st'reit] *adj* eersterangs, prima

fir-tree ['fə:tri:] *n* denneboom *c*, den *c*

fish¹ [fiʃ] *n* (pl ~, ~es) vis *c*; ~ **shop** viswinkel *c*

fish² [fiʃ] *v* vissen; hengelen; **fishing gear** vistuig *nt*; **fishing hook** vishaak *c*; **fishing industry** visserij *c*; **fishing licence** visakte *c*; **fishing line** vislijn *c*; **fishing net** visnet *nt*; **fishing rod** hengel *c*; **fishing tackle** vistuig *nt*

fishbone ['fiʃboun] *n* graat *c*, visgraat *c*

fisherman ['fiʃəmən] *n* (pl -men) visser *c*

fist [fist] *n* vuist *c*

fit [fit] *adj* geschikt; *n* aanval *c*; *v* passen; **fitting room** paskamer *c*

five [faiv] *num* vijf

fix [fiks] *v* repareren

fixed [fikst] *adj* vast

fizz [fiz] *n* prik *c*

fjord [fjɔ:d] *n* fjord *c*

flag [flæg] *n* vlag *c*

flame [fleim] *n* vlam *c*

flamingo [flə'miŋgou] *n* (pl ~s, ~es) flamingo *c*

flannel ['flænəl] *n* flanel *nt*

flash [flæʃ] *n* flits *c*

flash-bulb ['flæʃbʌlb] *n* flitslampje *nt*

flash-light ['flæʃlait] *n* zaklantaarn *c*

flask [fla:sk] *n* flacon *c*; **thermos** ~ thermosfles *c*

flat [flæt] *adj* vlak, plat; *n* flat *c*; ~ **tyre** lekke band

flavour ['fleivə] *n* smaak *c*; *v* kruiden

fleet [fli:t] *n* vloot *c*

flesh [fleʃ] n vlees nt
flew [flu:] v (p fly)
flex [fleks] n snoer nt
flexible ['fleksibəl] adj buigbaar; soepel
flight [flait] n vlucht c; **charter ~** chartervlucht c
flint [flint] n vuursteen c
float [flout] v *drijven; n vlotter c
flock [flɔk] n kudde c
flood [flʌd] n overstroming c; vloed c
floor [flɔ:] n vloer c; etage c, verdieping c; ~ **show** floor-show c
florist ['flɔrist] n bloemist c
flour [flauə] n bloem c, meel nt
flow [flou] v vloeien, stromen
flower [flauə] n bloem c
flowerbed ['flauəbed] n bloemperk nt
flower-shop ['flauəʃɔp] n bloemenwinkel c
flown [floun] v (pp fly)
flu [flu:] n griep c
fluent ['flu:ənt] adj vloeiend
fluid ['flu:id] adj vloeibaar; n vloeistof c
flute [flu:t] n fluit c
fly [flai] n vlieg c; gulp c
* **fly** [flai] v *vliegen
foam [foum] n schuim nt; v schuimen
foam-rubber ['foum,rʌbə] n schuimrubber c
focus ['foukəs] n brandpunt nt
fog [fɔg] n mist c
foggy ['fɔgi] adj mistig
foglamp ['fɔglæmp] n mistlamp c
fold [fould] v *vouwen; *opvouwen; n vouw c
folk [fouk] n volk nt; ~ **song** volkslied nt
folk-dance ['foukdɑ:ns] n volksdans c
folklore ['fouklɔ:] n folklore c
follow ['fɔlou] v volgen; **following** adj eerstvolgend, volgend
* **be fond of** [bi: fɔnd ɔv] *houden van

food [fu:d] n voedsel nt; eten nt, kost c; ~ **poisoning** voedselvergiftiging c
foodstuffs ['fu:dstʌfs] pl levensmiddelen pl
fool [fu:l] n gek c, dwaas c; v foppen
foolish ['fu:liʃ] adj mal, dwaas
foot [fut] n (pl feet) voet c; ~ **powder** voetpoeder nt/c; **on ~** te voet
football ['futbɔ:l] n voetbal c; ~ **match** voetbalwedstrijd c
foot-brake ['futbreik] n voetrem c
footpath ['futpɑ:θ] n voetpad nt
footwear ['futweə] n schoeisel nt
for [fɔ:, fə] prep voor; gedurende; naar; vanwege, wegens, uit; conj want
* **forbid** [fə'bid] v *verbieden
force [fɔ:s] v noodzaken, *dwingen; forceren; n macht c, kracht c; geweld nt; **by ~** noodgedwongen; **driving ~** drijfkracht c
ford [fɔ:d] n doorwaadbare plaats
forecast ['fɔ:kɑ:st] n voorspelling c; v voorspellen
foreground ['fɔ:graund] n voorgrond c
forehead ['fɔred] n voorhoofd nt
foreign ['fɔrin] adj buitenlands; vreemd
foreigner ['fɔrinə] n buitenlander c; vreemdeling c
foreman ['fɔ:mən] n (pl -men) voorman c
foremost ['fɔ:moust] adj hoogst
foresail ['fɔ:seil] n fok c
forest ['fɔrist] n woud nt, bos nt
forester ['fɔristə] n boswachter c
forge [fɔ:dʒ] v vervalsen
* **forget** [fə'get] v *vergeten
forgetful [fə'getfəl] adj vergeetachtig
* **forgive** [fə'giv] v *vergeven
fork [fɔ:k] n vork c; tweesprong c; v zich splitsen
form [fɔ:m] n vorm c; formulier nt;

klas c; v vormen

formal ['fɔ:məl] adj formeel

formality [fɔ:'mæləti] n formaliteit c

former ['fɔ:mə] adj voormalig; vroeger; **formerly** voorheen, vroeger

formula ['fɔ:mjulə] n (pl ~e, ~s) formule c

fort [fɔ:t] n fort nt

fortnight ['fɔ:tnait] n veertien dagen

fortress ['fɔ:tris] n vesting c

fortunate ['fɔ:tʃənət] adj gelukkig

fortune ['fɔ:tʃu:n] n fortuin nt; lot nt, geluk nt

forty ['fɔ:ti] num veertig

forward ['fɔ:wəd] adv vooruit, voorwaarts; v *nazenden

foster-parents ['fɔstə,pɛərənts] pl pleegouders pl

fought [fɔ:t] v (p, pp fight)

foul [faul] adj smerig; gemeen

found¹ [faund] v (p, pp find)

found² [faund] v oprichten, stichten

foundation [faun'deiʃən] n stichting c; ~ **cream** basiscrème c

fountain ['fauntin] n fontein c; bron c

fountain-pen ['fauntinpen] n vulpen c

four [fɔ:] num vier

fourteen [,fɔ:'ti:n] num veertien

fourteenth [,fɔ:'ti:nθ] num veertiende

fourth [fɔ:θ] num vierde

fowl [faul] n (pl ~s, ~) gevogelte nt

fox [fɔks] n vos c

foyer ['fɔiei] n foyer c

fraction ['frækʃən] n fractie c

fracture ['fræktʃə] v *breken; n breuk c

fragile ['frædʒail] adj breekbaar; broos

fragment ['frægmənt] n fragment nt; stuk nt

frame [freim] n lijst c; montuur nt

France [frɑ:ns] Frankrijk

franchise ['fræntʃaiz] n kiesrecht nt

fraternity [frə'tə:nəti] n broederschap c

fraud [frɔ:d] n fraude c, bedrog nt

fray [frei] v rafelen

free [fri:] adj vrij; gratis; ~ **of charge** gratis; ~ **ticket** vrijkaart c

freedom ['fri:dəm] n vrijheid c

*__freeze__ [fri:z] v *vriezen; *bevriezen

freezing ['fri:ziŋ] adj ijskoud

freezing-point ['fri:ziŋpɔint] n vriespunt nt

freight [freit] n lading c, vracht c

freight-train ['freittrein] nAm goederentrein c

French [frentʃ] adj Frans

Frenchman ['frentʃmən] n (pl -men) Fransman c

frequency ['fri:kwənsi] n frequentie c

frequent ['fri:kwənt] adj veelvuldig, frequent; **frequently** dikwijls

fresh [freʃ] adj vers; fris; ~ **water** zoet water

friction ['frikʃən] n wrijving c

Friday ['fraidi] vrijdag c

fridge [fridʒ] n koelkast c, ijskast c

friend [frend] n vriend c; vriendin c

friendly ['frendli] adj vriendelijk; amicaal, vriendschappelijk

friendship ['frendʃip] n vriendschap c

fright [frait] n angst c, schrik c

frighten ['fraitən] v *doen schrikken

frightened ['fraitənd] adj bang; *be ~ *schrikken

frightful ['fraitfəl] adj verschrikkelijk, vreselijk

fringe [frindʒ] n franje c

frock [frɔk] n jurk c

frog [frɔg] n kikker c

from [frɔm] prep van; uit; vanaf

front [frʌnt] n voorkant c; **in ~ of** voor

frontier ['frʌntiə] n grens c

frost [frɔst] n vorst c

froth [frɔθ] n schuim nt

frozen ['frouzən] adj bevroren; ~ **food** diepvries produkten

fruit [fru:t] *n* fruit *nt*; vrucht *c*

fry [frai] *v* *bakken; *braden

frying-pan ['fraiiŋpæn] *n* koekepan *c*

fuel ['fju:əl] *n* brandstof *c*; benzine *c*; ~ **pump** *Am* benzinepomp *c*

full [ful] *adj* vol; ~ **board** vol pension; ~ **stop** punt *c*; ~ **up** vol

fun [fʌn] *n* plezier *nt*, pret *c*; lol *c*

function ['fʌŋkʃən] *n* functie *c*

fund [fʌnd] *n* fonds *nt*

fundamental [,fʌndə'mentəl] *adj* fundamenteel

funeral ['fju:nərəl] *n* begrafenis *c*

funnel ['fʌnəl] *n* trechter *c*

funny ['fʌni] *adj* leuk, grappig; zonderling

fur [fə:] *n* pels *c*; ~ **coat** bontjas *c*; **furs** bont *nt*

furious ['fjuəriəs] *adj* razend, woedend

furnace ['fə:nis] *n* oven *c*

furnish ['fə:niʃ] *v* leveren, verschaffen; inrichten, meubileren; ~ **with** *voorzien van

furniture ['fə:nitʃə] *n* meubilair *nt*

furrier ['fʌriə] *n* bontwerker *c*

further ['fə:ðə] *adj* verder; nader

furthermore ['fə:ðəmɔ:] *adv* bovendien

furthest ['fə:ðist] *adj* verst

fuse [fju:z] *n* zekering *c*; lont *c*

fuss [fʌs] *n* drukte *c*; ophef *c*, herrie *c*

future ['fju:tʃə] *n* toekomst *c*; *adj* toekomstig

G

gable ['geibəl] *n* geveltop *c*

gadget ['gædʒit] *n* technisch snufje

gaiety ['geiəti] *n* vrolijkheid *c*, pret *c*

gain [gein] *v* *winnen; *n* winst *c*

gait [geit] *n* gang *c*, loop *c*

gale [geil] *n* storm *c*

gall [gɔ:l] *n* gal *c*; ~ **bladder** galblaas *c*

gallery ['gæləri] *n* galerij *c*

gallop ['gæləp] *n* galop *c*

gallows ['gælouz] *pl* galg *c*

gallstone ['gɔ:lstoun] *n* galsteen *c*

game [geim] *n* spel *nt*; wild *nt*; ~ **reserve** wildpark *nt*

gang [gæŋ] *n* bende *c*; ploeg *c*

gangway ['gæŋwei] *n* loopplank *c*

gaol [dʒeil] *n* gevangenis *c*

gap [gæp] *n* bres *c*

garage ['gæra:ʒ] *n* garage *c*; *v* stallen

garbage ['ga:bidʒ] *n* vuilnis *nt*, afval *nt*

garden ['ga:dən] *n* tuin *c*; **public** ~ plantsoen *nt*; **zoological gardens** dierentuin *c*

gardener ['ga:dənə] *n* tuinman *c*

gargle ['ga:gəl] *v* gorgelen

garlic ['ga:lik] *n* knoflook *nt/c*

gas [gæs] *n* gas *nt*; *nAm* benzine *c*; ~ **cooker** gasstel *nt*; ~ **pump** *Am* benzinepomp *c*; ~ **station** *Am* benzinestation *nt*; ~ **stove** gaskachel *c*

gasoline ['gæsəli:n] *nAm* benzine *c*

gastric ['gæstrik] *adj* maag-; ~ **ulcer** maagzweer *c*

gasworks ['gæswə:ks] *n* gasfabriek *c*

gate [geit] *n* poort *c*; hek *nt*

gather ['gæðə] *v* verzamelen; *bijeenkomen; oogsten

gauge [geidʒ] *n* meter *c*

gauze [gɔ:z] *n* gaas *nt*

gave [geiv] *v* (p give)

gay [gei] *adj* vrolijk; bont

gaze [geiz] *v* staren

gear [giə] *n* versnelling *c*; uitrusting *c*; **change** ~ schakelen; ~ **lever** versnellingspook *c*

gear-box ['giəbɔks] *n* versnellingsbak *c*

gem [dʒem] *n* juweel *nt*, edelsteen *c*; kleinood *nt* gender ['dʒendə] n geslacht nt

general ['dʒenərəl] adj algemeen; n generaal c; ~ practitioner huisarts c; in ~ in het algemeen

generate ['dʒenəreit] v verwekken

generation [,dʒenə'reiʃən] n generatie c

generator ['dʒenəreitər] n generator c

generosity [,dʒenə'rɔsəti] n edelmoedigheid c

generous ['dʒenərəs] adj gul, royaal

genital ['dʒenitəl] adj geslachtelijk

genius ['dʒi:niəs] n genie nt

gentle ['dʒentəl] adj zacht; teer, licht; voorzichtig

gentleman ['dʒentəlmən] n (pl -men) heer c

genuine ['dʒenjuin] adj echt

geography [dʒi'ɔgrəfi] n aardrijkskunde c

geology [dʒi'ɔlədʒi] n geologie c

geometry [dʒi'ɔmətri] n meetkunde c

germ [dʒə:m] n bacil c; kiem c

German ['dʒə:mən] adj Duits; n Duitser c

Germany ['dʒə:məni] Duitsland

gesticulate [dʒi'stikjuleit] v gebaren

*get [get] v *krijgen; halen; *worden; ~ back *teruggaan; ~ off uitstappen; ~ on instappen; vorderen; ~ up *opstaan

ghost [goust] n spook nt; geest c

giant ['dʒaiənt] n reus c

giddiness ['gidinəs] n duizeligheid c

giddy ['gidi] adj duizelig

gift [gift] n geschenk nt, cadeau nt; gave c

gifted ['giftid] adj begaafd

gigantic [dʒai'gæntik] adj reusachtig

giggle ['gigəl] v giechelen

gill [gil] n kieuw c

gilt [gilt] adj verguld

ginger ['dʒindʒə] n gember c

gipsy ['dʒipsi] n zigeuner c

girdle ['gə:dəl] n step-in c

girl [gə:l] n meisje nt; ~ guide padvindster c

*give [giv] v *geven; *aangeven; ~ away verklappen; ~ in *toegeven; ~ up *opgeven

glacier ['glæsiə] n gletsjer c

glad [glæd] adj verheugd, blij; gladly graag, gaarne

gladness ['glædnəs] n vreugde c

glamorous ['glæmərəs] adj betoverend, fascinerend

glamour ['glæmə] n charme c

glance [glɑ:ns] n blik c; v een blik *werpen

gland [glænd] n klier c

glare [glɛə] n scherp licht; schittering c

glaring ['glɛəriŋ] adj verblindend

glass [glɑ:s] n glas nt; glazen; glasses bril c; magnifying ~ vergrootglas nt

glaze [gleiz] v emailleren

glen [glen] n bergkloof c

glide [glaid] v *glijden

glider ['glaidə] n zweefvliegtuig nt

glimpse [glimps] n blik c; glimp c; v even *zien

global ['gloubəl] adj wereldomvattend

globe [gloub] n wereldbol c, aardbol c

gloom [glu:m] n duister nt

gloomy ['glu:mi] adj somber

glorious ['glɔ:riəs] adj prachtig

glory ['glɔ:ri] n glorie c, roem c; eer c, lof c

gloss [glɔs] n glans c

glossy ['glɔsi] adj glanzend

glove [glʌv] n handschoen c

glow [glou] v gloeien; n gloed c

glue [glu:] n lijm c

*go [gou] v *gaan; *lopen; *worden; ~ ahead *doorgaan; ~ away *weggaan; ~ back *teruggaan; ~ home naar huis *gaan; ~ in *binnengaan;

~ **on** *doorgaan; ~ **out** *uitgaan;
~ **through** meemaken, doormaken
goal [goul] *n* doel *nt*; doelpunt *nt*
goalkeeper ['goul,ki:pə] *n* doelman *c*
goat [gout] *n* bok *c*, geit *c*
god [gɔd] *n* god *c*
goddess ['gɔdis] *n* godin *c*
godfather ['gɔd,fɑ:ðə] *n* peetvader *c*
goggles ['gɔgəlz] *pl* duikbril *c*
gold [gould] *n* goud *nt*; ~ **leaf** bladgoud *nt*
golden ['gouldən] *adj* gouden
goldmine ['gouldmain] *n* goudmijn *c*
goldsmith ['gouldsmiθ] *n* goudsmid *c*
golf [gɔlf] *n* golf *nt*
golf-club ['gɔlfklʌb] *n* golfclub *c*
golf-course ['gɔlfkɔ:s] *n* golfbaan *c*
golf-links ['gɔlfliŋks] *n* golfbaan *c*
gondola ['gɔndələ] *n* gondel *c*
gone [gɔn] *adv* (pp go) weg
good [gud] *adj* goed; lekker; zoet,
braaf
good-bye! [,gud'bai] dag!
good-humoured [,gud'hju:məd] *adj* opgeruimd
good-looking [,gud'lukiŋ] *adj* knap
good-natured [,gud'neitʃəd] *adj* goedhartig
goods [gudz] *pl* waren *pl*, goederen
pl; ~ **train** goederentrein *c*
good-tempered [,gud'tempəd] *adj*
goedgestemd
goodwill [,gud'wil] *n* welwillendheid *c*
goose [gu:s] *n* (pl geese) gans *c*
gooseberry ['guzbəri] *n* kruisbes *c*
goose-flesh ['gu:sfleʃ] *n* kippevel *nt*
gorge [gɔ:dʒ] *n* ravijn *nt*
gorgeous ['gɔ:dʒəs] *adj* prachtig
gospel ['gɔspəl] *n* evangelie *nt*
gossip ['gɔsip] *n* geroddel *nt*; *v* roddelen
got [gɔt] *v* (p, pp get)
gourmet ['guəmei] *n* fijnproever *c*
gout [gaut] *n* jicht *c*

govern ['gʌvən] *v* regeren
governess ['gʌvənis] *n* gouvernante *c*
government ['gʌvənmənt] *n* bewind
nt, regering *c*
governor ['gʌvənə] *n* gouverneur *c*
gown [gaun] *n* japon *c*
grace [greis] *n* gratie *c*; genade *c*
graceful ['greisfəl] *adj* bevallig
grade [greid] *n* graad *c*; *v* rangschikken
gradient ['greidiənt] *n* helling *c*
gradual ['grædʒuəl] *adj* geleidelijk;
gradually *adv* langzamerhand
graduate ['grædʒueit] *v* een diploma
behalen
grain [grein] *n* korrel *c*, graan *nt*, koren *nt*
gram [græm] *n* gram *nt*
grammar ['græmə] *n* grammatica *c*
grammatical [grə'mætikəl] *adj* grammaticaal
gramophone ['græməfoun] *n* grammofoon *c*
grand [grænd] *adj* groots
granddad ['grændæd] *n* opa *c*
granddaughter ['græn,dɔ:tə] *n* kleindochter *c*
grandfather ['græn,fɑ:ðə] *n* grootvader
c; opa *c*
grandmother ['græn,mʌðə] *n* grootmoeder *c*; oma *c*
grandparents ['græn,peərənts] *pl* grootouders *pl*
grandson ['grænsʌn] *n* kleinzoon *c*
granite ['grænit] *n* graniet *nt*
grant [grɑ:nt] *v* gunnen, verlenen; inwilligen; *n* toelage *c*, beurs *c*
grapefruit ['greipfru:t] *n* pompelmoes
c
grapes [greips] *pl* druiven *pl*
graph [græf] *n* grafiek *c*
graphic ['græfik] *adj* grafisch
grasp [grɑ:sp] *v* *grijpen; *n* greep *c*
grass [grɑ:s] *n* gras *nt*

grasshopper ['grɑ:s,hɔpə] *n* sprinkhaan *c*

grate [greit] *n* rooster *nt*; *v* raspen

grateful ['greitfəl] *adj* erkentelijk, dankbaar

grater ['greitə] *n* rasp *c*

gratis ['grætis] *adj* gratis

gratitude ['grætitju:d] *n* dankbaarheid *c*

gratuity [grə'tju:əti] *n* fooi *c*

grave [greiv] *n* graf *nt*; *adj* ernstig

gravel ['grævəl] *n* kiezel *c*, grind *nt*

gravestone ['greivstoun] *n* grafsteen *c*

graveyard ['greivjɑ:d] *n* kerkhof *nt*

gravity ['grævəti] *n* zwaartekracht *c*; ernst *c*

gravy ['greivi] *n* jus *c*

graze [greiz] *v* grazen; *n* schaafwond *c*

grease [gri:s] *n* vet *nt*; *v* smeren

greasy ['gri:si] *adj* vet, vettig

great [greit] *adj* groot; **Great Britain** · Groot-Brittannië

Greece [gri:s] Griekenland

greed [gri:d] *n* hebzucht *c*

greedy ['gri:di] *adj* hebzuchtig; gulzig

Greek [gri:k] *adj* Grieks; *n* Griek *c*

green [gri:n] *adj* groen; ~ **card** groene kaart

greengrocer ['gri:n,grousə] *n* groenteboer *c*

greenhouse ['gri:nhaus] *n* broeikas *c*, kas *c*

greens [gri:nz] *pl* groente *c*

greet [gri:t] *v* groeten

greeting ['gri:tin] *n* groet *c*

grey [grei] *adj* grijs; grauw

greyhound ['greihaund] *n* hazewind *c*

grief [gri:f] *n* verdriet *nt*; bedroefdheid *c*, smart *c*

grieve [gri:v] *v* treuren

grill [gril] *n* grill *c*; *v* roosteren

grill-room ['grilru:m] *n* grillroom *c*

grin [grin] *v* grijnzen; *n* grijns *c*

***grind** [graind] *v* *malen; fijnmalen

grip [grip] *v* *grijpen; *n* houvast *nt*, greep *c*; *nAm* handkoffertje *nt*

grit [grit] *n* gruis *nt*

groan [groun] *v* kreunen

grocer ['grousə] *n* kruidenier *c*; **grocer's** kruidenierswinkel *c*

groceries ['grousəriz] *pl* kruidenierswaren *pl*

groin [grɔin] *n* lies *c*

groove [gru:v] *n* groef *c*

gross[1] [grous] *n* (pl ~) gros *nt*

gross[2] [grous] *adj* grof; bruto

grotto ['grɔtou] *n* (pl ~es, ~s) grot *c*

ground[1] [graund] *n* bodem *c*, grond *c*; ~ **floor** begane grond; **grounds** terrein *nt*

ground[2] [graund] *v* (p, pp grind)

group [gru:p] *n* groep *c*

grouse [graus] *n* (pl ~) korhoen *c*

grove [grouv] *n* bosje *nt*

***grow** [grou] *v* groeien; kweken; *worden

growl [graul] *v* grommen

grown-up ['grounʌp] *adj* volwassen; *n* volwassene *c*

growth [grouθ] *n* groei *c*; gezwel *nt*

grudge [grʌdʒ] *v* misgunnen

grumble ['grʌmbəl] *v* mopperen

guarantee [,gærən'ti:] *n* garantie *c*; waarborg *c*; *v* garanderen

guarantor [,gærən'tɔ:] *n* borg *c*

guard [gɑ:d] *n* bewaker *c*; *v* bewaken

guardian ['gɑ:diən] *n* voogd *c*

guess [ges] *v* *raden; *denken, gissen; *n* gissing *c*

guest [gest] *n* logé *c*, gast *c*

guest-house ['gesthaus] *n* pension *nt*

guest-room ['gestru:m] *n* logeerkamer *c*

guide [gaid] *n* gids *c*; *v* leiden

guidebook ['gaidbuk] *n* gids *c*

guide-dog ['gaiddɔg] *n* geleidehond *c*

guilt [gilt] *n* schuld *c*

guilty ['gilti] *adj* schuldig

guinea-pig ['ginipig] *n* cavia *c*

guitar [gi'ta:] *n* gitaar *c*

gulf [gʌlf] *n* golf *c*

gull [gʌl] *n* meeuw *c*

gum [gʌm] *n* tandvlees *nt*; gom *c*; lijm *c*

gun [gʌn] *n* geweer *nt*, revolver *c*; kanon *nt*

gunpowder ['gʌn,paudə] *n* kruit *nt*

gust [gʌst] *n* windstoot *c*

gusty ['gʌsti] *adj* winderig

gut [gʌt] *n* darm *c*; **guts** lef *nt*

gutter ['gʌtə] *n* goot *c*

guy [gai] *n* vent *c*

gymnasium [dʒim'neiziəm] *n* (pl ~s, -sia) gymnastiekzaal *c*

gymnast ['dʒimnæst] *n* gymnast *c*

gymnastics [dʒim'næstiks] *pl* gymnastiek *c*

gynaecologist [ˌgainə'kɔlədʒist] *n* gynaecoloog *c*, vrouwenarts *c*

H

haberdashery ['hæbədæʃəri] *n* garen- en bandwinkel

habit ['hæbit] *n* gewoonte *c*

habitable ['hæbitəbəl] *adj* bewoonbaar

habitual [hə'bitʃuəl] *adj* gewoon

had [hæd] *v* (p, pp have)

haddock ['hædək] *n* (pl ~) schelvis *c*

haemorrhage ['hemɔridʒ] *n* bloeding *c*

haemorrhoids ['hemɔridz] *pl* aambeien *pl*

hail [heil] *n* hagel *c*

hair [heə] *n* haar *nt*; **~ cream** haarcrème *c*; **~ piece** haarstukje *nt*; **~ tonic** haartonic *c*

hairbrush ['heəbrʌʃ] *n* haarborstel *c*

hair-do ['heədu:] *n* kapsel *nt*, coiffure *c*

hairdresser ['heə,dresə] *n* kapper *c*

hair-dryer ['heədraiə] *n* haardroger *c*

hair-grip ['heəgrip] *n* haarspeld *c*

hair-net ['heənet] *n* haarnetje *nt*

hair-oil ['heərɔil] *n* haarolie *c*

hairpin ['heəpin] *n* haarspeld *c*

hair-spray ['heəsprei] *n* haarlak *c*

hairy ['heəri] *adj* harig

half¹ [ha:f] *adj* half

half² [ha:f] *n* (pl halves) helft *c*

half-time [ˌha:f'taim] *n* rust *c*

halfway [ˌha:f'wei] *adv* halverwege

halibut ['hælibət] *n* (pl ~) heilbot *c*

hall [hɔ:l] *n* hal *c*; zaal *c*

halt [hɔ:lt] *v* stoppen

halve [ha:v] *v* halveren

ham [hæm] *n* ham *c*

hamlet ['hæmlət] *n* gehucht *nt*

hammer ['hæmə] *n* hamer *c*

hammock ['hæmək] *n* hangmat *c*

hamper ['hæmpə] *n* mand *c*

hand [hænd] *n* hand *c*; *v* *aangeven; **~ cream** handcrème *c*

handbag ['hændbæg] *n* handtas *c*

handbook ['hændbuk] *n* handboek *nt*

hand-brake ['hændbreik] *n* handrem *c*

handcuffs ['hændkʌfs] *pl* handboeien *pl*

handful ['hændful] *n* handvol *c*

handicraft ['hændikra:ft] *n* handenarbeid *c*; handwerk *nt*

handkerchief ['hæŋkətʃif] *n* zakdoek *c*

handle ['hændəl] *n* steel *c*, handvat *nt*; *v* hanteren; behandelen

hand-made [ˌhænd'meid] *adj* met de hand gemaakt

handshake ['hændʃeik] *n* handdruk *c*

handsome ['hænsəm] *adj* knap

handwork ['hændwə:k] *n* handwerk *nt*

handwriting ['hænd,raitiŋ] *n* handschrift *nt*

handy ['hændi] *adj* handig

***hang** [hæŋ] *v* *ophangen; *hangen

hanger ['hæŋə] *n* kleerhanger *c*

hangover ['hæŋ,ouvə] n kater c

happen ['hæpən] v *voorkomen, gebeuren

happening ['hæpəniŋ] n gebeurtenis c

happiness ['hæpinəs] n geluk nt

happy ['hæpi] adj blij, gelukkig

harbour ['ha:bə] n haven c

hard [ha:d] adj hard; moeilijk; hardly nauwelijks

hardware ['ha:dwɛə] n ijzerwaren pl; ~ store handel in ijzerwaren

hare [hɛə] n haas c

harm [ha:m] n schade c; kwaad nt; v schaden

harmful ['ha:mfəl] adj nadelig, schadelijk

harmless ['ha:mləs] adj onschadelijk

harmony ['ha:məni] n harmonie c

harp [ha:p] n harp c

harpsichord ['ha:psikə:d] n clavecimbel c

harsh [ha:ʃ] adj ruw; streng; wreed

harvest ['ha:vist] n oogst c

has [hæz] v (pr have)

haste [heist] n spoed c, haast c

hasten ['heisən] v zich haasten

hasty ['heisti] adj haastig

hat [hæt] n hoed c; ~ rack kapstok c

hatch [hætʃ] n luik nt

hate [heit] v een hekel *hebben aan; haten; n haat c

hatred ['heitrid] n haat c

haughty ['hɔ:ti] adj hooghartig

haul [hɔ:l] v slepen

*have [hæv] v *hebben; *laten; ~ to *moeten

haversack ['hævəsæk] n broodzak c

hawk [hɔ:k] n havik c; valk c

hay [hei] n hooi nt; ~ fever hooikoorts c

hazard ['hæzəd] n risico nt

haze [heiz] n nevel c; waas nt

hazelnut ['heizəlnʌt] n hazelnoot c

hazy ['heizi] adj heiig; wazig

he [hi:] pron hij

head [hed] n hoofd nt; kop c; v leiden; ~ of state staatshoofd nt; ~ teacher schoolhoofd nt, hoofdonderwijzer c

headache ['hedeik] n hoofdpijn c

heading ['hediŋ] n titel c

headlamp ['hedlæmp] n koplamp c

headland ['hedlənd] n landtong c

headlight ['hedlait] n koplamp c

headline ['hedlain] n kop c

headmaster [,hed'ma:stə] n schoolhoofd nt; rector c, directeur c

headquarters [,hed'kwɔ:təz] pl hoofdkwartier nt

head-strong ['hedstrɔŋ] adj koppig

head-waiter [,hed'weitə] n maître d'hôtel

heal [hi:l] v *genezen

health [helθ] n gezondheid c; ~ centre consultatiebureau nt; ~ certificate gezondheidsattest nt

healthy ['helθi] adj gezond

heap [hi:p] n stapel c, hoop c

*hear [hiə] v horen

hearing ['hiəriŋ] n gehoor nt

heart [ha:t] n hart nt; kern c; by ~ uit het hoofd; ~ attack hartaanval c

heartburn ['ha:tbə:n] n maagzuur nt

hearth [ha:θ] n haard c

heartless ['ha:tləs] adj harteloos

hearty ['ha:ti] adj hartelijk

heat [hi:t] n warmte c, hitte c; v verwarmen; heating pad elektrisch kussen

heater ['hi:tə] n kachel c; immersion ~ dompelaar c

heath [hi:θ] n heide c

heathen ['hi:ðən] n heiden c; heidens

heather ['heðə] n heide c

heating ['hi:tiŋ] n verwarming c

heaven ['hevən] n hemel c

heavy ['hevi] adj zwaar

Hebrew ['hi:bru:] n Hebreeuws nt
hedge [hedʒ] n heg c
hedgehog ['hedʒhɔg] n egel c
heel [hi:l] n hiel c; hak c
height [hait] n hoogte c; toppunt nt, hoogtepunt nt
hell [hel] n hel c
hello! [he'lou] hallo!; dag!
helm [helm] n roer nt
helmet ['helmit] n helm c
helmsman ['helmzmən] n stuurman c
help [help] v *helpen; n hulp c
helper ['helpə] n helper c
helpful ['helpfəl] adj hulpvaardig
helping ['helpiŋ] n portie c
hem [hem] n zoom c
hemp [hemp] n hennep c
hen [hen] n hen c; kip c
henceforth [,hens'fɔ:θ] adv voortaan
her [hə:] pron haar
herb [hə:b] n kruid nt
herd [hə:d] n kudde c
here [hiə] adv hier; ~ you are alstublieft
hereditary [hi'reditəri] adj erfelijk
hernia ['hə:niə] n breuk c
hero ['hiərou] n (pl ~es) held c
heron ['herən] n reiger c
herring ['heriŋ] n (pl ~, ~s) haring c
herself [hə:'self] pron zich; zelf
hesitate ['heziteit] v aarzelen
heterosexual [,hetərə'sekʃuəl] adj heteroseksueel
hiccup ['hikʌp] n hik c
hide [haid] n huid c
*hide [haid] v *verbergen; verstoppen
hideous ['hidiəs] adj afschuwelijk
hierarchy ['haiərɑ:ki] n hiërarchie c
high [hai] adj hoog
highway ['haiwei] n hoofdweg c; nAm autoweg c
hijack ['haidʒæk] v kapen
hijacker ['haidʒækə] n kaper c
hike [haik] v *trekken

hill [hil] n heuvel c
hillock ['hilək] n lage heuvel nt
hillside ['hilsaid] n helling c
hilltop ['hiltɔp] n heuveltop c
hilly ['hili] adj heuvelachtig
him [him] pron hem
himself [him'self] pron zich; zelf
hinder ['hində] v hinderen
hinge [hindʒ] n scharnier nt
hip [hip] n heup c
hire [haiə] v huren; for ~ te huur
hire-purchase [,haiə'pə:tʃəs] n huurkoop c
his [hiz] adj zijn
historian [hi'stɔ:riən] n geschiedkundige c
historic [hi'stɔrik] adj historisch
historical [hi'stɔrikəl] adj geschiedkundig
history ['histəri] n geschiedenis c
hit [hit] n hit c
*hit [hit] v *slaan; raken, *treffen
hitchhike ['hitʃhaik] v liften
hitchhiker ['hitʃhaikə] n lifter c
hoarse [hɔ:s] adj schor, hees
hobby ['hɔbi] n liefhebberij c, hobby c
hobby-horse ['hɔbihɔ:s] n stokpaardje nt
hockey ['hɔki] n hockey nt
hoist [hɔist] v *hijsen
hold [hould] n ruim nt
*hold [hould] v *vasthouden, *houden; bewaren; ~ on zich *vasthouden; ~ up ondersteunen
hold-up ['houldʌp] n overval c
hole [houl] n kuil c, gat nt
holiday ['hɔlədi] n vakantie c; feestdag c; ~ camp vakantiekamp nt; ~ resort vakantieoord nt; on ~ met vakantie
Holland ['hɔlənd] Holland
hollow ['hɔlou] adj hol
holy ['houli] adj heilig
homage ['hɔmidʒ] n hulde c

home [houm] *n* thuis *nt*; tehuis *nt*, huis *nt*; *adv* thuis, naar huis; at ~ thuis

home-made [,houm'meid] *adj* eigengemaakt

homesickness ['houm,siknəs] *n* heimwee *nt*

homosexual [,houmə'sekʃuəl] *adj* homoseksueel

honest ['ɔnist] *adj* eerlijk; oprecht

honesty ['ɔnisti] *n* eerlijkheid *c*

honey ['hʌni] *n* honing *c*

honeymoon ['hʌnimu:n] *n* huwelijksreis *c*, wittebroodsweken *pl*

honk [hʌŋk] *vAm* claxonneren

honour ['ɔnə] *n* eer *c*; *v* eren, huldigen

honourable ['ɔnərəbəl] *adj* eervol, eerzaam; rechtschapen

hood [hud] *n* kap *c*; *nAm* motorkap *c*

hoof [hu:f] *n* hoef *c*

hook [huk] *n* haak *c*

hoot [hu:t] *v* claxonneren

hooter ['hu:tə] *n* claxon *c*

hoover ['hu:və] *v* stofzuigen

hop¹ [hɔp] *v* huppelen; *n* sprong *c*

hop² [hɔp] *n* hop *c*

hope [houp] *n* hoop *c*; *v* hopen

hopeful ['houpfəl] *adj* hoopvol

hopeless ['houpləs] *adj* hopeloos

horizon [hə'raizən] *n* kim *c*, horizon *c*

horizontal [,hɔri'zɔntəl] *adj* horizontaal

horn [hɔ:n] *n* hoorn *c*; claxon *c*

horrible ['hɔribəl] *adj* vreselijk; verschrikkelijk, gruwelijk, afschuwelijk

horror ['hɔrə] *n* afgrijzen *nt*, afschuw *c*

hors-d'œuvre [ɔ:'də:vr] *n* hors d'œuvre *c*, voorgerecht *nt*

horse [hɔ:s] *n* paard *nt*

horseman ['hɔ:smən] *n* (pl -men) ruiter *c*

horsepower ['hɔ:s,pauə] *n* paardekracht *c*

horserace ['hɔ:sreis] *n* harddraverij *c*

horseradish ['hɔ:s,rædiʃ] *n* mierikswortel *c*

horseshoe ['hɔ:sʃu:] *n* hoefijzer *nt*

horticulture ['hɔ:tikʌltʃə] *n* tuinbouw *c*

hosiery ['houʒəri] *n* tricotgoederen *pl*

hospitable ['hɔspitəbəl] *adj* gastvrij

hospital ['hɔspitəl] *n* hospitaal *nt*, ziekenhuis *nt*

hospitality [,hɔspi'tæləti] *n* gastvrijheid *c*

host [houst] *n* gastheer *c*

hostage ['hɔstidʒ] *n* gijzelaar *c*

hostel ['hɔstəl] *n* herberg *c*

hostess ['houstis] *n* gastvrouw *c*

hostile ['hɔstail] *adj* vijandig

hot [hɔt] *adj* warm, heet

hotel [hou'tel] *n* hotel *nt*

hot-tempered [,hɔt'tempəd] *adj* driftig

hour [auə] *n* uur *nt*

hourly ['auəli] *adj* uur-

house [haus] *n* huis *nt*; woning *c*; pand *nt*; ~ agent makelaar *c*; ~ block *Am* huizenblok *nt*; public ~ kroeg *c*

houseboat ['hausbout] *n* woonboot *c*

household ['haushould] *n* huishouden *nt*

housekeeper ['haus,ki:pə] *n* huishoudster *c*

housekeeping ['haus,ki:piŋ] *n* huishouden *nt*

housemaid ['hausmeid] *n* meid *c*

housewife ['hauswaif] *n* huisvrouw *c*

housework ['hauswə:k] *n* huishouden *nt*

how [hau] *adv* hoe; wat; ~ many hoeveel; ~ much hoeveel

however [hau'evə] *conj* evenwel, echter

hug [hʌg] *v* omhelzen; *n* omhelzing *c*

huge [hju:dʒ] *adj* geweldig, enorm, reusachtig

hum [hʌm] v neuriën
human ['hju:mən] adj menselijk; ~ being menselijk wezen
humanity [hju'mænəti] n mensheid c
humble ['hʌmbəl] adj nederig
humid ['hju:mid] adj vochtig
humidity [hju'midəti] n vochtigheid c
humorous ['hju:mərəs] adj grappig, geestig, humoristisch
humour ['hju:mə] n humor c
hundred ['hʌndrəd] n honderd
Hungarian [hʌŋ'gɛəriən] adj Hongaars; n Hongaar c
Hungary ['hʌŋgəri] Hongarije
hunger ['hʌŋgə] n honger c
hungry ['hʌŋgri] adj hongerig
hunt [hʌnt] v jagen; n jacht c; ~ for *zoeken
hunter ['hʌntə] n jager c
hurricane ['hʌrikən] n orkaan c; ~ lamp stormlamp c
hurry ['hʌri] v *opschieten, zich haasten; n haast c; in a ~ haastig
* **hurt** [hə:t] v pijn *doen, bezeren; kwetsen
hurtful ['hə:tfəl] adj schadelijk
husband ['hʌzbənd] n echtgenoot c, man c
hut [hʌt] n hut c
hydrogen ['haidrədʒən] n waterstof c
hygiene ['haidʒi:n] n hygiëne c
hygienic [hai'dʒi:nik] adj hygiënisch
hymn [him] n gezang nt
hyphen ['haifən] n koppelteken nt
hypocrisy [hi'pɔkrəsi] n huichelarij c
hypocrite ['hipəkrit] n huichelaar c
hypocritical [,hipə'kritikəl] adj huichelachtig, hypocriet, schijnheilig
hysterical [hi'sterikəl] adj hysterisch

I

I [ai] pron ik
ice [ais] n ijs nt
ice-bag ['aisbæg] n koeltas c
ice-cream ['aiskri:m] n ijs nt, ijsje nt
Iceland ['aislənd] IJsland
Icelander ['aisləndə] n IJslander c
Icelandic [ais'lændik] adj IJslands
icon ['aikən] n ikoon c
idea [ai'diə] n idee nt/c; inval c, gedachte c; denkbeeld nt, begrip nt
ideal [ai'diəl] adj ideaal; n ideaal nt
identical [ai'dentikəl] adj identiek
identification [ai,dentifi'keiʃən] n identificatie c
identify [ai'dentifai] v identificeren
identity [ai'dentəti] n identiteit c; ~ card identiteitskaart c
idiom ['idiəm] n idioom nt
idiomatic [,idiə'mætik] adj idiomatisch
idiot ['idiət] n idioot c
idiotic [,idi'ɔtik] adj idioot
idle ['aidəl] adj werkeloos; lui; ijdel
idol ['aidəl] n afgod c; idool nt
if [if] conj als; indien
ignition [ig'niʃən] n ontsteking c; ~ coil ontsteking c
ignorant ['ignərənt] adj onwetend
ignore [ig'nɔ:] v negeren
ill [il] adj ziek; slecht; kwaad
illegal [i'li:gəl] adj illegaal, onwettig
illegible [i'ledʒəbəl] adj onleesbaar
illiterate [i'litərət] n analfabeet c
illness ['ilnəs] n ziekte c
illuminate [i'lu:mineit] v verlichten
illumination [i,lu:mi'neiʃən] n verlichting c
illusion [i'lu:ʒən] n illusie c; droombeeld nt
illustrate ['iləstreit] v illustreren
illustration [,ilə'streiʃən] n illustratie c
image ['imidʒ] n beeld nt

imaginary [i'mædʒinəri] *adj* denkbeeldig

imagination [i,mædʒi'neiʃən] *n* verbeelding *c*

imagine [i'mædʒin] *v* zich voorstellen;
zich verbeelden; zich *indenken

imitate ['imiteit] *v* nabootsen, imiteren

imitation [,imi'teiʃən] *n* namaak *c*, imitatie *c*

immediate [i'mi:djət] *adj* onmiddellijk

immediately [i'mi:djətli] *adv* meteen,
dadelijk, onmiddellijk

immense [i'mens] *adj* oneindig, reusachtig, onmetelijk

immigrant ['imigrənt] *n* immigrant *c*

immigrate ['imigreit] *v* immigreren

immigration [,imi'greiʃən] *n* immigratie *c*

immodest [i'mɔdist] *adj* onbescheiden

immunity [i'mju:nəti] *n* immuniteit *c*

immunize ['imjunaiz] *v* immuun maken

impartial [im'pɑ:ʃəl] *adj* onpartijdig

impassable [im'pɑ:səbəl] *adj* onbegaanbaar

impatient [im'peiʃənt] *adj* ongeduldig

impede [im'pi:d] *v* belemmeren

impediment [im'pedimənt] *n* beletsel
nt

imperfect [im'pə:fikt] *adj* onvolmaakt

imperial [im'piəriəl] *adj* keizerlijk;
rijks-

impersonal [im'pə:sənəl] *adj* onpersoonlijk

impertinence [im'pə:tinəns] *n* onbeschaamdheid *c*

impertinent [im'pə:tinənt] *adj* brutaal,
onbeschoft, onbeschaamd

implement¹ ['implimənt] *n* werktuig
nt, gereedschap *nt*

implement² ['impliment] *v* uitvoeren

imply [im'plai] *v* impliceren; *inhouden

impolite [,impə'lait] *adj* onbeleefd

import¹ [im'pɔ:t] *v* invoeren, importeren

import² ['impɔ:t] *n* import *c*, invoer *c*;
~ duty invoerrecht *nt*

importance [im'pɔ:təns] *n* belang *nt*

important [im'pɔ:tənt] *adj* gewichtig,
belangrijk

importer [im'pɔ:tə] *n* importeur *c*

imposing [im'pouziŋ] *adj* indrukwekkend

impossible [im'pɔsəbəl] *adj* onmogelijk

impotence ['impətəns] *n* impotentie *c*

impotent ['impətənt] *adj* impotent

impound [im'paund] *v* beslag leggen
op

impress [im'pres] *v* imponeren, indruk
maken op

impression [im'preʃən] *n* indruk *c*

impressive [im'presiv] *adj* indrukwekkend

imprison [im'prizən] *v* gevangen zetten

imprisonment [im'prizənmənt] *n* gevangenschap *c*

improbable [im'prɔbəbəl] *adj* onwaarschijnlijk

improper [im'prɔpə] *adj* ongepast

improve [im'pru:v] *v* verbeteren

improvement [im'pru:vmənt] *n* verbetering *c*

improvise ['imprəvaiz] *v* improviseren

impudent ['impjudənt] *adj* onbeschaamd

impulse ['impʌls] *n* impuls *c*; prikkel
c

impulsive [im'pʌlsiv] *adj* impulsief

in [in] *prep* in; over, op; *adv* binnen

inaccessible [i,næk'sesəbəl] *adj* ontoegankelijk

inaccurate [i'nækjurət] *adj* onnauwkeurig

inadequate [i'nædikwət] *adj* onvoldoende

incapable [iŋ'keipəbəl] *adj* onbekwaam

incense ['insens] *n* wierook *c*

incident ['insidənt] n incident nt
incidental [ˌinsi'dentəl] adj toevallig
incite [in'sait] v aansporen
inclination [ˌiŋkli'neiʃən] n neiging c
incline [in'klain] n helling c
inclined [in'klaind] adj genegen, geneigd; *be ~ to v neigen
include [in'klu:d] v bevatten, *insluiten; included inbegrepen
inclusive [in'klu:siv] adj inclusief
income ['iŋkəm] n inkomen nt
income-tax ['iŋkəmtæks] n inkomstenbelasting c
incompetent [in'kompətənt] adj onbekwaam
incomplete [ˌinkəm'pli:t] adj onvolledig, incompleet
inconceivable [ˌinkən'si:vəbəl] adj ondenkbaar
inconspicuous [ˌinkən'spikjuəs] adj onopvallend
inconvenience [ˌinkən'vi:njəns] n ongemak nt, ongerief nt
inconvenient [ˌinkən'vi:njənt] adj ongelegen; lastig
incorrect [ˌinkə'rekt] adj onnauwkeurig, onjuist
increase¹ [in'kri:s] v vermeerderen; *oplopen, *toenemen
increase² ['iŋkri:s] n toename c; verhoging c
incredible [in'kredəbəl] adj ongelofelijk
incurable [in'kjuərəbəl] adj ongeneeslijk
indecent [in'di:sənt] adj onfatsoenlijk
indeed [in'di:d] adv inderdaad
indefinite [in'definit] adj onbepaald
indemnity [in'demnəti] n schadeloosstelling c, schadevergoeding c
independence [ˌindi'pendəns] n onafhankelijkheid c
independent [ˌindi'pendənt] adj onafhankelijk; zelfstandig

index ['indeks] n register nt, index c; ~ finger wijsvinger c
India ['indiə] India
Indian ['indiən] adj Indisch; Indiaans; n Indiër c; Indiaan c
indicate ['indikeit] v *aangeven, aanduiden
indication [ˌindi'keiʃən] n teken nt, aanwijzing c
indicator ['indikeitə] n richtingaanwijzer c
indifferent [in'difərənt] adj onverschillig
indigestion [ˌindi'dʒestʃən] n indigestie c
indignation [ˌindig'neiʃən] n verontwaardiging c
indirect [ˌindi'rekt] adj indirect
individual [ˌindi'vidʒuəl] adj afzonderlijk, individueel; n enkeling c, individu nt
Indonesia [ˌində'ni:ziə] Indonesië
Indonesian [ˌində'ni:ziən] adj Indonesisch; n Indonesiër c
indoor ['indɔ:] adj binnen
indoors [in'dɔ:z] adv binnen
indulge [in'dʌldʒ] v *toegeven
industrial [in'dʌstriəl] adj industrieel; ~ area industriegebied nt
industrious [in'dʌstriəs] adj vlijtig
industry ['indəstri] n industrie c
inedible [i'nedibəl] adj oneetbaar
inefficient [ˌini'fiʃənt] adj ondoeltreffend
inevitable [i'nevitəbəl] adj onvermijdelijk
inexpensive [ˌinik'spensiv] adj goedkoop
inexperienced [ˌinik'spiəriənst] adj onervaren
infant ['infənt] n zuigeling c
infantry ['infəntri] n infanterie c
infect [in'fekt] v besmetten, *aansteken

infection [in'fekʃən] *n* infectie *c*

infectious [in'fekʃəs] *adj* besmettelijk

infer [in'fə:] *v* afleiden

inferior [in'fiəriə] *adj* inferieur, minderwaardig; lager

infinite ['infinət] *adj* oneindig

infinitive [in'finitiv] *n* onbepaalde wijs

infirmary [in'fə:məri] *n* ziekenzaal *c*

inflammable [in'flæməbəl] *adj* ontvlambaar

inflammation [,inflə'meiʃən] *n* ontsteking *c*

inflatable [in'fleitəbəl] *adj* opblaasbaar

inflate [in'fleit] *v* *opblazen

inflation [in'fleiʃən] *n* inflatie *c*

influence ['influəns] *n* invloed *c*; *v* beïnvloeden

influential [,influ'enʃəl] *adj* invloedrijk

influenza [,influ'enzə] *n* griep *c*

inform [in'fɔ:m] *v* informeren; inlichten, mededelen

informal [in'fɔ:məl] *adj* informeel

information [,infə'meiʃən] *n* informatie *c*; inlichting *c*, mededeling *c*; ~ **bureau** inlichtingenkantoor *nt*

infra-red [,infrə'red] *adj* infrarood

infrequent [in'fri:kwənt] *adj* zeldzaam

ingredient [iŋ'gri:diənt] *n* ingrediënt *nt*, bestanddeel *nt*

inhabit [in'hæbit] *v* bewonen

inhabitable [in'hæbitəbəl] *adj* bewoonbaar

inhabitant [in'hæbitənt] *n* inwoner *c*; bewoner *c*

inhale [in'heil] *v* inademen

inherit [in'herit] *v* erven

inheritance [in'heritəns] *n* erfenis *c*

initial [i'niʃəl] *adj* begin-, eerst; *n* voorletter *c*; *v* paraferen

initiative [i'niʃətiv] *n* initiatief *nt*

inject [in'dʒekt] *v* *inspuiten

injection [in'dʒekʃən] *n* injectie *c*

injure ['indʒə] *v* verwonden, kwetsen; krenken

injured ['indʒəd] *adj* gewond

injury ['indʒəri] *n* verwonding *c*; letsel *nt*, blessure *c*

injustice [in'dʒʌstis] *n* onrecht *nt*

ink [iŋk] *n* inkt *c*

inlet ['inlet] *n* inham *c*

inn [in] *n* herberg *c*

inner ['inə] *adj* inwendig; ~ **tube** binnenband *c*

inn-keeper ['in,ki:pə] *n* herbergier *c*

innocence ['inəsəns] *n* onschuld *c*

innocent ['inəsənt] *adj* onschuldig

inoculate [i'nɔkjuleit] *v* inenten

inoculation [i,nɔkju'leiʃən] *n* inenting *c*

inquire [iŋ'kwaiə] *v* *navragen, informatie *inwinnen

inquiry [iŋ'kwaiəri] *n* vraag *c*, navraag *c*; onderzoek *nt*; ~ **office** informatiebureau *nt*

inquisitive [iŋ'kwizətiv] *adj* nieuwsgierig

insane [in'sein] *adj* krankzinnig

inscription [in'skripʃən] *n* inscriptie *c*

insect ['insekt] *n* insekt *nt*; ~ **repellent** insektenwerend middel

insecticide [in'sektisaid] *n* insekticide *c*

insensitive [in'sensətiv] *adj* ongevoelig

insert [in'sə:t] *v* invoegen

inside [,in'said] *n* binnenkant *c*; *adj* binnenst; *adv* binnen; van binnen; *prep* in, binnen; ~ **out** binnenste buiten; **insides** ingewanden *pl*

insight ['insait] *n* inzicht *nt*

insignificant [,insig'nifikənt] *adj* onbelangrijk; onbeduidend, nietsbetekenend; nietig

insist [in'sist] *v* *aandringen; *aanhouden, *volhouden

insolence ['insələns] *n* onbeschaamdheid *c*

insolent ['insələnt] *adj* brutaal, onbeschaamd

insomnia [in'sɔmniə] *n* slapeloosheid *c*

inspect [in'spekt] v inspecteren

inspection [in'spekʃən] n inspectie c; controle c

inspector [in'spektə] n inspecteur c

inspire [in'spaiə] v bezielen

install [in'stɔ:l] v installeren

installation [,instə'leiʃən] n installatie c

instalment [in'stɔ:lmənt] n afbetaling c

instance ['instəns] n voorbeeld nt; geval nt; **for ~** bijvoorbeeld

instant ['instənt] n ogenblik nt

instantly ['instəntli] adv ogenblikkelijk, onmiddellijk, meteen

instead of [in'sted ɔv] in plaats van

instinct ['instiŋkt] n instinct nt

institute ['institju:t] n instituut nt; instelling c; v instellen

institution [,insti'tju:ʃən] n inrichting c, instelling c

instruct [in'strʌkt] v onderrichten

instruction [in'strʌkʃən] n onderwijs nt

instructive [in'strʌktiv] adj leerzaam

instructor [in'strʌktə] n leraar c

instrument [,insə'fiʃənt] n instrument nt; **musical ~** muziekinstrument nt

insufficient ['insə'fiʃənt] adj onvoldoende

insulate ['insjuleit] v isoleren

insulation [,insju'leiʃən] n isolatie c

insulator ['insjuleitə] n isolator c

insult[1] [in'sʌlt] v beledigen

insult[2] ['insʌlt] n belediging c

insurance [in'ʃuərəns] n assurantie c, verzekering c; **~ policy** verzekeringspolis c

insure [in'ʃuə] v verzekeren

intact [in'tækt] adj intact

intellect ['intəlekt] n intellect nt

intellectual [,intə'lektʃuəl] adj intellectueel

intelligence [in'telidʒəns] n intelligen-

tie c

intelligent [in'telidʒənt] adj intelligent

intend [in'tend] v van plan *zijn, bedoelen

intense [in'tens] adj intens; hevig

intention [in'tenʃən] n bedoeling c

intentional [in'tenʃənəl] adj opzettelijk

intercourse ['intəkɔ:s] n omgang c

interest ['intrəst] n interesse c, belangstelling c; belang nt; rente c; v interesseren; **interested** geïnteresseerd, belangstellend

interesting ['intrəstiŋ] adj interessant

interfere [,intə'fiə] v tussenbeide *komen; **~ with** zich bemoeien met

interference [,intə'fiərəns] n inmenging c

interim ['intərim] n tussentijd c

interior [in'tiəriə] n binnenkant c

interlude ['intəlu:d] n intermezzo nt

intermediary [,intə'mi:djəri] n tussenpersoon c

intermission [,intə'miʃən] n pauze c

internal [in'tə:nəl] adj intern, inwendig

international [,intə'næʃənəl] adj internationaal

interpret [in'tə:prit] v tolken; vertolken

interpreter [in'tə:pritə] n tolk c

interrogate [in'terəgeit] v *ondervragen

interrogation [in,terə'geiʃən] n verhoor nt

interrogative [,intə'rɔgətiv] adj vragend

interrupt [,intə'rʌpt] v *onderbreken

interruption [,intə'rʌpʃən] n onderbreking c

intersection [,intə'sekʃən] n kruispunt nt

interval ['intəvəl] n pauze c; tussenpoos c

intervene [,intə'vi:n] v *ingrijpen

interview ['intəvju:] n interview nt, vraaggesprek nt

intestine [in'testin] n darm c; intestines ingewanden pl

intimate ['intimət] adj intiem

into ['intu] prep in

intolerable [in'tolərəbəl] adj onuitstaanbaar

intoxicated [in'təksikeitid] adj dronken

intrigue [in'tri:g] n komplot nt

introduce [,intrə'dju:s] v introduceren, voorstellen; inleiden; invoeren

introduction [,intrə'dʌkʃən] n inleiding c

invade [in'veid] v *binnenvallen

invalid[1] ['invəli:d] n invalide c; adj invalide

invalid[2] [in'vælid] adj ongeldig

invasion [in'veiʒən] n inval c, invasie c

invent [in'vent] v *uitvinden; *verzinnen

invention [in'venʃən] n uitvinding c

inventive [in'ventiv] adj vindingrijk

inventor [in'ventə] n uitvinder c

inventory ['invəntri] n inventaris c

invert [in'və:t] v omdraaien

invest [in'vest] v investeren; beleggen

investigate [in'vestigeit] v *onderzoeken

investigation [in,vesti'geiʃən] n onderzoek nt

investment [in'vestmənt] n investering c; belegging c, geldbelegging c

investor [in'vestə] n investeerder c

invisible [in'vizəbəl] adj onzichtbaar

invitation [,invi'teiʃən] n uitnodiging c

invite [in'vait] v inviteren, uitnodigen

invoice ['invois] n factuur c

involve [in'vɔlv] v impliceren; involved betrokken

inwards ['inwədz] adv naar binnen

iodine ['aiədi:n] n jodium nt

Iran [i'rɑ:n] Iran

Iranian [i'reiniən] adj Iraans; n Iraniër c

Iraq [i'rɑ:k] Irak

Iraqi [i'rɑ:ki] adj Iraaks; n Irakees c

irascible [i'ræsibəl] adj driftig

Ireland ['aiələnd] Ierland

Irish ['aiəriʃ] adj Iers

Irishman ['aiəriʃmən] n (pl -men) Ier c

iron ['aiən] n ijzer nt; strijkijzer nt; ijzeren; v *strijken

ironical [ai'rɔnikəl] adj ironisch

ironworks ['aiənwə:ks] n hoogovens pl

irony ['aiərəni] n ironie c

irregular [i'regjulə] adj onregelmatig

irreparable [i'repərəbəl] adj onherstelbaar

irrevocable [i'revəkəbəl] adj onherroepelijk

irritable ['iritəbəl] adj prikkelbaar

irritate ['iriteit] v prikkelen, irriteren

is [iz] v (pr be)

island ['ailənd] n eiland nt

isolate ['aisəleit] v isoleren

isolation [,aisə'leiʃən] n isolement nt; isolatie c

Israel ['izreil] Israël

Israeli [iz'reili] adj Israëlisch; n Israëliër c

issue ['iʃu:] v *uitgeven; n uitgifte c, oplage c, uitgave c; kwestie c, punt nt; uitkomst c, resultaat nt, gevolg nt, slot nt, einde nt; uitgang c

isthmus ['isməs] n landengte c

it [it] pron het

Italian [i'tæljən] adj Italiaans; n Italiaan c

italics [i'tæliks] pl cursiefschrift nt

Italy ['itəli] Italië

itch [itʃ] n jeuk c; kriebel c; v jeuken

item ['aitəm] n artikel nt; punt nt

itinerant [ai'tinərənt] adj rondreizend

itinerary [ai'tinərəri] n reisplan nt, reisroute c

ivory ['aivəri] n ivoor nt

ivy ['aivi] n klimop c

J

jack [dʒæk] *n* krik *c*

jacket ['dʒækit] *n* jasje *nt*, colbert *c*, vest *nt*; omslag *c/nt*

jade [dʒeid] *n* jade *nt/c*

jail [dʒeil] *n* gevangenis *c*

jailer ['dʒeilə] *n* cipier *c*

jam [dʒæm] *n* jam *c*; verkeersopstopping *c*

janitor ['dʒænitə] *n* concierge *c*

January ['dʒænjuəri] januari

Japan [dʒə'pæn] Japan

Japanese [,dʒæpə'ni:z] *adj* Japans; *n* Japanner *c*

jar [dʒɑ:] *n* pot *c*

jaundice ['dʒɔ:ndis] *n* geelzucht *c*

jaw [dʒɔ:] *n* kaak *c*

jealous ['dʒeləs] *adj* jaloers

jealousy ['dʒeləsi] *n* jaloezie *c*

jeans [dʒi:nz] *pl* spijkerbroek *c*

jelly ['dʒeli] *n* gelei *c*

jelly-fish ['dʒelifiʃ] *n* kwal *c*

jersey ['dʒə:zi] *n* jersey *c*; trui *c*

jet [dʒet] *n* straal *c*; straalvliegtuig *nt*

jetty ['dʒeti] *n* pier *c*

Jew [dʒu:] *n* jood *c*

jewel ['dʒu:əl] *n* juweel *nt*

jeweller ['dʒu:ələ] *n* juwelier *c*

jewellery ['dʒu:əlri] *n* juwelen; bijouterie *c*

Jewish ['dʒu:iʃ] *adj* joods

job [dʒɔb] *n* karwei *nt*; betrekking *c*, baan *c*

jockey ['dʒɔki] *n* jockey *c*

join [dʒɔin] *v* *verbinden; zich voegen bij, zich *aansluiten bij; samenvoegen, verenigen

joint [dʒɔint] *n* gewricht *nt*; las *c*; *adj* verenigd, gezamenlijk

jointly ['dʒɔintli] *adv* gezamenlijk

joke [dʒouk] *n* mop *c*, grap *c*

jolly ['dʒɔli] *adj* leuk

Jordan ['dʒɔ:dən] Jordanië

Jordanian [dʒɔ:'deiniən] *adj* Jordaans; *n* Jordaniër *c*

journal ['dʒə:nəl] *n* tijdschrift *nt*

journalism ['dʒə:nəlizəm] *n* journalistiek *c*

journalist ['dʒə:nəlist] *n* journalist *c*

journey ['dʒə:ni] *n* reis *c*

joy [dʒɔi] *n* genot *nt*, vreugde *c*

joyful ['dʒɔifəl] *adj* blij, vrolijk

jubilee ['dʒu:bili:] *n* jubileum *nt*

judge [dʒʌdʒ] *n* rechter *c*; *v* oordelen; beoordelen

judgment ['dʒʌdʒmənt] *n* oordeel *nt*; beoordeling *c*

jug [dʒʌg] *n* kan *c*

Jugoslav [,ju:gə'slɑ:v] *adj* Joegoslavisch; *n* Joegoslaaf *c*

Jugoslavia [,ju:gə'slɑ:viə] Joegoslavië

juice [dʒu:s] *n* sap *nt*

juicy ['dʒu:si] *adj* sappig

July [dʒu'lai] juli

jump [dʒʌmp] *v* *springen; *n* sprong *c*

jumper ['dʒʌmpə] *n* jumper *c*

junction ['dʒʌŋkʃən] *n* kruising *c*; knooppunt *nt*

June [dʒu:n] juni

jungle ['dʒʌŋgəl] *n* oerwoud *nt*, jungle *c*

junior ['dʒu:njə] *adj* jonger

junk [dʒʌŋk] *n* rommel *c*

jury ['dʒuəri] *n* jury *c*

just [dʒʌst] *adj* terecht, rechtvaardig; juist; *adv* pas; precies

justice ['dʒʌstis] *n* recht *nt*; gerechtigheid *c*, rechtvaardigheid *c*

juvenile ['dʒu:vənail] *adj* jeugdig

K

kangaroo [,kæŋgə'ru:] n kangoeroe c
keel [ki:l] n kiel c
keen [ki:n] adj enthousiast; scherp
* keep [ki:p] v *houden; bewaren;
*blijven; ~ away from niet *betre-
den; ~ off *afblijven; ~ on *doorgaan met; ~ quiet *zwijgen; ~ up
*volhouden; ~ up with *bijhouden
keg [keg] n vaatje nt
kennel ['kenəl] n hondehok nt; kennel
c
Kenya ['kenjə] Kenya
kerosene ['kerəsi:n] n petroleum c
kettle ['ketəl] n ketel c
key [ki:] n sleutel c
keyhole ['ki:houl] n sleutelgat nt
khaki ['ka:ki] n kaki nt
kick [kik] v trappen, schoppen; n trap
c, schop c
kick-off [,ki'kɔf] n aftrap c
kid [kid] n kind nt; geiteleer nt; v
*beetnemen
kidney ['kidni] n nier c
kill [kil] v *ombrengen, doden
kilogram ['kiləgræm] n kilo nt
kilometre ['kilə,mi:tə] n kilometer c
kind [kaind] adj aardig, vriendelijk;
goed; n soort c/nt
kindergarten ['kində,ga:tən] n kleuterschool c
king [kiŋ] n koning c
kingdom ['kiŋdəm] n koninkrijk nt;
rijk nt
kiosk ['ki:ɔsk] n kiosk c
kiss [kis] n zoen c, kus c; v kussen
kit [kit] n uitrusting c
kitchen ['kitʃin] n keuken c; ~ garden moestuin c
kleenex ['kli:neks] n papieren zakdoek
knapsack ['næpsæk] n knapzak c
knave [neiv] n boer c

knee [ni:] n knie c
kneecap ['ni:kæp] n knieschijf c
* kneel [ni:l] v knielen
knew [nju:] v (p know)
knickers ['nikəz] pl onderbroek c
knife [naif] n (pl knives) mes nt
knight [nait] n ridder c
* knit [nit] v breien
knob [nɔb] n knop c
knock [nɔk] v kloppen; n klop c; ~
against *stoten tegen; ~ down
*neerslaan
knot [nɔt] n knoop c; v knopen
* know [nou] v *weten, kennen
knowledge ['nɔlidʒ] n kennis c
knuckle ['nʌkəl] n knokkel c

L

label ['leibəl] n etiket nt; v etiketteren
laboratory [lə'bɔrətəri] n laboratorium
nt
labour ['leibə] n werk nt, arbeid c;
weeën pl; v zwoegen; labor permit
Am werkvergunning c
labourer ['leibərə] n arbeider c
labour-saving ['leibə,seiviŋ] adj arbeidbesparend
labyrinth ['læbərinθ] n doolhof nt
lace [leis] n kant nt; veter c
lack [læk] n gemis nt, gebrek nt; v
missen
lacquer ['lækə] n lak c
lad [læd] n jongen c, joch nt
ladder ['lædə] n ladder c
lady ['leidi] n dame c; ladies' room
damestoilet nt
lagoon [lə'gu:n] n lagune c
lake [leik] n meer nt
lamb [læm] n lam nt; lamsvlees nt
lame [leim] adj lam, mank, kreupel
lamentable ['læməntəbəl] adj erbarme-

lijk

lamp [læmp] *n* lamp *c*

lamp-post ['læmppoust] *n* lantaarnpaal *c*

lampshade ['læmpʃeid] *n* lampekap *c*

land [lænd] *n* land *nt*; *v* landen; aan land *gaan

landlady ['lænd,leidi] *n* hospita *c*

landlord ['lændlɔ:d] *n* huisbaas *c*; hospes *c*

landmark ['lændmɑ:k] *n* baken *nt*; mijlpaal *c*

landscape ['lændskeip] *n* landschap *nt*

lane [lein] *n* steeg *c*, pad *nt*; rijstrook *c*

language ['læŋgwidʒ] *n* taal *c*; ~ **laboratory** talenpracticum *nt*

lantern ['læntən] *n* lantaarn *c*

lapel [lə'pel] *n* revers *c*

larder ['lɑ:də] *n* provisiekast *c*

large [lɑ:dʒ] *adj* groot; ruim

lark [lɑ:k] *n* leeuwerik *c*

laryngitis [,lærin'dʒaitis] *n* keelontsteking *c*

last [lɑ:st] *adj* laatst; vorig; *v* duren; **at ~** eindelijk; tenslotte, uiteindelijk

lasting ['lɑ:stiŋ] *adj* blijvend, duurzaam

latchkey ['lætʃki:] *n* huissleutel *c*

late [leit] *adj* laat; te laat

lately ['leitli] *adv* de laatste tijd, onlangs, laatst

lather ['lɑ:ðə] *n* schuim *nt*

Latin America ['lætin ə'merikə] Latijns-Amerika

Latin-American [,lætinə'merikən] *adj* Latijns-Amerikaans

latitude ['lætitju:d] *n* breedtegraad *c*

laugh [lɑ:f] *v* *lachen; *n* lach *c*

laughter ['lɑ:ftə] *n* gelach *nt*

launch [lɔ:ntʃ] *v* inzetten; lanceren; *n* motorschip *nt*

launching ['lɔ:ntʃiŋ] *n* tewaterlating *c*

launderette [,lɔ:ndə'ret] *n* wasserette *c*

laundry ['lɔ:ndri] *n* wasserij *c*; was *c*

lavatory ['lævətəri] *n* toilet *nt*

lavish ['læviʃ] *adj* kwistig

law [lɔ:] *n* wet *c*; recht *nt*; ~ **court** gerecht *nt*

lawful ['lɔ:fəl] *adj* wettig

lawn [lɔ:n] *n* grasveld *nt*, gazon *nt*

lawsuit ['lɔ:su:t] *n* proces *nt*, geding *nt*

lawyer ['lɔ:jə] *n* advocaat *c*; jurist *c*

laxative ['læksətiv] *n* laxeermiddel *nt*

***lay** [lei] *v* plaatsen, zetten, leggen; ~ **bricks** metselen

layer [leiə] *n* laag *c*

layman ['leimən] *n* leek *c*

lazy ['leizi] *adj* lui

lead[1] [li:d] *n* voorsprong *c*; leiding *c*; riem *c*

lead[2] [led] *n* lood *nt*

***lead** [li:d] *v* leiden

leader ['li:də] *n* aanvoerder *c*, leider *c*

leadership ['li:dəʃip] *n* leiderschap *nt*

leading ['li:diŋ] *adj* vooraanstaand, voornaamst

leaf [li:f] *n* (pl leaves) blad *nt*

league [li:g] *n* bond *c*

leak [li:k] *v* lekken; *n* lek *nt*

leaky ['li:ki] *adj* lek

lean [li:n] *adj* mager

***lean** [li:n] *v* leunen

leap [li:p] *n* sprong *c*

***leap** [li:p] *v* *springen

leap-year ['li:pjiə] *n* schrikkeljaar *nt*

***learn** [lə:n] *v* leren

learner ['lə:nə] *n* beginneling *c*, beginner *c*

lease [li:s] *n* huurcontract *nt*; pacht *c*; *v* verpachten, verhuren; huren

leash [li:ʃ] *n* lijn *c*

least [li:st] *adj* geringst, minst; kleinst; **at ~** minstens; tenminste

leather ['leðə] *n* leer *nt*; lederen, leren

leave [li:v] *n* verlof *nt*

*leave [li:v] v *vertrekken, *verlaten; *laten; ~ behind *achterlaten; ~ out *weglaten

Lebanese [,lebə'ni:z] adj Libanees; n Libanees c

Lebanon ['lebənən] Libanon

lecture ['lektʃə] n college nt, lezing c

left[1] [left] adj links

left[2] [left] v (p, pp leave)

left-hand ['lefthænd] adj links

left-handed [,left'hændid] adj linkshandig

leg [leg] n poot c, been nt

legacy ['legəsi] n erfenis c

legal ['li:gəl] adj wettig, wettelijk; juridisch

legalization [,li:gəlai'zeiʃən] n legalisatie c

legation [li'geiʃən] n legatie c

legible ['ledʒibəl] adj leesbaar

legitimate [li'dʒitimət] adj wettig

leisure ['leʒə] n vrije tijd; gemak nt

lemon ['lemən] n citroen c

lemonade [,lemə'neid] n limonade c

*lend [lend] v lenen, uitlenen

length [leŋθ] n lengte c

lengthen ['leŋθən] v verlengen

lengthways ['leŋθweiz] adv in de lengte

lens [lenz] n lens c; telephoto ~ telelens c; zoom ~ zoomlens c

leprosy ['leprəsi] n lepra c

less [les] adv minder

lessen ['lesən] v verminderen

lesson ['lesən] n les c

*let [let] v *laten; verhuren; ~ down teleurstellen

letter ['letə] n brief c; letter c; ~ of credit kredietbrief c; ~ of recommendation aanbevelingsbrief c

letter-box ['letəbɔks] n brievenbus c

lettuce ['letis] n sla c

level ['levəl] adj egaal; plat, vlak, effen, gelijk; n peil nt, niveau nt; wa-

terpas c; v egaliseren, nivelleren; ~ crossing overweg c

lever ['li:və] n hefboom c, hendel c

Levis ['li:vaiz] pl jeans pl

liability [,laiə'biləti] n aansprakelijkheid c

liable ['laiəbəl] adj aansprakelijk; ~ to onderhevig aan

liberal ['libərəl] adj liberaal; mild, royaal, vrijgevig

liberation [,libə'reiʃən] n bevrijding c

Liberia [lai'biəriə] Liberia

Liberian [lai'biəriən] adj Liberiaans; n Liberiaan c

liberty ['libəti] n vrijheid c

library ['laibrəri] n bibliotheek c

licence ['laisəns] n licentie c; vergunning c; driving ~ rijbewijs nt; ~ number Am kenteken nt; ~ plate Am nummerbord nt

license ['laisəns] v een vergunning verlenen

lick [lik] v likken

lid [lid] n deksel nt

lie [lai] v *liegen; n leugen c

*lie [lai] v *liggen; ~ down *gaan liggen

life [laif] n (pl lives) leven nt; ~ insurance levensverzekering c

lifebelt ['laifbelt] n reddingsgordel c

lifetime ['laiftaim] n leven nt

lift [lift] v optillen; n lift c

light [lait] n licht nt; adj licht; ~ bulb peer c

*light [lait] v *aansteken

lighter ['laitə] n aansteker c

lighthouse ['laithaus] n vuurtoren c

lighting ['laitiŋ] n verlichting c

lightning ['laitniŋ] n bliksem c

like [laik] v *houden van; *mogen, lusten; adj gelijk; conj zoals; prep als

likely ['laikli] adj waarschijnlijk

like-minded [,laik'maindid] adj gelijkgezind

likewise ['laikwaiz] *adv* evenzo, eveneens

lily ['lili] *n* lelie *c*

limb [lim] *n* ledemaat *c*

lime [laim] *n* kalk *c*; linde *c*; limoen *c*

limetree ['laimtri:] *n* linde *c*

limit ['limit] *n* limiet *c*; *v* beperken

limp [limp] *v* hinken; *adj* slap

line [lain] *n* regel *c*; streep *c*; snoer *nt*; lijn *c*; rij *c*; **stand in** ~ *Am* in de rij *staan

linen ['linin] *n* linnen *nt*; linnengoed *nt*

liner ['lainə] *n* lijnboot *c*

lingerie ['lɔ̃ʒəri:] *n* lingerie *c*

lining ['lainiŋ] *n* voering *c*

link [liŋk] *v* *verbinden; *n* verbinding *c*; schakel *c*

lion ['laiən] *n* leeuw *c*

lip [lip] *n* lip *c*

lipsalve ['lipsa:v] *n* lippenboter *c*

lipstick ['lipstik] *n* lippenstift *c*

liqueur [li'kjuə] *n* likeur *c*

liquid ['likwid] *adj* vloeibaar; *n* vloeistof *c*

liquor ['likə] *n* sterke drank *c*

liquorice ['likəris] *n* drop *c*

list [list] *n* lijst *c*; *v* noteren

listen ['lisən] *v* aanhoren, luisteren

listener ['lisnə] *n* luisteraar *c*

literary ['litrəri] *adj* letterkundig, literair

literature ['litrətʃə] *n* literatuur *c*

litre ['li:tə] *n* liter *c*

litter ['litə] *n* afval *nt*; rommel *c*; nest *nt*

little ['litəl] *adj* klein; weinig

live[1] [liv] *v* leven; wonen

live[2] [laiv] *adj* levend

livelihood ['laivlihud] *n* kost *c*

lively ['laivli] *adj* levendig

liver ['livə] *n* lever *c*

living-room ['liviŋru:m] *n* huiskamer *c*,

woonkamer *c*

load [loud] *n* lading *c*; last *c*; *v* *laden

loaf [louf] *n* (pl loaves) brood *nt*

loan [loun] *n* lening *c*

lobby ['lɔbi] *n* hal *c*; foyer *c*

lobster ['lɔbstə] *n* kreeft *c*

local ['loukəl] *adj* lokaal, plaatselijk; ~ **call** lokaal gesprek; ~ **train** stoptrein *c*

locality [lou'kæləti] *n* plaats *c*

locate [lou'keit] *v* plaatsen

location [lou'keiʃən] *n* ligging *c*

lock [lɔk] *v* op slot *doen; *n* slot *nt*; sluis *c*; ~ **up** *opsluiten

locomotive [,loukə'moutiv] *n* locomotief *c*

lodge [lɔdʒ] *v* herbergen; *n* jachthuis *nt*

lodger ['lɔdʒə] *n* kamerbewoner *c*

lodgings ['lɔdʒiŋz] *pl* logies *nt*

log [lɔg] *n* houtblok *nt*

logic ['lɔdʒik] *n* logica *c*

logical ['lɔdʒikəl] *adj* logisch

lonely ['lounli] *adj* eenzaam

long [lɔŋ] *adj* lang; langdurig; ~ **for** verlangen naar; **no longer** niet meer

longing ['lɔŋiŋ] *n* verlangen *nt*

longitude ['lɔndʒitju:d] *n* lengtegraad *c*

look [luk] *v* *kijken; *lijken, er uit *zien; *n* kijkje *nt*, blik *c*; uiterlijk *nt*, voorkomen *nt*; ~ **after** verzorgen, zorgen voor, passen op; ~ **at** *aankijken, *kijken naar; ~ **for** *zoeken; ~ **out** *uitkijken, oppassen; ~ **up** *opzoeken

looking-glass ['lukiŋgla:s] *n* spiegel *c*

loop [lu:p] *n* lus *c*

loose [lu:s] *adj* los

loosen ['lu:sən] *v* losmaken

lord [lɔ:d] *n* lord *c*

lorry ['lɔri] *n* vrachtwagen *c*

***lose** [lu:z] *v* kwijtraken, *verliezen

loss [lɔs] *n* verlies *nt*

lost [lɔst] *adj* verdwaald; weg; ~ **and found** gevonden voorwerpen; ~ **property office** bureau voor gevonden voorwerpen

lot [lɔt] *n* lot *nt*; hoop *c*, boel *c*

lotion ['louʃən] *n* lotion *c*; **aftershave** ~ after shave

lottery ['lɔtəri] *n* loterij *c*

loud [laud] *adj* hard, luid

loud-speaker [,laud'spi:kə] *n* luidspreker *c*

lounge [laundʒ] *n* salon *c*

louse [laus] *n* (pl lice) luis *c*

love [lʌv] *v* *houden van, *liefhebben; *n* liefde *c*; **in** ~ verliefd

lovely ['lʌvli] *adj* heerlijk, prachtig, mooi

lover ['lʌvə] *n* minnaar *c*

love-story ['lʌv,stɔ:ri] *n* liefdesgeschiedenis *c*

low [lou] *adj* laag; diep; neerslachtig; ~ **tide** eb *c*

lower ['louə] *v* *neerlaten; verlagen; *strijken; *adj* onderst, lager

lowlands ['louləndz] *pl* laagland *nt*

loyal ['lɔiəl] *adj* loyaal

lubricate ['lu:brikeit] *v* oliën, smeren

lubrication [,lu:bri'keiʃən] *n* smering *c*; ~ **oil** smeerolie *c*; ~ **system** smeersysteem *nt*

luck [lʌk] *n* geluk *nt*; toeval *nt*; **bad** ~ pech *c*

lucky charm amulet *c*

ludicrous ['lu:dikrəs] *adj* belachelijk, bespottelijk

luggage ['lʌgidʒ] *n* bagage *c*; **hand** ~ handbagage *c*; **left** ~ **office** bagagedepot *nt*; ~ **rack** bagagerek *nt*, bagagenet *nt*; ~ **van** bagagewagen *c*

lukewarm ['lu:kwɔ:m] *adj* lauw

lumbago [lʌm'beigou] *n* spit *nt*

luminous ['lu:minəs] *adj* lichtgevend

lump [lʌmp] *n* brok *nt*, klont *c*, stuk *nt*; bult *c*; ~ **of sugar** suikerklontje *nt*; ~ **sum** ronde som

lumpy ['lʌmpi] *adj* klonterig

lunacy ['lu:nəsi] *n* krankzinnigheid *c*

lunatic ['lu:nətik] *adj* krankzinnig; *n* krankzinnige *c*

lunch [lʌntʃ] *n* lunch *c*, middageten *nt*

luncheon ['lʌntʃən] *n* middageten *nt*

lung [lʌŋ] *n* long *c*

lust [lʌst] *n* wellust *c*

luxurious [lʌg'ʒuəriəs] *adj* luxueus

luxury ['lʌkʃəri] *n* luxe *c*

M

machine [mə'ʃi:n] *n* apparaat *nt*, machine *c*

machinery [mə'ʃi:nəri] *n* machinerie *c*; mechanisme *nt*

mackerel ['mækrəl] *n* (pl ~) makreel *c*

mackintosh ['mækintɔʃ] *n* regenjas *c*

mad [mæd] *adj* krankzinnig, waanzinnig, gek; kwaad

madam ['mædəm] *n* mevrouw

madness ['mædnəs] *n* waanzin *c*

magazine [,mægə'zi:n] *n* blad *nt*

magic ['mædʒik] *n* toverkunst *c*, magie *c*; *adj* tover-

magician [mə'dʒiʃən] *n* goochelaar *c*

magistrate ['mædʒistreit] *n* magistraat *c*

magnetic [mæg'netik] *adj* magnetisch

magneto [mæg'ni:tou] *n* (pl ~s) magneet *c*

magnificent [mæg'nifisənt] *adj* prachtig; groots; luisterrijk

magpie ['mægpai] *n* ekster *c*

maid [meid] *n* meid *c*

maiden name ['meidən neim] meisjesnaam *c*

mail [meil] *n* post *c*; *v* posten; ~ **order** *Am* postwissel *c*

mailbox ['meilbɔks] *nAm* brievenbus *c*

main [mein] *adj* hoofd-, voornaamst; grootst; ~ **deck** bovendek *nt*; ~ **line** hoofdlijn *c*; ~ **road** hoofdweg *c*; ~ **street** hoofdstraat *c*

mainland ['meinlənd] *n* vasteland *nt*

mainly ['meinli] *adv* hoofdzakelijk

mains [meinz] *pl* hoofdleiding *c*

maintain [mein'tein] *v* handhaven

maintenance ['meintənəns] *n* onderhoud *nt*

maize [meiz] *n* maïs *c*

major ['meidʒə] *adj* groter; grootst; *n* majoor *c*

majority [mə'dʒɔrəti] *n* meerderheid *c*

*****make** [meik] *v* maken; verdienen; halen; ~ **do with** zich *behelpen met; ~ **good** vergoeden; ~ **up** opstellen

make-up ['meikʌp] *n* make-up *c*

malaria [mə'lɛəriə] *n* malaria *c*

Malay [mə'lei] *n* Maleis *nt*

Malaysia [mə'leiziə] Maleisië

Malaysian [mə'leiziən] *adj* Maleisisch

male [meil] *adj* mannelijk

malicious [mə'liʃəs] *adj* boosaardig

malignant [mə'lignənt] *adj* kwaadaardig

mallet ['mælit] *n* houten hamer

malnutrition [,mælnju'triʃən] *n* ondervoeding *c*

mammal ['mæməl] *n* zoogdier *nt*

mammoth ['mæməθ] *n* mammoet *c*

man [mæn] *n* (pl men) man *c*; mens *c*; **men's room** herentoilet *nt*

manage ['mænidʒ] *v* beheren; slagen

manageable ['mænidʒəbəl] *adj* hanteerbaar

management ['mænidʒmənt] *n* directie *c*; beheer *nt*

manager ['mænidʒə] *n* chef *c*, directeur *c*

mandarin ['mændərin] *n* mandarijn *c*

mandate ['mændeit] *n* mandaat *nt*

manger ['meindʒə] *n* kribbe *c*

manicure ['mænikjuə] *n* manicure *c*; *v* manicuren

mankind [mæn'kaind] *n* mensheid *c*

mannequin ['mænəkin] *n* mannequin *c*

manner ['mænə] *n* wijze *c*, manier *c*; **manners** *pl* manieren

man-of-war [,mænəv'wɔ:] *n* oorlogsschip *nt*

manor-house ['mænəhaus] *n* herenhuis *nt*

mansion ['mænʃən] *n* herenhuis *nt*

manual ['mænjuəl] *adj* hand-

manufacture [,mænju'fæktʃə] *v* vervaardigen, fabriceren

manufacturer [,mænju'fæktʃərə] *n* fabrikant *c*

manure [mə'njuə] *n* mest *c*

manuscript ['mænjuskript] *n* manuscript *nt*

many ['meni] *adj* veel

map [mæp] *n* kaart *c*; landkaart *c*; plattegrond *c*

maple ['meipəl] *n* esdoorn *c*

marble ['ma:bəl] *n* marmer *nt*; knikker *c*

March [ma:tʃ] maart

march [ma:tʃ] *v* marcheren; *n* mars *c*

mare [mɛə] *n* merrie *c*

margarine [,ma:dʒə'ri:n] *n* margarine *c*

margin ['ma:dʒin] *n* kantlijn *c*, marge *c*

maritime ['mæritaim] *adj* maritiem

mark [ma:k] *v* aankruisen; merken; kenmerken; *n* merkteken *nt*; cijfer *nt*; schietschijf *c*

market ['ma:kit] *n* markt *c*

market-place ['ma:kitpleis] *n* marktplein *c*

marmalade ['ma:məleid] *n* marmelade *c*

marriage ['mæridʒ] *n* huwelijk *nt*

marrow ['mærou] n merg nt
marry ['mæri] v huwen, trouwen;
married couple echtpaar nt
marsh [mɑ:ʃ] n moeras nt
marshy ['mɑ:ʃi] adj moerassig
martyr ['mɑ:tə] n martelaar c
marvel ['mɑ:vəl] n wonder nt; v zich
verbazen
marvellous ['mɑ:vələs] adj prachtig
mascara [mæ'skɑ:rə] n mascara c
masculine ['mæskjulin] adj mannelijk
mash [mæʃ] v fijnstampen
mask [mɑ:sk] n masker nt
Mass [mæs] n mis c
mass [mæs] n massa c; ~ production
massaproduktie c
massage ['mæsɑ:ʒ] n massage c; v
masseren
masseur [mæ'sə:] n masseur c
massive ['mæsiv] adj massief
mast [mɑ:st] n mast c
master ['mɑ:stə] n meester c; baas c;
leraar c, onderwijzer c; v beheersen
masterpiece ['mɑ:stəpi:s] n meesterwerk nt
mat [mæt] n mat c; adj mat, dof
match [mætʃ] n lucifer c; wedstrijd c;
v passen bij
match-box ['mætʃbɔks] n lucifersdoosje nt
material [mə'tiəriəl] n materiaal nt;
stof c; adj stoffelijk, materieel
mathematical [,mæθə'mætikəl] adj
wiskundig
mathematics [,mæθə'mætiks] n wiskunde c
matrimonial [,mætri'mouniəl] adj echtelijk
matrimony ['mætriməni] n echt c
matter ['mætə] n stof c, materie c;
aangelegenheid c, kwestie c, zaak c;
v van belang *zijn; as a ~ of fact
feitelijk, eigenlijk
matter-of-fact [,mætərəv'fækt] adj

nuchter
mattress ['mætrəs] n matras c
mature [mə'tjuə] adj rijp
maturity [mə'tjuərəti] n rijpheid c
mausoleum [,mɔ:sə'li:əm] n mausoleum nt
mauve [mouv] adj lichtpaars
May [mei] mei
* may [mei] v *kunnen; *mogen
maybe ['meibi:] adv misschien
mayor [mɛə] n burgemeester c
maze [meiz] n doolhof nt
me [mi:] pron me
meadow ['medou] n wei c
meal [mi:l] n maaltijd c, maal nt
mean [mi:n] adj gemeen; n gemiddelde nt
* mean [mi:n] v betekenen; bedoelen;
menen
meaning ['mi:niŋ] n betekenis c
meaningless ['mi:niŋləs] adj nietszeggend
means [mi:nz] n middel nt; by no ~
zeker niet, geenszins
in the meantime [in ðə 'mi:ntaim] inmiddels, ondertussen
meanwhile ['mi:nwail] adv intussen,
ondertussen
measles ['mi:zəlz] n mazelen pl
measure ['meʒə] v *meten; n maat c;
maatregel c
meat [mi:t] n vlees nt
mechanic [mi'kænik] n monteur c
mechanical [mi'kænikəl] adj mechanisch
mechanism ['mekənizəm] n mechanisme nt
medal ['medəl] n medaille c
mediaeval [,medi'i:vəl] adj middeleeuws
mediate ['mi:dieit] v bemiddelen
mediator ['mi:dieitə] n bemiddelaar c
medical ['medikəl] adj geneeskundig,
medisch

medicine ['medsin] n geneesmiddel nt; geneeskunde c

meditate ['mediteit] v mediteren

Mediterranean [,meditə'reiniən] Middellandse Zee

medium ['mi:diəm] adj middelmatig, gemiddeld, midden-

* **meet** [mi:t] v ontmoeten; *tegenkomen

meeting ['mi:tiŋ] n vergadering c, bijeenkomst c; ontmoeting c

meeting-place ['mi:tiŋpleis] n trefpunt nt

melancholy ['melənkəli] n weemoed c

mellow ['melou] adj zacht

melodrama ['melə,drɑ:mə] n melodrama nt

melody ['melədi] n melodie c

melon ['melən] n meloen c

melt [melt] v *smelten

member ['membə] n lid nt; **Member of Parliament** kamerlid nt

membership ['membəʃip] n lidmaatschap nt

memo ['memou] n (pl ~s) memorandum nt

memorable ['memərəbəl] adj gedenkwaardig

memorial [mə'mɔ:riəl] n gedenkteken nt

memorize ['meməraiz] v uit het hoofd leren

memory ['meməri] n geheugen nt; herinnering c; nagedachtenis c

mend [mend] v herstellen, repareren

menstruation [,menstru'eiʃən] n menstruatie c

mental ['mentəl] adj geestelijk

mention ['menʃən] v noemen, vermelden; n melding c, vermelding c

menu ['menju:] n spijskaart c, menukaart c

merchandise ['mə:tʃəndaiz] n handelswaar c, koopwaar c

merchant ['mə:tʃənt] n handelaar c, koopman c

merciful ['mə:sifəl] adj barmhartig

mercury ['mə:kjuri] n kwik nt

mercy ['mə:si] n genade c, clementie c

mere [miə] adj louter

merely ['miəli] adv slechts

merger ['mə:dʒə] n fusie c

merit ['merit] v verdienen; n verdienste c

mermaid ['mə:meid] n zeemeermin c

merry ['meri] adj vrolijk

merry-go-round ['merigou,raund] n draaimolen c

mesh [meʃ] n maas c

mess [mes] n rommel c, warboel c; ~ up *bederven

message ['mesidʒ] n boodschap c, bericht nt

messenger ['mesindʒə] n bode c

metal ['metəl] n metaal nt; metalen

meter ['mi:tə] n meter c

method ['meθəd] n aanpak c, methode c; orde c

methodical [mə'θɔdikəl] adj methodisch

methylated spirits ['meθəleitid 'spirits] brandspiritus c

metre ['mi:tə] n meter c

metric ['metrik] adj metrisch

Mexican ['meksikən] adj Mexicaans; n Mexicaan c

Mexico ['meksikou] Mexico

mezzanine ['mezəni:n] n entresol c

microphone ['maikrəfoun] n microfoon c

midday ['middei] n middag c

middle ['midəl] n midden nt; adj middelst; **Middle Ages** middeleeuwen pl; **middle-class** adj burgerlijk

midnight ['midnait] n middernacht c

midst [midst] n midden nt

midsummer ['mid,sʌmə] n midzomer c

midwife ['midwaif] n (pl -wives) vroedvrouw *c*

might [mait] *n* macht *c*

*might [mait] *v* *kunnen

mighty ['maiti] *adj* machtig

migraine ['migrein] *n* migraine *c*

mild [maild] *adj* zacht

mildew ['mildju] *n* schimmel *c*

mile [mail] *n* mijl *c*

mileage ['mailidʒ] *n* afstand in mijlen

milepost ['mailpoust] *n* wegwijzer *c*

milestone ['mailstoun] *n* mijlpaal *c*

milieu ['mi:ljə:] *n* milieu *nt*

military ['militəri] *adj* militair; ~ **force** krijgsmacht *c*

milk [milk] *n* melk *c*

milkman ['milkmən] *n* (pl -men) melkboer *c*

milk-shake ['milkʃeik] *n* milk shake *c*

mill [mil] *n* molen *c*; fabriek *c*

miller ['milə] *n* molenaar *c*

milliner ['milinə] *n* modiste *c*

million ['miljən] *n* miljoen *nt*

millionaire [,miljə'nɛə] *n* miljonair *c*

mince [mins] *v* fijnhakken

mind [maind] *n* geest *c*; *v* bezwaar *hebben tegen; letten op, *geven om

mine [main] *n* mijn *c*

miner ['mainə] *n* mijnwerker *c*

mineral ['minərəl] *n* delfstof *c*, mineraal *nt*; ~ **water** mineraalwater *nt*

miniature ['minjətʃə] *n* miniatuur *c*

minimum ['miniməm] *n* minimum *nt*

mining ['mainiŋ] *n* mijnbouw *c*

minister ['ministə] *n* minister *c*; predikant *c*; **Prime Minister** premier *c*

ministry ['ministri] *n* ministerie *nt*

mink [miŋk] *n* nerts *nt*

minor ['mainə] *adj* klein, gering, kleiner; ondergeschikt; *n* minderjarige *c*

minority [mai'nɔrəti] *n* minderheid *c*

mint [mint] *n* munt *c*

minus ['mainəs] *prep* min

minute¹ ['minit] *n* minuut *c*; **minutes** notulen *pl*

minute² [mai'nju:t] *adj* minuscuul

miracle ['mirəkəl] *n* wonder *nt*

miraculous [mi'rækjuləs] *adj* wonderbaarlijk

mirror ['mirə] *n* spiegel *c*

misbehave [,misbi'heiv] *v* zich *misdragen

miscarriage [mis'kæridʒ] *n* miskraam *c*

miscellaneous [,misə'leiniəs] *adj* gemengd

mischief ['mistʃif] *n* kattekwaad *nt*; onheil *nt*, schade *c*, kwaad *nt*

mischievous ['mistʃivəs] *adj* ondeugend

miserable ['mizərəbəl] *adj* beroerd, ellendig

misery ['mizəri] *n* narigheid *c*, ellende *c*; nood *c*

misfortune [mis'fɔ:tʃən] *n* tegenslag *c*, ongeluk *nt*

*mislay [mis'lei] *v* kwijtraken

misplaced [mis'pleist] *adj* misplaatst

mispronounce [,misprə'nauns] *v* verkeerd *uitspreken

miss¹ [mis] mejuffrouw, juffrouw *c*

miss² [mis] *v* missen

missing ['misiŋ] *adj* ontbrekend; ~ **person** vermiste *c*

mist [mist] *n* nevel *c*, mist *c*

mistake [mi'steik] *n* abuis *nt*, vergissing *c*, fout *c*

*mistake [mi'steik] *v* verwarren

mistaken [mi'steikən] *adj* fout; ***be ~** zich vergissen

mister ['mistə] *n* meneer, mijnheer

mistress ['mistrəs] *n* vrouw des huizes; meesteres *c*; maîtresse *c*

mistrust [mis'trʌst] *v* wantrouwen

misty ['misti] *adj* mistig

*misunderstand [,misʌndə'stænd] *v* *misverstaan

misunderstanding [,misʌndə'stændiŋ] n misverstand nt

misuse [mis'ju:s] n misbruik nt

mittens ['mitənz] pl wanten pl

mix [miks] v mengen ; ~ with *omgaan met

mixed [mikst] adj gemêleerd, gemengd

mixer ['miksə] n mixer c

mixture ['mikstʃə] n mengsel nt

moan [moun] v kreunen

moat [mout] n gracht c

mobile ['moubail] adj beweeglijk, mobiel

mock [mɔk] v bespotten

mockery ['mɔkəri] n spot c

model ['mɔdəl] n model nt ; mannequin c ; v modelleren, boetseren

moderate ['mɔdərət] adj gematigd, matig ; middelmatig

modern ['mɔdən] adj modern

modest ['mɔdist] adj discreet, bescheiden

modesty ['mɔdisti] n bescheidenheid c

modify ['mɔdifai] v wijzigen

mohair ['mouhɛə] n mohair nt

moist [mɔist] adj nat, vochtig

moisten ['mɔisən] v bevochtigen

moisture ['mɔistʃə] n vochtigheid c ; moisturizing cream vochtinbrengende crème

molar ['moulə] n kies c

moment ['moumənt] n moment nt, ogenblik nt

momentary ['mouməntəri] adj kortstondig

monarch ['mɔnək] n vorst c

monarchy ['mɔnəki] n monarchie c

monastery ['mɔnəstri] n klooster nt

Monday ['mʌndi] maandag c

monetary ['mʌnitəri] adj monetair ; ~ unit munteenheid c

money ['mʌni] n geld nt ; ~ exchange wisselkantoor nt ; ~ order overschrijving c

monk [mʌŋk] n monnik c

monkey ['mʌŋki] n aap c

monologue ['mɔnəlɔg] n monoloog c

monopoly [mə'nɔpəli] n monopolie nt

monotonous [mə'nɔtənəs] adj eentonig

month [mʌnθ] n maand c

monthly ['mʌnθli] adj maandelijks ; ~ magazine maandblad nt

monument ['mɔnjumənt] n gedenkteken nt, monument nt

mood [mu:d] n humeur nt, stemming c

moon [mu:n] n maan c

moonlight ['mu:nlait] n maanlicht nt

moor [muə] n heide c, veen nt

moose [mu:s] n (pl ~, ~s) eland c

moped ['mouped] n bromfiets c

moral ['mɔrəl] n moraal c ; adj zedelijk, moreel ; morals zeden pl

morality [mə'ræləti] n moraliteit c

more [mɔ:] adj meer ; once ~ nogmaals

moreover [mɔ:'rouvə] adv voorts, bovendien

morning ['mɔ:niŋ] n ochtend c, morgen c ; ~ paper ochtendblad nt ; this ~ vanmorgen

Moroccan [mə'rɔkən] adj Marokkaans ; n Marokkaan c

Morocco [mə'rɔkou] Marokko

morphia ['mɔ:fiə] n morfine c

morphine ['mɔ:fi:n] n morfine c

morsel ['mɔ:səl] n brok nt

mortal ['mɔ:təl] adj dodelijk, sterfelijk

mortgage ['mɔ:gidʒ] n hypotheek c

mosaic [mə'zeiik] n mozaïek nt

mosque [mɔsk] n moskee c

mosquito [mə'ski:tou] n (pl ~es) mug c ; muskiet c

mosquito-net [mə'ski:tounet] n muskietennet nt

moss [mɔs] n mos nt

most [moust] adj meest ; at ~ hoogstens, hooguit ; ~ of all vooral

mostly ['moustli] *adv* meestal

motel [mou'tel] *n* motel *nt*

moth [mɔθ] *n* mot *c*

mother ['mʌðə] *n* moeder *c*; ~ **tongue** moedertaal *c*

mother-in-law ['mʌðərinlɔ:] *n* (pl mothers-) schoonmoeder *c*

mother-of-pearl [,mʌðərəv'pə:l] *n* paarlemoer *nt*

motion ['mouʃən] *n* beweging *c*; motie *c*

motive ['moutiv] *n* motief *nt*

motor ['moutə] *n* motor *c*; *v* *autorijden; ~ **body** *Am* carrosserie *c*; **starter** ~ startmotor *c*

motorbike ['moutəbaik] *nAm* brommer *c*

motor-boat ['moutəbout] *n* motorboot *c*

motor-car ['moutəka:] *n* auto *c*

motor-cycle ['moutə,saikəl] *n* motorfiets *c*

motoring ['moutəriŋ] *n* automobilisme *nt*

motorist ['moutərist] *n* automobilist *c*

motorway ['moutəwei] *n* snelweg *c*

motto ['mɔtou] *n* (pl ~es, ~s) devies *nt*

mouldy ['mouldi] *adj* beschimmeld

mound [maund] *n* heuvel *c*

mount [maunt] *v* *bestijgen; *n* berg *c*

mountain ['mauntin] *n* berg *c*; ~ **pass** bergpas *c*; ~ **range** bergketen *c*

mountaineering [,maunti'niəriŋ] *n* bergsport *c*

mountainous ['mauntinəs] *adj* bergachtig

mourning ['mɔ:niŋ] *n* rouw *c*

mouse [maus] *n* (pl mice) muis *c*

moustache [mə'sta:ʃ] *n* snor *c*

mouth [mauθ] *n* mond *c*; muil *c*, bek *c*; monding *c*

mouthwash ['mauθwɔʃ] *n* mondspoeling *c*

movable ['mu:vəbəl] *adj* roerend

move [mu:v] *v* *bewegen; verplaatsen; verhuizen; ontroeren; *n* zet *c*, stap *c*; verhuizing *c*

movement ['mu:vmənt] *n* beweging *c*

movie ['mu:vi] *n* film *c*; **movies** *Am* bioscoop *c*; ~ **theater** *Am* bioscoop *c*

much [mʌtʃ] *adj* veel; **as** ~ evenveel; evenzeer

muck [mʌk] *n* drek *c*

mud [mʌd] *n* modder *c*

muddle ['mʌdəl] *n* wirwar *c*, warboel *c*; *v* verknoeien

muddy ['mʌdi] *adj* modderig

mud-guard ['mʌdga:d] *n* spatbord *nt*

muffler ['mʌflə] *nAm* knalpot *c*

mug [mʌg] *n* beker *c*, kroes *c*

mulberry ['mʌlbəri] *n* moerbei *c*

mule [mju:l] *n* muildier *nt*, muilezel *c*

mullet ['mʌlit] *n* mul *c*

multiplication [,mʌltipli'keiʃən] *n* vermenigvuldiging *c*

multiply ['mʌltiplai] *v* vermenigvuldigen

mumps [mʌmps] *n* bof *c*

municipal [mju:'nisipəl] *adj* gemeentelijk

municipality [mju:,nisi'pæləti] *n* gemeentebestuur *nt*

murder ['mə:də] *n* moord *c*; *v* vermoorden

murderer ['mə:dərə] *n* moordenaar *c*

muscle ['mʌsəl] *n* spier *c*

muscular ['mʌskjulə] *adj* gespierd

museum [mju:'zi:əm] *n* museum *nt*

mushroom ['mʌʃru:m] *n* champignon *c*; paddestoel *c*

music ['mju:zik] *n* muziek *c*; ~ **academy** conservatorium *c*

musical ['mju:zikəl] *adj* muzikaal; *n* musical *c*

music-hall ['mju:zikhɔ:l] *n* variététheater *nt*

musician [mju:'ziʃən] n musicus c

muslin ['mʌzlin] n mousseline c

mussel ['mʌsəl] n mossel c

***must** [mʌst] v *moeten

mustard ['mʌstəd] n mosterd c

mute [mju:t] adj stom

mutiny ['mju:tini] n muiterij c

mutton ['mʌtən] n schapevlees nt

mutual ['mju:tʃuəl] adj onderling, wederzijds

my [mai] adj mijn

myself [mai'self] pron me; zelf

mysterious [mi'stiəriəs] adj mysterieus, geheimzinnig

mystery ['mistəri] n raadsel nt, mysterie nt

myth [miθ] n mythe c

N

nail [neil] n nagel c; spijker c

nailbrush ['neilbrʌʃ] n nagelborstel c

nail-file ['neilfail] n nagelvijl c

nail-polish ['neil,poliʃ] n nagellak c

nail-scissors ['neil,sizəz] pl nagelschaar c

naïve [nɑː'iːv] adj naïef

naked ['neikid] adj bloot, naakt; kaal

name [neim] n naam c; v noemen; in the ~ of namens

namely ['neimli] adv namelijk

nap [næp] n dutje nt

napkin ['næpkin] n servet nt

nappy ['næpi] n luier c

narcosis [nɑː'kousis] n (pl -ses) narcose c

narcotic [nɑː'kɔtik] n narcoticum nt

narrow ['nærou] adj eng, smal, nauw

narrow-minded [,nærou'maindid] adj bekrompen

nasty ['nɑːsti] adj naar, akelig

nation ['neiʃən] n natie c; volk nt

national ['næʃənəl] adj nationaal; volks-; staats-; ~ **anthem** volkslied nt; ~ **dress** nationale klederdracht; ~ **park** natuurreservaat nt

nationality [,næʃə'næləti] n nationaliteit c

nationalize ['næʃənəlaiz] v nationaliseren

native ['neitiv] n inboorling c; adj inheems; ~ **country** vaderland nt, geboorteland nt; ~ **language** moedertaal c

natural ['nætʃərəl] adj natuurlijk; aangeboren

naturally ['nætʃərəli] adv natuurlijk, uiteraard

nature ['neitʃə] n natuur c; aard c

naughty ['nɔːti] adj ondeugend, stout

nausea ['nɔːsiə] n misselijkheid c

naval ['neivəl] adj marine-

navel ['neivəl] n navel c

navigable ['nævigəbəl] adj bevaarbaar

navigate ['nævigeit] v *varen; sturen

navigation [,nævi'geiʃən] n navigatie c; scheepvaart c

navy ['neivi] n marine c

near [niə] prep bij; adj nabij, dichtbij

nearby ['niəbai] adj nabijzijnd

nearly ['niəli] adv haast, bijna

neat [niːt] adj keurig, net; puur

necessary ['nesəsəri] adj nodig, noodzakelijk

necessity [nə'sesəti] n noodzaak c

neck [nek] n hals c; **nape of the ~** nek c

necklace ['nekləs] n halsketting c

necktie ['nektai] n das c

need [niːd] v hoeven, behoeven, nodig *hebben; n nood c, behoefte c; noodzaak c; ~ **to** *moeten

needle ['niːdəl] n naald c

needlework ['niːdəlwəːk] n handwerk nt

negative ['negətiv] adj ontkennend,

negatief; *n* negatief *nt*

neglect [ni'glekt] *v* verwaarlozen; *n* verwaarlozing *c*

neglectful [ni'glektfəl] *adj* nalatig

negligee ['negliʒei] *n* negligé *nt*

negotiate [ni'gouʃieit] *v* onderhandelen

negotiation [ni,gouʃi'eiʃən] *n* onderhandeling *c*

Negro ['ni:grou] *n* (pl ~es) neger *c*

neighbour ['neibə] *n* buur *c*, buurman *c*

neighbourhood ['neibəhud] *n* buurt *c*

neighbouring ['neibəriŋ] *adj* aangrenzend, naburig

neither ['naiðə] *pron* geen van beide; **neither ... nor** noch ... noch

neon ['ni:ɔn] *n* neon *nt*

nephew ['nefju:] *n* neef *c*

nerve [nə:v] *n* zenuw *c*; durf *c*

nervous ['nə:vəs] *adj* nerveus, zenuwachtig

nest [nest] *n* nest *nt*

net [net] *n* net *nt*; *adj* netto

the Netherlands ['neðələndz] Nederland

network ['netwə:k] *n* netwerk *nt*

neuralgia [njuə'rældʒə] *n* zenuwpijn *c*

neurosis [njuə'rousis] *n* neurose *c*

neuter ['nju:tə] *adj* onzijdig

neutral ['nju:trəl] *adj* neutraal

never ['nevə] *adv* nimmer, nooit

nevertheless [,nevəðə'les] *adv* niettemin

new [nju:] *adj* nieuw; **New Year** nieuwjaar

news [nju:z] *n* nieuwsberichten *pl*, nieuws *nt*; journaal *nt*

newsagent ['nju:,zeidʒənt] *n* krantenverkoper *c*

newspaper ['nju:z,peipə] *n* krant *c*

newsreel ['nju:zri:l] *n* filmjournaal *nt*

newsstand ['nju:zstænd] *n* krantenkiosk *c*

New Zealand [nju: 'zi:lənd] Nieuw-Zeeland

next [nekst] *adj* volgend; ~ **to** naast

nice [nais] *adj* aardig, mooi, prettig; lekker; sympathiek

nickel ['nikəl] *n* nikkel *nt*

nickname ['nikneim] *n* bijnaam *c*

nicotine ['nikəti:n] *n* nicotine *c*

niece [ni:s] *n* nicht *c*

Nigeria [nai'dʒiəriə] Nigeria

Nigerian [nai'dʒiəriən] *adj* Nigeriaans; *n* Nigeriaan *c*

night [nait] *n* nacht *c*; avond *c*; **by** ~ 's nachts; ~ **flight** nachtvlucht *c*; ~ **rate** nachttarief *nt*; ~ **train** nachttrein *c*

nightclub ['naitklʌb] *n* nachtclub *c*

night-cream ['naitkri:m] *n* nachtcrème *c*

nightdress ['naitdres] *n* nachtjapon *c*

nightingale ['naitiŋgeil] *n* nachtegaal *c*

nightly ['naitli] *adj* nachtelijk

nil [nil] niets

nine [nain] *num* negen

nineteen [,nain'ti:n] *num* negentien

nineteenth [,nain'ti:nθ] *num* negentiende

ninety ['nainti] *num* negentig

ninth [nainθ] *num* negende

nitrogen ['naitrədʒən] *n* stikstof *c*

no [nou] neen, nee; *adj* geen; ~ **one** niemand

nobility [nou'biləti] *n* adel *c*

noble ['noubəl] *adj* adellijk; edel

nobody ['noubɔdi] *pron* niemand

nod [nɔd] *n* knik *c*; *v* knikken

noise [nɔiz] *n* geluid *nt*; herrie *c*, rumoer *nt*, lawaai *nt*

noisy ['nɔizi] *adj* lawaaierig; gehorig

nominal ['nɔminəl] *adj* nominaal

nominate ['nɔmineit] *v* benoemen

nomination [,nɔmi'neiʃən] *n* nominatie *c*; benoeming *c*

none [nʌn] *pron* geen

nonsense ['nɔnsəns] *n* onzin *c*

noon [nu:n] *n* middag *c*

normal ['nɔ:məl] *adj* gewoon, normaal

north [nɔ:θ] *n* noorden *nt*; noord *c*; *adj* noordelijk; **North Pole** noordpool *c*

north-east [,nɔ:θ'i:st] *n* noordoosten *nt*

northerly ['nɔ:ðəli] *adj* noordelijk

northern ['nɔ:ðən] *adj* noordelijk

north-west [,nɔ:θ'west] *n* noordwesten *nt*

Norway ['nɔ:wei] Noorwegen

Norwegian [nɔ:'wi:dʒən] *adj* Noors; *n* Noor *c*

nose [nouz] *n* neus *c*

nosebleed ['nouzbli:d] *n* neusbloeding *c*

nostril ['nɔstril] *n* neusgat *nt*

not [nɔt] *adv* niet

notary ['noutəri] *n* notaris *c*

note [nout] *n* aantekening, notitie *c*; noot *c*; toon *c*; *v* noteren; opmerken, constateren

notebook ['noutbuk] *n* notitieboek *nt*

noted ['noutid] *adj* befaamd

notepaper ['nout,peipə] *n* schrijfpapier *nt*, briefpapier *nt*

nothing ['nʌθiŋ] *n* niks, niets

notice ['noutis] *v* bemerken, merken, opmerken; *zien; *n* aankondiging *c*, bericht *nt*; notitie *c*, aandacht *c*

noticeable ['noutisəbəl] *adj* merkbaar; opmerkelijk

notify ['noutifai] *v* mededelen; waarschuwen

notion ['nouʃən] *n* begrip *nt*, notie *c*

notorious [nou'tɔ:riəs] *adj* berucht

nougat ['nu:ga:] *n* noga *c*

nought [nɔ:t] *n* nul *c*

noun [naun] *n* zelfstandig naamwoord *c*

nourishing ['nʌriʃiŋ] *adj* voedzaam

novel ['nɔvəl] *n* roman *c*

novelist ['nɔvəlist] *n* romanschrijver *c*

November [nou'vembə] november

now [nau] *adv* nu; thans; ~ **and then** nu en dan

nowadays ['nauədeiz] *adv* tegenwoordig

nowhere ['nouweə] *adv* nergens

nozzle ['nɔzəl] *n* tuit *c*

nuance [nju:'ã:s] *n* nuance *c*

nuclear ['nju:kliə] *adj* kern-, nucleair; ~ **energy** kernenergie *c*

nucleus ['nju:kliəs] *n* kern *c*

nude [nju:d] *adj* naakt; *n* naakt *nt*

nuisance ['nju:səns] *n* last *c*

numb [nʌm] *adj* gevoelloos; verstijfd

number ['nʌmbə] *n* nummer *nt*; cijfer *nt*, getal *nt*; aantal *nt*

numeral ['nju:mərəl] *n* telwoord *nt*

numerous ['nju:mərəs] *adj* talrijk

nun [nʌn] *n* non *c*

nunnery ['nʌnəri] *n* nonnenklooster *nt*

nurse [nə:s] *n* zuster *c*, verpleegster *c*; kinderjuffrouw *c*; *v* verplegen; zogen

nursery ['nə:səri] *n* kinderkamer *c*; crèche *c*; boomkwekerij *c*

nut [nʌt] *n* noot *c*; moer *c*

nutcrackers ['nʌt,krækəz] *pl* notekraker *c*

nutmeg ['nʌtmeg] *n* nootmuskaat *c*

nutritious [nju:'triʃəs] *adj* voedzaam

nutshell ['nʌtʃel] *n* notedop *c*

nylon ['nailən] *n* nylon *nt*

O

oak [ouk] *n* eik *c*

oar [ɔ:] *n* roeiriem *c*

oasis [ou'eisis] *n* (pl oases) oase *c*

oath [ouθ] *n* eed *c*

oats [outs] *pl* haver *c*

obedience [ə'bi:diəns] *n* gehoorzaamheid *c*

obedient [ə'bi:diənt] adj gehoorzaam

obey [ə'bei] v gehoorzamen

object¹ ['ɔbdʒikt] n object nt; voorwerp nt; doel nt

object² [əb'dʒekt] v *tegenwerpen; ~ to bezwaar *hebben tegen

objection [əb'dʒekʃən] n bezwaar nt, tegenwerping c

objective [əb'dʒektiv] adj objectief; n doel nt

obligatory [ə'bligətəri] adj verplicht

oblige [ə'blaidʒ] v verplichten; *be obliged to verplicht *zijn om; *moeten

obliging [ə'blaidʒiŋ] adj voorkomend

oblong ['ɔblɔŋ] adj langwerpig; n rechthoek c

obscene [əb'si:n] adj obsceen

obscure [əb'skjuə] adj obscuur, duister

observation [ˌɔbzə'veiʃən] n observatie c, waarneming c

observatory [əb'zə:vətri] n observatorium nt

observe [əb'zə:v] v observeren, *waarnemen

obsession [əb'seʃən] n obsessie c

obstacle ['ɔbstəkəl] n hindernis c

obstinate ['ɔbstinət] adj koppig; hardnekkig

obtain [əb'tein] v behalen, *verkrijgen

obtainable [əb'teinəbəl] adj verkrijgbaar

obvious ['ɔbviəs] adj duidelijk

occasion [ə'keiʒən] n gelegenheid c; aanleiding c

occasionally [ə'keiʒənəli] adv af en toe, nu en dan

occupant ['ɔkjupənt] n bewoner c

occupation [ˌɔkju'peiʃən] n werk nt; bezetting c

occupy ['ɔkjupai] v *innemen, bezetten; occupied adj bezet

occur [ə'kə:] v gebeuren, *voorkomen, zich *voordoen

occurrence [ə'kʌrəns] n gebeurtenis c

ocean ['ouʃən] n oceaan c

October [ɔk'toubə] oktober

octopus ['ɔktəpəs] n octopus c

oculist ['ɔkjulist] n oogarts c

odd [ɔd] adj raar, vreemd; oneven

odour ['oudə] n geur c

of [ɔv, əv] prep van

off [ɔf] adv af; weg; prep van

offence [ə'fens] n overtreding c; belediging c, aanstoot c

offend [ə'fend] v krenken, beledigen; *overtreden

offensive [ə'fensiv] adj offensief; beledigend, aanstootgevend; n offensief nt

offer ['ɔfə] v *aanbieden; *bieden; n aanbieding c, aanbod nt

office ['ɔfis] n bureau nt, kantoor nt; ambt nt; ~ hours kantooruren pl

officer ['ɔfisə] n officier c

official [ə'fiʃəl] adj officieel

off-licence ['ɔf,laisəns] n slijterij c

often ['ɔfən] adv vaak, dikwijls

oil [ɔil] n olie c; fuel ~ stookolie c; ~ filter oliefilter nt; ~ pressure oliedruk c

oil-painting [,ɔil'peintiŋ] n olieverfschilderij nt

oil-refinery ['ɔilri,fainəri] n olieraffinaderij c

oil-well ['ɔilwel] n oliebron c

oily ['ɔili] adj olieachtig

ointment ['ɔintmənt] n zalf c

okay! [,ou'kei] in orde!

old [ould] adj oud; ~ age ouderdom c

old-fashioned [,ould'fæʃənd] adj ouderwets

olive ['ɔliv] n olijf c; ~ oil olijfolie c

omelette ['ɔmlət] n omelet nt

ominous ['ɔminəs] adj onheilspellend

omit [ə'mit] v *weglaten

omnipotent [ɔm'nipətənt] adj almachtig

on [ɔn] *prep* op; aan

once [wʌns] *adv* eenmaal, eens; **at ~** meteen, dadelijk; **~ more** nog eens

oncoming ['ɔn,kʌmin] *adj* tegemoetkomend, naderend

one [wʌn] *num* een; *pron* men

oneself [wʌn'self] *pron* zelf

onion ['ʌnjən] *n* ui *c*

only ['ounli] *adj* enig; *adv* slechts, alleen, maar; *conj* maar

onwards ['ɔnwədz] *adv* voorwaarts

onyx ['ɔniks] *n* onyx *nt*

opal ['oupəl] *n* opaal *c*

open ['oupən] *v* openen; *adj* open; openhartig

opening ['oupənin] *n* opening *c*

opera ['ɔpərə] *n* opera *c*; **~ house** opera *c*

operate ['ɔpəreit] *v* opereren, werken

operation [,ɔpə'reifən] *n* werking *c*; operatie *c*

operator ['ɔpəreitə] *n* telefoniste *c*

operetta [,ɔpə'retə] *n* operette *c*

opinion [ə'pinjən] *n* opinie *c*, mening *c*

opponent [ə'pounənt] *n* tegenstander *c*

opportunity [,ɔpə'tju:nəti] *n* gelegenheid *c*, kans *c*

oppose [ə'pouz] *v* zich verzetten

opposite ['ɔpəzit] *prep* tegenover; *adj* tegengesteld

opposition [,ɔpə'zifən] *n* oppositie *c*

oppress [ə'pres] *v* beklemmen, verdrukken

optician [ɔp'tifən] *n* opticien *c*

optimism ['ɔptimizəm] *n* optimisme *nt*

optimist ['ɔptimist] *n* optimist *c*

optimistic [,ɔpti'mistik] *adj* optimistisch

optional ['ɔpfənəl] *adj* facultatief

or [ɔ:] *conj* of

oral ['ɔ:rəl] *adj* mondeling

orange ['ɔrindʒ] *n* sinaasappel *c*; *adj* oranje

orchard ['ɔ:tfəd] *n* boomgaard *c*

orchestra ['ɔ:kistrə] *n* orkest *nt*; **~ seat** *Am* stalles *pl*

order ['ɔ:də] *v* *bevelen; bestellen; *n* volgorde *c*, orde *c*; opdracht *c*, bevel *nt*; bestelling *c*; **in ~** in orde; **in ~ to** om te; **made to ~** op maat gemaakt; **out of ~** buiten werking; **postal ~** postwissel *c*

order-form ['ɔ:dəfɔ:m] *n* bestelformulier *nt*

ordinary ['ɔ:dənri] *adj* alledaags, gewoon

ore [ɔ:] *n* erts *nt*

organ ['ɔ:gən] *n* orgaan *nt*; orgel *nt*

organic [ɔ:'gænik] *adj* organisch

organization [,ɔ:gənai'zeifən] *n* organisatie *c*

organize ['ɔ:gənaiz] *v* organiseren

Orient ['ɔ:riənt] *n* Oosten *nt*

oriental [,ɔ:ri'entəl] *adj* oosters

orientate ['ɔ:riənteit] *v* zich oriënteren

origin ['ɔridʒin] *n* origine *c*, oorsprong *c*; afstamming *c*, herkomst *c*

original [ə'ridʒinəl] *adj* oorspronkelijk, origineel

originally [ə'ridʒinəli] *adv* aanvankelijk

orlon ['ɔ:lɔn] *n* orlon *nt*

ornament ['ɔ:nəmənt] *n* versiersel *nt*

ornamental [,ɔ:nə'mentəl] *adj* ornamenteel

orphan ['ɔ:fən] *n* wees *c*

orthodox ['ɔ:θədɔks] *adj* orthodox

ostrich ['ɔstritf] *n* struisvogel *c*

other ['ʌðə] *adj* ander

otherwise ['ʌðəwaiz] *conj* anders

***ought to** [ɔ:t] *moeten

our [auə] *adj* ons

ourselves [auə'selvz] *pron* ons; zelf

out [aut] *adv* buiten, uit; **~ of** buiten, uit

outbreak ['autbreik] *n* uitbarsting *c*

outcome ['autkʌm] *n* resultaat *nt*

***outdo** [,aut'du:] *v* *overtreffen

outdoors [,aut'dɔ:z] adv buiten

outer ['autə] adj buitenst

outfit ['autfit] n uitrusting c

outline ['autlain] n omtrek c; v schetsen

outlook ['autluk] n verwachting c; zienswijze c

output ['autput] n produktie c

outrage ['autreidʒ] n gewelddaad c

outside [,aut'said] adv buiten; prep buiten; n uiterlijk nt, buitenkant c

outsize ['autsaiz] n extra grote maat

outskirts ['autskə:ts] pl buitenwijk c

outstanding [,aut'stændiŋ] adj eminent, vooraanstaand

outward ['autwəd] adj uiterlijk

outwards ['autwədz] adv naar buiten

oval ['ouvəl] adj ovaal

oven ['ʌvən] n oven c

over ['ouvə] prep boven, over; meer dan; adv over; omver; adj voorbij; ~ there ginds

overall ['ouvərɔ:l] adj totaal

overalls ['ouvərɔ:lz] pl overall c

overcast ['ouvəka:st] adj betrokken

overcoat ['ouvəkout] n overjas c

* overcome [,ouvə'kʌm] v *overwinnen

overdue [,ouvə'dju:] adj te laat; achterstallig

overgrown [,ouvə'groun] adj begroeid

overhaul [,ouvə'hɔ:l] v reviseren

overlook [,ouvə'luk] v over het hoofd *zien

overnight [,ouvə'nait] adv 's nachts

overseas [,ouvə'si:z] adj overzees

oversight ['ouvəsait] n vergissing c

* oversleep [,ouvə'sli:p] v zich *verslapen

overstrung [,ouvə'strʌn] adj overspannen

* overtake [,ouvə'teik] v inhalen; no overtaking inhalen verboden

over-tired [,ouvə'taiəd] adj oververmoeid

overture ['ouvətʃə] n ouverture c

overweight ['ouvəweit] n bagageoverschot nt

overwhelm [,ouvə'welm] v onthutsen, overweldigen

overwork [,ouvə'wə:k] v zich overwerken

owe [ou] v verschuldigd *zijn, schuldig *zijn; te danken *hebben aan; owing to vanwege, ten gevolge van

owl [aul] n uil c

own [oun] v *bezitten; adj eigen

owner ['ounə] n bezitter c, eigenaar c

ox [ɔks] n (pl oxen) os c

oxygen ['ɔksidʒən] n zuurstof c

oyster ['ɔistə] n oester c

P

pace [peis] n gang c; schrede c, stap c; tempo nt

Pacific Ocean [pə'sifik 'ouʃən] Stille Oceaan

pacifism ['pæsifizəm] n pacifisme nt

pacifist ['pæsifist] n pacifist c; pacifistisch

pack [pæk] v inpakken; ~ up inpakken

package ['pækidʒ] n pak nt

packet ['pækit] n pakje nt

packing ['pækiŋ] n verpakking c

pad [pæd] n kussentje nt; blocnote c

paddle ['pædəl] n peddel c

padlock ['pædlɔk] n hangslot nt

pagan ['peigən] adj heidens; n heiden c

page [peidʒ] n pagina c, bladzijde c

page-boy ['peidʒbɔi] n piccolo c

pail [peil] n emmer c

pain [pein] n pijn c; pains moeite c

painful ['peinfəl] adj pijnlijk

painless ['peinləs] adj pijnloos

91

paint [peint] n verf c; v schilderen; verven
paint-box ['peintbɔks] n verfdoos c
paint-brush ['peintbrʌʃ] n penseel nt
painter ['peintə] n schilder c
painting ['peintiŋ] n schilderij nt
pair [pɛə] n paar nt
Pakistan [ˌpɑːkiˈstɑːn] Pakistan
Pakistani [ˌpɑːkiˈstɑːni] adj Pakistaans; n Pakistaan c
palace ['pæləs] n paleis nt
pale [peil] adj bleek; licht
palm [pɑːm] n palm c; handpalm c
palpable ['pælpəbəl] adj tastbaar
palpitation [ˌpælpiˈteiʃən] n hartklopping c
pan [pæn] n pan c
pane [pein] n ruit c
panel ['pænəl] n paneel nt
panelling ['pænəliŋ] n lambrizering c
panic ['pænik] n paniek c
pant [pænt] v hijgen
panties ['pæntiz] pl onderbroek c, slip c
pants [pænts] pl onderbroek c; plAm broek c
pant-suit ['pæntsuːt] n broekpak nt
panty-hose ['pæntihouz] n panty c
paper ['peipə] n papier nt; krant c; papieren; carbon ~ carbonpapier nt; ~ bag papieren zak; ~ napkin papieren servet; typing ~ schrijfmachinepapier nt; wrapping ~ pakpapier nt
paperback ['peipəbæk] n pocketboek nt
paper-knife ['peipənaif] n briefopener c
parade [pəˈreid] n parade c, optocht c
paraffin ['pærəfin] n petroleum c
paragraph ['pærəgrɑːf] n alinea c, paragraaf c
parakeet ['pærəkiːt] n parkiet c
paralise ['pærəlaiz] v verlammen

parallel ['pærəlel] adj evenwijdig, parallel; n parallel c
parcel ['pɑːsəl] n pakket nt, pakje nt
pardon ['pɑːdən] n vergiffenis c; gratie c
parents ['pɛərənts] pl ouders pl
parents-in-law ['pɛərəntsinlɔː] pl schoonouders pl
parish ['pæriʃ] n parochie c
park [pɑːk] n park nt; v parkeren; no parking verboden te parkeren; parking fee parkeertarief nt; parking light stadslicht nt; parking lot Am parkeerplaats c; parking meter parkeermeter c; parking zone parkeerzone c
parliament ['pɑːləmənt] n parlement nt
parliamentary [ˌpɑːləˈmentəri] adj parlementair
parrot ['pærət] n papegaai c
parsley ['pɑːsli] n peterselie c
parson ['pɑːsən] n dominee c
parsonage ['pɑːsənidʒ] n pastorie c
part [pɑːt] n gedeelte nt, deel nt; stuk nt; v *scheiden; spare ~ onderdeel nt
partial ['pɑːʃəl] adj gedeeltelijk; partijdig
participant [pɑːˈtisipənt] n deelnemer c
participate [pɑːˈtisipeit] v *deelnemen
particular [pəˈtikjulə] adj bijzonder, speciaal; kieskeurig; in ~ in het bijzonder
parting ['pɑːtiŋ] n afscheid nt; scheiding c
partition [pɑːˈtiʃən] n tussenschot nt
partly ['pɑːtli] adv deels, gedeeltelijk
partner ['pɑːtnə] n partner c; compagnon c
partridge ['pɑːtridʒ] n patrijs c
party ['pɑːti] n partij c; fuif c, feestje nt; groep c

pass [pɑ:s] v *voorbijgaan, passeren; *aangeven; slagen; vAm inhalen; **no passing** Am inhalen verboden; ~ **by** passeren; ~ **through** *gaan door

passage ['pæsidʒ] n doorgang c; overtocht c; passage c; doorreis c

passenger ['pæsəndʒə] n passagier c; ~ **car** Am wagon c; ~ **train** personentrein c

passer-by [‚pɑ:sə'bai] n voorbijganger c

passion ['pæʃən] n hartstocht c, passie c; drift c

passionate ['pæʃənət] adj hartstochtelijk

passive ['pæsiv] adj passief

passport ['pɑ:spɔ:t] n paspoort nt; ~ **control** paspoortcontrole c; ~ **photograph** pasfoto c

password ['pɑ:swə:d] n wachtwoord nt

past [pɑ:st] n verleden nt; adj vorig, afgelopen, voorbij; prep langs, voorbij

paste [peist] n pasta c; v plakken

pastry ['peistri] n gebak nt; ~ **shop** banketbakkerij c

pasture ['pɑ:stʃə] n weiland nt

patch [pætʃ] v verstellen

patent ['peitənt] n patent nt, octrooi nt

path [pɑ:θ] n pad nt

patience ['peiʃəns] n geduld nt

patient ['peiʃənt] adj geduldig; n patient c

patriot ['peitriət] n patriot c

patrol [pə'troul] n patrouille c; v patrouilleren; surveilleren

pattern ['pætən] n motief nt, patroon nt

pause [pɔ:z] n pauze c; v pauzeren

pave [peiv] v plaveien, bestraten

pavement ['peivmənt] n trottoir nt; plaveisel nt

pavilion [pə'viljən] n paviljoen nt

paw [pɔ:] n poot c

pawn [pɔ:n] v verpanden; n pion c

pawnbroker ['pɔ:n‚broukə] n pandjesbaas c

pay [pei] n salaris nt, loon nt

*pay [pei] v betalen; lonen; ~ **attention to** letten op; **paying** rendabel; ~ **off** aflossen; ~ **on account** afbetalen

pay-desk ['peidesk] n kassa c

payee [pei'i:] n begunstigde c

payment ['peimənt] n betaling c

pea [pi:] n erwt c

peace [pi:s] n vrede c

peaceful ['pi:sfəl] adj vreedzaam

peach [pi:tʃ] n perzik c

peacock ['pi:kɔk] n pauw c

peak [pi:k] n top c; spits c; ~ **hour** spitsuur nt; ~ **season** hoogseizoen nt

peanut ['pi:nʌt] n pinda c

pear [peə] n peer c

pearl [pə:l] n parel c

peasant ['pezənt] n boer c

pebble ['pebəl] n kiezel c

peculiar [pi'kju:ljə] adj eigenaardig; speciaal, bijzonder

peculiarity [pi‚kju:li'ærəti] n eigenaardigheid c

pedal ['pedəl] n pedaal nt/c

pedestrian [pi'destriən] n voetganger c; **no pedestrians** verboden voor voetgangers; ~ **crossing** zebrapad nt

pedicure ['pedikjuə] n pedicure c

peel [pi:l] v schillen c; n schil c

peep [pi:p] v gluren

peg [peg] n klerenhaak c

pelican ['pelikən] n pelikaan c

pelvis ['pelvis] n bekken nt

pen [pen] n pen c

penalty ['penəlti] n boete c; straf c; ~

kick strafschop *c*
pencil ['pensəl] *n* potlood *nt*
pencil-sharpener ['pensəl,ʃɑːpnə] *n* punteslijper *c*
penetrate ['penitreit] *v* *doordringen
penguin ['peŋgwin] *n* pinguin *c*
penicillin [,peni'silin] *n* penicilline *c*
peninsula [pə'ninsjulə] *n* schiereiland *nt*
penknife ['pennaif] *n* (pl -knives) zakmes *nt*
pension[1] ['pɑ̃:siɔ̃:] *n* pension *nt*
pension[2] ['penʃən] *n* pensioen *nt*
people ['piːpəl] *pl* mensen; *n* volk *nt*
pepper ['pepə] *n* peper *c*
peppermint ['pepəmint] *n* pepermunt *c*
perceive [pə'siːv] *v* bemerken
percent [pə'sent] *n* procent *nt*
percentage [pə'sentidʒ] *n* percentage *nt*
perceptible [pə'septibəl] *adj* merkbaar
perception [pə'sepʃən] *n* gewaarwording *c*
perch [pəːtʃ] (pl ~) baars *c*
percolator ['pəːkəleitə] *n* percolator *c*
perfect ['pəːfikt] *adj* volkomen, volmaakt
perfection [pə'fekʃən] *n* perfectie *c*, volmaaktheid *c*
perform [pə'fɔːm] *v* uitvoeren, verrichten
performance [pə'fɔːməns] *n* voorstelling *c*
perfume ['pəːfjuːm] *n* parfum *nt*
perhaps [pə'hæps] *adv* misschien; wellicht
peril ['peril] *n* gevaar *nt*
perilous ['periləs] *adj* gevaarlijk
period ['piəriəd] *n* tijdperk *nt*, periode *c*; punt *c*
periodical [,piəri'ɔdikəl] *n* tijdschrift *nt*; *adj* periodiek
perish ['periʃ] *v* *omkomen

perishable ['periʃəbəl] *adj* aan bederf onderhevig
perjury ['pəːdʒəri] *n* meineed *c*
permanent ['pəːmənənt] *adj* blijvend, permanent, duurzaam; bestendig, vast; ~ **press** plooihoudend; ~ **wave** permanent *c*
permission [pə'miʃən] *n* toestemming *c*, permissie *c*; verlof *nt*, vergunning *c*
permit[1] [pə'mit] *v* *toestaan, veroorloven
permit[2] ['pəːmit] *n* vergunning *c*
peroxide [pə'rɔksaid] *n* waterstofperoxyde *nt*
perpendicular [,pəːpən'dikjulə] *adj* loodrecht
Persia ['pəːʃə] Perzië
Persian ['pəːʃən] *adj* Perzisch; *n* Pers *c*
person ['pəːsən] *n* persoon *c*; **per ~** per persoon
personal ['pəːsənəl] *adj* persoonlijk
personality [,pəːsə'næləti] *n* persoonlijkheid *c*
personnel [,pəːsə'nel] *n* personeel *nt*
perspective [pə'spektiv] *n* perspectief *nt*
perspiration [,pəːspə'reiʃən] *n* transpiratie *c*, zweet *nt*
perspire [pə'spaiə] *v* transpireren, zweten
persuade [pə'sweid] *v* overreden, overhalen; overtuigen
persuasion [pə'sweiʒən] *n* overtuiging *c*
pessimism ['pesimizəm] *n* pessimisme *nt*
pessimist ['pesimist] *n* pessimist *c*
pessimistic [,pesi'mistik] *adj* pessimistisch
pet [pet] *n* huisdier *nt*; lieveling *c*
petal ['petəl] *n* bloemblad *nt*
petition [pi'tiʃən] *n* petitie *c*

petrol ['petrəl] n benzine c; ~ **pump** benzinepomp c; ~ **station** benzine-station nt; ~ **tank** benzinetank c

petroleum [pi'trouliəm] n petroleum c

petty ['peti] adj klein, nietig, onbeduidend; ~ **cash** kleingeld nt

pewit ['pi:wit] n kievit c

pewter ['pju:tə] n tin nt

phantom ['fæntəm] n spook nt

pharmacology [,fɑ:mə'kɔlədʒi] n farmacologie c

pharmacy ['fɑ:məsi] n apotheek c; drogisterij c

phase [feiz] n fase c

pheasant ['fezənt] n fazant c

Philippine ['filipain] adj Filippijns

Philippines ['filipi:nz] pl Filippijnen pl

philosopher [fi'lɔsəfə] n wijsgeer c, filosoof c

philosophy [fi'lɔsəfi] n wijsbegeerte c, filosofie c

phone [foun] n telefoon c; v opbellen, telefoneren

phonetic [fə'netik] adj fonetisch

photo ['foutou] n (pl ~s) foto c

photograph ['foutəgrɑ:f] n foto c; v fotograferen

photographer [fə'tɔgrəfə] n fotograaf c

photography [fə'tɔgrəfi] n fotografie c

photostat ['foutəstæt] n fotocopie c

phrase [freiz] n uitdrukking c

phrase-book ['freizbuk] n taalgids c

physical ['fizikəl] adj fysiek

physician [fi'ziʃən] n dokter c

physicist ['fizisist] n natuurkundige c

physics ['fiziks] n fysica c, natuurkunde c

physiology [,fizi'ɔlədʒi] n fysiologie c

pianist ['pi:ənist] n pianist c

piano [pi'ænou] n piano c; grand ~ vleugel c

pick [pik] v plukken; *kiezen; n keus c; ~ **up** oprapen; ophalen; **pick-up**

van bestelauto c

pick-axe ['pikæks] n houweel nt

pickles ['pikəlz] pl zoetzuur nt, pickles pl

picnic ['piknik] n picknick c; v picknicken

picture ['piktʃə] n schilderij nt; plaat c, prent c; beeld nt, afbeelding c; ~ **postcard** ansichtkaart c, prent-briefkaart c; **pictures** bioscoop c

picturesque [,piktʃə'resk] adj pittoresk, schilderachtig

piece [pi:s] n stuk nt

pier [piə] n pier c

pierce [piəs] v doorboren

pig [pig] n varken nt; zwijn nt

pigeon ['pidʒən] n duif c

pig-headed [,pig'hedid] adj eigenwijs

piglet ['piglət] n big c

pigskin ['pigskin] n varkensleer nt

pike [paik] (pl ~) snoek c

pile [pail] n stapel c; v opstapelen; **piles** pl aambeien pl

pilgrim ['pilgrim] n pelgrim c

pilgrimage ['pilgrimidʒ] n bedevaart c

pill [pil] n pil c

pillar ['pilə] n zuil c, pilaar c

pillar-box ['piləbɔks] n brievenbus c

pillow ['pilou] n kussen nt, hoofdkussen nt

pillow-case ['piloukeis] n kussensloop c/nt

pilot ['pailət] n piloot c; loods c

pimple ['pimpəl] n puistje nt

pin [pin] n speld c; v vastspelden; **bobby** ~ Am haarspeld c

pincers ['pinsəz] pl nijptang c

pinch [pintʃ] v *knijpen

pineapple ['pai,næpəl] n ananas c

ping-pong ['piŋpɔŋ] n tafeltennis nt

pink [piŋk] adj roze

pioneer [,paiə'niə] n pionier c

pious ['paiəs] adj vroom

pip [pip] n pit c

pipe [paip] *n* pijp *c*; leiding *c*; ~
cleaner pijpestoker *c*; ~ **tobacco**
pijptabak *c*

pirate ['paiərət] *n* piraat *c*

pistol ['pistəl] *n* pistool *nt*

piston ['pistən] *n* zuiger *c*; ~ **ring** zuigerring *c*

piston-rod ['pistənrod] *n* zuigerstang *c*

pit [pit] *n* kuil *c*; groeve *c*

pitcher ['pitʃə] *n* kruik *c*

pity ['piti] *n* medelijden *nt*; *v* medelijden *hebben met, beklagen; **what a
pity!** jammer!

placard ['plæka:d] *n* aanplakbiljet *nt*

place [pleis] *n* plaats *c*; *v* zetten,
plaatsen; ~ **of birth** geboorteplaats
c; *****take** ~ *****plaatshebben

plague [pleig] *n* plaag *c*

plaice [pleis] (pl ~) schol *c*

plain [plein] *adj* duidelijk; gewoon,
eenvoudig; *n* vlakte *c*

plan [plæn] *n* plan *nt*; plattegrond *c*;
v plannen

plane [plein] *adj* vlak; *n* vliegtuig *nt*;
~ **crash** vliegramp *c*

planet ['plænit] *n* planeet *c*

planetarium [,plæni'teəriəm] *n* planetarium *nt*

plank [plæŋk] *n* plank *c*

plant [pla:nt] *n* plant *c*; bedrijf *nt*; *v*
planten

plantation [plæn'teiʃən] *n* plantage *c*

plaster ['pla:stə] *n* pleister *nt*, gips *nt*;
pleister *c*

plastic ['plæstik] *adj* plastic; *n* plastic
nt

plate [pleit] *n* bord *nt*; plaat *c*

plateau ['plætou] *n* (pl ~x, ~s) hoogvlakte *c*

platform ['plætfɔ:m] *n* perron *nt*; ~
ticket perronkaartje *nt*

platinum ['plætinəm] *n* platina *nt*

play [plei] *v* spelen; bespelen; *n* spel
nt; toneelstuk *nt*; **one-act** ~ een-

akter *c*; ~ **truant** spijbelen

player [pleiə] *n* speler *c*

playground ['pleigraund] *n* speelplaats
c

playing-card ['pleiiŋka:d] *n* speelkaart
c

playwright ['pleirait] *n* toneelschrijver
c

plea [pli:] *n* pleidooi *nt*

plead [pli:d] *v* pleiten

pleasant ['plezənt] *adj* prettig, aardig,
aangenaam

please [pli:z] alstublieft; *v* *****bevallen;
pleased ingenomen; **pleasing** aangenaam

pleasure ['pleʒə] *n* genoegen *nt*, pret
c, plezier *c*

plentiful ['plentifəl] *adj* overvloedig

plenty ['plenti] *n* overvloed *c*; heleboel *c*

pliers [plaiəz] *pl* tang *c*

plimsolls ['plimsəlz] *pl* gymschoenen
pl

plot [plot] *n* samenzwering *c*, komplot
nt; handeling *c*; perceel *nt*

plough [plau] *n* ploeg *c*; *v* ploegen

plucky ['plʌki] *adj* flink

plug [plʌg] *n* stekker *c*; ~ **in** inschakelen

plum [plʌm] *n* pruim *c*

plumber ['plʌmə] *n* loodgieter *c*

plump [plʌmp] *adj* mollig

plural ['pluərəl] *n* meervoud *nt*

plus [plʌs] *prep* plus

pneumatic [nju:'mætik] *adj* pneumatisch

pneumonia [nju:'mouniə] *n* longontsteking *c*

poach [poutʃ] *v* stropen

pocket ['pokit] *n* zak *c*

pocket-book ['pokitbuk] *n* portefeuille
c

pocket-comb ['pokitkoum] *n* zakkam *c*

pocket-knife ['pokitnaif] *n* (pl -knives)

zakmes *nt*
pocket-watch ['pɔkitwɔtʃ] *n* zakhorloge *nt*
poem ['pouim] *n* gedicht *nt*
poet ['pouit] *n* dichter *c*
poetry ['pouitri] *n* dichtkunst *c*
point [pɔint] *n* punt *nt*; punt *c*; *v* *wijzen; ~ of view standpunt *nt*; ~ out *aanwijzen
pointed ['pɔintid] *adj* spits
poison ['pɔizən] *n* vergif *nt*; *v* vergiftigen
poisonous ['pɔizənəs] *adj* giftig
Poland ['poulənd] Polen
Pole [poul] *n* Pool *c*
pole [poul] *n* paal *c*
police [pə'li:s] *pl* politie *c*
policeman [pə'li:smən] *n* (pl -men) agent *c*, politieagent *c*
police-station [pə'li:s,steiʃən] *n* politiebureau *nt*
policy ['pɔlisi] *n* beleid *nt*, politiek *c*; polis *c*
polio ['pouliou] *n* polio *c*, kinderverlamming *c*
Polish ['pouliʃ] *adj* Pools
polish ['pɔliʃ] *v* poetsen
polite [pə'lait] *adj* beleefd
political [pə'litikəl] *adj* politiek
politician [,pɔli'tiʃən] *n* politicus *c*
politics ['pɔlitiks] *n* politiek *c*
pollution [pə'lu:ʃən] *n* vervuiling *c*, verontreiniging *c*
pond [pɔnd] *n* vijver *c*
pony ['pouni] *n* pony *c*
poor [puə] *adj* arm; armoedig; slecht
pope [poup] *n* paus *c*
poplin ['pɔplin] *n* popeline *nt/c*
pop music [pɔp 'mju:zik] popmuziek *c*
poppy ['pɔpi] *n* klaproos *c*; papaver *c*
popular ['pɔpjulə] *adj* populair; volks-
population [,pɔpju'leiʃən] *n* bevolking *c*
populous ['pɔpjuləs] *adj* dichtbevolkt

porcelain ['pɔ:səlin] *n* porselein *nt*
porcupine ['pɔ:kjupain] *n* stekelvarken *nt*
pork [pɔ:k] *n* varkensvlees *nt*
port [pɔ:t] *n* haven *c*; bakboord *nt*
portable ['pɔ:təbəl] *adj* draagbaar
porter ['pɔ:tə] *n* kruier *c*; portier *c*
porthole ['pɔ:thoul] *n* patrijspoort *c*
portion ['pɔ:ʃən] *n* portie *c*
portrait ['pɔ:trit] *n* portret *nt*
Portugal ['pɔ:tjugəl] Portugal
Portuguese [,pɔ:tju'gi:z] *adj* Portugees; *n* Portugees *c*
position [pə'ziʃən] *n* positie *c*; houding *c*; betrekking *c*
positive ['pɔzətiv] *adj* positief; *n* positief *nt*
possess [pə'zes] *v* *bezitten; possessed *adj* bezeten
possession [pə'zeʃən] *n* bezit *nt*; possessions eigendom *nt*
possibility [,pɔsə'biləti] *n* mogelijkheid *c*
possible ['pɔsəbəl] *adj* mogelijk; eventueel
post [poust] *n* paal *c*; betrekking *c*; post *c*; *v* posten; post-office postkantoor *nt*
postage ['poustidʒ] *n* frankering *c*; ~ paid franko; ~ stamp postzegel *c*
postcard ['poustkɑ:d] *n* briefkaart *c*; ansichtkaart *c*
poster ['poustə] *n* affiche *nt*, poster *c*
poste restante [poust re'stɑ:t] poste restante
postman ['poustmən] *n* (pl -men) postbode *c*
post-paid [,poust'peid] *adj* franko
postpone [pə'spoun] *v* uitstellen
pot [pɔt] *n* pot *c*
potato [pə'teitou] *n* (pl ~es) aardappel *c*
pottery ['pɔtəri] *n* aardewerk *nt*
pouch [pautʃ] *n* buidel *c*

poulterer ['poultərə] n poelier c

poultry ['poultri] n gevogelte nt

pound [paund] n pond nt

pour [pɔ:] v *inschenken, *schenken, *gieten

poverty ['pɔvəti] n armoede c

powder ['paudə] n poeder nt/c; ~ compact poederdoos c; talc ~ talkpoeder nt/c

powder-puff ['paudəpʌf] n poederdons c

powder-room ['paudəru:m] n damestoilet nt

power [pauə] n kracht c; energie c; macht c; mogendheid c

powerful ['pauəfəl] adj machtig; sterk

powerless ['pauələs] adj machteloos

power-station ['pauə,steiʃən] n elektriciteitscentrale c

practical ['præktikəl] adj praktisch

practically ['præktikli] adv vrijwel

practice ['præktis] n praktijk c

practise ['præktis] v beoefenen; oefenen

praise [preiz] v *prijzen; n lof c

pram [præm] n kinderwagen c

prawn [prɔ:n] n garnaal c, steurgarnaal c

pray [prei] v *bidden

prayer [preə] n gebed nt

preach [pri:tʃ] v preken

precarious [pri'keəriəs] adj hachelijk

precaution [pri'kɔ:ʃən] n voorzorg c; voorzorgsmaatregel c

precede [pri'si:d] v *voorafgaan

preceding [pri'si:diŋ] adj voorgaand

precious ['preʃəs] adj kostbaar; dierbaar

precipice ['presipis] n afgrond c

precipitation [pri,sipi'teiʃən] n neerslag c

precise [pri'sais] adj precies, exact, nauwkeurig; secuur

predecessor ['pri:disesə] n voorganger c

predict [pri'dikt] v voorspellen

prefer [pri'fə:] v de voorkeur *geven aan, liever *hebben

preferable ['prefərəbəl] adj te verkiezen, verkieselijker, de voorkeur verdienend

preference ['prefərəns] n voorkeur c

prefix ['pri:fiks] n voorvoegsel nt

pregnant ['pregnənt] adj in verwachting, zwanger

prejudice ['predʒədis] n vooroordeel nt

preliminary [pri'liminəri] adj inleidend; voorlopig

premature ['premətʃuə] adj voorbarig

premier ['premiə] n premier c

premises ['premisiz] pl pand nt

premium ['pri:miəm] n premie c

prepaid [,pri:'peid] adj vooruitbetaald

preparation [,prepə'reiʃən] n voorbereiding c

prepare [pri'peə] v voorbereiden; klaarmaken

prepared [pri'peəd] adj bereid

preposition [,prepə'ziʃən] n voorzetsel nt

prescribe [pri'skraib] v *voorschrijven

prescription [pri'skripʃən] n recept nt

presence ['prezəns] n aanwezigheid c; tegenwoordigheid c

present¹ ['prezənt] n geschenk nt, cadeau nt; heden nt; adj tegenwoordig; aanwezig

present² [pri'zent] v voorstellen; *aanbieden

presently ['prezəntli] adv meteen, dadelijk

preservation [,prezə'veiʃən] n bewaring c

preserve [pri'zə:v] v bewaren; inmaken

president ['prezidənt] n president c; voorzitter c

press [pres] n pers c; v indrukken,

drukken; persen; ~ **conference** persconferentie *c*

pressing ['presiŋ] *adj* urgent, dringend

pressure ['preʃə] *n* druk *c*; spanning *c*; **atmospheric** ~ luchtdruk *c*

pressure-cooker ['preʃə,kukə] *n* snelkookpan *c*

prestige [pre'sti:ʒ] *n* prestige *nt*

presumable [pri'zju:məbəl] *adj* vermoedelijk

presumptuous [pri'zʌmpʃəs] *adj* overmoedig; arrogant

pretence [pri'tens] *n* voorwendsel *nt*

pretend [pri'tend] *v* *doen alsof, voorwenden

pretext ['pri:tekst] *n* voorwendsel *nt*

pretty ['priti] *adj* mooi, knap; *adv* vrij, tamelijk, nogal

prevent [pri'vent] *v* beletten, verhinderen; *voorkomen

preventive [pri'ventiv] *adj* preventief

previous ['pri:viəs] *adj* verleden, vroeger, voorgaand

pre-war [,pri:'wɔ:] *adj* vooroorlogs

price [prais] *v* prijzen; ~ **list** prijslijst *c*

priceless ['praisləs] *adj* onschatbaar

price-list ['prais,list] *n* prijs *c*

prick [prik] *v* prikken

pride [praid] *n* trots *c*

priest [pri:st] *n* priester *c*

primary ['praiməri] *adj* primair; eerst, hoofd-; elementair

prince [prins] *n* prins *c*

princess [prin'ses] *n* prinses *c*

principal ['prinsəpəl] *adj* voornaamst; *n* rector *c*, directeur *c*

principle ['prinsəpəl] *n* beginsel *nt*, principe *nt*

print [print] *v* drukken; *n* afdruk *c*; prent *c*; **printed matter** drukwerk *nt*

prior [praiə] *adj* vroeger

priority [prai'ɔrəti] *n* prioriteit *c*, voor-

rang *c*

prison ['prizən] *n* gevangenis *c*

prisoner ['prizənə] *n* gedetineerde *c*, gevangene *c*; ~ **of war** krijgsgevangene *c*

privacy ['praivəsi] *n* privacy *c*, privéleven *nt*

private ['praivit] *adj* particulier, privé; persoonlijk

privilege ['privilidʒ] *n* voorrecht *nt*

prize [praiz] *n* prijs *c*; beloning *c*

probable ['prɔbəbəl] *adj* vermoedelijk, waarschijnlijk

probably ['prɔbəbli] *adv* waarschijnlijk

problem ['prɔbləm] *n* probleem *nt*; vraagstuk *nt*

procedure [prə'si:dʒə] *n* procedure *c*

proceed [prə'si:d] *v* *voortgaan; te werk *gaan

process ['prouses] *n* proces *nt*, procédé *nt*

procession [prə'seʃən] *n* processie *c*, stoet *c*

proclaim [prə'kleim] *v* afkondigen

produce¹ [prə'dju:s] *v* produceren

produce² ['prɔdju:s] *n* opbrengst *c*, produkt *nt*

producer [prə'dju:sə] *n* producent *c*

product ['prɔdʌkt] *n* produkt *nt*

production [prə'dʌkʃən] *n* produktie *c*

profession [prə'feʃən] *n* vak *nt*, beroep *nt*

professional [prə'feʃənəl] *adj* beroeps-

professor [prə'fesə] *n* hoogleraar *c*, professor *c*

profit ['prɔfit] *n* voordeel *nt*, winst *c*; baat *c*; *v* profiteren

profitable ['prɔfitəbəl] *adj* winstgevend

profound [prə'faund] *adj* diepzinnig

programme ['prougræm] *n* programma *nt*

progress¹ ['prougres] *n* vooruitgang *c*

progress² [prə'gres] *v* vorderen

progressive [prə'gresiv] *adj* vooruit-

strevend, progressief; toenemend
prohibit [prə'hibit] v *verbieden
prohibition [,proui'biʃən] n verbod nt
prohibitive [prə'hibitiv] adj onoverkomelijk
project [ˈprɔdʒekt] n plan nt, project nt
promenade [,prɔmə'nɑːd] n promenade c
promise ['prɔmis] n belofte c; v beloven
promote [prə'mout] v bevorderen
promotion [prə'mouʃən] n promotie c
prompt [prɔmpt] adj onmiddellijk, prompt
pronoun ['prounaun] n voornaamwoord nt
pronounce [prə'nauns] v *uitspreken
pronunciation [,prənʌnsi'eiʃən] n uitspraak c
proof [pruːf] n bewijs nt
propaganda [,prɔpə'gændə] n propaganda c
propel [prə'pel] v *aandrijven
propeller [prə'pelə] n schroef c, propeller c
proper ['prɔpə] adj juist; behoorlijk, passend, geschikt, gepast
property ['prɔpəti] n bezit nt, eigendom nt; eigenschap c
prophet ['prɔfit] n profeet c
proportion [prə'pɔːʃən] n proportie c
proportional [prə'pɔːʃənəl] adj evenredig
proposal [prə'pouzəl] n voorstel nt
propose [prə'pouz] v voorstellen
proposition [,prɔpə'ziʃən] n voorstel nt
proprietor [prə'praiətə] n eigenaar c
prospect ['prɔspekt] n vooruitzicht nt
prospectus [prə'spektəs] n prospectus c
prosperity [prɔ'sperəti] n voorspoed c, welvaart c
prosperous ['prɔspərəs] adj welvarend

prostitute ['prɔstitjuːt] n prostituée c
protect [prə'tekt] v beschermen
protection [prə'tekʃən] n bescherming c
protein ['proutiːn] n eiwit nt
protest¹ ['proutest] n protest nt
protest² [prə'test] v protesteren
Protestant ['prɔtistənt] adj protestants
proud [praud] adj trots; hoogmoedig
prove [pruːv] v aantonen, *bewijzen; *blijken
proverb ['prɔvəːb] n spreekwoord nt
provide [prə'vaid] v leveren, verschaffen; **provided that** mits
province ['prɔvins] n provincie c; gewest nt
provincial [prə'vinʃəl] adj provinciaal
provisional [prə'viʒənəl] adj voorlopig
provisions [prə'viʒənz] pl voorraad c
prune [pruːn] n pruim c
psychiatrist [sai'kaiətrist] n psychiater c
psychic ['saikik] adj psychisch
psychoanalyst [,saikou'ænəlist] n analyticus c
psychological [,saikə'lɔdʒikəl] adj psychologisch
psychologist [sai'kɔlədʒist] n psycholoog c
psychology [sai'kɔlədʒi] n psychologie c
pub [pʌb] n café nt; kroeg c
public ['pʌblik] adj publiek, openbaar; algemeen; n publiek nt; ~ **garden** plantsoen nt; ~ **house** café nt
publication [,pʌbli'keiʃən] n publikatie c
publicity [pʌ'blisəti] n reclame c
publish ['pʌbliʃ] v publiceren, *uitgeven
publisher ['pʌbliʃə] n uitgever c
puddle ['pʌdəl] n plas c
pull [pul] v *trekken; ~ **out** *vertrekken; ~ **up** stoppen

pulley ['puli] n (pl ~s) katrol c
Pullman ['pulmən] n slaaprijtuig nt
pullover ['pu,louvə] n pullover c
pulpit ['pulpit] n kansel c, preekstoel c
pulse [pʌls] n polsslag c, pols c
pump [pʌmp] n pomp c; v pompen
punch [pʌntʃ] v stompen; n vuistslag c
punctual ['pʌŋktʃuəl] adj stipt, punctueel
puncture ['pʌŋktʃə] n lekke band, bandepech c
punctured ['pʌŋktʃəd] adj lek
punish ['pʌniʃ] v straffen
punishment ['pʌniʃmənt] n straf c
pupil ['pju:pil] n leerling c
puppet-show ['pʌpitʃou] n poppenkast c
purchase ['pə:tʃəs] v *kopen; n aankoop c, koop c; ~ **price** koopprijs c; ~ **tax** omzetbelasting c
purchaser ['pə:tʃəsə] n koper c
pure [pjuə] adj rein, zuiver
purple ['pə:pəl] adj paars
purpose ['pə:pəs] n bedoeling c, doel nt; **on** ~ opzettelijk
purse [pə:s] n beurs c, portemonnee c
pursue [pə'sju:] v vervolgen; nastreven
pus [pʌs] n etter c
push [puʃ] n zet c, duw c; v duwen; *schuiven; *dringen
push-button ['puʃ,bʌtən] n drukknop c
*put [put] v plaatsen, leggen, zetten; stoppen; stellen; ~ **away** *opbergen; ~ **off** opschorten; ~ **on** *aantrekken; ~ **out** *uitdoen
puzzle ['pʌzəl] n puzzel c; raadsel nt; v in verwarring *brengen; **jigsaw** ~ legpuzzel c
puzzling ['pʌzliŋ] adj onbegrijpelijk
pyjamas [pə'dʒa:məz] pl pyjama c

Q

quack [kwæk] n kwakzalver c, charlatan c
quail [kweil] n (pl ~, ~s) kwartel c
quaint [kweint] adj raar; ouderwets
qualification [,kwɔlifi'keiʃən] n bevoegdheid c; voorbehoud nt, restriktie c
qualified ['kwɔlifaid] adj gediplomeerd; bevoegd
qualify ['kwɔlifai] v geschikt *zijn
quality ['kwɔləti] n kwaliteit c; eigenschap c
quantity ['kwɔntəti] n hoeveelheid c; aantal nt
quarantine ['kwɔrənti:n] n quarantaine c
quarrel ['kwɔrəl] v twisten, ruzie maken; n twist c, ruzie c
quarry ['kwɔri] n steengroeve c
quarter ['kwɔ:tə] n kwart nt; kwartaal nt; wijk c; ~ **of an hour** kwartier nt
quarterly ['kwɔ:təli] adj driemaandelijks
quay [ki:] n kade c
queen [kwi:n] n koningin c
queer [kwiə] adj zonderling, raar; vreemd
query ['kwiəri] n vraag c; v *navragen; betwijfelen
question ['kwestʃən] n vraag c; kwestie c, vraagstuk nt; v *ondervragen; in twijfel *trekken; ~ **mark** vraagteken nt
queue [kju:] n rij c; v in de rij *staan
quick [kwik] adj vlug
quick-tempered [,kwik'tempəd] adj driftig
quiet ['kwaiət] adj stil, kalm, bedaard, rustig; n stilte c, rust c

quilt [kwilt] *n* sprei *c*

quinine [kwi'ni:n] *n* kinine *c*

quit [kwit] *v* *ophouden met, *uit-scheiden

quite [kwait] *adv* helemaal; tamelijk, vrij, nogal; zeer, heel

quiz [kwiz] *n* (pl ~zes) quiz *c*

quota ['kwoutə] *n* quota *c*

quotation [kwou'teiʃən] *n* citaat *nt*; ~ **marks** aanhalingstekens *pl*

quote [kwout] *v* citeren, aanhalen

R

rabbit ['ræbit] *n* konijn *nt*

rabies ['reibiz] *n* hondsdolheid *c*

race [reis] *n* wedloop *c*, race *c*; ras *nt*

race-course ['reiskɔ:s] *n* renbaan *c*

race-horse ['reishɔ:s] *n* renpaard *nt*

race-track ['reistræk] *n* renbaan *c*

racial ['reiʃəl] *adj* rassen-

racket ['rækit] *n* kabaal *nt*

racquet ['rækit] *n* racket *nt*

radiator ['reidieitə] *n* radiator *c*

radical ['rædikəl] *adj* radicaal

radio ['reidiou] *n* radio *c*

radish ['rædiʃ] *n* radijs *c*

radius ['reidiəs] *n* (pl radii) straal *c*

raft [rɑ:ft] *n* vlot *nt*

rag [ræg] *n* vod *nt*

rage [reidʒ] *n* razernij *c*, woede *c*; *v* razen, woeden

raid [reid] *n* inval *c*

rail [reil] *n* leuning *c*, reling *c*

railing ['reiliŋ] *n* hek *nt*

railroad ['reilroud] *nAm* spoorbaan *c*, spoorweg *c*

railway ['reilwei] *n* spoorweg *c*, spoorbaan *c*

rain [rein] *n* regen *c*; *v* regenen

rainbow ['reinbou] *n* regenboog *c*

raincoat ['reinkout] *n* regenjas *c*

rainproof ['reinpru:f] *adj* waterdicht

rainy ['reini] *adj* regenachtig

raise [reiz] *v* optillen; verhogen; *grootbrengen, verbouwen, fokken; *heffen; *nAm* loonsverhoging *c*, opslag *c*

raisin ['reizən] *n* rozijn *c*

rake [reik] *n* hark *c*

rally ['ræli] *n* bijeenkomst *c*

ramp [ræmp] *n* glooiing *c*

ramshackle ['ræm,ʃækəl] *adj* gammel

rancid ['rænsid] *adj* ranzig

rang [ræŋ] *v* (p ring)

range [reindʒ] *n* bereik *nt*

range-finder ['reindʒ,faində] *n* af-standsmeter *c*

rank [ræŋk] *n* rang *c*; rij *c*

ransom ['rænsəm] *n* losgeld *nt*

rape [reip] *v* verkrachten

rapid ['ræpid] *adj* vlug, snel

rapids ['ræpidz] *pl* stroomversnelling *c*

rare [rɛə] *adj* zeldzaam

rarely ['rɛəli] *adv* zelden

rascal ['rɑ:skəl] *n* schelm *c*, deugniet *c*

rash [ræʃ] *n* uitslag *c*, huiduitslag *c*; *adj* overhaast, onbezonnen

raspberry ['rɑ:zbəri] *n* framboos *c*

rat [ræt] *n* rat *c*

rate [reit] *n* prijs *c*, tarief *nt*; snelheid *c*; **at any ~** hoe dan ook, in elk ge-val; **~ of exchange** wisselkoers *c*

rather ['rɑ:ðə] *adv* vrij, tamelijk, nog-al; liever, eerder

ration ['ræʃən] *n* rantsoen *nt*

rattan [ræ'tæn] *n* rotan *nt*

raven ['reivən] *n* raaf *c*

raw [rɔ:] *adj* rauw; **~ material** grond-stof *c*

ray [rei] *n* straal *c*

rayon ['reiən] *n* kunstzijde *c*

razor ['reizə] *n* scheerapparaat *nt*

razor-blade ['reizəbleid] *n* scheermesje *nt*

reach [ri:tʃ] *v* bereiken; *n* bereik *nt*

reaction [ri'ækʃən] *n* reactie *c*

*read [ri:d] *v* *lezen

reading-lamp ['ri:diŋlæmp] *n* leeslamp *c*

reading-room ['ri:diŋru:m] *n* leeszaal *c*

ready ['redi] *adj* gereed, klaar

ready-made [,redi'meid] *adj* confectie-

real [riəl] *adj* echt

reality [ri'æləti] *n* werkelijkheid *c*

realizable ['riəlaizəbəl] *adj* haalbaar

realize ['riəlaiz] *v* beseffen; tot stand *brengen, verwezenlijken

really ['riəli] *adv* echt, werkelijk; eigenlijk

rear [riə] *n* achterkant *c*; *v* *groot-brengen

rear-light [riə'lait] *n* achterlicht *nt*

reason ['ri:zən] *n* oorzaak *c*, reden *c*; verstand *nt*, rede *c*; *v* redeneren

reasonable ['ri:zənəbəl] *adj* redelijk; billijk

reassure [,ri:ə'ʃuə] *v* geruststellen

rebate ['ri:beit] *n* korting *c*, reductie *c*

rebellion [ri'beljən] *n* opstand *c*, op-roer *nt*

recall [ri'kɔ:l] *v* zich herinneren; *te-rugroepen; *herroepen

receipt [ri'si:t] *n* kwitantie *c*, reçu *nt*; ontvangst *c*

receive [ri'si:v] *v* *krijgen, *ontvangen

receiver [ri'si:və] *n* telefoonhoorn *c*

recent ['ri:sənt] *adj* recent

recently ['ri:səntli] *adv* kort geleden, onlangs

reception [ri'sepʃən] *n* ontvangst *c*; onthaal *nt*; ~ **office** receptie *c*

receptionist [ri'sepʃənist] *n* receptioni-ste *c*

recession [ri'seʃən] *n* teruggang *c*

recipe ['resipi] *n* recept *nt*

recital [ri'saitəl] *n* recital *nt*

reckon ['rekən] *v* rekenen; beschou-wen; *denken

recognition [,rekəg'niʃən] *n* erkenning *c*

recognize ['rekəgnaiz] *v* herkennen; erkennen

recollect [,rekə'lekt] *v* zich herinneren

recommence [,ri:kə'mens] *v* hervatten

recommend [,rekə'mend] *v* *aanprij-zen, *aanbevelen; *aanraden

recommendation [,rekəmen'deiʃən] *n* aanbeveling *c*

reconciliation [,rekənsili'eiʃən] *n* ver-zoening *c*

record[1] [ri'kɔ:d] *n* grammofoonplaat *c*; record *nt*; register *nt*; **long-playing** ~ langspeelplaat *c*

record[2] [ri'kɔ:d] *v* aantekenen

recorder [ri'kɔ:də] *n* bandrecorder *c*

recording [ri'kɔ:diŋ] *n* opname *c*

record-player ['rekɔ:d,pleiə] *n* platen-speler *c*, pick-up *c*

recover [ri'kʌvə] *v* *terugvinden; zich herstellen, *genezen

recovery [ri'kʌvəri] *n* genezing *c*, her-stel *nt*

recreation [,rekri'eiʃən] *n* recreatie *c*, ontspanning *c*; ~ **centre** recreatie-centrum *nt*; ~ **ground** speelterrein *nt*

recruit [ri'kru:t] *n* rekruut *c*

rectangle ['rektæŋgəl] *n* rechthoek *c*

rectangular [rek'tæŋgjulə] *adj* recht-hoekig

rector ['rektə] *n* predikant *c*, dominee *c*

rectory ['rektəri] *n* pastorie *c*

rectum ['rektəm] *n* endeldarm *c*

red [red] *adj* rood

redeem [ri'di:m] *v* verlossen

reduce [ri'dju:s] *v* reduceren, vermin-deren, verlagen

reduction [ri'dʌkʃən] *n* korting *c*, re-ductie *c*

redundant [ri'dʌndənt] *adj* overbodig

reed [ri:d] *n* riet *nt*

reef [ri:f] *n* rif *nt*

reference ['refrəns] n referentie c, verwijzing c; betrekking c; **with ~ to** met betrekking tot

refer to [ri'fə:] *verwijzen naar

refill ['ri:fil] n vulling c

refinery [ri'fainəri] n raffinaderij c

reflect [ri'flekt] v weerkaatsen

reflection [ri'flekʃən] n weerkaatsing c; spiegelbeeld nt

reflector [ri'flektə] n reflector c

reformation [,refə'meiʃən] n reformatie c

refresh [ri'freʃ] v verfrissen

refreshment [ri'freʃmənt] n verfrissing c

refrigerator [ri'fridʒəreitə] n koelkast c, ijskast c

refund[1] [ri'fʌnd] v terugbetalen

refund[2] [ri'fʌnd] n terugbetaling c

refusal [ri'fju:zəl] n weigering c

refuse[1] [ri'fju:z] v weigeren

refuse[2] ['refju:s] n afval nt

regard [ri'ga:d] v beschouwen; *bekijken; n respect nt; **as regards** betreffende, aangaande, wat betreft

regarding [ri'ga:diŋ] prep met betrekking tot, betreffende; ten aanzien van

regatta [ri'gætə] n regatta c

régime [rei'ʒi:m] n regime nt

region ['ri:dʒən] n streek c; gebied nt

regional ['ri:dʒənəl] adj plaatselijk

register ['redʒistə] v zich *inschrijven; aantekenen; **registered letter** aangetekende brief

registration [,redʒi'streiʃən] n registratie c; **~ form** inschrijvingsformulier nt; **~ number** kenteken nt; **~ plate** nummerbord nt

regret [ri'gret] v betreuren; n spijt c

regular ['regjulə] adj geregeld, regelmatig; gewoon, normaal

regulate ['regjuleit] v regelen

regulation [,regju'leiʃən] n reglement

nt, voorschrift nt; regeling c

rehabilitation [,ri:hə,bili'teiʃən] n revalidatie c

rehearsal [ri'hə:səl] n repetitie c

rehearse [ri'hə:s] v repeteren

reign [rein] n regering c; v regeren

reimburse [,ri:im'bə:s] v terugbetalen, vergoeden

reindeer ['reindiə] n (pl ~) rendier nt

reject [ri'dʒekt] v *afwijzen, *verwerpen; afkeuren

relate [ri'leit] v vertellen

related [ri'leitid] adj verwant

relation [ri'leiʃən] n relatie c, verband nt; verwante c

relative ['relətiv] n familielid nt; adj betrekkelijk, relatief

relax [ri'læks] v zich ontspannen

relaxation [,rilæk'seiʃən] n ontspanning c

reliable [ri'laiəbəl] adj betrouwbaar

relic ['relik] n relikwie c

relief [ri'li:f] n verademing c, verlichting c; steun c; reliëf nt

relieve [ri'li:v] v verlichten; aflossen

religion [ri'lidʒən] n godsdienst c

religious [ri'lidʒəs] adj godsdienstig

rely on [ri'lai] vertrouwen op

remain [ri'mein] v *blijven; *overblijven

remainder [ri'meində] n restant nt, rest c

remaining [ri'meiniŋ] adj overig, overblijvend

remark [ri'ma:k] n opmerking c; v opmerken

remarkable [ri'ma:kəbəl] adj opmerkelijk

remedy ['remədi] n geneesmiddel nt; middel nt

remember [ri'membə] v zich herinneren; *onthouden

remembrance [ri'membrəns] n aandenken nt, herinnering c

remind [ri'maind] v herinneren

remit [ri'mit] v overmaken

remittance [ri'mitəns] n storting c

remnant ['remnənt] n overblijfsel nt, restant nt, rest c

remote [ri'mout] adj afgelegen, ver

removal [ri'mu:vəl] n verwijdering c

remove [ri'mu:v] v verwijderen

remunerate [ri'mju:nəreit] v vergoeden

remuneration [ri,mju:nə'reiʃən] n vergoeding c

renew [ri'nju:] v vernieuwen; verlengen

rent [rent] v huren; n huur c

repair [ri'pɛə] v herstellen, repareren; n herstel c

reparation [,repə'reiʃən] n reparatie c

*repay** [ri'pei] v terugbetalen

repayment [ri'peimənt] n terugbetaling c

repeat [ri'pi:t] v herhalen

repellent [ri'pelənt] adj weerzinwekkend, afstotelijk

repentance [ri'pentəns] n berouw nt

repertory ['repətəri] n repertoire c

repetition [,repə'tiʃən] n herhaling c

replace [ri'pleis] v *vervangen

reply [ri'plai] v antwoorden; n antwoord nt; **in** ~ als antwoord

report [ri'pɔ:t] v rapporteren; melden; zich aanmelden; n verslag nt, rapport nt

reporter [ri'pɔ:tə] n verslaggever c

represent [,repri'zent] v vertegenwoordigen; voorstellen

representation [,reprizen'teiʃən] n vertegenwoordiging c

representative [,repri'zentətiv] adj representatief

reprimand ['reprima:nd] v berispen

reproach [ri'proutʃ] n verwijt nt; v *verwijten

reproduce [,ri:prə'dju:s] v reproduceren

reproduction [,ri:prə'dʌkʃən] n reproductie c

reptile ['reptail] n reptiel nt

republic [ri'pʌblik] n republiek c

republican [ti'pʌblikən] adj republikeins

repulsive [ri'pʌlsiv] adj weerzinwekkend

reputation [,repju'teiʃən] n reputatie c; naam c

request [ri'kwest] n verzoek nt; v *verzoeken

require [ri'kwaiə] v vereisen

requirement [ri'kwaiəmənt] n vereiste c

requisite ['rekwizit] adj vereist

rescue ['reskju:] v redden; n redding c

research [ri'sə:tʃ] n onderzoek nt

resemblance [ri'zembləns] n gelijkenis c

resemble [ri'zembəl] v *lijken op

resent [ri'zent] v kwalijk *nemen

reservation [,rezə'veiʃən] n reservering c

reserve [ri'zə:v] v reserveren; *bespreken; n reserve c

reserved [ri'zə:vd] adj gereserveerd

reservoir ['rezəvwa:] n reservoir nt

reside [ri'zaid] v wonen

residence ['rezidəns] n woonplaats c; ~ **permit** verblijfsvergunning c

resident ['rezidənt] n inwoner c; adj woonachtig; intern

resign [ri'zain] v ontslag *nemen

resignation [,rezig'neiʃən] n ontslagneming c

resin ['rezin] n hars nt/c

resist [ri'zist] v zich verzetten

resistance [ri'zistəns] n verzet nt

resolute ['rezəlu:t] adj resoluut, vastberaden

respect [ri'spekt] n respect nt; ontzag nt, achting c, eerbied c; v respecteren respectable [ri'spektəbəl] adj eerzaam, respectabel

respectful [ri'spektfəl] adj eerbiedig

respective [ri'spektiv] adj respectievelijk

respiration [,respə'reiʃən] n ademhaling c

respite ['respait] n uitstel nt

responsibility [ri,sponsə'biləti] n verantwoordelijkheid c; aansprakelijkheid c

responsible [ri'sponsəbəl] adj verantwoordelijk; aansprakelijk

rest [rest] n rust c; rest c; v uitrusten, rusten

restaurant ['restərɔ̃:] n restaurant nt

restful ['restfəl] adj rustig

rest-home ['resthoum] n rusthuis nt

restless ['restləs] adj onrustig; ongedurig

restrain [ri'strein] v *inhouden, *weerhouden

restriction [ri'strikʃən] n beperking c

result [ri'zʌlt] n resultaat nt; gevolg nt; uitslag c; v resulteren

resume [ri'zju:m] v hervatten

résumé ['rezjumei] n samenvatting c

retail ['ri:teil] v in het klein *verkopen; ~ trade kleinhandel c, detailhandel c

retailer ['ri:teilə] n detaillist c, kleinhandelaar c; wederverkoper c

retina ['retinə] n netvlies nt

retired [ri'taiəd] adj gepensioneerd

return [ri'tə:n] v *terugkomen, terugkeren; n terugkeer c; ~ flight retourvlucht c; ~ journey terugreis c

reunite [,ri:ju:'nait] v herenigen

reveal [ri'vi:l] v openbaren, onthullen

revelation [,revə'leiʃən] n onthulling c

revenge [ri'vendʒ] n wraak c

revenue ['revənju:] n inkomen nt

reverse [ri'və:s] n tegendeel nt; keerzijde c; omkeer c, tegenslag c; adj omgekeerd; v *achteruitrijden

review [ri'vju:] n bespreking c; tijdschrift nt

revise [ri'vaiz] v *herzien

revision [ri'viʒən] n herziening c

revival [ri'vaivəl] n herstel nt

revolt [ri'voult] v in opstand *komen; n opstand c, oproer nt

revolting [ri'voultin] adj walgelijk, stuitend, weerzinwekkend

revolution [,revə'lu:ʃən] n revolutie c; omwenteling c

revolutionary [,revə'lu:ʃənəri] adj revolutionair

revolver [ri'volvə] n revolver c

revue [ri'vju:] n revue c

reward [ri'wɔ:d] n beloning c; v belonen

rheumatism ['ru:mətizəm] n reumatiek c

rhinoceros [rai'nɔsərəs] n (pl ~, ~es) neushoorn c

rhubarb ['ru:bɑ:b] n rabarber c

rhyme [raim] n rijm nt

rhythm ['riðəm] n ritme nt

rib [rib] n rib c

ribbon ['ribən] n lint nt

rice [rais] n rijst c

rich [ritʃ] adj rijk

riches ['ritʃiz] pl rijkdom c

riddle ['ridəl] n raadsel nt

ride [raid] n rit c

*ride [raid] v *rijden; *paardrijden

rider ['raidə] n ruiter c

ridge [ridʒ] n bergrug c

ridicule ['ridikju:l] v bespotten

ridiculous [ri'dikjuləs] adj bespottelijk, belachelijk

riding ['raidin] n paardesport c

riding-school ['raidinsku:l] n manege c

rifle ['raifəl] v geweer nt

right [rait] n recht nt; adj goed, juist; recht; rechts; billijk, rechtvaardig; all right! in orde!; * be ~ gelijk *hebben; ~ **of way** voorrang c

righteous ['raitʃəs] adj rechtvaardig

right-hand ['raithænd] adj rechter, rechts

rightly ['raitli] adv terecht

rim [rim] n velg c; rand c

ring [riŋ] n ring c; kring c; piste c

*ring** [riŋ] v bellen; ~ **up** opbellen

rinse [rins] v spoelen; n spoeling c

riot ['raiət] n rel c

rip [rip] v scheuren

ripe [raip] adj rijp

rise [raiz] n opslag c, verhoging c; stijging c; opkomst c

*rise** [raiz] v *opstaan; *opgaan; *stijgen

rising ['raiziŋ] n opstand c

risk [risk] n risico nt; gevaar nt; v wagen

risky ['riski] adj gewaagd, riskant

rival ['raivəl] n rivaal c; concurrent c; v rivaliseren

rivalry ['raivəlri] n rivaliteit c; concurrentie c

river ['rivə] n rivier c; ~ **bank** oever c

riverside ['rivəsaid] n rivieroever c

roach [routʃ] n (pl ~) blankvoren c

road [roud] n straat c, weg c; ~ **fork** n tweesprong c; ~ **map** wegenkaart c; ~ **system** wegennet nt; ~ **up** werk in uitvoering

roadhouse ['roudhaus] n wegrestaurant nt

roadside ['roudsaid] n wegkant c; ~ **restaurant** wegrestaurant nt

roadway ['roudwei] nAm rijbaan c

roam [roum] v *zwerven

roar [rɔ:] v loeien, brullen; n gebrul nt, geraas nt

roast [roust] v *braden, roosteren

rob [rɔb] v beroven

robber ['rɔbə] n dief c

robbery ['rɔbəri] n roof c, diefstal c, beroving c

robe [roub] n jurk c; gewaad nt

robin ['rɔbin] n roodborstje nt

robust [rou'bʌst] adj fors

rock [rɔk] n rots c; v schommelen

rocket ['rɔkit] n raket c

rock-'n-roll [,rɔkən'roul] n rock en roll c

rocky ['rɔki] adj rotsachtig

rod [rɔd] n stang c, roede c

roe [rou] n kuit c, viskuit c

roll [roul] v rollen; n rol c; broodje nt

Roman Catholic ['roumən 'kæθəlik] rooms-katholiek

romance [rə'mæns] n romance c

romantic [rə'mæntik] adj romantisch

roof [ru:f] n dak nt; **thatched** ~ strodak nt

room [ru:m] n vertrek nt, kamer c; ruimte c, plaats c; ~ **and board** kost en inwoning; ~ **service** bediening op de kamer; ~ **temperature** kamertemperatuur c

roomy ['ru:mi] adj ruim

root [ru:t] n wortel c

rope [roup] n touw c

rosary ['rouzəri] n rozenkrans c

rose [rouz] n roos c; adj roze

rotten ['rɔtən] adj rot

rouge [ru:ʒ] n rouge c/nt

rough [rʌf] adj ruw

roulette [ru:'let] n roulette c

round [raund] adj rond; prep rondom, om; n ronde c; ~ **trip** Am retour c

roundabout ['raundəbaut] n rotonde c

rounded ['raundid] adj afgerond

route [ru:t] n route c

routine [ru:'ti:n] n routine c

row[1] [rou] n rij c; v roeien

row[2] [rau] n ruzie c

rowdy ['raudi] adj baldadig

rowing-boat ['rouiŋbout] n roeiboot c

royal ['rɔiəl] adj koninklijk

rub [rʌb] v *wrijven

rubber ['rʌbə] n rubber nt; vlakgom

c/nt; ~ **band** elastiek nt
rubbish ['rʌbiʃ] n afval nt; geklets nt,
onzin c; **talk ~** kletsen
rubbish-bin ['rʌbiʃbin] n vuilnisbak c
ruby ['ru:bi] n robijn c
rucksack ['rʌksæk] n rugzak c
rudder ['rʌdə] n roer nt
rude [ru:d] adj grof
rug [rʌg] n kleedje nt
ruin ['ru:in] v ruïneren; n ondergang
c; **ruins** ruïne c
ruination [,ru:i'neiʃən] n ondergang c
rule [ru:l] n regel c; bewind nt, bestuur nt, heerschappij c; v heersen,
regeren; **as a ~** gewoonlijk, in de
regel
ruler ['ru:lə] n vorst c, heerser c; liniaal c
Rumania [ru:'meiniə] Roemenië
Rumanian [ru:'meiniən] adj Roemeens; n Roemeen c
rumour ['ru:mə] n gerucht nt
*** run** [rʌn] v rennen; **~ into** *tegenkomen
runaway ['rʌnəwei] n ontsnapte gevangene
rung [rʌn] v (pp ring)
runway ['rʌnwei] n startbaan c
rural ['ruərəl] adj plattelands-
ruse [ru:z] n list c
rush [rʌʃ] v zich haasten; n bies c
rush-hour ['rʌʃauə] n spitsuur nt
Russia ['rʌʃə] Rusland
Russian ['rʌʃən] adj Russisch; n Rus
c
rust [rʌst] n roest nt
rustic ['rʌstik] adj rustiek
rusty ['rʌsti] adj roestig

S

saccharin ['sækərin] n sacharine c
sack [sæk] n zak c
sacred ['seikrid] adj heilig
sacrifice ['sækrifais] n offer nt; v opofferen
sacrilege ['sækrilidʒ] n heiligschennis
c
sad [sæd] adj bedroefd; verdrietig,
droevig, treurig
saddle ['sædəl] n zadel nt
sadness ['sædnəs] n bedroefdheid c
safe [seif] adj veilig; n brandkast c,
kluis c
safety ['seifti] n veiligheid c
safety-belt ['seiftibelt] n veiligheidsgordel c
safety-pin ['seiftipin] n veiligheidsspeld c
safety-razor ['seifti,reizə] n scheerapparaat nt
sail [seil] v *bevaren, *varen; n zeil nt
sailing-boat ['seiliŋbout] n zeilboot c
sailor ['seilə] n matroos c
saint [seint] n heilige c
salad ['sæləd] n sla c
salad-oil ['sælədɔil] n slaolie c
salary ['sæləri] n loon nt, salaris nt
sale [seil] n verkoop c; **clearance ~**
opruiming c; **for ~** te koop; **sales**
uitverkoop c; **sales tax** omzetbelasting c
saleable ['seiləbəl] adj verkoopbaar
salesgirl ['seilzgə:l] n verkoopster c
salesman ['seilzmən] n (pl -men) verkoper c
salmon ['sæmən] n (pl ~) zalm c
salon ['sælɔ̃:] n salon c
saloon [sə'lu:n] n bar c
salt [sɔ:lt] n zout nt
salt-cellar ['sɔ:lt,selə] n zoutvaatje nt
salty ['sɔ:lti] adj zout

salute [sə'lu:t] v groeten

salve [sɑ:v] n zalf c

same [seim] adj zelfde

sample ['sɑ:mpəl] n monster nt

sanatorium [,sænə'tɔ:riəm] n (pl ~s, -ria) sanatorium nt

sand [sænd] n zand nt

sandal ['sændəl] n sandaal c

sandpaper ['sænd,peipə] n schuurpapier nt

sandwich ['sænwidʒ] n boterham c

sandy ['sændi] adj zanderig

sanitary ['sænitəri] adj sanitair; ~ towel maandverband nt

sapphire ['sæfaiə] n saffier nt

sardine [sɑ:'di:n] n sardine c

satchel ['sætʃəl] n schooltas c

satellite ['sætəlait] n satelliet c

satin ['sætin] n satijn nt

satisfaction [,sætis'fækʃən] n bevrediging c, voldoening c

satisfy ['sætisfai] v bevredigen; satisfied voldaan, tevreden

Saturday ['sætədi] zaterdag c

sauce [sɔ:s] n saus c

saucepan ['sɔ:spən] n steelpan c

saucer ['sɔ:sə] n schoteltje nt

Saudi Arabia [,saudiə'reibiə] Saoedi-Arabië

Saudi Arabian [,saudiə'reibiən] adj Saoedi-Arabisch

sauna ['sɔ:nə] n sauna c

sausage ['sɔsidʒ] n worst c

savage ['sævidʒ] adj wild

save [seiv] v redden; sparen

savings ['seiviŋz] pl spaargeld nt; ~ bank spaarbank c

saviour ['seivjə] n redder c

savoury ['seivəri] adj smakelijk; pikant

saw[1] [sɔ:] v (p see)

saw[2] [sɔ:] n zaag c

sawdust ['sɔ:dʌst] n zaagsel nt

saw-mill ['sɔ:mil] n houtzagerij c

* say [sei] v *zeggen

scaffolding ['skæfəldiŋ] n steigers pl

scale [skeil] n schaal c; toonladder c; schub c; scales pl weegschaal c

scandal ['skændəl] n schandaal nt

Scandinavia [,skændi'neiviə] Scandinavië

Scandinavian [,skændi'neiviən] adj Scandinavisch; n Scandinaviër c

scapegoat ['skeipgout] n zondebok c

scar [skɑ:] n litteken nt

scarce [skɛəs] adj schaars

scarcely ['skɛəsli] adv nauwelijks

scarcity ['skɛəsəti] n schaarste c

scare [skɛə] v *doen schrikken; n schrik c

scarf [skɑ:f] n (pl ~s, scarves) das c, sjaal c

scarlet ['skɑ:lət] adj vuurrood

scary ['skɛəri] adj griezelig

scatter ['skætə] v verspreiden

scene [si:n] n scène c

scenery ['si:nəri] n landschap nt

scenic ['si:nik] adj schilderachtig

scent [sent] n geur c

schedule ['ʃedju:l] n dienstregeling c, rooster nt

scheme [ski:m] n schema nt; plan nt

scholar ['skɔlə] n geleerde c; leerling c

scholarship ['skɔləʃip] n studiebeurs c

school [sku:l] n school c

schoolboy ['sku:lbɔi] n schooljongen c

schoolgirl ['sku:lgə:l] n schoolmeisje nt

schoolmaster ['sku:l,mɑ:stə] n onderwijzer c, meester c

schoolteacher ['sku:l,ti:tʃə] n onderwijzer c

science ['saiəns] n wetenschap c

scientific [,saiən'tifik] adj wetenschappelijk

scientist ['saiəntist] n geleerde c

scissors ['sizəz] pl schaar c

scold [skould] v berispen; *schelden

scooter ['sku:tə] n scooter c; autoped c

score [skɔ:] n stand c; v scoren

scorn [skɔ:n] n hoon c, verachting c; v verachten

Scot [skɔt] n Schot c

Scotch [skɔtʃ] adj Schots; scotch tape plakband c

Scotland ['skɔtlənd] Schotland

Scottish ['skɔtiʃ] adj Schots

scout [skaut] n padvinder c

scrap [skræp] n snipper c

scrap-book ['skræpbuk] n plakboek nt

scrape [skreip] v schrappen

scrap-iron ['skræpaiən] n schroot nt

scratch [skrætʃ] v krassen, krabben; n kras c, schram c

scream [skri:m] v gillen, schreeuwen; n gil c, schreeuw c

screen [skri:n] n scherm nt; beeldscherm nt

screw [skru:] n schroef c; v schroeven

screw-driver ['skru:,draivə] n schroevedraaier c

scrub [skrʌb] v schrobben; n struik c

sculptor ['skʌlptə] n beeldhouwer c

sculpture ['skʌlptʃə] n beeldhouwwerk nt

sea [si:] n zee c

sea-bird ['si:bə:d] n zeevogel c

sea-coast ['si:koust] n zeekust c

seagull ['si:gʌl] n meeuw c, zeemeeuw c

seal [si:l] n zegel nt; rob c, zeehond c

seam [si:m] n naad c

seaman ['si:mən] n (pl -men) zeeman c

seamless ['si:mləs] adj naadloos

seaport ['si:pɔ:t] n zeehaven c

search [sə:tʃ] v *zoeken; fouilleren, *doorzoeken

searchlight ['sə:tʃlait] n schijnwerper c

seascape ['si:skeip] n zeegezicht nt

sea-shell ['si:ʃel] n zeeschelp c

seashore ['si:ʃɔ:] n kust c

seasick ['si:sik] adj zeeziek

seasickness ['si:,siknəs] n zeeziekte c

seaside ['si:said] n kust c; ~ resort badplaats c

season ['si:zən] n jaargetijde nt, seizoen nt; high ~ hoogseizoen nt; low ~ naseizoen nt; off ~ buiten het seizoen

season-ticket ['si:zən,tikit] n abonnementskaart c

seat [si:t] n stoel c; plaats c, zitplaats c; zetel c

seat-belt ['si:tbelt] n veiligheidsgordel c

sea-urchin ['si:,ə:tʃin] n zeeëgel c

sea-water ['si:,wɔ:tə] n zeewater nt

second ['sekənd] num tweede; n seconde c; tel c

secondary ['sekəndəri] adj secundair, ondergeschikt; ~ school middelbare school

second-hand [,sekənd'hænd] adj tweedehands

secret ['si:krət] n geheim nt; adj geheim

secretary ['sekrətri] n secretaresse c; secretaris c

section ['sekʃən] n sectie c; afdeling c, vak nt

secure [si'kjuə] adj veilig; v bemachtigen

security [si'kjuərəti] n veiligheid c; pand nt

sedate [si'deit] adj kalm

sedative ['sedətiv] n kalmerend middel

seduce [si'dju:s] v verleiden

* see [si:] v *zien; *begrijpen, *inzien; ~ to zorgen voor

seed [si:d] n zaad nt

* seek [si:k] v *zoeken

seem [si:m] v *lijken, *schijnen

seen [si:n] v (pp see)

seesaw ['si:sɔ:] n wip c

seize [si:z] v *grijpen

seldom ['seldəm] adv zelden

select [si'lekt] v selecteren, *uitkiezen; adj select, uitgelezen

selection [si'lekʃən] n keuze c, selectie c

self-centred [,self'sentəd] adj egocentrisch

self-employed [,selfim'plɔid] adj zelfstandig

self-evident [,sel'fevidənt] adj vanzelfsprekend

self-government [,self'gʌvəmənt] n zelfbestuur nt

selfish ['selfiʃ] adj egoïstisch

selfishness ['selfiʃnəs] n egoïsme nt

self-service [,self'sə:vis] n zelfbediening c; ~ restaurant zelfbedieningsrestaurant c

*sell [sel] v *verkopen

semblance ['semblans] n schijn c

semi- ['semi] half

semicircle ['semi,sə:kəl] n halve cirkel

semi-colon [,semi'koulən] n puntkomma c

senate ['senət] n senaat c

senator ['senətə] n senator c

*send [send] v sturen, *zenden; ~ back terugsturen, *terugzenden; ~ for *laten halen; ~ off versturen

senile ['si:nail] adj seniel

sensation [sen'seiʃən] n sensatie c; gewaarwording c, gevoel nt

sensational [sen'seiʃənəl] adj sensationeel, opzienbarend

sense [sens] n zintuig nt; gezond verstand, rede c; zin c, betekenis c; v voelen; ~ of honour eergevoel nt

senseless ['sensləs] adj zinloos

sensible ['sensəbəl] adj verstandig

sensitive ['sensitiv] adj gevoelig

sentence ['sentəns] n zin c; vonnis nt; v veroordelen

sentimental [,senti'mentəl] adj sentimenteel

separate¹ ['sepəreit] v *scheiden

separate² ['sepərət] adj afzonderlijk, gescheiden

separately ['sepərətli] adv apart

September [sep'tembə] september

septic ['septik] adj septisch; *become ~ *ontsteken

sequel ['si:kwəl] n vervolg nt

sequence ['si:kwəns] n volgorde c; reeks c

serene [sə'ri:n] adj kalm; helder

serial ['siəriəl] n feuilleton nt

series ['siəri:z] n (pl ~) reeks c, serie c

serious ['siəriəs] adj serieus, ernstig

seriousness ['siəriəsnəs] n ernst c

sermon ['sə:mən] n preek c

serum ['siərəm] n serum nt

servant ['sə:vənt] n bediende c

serve [sə:v] v bedienen

service ['sə:vis] n dienst c; bediening c; ~ charge bedieningsgeld nt; ~ station benzinestation nt

serviette [,sə:vi'et] n servet nt

session ['seʃən] n zitting c

set [set] n stel nt, groep c

*set [set] v zetten; ~ menu vast menu; ~ out *vertrekken

setting ['setiŋ] n omgeving c; ~ lotion haarversteviger c

settle ['setəl] v afhandelen, regelen; ~ down zich vestigen

settlement ['setəlmənt] n regeling c, schikking c, overeenkomst c

seven ['sevən] num zeven

seventeen [,sevən'ti:n] num zeventien

seventeenth [,sevən'ti:nθ] num zeventiende

seventh ['sevənθ] num zevende

seventy ['sevənti] num zeventig

several ['sevərəl] adj ettelijk, verscheidene

severe [si'viə] adj hevig, streng, ernstig

sew [sou] v naaien; ~ up hechten

sewer ['su:ə] n riool nt

sewing-machine ['souiŋmə,ʃi:n] n naaimachine c

sex [seks] n geslacht nt; sex c

sexton ['sekstən] n koster c

sexual ['sekʃuəl] adj seksueel

sexuality [,sekʃu'æləti] n seksualiteit c

shade [ʃeid] n schaduw c; tint c

shadow ['ʃædou] n schaduw c

shady ['ʃeidi] adj schaduwrijk

*shake [ʃeik] v schudden

shaky ['ʃeiki] adj gammel

*shall [ʃæl] v *zullen; *moeten

shallow ['ʃælou] adj ondiep

shame [ʃeim] n schaamte c; schande c; shame! foei!

shampoo [ʃæm'pu:] n shampoo c

shamrock ['ʃæmrɔk] n klaver c

shape [ʃeip] n vorm c; v vormen

share [ʃeə] v delen; n deel nt; aandeel nt

shark [ʃɑ:k] n haai c

sharp [ʃɑ:p] adj scherp

sharpen ['ʃɑ:pən] v *slijpen

shave [ʃeiv] v zich *scheren

shaver ['ʃeivə] n scheerapparaat nt

shaving-brush ['ʃeiviŋbrʌʃ] n scheerkwast c

shaving-cream ['ʃeiviŋkri:m] n scheercrème c

shaving-soap ['ʃeiviŋsoup] n scheerzeep c

shawl [ʃɔ:l] n omslagdoek c, sjaal c

she [ʃi:] pron ze

shed [ʃed] n schuur c

*shed [ʃed] v storten; verspreiden

sheep [ʃi:p] n (pl ~) schaap nt

sheer [ʃiə] adj absoluut, puur; dun, doorzichtig

sheet [ʃi:t] n laken nt; blad nt; plaat c

shelf [ʃelf] n (pl shelves) plank c

shell [ʃel] n schelp c; dop c

shellfish ['ʃelfiʃ] n schaaldier nt

shelter ['ʃeltə] n beschutting c, schuilplaats c; v beschutten

shepherd ['ʃepəd] n herder c

shift [ʃift] n ploeg c

*shine [ʃain] v *schijnen; glanzen, *blinken

ship [ʃip] n schip nt; v verschepen; shipping line scheepvaartlijn c

shipowner ['ʃi,pounə] n reder c

shipyard ['ʃipjɑ:d] n scheepswerf c

shirt [ʃə:t] n hemd nt, overhemd nt

shiver ['ʃivə] v bibberen, rillen; n rilling c

shivery ['ʃivəri] adj rillerig

shock [ʃɔk] n schok c; v schokken; ~ absorber schokbreker c

shocking ['ʃɔkiŋ] adj schokkend

shoe [ʃu:] n schoen c; gym shoes gymschoenen pl; ~ polish schoensmeer c

shoe-lace ['ʃu:leis] n schoenveter c

shoemaker ['ʃu:,meikə] n schoenmaker c

shoe-shop ['ʃu:ʃɔp] n schoenwinkel c

shook [ʃuk] v (p shake)

*shoot [ʃu:t] v *schieten

shop [ʃɔp] n winkel c; v winkelen; ~ assistant verkoper c; shopping bag boodschappentas c; shopping centre winkelcentrum nt

shopkeeper ['ʃɔp,ki:pə] n winkelier c

shop-window [,ʃɔp'windou] n etalage c

shore [ʃɔ:] n oever c, kust c

short [ʃɔ:t] adj kort; klein; ~ circuit kortsluiting c

shortage ['ʃɔ:tidʒ] n tekort nt, gebrek nt

shortcoming ['ʃɔ:t,kʌmiŋ] n tekortkoming c

shorten ['ʃɔ:tən] v verkorten

shorthand ['ʃɔ:thænd] n stenografie c

shortly ['ʃɔ:tli] adv weldra, binnenkort, spoedig

shorts [ʃɔ:ts] *pl* korte broek; *plAm* onderbroek *c*

short-sighted [ʃɔ:'saitid] *adj* bijziend

shot [ʃɔt] *n* schot *nt*; injectie *c*; opname *c*

***should** [ʃud] *v* *moeten

shoulder ['ʃouldə] *n* schouder *c*

shout [ʃaut] *v* schreeuwen, *roepen; *n* schreeuw *c*

shovel ['ʃʌvəl] *n* schop *c*

show [ʃou] *n* voorstelling *c*; tentoonstelling *c*

***show** [ʃou] *v* tonen; *laten zien, tentoonstellen; aantonen

show-case ['ʃoukeis] *n* vitrine *c*

shower [ʃauə] *n* douche *c*; bui *c*, regenbui *c*

showroom ['ʃouru:m] *n* toonzaal *c*

shriek [ʃri:k] *v* gillen; *n* gil *c*

shrimp [ʃrimp] *n* garnaal *c*

shrine [ʃrain] *n* heiligdom *nt*, schrijn *c*

***shrink** [ʃriŋk] *v* *krimpen

shrinkproof ['ʃriŋkpru:f] *adj* krimpvrij

shrub [ʃrʌb] *n* struik *c*

shudder ['ʃʌdə] *n* rilling *c*

shuffle ['ʃʌfəl] *v* schudden

***shut** [ʃʌt] *v* *sluiten; **shut** dicht, gesloten; ~ **in** *insluiten

shutter ['ʃʌtə] *n* luik *nt*, blind *nt*

shy [ʃai] *adj* schuw, verlegen

shyness ['ʃainəs] *n* verlegenheid *c*

Siam [sai'æm] Siam

Siamese [,saiə'mi:z] *adj* Siamees; *n* Siamees *c*

sick [sik] *adj* ziek; misselijk

sickness ['siknəs] *n* ziekte *c*; misselijkheid *c*

side [said] *n* kant *c*, zijde *c*; partij *c*; **one-sided** *adj* eenzijdig

sideburns ['saidbə:nz] *pl* bakkebaarden *pl*

sidelight ['saidlait] *n* zijlicht *nt*

side-street ['saidstri:t] *n* zijstraat *c*

sidewalk ['saidwɔ:k] *nAm* stoep *c*, trottoir *nt*

sideways ['saidweiz] *adv* opzij

siege [si:dʒ] *n* belegering *c*

sieve [siv] *n* zeef *c*; *v* zeven

sift [sift] *v* zeven

sight [sait] *n* zicht *nt*; gezicht *nt*, aanblik *c*; bezienswaardigheid *c*

sign [sain] *n* teken *nt*; gebaar *nt*, wenk *c*; *v* ondertekenen, tekenen

signal ['signəl] *n* signaal *nt*; sein *nt*, teken *nt*; *v* seinen

signature ['signətʃə] *n* handtekening *c*

significant [sig'nifikənt] *adj* veelbetekenend

signpost ['sainpoust] *n* wegwijzer *c*

silence ['sailəns] *n* stilte *c*; *v* tot zwijgen *brengen

silencer ['sailənsə] *n* knalpot *c*

silent ['sailənt] *adj* zwijgend, stil; *be ~ *zwijgen

silk [silk] *n* zijde *c*

silken ['silkən] *adj* zijden

silly ['sili] *adj* mal, dwaas

silver ['silvə] *n* zilver *nt*; zilveren

silversmith ['silvəsmiθ] *n* zilversmid *c*

silverware ['silvəweə] *n* zilverwerk *nt*

similar ['similə] *adj* dergelijk, overeenkomstig

similarity [,simi'lærəti] *n* gelijkenis *c*

simple ['simpəl] *adj* simpel, eenvoudig; gewoon

simply ['simpli] *adv* eenvoudig, gewoonweg

simulate ['simjuleit] *v* huichelen

simultaneous [,siməl'teiniəs] *adj* gelijktijdig; **simultaneously** *adv* tegelijkertijd

sin [sin] *n* zonde *c*

since [sins] *prep* sedert; *adv* sindsdien; *conj* sinds; aangezien

sincere [sin'siə] *adj* oprecht

sinew ['sinju:] *n* pees *c*

***sing** [siŋ] *v* *zingen

singer ['siŋə] *n* zanger *c*; zangeres *c*

single ['siŋgǝl] adj enkel; ongetrouwd

singular ['siŋgjulǝ] n enkelvoud nt; adj eigenaardig

sinister ['sinistǝ] adj onheilspellend

sink [siŋk] n gootsteen c

*sink [siŋk] v *zinken

sip [sip] n slokje nt

siphon ['saifǝn] n sifon c

sir [sǝ:] meneer

siren ['saiǝrǝn] n sirene c

sister ['sistǝ] n zuster c, zus c

sister-in-law ['sistǝrinlɔ:] n (pl sisters-) schoonzuster c

*sit [sit] v *zitten; ~ down *gaan zitten

site [sait] n plaats c; ligging c

sitting-room ['sitiŋru:m] n zitkamer c

situated ['sitʃueitid] adj gelegen

situation [,sitʃu'eiʃǝn] n situatie c; ligging c

six [siks] num zes

sixteen [,siks'ti:n] num zestien

sixteenth [,siks'ti:nθ] num zestiende

sixth [siksθ] num zesde

sixty ['siksti] num zestig

size [saiz] n grootte c, maat c; afmeting c, omvang c; formaat nt

skate [skeit] v schaatsen; n schaats c

skating-rink ['skeitiŋriŋk] n kunstijsbaan c, ijsbaan c

skeleton ['skelitǝn] n skelet nt, geraamte nt

sketch [sketʃ] n tekening c, schets c; v tekenen, schetsen

sketch-book ['sketʃbuk] n schetsboek nt

ski¹ [ski:] v skiën

ski² [ski:] n (pl ~, ~s) ski c; ~ boots skischoenen pl; ~ pants skibroek c; ~ poles Am skistokken pl; ~ sticks skistokken pl

skid [skid] v slippen

skier ['ski:ǝ] n skiër c

skilful ['skilfǝl] adj bekwaam, behendig, vaardig

ski-lift ['ski:lift] n skilift c

skill [skil] n vaardigheid c

skilled [skild] adj vaardig, vakkundig

skin [skin] n vel nt, huid c; schil c; ~ cream huidcrème c

skip [skip] v huppelen; *overslaan

skirt [skǝ:t] n rok c

skull [skʌl] n schedel c

sky [skai] n hemel c; lucht c

skyscraper ['skai,skreipǝ] n wolkenkrabber c

slack [slæk] adj traag

slacks [slæks] pl broek c

slam [slæm] v *dichtslaan

slander ['sla:ndǝ] n laster c

slant [sla:nt] v hellen

slanting ['sla:ntiŋ] adj schuin, hellend, scheef

slap [slæp] v *slaan; n klap c

slate [sleit] n lei nt

slave [sleiv] n slaaf c

sledge [sledʒ] n slee c, slede c

sleep [sli:p] n slaap c

*sleep [sli:p] v *slapen

sleeping-bag ['sli:piŋbæg] n slaapzak c

sleeping-car ['sli:piŋka:] n slaapwagen c

sleeping-pill ['sli:piŋpil] n slaappil c

sleepless ['sli:plǝs] adj slapeloos

sleepy ['sli:pi] adj slaperig

sleeve [sli:v] n mouw c; hoes c

sleigh [slei] n slee c, ar c

slender ['slendǝ] adj slank

slice [slais] n snee c

slide [slaid] n glijbaan c; dia c

*slide [slaid] v *glijden

slight [slait] adj licht; gering

slim [slim] adj slank; v vermageren

slip [slip] v slippen, *uitglijden; ontglippen; n misstap c; onderrok c

slipper ['slipǝ] n slof c, pantoffel c

slippery ['slipǝri] adj glibberig, glad

slogan ['slougǝn] n leus c, slagzin c

slope [sloup] *n* helling *c*; *v* glooien

sloping ['sloupiŋ] *adj* afhellend

sloppy ['slɔpi] *adj* slordig

slot [slɔt] *n* gleuf *c*

slot-machine ['slɔt,məʃi:n] *n* automaat *c*

slovenly ['slʌvənli] *adj* slordig

slow [slou] *adj* traag, langzaam; ~ down vertragen; afremmen

sluice [slu:s] *n* sluis *c*

slum [slʌm] *n* achterbuurt *c*

slump [slʌmp] *n* prijsdaling *c*

slush [slʌʃ] *n* sneeuwslik *nt*

sly [slai] *adj* listig

smack [smæk] *v* *slaan; *n* klap *c*

small [smɔ:l] *adj* klein; gering

smallpox ['smɔ:lpɔks] *n* pokken *pl*

smart [smɑ:t] *adj* chic; knap, pienter

smell [smel] *n* geur *c*

* smell [smel] *v* *ruiken; *stinken

smelly ['smeli] *adj* stinkend

smile [smail] *v* glimlachen; *n* glimlach *c*

smith [smiθ] *n* smid *c*

smoke [smouk] *v* roken; *n* rook *c*; no smoking verboden te roken

smoker ['smoukə] *n* roker *c*; rookcoupé *c*

smoking-compartment ['smoukiŋkəm,pa:tmənt] *n* coupé voor rokers

smoking-room ['smoukiŋru:m] *n* rookkamer *c*

smooth [smu:ð] *adj* effen, vlak, glad; zacht

smuggle ['smʌgəl] *v* smokkelen

snack [snæk] *n* snack *c*

snack-bar ['snækba:] *n* snackbar *c*

snail [sneil] *n* slak *c*

snake [sneik] *n* slang *c*

snapshot ['snæpʃɔt] *n* kiekje *nt*, momentopname *c*

sneakers ['sni:kəz] *plAm* gymschoenen *pl*

sneeze [sni:z] *v* niezen

sniper ['snaipə] *n* sluipschutter *c*

snooty ['snu:ti] *adj* verwaand

snore [snɔ:] *v* snurken

snorkel ['snɔ:kəl] *n* snorkel *c*

snout [snaut] *n* snuit *c*

snow [snou] *n* sneeuw *c*; *v* sneeuwen

snowstorm ['snoustɔ:m] *n* sneeuwstorm *c*

snowy ['snoui] *adj* besneeuwd

so [sou] *conj* dus; *adv* zo; dermate; and ~ on enzovoort; ~ far tot zover; ~ that zodat, opdat

soak [souk] *v* weken, doorweken

soap [soup] *n* zeep *c*; ~ powder zeeppoeder *nt*

sober ['soubə] *adj* nuchter; bezonnen

so-called [,sou'kɔ:ld] *adj* zogenaamd

soccer ['sɔkə] *n* voetbal *c*; ~ team elftal *nt*

social ['souʃəl] *adj* maatschappelijk, sociaal

socialism ['souʃəlizəm] *n* socialisme *nt*

socialist ['souʃəlist] *adj* socialistisch; *n* socialist *c*

society [sə'saiəti] *n* maatschappij *c*; genootschap *nt*, vereniging *c*; gezelschap *nt*

sock [sɔk] *n* sok *c*

socket ['sɔkit] *n* fitting *c*

soda-water ['soudə,wɔ:tə] *n* spuitwater *nt*, sodawater *nt*

sofa ['soufə] *n* sofa *c*

soft [sɔft] *adj* zacht; ~ drink frisdrank *c*

soften ['sɔfən] *v* verzachten

soil [soil] *n* grond *c*; bodem *c*, aarde *c*

soiled [soild] *adj* bevuild

sold [sould] *v* (p, pp sell) ~ out uitverkocht

solder ['sɔldə] *v* solderen

soldering-iron ['sɔldəriŋaiən] *n* soldeerbout *c*

soldier ['souldʒə] *n* militair *c*, soldaat *c*

sole[1] [soul] adj enig
sole[2] [soul] n zool c; tong c
solely ['soulli] adv uitsluitend
solemn ['soləm] adj plechtig
solicitor [sə'lisitə] n raadsman c, advocaat c
solid ['sɔlid] adj stevig, solide; massief; n vaste stof
soluble ['sɔljubəl] adj oplosbaar
solution [sə'lu:ʃən] n oplossing c
solve [sɔlv] v oplossen
sombre ['sɔmbə] adj somber
some [sʌm] adj enige, enkele; pron sommige; iets; ~ day eens; ~ more nog wat; ~ time eens
somebody ['sʌmbədi] pron iemand
somehow ['sʌmhau] adv op de een of andere manier
someone ['sʌmwʌn] pron iemand
something ['sʌmθiŋ] pron iets
sometimes ['sʌmtaimz] adv soms
somewhat ['sʌmwɔt] adv enigszins
somewhere ['sʌmwɛə] adv ergens
son [sʌn] n zoon c
song [sɔŋ] n lied nt
son-in-law ['sʌninlɔ:] n (pl sons-) schoonzoon c
soon [su:n] adv vlug, gauw, weldra, spoedig; as ~ as zodra
sooner ['su:nə] adv liever
sore [sɔ:] adj pijnlijk, zeer; n zere plek; zweer c; ~ throat keelpijn c
sorrow ['sɔrou] n droefheid c, leed nt, verdriet nt
sorry ['sɔri] adj bedroefd; **sorry!** neem me niet kwalijk!, sorry!, pardon!
sort [sɔ:t] v sorteren, rangschikken; n slag nt, soort c/nt; **all sorts of** allerlei
soul [soul] n ziel c; geest c
sound [saund] n klank c, geluid nt; v *klinken; adj degelijk
soundproof ['saundpru:f] adj geluiddicht

soup [su:p] n soep c
soup-plate ['su:ppleit] n soepbord nt
soup-spoon ['su:pspu:n] n soeplepel c
sour [sauə] adj zuur
source [sɔ:s] n bron c
south [sauθ] n zuid c, zuiden nt; **South Pole** zuidpool c
South Africa [sauθ 'æfrikə] Zuid-Afrika
south-east [,sauθ'i:st] n zuidoosten nt
southerly ['sʌðəli] adj zuidelijk
southern ['sʌðən] adj zuidelijk
south-west [,sauθ'west] n zuidwesten nt
souvenir ['su:vəniə] n souvenir nt
sovereign ['sɔvrin] n vorst c
Soviet ['souviət] adj Sovjet-
Soviet Union ['souviət 'ju:njən] Sovjet-Unie
*** sow** [sou] v zaaien
spa [spa:] n geneeskrachtige bron
space [speis] n ruimte c; afstand c, tussenruimte c; v spatiëren
spacious ['speiʃəs] adj ruim
spade [speid] n schop c, spade c
Spain [spein] Spanje
Spaniard ['spænjəd] n Spanjaard c
Spanish ['spæniʃ] adj Spaans
spanking ['spæŋkiŋ] n pak slaag
spanner ['spænə] n schroefsleutel c
spare [spɛə] adj reserve-, extra; v missen; ~ **part** onderdeel nt; ~ **room** logeerkamer c; ~ **time** vrije tijd; ~ **tyre** reserveband c; ~ **wheel** reservewiel nt
spark [spa:k] n vonk c
sparking-plug ['spa:kiŋplʌg] n bougie c
sparkling ['spa:kliŋ] adj fonkelend; mousserend
sparrow ['spærou] n mus c
*** speak** [spi:k] v *spreken
spear [spiə] n speer c
special ['speʃəl] adj bijzonder, spe-

ciaal; ~ **delivery** expresse-
specialist ['speʃəlist] n specialist c
speciality [ˌspeʃi'æləti] n specialiteit c
specialize ['speʃəlaiz] v zich specialiseren
specially ['speʃəli] adv in het bijzonder
species ['spi:ʃi:z] n (pl ~) soort c/nt
specific [spə'sifik] adj specifiek
specimen ['spesimən] n exemplaar nt, specimen nt
speck [spek] n spat c
spectacle ['spektəkəl] n schouwspel nt; **spectacles** bril c
spectator [spek'teitə] n kijker c, toeschouwer c
speculate ['spekjuleit] v speculeren
speech [spi:tʃ] n spraak c; rede c, toespraak c; taal c
speechless ['spi:tʃləs] adj sprakeloos
speed [spi:d] n snelheid c; vaart c, spoed c; **cruising** ~ kruissnelheid c; ~ **limit** maximum snelheid, snelheidsbeperking c
*** speed** [spi:d] v hard *rijden; te hard *rijden
speeding ['spi:diŋ] n snelheidsovertreding c
speedometer [spi:'dɔmitə] n snelheidsmeter c
spell [spel] n betovering c
*** spell** [spel] v spellen
spelling ['speliŋ] n spelling c
*** spend** [spend] v *uitgeven, besteden; *doorbrengen
sphere [sfiə] n bol c; sfeer c
spice [spais] n specerij c; **spices** kruiden
spiced [spaist] adj gekruid
spicy ['spaisi] adj pikant
spider ['spaidə] n spin c; **spider's web** spinneweb nt
*** spill** [spil] v morsen
*** spin** [spin] v *spinnen; draaien
spinach ['spinidʒ] n spinazie c

spine [spain] n ruggegraat c
spinster ['spinstə] n oude vrijster
spire [spaiə] n spits c
spirit ['spirit] n geest c; bui c; **spirits** sterke drank; stemming c; ~ **stove** spiritusbrander c
spiritual ['spiritʃuəl] adj geestelijk
spit [spit] n spuug nt, speeksel nt; spit nt
*** spit** [spit] v spuwen
in spite of [in spait ɔv] ongeacht, ondanks
spiteful ['spaitfəl] adj hatelijk
splash [splæʃ] v spatten
splendid ['splendid] adj schitterend, prachtig
splendour ['splendə] n pracht c
splint [splint] n spalk c
splinter ['splintə] n splinter c
*** split** [split] v *splijten
*** spoil** [spɔil] v *bederven; verwennen
spoke[1] [spouk] v (p speak)
spoke[2] [spouk] n spaak c
sponge [spʌndʒ] n spons c
spook [spu:k] n spook nt
spool [spu:l] n spoel c
spoon [spu:n] n lepel c
sport [spɔ:t] n sport c
sports-car ['spɔ:tska:] n sportwagen c
sports-jacket ['spɔ:tsˌdʒækit] n sportjasje nt
sportsman ['spɔ:tsmən] n (pl -men) sportman c
sportswear ['spɔ:tswɛə] n sportkleding c
spot [spɔt] n spat c, vlek c; plek c, plaats c
spotless ['spɔtləs] adj vlekkeloos
spotlight ['spɔtlait] n schijnwerper c
spotted ['spɔtid] adj gespikkeld
spout [spaut] n straal c
sprain [sprein] v verstuiken, verzwikken; n verstuiking c
*** spread** [spred] v spreiden

spring [spriŋ] n voorjaar nt, lente c; veer c; bron c

springtime ['spriŋtaim] n voorjaar nt

sprouts [sprauts] pl spruitjes pl

spy [spai] n spion c

squadron ['skwɔdrən] n eskader nt

square [skwɛə] adj vierkant; n kwadraat nt, vierkant nt; plein nt

squash [skwɔʃ] n vruchtensap nt

squirrel ['skwirəl] n eekhoorn c

squirt [skwə:t] n straal c

stable ['steibəl] adj stabiel; n stal c

stack [stæk] n stapel c

stadium ['steidiəm] n stadion nt

staff [sta:f] n staf c

stage [steidʒ] n toneel nt; fase c, stadium nt; etappe c

stain [stein] v vlekken; n spat c, vlek c; stained glass gebrandschilderd glas; ~ remover vlekkenwater nt

stainless ['steinləs] adj vlekkeloos; ~ steel roestvrij staal

staircase ['stɛəkeis] n trap c

stairs [stɛəz] pl trap c

stale [steil] adj oudbakken

stall [stɔ:l] n kraam c; stalles pl

stamina ['stæminə] n uithoudingsvermogen nt

stamp [stæmp] n postzegel c; stempel c; v frankeren; stampen; ~ machine postzegelautomaat c

stand [stænd] n kraam c; tribune c

* stand [stænd] v *staan

standard ['stændəd] n norm c, maatstaf c; standaard-; ~ of living levensstandaard c

stanza ['stænzə] n couplet nt

staple ['steipəl] n nietje nt

star [sta:] n ster c

starboard ['sta:bəd] n stuurboord nt

starch [sta:tʃ] n stijfsel nt; v *stijven

stare [stɛə] v staren

starling ['sta:liŋ] n spreeuw c

start [sta:t] v *beginnen; n begin nt;

starter motor startmotor c

starting-point ['sta:tiŋpoint] n uitgangspunt nt

state [steit] n staat c; toestand c; v verklaren

the States Verenigde Staten

statement ['steitmənt] n verklaring c

statesman ['steitsmən] n (pl -men) staatsman c

station ['steiʃən] n station nt; plaats c

stationary ['steiʃənəri] adj stilstaand

stationer's ['steiʃənəz] n kantoorboekhandel c

stationery ['steiʃənəri] n schrijfbehoeften pl

station-master ['steiʃən,ma:stə] n stationschef c

statistics [stə'tistiks] pl statistiek c

statue ['stætʃu:] n standbeeld nt

stay [stei] v *blijven; logeren, *verblijven; n verblijf nt

steadfast ['stedfa:st] adj standvastig

steady ['stedi] adj vast

steak [steik] n biefstuk c

* steal [sti:l] v *stelen

steam [sti:m] n stoom c

steamer ['sti:mə] n stoomboot c

steel [sti:l] n staal nt

steep [sti:p] adj steil

steeple ['sti:pəl] n kerktoren c

steering-column ['stiəriŋ,kɔləm] n stuurkolom c

steering-wheel ['stiəriŋwi:l] n stuurwiel nt

steersman ['stiəzmən] n (pl -men) stuurman c

stem [stem] n steel c

stenographer [ste'nɔgrəfə] n stenograaf c

step [step] n pas c, stap c; trede c; v stappen

stepchild ['steptʃaild] n (pl -children) stiefkind nt

stepfather ['step,fa:ðə] n stiefvader c

stepmother ['step,mʌðə] n stiefmoeder
c

sterile ['sterail] adj steriel

sterilize ['sterilaiz] v steriliseren

steward ['stju:əd] n steward c

stewardess ['stju:ədes] n stewardess c

stick [stik] n stok c

* stick [stik] v kleven, plakken

sticky ['stiki] adj kleverig

stiff [stif] adj stijf

still [stil] adv nog; toch; adj stil

stillness ['stilnəs] n stilte c

stimulant ['stimjulənt] n stimulerend
middel

stimulate ['stimjuleit] v stimuleren

sting [stiŋ] n prik c, steek c

* sting [stiŋ] v *steken

stingy ['stindʒi] adj gierig

* stink [stiŋk] v *stinken

stipulate ['stipjuleit] v bepalen

stipulation [,stipju'leiʃən] n bepaling c

stir [stə:] v *bewegen; roeren

stirrup ['stirəp] n stijgbeugel c

stitch [stitʃ] n steek c; hechting c

stock [stɔk] n voorraad c; v in voorraad *hebben; ~ exchange effectenbeurs c, beurs c; ~ market effectenbeurs c; stocks and shares
effecten

stocking ['stɔkiŋ] n kous c

stole¹ [stoul] v (p steal)

stole² [stoul] n stola c

stomach ['stʌmək] n maag c

stomach-ache ['stʌməkeik] n buikpijn
c, maagpijn c

stone [stoun] n steen c; edelsteen c;
pit c; stenen; pumica ~ puimsteen
nt

stood [stud] v (p, pp stand)

stop [stɔp] v stoppen; *ophouden
met, staken; n halte c; stop! halt!

stopper ['stɔpə] n stop c

storage ['stɔ:ridʒ] n opslag c

store [stɔ:] n voorraad c; winkel c; v
*opslaan

store-house ['stɔ:haus] n magazijn nt

storey ['stɔ:ri] n etage c, verdieping c

stork [stɔ:k] n ooievaar c

storm [stɔ:m] n storm c

stormy ['stɔ:mi] adj stormachtig

story ['stɔ:ri] n verhaal nt

stout [staut] adj dik, gezet, corpulent

stove [stouv] n kachel c; fornuis nt

straight [streit] adj recht; eerlijk; adv
recht; ~ ahead rechtdoor; ~ away
direct, meteen; ~ on rechtdoor

strain [strein] n inspanning c; spanning c; v forceren; zeven

strainer ['streinə] n vergiet nt

strange [streindʒ] adj vreemd; raar

stranger ['streindʒə] n vreemdeling c;
vreemde c

strangle ['stræŋgəl] v wurgen

strap [stræp] n riem c

straw [strɔ:] n stro nt

strawberry ['strɔ:bəri] n aardbei c

stream [stri:m] n beek c; stroom c; v
stromen

street [stri:t] n straat c

streetcar ['stri:tka:] nAm tram c

street-organ ['stri:,tɔ:gən] n draaiorgel
nt

strength [streŋθ] n sterkte c, kracht c

stress [stres] n spanning c; nadruk c;
v benadrukken

stretch [stretʃ] v rekken; n stuk nt

strict [strikt] adj strikt; streng

strife [straif] n strijd c

strike [straik] n staking c

* strike [straik] v *slaan; *toeslaan;
*treffen; staken; *strijken

striking ['straikiŋ] adj frappant, opmerkelijk, opvallend

string [striŋ] n touw nt; snaar c

strip [strip] n strook c

stripe [straip] n streep c

striped [straipt] adj gestreept

stroke [strouk] n beroerte c

stroll [stroul] v wandelen; n wandeling c

strong [strɔŋ] adj sterk; krachtig

stronghold ['strɔŋhould] n burcht c

structure ['strʌktʃə] n structuur c

struggle ['strʌgəl] n strijd c, worsteling c; v worstelen, *strijden

stub [stʌb] n controlestrook c

stubborn ['stʌbən] adj hardnekkig

student ['stju:dənt] n student c; studente c

study ['stʌdi] v studeren; n studie c; studeerkamer c

stuff [stʌf] n stof c; spul nt

stuffed [stʌft] adj gevuld

stuffing ['stʌfiŋ] n vulling c

stuffy ['stʌfi] adj benauwd

stumble ['stʌmbəl] v struikelen

stung [stʌŋ] v (p, pp sting)

stupid ['stju:pid] adj dom

style [stail] n stijl c

subject¹ ['sʌbdʒikt] n onderwerp nt; onderdaan c; ~ to onderhevig aan

subject² [səb'dʒekt] v *onderwerpen

submit [səb'mit] v zich *onderwerpen

subordinate [sə'bɔ:dinət] adj ondergeschikt; bijkomstig

subscriber [səb'skraibə] n abonnee c

subscription [səb'skripʃən] n abonnement nt

subsequent ['sʌbsikwənt] adj volgend

subsidy ['sʌbsidi] n subsidie c

substance ['sʌbstəns] n substantie c

substantial [səb'stænʃəl] adj stoffelijk; werkelijk; aanzienlijk

substitute ['sʌbstitju:t] v *vervangen; n vervanging c; plaatsvervanger c

subtitle ['sʌb,taitəl] n ondertitel c

subtle ['sʌtəl] adj subtiel

subtract [səb'trækt] v *aftrekken

suburb ['sʌbə:b] n buitenwijk c, voorstad c

suburban [sə'bə:bən] adj van de voorstad

subway ['sʌbwei] nAm ondergrondse c

succeed [sək'si:d] v slagen; opvolgen

success [sək'ses] n succes nt

successful [sək'sesfəl] adj succesvol

succumb [sə'kʌm] v *bezwijken

such [sʌtʃ] adj dergelijk, zulk; adv zo; ~ as zoals

suck [sʌk] v *zuigen

sudden ['sʌdən] adj plotseling

suddenly ['sʌdənli] adv opeens

suede [sweid] n suède nt/c

suffer ['sʌfə] v *lijden; *ondergaan

suffering ['sʌfəriŋ] n lijden nt

suffice [sə'fais] v voldoende *zijn

sufficient [sə'fiʃənt] adj voldoende, genoeg

suffrage ['sʌfridʒ] n stemrecht nt, kiesrecht c

sugar ['ʃugə] n suiker c

suggest [sə'dʒest] v voorstellen

suggestion [sə'dʒestʃən] n voorstel nt

suicide ['su:isaid] n zelfmoord c

suit [su:t] v schikken; aanpassen; goed *staan; n kostuum nt

suitable ['su:təbəl] adj gepast, geschikt

suitcase ['su:tkeis] n koffer c

suite [swi:t] n suite c

sum [sʌm] n som c

summary ['sʌməri] n resumé nt, samenvatting c

summer ['sʌmə] n zomer c; ~ time zomertijd c

summit ['sʌmit] n top c

summons ['sʌmənz] n (pl ~es) dagvaarding c

sun [sʌn] n zon c

sunbathe ['sʌnbeið] v zonnebaden

sunburn ['sʌnbə:n] n zonnebrand c

Sunday ['sʌndi] zondag c

sun-glasses ['sʌn,glɑ:siz] pl zonnebril c

sunlight ['sʌnlait] n zonlicht nt

sunny ['sʌni] adj zonnig

sunrise ['sʌnraiz] n zonsopgang c

sunset ['sʌnset] n zonsondergang c

sunshade ['sʌnʃeid] n parasol c

sunshine ['sʌnʃain] n zonneschijn c

sunstroke ['sʌnstrouk] n zonnesteek c

suntan oil ['sʌntænɔil] zonnebrandolie c

superb [su'pə:b] adj groots, prachtig

superficial [,su:pə'fiʃəl] adj oppervlakkig

superfluous [su'pə:fluəs] adj overbodig

superior [su'piəriə] adj beter, groter, hoger, superieur

superlative [su'pə:lətiv] adj overtreffend; n superlatief c

supermarket ['su:pə,ma:kit] n supermarkt c

superstition [,su:pə'stiʃən] n bijgeloof nt

supervise ['su:pəvaiz] v toezicht *houden op

supervision [,su:pə'viʒən] n controle c, toezicht nt

supervisor ['su:pəvaizə] n opzichter c

supper ['sʌpə] n avondeten nt

supple ['sʌpəl] adj soepel, lenig, buigzaam

supplement ['sʌplimənt] n supplement nt

supply [sə'plai] n aanvoer c, levering c; voorraad c; aanbod nt; v leveren, bezorgen

support [sə'pɔ:t] v ondersteunen, steunen; n steun c; ~ hose steunkousen pl

supporter [sə'pɔ:tə] n supporter c

suppose [sə'pouz] v *aannemen, veronderstellen; supposing that aangenomen dat

suppository [sə'pɔzitəri] n zetpil c

suppress [sə'pres] v onderdrukken

surcharge ['sə:tʃa:dʒ] n toeslag c

sure [ʃuə] adj zeker

surely ['ʃuəli] adv zeker

surface ['sə:fis] n oppervlakte c

surf-board ['sə:fbɔ:d] n surfplank c

surgeon ['sə:dʒən] n chirurg c; veterinary ~ veearts c

surgery ['sə:dʒəri] n operatie c; spreekkamer c

surname ['sə:neim] n achternaam c

surplus ['sə:pləs] n overschot nt

surprise [sə'praiz] n verrassing c; verbazing c; v verrassen; verbazen

surrender [sə'rendə] v zich *overgeven; n overgave c

surround [sə'raund] v omringen, *omgeven

surrounding [sə'raundiŋ] adj omliggend

surroundings [sə'raundiŋz] pl omgeving c

survey ['sə:vei] n overzicht nt

survival [sə'vaivəl] n overleving c

survive [sə'vaiv] v overleven

suspect[1] [sə'spekt] v *verdenken; vermoeden

suspect[2] ['sʌspekt] n verdachte c

suspend [sə'spend] v schorsen

suspenders [sə'spendəz] plAm bretels pl; suspender belt jarretelgordel c

suspension [sə'spenʃən] n vering c, ophanging c; ~ bridge hangbrug c

suspicion [sə'spiʃən] n verdenking c; wantrouwen nt, argwaan c

suspicious [sə'spiʃəs] adj verdacht; argwanend, achterdochtig

sustain [sə'stein] v *verdragen

Swahili [swə'hi:li] n Swahili nt

swallow ['swɔlou] v inslikken, slikken; n zwaluw c

swam [swæm] v (p swim)

swamp [swɔmp] n moeras nt

swan [swɔn] n zwaan c

swap [swɔp] v ruilen

*swear [sweə] v *zweren; vloeken

sweat [swet] n zweet nt; v zweten

sweater ['swetə] n sweater c

Swede [swi:d] n Zweed c

Sweden ['swi:dən] Zweden

Swedish ['swi:diʃ] adj Zweeds

* **sweep** [swi:p] v vegen

sweet [swi:t] adj zoet; lief; n snoepje nt; toetje nt; **sweets** snoep nt, snoepgoed nt

sweeten ['swi:tən] v zoet maken

sweetheart ['swi:thɑ:t] n liefje nt, lieveling c

sweetshop ['swi:tʃɔp] n snoepwinkel c

swell [swel] adj prachtig

* **swell** [swel] v *zwellen

swelling ['swelin] n zwelling c

* **swim** [swim] v *zwemmen

swimmer ['swimə] n zwemmer c

swimming ['swimin] n zwemsport c; ~ **pool** zwembad nt

swimming-trunks ['swimintrʌnks] n zwembroek c

swim-suit ['swimsu:t] n zwempak nt

swindle ['swindəl] v oplichten; n zwendelarij c

swindler ['swindlə] n oplichter c

swing [swin] n schommel c

* **swing** [swin] v zwaaien; schommelen

Swiss [swis] adj Zwitsers; n Zwitser c

switch [switʃ] n schakelaar c; v omwisselen; ~ **off** uitschakelen; ~ **on** inschakelen

switchboard ['switʃbɔ:d] n schakelbord nt

Switzerland ['switsələnd] Zwitserland

sword [sɔ:d] n zwaard nt

swum [swʌm] v (pp swim)

syllable ['siləbəl] n lettergreep c

symbol ['simbəl] n symbool nt

sympathetic [,simpə'θetik] adj hartelijk, begrijpend

sympathy ['simpəθi] n sympathie c; medegevoel nt

symphony ['simfəni] n symfonie c

symptom ['simtəm] n symptoom nt

synagogue ['sinəgɔg] n synagoge c

synonym ['sinənim] n synoniem nt

synthetic [sin'θetik] adj synthetisch

syphon ['saifən] n sifon c

Syria ['siriə] Syrië

Syrian ['siriən] adj Syrisch; n Syriër c

syringe [si'rindʒ] n spuit c

syrup ['sirəp] n stroop c, siroop c

system ['sistəm] n systeem nt; stelsel nt; **decimal** ~ tientallig stelsel

systematic [,sistə'mætik] adj systematisch

T

table ['teibəl] n tafel c; tabel c; ~ **of contents** inhoudsopgave c; ~ **tennis** tafeltennis nt

table-cloth ['teibəlklɔθ] n tafellaken nt

tablespoon ['teibəlspu:n] n eetlepel c

tablet ['tæblit] n tablet nt

taboo [tə'bu:] n taboe nt

tactics ['tæktiks] pl tactiek c

tag [tæg] n etiket nt

tail [teil] n staart c

tail-light ['teillait] n achterlicht nt

tailor ['teilə] n kleermaker c

tailor-made ['teiləmeid] adj op maat gemaakt

* **take** [teik] v *nemen; pakken; *brengen; *begrijpen, snappen; ~ **away** *meenemen; *afnemen, *wegnemen; ~ **off** starten; ~ **out** *wegnemen; ~ **over** *overnemen; ~ **place** *plaatshebben; ~ **up** *innemen

take-off ['teikɔf] n start c

tale [teil] n verhaal nt, vertelling c

talent ['tælənt] n aanleg c, talent nt

talented ['tæləntid] adj begaafd

talk [tɔ:k] v *spreken, praten; n gesprek nt

talkative ['tɔ:kətiv] *adj* spraakzaam

tall [tɔ:l] *adj* hoog; lang, groot

tame [teim] *adj* mak, tam; *v* temmen

tampon ['tæmpən] *n* tampon *c*

tangerine [,tændʒə'ri:n] *n* mandarijn *c*

tangible ['tændʒibəl] *adj* tastbaar

tank [tæŋk] *n* tank *c*

tanker ['tæŋkə] *n* tankschip *nt*

tanned [tænd] *adj* gebruind

tap [tæp] *n* kraan *c*; klop *c*; *v* kloppen

tape [teip] *n* band *c*; lint *nt*; **adhesive** ~ plakband *nt*; hechtpleister *c*

tape-measure ['teip,meʒə] *n* centimeter *c*

tape-recorder ['teipri,kɔ:də] *n* bandrecorder *c*

tapestry ['tæpistri] *n* wandkleed *nt*, gobelin *c*

tar [ta:] *n* teer *c/nt*

target ['ta:git] *n* doel *nt*, mikpunt *nt*

tariff ['tærif] *n* tarief *nt*

tarpaulin [ta:'pɔ:lin] *n* dekzeil *nt*

task [ta:sk] *n* taak *c*

taste [teist] *n* smaak *c*; *v* smaken; proeven

tasteless ['teistləs] *adj* smakeloos

tasty ['teisti] *adj* lekker, smakelijk

taught [tɔ:t] *v* (p, pp teach)

tavern ['tævən] *n* herberg *c*

tax [tæks] *n* belasting *c*; *v* belasten

taxation [tæk'seiʃən] *n* belasting *c*

tax-free ['tæksfri:] *adj* belastingvrij

taxi ['tæksi] *n* taxi *c*; ~ **rank** taxistandplaats *c*; ~ **stand** *Am* taxistandplaats *c*

taxi-driver ['tæksi,draivə] *n* taxichauffeur *c*

taxi-meter ['tæksi,mi:tə] *n* taximeter *c*

tea [ti:] *n* thee *c*

*tea [ti:tʃ] *v* leren, *onderwijzen

teacher ['ti:tʃə] *n* docent *c*, leraar *c*; lerares *c*; onderwijzer *c*, meester *c*, schoolmeester *c*

teachings ['ti:tʃiŋz] *pl* leer *c*

tea-cloth ['ti:klɔθ] *n* theedoek *c*

teacup ['ti:kʌp] *n* theekopje *nt*

team [ti:m] *n* equipe *c*, ploeg *c*

teapot ['ti:pɔt] *n* theepot *c*

tear¹ [tiə] *n* traan *c*

tear² [tɛə] *n* scheur *c*; *tear *v* scheuren

tear-jerker ['tiə,dʒə:kə] *n* smartlap *c*

tease [ti:z] *v* plagen

tea-set ['ti:set] *n* theeservies *nt*

tea-shop ['ti:ʃɔp] *n* tearoom *c*

teaspoon ['ti:spu:n] *n* theelepel *c*

teaspoonful ['ti:spu:n,ful] *n* theelepel *c*

technical ['teknikəl] *adj* technisch

technician [tek'niʃən] *n* technicus *c*

technique [tek'ni:k] *n* techniek *c*

technology [tek'nɔlədʒi] *n* technologie *c*

teenager ['ti:,neidʒə] *n* tiener *c*

teetotaller [ti:'toutələ] *n* geheelonthouder *c*

telegram ['teligræm] *n* telegram *nt*

telegraph ['teligra:f] *v* telegraferen

telepathy [ti'lepəθi] *n* telepathie *c*

telephone ['telifoun] *n* telefoon *c*; ~ **book** *Am* telefoongids *c*, telefoonboek *nt*; ~ **booth** telefooncel *c*; ~ **call** telefoongesprek *nt*; ~ **directory** telefoonboek *nt*, telefoongids *c*; ~ **exchange** telefooncentrale *c*; ~ **operator** telefoniste *c*

telephonist [ti'lefənist] *n* telefoniste *c*

television ['teliviʒən] *n* televisie *c*; ~ **set** televisietoestel *nt*

telex ['teleks] *n* telex *c*

*tell [tel] *v* *zeggen; vertellen

temper ['tempə] *n* boosheid *c*

temperature ['temprətʃə] *n* temperatuur *c*

tempest ['tempist] *n* storm *c*

temple ['tempəl] *n* tempel *c*; slaap *c*

temporary ['tempərəri] *adj* voorlopig, tijdelijk

tempt [tempt] v *aantrekken

temptation [temp'teifən] n verleiding c

ten [ten] num tien

tenant ['tenənt] n huurder c

tend [tend] v de neiging *hebben; verzorgen; ~ to neigen tot

tendency ['tendənsi] n neiging c, tendens c

tender ['tendə] adj teder, teer; mals

tendon ['tendən] n pees c

tennis ['tenis] n tennis nt; ~ shoes tennisschoenen pl

tennis-court ['teniskɔ:t] n tennisbaan c

tense [tens] adj gespannen

tension ['tenfən] n spanning c

tent [tent] n tent c

tenth [tenθ] num tiende

tepid ['tepid] adj lauw

term [tə:m] n term c; periode c, termijn c; voorwaarde c

terminal ['tə:minəl] n eindpunt nt

terrace ['terəs] n terras nt

terrain [te'rein] n terrein nt

terrible ['teribəl] adj verschrikkelijk, ontzettend, vreselijk

terrific [tə'rifik] adj geweldig

terrify ['terifai] v schrik *aanjagen; terrifying angstwekkend

territory ['teritəri] n gebied nt

terror ['terə] n angst c

terrorism ['terərizəm] n terrorisme nt, terreur c

terrorist ['terərist] n terrorist c

terylene ['terəli:n] n terylene nt

test [test] n proef c, test c; v proberen, testen

testify ['testifai] v getuigen

text [tekst] n tekst c

textbook ['teksbuk] n leerboek nt

textile ['tekstail] n textiel c/nt

texture ['tekstfə] n structuur c

Thai [tai] adj Thailands; n Thailander c

Thailand ['tailænd] Thailand

than [ðæn] conj dan

thank [θæŋk] v bedanken, danken; ~ you dank u

thankful ['θæŋkfəl] adj dankbaar

that [ðæt] adj die, dat; conj dat

thaw [θɔ:] v dooien, ontdooien; n dooi c

the [ðə,ði] art de art; the ... the hoe ... hoe

theatre ['θiətə] n schouwburg c, theater nt

theft [θeft] n diefstal c

their [ðeə] adj hun

them [ðem] pron hen

theme [θi:m] n thema nt, onderwerp nt

themselves [ðəm'selvz] pron zich; zelf

then [ðen] adv toen; vervolgens, dan

theology [θi'ɔlədʒi] n theologie c

theoretical [θiə'retikəl] adj theoretisch

theory ['θiəri] n theorie c

therapy ['θerəpi] n therapie c

there [ðeə] adv daar; daarheen

therefore ['ðeəfɔ:] conj daarom

thermometer [θə'mɔmitə] n thermometer c

thermostat ['θə:məstæt] n thermostaat c

these [ði:z] adj deze

thesis ['θi:sis] n (pl theses) stelling c

they [ðei] pron ze

thick [θik] adj dik; dicht

thicken ['θikən] v verdikken

thickness ['θiknəs] n dikte c

thief [θi:f] n (pl thieves) dief c

thigh [θai] n dij c

thimble ['θimbəl] n vingerhoed c

thin [θin] adj dun; mager

thing [θiŋ] n ding nt

*think [θiŋk] v *denken; *nadenken; ~ of *denken aan; *bedenken; ~ over *overdenken

thinker ['θiŋkə] n denker c

third [θə:d] *num* derde
thirst [θə:st] *n* dorst *c*
thirsty ['θə:sti] *adj* dorstig
thirteen [,θə:'ti:n] *num* dertien
thirteenth [,θə:'ti:nθ] *num* dertiende
thirtieth ['θə:tiəθ] *num* dertigste
thirty ['θə:ti] *num* dertig
this [ðis] *adj* dit, deze
thistle ['θisəl] *n* distel *c*
thorn [θɔ:n] *n* doorn *c*
thorough ['θʌrə] *adj* grondig, degelijk
thoroughbred ['θʌrəbred] *adj* volbloed
thoroughfare ['θʌrəfɛə] *n* hoofdweg *c*, hoofdstraat *c*
those [ðouz] *adj* die
though [ðou] *conj* hoewel, ofschoon, alhoewel; *adv* overigens
thought¹ [θɔ:t] *v* (p, pp think)
thought² [θɔ:t] *n* gedachte *c*
thoughtful ['θɔ:tfəl] *adj* nadenkend; zorgzaam
thousand ['θauzənd] *num* duizend
thread [θred] *n* draad *c*; garen *nt*; *v* *rijgen
threadbare ['θredbɛə] *adj* versleten
threat [θret] *n* dreigement *nt*, bedreiging *c*
threaten ['θretən] *v* dreigen, bedreigen; threatening dreigend
three [θri:] *num* drie
three-quarter [,θri:'kwɔ:tə] *adj* driekwart
threshold ['θreʃould] *n* drempel *c*
threw [θru:] *v* (p throw)
thrifty ['θrifti] *adj* zuinig
throat [θrout] *n* keel *c*; hals *c*
throne [θroun] *n* troon *c*
through [θru:] *prep* door
throughout [θru:'aut] *adv* overal
throw [θrou] *n* gooi *c*
*throw [θrou] *v* *werpen, gooien
thrush [θrʌʃ] *n* lijster *c*
thumb [θʌm] *n* duim *c*
thumbtack ['θʌmtæk] *nAm* punaise *c*

thump [θʌmp] *v* stampen
thunder ['θʌndə] *n* donder *c*; *v* donderen
thunderstorm ['θʌndəstɔ:m] *n* onweer *nt*
thundery ['θʌndəri] *adj* onweerachtig
Thursday ['θə:zdi] donderdag *c*
thus [ðʌs] *adv* zo
thyme [taim] *n* tijm *c*
tick [tik] *n* streepje *nt*; ~ off aanstrepen
ticket ['tikit] *n* kaartje *nt*; bon *c*; ~ collector conducteur *c*; ~ machine kaartenautomaat *c*
tickle ['tikəl] *v* kietelen
tide [taid] *n* getij *nt*; high ~ hoog water; low ~ laag water
tidings ['taidiŋz] *pl* nieuws *nt*
tidy ['taidi] *adj* net; ~ up opruimen
tie [tai] *v* knopen, *binden; *n* das *c*
tiger ['taigə] *n* tijger *c*
tight [tait] *adj* strak; nauw, krap; *adv* vast
tighten ['taitən] *v* aanhalen, *aantrekken; strakker maken; strakker *worden
tights [taits] *pl* maillot *c*
tile [tail] *n* tegel *c*; dakpan *c*
till [til] *prep* tot aan, tot; *conj* tot, totdat
timber ['timbə] *n* timmerhout *nt*
time [taim] *n* tijd *c*; maal *c*, keer *c*; all the ~ aldoor; in ~ op tijd; ~ of arrival aankomsttijd *c*; ~ of departure vertrektijd *c*
time-saving ['taim,seiviŋ] *adj* tijdbesparend
timetable ['taim,teibəl] *n* dienstregeling *c*
timid ['timid] *adj* bedeesd
timidity [ti'midəti] *n* verlegenheid *c*
tin [tin] *n* tin *nt*; bus *c*, blik *nt*; tinned food conserven *pl*
tinfoil ['tinfɔil] *n* zilverpapier *nt*

tin-opener ['ti,noupənə] n blikopener c

tiny ['taini] adj minuscuul

tip [tip] n punt c; fooi c

tire¹ [taiə] n band c

tire² [taiə] v vermoeien

tired [taiəd] adj vermoeid, moe; ~ of beu

tiring ['taiəriŋ] adj vermoeiend

tissue ['tiʃu:] n weefsel nt; papieren zakdoek

title ['taitəl] n titel c

to [tu:] prep tot; aan, voor, bij, naar; om te

toad [toud] n pad c

toadstool ['toudstu:l] n paddestoel c

toast [toust] n toast c

tobacco [tə'bækou] n (pl ~s) tabak c; ~ pouch tabakszak c

tobacconist [tə'bækənist] n sigaren-winkelier c; **tobacconist's** tabaks-winkel c

today [tə'dei] adv vandaag

toddler ['tɔdlə] n peuter c

toe [tou] n teen c

toffee ['tɔfi] n toffee c

together [tə'geðə] adv bijeen, samen

toilet ['tɔilət] n toilet nt; ~ case toi-lettas c

toilet-paper ['tɔilət,peipə] n closetpa-pier nt, toiletpapier nt

toiletry ['tɔilətri] n toiletbenodigdhe-den pl

token ['toukən] n teken nt; bewijs nt; munt c

told [tould] v (p, pp tell)

tolerable ['tɔlərəbəl] adj draaglijk

toll [toul] n tol c

tomato [tə'mɑ:tou] n (pl ~es) tomaat c

tomb [tu:m] n graf nt

tombstone ['tu:mstoun] n grafsteen c

tomorrow [tə'mɔrou] adv morgen

ton [tʌn] n ton c

tone [toun] n toon c; klank c

tongs [tɔŋz] pl tang c

tongue [tʌŋ] n tong c

tonic ['tɔnik] n tonicum nt

tonight [tə'nait] adv vannacht, van-avond

tonsilitis [,tɔnsə'laitis] n amandelont-steking c

tonsils ['tɔnsəlz] pl amandelen

too [tu:] adv te; ook

took [tuk] v (p take)

tool [tu:l] n werktuig nt, gereedschap nt; ~ kit gereedschapskist c

toot [tu:t] vAm claxonneren

tooth [tu:θ] n (pl teeth) tand c

toothache ['tu:θeik] n tandpijn c

toothbrush ['tu:θbrʌʃ] n tandenborstel c

toothpaste ['tu:θpeist] n tandpasta c/nt

toothpick ['tu:θpik] n tandestoker c

toothpowder ['tu:θ,paudə] n tandpoe-der nt/c

top [tɔp] n top c; bovenkant c; deksel nt; bovenst; on ~ of bovenop; ~ side bovenkant c

topcoat ['tɔpkout] n overjas c

topic ['tɔpik] n onderwerp nt

topical ['tɔpikəl] adj actueel

torch [tɔ:tʃ] n fakkel c; zaklantaarn c

torment¹ [tɔ:'ment] v kwellen

torment² [tɔ:'ment] n kwelling c

torture ['tɔ:tʃə] n marteling c; v mar-telen

toss [tɔs] v gooien

tot [tɔt] n kleuter c

total ['toutəl] adj totaal; geheel, vol-slagen; n totaal nt

totalitarian [,toutæli'tɛəriən] adj totali-tair

totalizator ['toutəlaizeitə] n totalisator c

touch [tʌtʃ] v aanraken; *betreffen; n contact nt, aanraking c; tastzin c

touching ['tʌtʃiŋ] adj aandoenlijk

tough [tʌf] *adj* taai

tour [tuə] *n* rondreis *c*

tourism ['tuərizəm] *n* toerisme *nt*

tourist ['tuərist] *n* toerist *c*; ~ **class** toeristenklasse *c*; ~ **office** verkeersbureau *nt*

tournament ['tuənəmənt] *n* toernooi *nt*

tow [tou] *v* slepen

towards [tə'wɔ:dz] *prep* naar; jegens

towel [tauəl] *n* handdoek *c*

towelling ['tauəliŋ] *n* badstof *c*

tower [tauə] *n* toren *c*

town [taun] *n* stad *c*; ~ **centre** stadscentrum *nt*; ~ **hall** stadhuis *nt*

townspeople ['taunz,pi:pəl] *pl* stadsmensen *pl*

toxic ['tɔksik] *adj* vergiftig

toy [tɔi] *n* speelgoed *nt*

toyshop ['tɔiʃɔp] *n* speelgoedwinkel *c*

trace [treis] *n* spoor *nt*; *v* opsporen

track [træk] *n* spoor *nt*; renbaan *c*

tractor ['træktə] *n* tractor *c*

trade [treid] *n* koophandel *c*, handel *c*; ambacht *nt*, vak *nt*; *v* handel *drijven

trademark ['treidma:k] *n* handelsmerk *nt*

trader ['treidə] *n* handelaar *c*

tradesman ['treidzmən] *n* (pl -men) handelaar *c*

trade-union [,treid'ju:njən] *n* vakbond *c*

tradition [trə'diʃən] *n* traditie *c*

traditional [trə'diʃənəl] *adj* traditioneel

traffic ['træfik] *n* verkeer *nt*; ~ **jam** verkeersopstopping *c*; ~ **light** stoplicht *nt*

trafficator ['træfikeitə] *n* richtingaanwijzer *c*

tragedy ['trædʒədi] *n* tragedie *c*

tragic ['trædʒik] *adj* tragisch

trail [treil] *n* spoor *nt*, pad *nt*

trailer ['treilə] *n* aanhangwagen *c*; *nAm* kampeerwagen *c*

train [trein] *n* trein *c*; *v* dresseren, trainen; **stopping** ~ stoptrein *c*; **through** ~ doorgaande trein

training ['treiniŋ] *n* training *c*

trait [treit] *n* trek *c*

traitor ['treitə] *n* verrader *c*

tram [træm] *n* tram *c*

tramp [træmp] *n* landloper *c*, vagebond *c*; *v* *rondtrekken

tranquil ['træŋkwil] *adj* rustig

tranquillizer ['træŋkwilaizə] *n* kalmerend middel

transaction [træn'zækʃən] *n* transactie *c*

transatlantic [,trænzət'læntik] *adj* transatlantisch

transfer [træns'fə:] *v* *overbrengen

transform [træns'fɔ:m] *v* veranderen

transformer [træns'fɔ:mə] *n* transformator *c*

transition [træn'siʃən] *n* overgang *c*

translate [træns'leit] *v* vertalen

translation [træns'leiʃən] *n* vertaling *c*

translator [træns'leitə] *n* vertaler *c*

transmission [trænz'miʃən] *n* uitzending *c*

transmit [trænz'mit] *v* *uitzenden

transmitter [trænz'mitə] *n* zender *c*

transparent [træn'spɛərənt] *adj* doorzichtig

transport¹ ['trænspɔ:t] *n* vervoer *nt*

transport² [træn'spɔ:t] *v* transporteren

transportation [,trænspɔ:'teiʃən] *n* transport *nt*

trap [træp] *n* val *c*

trash [træʃ] *n* rommel *c*; ~ **can** *Am* vuilnisbak *c*

travel ['trævəl] *v* reizen; ~ **agency** reisbureau *nt*; ~ **agent** reisagent *c*; ~ **insurance** reisverzekering *c*; **travelling expenses** reiskosten *pl*

traveller ['trævələ] *n* reiziger *c*; **traveller's cheque** reischeque *c*

tray [trei] *n* dienblad *nt*

treason ['tri:zən] *n* verraad *nt*

treasure ['treʒə] *n* schat *c*

treasurer ['treʒərə] *n* penningmeester *c*

treasury ['treʒəri] *n* schatkist *c*

treat [tri:t] *v* behandelen

treatment ['tri:tmənt] *n* behandeling *c*

treaty ['tri:ti] *n* verdrag *nt*

tree [tri:] *n* boom *c*

tremble ['trembəl] *v* rillen, beven; trillen

tremendous [tri'mendəs] *adj* enorm

trespasser ['trespəsə] *n* indringer *c*

trial [traiəl] *n* rechtszaak *c*; proef *c*

triangle ['traiæŋgəl] *n* driehoek *c*

triangular [trai'æŋgjulə] *adj* driehoekig

tribe [traib] *n* stam *c*

tributary ['tribjutəri] *n* zijrivier *c*

tribute ['tribju:t] *n* hulde *c*

trick [trik] *n* streek *c*; foefje *nt*, kunstje *nt*

trigger ['trigə] *n* trekker *c*

trim [trim] *v* bijknippen

trip [trip] *n* uitstapje *nt*, reis *c*

triumph ['traiəmf] *n* triomf *c*; *v* zegevieren

triumphant [trai'ʌmfənt] *adj* triomfantelijk

trolley-bus ['trɔlibʌs] *n* trolleybus *c*

troops [tru:ps] *pl* troepen *pl*

tropical ['trɔpikəl] *adj* tropisch

tropics ['trɔpiks] *pl* tropen *pl*

trouble ['trʌbəl] *n* zorg *c*, moeite *c*, last *c*; *v* storen

troublesome ['trʌbəlsəm] *adj* lastig

trousers ['trauzəz] *pl* broek *c*

trout [traut] *n* (pl ~) forel *c*

truck [trʌk] *nAm* vrachtwagen *c*

true [tru:] *adj* waar; werkelijk, echt; getrouw, trouw

trumpet ['trʌmpit] *n* trompet *c*

trunk [trʌŋk] *n* koffer *c*; stam *c*; *nAm* kofferruimte *c*; **trunks** *pl* gymnastiekbroek *c*

trunk-call ['trʌŋkkɔ:l] *n* interlokaal gesprek

trust [trʌst] *v* vertrouwen; *n* vertrouwen *nt*

trustworthy ['trʌst,wə:ði] *adj* betrouwbaar

truth [tru:θ] *n* waarheid *c*

truthful ['tru:θfəl] *adj* waarheidsgetrouw

try [trai] *v* proberen; trachten, pogen; *n* poging *c*; ~ **on** passen

tube [tju:b] *n* pijp *c*, buis *c*; tube *c*

tuberculosis [tju:,bə:kju'lousis] *n* tuberculose *c*

Tuesday ['tju:zdi] dinsdag *c*

tug [tʌg] *v* slepen; *n* sleepboot *c*; ruk *c*

tuition [tju:'iʃən] *n* onderwijs *nt*

tulip ['tju:lip] *n* tulp *c*

tumbler ['tʌmblə] *n* beker *c*

tumour ['tju:mə] *n* gezwel *nt*, tumor *c*

tuna ['tju:nə] *n* (pl ~, ~s) tonijn *c*

tune [tju:n] *n* wijs *c*, melodie *c*; ~ **in** afstemmen

tuneful ['tju:nfəl] *adj* melodieus

tunic ['tju:nik] *n* tuniek *c*

Tunisia [tju:'niziə] Tunesië

Tunisian [tju:'niziən] *adj* Tunesisch; *n* Tunesiër *c*

tunnel ['tʌnəl] *n* tunnel *c*

turbine ['tə:bain] *n* turbine *c*

turbojet [,tə:bou'dʒet] *n* straalvliegtuig *nt*

Turk [tə:k] *n* Turk *c*

Turkey ['tə:ki] Turkije

turkey ['tə:ki] *n* kalkoen *c*

Turkish ['tə:kiʃ] *adj* Turks; ~ **bath** Turks bad

turn [tə:n] *v* draaien, keren; omkeren, omdraaien; *n* wending *c*, draai *c*; bocht *c*; beurt *c*; ~ **back** terugkeren; ~ **down** *verwerpen; ~ **into** veranderen in; ~ **off** dichtdraaien;

~ **on** aanzetten; opendraaien; ~ **over** omkeren; ~ **round** omkeren; zich omdraaien

turning ['tə:niŋ] n bocht c

turning-point ['tə:niŋpɔint] n keerpunt nt

turnover ['tə:,nouvə] n omzet c; ~ **tax** omzetbelasting c

turnpike ['tə:npaik] nAm tolweg c

turpentine ['tə:pəntain] n terpentijn c

turtle ['tə:təl] n schildpad c

tutor ['tju:tə] n huisonderwijzer; voogd c

tuxedo [tʌk'si:dou] nAm (pl ~s, ~es) smoking c

tweed [twi:d] n tweed nt

tweezers ['twi:zəz] pl pincet c

twelfth [twelfθ] num twaalfde

twelve [twelv] num twaalf

twentieth ['twentiəθ] num twintigste

twenty ['twenti] num twintig

twice [twais] adv tweemaal

twig [twig] n twijg c

twilight ['twailait] n schemering c

twine [twain] n touw nt

twins [twinz] pl tweeling c; **twin beds** lits-jumeaux nt

twist [twist] v *winden; draaien; n draai c

two [tu:] num twee

two-piece [,tu:'pi:s] adj tweedelig

type [taip] v tikken, typen; n type nt

typewriter ['taipraitə] n schrijfmachine c

typewritten ['taipritən] getypt

typhoid ['taifɔid] n tyfus c

typical ['tipikəl] adj kenmerkend, typisch

typist ['taipist] n typiste c

tyrant ['taiərənt] n tiran c

tyre [taiə] n band c; ~ **pressure** bandenspanning c

U

ugly ['ʌgli] adj lelijk

ulcer ['ʌlsə] n zweer c

ultimate ['ʌltimət] adj laatst

ultraviolet [,ʌltrə'vaiələt] adj ultraviolet

umbrella [ʌm'brelə] n paraplu c

umpire ['ʌmpaiə] n scheidsrechter c

unable [ʌ'neibəl] adj onbekwaam

unacceptable [,ʌnək'septəbəl] adj onaanvaardbaar

unaccountable [,ʌnə'kauntəbəl] adj onverklaarbaar

unaccustomed [,ʌnə'kʌstəmd] adj niet gewend

unanimous [ju:'næniməs] adj unaniem

unanswered [,ʌ'nɑ:nsəd] adj onbeantwoord

unauthorized [,ʌ'nɔ:θəraizd] adj onbevoegd

unavoidable [,ʌnə'vɔidəbəl] adj onvermijdelijk

unaware [,ʌnə'weə] adj onbewust

unbearable [ʌn'beərəbəl] adj ondraaglijk

unbreakable [,ʌn'breikəbəl] adj onbreekbaar

unbroken [,ʌn'broukən] adj heel

unbutton [,ʌn'bʌtən] v losknopen

uncertain [ʌn'sə:tən] adj onzeker

uncle ['ʌŋkəl] n oom c

unclean [,ʌn'kli:n] adj onrein

uncomfortable [ʌn'kʌmfətəbəl] adj ongemakkelijk

uncommon [ʌn'kɔmən] adj ongewoon, zeldzaam

unconditional [,ʌnkən'diʃənəl] adj onvoorwaardelijk

unconscious [ʌn'kɔnʃəs] adj bewusteloos

uncork [,ʌn'kɔ:k] v ontkurken

uncover [ʌn'kʌvə] v blootleggen

uncultivated [,ʌn'kʌltiveitid] adj onbebouwd

under ['ʌndə] prep beneden, onder

undercurrent ['ʌndə,kʌrənt] n onderstroom c

underestimate [,ʌndə'restimeit] v onderschatten

underground ['ʌndəgraund] adj ondergronds; n metro c

underline [,ʌndə'lain] v onderstrepen

underneath [,ʌndə'ni:θ] adv beneden

underpants ['ʌndəpænts] plAm onderbroek c

undershirt ['ʌndəʃə:t] n hemd nt

undersigned ['ʌndəsaind] n ondergetekende c

*understand [,ʌndə'stænd] v *begrijpen

understanding [,ʌndə'stændiŋ] n begrip nt

*undertake [,ʌndə'teik] v *ondernemen

undertaking [,ʌndə'teikiŋ] n onderneming c

underwater ['ʌndə,wo:tə] adj onderwater-

underwear ['ʌndəwɛə] n ondergoed nt

undesirable [,ʌndi'zaiərəbəl] adj ongewenst

*undo [,ʌn'du:] v losmaken

undoubtedly [ʌn'dautidli] adv ongetwijfeld

undress [,ʌn'dres] v zich uitkleden

undulating ['ʌndjuleitiŋ] adj golvend

unearned [,ʌ'nə:nd] adj onverdiend

uneasy [ʌ'ni:zi] adj onbehaaglijk

uneducated [,ʌ'nedjukeitid] adj ongeschoold

unemployed [,ʌnim'plɔid] adj werkeloos

unemployment [,ʌnim'plɔimənt] n werkeloosheid c

unequal [,ʌ'ni:kwəl] adj ongelijk

uneven [,ʌ'ni:vən] adj ongelijk, oneffen

unexpected [,ʌnik'spektid] adj onvoorzien, onverwacht

unfair [,ʌn'fɛə] adj oneerlijk, onbillijk

unfaithful [,ʌn'feiθfəl] adj ontrouw

unfamiliar [,ʌnfə'miljə] adj onbekend

unfasten [,ʌn'fa:sən] v losmaken

unfavourable [,ʌn'feivərəbəl] adj ongunstig

unfit [,ʌn'fit] adj ongeschikt

unfold [ʌn'fould] v ontvouwen

unfortunate [ʌn'fɔ:tʃənət] adj ongelukkig

unfortunately [ʌn'fɔ:tʃənətli] adv helaas, ongelukkigerwijs

unfriendly [,ʌn'frendli] adj onvriendelijk

unfurnished [,ʌn'fə:niʃt] adj ongemeubileerd

ungrateful [ʌn'greitfəl] adj ondankbaar

unhappy [ʌn'hæpi] adj ongelukkig

unhealthy [ʌn'helθi] adj ongezond

unhurt [ʌn'hə:t] adj heelhuids

uniform ['ju:nifɔ:m] n uniform nt/c; adj uniform

unimportant [,ʌnim'pɔ:tənt] adj onbelangrijk

uninhabitable [,ʌnin'hæbitəbəl] adj onbewoonbaar

uninhabited [,ʌnin'hæbitid] adj onbewoond

unintentional [,ʌnin'tenʃənəl] adj onopzettelijk

union ['ju:njən] n vereniging c; verbond nt, unie c

unique [ju:'ni:k] adj uniek

unit ['ju:nit] n eenheid c

unite [ju:'nait] v verenigen

United States [ju:'naitid steits] Verenigde Staten

unity ['ju:nəti] n eenheid c

universal [ju:ni'və:səl] adj algemeen, universeel

universe ['ju:nivə:s] *n* heelal *nt*

university [ju:ni'və:səti] *n* universiteit *c*

unjust [ˌʌn'dʒʌst] *adj* onrechtvaardig

unkind [ʌn'kaind] *adj* onaardig, onvriendelijk

unknown [ˌʌn'noun] *adj* onbekend

unlawful [ˌʌn'lɔ:fəl] *adj* onwettig

unlearn [ˌʌn'lə:n] *v* afleren

unless [ən'les] *conj* tenzij

unlike [ˌʌn'laik] *adj* verschillend

unlikely [ʌn'laikli] *adj* onwaarschijnlijk

unlimited [ʌn'limitid] *adj* grenzeloos, onbeperkt

unload [ˌʌn'loud] *v* lossen, *uitladen

unlock [ˌʌn'lɔk] *v* openen

unlucky [ʌn'lʌki] *adj* ongelukkig

unnecessary [ʌn'nesəsəri] *adj* onnodig

unoccupied [ˌʌ'nɔkjupaid] *adj* onbezet

unofficial [ˌʌnə'fiʃəl] *adj* officieus

unpack [ˌʌn'pæk] *v* uitpakken

unpleasant [ʌn'plezənt] *adj* onaangenaam, onplezierig; naar, vervelend

unpopular [ˌʌn'pɔpjulə] *adj* impopulair, onbemind

unprotected [ˌʌnprə'tektid] *adj* onbeschermd

unqualified [ˌʌn'kwɔlifaid] *adj* onbevoegd

unreal [ˌʌn'riəl] *adj* onwerkelijk

unreasonable [ʌn'ri:zənəbəl] *adj* onredelijk

unreliable [ˌʌnri'laiəbəl] *adj* onbetrouwbaar

unrest [ˌʌn'rest] *n* onrust *c*; rusteloosheid *c*

unsafe [ˌʌn'seif] *adj* onveilig

unsatisfactory [ˌʌnsætis'fæktəri] *adj* onbevredigend

unscrew [ˌʌn'skru:] *v* losschroeven

unselfish [ˌʌn'selfiʃ] *adj* onzelfzuchtig

unskilled [ˌʌn'skild] *adj* ongeschoold

unsound [ˌʌn'saund] *adj* ongezond

unstable [ˌʌn'steibəl] *adj* labiel

unsteady [ˌʌn'stedi] *adj* wankel, onvast; onevenwichtig

unsuccessful [ˌʌnsək'sesfəl] *adj* mislukt

unsuitable [ˌʌn'su:təbəl] *adj* ongepast

unsurpassed [ˌʌnsə'pɑ:st] *adj* onovertroffen

untidy [ʌn'taidi] *adj* slordig

untie [ˌʌn'tai] *v* losknopen

until [ən'til] *prep* tot

untrue [ˌʌn'tru:] *adj* onwaar

untrustworthy [ˌʌn'trʌst,wə:ði] *adj* onbetrouwbaar

unusual [ʌn'ju:ʒuəl] *adj* ongebruikelijk, ongewoon

unwell [ˌʌn'wel] *adj* onwel

unwilling [ˌʌn'wiliŋ] *adj* onwillig

unwise [ˌʌn'waiz] *adj* onverstandig

unwrap [ˌʌn'ræp] *v* uitpakken

up [ʌp] *adv* naar boven, omhoog, op

upholster [ʌp'houlstə] *v* bekleden

upkeep ['ʌpki:p] *n* onderhoud *nt*

uplands ['ʌpləndz] *pl* hoogvlakte *c*

upon [ə'pɔn] *prep* op

upper ['ʌpə] *adj* hoger, bovenst

upright ['ʌprait] *adj* rechtopstaand; *adv* overeind

upset [ʌp'set] *v* verstoren; *adj* overstuur

upside-down [ˌʌpsaid'daun] *adv* ondersteboven

upstairs [ˌʌp'steəz] *adv* boven; naar boven

upstream [ˌʌp'stri:m] *adv* stroomopwaarts

upwards ['ʌpwədz] *adv* naar boven

urban ['ə:bən] *adj* stedelijk

urge [ə:dʒ] *v* aansporen; *n* drang *c*

urgency ['ə:dʒənsi] *n* urgentie *c*

urgent ['ə:dʒənt] *adj* dringend

urine ['juərin] *n* urine *c*

Uruguay ['juərəgwai] Uruguay

Uruguayan [ˌjuərə'gwaiən] *adj* Uru-

guayaans; *n* Uruguayaan *c*
us [ʌs] *pron* ons
usable ['ju:zəbəl] *adj* bruikbaar
usage ['ju:zidʒ] *n* gebruik *nt*
use¹ [ju:z] *v* gebruiken; *be used to
gewoon *zijn; ~ up verbruiken
use² [ju:s] *n* gebruik *nt*; nut *nt*; *be
of ~ baten
useful ['ju:sfəl] *adj* bruikbaar, nuttig
useless ['ju:sləs] *adj* nutteloos
user ['ju:zə] *n* gebruiker *c*
usher ['ʌʃə] *n* suppoost *c*
usherette [,ʌʃə'ret] *n* ouvreuse *c*
usual ['ju:ʒuəl] *adj* gebruikelijk
usually ['ju:ʒuəli] *adv* gewoonlijk
utensil [ju:'tensəl] *n* gereedschap *nt*,
werktuig *nt*; gebruiksvoorwerp *nt*
utility [ju:'tiləti] *n* nut *nt*
utilize ['ju:tilaiz] *v* benutten
utmost ['ʌtmoust] *adj* uiterst
utter ['ʌtə] *adj* volslagen, totaal; *v* uiten

V

vacancy ['veikənsi] *n* vacature *c*
vacant ['veikənt] *adj* vacant
vacate [və'keit] *v* ontruimen
vacation [və'keiʃən] *n* vakantie *c*
vaccinate ['væksineit] *v* inenten
vaccination [,væksi'neiʃən] *n* inenting
c
vacuum ['vækjuəm] *n* vacuüm *nt*;
vAm stofzuigen; ~ cleaner stofzuiger *c*; ~ flask thermosfles *c*
vagrancy ['veigrənsi] *n* landloperij *c*
vague [veig] *adj* vaag
vain [vein] *adj* ijdel; vergeefs; in ~
vergeefs, tevergeefs
valet ['vælit] *n* bediende *c*
valid ['vælid] *adj* geldig
valley ['væli] *n* dal *nt*, vallei *c*

valuable ['væljubəl] *adj* waardevol,
kostbaar; valuables *pl* kostbaarheden *pl*
value ['vælju:] *n* waarde *c*; *v* schatten
valve [vælv] *n* ventiel *nt*
van [væn] *n* bestelauto *c*
vanilla [və'nilə] *n* vanille *c*
vanish ['væniʃ] *v* *verdwijnen
vapour ['veipə] *n* damp *c*
variable ['vɛəriəbəl] *adj* veranderlijk
variation [,vɛəri'eiʃən] *n* afwisseling *c*;
verandering *c*
varied ['vɛərid] *adj* gevarieerd
variety [və'raiəti] *n* verscheidenheid *c*;
~ show variétévoorstelling *c*; ~
theatre variététheater *nt*
various ['vɛəriəs] *adj* allerlei, verscheidene
varnish ['vɑ:niʃ] *n* lak *c*, vernis *nt/c*;
v lakken
vary ['vɛəri] *v* variëren, afwisselen;
veranderen; verschillen
vase [vɑ:z] *n* vaas *c*
vaseline ['væsəli:n] *n* vaseline *c*
vast [vɑ:st] *adj* onmetelijk, uitgestrekt
vault [vɔ:lt] *n* gewelf *nt*; kluis *c*
veal [vi:l] *n* kalfsvlees *nt*
vegetable ['vedʒətəbəl] *n* groente *c*; ~
merchant groenteboer *c*
vegetarian [,vedʒi'tɛəriən] *n* vegetariër
c
vegetation [,vedʒi'teiʃən] *n* plantengroei *c*
vehicle ['vi:əkəl] *n* voertuig *nt*
veil [veil] *n* sluier *c*
vein [vein] *n* ader *c*; varicose ~ spatader *c*
velvet ['velvit] *n* fluweel *c*
velveteen [,velvi'ti:n] *n* katoenfluweel
nt
venerable ['venərəbəl] *adj* eerbiedwaardig
venereal disease [vi'niəriəl di'zi:z] geslachtsziekte *c*

Venezuela [ˌveni'zweilə] Venezuela

Venezuelan [ˌveni'zweilən] adj Venezolaans; n Venezolaan c

ventilate ['ventileit] v ventileren; luchten

ventilation [ˌventi'leiʃən] n ventilatie c; luchtverversing c

ventilator ['ventileitə] n ventilator c

venture ['ventʃə] v wagen

veranda [və'rændə] n veranda c

verb [və:b] n werkwoord nt

verbal ['və:bəl] adj mondeling

verdict ['və:dikt] n vonnis nt, uitspraak c

verge [və:dʒ] n rand c

verify ['verifai] v verifiëren

verse [və:s] n vers nt

version ['və:ʃən] n versie c; vertaling c

versus ['və:səs] prep contra

vertical ['və:tikəl] adj verticaal

vertigo ['və:tigou] n duizeling c

very ['veri] adv erg, zeer; adj precies, waar, werkelijk; uiterst

vessel ['vesəl] n vaartuig nt, schip nt; vat nt

vest [vest] n hemd nt; nAm vest nt

veterinary surgeon ['vetrinəri 'sə:dʒən] dierenarts c

via [vaiə] prep via

viaduct ['vaiədʌkt] n viaduct c/nt

vibrate [vai'breit] v trillen

vibration [vai'breiʃən] n vibratie c

vicar ['vikə] n predikant c

vicarage ['vikəridʒ] n pastorie c

vice-president [ˌvais'prezidənt] n vice-president c

vicinity [vi'sinəti] n nabijheid c, buurt c

vicious ['viʃəs] adj boosaardig

victim ['viktim] n slachtoffer nt; dupe c

victory ['viktəri] n overwinning c

view [vju:] n uitzicht nt; opvatting c, mening c; v *bekijken

view-finder ['vju:ˌfaində] n zoeker c

vigilant ['vidʒilənt] adj waakzaam

villa ['vilə] n villa c

village ['vilidʒ] n dorp nt

villain ['vilən] n boef c

vine [vain] n wijnstok c

vinegar ['vinigə] n azijn c

vineyard ['vinjəd] n wijngaard c

vintage ['vintidʒ] n wijnoogst c

violation [vaiə'leiʃən] n schending c

violence ['vaiələns] n geweld nt

violent ['vaiələnt] adj gewelddadig; hevig, heftig

violet ['vaiələt] n viooltje nt; adj violet

violin [vaiə'lin] n viool c

virgin ['və:dʒin] n maagd c

virtue ['və:tʃu:] n deugd c

visa ['vi:zə] n visum nt

visibility [ˌvizə'biləti] n zicht nt

visible ['vizəbəl] adj zichtbaar

vision ['viʒən] n visie c

visit ['vizit] v *bezoeken; n visite c, bezoek nt; visiting hours bezoekuren pl

visiting-card ['vizitiŋkɑ:d] n visitekaartje nt

visitor ['vizitə] n bezoeker c

vital ['vaitəl] adj essentieel

vitamin ['vitəmin] n vitamine c

vivid ['vivid] adj levendig

vocabulary [və'kæbjuləri] n vocabulaire nt, woordenschat c; woordenlijst c

vocal ['voukəl] adj vocaal

vocalist ['voukəlist] n zanger c

voice [vois] n stem c

void [void] adj nietig

volcano [vol'keinou] n (pl ~es, ~s) vulkaan c

volt [voult] n volt c

voltage ['voultidʒ] n voltage c/nt

volume ['voljum] n volume nt; deel nt

voluntary ['vɔləntəri] *adj* vrijwillig

volunteer [,vɔlən'tiə] *n* vrijwilliger *c*

vomit ['vɔmit] *v* braken, *overgeven

vote [vout] *v* stemmen; *n* stem *c*; stemming *c*

voucher ['vautʃə] *n* bon *c*, bewijs *nt*

vow [vau] *n* gelofte *c*, eed *c*; *v* *zweren

vowel [vauəl] *n* klinker *c*

voyage ['vɔiidʒ] *n* reis *c*

vulgar ['vʌlgə] *adj* vulgair; volks-, ordinair

vulnerable ['vʌlnərəbəl] *adj* kwetsbaar

vulture ['vʌltʃə] *n* gier *c*

W

wade [weid] *v* waden

wafer ['weifə] *n* wafel *c*

waffle ['wɔfəl] *n* wafel *c*

wages ['weidʒiz] *pl* loon *nt*

waggon ['wægən] *n* wagon *c*

waist [weist] *n* taille *c*, middel *nt*

waistcoat ['weiskout] *n* vest *nt*

wait [weit] *v* wachten; ~ on bedienen

waiter ['weitə] *n* ober *c*, kelner *c*

waiting *n* het wachten

waiting-list ['weitiŋlist] *n* wachtlijst *c*

waiting-room ['weitiŋruːm] *n* wachtkamer *c*

waitress ['weitris] *n* serveerster *c*

*wake [weik] *v* wekken; ~ up ontwaken, wakker *worden

walk [wɔːk] *v* *lopen; wandelen; *n* wandeling *c*; loop *c*; walking te voet

walker ['wɔːkə] *n* wandelaar *c*

walking-stick ['wɔːkiŋstik] *n* wandelstok *c*

wall [wɔːl] *n* muur *c*; wand *c*

wallet ['wɔlit] *n* portefeuille *c*

wallpaper ['wɔːl,peipə] *n* behang *nt*

walnut ['wɔːlnʌt] *n* walnoot *c*

waltz [wɔːls] *n* wals *c*

wander ['wɔndə] *v* *rondzwerven, *zwerven

want [wɔnt] *v* *willen; wensen; *n* behoefte *c*; gebrek *nt*, gemis *nt*

war [wɔː] *n* oorlog *c*

warden ['wɔːdən] *n* bewaker *c*, opzichter *c*

wardrobe ['wɔːdroub] *n* klerenkast *c*, garderobe *c*

warehouse ['wɛəhaus] *n* magazijn *nt*, pakhuis *nt*

wares [wɛəz] *pl* waren *pl*

warm [wɔːm] *adj* heet, warm; *v* verwarmen

warmth [wɔːmθ] *n* warmte *c*

warn [wɔːn] *v* waarschuwen

warning ['wɔːniŋ] *n* waarschuwing *c*

wary ['wɛəri] *adj* behoedzaam

was [wɔz] *v* (p be)

wash [wɔʃ] *v* *wassen; ~ and wear zelfstrijkend; ~ up afwassen

washable ['wɔʃəbəl] *adj* wasbaar

wash-basin ['wɔʃ,beisən] *n* wasbekken *nt*

washing ['wɔʃiŋ] *n* was *c*; wasgoed *nt*

washing-machine ['wɔʃiŋməˌʃiːn] *n* wasmachine *c*

washing-powder ['wɔʃiŋ,paudə] *n* waspoeder *nt*

washroom ['wɔʃruːm] *nAm* toilet *nt*

wash-stand ['wɔʃstænd] *n* wastafel *c*

wasp [wɔsp] *n* wesp *c*

waste [weist] *v* verspillen; *n* verspilling *c*; *adj* braak

wasteful ['weistfəl] *adj* verkwistend

wastepaper-basket [weist'peipə,bɑːskit] *n* prullenmand *c*

watch [wɔtʃ] *v* *kijken naar, *gadeslaan; letten op; *n* horloge *nt*; ~ for *uitkijken naar; ~ out *uitkijken

watch-maker ['wɔtʃ,meikə] *n* horlogemaker c

watch-strap ['wɔtʃstræp] n horloge-bandje nt

water ['wɔ:tə] n water nt; **iced** ~ ijs-water nt; **running** ~ stromend wa-ter; ~ **pump** waterpomp c; ~ **ski** waterski c

water-colour ['wɔ:tə‚kʌlə] n waterverf c; aquarel c

watercress ['wɔ:təkres] n waterkers c

waterfall ['wɔ:təfɔ:l] n waterval c

watermelon ['wɔ:tə‚melən] n watorme-loen c

waterproof ['wɔ:təpru:f] adj water-dicht

water-softener [‚wɔ:tə‚sɔfnə] n wasver-zachter c

waterway ['wɔ:təwei] n vaarwater nt

watt [wɔt] n watt c

wave [weiv] n golf c; v zwaaien

wave-length ['weivleŋθ] n golflengte c

wavy ['weivi] adj golvend

wax [wæks] n was c

waxworks ['wækswɔ:ks] pl wassenbeel-denmuseum nt

way [wei] n manier c, wijze c; weg c; kant c, richting c; afstand c; **any** ~ hoe dan ook; **by the** ~ tussen twee haakjes; **one-way traffic** eenrich-tingsverkeer nt; **out of the** ~ afge-legen; **the other** ~ **round** anders-om; ~ **back** terugweg c; ~ **in** in-gang c; ~ **out** uitgang c

wayside ['weisaid] n wegkant c

we [wi:] pron we

weak [wi:k] adj zwak; slap

weakness ['wi:knəs] n zwakheid c

wealth [welθ] n rijkdom c

wealthy ['welθi] adj rijk

weapon ['wepən] n wapen nt

*****wear** [weə] v *aanhebben, *dragen; ~ **out** *verslijten

weary ['wiəri] adj moe, vermoeid

weather ['weðə] n weer nt; ~ **fore-**cast weerbericht nt

*****weave** [wi:v] v *weven

weaver ['wi:və] n wever c

wedding ['wediŋ] n huwelijk nt, brui-loft c

wedding-ring ['wediŋriŋ] n trouwring c

wedge [wedʒ] n wig c

Wednesday ['wenzdi] woensdag c

weed [wi:d] n onkruid nt

week [wi:k] n week c

weekday ['wi:kdei] n weekdag c

weekly ['wi:kli] adj wekelijks

*****weep** [wi:p] v huilen

weigh [wei] v *wegen

weighing-machine ['weiiŋmə‚ʃi:n] n weegschaal c

weight [weit] n gewicht nt

welcome ['welkəm] adj welkom; n welkom nt; v verwelkomen

weld [weld] v lassen

welfare ['welfeə] n welzijn nt

well[1] [wel] adv goed; adj gezond; **as** ~ ook, eveneens; **as** ~ **as** evenals; **well!** welnu!

well[2] [wel] n bron c, put c

well-founded [‚wel'faundid] adj ge-grond

well-known ['welnoun] adj bekend

well-to-do [‚weltə'du:] adj bemiddeld

went [went] v (p go)

were [wə:] v (p be)

west [west] n west c, westen nt

westerly ['westəli] adj westelijk

western ['westən] adj westers

wet [wet] adj nat; vochtig

whale [weil] n walvis c

wharf [wɔ:f] n (pl ~s, wharves) kade c

what [wɔt] pron wat; ~ **for** waarom

whatever [wɔ'tevə] pron wat dan ook

wheat [wi:t] n tarwe c

wheel [wi:l] n wiel nt

wheelbarrow ['wi:l‚bærou] n kruiwa-gen c

wheelchair ['wi:ltʃeə] n rolstoel c

when [wen] adv wanneer; conj als, toen, wanneer

whenever [we'nevə] conj wanneer ook

where [weə] adv waar; conj waar

wherever [weə'revə] conj waar ook

whether ['weðə] conj of; **whether ... or** of ... of

which [witʃ] pron welk; dat

whichever [wi'tʃevə] adj welk ook

while [wail] conj terwijl; n poosje nt

whilst [wailst] conj terwijl

whim [wim] n gril c, bevlieging c

whip [wip] n zweep c; v kloppen

whiskers ['wiskəz] pl bakkebaarden pl

whisper ['wispə] v fluisteren; n gefluister nt

whistle ['wisəl] v *fluiten; n fluitje nt

white [wait] adj wit; blank

whitebait ['waitbeit] n witvis c

whiting ['waitiŋ] n (pl ~) wijting c

Whitsun ['witsən] Pinksteren

who [hu:] pron wie; die

whoever [hu:'evə] pron wie ook

whole [houl] adj geheel, heel; n geheel nt

wholesale ['houlseil] n groothandel c; ~ **dealer** grossier c

wholesome ['houlsəm] adj gezond

wholly ['houlli] adv helemaal

whom [hu:m] pron wie

whore [hɔ:] n hoer c

whose [hu:z] pron wiens; van wie

why [wai] adv waarom

wicked ['wikid] adj slecht

wide [waid] adj wijd, breed

widen ['waidən] v verwijden

widow ['widou] n weduwe c

widower ['widouə] n weduwnaar c

width [widθ] n breedte c

wife [waif] n (pl wives) echtgenote c, vrouw c

wig [wig] n pruik c

wild [waild] adj wild; woest

will [wil] n wil c; testament nt

*will [wil] v *willen; *zullen

willing ['wiliŋ] adj bereid

willingly ['wiliŋli] adv graag

will-power ['wilpauə] n wilskracht c

*win [win] v *winnen

wind [wind] n wind c

*wind [waind] v kronkelen; *opwinden, *winden

winding ['waindiŋ] adj kronkelig

windmill ['windmil] n molen c, windmolen c

window ['windou] n raam nt

window-sill ['windousil] n vensterbank c

windscreen ['windskri:n] n voorruit c; ~ **wiper** ruitenwisser c

windshield ['windʃi:ld] nAm voorruit c; ~ **wiper** Am ruitenwisser c

windy ['windi] adj winderig

wine [wain] n wijn c

wine-cellar ['wain,selə] n wijnkelder c

wine-list ['wainlist] n wijnkaart c

wine-merchant ['wain,mə:tʃənt] n wijnkoper c

wine-waiter ['wain,weitə] n wijnkelner c

wing [wiŋ] n vleugel c

winkle ['wiŋkəl] n alikruik c

winner ['winə] n winnaar c

winning ['winiŋ] adj winnend; **winnings** pl winst c

winter ['wintə] n winter c; ~ **sports** wintersport c

wipe [waip] v vegen, afvegen

wire [waiə] n draad c; ijzerdraad nt

wireless ['waiələs] n radio c

wisdom ['wizdəm] n wijsheid c

wise [waiz] adj wijs

wish [wiʃ] v verlangen, wensen; n verlangen nt, wens c

witch [witʃ] n heks c

with [wið] prep met; bij; van

*withdraw [wið'drɔ:] v *terugtrekken

within [wi'ðin] *prep* binnen; *adv* van binnen

without [wi'ðaut] *prep* zonder

witness ['witnəs] *n* getuige *c*

wits [wits] *pl* verstand *nt*

witty ['witi] *adj* geestig

wolf [wulf] *n* (pl wolves) wolf *c*

woman ['wumən] *n* (pl women) vrouw *c*

womb [wu:m] *n* baarmoeder *c*

won [wʌn] *v* (p, pp win)

wonder ['wʌndə] *n* wonder *nt*; verwondering *c*; *v* zich *afvragen

wonderful ['wʌndəfəl] *adj* prachtig, verrukkelijk; heerlijk

wood [wud] *n* hout *nt*; bos *nt*

wood-carving ['wud,kɑ:viŋ] *n* houtsnijwerk *nt*

wooded ['wudid] *adj* bebost

wooden ['wudən] *adj* houten; ~ shoe klomp *c*

woodland ['wudlənd] *n* bebost gebied

wool [wul] *n* wol *c*; darning ~ stopgaren *nt*

woollen ['wulən] *adj* wollen

word [wə:d] *n* woord *nt*

wore [wɔ:] *v* (p wear)

work [wə:k] *n* werk *nt*; arbeid *c*; *v* werken; functioneren; working day werkdag *c*; ~ of art kunstwerk *nt*; ~ permit werkvergunning *c*

worker ['wə:kə] *n* arbeider *c*

working ['wə:kiŋ] *n* werking *c*

workman ['wə:kmən] *n* (pl -men) arbeider *c*

works [wə:ks] *pl* fabriek *c*

workshop ['wə:kʃɔp] *n* werkplaats *c*

world [wə:ld] *n* wereld *c*; ~ war wereldoorlog *c*

world-famous [,wə:ld'feiməs] *adj* wereldberoemd

world-wide ['wə:ldwaid] *adj* wereldomvattend

worm [wə:m] *n* worm *c*

worn [wɔ:n] *adj* (pp wear) versleten

worn-out [,wɔ:n'aut] *adj* versleten

worried ['wʌrid] *adj* ongerust

worry ['wʌri] *v* zich ongerust maken; *n* zorg *c*, bezorgdheid *c*

worse [wə:s] *adj* slechter; *adv* erger

worship ['wə:ʃip] *v* *aanbidden; *n* eredienst *c*

worst [wə:st] *adj* slechtst; *adv* ergst

worsted ['wustid] *n* kamgaren *nt*

worth [wə:θ] *n* waarde *c*; *be ~ waard *zijn; *be worth-while de moeite waard *zijn

worthless ['wə:θləs] *adj* waardeloos

worthy of ['wə:ði əv] waard

would [wud] *v* (p will) gewoon *zijn

wound¹ [wu:nd] *n* wond *c*; *v* kwetsen, verwonden

wound² [waund] *v* (p, pp wind)

wrap [ræp] *v* inpakken

wreck [rek] *n* wrak *nt*; *v* vernielen

wrench [rentʃ] *n* sleutel *c*; ruk *c*; *v* verdraaien

wrinkle ['riŋkəl] *n* rimpel *c*

wrist [rist] *n* pols *c*

wrist-watch ['ristwɔtʃ] *n* polshorloge *nt*

*write [rait] *v* *schrijven; in writing schriftelijk; ~ down *opschrijven

writer ['raitə] *n* schrijver *c*

writing-pad ['raitiŋpæd] *n* blocnote *c*, schrijfblok *nt*

writing-paper ['raitiŋ,peipə] *n* schrijfpapier *nt*

written ['ritən] *adj* (pp write) schriftelijk

wrong [rɔŋ] *adj* verkeerd, fout; *n* onrecht *nt*; *v* onrecht *aandoen; *be ~ ongelijk *hebben

wrote [rout] *v* (p write)

X

Xmas ['krisməs] Kerstmis
X-ray ['eksrei] *n* röntgenfoto *c* ; *v*
doorlichten

Y

yacht [jɔt] *n* jacht *nt*
yacht-club ['jɔtklʌb] *n* zeilclub *c*
yachting ['jɔtiŋ] *n* zeilsport *c*
yard [jɑ:d] *n* erf *nt*
yarn [jɑ:n] *n* garen *nt*
yawn [jɔ:n] *v* gapen, geeuwen
year [jiə] *n* jaar *nt*
yearly ['jiəli] *adj* jaarlijks
yeast [ji:st] *n* gist *c*
yell [jel] *v* gillen ; *n* gil *c*
yellow ['jelou] *adj* geel
yes [jes] ja
yesterday ['jestədi] *adv* gisteren
yet [jet] *adv* nog ; *conj* toch, echter,
maar
yield [ji:ld] *v* *opbrengen ; *toegeven
yoke [jouk] *n* juk *nt*

yolk [jouk] *n* dooier *c*
you [ju:] *pron* je ; jou ; u ; jullie
young [jʌŋ] *adj* jong
your [jɔ:] *adj* uw ; jouw ; jullie
yourself [jɔ:'self] *pron* je ; zelf
yourselves [jɔ:'selvz] *pron* je ; zelf
youth [ju:θ] *n* jeugd *c* ; ~ **hostel**
jeugdherberg *c*
Yugoslav [‚ju:gə'slɑ:v] *n* Joegoslaaf *c*
Yugoslavia [‚ju:gə'slɑ:viə] Joegoslavië

Z

zeal [zi:l] *n* ijver *c*
zealous ['zeləs] *adj* ijverig
zebra ['zi:brə] *n* zebra *c*
zenith ['zeniθ] *n* zenit *nt* ; toppunt *nt*
zero ['ziərou] *n* (pl ~s) nul *c*
zest [zest] *n* animo *c*
zinc [ziŋk] *n* zink *nt*
zip [zip] *n* ritssluiting *c* ; ~ **code** *Am*
postcode *c*
zipper ['zipə] *n* ritssluiting *c*
zodiac ['zoudiæk] *n* dierenriem *c*
zone [zoun] *n* zone *c* ; gebied *nt*
zoo [zu:] *n* (pl ~s) dierentuin *c*
zoology [zou'ɔlədʒi] *n* zoölogie *c*

Culinaire woordenlijst

Spijzen

almond amandel
anchovy ansjovis
angel food cake witte, ronde cake, gemaakt van suiker, eiwit en bloem
angels on horseback geroosterde, met spek omwikkelde oesters
appetizer borrelhapje
apple appel
  ~ **charlotte** lagen van appels en sneetjes boord met vanille en slagroom
  ~ **dumpling** appelbol
  ~ **sauce** appelmoes
apricot abrikoos
Arbroath smoky gerookte schelvis
artichoke artisjok
asparagus asperge
  ~ **tip** aspergepunt
aspic koude schotel in gelei
assorted gevarieerd, gemengd
bacon spek
  ~ **and eggs** spiegeleieren met spek
bagel klein kransvormig broodje
baked in de oven gebakken, gebraden
  ~ **Alaska** omelette sibérienne
  ~ **beans** witte bonen in tomatensaus

  ~ **potato** hele, ongeschilde aardappel, in de oven gebakken
Bakewell tart amandeltaart met jam
baloney worstsoort
banana banaan
  ~ **split** in de lengte gehalveerde banaan met ijs, noten en overgoten met vruchtensiroop of vloeibare chocolade
barbecue 1) gehakt rundvlees in tomatensaus in een broodje geserveerd 2) maaltijd van geroosterd vlees in de open lucht
  ~ **sauce** zeer scherpe tomatensaus
barbecued geroosterd op houtskool
basil basilicum
bass baars
bean boon
beef rundvlees
  ~ **olive** blinde vink
beefburger gehakte, geroosterde biefstuk geserveerd in een broodje
beet, beetroot rode biet
bilberry blauwe bosbes
bill rekening
  ~ **of fare** menu

biscuit 1) koekje (GB) 2) broodje (US)

black pudding bloedworst

blackberry braam

blackcurrant zwarte bes

bloater verse bokking

blood sausage bloedworst

blueberry blauwe bosbes

boiled gekookt

Bologna (sausage) worstsoort

bone bot

boned ontbeend

Boston baked beans witte bonen met stukjes spek en stroop

Boston cream pie taart met vlavulling en chocoladeglazuur

brains hersenen

braised gestoofd

bramble pudding bramenpudding, vaak met schijfjes appel erin

braunschweiger gerookte leverworst

bread brood

breaded gepaneerd

breakfast ontbijt

bream brasem

breast borst (stuk)

brisket borststuk

broad bean tuinboon

broth bouillon

brown Betty afwisselende lagen appel, perzik of kers en paneermeel, met suiker en kruiderijen, in de oven gebakken

brunch ontbijt en lunch gecombineerd

brussels sprout spruitje

bubble and squeak soort pannekoek van gebakken aardappelen en kool, soms met vlees

bun 1) krentebroodje (GB) 2) klein, luchtig broodje (US)

butter boter

buttered beboterd

cabbage kool

Caesar salad sla met geroosterde, naar knoflook smakende brooddobbelsteentjes, anjovis en geraspte kaas

cake gebak, koek, cake, taart

cakes koekjes, taartjes

calf kalfsvlees

Canadian bacon gerookt spek in dikke plakken gesneden

canapé belegd sneetje brood

cantaloupe wratmeloen, kanteloep

caper kappertje

capercaillie, capercailzie auerhoen

carp karper

carrot wortel

cashew vrucht van de cajouboom

casserole gestoofd

catfish meerval (vis)

catsup ketchup

cauliflower bloemkool

celery selderie

cereal graansoorten voor bij het ontbijt, zoals maïsvlokken, havermout, met melk en suiker
hot ~ havermoutpap

chateaubriand dubbele biefstuk van de haas

check rekening

Cheddar (cheese) stevige kaas met een milde, zurige smaak

cheese kaas
~ **board** kaasassortiment
~ **cake** kaaskoekje

cheeseburger gehakte, geroosterde biefstuk met schijfje kaas, opgediend in een broodje

chef's salad salade van ham, kip, eieren, tomaten, sla en kaas

cherry kers

chestnut tamme kastanje

chicken kip

141

chicory 1) Brussels lof (GB) 2) andijvie (US)

chili con carne gehakt rundvlees gestoofd met bruine bonen, Spaanse pepers en komijn

chili pepper rode Spaanse pepers

chips 1) patates frites (GB) 2) aardappel chips (US)

chitt(er)lings varkenspens

chive bieslook

chocolate chocolade
~ **pudding** 1) chocoladepudding bereid met verkruimelde koekjes, suiker, eieren en bloem (GB) 2) chocolademousse (US)

choice keus

chop kotelet
~ **suey** gerecht, bereid uit fijngesneden varkensvlees en kip, groenten en rijst (tjap tjoy)

chopped fijngehakt

chowder dikke soep van vis, schaal- en schelpdieren of kip, met groenten

Christmas pudding speciaal Kerstgebak, soms geflambeerd

chutney sterke Indische kruiderij

cinnamon kaneel

clam steenmossel

club sandwich dubbele sandwich met kip, spek, sla, tomaat en mayonaise

cobbler vruchtenmoes met deeg, soms met ijs

cock-a-leekie soup preisoep met kip

coconut kokosnoot

cod kabeljauw

Colchester oyster beste soort Engelse oester

cold cuts/meat koud vlees

coleslaw koolsla

compote vruchten op sap

condiment kruiderij

consommé heldere soep

cooked gekookt

cookie koekje

corn 1) koren (GB) 2) maïs (US)
~ **on the cob** maïskolf

cornflakes maïsvlokken

cottage cheese witte, verse kaas

cottage pie gehakt vlees met uien, bedekt met aardappelpuree in de oven gebakken

course gerecht

cover charge couvert

crab krab

cracker droog beschuit van bladerdeeg

cranberry veenbes
~ **sauce** veenbessengelei

crawfish, crayfish 1) rivierkreeft 2) langoest (GB) 3) steurgarnaal (US)

cream 1) room 2) vlaai (dessert) 3) gebonden soep
~ **cheese** roomkaas
~ **puff** roomsoes

creamed potatoes aardappelen in witte roomsaus

creole op Creoolse wijze bereid; over het algemeen zeer pikant, met tomaten, paprika's en uien, geserveerd met rijst

cress waterkers

crisps chips

croquette kroket

crumpet rond, licht broodje, geroosterd en beboterd

cucumber komkommer

Cumberland ham zeer fijne, gerookte Engelse ham

Cumberland sauce rode bessengelei, op smaak gemaakt met wijn, sinaasappelsap en kruiderijen

cupcake klein rond gebakje

cured gezouten, gerookt, gepekeld (vis en vlees)

currant krent
curried met kerrie
curry kerrie
custard custardvla
cutlet vleeslapje, kotelet
dab schar
Danish pastry soort luchtig koffie-
brood
date dadel
Derby cheese gele kaas met pi-
kante smaak
devilled sterk gekruid
devil's food cake machtige choco-
ladetaart
devils on horseback gekookte
pruimen, gevuld met amandelen en ansjovis, omwikkeld met
spek, geroosterd en geserveerd
op toost
Devonshire cream dikke, klonte-
rige room
diced in dobbelsteentjes gesneden
diet food volgens voedselleer bereid
dill dille
dinner diner, avondeten
dish schotel, gerecht
donut, doughnut soort oliebol
double cream volle room
Dover sole tong uit Dover, in Engeland zeer gewaardeerd
dressing 1) slasaus 2) vulsel voor
kalkoen (US)
Dublin Bay prawn steurgarnaal
duck eend
duckling jonge eend
dumpling knoedel
Dutch apple pie appeltaart bedekt
met een mengsel van boter en
bruine suiker
éclair langwerpig, met chocolade
of caramel geglaceerd room-
taartje
eel paling

egg ei
boiled ~ gekookt
fried ~ spiegelei
hard-boiled ~ hardgekookt
poached ~ gepocheerd
scrambled ~ roerei
soft-boiled ~ zachtgekookt
eggplant aubergine, eierplant
endive 1) andijvie (GB) 2) Brussels lof (US)
entrecôte tussenrib
entrée 1) voorgerecht (GB) 2)
hoofdgerecht (US)
escalope schnitzel
fennel venkel
fig vijg
filet mignon kalfs- of varkens-
haasje
fillet filet van vlees of vis
finnan haddock gerookte schelvis
fish vis
~ **and chips** gebakken vis met
frites
~ **cake** viskoekje
flan vla, ronde taart met vruchten
flapjack (appel)flap
flounder bot
forcemeat farce, gehakt
fowl gevogelte
frankfurter knakworst
French bean slaboon
French bread stokbrood
French dressing 1) slasaus in olie,
azijn en tuinkruiden (GB) 2)
romige slasaus met ketchup
(US)
french fries patates frites
French toast wentelteefje
fresh vers
fricassée ragoût, vleeshachee
fried gebakken in een koekepan of
in de olie
fritter beignet, poffertje
frogs' legs kikkerbilletjes

frosting suikerglazuur
fruit vrucht
fry bakken
game wild
gammon gerookte ham
garfish geep (snoekachtige zeevis)
garlic knoflook
garnish garnituur
gherkin augurkje
giblets afval van gevogelte
ginger gember
goose gans
  ~ **berry** kruisbes
grape druif
  ~ **fruit** pompelmoes
grated geraspt
gravy vleesjus
grayling vlagzalm
green bean slaboon
green pepper groene paprika
green salad sla
greens groenten
grilled geroosterd
grilse jonge zalm
grouse korhoen
gumbo 1) groente van Afrikaanse
  afkomst 2) Creools gerecht van
  vlees, kip of vis, met *okra*zaden,
  uien, tomaten en kruiden
haddock gerookte schelvis
haggis hart, longen en lever van
  een schaap fijn gehakt en in de
  maag gekookt met reuzel, ha-
  vermeel en uien
hake stokvis
halibut heilbot
ham and eggs spiegeleieren met
  ham
hamburger gehakt, geroosterd
  rundvlees opgediend in een
  broodje
hare haas
haricot bean prinsessenboon,
  witte boon

hash 1) gehakt of fijngesneden
  vlees 2) hachee met aardappelen en groenten
hazelnut hazelnoot
heart hart
herb tuinkruid
herring haring
home-made eigengemaakt, van
  het huis
hominy grits brij van maïsgrutten
honey honing
  ~ **dew melon** zoete meloen met
  geelgroen vruchtvlees
hors-d'œuvre voorgerecht (Engeland)
horse-radish mierikswortel
hot 1) heet, warm 2) sterk gekruid
  ~ **cross bun** fijn broodje gevuld
  met rozijnen en kruisvormig bedekt met glazuur, wordt in de
  vastentijd gegeten (brioche)
  ~ **dog** hot dog, warme worst in
  een broodje
huckleberry blauwe bosbes
hush puppy beignet van maïsmeel
  en uien
ice-cream ijs
iced gekoeld
icing suikerglazuur
Idaho baked potato soort bintje,
  ongeschild in de oven gepoft
Irish stew hutspot van schapevlees, aardappelen en uien
Italian dressing slasaus van olie,
  azijn en tuinkruiden
jellied in gelei
Jell-O gelatinedessert
jelly jam; gelei
Jerusalem artichoke aardpeer
John Dory zonnevis (zeevis)
jugged hare hazepeper
juice sap
juniper berry jeneverbes
junket gestremde melk (wrongel),

gesuikerd
kale boerenkool
kedgeree stukjes vis met rijst, eieren, boter, wordt vaak als warm gerecht aan het ontbijt geserveerd
kidney nier
kipper bokking
lamb lamsvlees
Lancashire hot pot schotel in de oven van ragoût van lamsvlees en nieren met uien, kruiderijen en aardappelen
larded gelardeerd
lean mager
leek prei
leg bout
lemon citroen
  ~ **sole** scharretong
lentil linze
lettuce kropsla, veldsla
lima bean tuinboon
lime limoen, kleine groene citroen
liver lever
loaf brood
lobster kreeft
loin lendestuk
Long Island duck eend van Long Island, in de VS zeer goed bekend staande soort
low-calorie laag caloriegehalte
lox gerookte zalm
macaroon bitterkoekje
mackerel makreel
maize maïs
mandarin mandarijntje
maple syrup ahornstroop
marinated gemarineerd
marjoram marjolein
marmalade marmelade van sinaasappelen of andere citrusvruchten
marrow beenmerg
  ~ **bone** mergpijp

marshmallow Amerikaans snoepgoed; *marshmallows* worden vaak aan warme chocola en allerlei soorten desserts toegevoegd
marzipan marsepein
mashed potatoes aardappelpuree
meal maaltijd
meat vlees
  ~ **ball** gehaktbal
  ~ **loaf** gehaktbrood
  ~ **pâté** vleespastei
medium (done) net gaar
melon meloen
melted gesmolten
Melton Mowbray pie pastei bestaande uit gehakt vlees en kruiden
meringue schuimgebak, schuimpje
milk melk
mince fijnhakken
  ~ **pie** pasteitje met krenten, rozijnen, fijngehakte geconfijte vruchten en appelen (met of zonder vlees)
minced fijngehakt
  ~ **meat** fijngehakt vlees
mint munt (kruid)
minute steak kort gebakken biefstuk
mixed gemengd
  ~ **grill** aan een stokje geregen, geroosterde stukjes vlees
molasses melasse, stroop
morel morille, zeer gewaardeerde paddestoelsoort
mousse 1) dessert van geklopte eieren en slagroom 2) luchtig pasteitje
mulberry moerbei
mullet harder (vis gelijkend op een karper)
mulligatawny soup zeer sterk ge-

kruide soep van Indische afkomst met wortels, uien, *chutney* en kip met kerrie
mushroom paddestoel
muskmelon meloen
mussel mossel
mustard mosterd
mutton schapevlees
noodle noedel
nut noot
oatmeal (porridge) havermoutpap
oil olie
okra zaad van de *gumbo*, wordt
gebruikt om soepen en ragoût-
sausen aan te dikken
olive olijf
onion ui
orange sinaasappel
ox tongue ossetong
oxtail ossestaart
oyster oester
pancake pannekoek
Parmesan (cheese) Parmezaanse
kaas
parsley peterselie
parsnip pastinaak, witte peen
partridge patrijs
pastry banket, gebakje, taartje
pasty pastei
pea doperwt
peach perzik
peanut olienoot, pinda
~ **butter** pindakaas
pear peer
pearl barley parelgerst
pepper peper
~ **mint** pepermunt
perch baars
persimmon dadelpruim
pheasant fazant
pickerel jonge snoek
pickle 1) groente of geconfijte
vrucht in pekelzuur 2) in het
bijzonder augurkje (US)

pickled in pekel bewaard
pie pastei, vaak met een deksel
van bladerdeeg, gevuld met
vlees, groenten of vruchten
pig varken
pigeon duif
pike snoek
pineapple ananas
plaice schol
plain natuur, zonder iets erin
plate bord, schaal
plum pruim
~ **pudding** speciaal Kerstgebak, soms geflambeerd
poached gepocheerd
popcorn gepofte maïskorrels
popover klein, luchtig broodje
pork varkensvlees
porridge havermoutpap
porterhouse steak biefstuk van de
haas
pot roast met groenten gesmoord
rundvlees
potato aardappel
~ **chips** 1) patates frites (GB)
2) aardappel chips (US)
~ **in its jacket** aardappel in de
schil gekookt en opgediend
potted shrimps garnalen in gesmolten boter, koud opgediend
in een vorm
poultry gevogelte, pluimvee
prawn grote garnaal
prune gedroogde pruim
ptarmigan sneeuwhoen
pudding soepel of stevig beslag
van meel en eieren, gegarneerd
met vlees, vis, groenten of
vruchten, in de oven gebakken
of gaargestoomd; nagerecht
pumpernickel zwart roggebrood
pumpkin pompoen
quail kwartel
quince kweepeer

rabbit konijn
radish radijs
rainbow trout regenboogforel
raisin rozijn
rare ongaar
raspberry framboos
raw rauw
red mullet soort harder (zeevis)
red (sweet) pepper rode paprika
redcurrant rode bes
relish kruiderij gemaakt van fijn-gesneden groente in azijn
rhubarb rabarber
rib (of beef) ribstuk (van het rund)
ribe-eye steak entrecôte
rice rijst
rissole vlees- of viskroket
river trout rivierforel
roast braadstuk
roasted gebraden
Rock Cornish hen piepkuiken
roe viskuit
roll broodje
rollmop herring rolmops, gemarineerde haringfilet
round steak runderschijf
Rubens sandwich cornedbeef op een toostje, met zuurkool, kaas en slasaus; warm opgediend
rump steak biefstuk
rusk beschuit
rye bread roggebrood
saddle lendestuk
saffron saffraan
sage salie
salad sla
  ∼ **bar** verschillende soorten slaatjes, tomaten, prinsessenbonen
  ∼ **cream** slasaus, licht gezoet
  ∼ **dressing** slasaus
salmon zalm
  ∼ **trout** zalmforel
salt zout

salted gezouten
sardine sardien
sauce saus
sauerkraut zuurkool
sausage worst
sauté(ed) snel in boter, olie of vet gebakken
scallop 1) kamschelp 2) kalfslapje
scampi steurgarnaal
scone zacht broodje, warm geserveerd, met boter en jam
Scotch broth runder- of schapebouillon met groenten
Scotch woodcock toost met roerei en ansjovis
sea bass zeebaars
sea kale zeekool
seafood zeebanket
(in) season (in het) seizoen
seasoning kruiderij
service bediening
  ∼ **charge** bedieningstarief
  ∼ **included** inclusief bediening
  ∼ **not included** exclusief bediening
set menu menu van de dag
shad elft (zeevis)
shallot sjalot
shellfish schelp- en schaaldieren
sherbet sorbet
shoulder schouderstuk
shredded wheat gesponnen tarwe, wordt bij het ontbijt gegeten
shrimp garnaal
silverside (of beef) onderste deel van runderschenkel
sirloin steak lendestuk (van het rund)
skewer vleespen
slice sneet(je), plak
sliced in plakken gesneden
sloppy Joe gehakt vlees in scherpe tomatensaus, geserveerd in een broodje

smelt spiering
smoked gerookt
snack hapje, snack
sole tong (vis)
soup soep
sour zuur
soused herring gepekelde haring
spare rib krabbetje
spice kruiderij
spinach spinazie
spiny lobster langoest
(on a) spit (aan het) spit
sponge cake Moscovisch gebak
sprat sprot
squash mergpompoen
starter voorgerecht
steak and kidney pie pastei in bladerdeeg van niertjes en rundvlees
steamed gekookt
stew stoofschotel
Stilton (cheese) een van de beste
  Engelse kazen, wit of blauw ge-
  aderd
strawberry aardbei
string bean slaboon
stuffed gevuld
stuffing vulling
suck(l)ing pig speenvarken
sugar suiker
sugarless zonder suiker
sundae roomijs met vruchten,
  noten, slagroom en siroop
supper avondmaaltijd
swede knolraap
sweet 1) zoet 2) dessert
  ~ **corn** zoete maïs
  ~ **potato** bataat, knol van een
  oorspronkelijk tropisch gewas,
  rijk aan zetmeel en suiker
sweetbread zwezerik
Swiss cheese Emmentaler kaas
Swiss roll opgerold gebak met jam
  ertussen (koninginnebrood)

Swiss steak met groenten en kruiderijen gestoofde runderlappen
T-bone steak lendestuk van het
  rund met een T-vormig bot erin
table d'hôte open tafel in een hotel
tangerine mandarijntje
tarragon dragon
tart (vruchten)taart
tenderloin filet van vlees
Thousand Island dressing slasaus,
  bestaande uit mayonaise met
  piment, noten, olijven, selderie,
  uien, peterselie en eieren
thyme tijm
toad-in-the-hole rundvlees (of
  worstjes) in beslag gedoopt en
  in de oven gebakken
toast geroosterd brood
toasted getoost
  ~ **cheese** toost met gesmolten
  kaas
tomato tomaat,
tongue tong (vlees)
tournedos ossehaas in dikke plakken
treacle melasse, stroop
trifle cake met amandelen en
  gelei, in sherry (of brandewijn)
  gedrenkt, opgediend met vla of
  slagroom
tripe pens
trout forel
truffle truffel (paddestoel)
tuna, tunny tonijn
turbot tarbot
turkey kalkoen
turnip raap, knol
turnover flap
turtle schildpad
underdone ongaar
vanilla vanille
veal kalfsvlees
  ~ **bird** blinde vink
  ~ **escalope** kalfsoester

vegetable groente
~ **marrow** mergpompoen, courgette
venison wildbraad
vichyssoise preisoep, koud geserveerd
vinegar azijn
Virginia baked ham ham in de
oven geroosterd, in inkepingen
in het vel worden stukjes ananas, kersen en kruidnagels
gestoken waarna de ham
met het vruchtesap geglaceerd
wordt
wafer wafeltje
waffle warme wafel met boter,
stroop of honing
walnut walnoot
water ice sorbet
watercress waterkers

watermelon watermeloen
well-done gaar
Welsh rabbit/rarebit gesmolten
kaas op geroosterd brood
whelk kinkhoorn (wulk)
whipped cream slagroom
whitebait witvis
wine list wijnkaart
woodcock (hout)snip
Worcestershire sauce zoetzure
saus bestaande uit soja en vele
andere ingrediënten
York ham zeer goed bekend staande ham, opgediend in dunne
plakken
Yorkshire pudding knappend gebakken deeg, geserveerd met
rosbief
zucchini mergpompoen, courgette
zwieback beschuit

Dranken

ale donker, zoetachtig bier, onder
hoge temperatuur gegist
bitter ~ bitter bier, nogal zwaar
brown ~ gebotteld, zoetachtig
donker bier
light ~ gebotteld licht bier
mild ~ donker bier van het
vat met een zeer uitgesproken
smaak
pale ~ gebotteld licht bier
applejack Amerikaanse appel-
brandewijn
Athol Brose haver vermengd met
kokend water, honing en whisky

Bacardi cocktail cocktail van rum
en gin met grenadinesiroop en
limoensap
barley water frisdrank gemaakt
van parelgerst met citroen-
smaak
barley wine donker bier met hoog
alcoholgehalte
beer bier
bottled ~ gebotteld bier
draft, draught ~ getapt bier,
bier van het vat
bitters kruidenaperitieven, de
spijsvertering bevorderende
alcoholische dranken

black velvet champagne met toevoeging van *stout* (vaak ter begeleiding van oesters)

bloody Mary cocktail van wodka, tomatesap en kruiderijen

bourbon Amerikaanse whisky, hoofdzakelijk van mais gestookt

brandy 1) verzamelnaam voor brandewijnsoorten gemaakt van druiven en andere vruchten 2) cognac
~ **Alexander** cocktail van brandewijn, crème de cacao en room

British wines wijnen in Engeland gegist; gemaakt van geïmporteerde druiven (of van geïmporteerd druivesap)

cherry brandy kersenlikeur

chocolate chocolademelk

cider cider
~ **cup** mengsel van cider, kruiderijen, suiker en ijs

claret rode Bordeauxwijn

cobbler *long drink* gemaakt van vruchten, waaraan men wijn of alcohol toevoegt

coffee koffie
~ **with cream** met room
black ~ zonder melk
caffeine-free ~ cafeïnevrij
white ~ half koffie, half melk; koffie verkeerd

cordial hartversterking

cream room

cup verfrissende drank gemaakt van gekoelde wijn, sodawater en een likeur of andere sterkedrank met een schijfje citroen of sinaasappel

daiquiri cocktail van rum, suiker, limoensap

double dubbele portie

Drambuie likeur gemaakt van whisky en honing

dry martini 1) droge vermouth (GB) 2) cocktail van droge vermouth en gin (US)

egg-nog alcoholische drank op basis van rum of andere sterkedrank, vermengd met geklopt eigeel en suiker

gin and it gin met Italiaanse vermouth

gin-fizz gin met citroensap, sodawater en suiker

ginger ale frisdrank met gembersmaak

ginger beer gemberbier

grasshopper cocktail van crème de menthe, crème de cacao en room

Guinness (stout) donker zoetsmakend bier met een hoog mouten hopgehalte

half pint ongeveer 3 dl

highball alcoholische drank, zoals whisky, vermengd met water, sodawater of *ginger ale*

iced gekoeld, ijskoud

Irish coffee koffie met suiker en slagroom, waaraan men een scheut Ierse whisky toevoegt

Irish Mist Ierse likeur van whisky en honing

Irish whiskey Ierse whisky minder scherp dan Schotse whisky, bevat naast gerst ook rogge, haver en tarwe

juice sap

lager licht bier, koud geserveerd

lemon squash kwast

lemonade limonade

lime juice limoensap

liqueur likeur

liquor sterkedrank

long drink sterkedrank met tonic, sodawater of gewoon water en

ijsblokjes
madeira madera
Manhattan cocktail van Amerikaanse whisky en vermouth met angostura
milk melk
mineral water mineraalwater
mulled wine bisschopswijn; warme, gekruide wijn
neat onvermengd, puur, zonder water of ijs
old-fashioned cocktail van whisky, angostura, sinaasappel schijfje, suiker en maraskijnkersen
on the rocks met ijsblokjes
Ovaltine ovomaltine
Pimm's cup(s) sterkedrank met vruchtesap, eventueel aangelengd met sodawater
~ **No. 1** met gin
~ **No. 2** met whisky
~ **No. 3** met rum
~ **No. 4** met brandewijn
pink champagne roze champagne
pink lady cocktail van eiwit, calvados, citroensap, grenadine en gin
pint ongeveer 6 dl
porter donker, bitter bier
quart 1,14 l (US 0,95 l)
root beer gezoete frisdrank met aromat uit plantenwortels en kruiden
rye (whiskey) whisky uit rogge gestookt; zwaarder en scherper van smaak dan *bourbon*
scotch (whisky) Schotse whisky, een uit gerst en maïs (grain whisky) gestookte sterkedrank,

vaak vermengd met malt whisky, uitsluitend uit gemoute gerst gestookt
screwdriver wodka met sinaasappelsap
shandy *bitter ale* vermengd met limonade of met *ginger beer*
short drink sterkedrank, onverdund gedronken
shot scheut sterkedrank
sloe gin-fizz sleepruimlikeur (vrucht van de sleedoorn) met citroensap en sodawater
soda water sodawater, spuitwater
soft drink frisdrank
spirits spiritualiën, gedistilleerde dranken
stinger cognac en crème de menthe
stout donker bier met veel hop gebrouwen
straight sterkedrank onverdund gedronken, puur
tea thee
toddy grog
Tom Collins *long drink* van gin, citroensap, spuitwater en suiker
tonic (water) tonic, spuitwater met kininesmaak
vodka wodka
whisky sour whisky, citroensap, suiker en sodawater
wine wijn
  dessert ~ zoete
  dry ~ droge
  red ~ rode
  sparkling ~ mousserende
  sweet ~ zoete (dessertwijn)
  white ~ witte

Engelse onregelmatige werkwoorden

De onderstaande lijst geeft de Engelse onregelmatige werkwoorden aan. De samengestelde werkwoorden of werkwoorden met een voorvoegsel worden als de grondwerkwoorden vervoegd, bijvoorbeeld: *withdraw* wordt vervoegd als *draw* en *rebuild* als *build*.

Onbepaalde wijs	Onvoltooid verleden tijd	Verleden deelwoord	
arise	arose	arisen	*opstaan*
awake	awoke	awoken	*ontwaken*
be	was	been	*zijn*
bear	bore	borne	*dragen*
beat	beat	beaten	*slaan*
become	became	become	*worden*
begin	began	begun	*aanvangen*
bend	bent	bent	*buigen*
bet	bet	bet	*wedden*
bid	bade/bid	bidden/bid	*verzoeken*
bind	bound	bound	*binden*
bite	bit	bitten	*bijten*
bleed	bled	bled	*bloeden*
blow	blew	blown	*blazen*
break	broke	broken	*breken*
breed	bred	bred	*fokken*
bring	brought	brought	*brengen*
build	built	built	*bouwen*
burn	burnt/burned	burnt/burned	*branden*
burst	burst	burst	*barsten*
buy	bought	bought	*kopen*
can*	could	—	*kunnen*
cast	cast	cast	*werpen*
catch	caught	caught	*vangen*
choose	chose	chosen	*kiezen*
cling	clung	clung	*vastklemmen*
clothe	clothed/clad	clothed/clad	*kleden*
come	came	come	*komen*
cost	cost	cost	*kosten*
creep	crept	crept	*kruipen*
cut	cut	cut	*snijden*
deal	dealt	dealt	*uitdelen*
dig	dug	dug	*graven*
do (he does)	did	done	*doen*
draw	drew	drawn	*trekken*
dream	dreamt/dreamed	dreamt/dreamed	*dromen*
drink	drank	drunk	*drinken*
drive	drove	driven	*rijden*
dwell	dwelt	dwelt	*vertoeven*

* tegenwoordige tijd

eat	ate	eaten	*eten*
fall	fell	fallen	*vallen*
feed	fed	fed	*voeden*
feel	felt	felt	*voelen*
fight	fought	fought	*vechten*
find	found	found	*vinden*
flee	fled	fled	*vluchten*
fling	flung	flung	*werpen*
fly	flew	flown	*vliegen*
forsake	forsook	forsaken	*verzaken*
freeze	froze	frozen	*vriezen*
get	got	got	*krijgen*
give	gave	given	*geven*
go	went	gone	*gaan*
grind	ground	ground	*malen*
grow	grew	grown	*groeien*
hang	hung	hung	*(op)hangen*
have	had	had	*hebben*
hear	heard	heard	*horen*
hew	hewed	hewed/hewn	*hakken*
hide	hid	hidden	*verstoppen*
hit	hit	hit	*slaan*
hold	held	held	*houden*
hurt	hurt	hurt	*pijn doen*
keep	kept	kept	*houden*
kneel	knelt	knelt	*knielen*
knit	knitted/knit	knitted/knit	*breien*
know	knew	known	*weten*
lay	laid	laid	*leggen*
lead	led	led	*leiden*
lean	leant/leaned	leant/leaned	*leunen*
leap	leapt/leaped	leapt/leaped	*springen*
learn	learnt/learned	learnt/learned	*leren*
leave	left	left	*verlaten*
lend	lent	lent	*lenen(aan)*
let	let	let	*laten*
lie	lay	lain	*liggen*
light	lit/lighted	lit/lighted	*aansteken*
lose	lost	lost	*verliezen*
make	made	made	*maken*
may*	might	—	*mogen, kunnen*
mean	meant	meant	*bedoelen*
meet	met	met	*ontmoeten*
mow	mowed	mowed/mown	*maaien*
must*	—	—	*moeten*
ought (to)*	—	—	*moeten*
pay	paid	paid	*betalen*
put	put	put	*zetten*
read	read	read	*lezen*

* tegenwoordige tijd

rid	rid	rid	*zich ontdoen (van)*
ride	rode	ridden	*rijden*
ring	rang	rung	*bellen*
rise	rose	risen	*opstaan*
run	ran	run	*rennen*
saw	sawed	sawn	*zagen*
say	said	said	*zeggen*
see	saw	seen	*zien*
seek	sought	sought	*zoeken*
sell	sold	sold	*verkopen*
send	sent	sent	*verzenden*
set	set	set	*zetten*
sew	sewed	sewed/sewn	*naaien*
shake	shook	shaken	*schudden*
shall*	should	—	*zullen*
shed	shed	shed	*vergieten*
shine	shone	shone	*schijnen*
shoot	shot	shot	*schieten*
show	showed	shown	*tonen*
shrink	shrank	shrunk	*krimpen*
shut	shut	shut	*sluiten*
sing	sang	sung	*zingen*
sink	sank	sunk	*zinken*
sit	sat	sat	*zitten*
sleep	slept	slept	*slapen*
slide	slid	slid	*glijden*
sling	slung	slung	*slingeren*
slink	slunk	slunk	*sluipen*
slit	slit	slit	*opensnijden*
smell	smelled/smelt	smelled/smelt	*ruiken*
sow	sowed	sown/sowed	*zaaien*
speak	spoke	spoken	*spreken*
speed	sped/speeded	sped/speeded	*zich haasten*
spell	spelt/spelled	spelt/spelled	*spellen*
spend	spent	spent	*uitgeven*
spill	spilt/spilled	spilt/spilled	*morsen*
spin	spun	spun	*spinnen*
spit	spat	spat	*spuwen*
split	split	split	*splijten*
spoil	spoilt/spoiled	spoilt/spoiled	*bederven*
spread	spread	spread	*spreiden*
spring	sprang	sprung	*ontspringen*
stand	stood	stood	*staan*
steal	stole	stolen	*stelen*
stick	stuck	stuck	*kleven*
sting	stung	stung	*steken*
stink	stank/stunk	stunk	*stinken*
strew	strewed	strewed/strewn	*strooien*
stride	strode	stridden	*schrijden*

* tegenwoordige tijd

strike	struck	struck/stricken	*slaan*
string	strung	strung	*rijgen*
strive	strove	striven	*streven*
swear	swore	sworn	*zweren*
sweep	swept	swept	*vegen*
swell	swelled	swollen	*zwellen*
swim	swam	swum	*zwemmen*
swing	swung	swung	*slingeren*
take	took	taken	*nemen*
teach	taught	taught	*onderwijzen*
tear	tore	torn	*scheuren*
tell	told	told	*vertellen*
think	thought	thought	*denken*
throw	threw	thrown	*werpen*
thrust	thrust	thrust	*duwen*
tread	trod	trodden	*treden*
wake	woke/waked	woken/waked	*wekken*
wear	wore	worn	*dragen*
weave	wove	woven	*weven*
weep	wept	wept	*huilen*
will*	would	—	*zullen*
win	won	won	*winnen*
wind	wound	wound	*opwinden*
wring	wrung	wrung	*wringen*
write	wrote	written	*schrijven*

* tegenwoordige tijd

Engelse afkortingen

AA	*Automobile Association*	Britse Automobielclub
AAA	*American Automobile Association*	Amerikaanse Automobielclub
ABC	*American Broadcasting Company*	Amerikaanse radio- en televisiemaatschappij
A.D.	*anno Domini*	na Christus
Am.	*America; American*	Amerika; Amerikaans
a.m.	*ante meridiem (before noon)*	de tijd tussen 0 en 12 uur
Amtrak	*American railroad corporation*	Amerikaanse spoorwegmaatschappij
AT & T	*American Telephone and Telegraph Company*	Amerikaanse telefoon- en telegraafmaatschappij
Ave.	*avenue*	avenue
BBC	*British Broadcasting Corporation*	Britse radio- en televisie-maatschappij
B.C.	*before Christ*	voor Christus
bldg.	*building*	gebouw
Blvd.	*boulevard*	boulevard
B.R.	*British Rail*	Britse Spoorwegen
Brit.	*Britain; British*	Groot-Brittannië, Brits
Bros.	*brothers*	gebroeders
¢	*cent*	1/100 van een dollar
Can.	*Canada; Canadian*	Canada; Canadees
CBS	*Columbia Broadcasting System*	Amerikaanse radio- en televisiemaatschappij
CID	*Criminal Investigation Department*	afdeling criminele recherche van Scotland Yard
CNR	*Canadian National Railway*	Canadese Nationale Spoorwegen
c/o	*(in) care of*	per adres
Co.	*company*	maatschappij
Corp.	*corporation*	vennootschap
CPR	*Canadian Pacific Railways*	Canadese spoorweg-maatschappij
D.C.	*District of Columbia*	district in de V.S. waarin de hoofdstad Washington ligt
DDS	*Doctor of Dental Science*	doctor in de tandheelkunde
dept.	*department*	departement, afdeling
EEC	*European Economic Community*	EEG, Europese Economische Gemeenschap
e.g.	*for instance*	bijvoorbeeld

Eng.	*England; English*	Engeland; Engels
excl.	*excluding; exclusive*	exclusief
ft.	*foot/feet*	voet
GB	*Great Britain*	Groot-Brittannië
H.E.	*His/Her Excellency;*	Zijne/Hare Excellentie;
	His Eminence	Zijne Eminentie
H.H.	*His Holiness*	Zijne Heiligheid
H.M.	*His/Her Majesty*	Zijne/Hare Majesteit
H.M.S.	*Her Majesty's ship*	Harer Majesteits schip
		(Brits oorlogsschip)
hp	*horsepower*	paardekracht
Hwy	*highway*	autoweg
i.e.	*that is to say*	d.w.z., dat wil zeggen
in.	*inch*	duim (2,54 cm)
Inc.	*incorporated*	naamloze vennootschap
incl.	*including, inclusive*	inclusief
£	*pound sterling*	pond sterling
L.A.	*Los Angeles*	Los Angeles
Ltd.	*limited*	naamloze vennootschap
M.D.	*Doctor of Medicine*	arts
M.P.	*Member of Parliament*	lid van het Lagerhuis
		(Engeland)
mph	*miles per hour*	Engelse mijl per uur
Mr.	*Mister*	meneer
Mrs.	*Missis*	mevrouw
Ms.	*Missis/Miss*	mevrouw/mejuffrouw
nat.	*national*	nationaal
NBC	*National Broadcasting*	Amerikaanse radio- en
	Company	televisiemaatschappij
No.	*number*	nummer
N.Y.C.	*New York City*	New York City
O.B.E.	*Officer (of the Order)*	Officier in de Orde
	of the British Empire	van het Britse Imperium
p.	*page; penny/pence*	bladzijde; 1/100 van een pond
p.a.	*per annum*	per jaar
Ph.D.	*Doctor of Philosophy*	doctor in de wijsbegeerte
p.m.	*post meridiem*	de tijd tussen 12 en 24 uur
	(after noon)	
PO	*Post Office*	postkantoor
POO	*post office order*	postorder
pop.	*population*	bevolking
P.T.O.	*please turn over*	zie ommezijde, a.u.b.
RAC	*Royal Automobile Club*	Koninklijke Britse
		Automobielclub

RCMP	*Royal Canadian Mounted Police*	Koninklijke Canadese Bereden Politie
Rd.	*road*	weg
ref.	*reference*	verwijzing
Rev.	*reverend*	dominee
RFD	*rural free delivery*	landelijke postbus
RR	*railroad*	spoorweg
RSVP	*please reply*	verzoeke gaarne antwoord
$	*dollar*	dollar
Soc.	*society*	maatschappij, genootschap
St.	*saint ; street*	sint; straat
STD	*Subscriber Trunk Dialling*	automatisch telefoonverkeer
UN	*United Nations*	V.N., Verenigde Naties
UPS	*United Parcel Service*	Amerikaanse pakketdienst
US	*United States*	Verenigde Staten
USS	*United States Ship*	Amerikaans oorlogsschip
VAT	*value added tax*	B.T.W.
VIP	*very important person*	zeer belangrijke persoon
Xmas	*Christmas*	Kerstmis
yd.	*yard*	yard (91,44 cm)
YMCA	*Young Men's Christian Association*	Christelijke Jongeren Vereniging
YWCA	*Young Women's Christian Association*	Christelijke Meisjes Vereniging
ZIP	*ZIP code*	postnummer

Telwoorden

Hoofdtelwoorden

0	zero
1	one
2	two
3	three
4	four
5	five
6	six
7	seven
8	eight
9	nine
10	ten
11	eleven
12	twelve
13	thirteen
14	fourteen
15	fifteen
16	sixteen
17	seventeen
18	eighteen
19	nineteen
20	twenty
21	twenty-one
22	twenty-two
23	twenty-three
24	twenty-four
25	twenty-five
30	thirty
40	forty
50	fifty
60	sixty
70	seventy
80	eighty
90	ninety
100	a/one hundred
230	two hundred and thirty
1,000	a/one thousand
10,000	ten thousand
100,000	a/one hundred thousand
1,000,000	a/one million

Rangtelwoorden

1st	first
2nd	second
3rd	third
4th	fourth
5th	fifth
6th	sixth
7th	seventh
8th	eighth
9th	ninth
10th	tenth
11th	eleventh
12th	twelfth
13th	thirteenth
14th	fourteenth
15th	fifteenth
16th	sixteenth
17th	seventeenth
18th	eighteenth
19th	nineteenth
20th	twentieth
21st	twenty-first
22nd	twenty-second
23rd	twenty-third
24th	twenty-fourth
25th	twenty-fifth
26th	twenty-sixth
27th	twenty-seventh
28th	twenty-eighth
29th	twenty-ninth
30th	thirtieth
40th	fortieth
50th	fiftieth
60th	sixtieth
70th	seventieth
80th	eightieth
90th	ninetieth
100th	hundredth
230th	two hundred and thirtieth
1,000th	thousandth

Tijd

De Engelsen en Amerikanen gebruiken het twaalf-uren systeem. De uitdrukking *a.m. (ante meridiem)* duidt op de uren tussen middernacht en 12 uur 's middags; *p.m. (post meridiem)* op de uren tussen 12 uur 's middags en middernacht. Engeland gaat momenteel geleidelijk over op het continentale systeem.

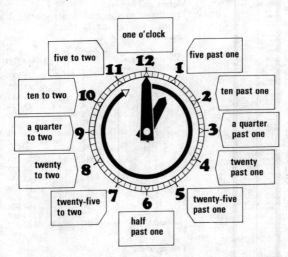

I'll come at seven a.m.	Ik kom om 7 uur 's morgens.
I'll come at two p.m.	Ik kom om 2 uur 's middags.
I'll come at eight p.m.	Ik kom om 8 uur 's avonds.

Dagen van de week

Sunday	zondag	*Thursday*	donderdag
Monday	maandag	*Friday*	vrijdag
Tuesday	dinsdag	*Saturday*	zaterdag
Wednesday	woensdag		

Conversion tables/Omrekentabellen

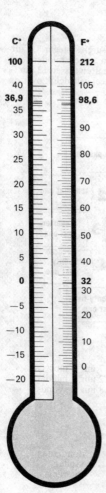

Meters en voeten
Het middelste cijfer geeft zowel meters als voeten aan, bijvoorbeeld 1 meter = 3,281 voet en 1 voet = 0,30 m.

Metres and feet
The figure in the middle stands for both metres and feet, e.g. 1 metre = 3.281 ft. and 1 foot = 0.30 m.

Meters/Metres		Voeten/Feet
0.30	1	3.281
0.61	2	6.563
0.91	3	9.843
1.22	4	13.124
1.52	5	16.403
1.83	6	19.686
2.13	7	22.967
2.44	8	26.248
2.74	9	29.529
3.05	10	32.810
3.66	12	39.372
4.27	14	45.934
6.10	20	65.620
7.62	25	82.023
15.24	50	164.046
22.86	75	246.069
30.48	100	328.092

Temperatuur
Voor het omrekenen van Celsius in Fahrenheit, moet u het aantal graden Celsius met 1,8 vermenigvuldigen en er dan 32 bij optellen.
Voor het omrekenen van Fahrenheit in Celsius, moet u 32 van het aantal graden Fahrenheit aftrekken en dan delen door 1,8.

Temperature
To convert Centigrade to Fahrenheit, multiply by 1.8 and add 32.
To convert Fahrenheit to Centigrade, subtract 32 from Fahrenheit and divide by 1.8.

Enkele nuttige zinnen

Some Basic Phrases

Alstublieft.	Please.
Hartelijk dank.	Thank you very much.
Niets te danken.	Don't mention it.
Goedemorgen.	Good morning.
Goedemiddag.	Good afternoon.
Goedenavond.	Good evening.
Goedenacht.	Good night.
Tot ziens.	Good-bye.
Tot straks.	See you later.
Waar is/Waar zijn…?	Where is/Where are…?
Hoe noemt u dit?	What do you call this?
Wat betekent dat?	What does that mean?
Spreekt u Engels?	Do you speak English?
Spreekt u Duits?	Do you speak German?
Spreekt u Frans?	Do you speak French?
Spreekt u Spaans?	Do you speak Spanish?
Spreekt u Italiaans?	Do you speak Italian?
Kunt u wat langzamer spreken, alstublieft?	Could you speak more slowly, please?
Ik begrijp het niet.	I don't understand.
Mag ik…hebben?	Can I have…?
Kunt u mij…tonen?	Can you show me…?
Kunt u mij zeggen…?	Can you tell me…?
Kunt u me helpen?	Can you help me, please?
Ik wil graag…	I'd like…
Wij willen graag…	We'd like…
Geeft u me…, alstublieft.	Please give me…
Brengt u me…, alstublieft.	Please bring me…
Ik heb honger.	I'm hungry.
Ik heb dorst.	I'm thirsty.
Ik ben verdwaald.	I'm lost.
Vlug!	Hurry up!
Er is/Er zijn…	There is/There are…
Er is geen/Er zijn geen…	There isn't/There aren't…

Aankomst

Uw paspoort, alstublieft.

Hebt u iets aan te geven?

Nee, helemaal niets.

Kunt u me met mijn bagage helpen, alstublieft?

Waar is de bus naar het centrum?

Hierlangs, alstublieft.

Waar kan ik een taxi krijgen?

Wat kost het naar…?

Breng me naar dit adres, alstublieft.

Ik heb haast.

Hotel

Mijn naam is…

Hebt u gereserveerd?

Ik wil graag een kamer met bad.

Hoeveel kost het per nacht?

Mag ik de kamer zien?

Wat is mijn kamernummer?

Er is geen warm water.

Mag ik de directeur spreken, alstublieft?

Heeft er iemand voor mij opgebeld?

Is er post voor mij?

Mag ik de rekening, alstublieft?

Uit eten

Hebt u een menu à prix fixe?

Mag ik de spijskaart zien?

Kunt u ons een asbak brengen, alstublieft?

Arrival

Your passport, please.

Have you anything to declare?

No, nothing at all.

Can you help me with my luggage, please?

Where's the bus to the centre of town, please?

This way, please.

Where can I get a taxi?

What's the fare to…?

Take me to this address, please.

I'm in a hurry.

Hotel

My name is…

Have you a reservation?

I'd like a room with a bath.

What's the price per night?

May I see the room?

What's my room number, please?

There's no hot water.

May I see the manager, please?

Did anyone telephone me?

Is there any mail for me?

May I have my bill (check), please?

Eating out

Do you have a fixed-price menu?

May I see the menu?

May we have an ashtray, please?

Waar is het toilet?	Where's the toilet, please?
Ik wil graag een voorgerecht.	I'd like an hors d'œuvre (starter).
Hebt u soep?	Have you any soup?
Ik wil graag vis.	I'd like some fish.
Wat voor vis hebt u?	What kind of fish do you have?
Ik wil graag een biefstuk.	I'd like a steak.
Wat voor groenten hebt u?	What vegetables have you got?
Niets meer, dank u.	Nothing more, thanks.
Wat wilt u drinken?	What would you like to drink?
Een pils, alstublieft.	I'll have a beer, please.
Ik wil graag een fles wijn.	I'd like a bottle of wine.
Mag ik de rekening, alstublieft?	May I have the bill (check), please?
Is de bediening inbegrepen?	Is service included?
Dank u, het was een uitstekende maaltijd.	Thank you, that was a very good meal.

Reizen	**Travelling**
Waar is het station?	Where's the railway station, please?
Waar is het loket?	Where's the ticket office, please?
Ik wil graag een kaartje naar...	I'd like a ticket to...
Eerste of tweede klas?	First or second class?
Eerste klas, alstublieft.	First class, please.
Enkele reis of retour?	Single or return (one way or roundtrip)?
Moet ik overstappen?	Do I have to change trains?
Van welk perron vertrekt de trein naar...?	What platform does the train for... leave from?
Waar is het dichtstbijzijnde metrostation?	Where's the nearest underground (subway) station?
Waar is het busstation?	Where's the bus station, please?
Hoe laat vertrekt de eerste bus naar...?	When's the first bus to...?
Wilt u me bij de volgende halte laten uitstappen?	Please let me off at the next stop.

Ontspanning

Wat wordt er in de bioscoop gegeven?

Hoe laat begint de film?

Zijn er nog plaatsen vrij voor vanavond?

Waar kunnen we gaan dansen?

Relaxing

What's on at the cinema (movies)?

What time does the film begin?

Are there any tickets for tonight?

Where can we go dancing?

Ontmoetingen

Dag mevrouw/juffrouw/mijnheer.

Hoe maakt u het?

Uitstekend, dank u. En u?

Mag ik u... voorstellen?

Mijn naam is...

Prettig kennis met u te maken.

Hoelang bent u al hier?

Het was mij een genoegen.

Hindert het u als ik rook?

Hebt u een vuurtje, alstublieft?

Mag ik u iets te drinken aanbieden?

Mag ik u vanavond ten eten uitnodigen?

Waar spreken we af?

Meeting people

How do you do.

How are you?

Very well, thank you. And you?

May I introduce...?

My name is...

I'm very pleased to meet you.

How long have you been here?

It was nice meeting you.

Do you mind if I smoke?

Do you have a light, please?

May I get you a drink?

May I invite you for dinner tonight?

Where shall we meet?

Winkels en diensten

Waar is de dichtstbijzijnde bank?

Waar kan ik reischeques inwisselen?

Kunt u me wat kleingeld geven, alstublieft?

Waar is de dichtstbijzijnde apotheek?

Hoe kom ik daar?

Is het te lopen?

Shops, stores and services

Where's the nearest bank, please?

Where can I cash some travellers' cheques?

Can you give me some small change, please?

Where's the nearest chemist's (pharmacy)?

How do I get there?

Is it within walking distance?

Kunt u mij helpen, alstublieft?	Can you help me, please?
Hoeveel kost dit? En dat?	How much is this? And that?
Het is niet precies wat ik zoek.	It's not quite what I want.
Het bevalt me.	I like it.
Kunt u mij iets tegen zonnebrand aanbevelen?	Can you recommend something for sunburn?
Knippen, alstublieft.	I'd like a haircut, please.
Ik wil een manicure, alstublieft.	I'd like a manicure, please.

De weg vragen / Street directions

Kunt u mij op de kaart aanwijzen waar ik ben?	Can you show me on the map where I am?
U bent op de verkeerde weg.	You are on the wrong road.
Rij/Ga rechtuit.	Go/Walk straight ahead.
Het is aan de linkerkant/aan de rechterkant.	It's on the left/on the right.

Spoedgevallen / Emergencies

Roep vlug een dokter.	Call a doctor quickly.
Roep een ambulance.	Call an ambulance.
Roep de politie, alstublieft.	Please call the police.

Nederlands/Engels
Dutch/English

Introduction

The dictionary has been designed to take account of your practical needs. Unnecessary linguistic information has been avoided. The entries are listed in alphabetical order regardless of whether the entry word is printed in a single word, is hyphened or is in two or more separate words. The only exception to this rule, reflexive verbs, are listed as main entries alphabetically according to the verb, e. g. *zich afvragen* is found under **a.**

When an entry is followed by sub-entries such as expressions and locutions, these, too, have been listed in alphabetical order.

Each main-entry word is followed by a phonetic transcription (see Guide to pronunciation). Following the transcription is the part of speech of the entry word whenever applicable. When an entry word may be used as more then one part of speech, the translations are grouped together after the respective part of speech.

Considering the complexity of the rules for constructing the plural of Dutch nouns, we have supplied the plural form whenever in current use.

Each time an entry word is repeated in plurals or in sub-entries, a tilde (~) is used to represent the full entry word.

In plurals of long words, only the part that changes is written out fully, whereas the unchanged part is represented by a hyphen.

Entry: beker (pl ~s)	Plural: bekers
kind (pl ~eren)	kinderen
leslokaal (pl -kalen)	leslokalen

An asterisk (*) in front of a verb indicates that the verb is irregular. For details, refer to the lists of irregular verbs.

Abbreviations

adj	adjective	*p*	past tense
adv	adverb	*pl*	plural
Am	American	*plAm*	plural (American)
art	article	*pp*	past participle
c	common gender	*pr*	present tense
conj	conjunction	*pref*	prefix
n	noun	*prep*	preposition
nAm	noun (American)	*pron*	pronoun
nt	neuter	*v*	verb
num	numeral	*vAm*	verb (American)

Guide to Pronunciation

Each main entry in this part of the dictionary is followed by a phonetic transcription which shows you how to pronounce the words. This transcription should be read as if it were English. It is based on Standard British pronunciation, though we have tried to take account of General American pronunciation also. Below, only those letters and symbols are explained which we consider likely to be ambiguous or not immediately understood.

The syllables are separated by hyphens, and stressed syllables are printed in *italics*.

Of course, the sounds of any two languages are never exactly the same, but if you follow carefully our indications, you should be able to pronounce the foreign words in such a way that you'll be understood. To make your task easier, our transcriptions occasionally simplify slightly the sound system of the language while still reflecting the essential sound differences.

Consonants

g   a g-sound where the tongue doesn't quite close the air passage between itself and the roof of the mouth, so that the escaping air produces audible friction; often fairly hard, so that it resembles **kh**

kh   like **g**, but based on a **k**-sound; therefore hard and voiceless, like **ch** in Scottish lo**ch**

ñ   as in Spanish se**ñ**or, or like **ni** in o**ni**on

s   always hard, as in **s**o

zh   a soft, voiced **sh**, like **s** in plea**s**ure

1) In everyday speech, the **n** in the ending of verbs and plurals of nouns is usually dropped.

2) We use the transcription **v** for two different sounds (written **v** and **w** in Dutch) because the difference between them is often inaudible to foreigners.

Vowels and Diphthongs

aa   long **a**, as in c**a**r, without any **r**-sound

ah   a short version of **aa**; between **a** in c**a**t and **u** in c**u**t

ai   like **air**, without any **r**-sound

Dutch for English:

eh	like **e** in g**e**t
er	as in oth**er**, without any **r**-sound
ew	a "rounded **ee**-sound"; say the vowel sound **ee** (as in s**ee**), and while saying it, round your lips as for **oo** (as in s**oo**n), without moving your tongue; when your lips are in the **oo** position, but your tongue is in the **ee** position, you should be pronouncing the correct sound
ı	like **i** in b**i**t
igh	as in s**igh**
o	always as in h**o**t (British pronunciation)
ou	as in l**ou**d
ur	as in f**ur**, but with rounded lips and no **r**-sound

1) A bar over a vowel symbol (e.g. $\overline{oo}$) shows that this sound is long.

2) Raised letters (e.g. aa^{ee}, t^y, ^{y}eh) should be pronounced only fleetingly.

3) Dutch vowels (i.e. not diphthongs) are pure. Therefore, you should try to read a transcription like $\overline{oa}$ without moving tongue or lips while pronouncing the sound.

4) Some Dutch words borrowed from French contain nasal vowels, which we transcribe with a vowel symbol plus **ng** (e.g. **ahng**). This **ng** should *not* be pronounced, and serves solely to indicate nasal quality of the preceding vowel. A nasal vowel is pronounced simultaneously through the mouth and the nose.

A

aal (aal) *c* (pl alen) eel

aambeien (*aam*-bay-ern) *pl* haemorrhoids *pl*, piles *pl*

aan (aan) *prep* to; on

aanbetaling (*aam*-ber-taa-ling) *c* (pl ~en) down payment

*** aanbevelen** (*aam*-ber-vāy-lern) *v* recommend

aanbeveling (*aam*-ber-vāy-ling) *c* (pl ~en) recommendation

aanbevelingsbrief (*aam*-ber-vāy-lings-breef) *c* (pl -brieven) letter of recommendation

*** aanbidden** (*aam*-bi-dern) *v* worship

*** aanbieden** (*aam*-bee-dern) *v* offer; present

aanbieding (*aam*-bee-ding) *c* (pl ~en) offer

aanblik (*aam*-blik) *c* sight; appearance

aanbod (*aam*-bot) *nt* offer; supply

aanbranden (*aam*-brahn-dern) *v* *burn

aandacht (*aan*-dahkht) *c* attention; notice, consideration; ~ **besteden aan** attend to

aandeel (*aan*-dāyl) *nt* (pl -delen) share

aandenken (*aan*-dehng-kern) *nt* (pl ~s) remembrance

aandoening (*aan*-dōō-ning) *c* (pl ~en) affection

aandoenlijk (*aan*-dōōn-lerk) *adj* touching

*** aandrijven** (*aan*-dray-vern) *v* propel

*** aandringen** (*aan*-dri-ngern) *v* insist

aanduiden (*aan*-dur^(ew)-dern) *v* indicate

*** aangaan** (*aang*-gaan) *v* concern

aangaande (aang-*gaan*-der) *prep* as regards

aangeboren (aang-ger-*bōa*-rern) *adj* natural

aangelegenheid (aang-ger-*lāy*-gern-hayt) *c* (pl -heden) matter, concern; affair, business

aangenaam (*aang*-ger-naam) *adj* agreeable, pleasing, pleasant

aangesloten (aang-ger-*slōa*-tern) *adj* affiliated

*** aangeven** (*aang*-gāy-vern) *v* indicate; declare; *give, hand, pass

aangezien (aang-ger-*zeen*) *conj* as, since; because

aangifte (*aang*-gif-ter) *c* (pl ~n) declaration

aangrenzend (aang-*grehn*-zernt) *adj* neighbouring

aanhalen (*aan*-haa-lern) *v* tighten; quote

aanhalingstekens (*aan*-haa-lings-tāy-kerns) *pl* quotation marks

aanhangwagen (*aan*-hahng-vaa-gern) *c* (pl ~s) trailer

aanhankelijk (aan-*hahng*-ker-lerk) *adj*

affectionate

*aanhebben (*aan*-heh-bern) *v* *wear

aanhechten (*aan*-hehkh-tern) *v* attach

aanhoren (*aan*-hōā-rern) *v* listen

*aanhouden (*aan*-hou-dern) *v* insist;
aanhoudend constant

aanhouding (*aan*-hou-dɪng) *c* (pl ~en)
arrest

*aankijken (*aang*-kay-kern) *v* look at

aanklacht (*aang*-klahkht) *c* (pl ~en)
charge

aanklagen (*aang*-klaa-gern) *v* accuse,
charge

aankleden (*aang*-klāy-dern) *v* dress;
*get dressed

*aankomen (*aang*-kōā-mern) *v* arrive

aankomst (*aang*-komst) *c* arrival

aankomsttijd (*aang*-koms-tayt) *c* (pl
~en) time of arrival

aankondigen (*aang*-kon-der-gern) *v*
announce

aankondiging (*aang*-kon-der-gɪng) *c*
(pl ~en) notice, announcement

aankoop (*aang*-kōāp) *c* (pl -kopen)
purchase

aankruisen (*aang*-krur^{ew}-sern) *v* mark

aanleg (*aan*-lehkh) *c* talent

aanleggen (*aan*-leh-gern) *v* dock

aanleiding (*aan*-lay-dɪng) *c* (pl ~en)
cause, occasion

aanlengen (*aan*-leh-ngern) *v* dilute

zich aanmelden (*aan*-mehl-dern) *v* report

aanmerkelijk (aa-*mehr*-ker-lerk) *adj*
considerable

aanmerken (aa-*mehr*-kern) *v* comment

aanmoedigen (aa-*mōō*-der-gern) *v* encourage

*aannemen (aa-*nāy*-mern) *v* accept;
assume, suppose; adopt; aangenomen dat supposing that

aannemer (aa-*nāy*-merr) *c* (pl ~s)
contractor

aanpak (*aam*-pahk) *c* method, approach

aanpassen (*aam*-pah-sern) *v* adapt;
suit; adjust

aanplakbiljet (*aam*-plahk-bɪl-^yeht) *nt*
(pl ~ten) placard

*aanprijzen (*aam*-pray-zern) *v* recommend

*aanraden (*aan*-raa-dern) *v* advise,
recommend

aanraken (*aan*-raa-kern) *v* touch

aanraking (*aan*-raa-kɪng) *c* (pl ~en)
touch; contact

aanranden (*aan*-rahn-dern) *v* assault

aanrichten (*aan*-rɪkh-tern) *v* cause

aanrijding (*aan*-ray-dɪng) *c* (pl ~en)
collision

aanschaffen (*aan*-skhah-fern) *v* *buy

*aansluiten (*aan*-slur^{ew}-tern) *v* connect

aansluiting (*aan*-slur^{ew}-tɪng) *c* (pl
~en) connection

aansporen (*aan*-spōā-rern) *v* incite;
urge

aanspraak (*aan*-spraak) *c* (pl -spra-
ken) claim

aansprakelijk (aan-*spraa*-ker-lerk) *adj*
liable; responsible

aansprakelijkheid (aan-*spraa*-ker-lerk-
hayt) *c* liability; responsibility

*aanspreken (*aan*-sprāy-kern) *v* address

aanstekelijk (aan-*stāy*-ker-lerk) *adj*
contagious

*aansteken (*aan*-stāy-kern) *v* *light;
infect

aansteker (*aan*-stāy-kerr) *c* (pl ~s)
lighter, cigarette-lighter

aanstellen (*aan*-steh-lern) *v* appoint

aanstoot (*aan*-stōāt) *c* offence

aanstootgevend (aan-stōāt-*khāy*-vernt)
adj offensive

aanstrepen (*aan*-strāy-pern) *v* tick off

aantal (*aan*-tahl) *nt* (pl ~len) number; quantity

aantekenen (*aan*-tāy-ker-nern) v record; register

aantekening (*aan*-tāy-ker-nɪng) c (pl ~en) note·

aantonen (*aan*-tōa-nern) v prove; demonstrate, *show

aantrekkelijk (aan-*treh*-ker-lerk) adj attractive

*aantrekken (aan-*treh*-kern) v attract; tempt; *put on; tighten

aantrekking (aan-*treh*-kɪng) c attraction

aanvaarden (aan-*vaar*-dern) v accept

aanval (*aan*-vahl) c (pl ~len) attack; fit

*aanvallen (*aan*-vah-lern) v attack; assault

aanvang (*aan*-vahng) c beginning

*aanvangen (*aan*-vah-ngern) v *begin

aanvankelijk (aan-*vahng*-ker-lerk) adv originally, at first

aanvaring (*aan*-vaa-rɪng) c (pl ~en) collision

aanvoer (*aan*-vōōr) c supply

aanvoerder (*aan*-vōōr-derr) c (pl ~s) leader

aanvraag (*aan*-vraakh) c (pl -vragen) application

aanwezig (aan-*vāy*-zerkh) adj present

aanwezigheid (aan-*vāy*-zerkh-hayt) c presence

*aanwijzen (*aan*-vay-zern) v point out; designate

aanwijzing (*aan*-vay-zɪng) c (pl ~en) indication

aanzetten (*aan*-zeh-tern) v turn on

aanzien (*aan*-zeen) nt aspect; esteem; **ten ~ van** regarding

aanzienlijk (aan-*zeen*-lerk) adj considerable, substantial

aap (aap) c (pl apen) monkey

aard (aart) c nature

aardappel (*aar*-dah-perl) c (pl ~s, ~en) potato

aardbei (*aart*-bay) c (pl ~en) strawberry

aardbeving (*aart*-bāy-vɪng) c (pl ~en) earthquake

aardbol (*aart*-bol) c globe

aarde (*aar*-der) c earth; soil

aardewerk (*aar*-der-vehrk) nt crockery, pottery, faience, earthenware, ceramics pl

aardig (*aar*-derkh) adj pleasant; nice, kind

aardrijkskunde (*aar*-drayks-kern-der) c geography

aartsbisschop (*aarts*-bɪ-skhop) c (pl ~pen) archbishop

aarzelen (*aar*-zer-lern) v hesitate

aas (aass) nt bait

abces (ahp-*sehss*) nt (pl ~sen) abscess

abdij (ahb-*day*) c (pl ~en) abbey

abnormaal (ahp-nor-*maal*) adj abnormal

abonnee (ah-bo-*nāy*) c (pl ~s) subscriber

abonnement (ah-bo-ner-*mehnt*) nt (pl ~en) subscription

abonnementskaart (ah-bo-ner-*mehnts*-kaart) c (pl ~en) season-ticket

abortus (ah-*bor*-terss) c (pl ~sen) abortion

abrikoos (ah-bree-*kōāss*) c (pl -kozen) apricot

absoluut (ahp-sōā-*lewt*) adj sheer; adv absolutely

abstract (ahp-*strahkt*) adj abstract

absurd (ahp-*serrt*) adj absurd

abuis (aa-*bur*^{ew}ss) nt (pl abuizen) mistake

academie (aa-kaa-*dāy*-mee) c (pl ~s) academy

accent (ahk-*sehnt*) nt (pl ~en) accent

accepteren (ahk-sehp-*tāy*-rern) v accept

accessoires (ahk-seh-*svaa*-rerss) pl accessories pl

accijns (ahk-*sayns*) c (pl -cijnzen) Customs duty

accommodatie (ah-ko-mōa-*daa*-tsee) c accommodation

accu (*ah*-kēw) c (pl ~'s) battery

acht (ahkht) num eight

achteloos (*ahkh*-ter-lōass) adj careless

achten (*ahkh*-tern) v esteem; count

achter (*ahkh*-terr) prep behind; after

achteraan (ahkh-ter-*raan*) adv behind

achterbuurt (*ahkh*-terr-bēwrt) c (pl ~en) slum

achterdochtig (ahkh-terr-*dokh*-terkh) adj suspicious

achtergrond (*ahkh*-terr-gront) c (pl ~en) background

achterkant (*ahkh*-terr-kahnt) c (pl ~en) rear

***achterlaten** (*ahkh*-terr-laa-tern) v *leave behind

achterlicht (*ahkh*-terr-likht) nt (pl ~en) tail-light, rear-light

achternaam (*ahkh*-terr-naam) c (pl -namen) family name, surname

achterstallig (ahkh-terr-*stah*-lerkh) adj overdue

achteruit (ahkh-ter-*rur*ᵉʷt) adv backwards

***achteruitrijden** (ahkh-ter-*rur*ᵉʷt-ray-dern) v reverse

achterwerk (*ahkh*-terr-vehrk) nt (pl ~en) bottom

achting (*ahkh*-tɪng) c respect, esteem

achtste (*ahkht*-ster) num eighth

achttien (*ahkh*-teen) num eighteen

achttiende (*ahkh*-teen-der) num eighteenth

acne (*ahk*-nāy) c acne

acquisitie (ah-kvee-*zee*-tsee) c (pl ~s) acquisition

acteur (ahk-*tūrr*) c (pl ~s) actor

actie (*ahk*-see) c (pl ~s) action

actief (ahk-*teef*) adj active

activiteit (ahk-tee-vee-*tayt*) c (pl ~en) activity

actrice (ahk-*tree*-ser) c (pl ~s) actress

actueel (ahk-tēw-*vāyl*) adj topical

acuut (ah-*kēwt*) adj acute

adel (*aa*-derl) c nobility

adellijk (*aa*-der-lerk) adj noble

adem (*aa*-derm) c breath

ademen (*aa*-der-mern) v breathe

ademhaling (*aa*-derm-haa-lɪng) c breathing, respiration

adequaat (ah-dāy-*kvaat*) adj adequate

ader (*aa*-derr) c (pl ~s, ~en) vein

administratie (aht-mee-nee-*straa*-tsee) c (pl ~s) administration

administratief (aht-mee-nee-straa-*teef*) adj administrative

admiraal (aht-mee-*raal*) c (pl ~s) admiral

adopteren (ah-dop-*tāy*-rern) v adopt

adres (aa-*drehss*) nt (pl ~sen) address

adresseren (aa-dreh-*sāy*-rern) v address

advertentie (aht-ferr-*tehn*-see) c (pl ~s) advertisement

advies (aht-*feess*) nt (pl adviezen) advice

adviseren (aht-fee-*zāy*-rern) v advise

advocaat (aht-fōa-*kaat*) c (pl -caten) lawyer; barrister; solicitor; attorney

af (ahf) adv off; finished; ~ **en toe** occasionally

afbeelding (*ahf*-bāyl-dɪng) c (pl ~en) picture

afbetalen (*ahf*-ber-taa-lern) v *pay on account

afbetaling (*ahf*-ber-taa-lɪng) c (pl ~en) instalment

***afblijven** (*ahf*-blay-vern) v *keep off

afbraak (*ahf*-braak) c demolition

***afbreken** (*ahf*-brāy-kern) v chip

afdaling (*ahf*-daa-lɪng) c (pl ~en) descent

afdanken (*ahf*-dahng-kern) v discard

afdeling (*ahf*-day-ling) *c* (pl ~en) division, department; section

afdingen (*ahf*-di-ngern) *v* bargain

afdrogen (*ahf*-droā-gern) *v* dry

afdruk (*ahf*-drerk) *c* (pl ~ken) print

afdwingen (*ahf*-dvi-ngern) *v* extort

affaire (ah-*fai*-rer) *c* (pl ~s) deal; affair

affiche (ah-*fee*-sher) *nt* (pl ~s) poster

afgeladen (*ahf*-kher-laa-dern) *adj* chock-full

afgelegen (*ahf*-kher-lay-gern) *adj* remote, far-off, out of the way

afgelopen (*ahf*-kher-loā-pern) *adj* past

afgerond (*ahf*-kher-ront) *adj* rounded

afgevaardigde (*ahf*-kher-vaar-derg-der) *c* (pl ~n) deputy

afgezien van (*ahf*-kher-zeen vahn) apart from

afgod (*ahf*-khot) *c* (pl ~en) idol

afgrijzen (*ahf*-khray-zern) *nt* horror

afgrond (*ahf*-khront) *c* (pl ~en) precipice, abyss

afgunst (*ahf*-khernst) *c* envy

afgunstig (*ahf*-*khern*-sterkh) *adj* envious

afhalen (*ahf*-haa-lern) *v* collect, fetch

afhandelen (*ahf*-hahn-der-lern) *v* settle

afhangen van (*ahf*-hah-ngern) depend on

afhankelijk (ahf-*hahng*-ker-lerk) *adj* dependant

afhellend (*ahf*-heh-lernt) *adj* sloping

afkeer (*ahf*-kāyr) *c* dislike; antipathy

afkerig (ahf-*kāy*-rerkh) *adj* averse

afkeuren (*ahf*-kūr-rern) *v* disapprove; reject

afknippen (*ahf*-kni-pern) *v* *cut off

afkondigen (*ahf*-kon-der-gern) *v* proclaim

afkorting (*ahf*-kor-ting) *c* (pl ~en) abbreviation

afleiden (*ahf*-lay-dern) *v* deduce, infer

afleiding (*ahf*-lay-ding) *c* diversion

afleren (*ahf*-lay-rern) *v* unlearn

afleveren (*ahf*-lay-ver-rern) *v* deliver

afloop (*ahf*-loāp) *c* expiry

aflopen (*ahf*-loā-pern) *v* end; expire

aflossen (*ahf*-lo-sern) *v* relieve; *pay off

afluisteren (*ahf*-lur^(ew)-ster-rern) *v* eavesdrop

afmaken (*ahf*-maa-kern) *v* finish

afmeting (*ahf*-māy-ting) *c* (pl ~en) size

afnemen (*ahf*-nāy-mern) *v* decrease; *take away

afpersing (*ahf*-pehr-sing) *c* (pl ~en) extortion

afraden (*ahf*-raa-dern) *v* dissuade from

afremmen (*ahf*-reh-mern) *v* slow down

Afrika (*aa*-free-kaa) Africa

Afrikaan (aa-free-*kaan*) *c* (pl -kanen) African

Afrikaans (aa-free-*kaans*) *adj* African

afschaffen (*ahf*-skhah-fern) *v* abolish

afscheid (*ahf*-skhayt) *nt* parting

afschrift (*ahf*-skhrift) *nt* (pl ~en) copy

afschuw (*ahf*-skhew^(oo)) *c* horror

afschuwelijk (ahf-*skhew*-ver-lerk) *adj* horrible, awful; hideous

afsluiten (*ahf*-slur^(ew)-tern) *v* *cut off

afsnijden (*ahf*-snay-dern) *v* *cut off; chip

afspraak (*ahf*-spraak) *c* (pl -spraken) date, appointment; engagement

afstammeling (*ahf*-stah-mer-ling) *c* (pl ~en) descendant

afstamming (*ahf*-stah-ming) *c* origin

afstand (*ahf*-stahnt) *c* (pl ~en) distance; space, way

afstandsmeter (*ahf*-stahnts-māy-terr) *c* (pl ~s) range-finder

afstellen (*ahf*-steh-lern) *v* adjust

afstemmen (*ahf*-steh-mern) *v* tune in

afstotelijk (ahf-*stoā*-ter-lerk) *adj* repellent

aftekenen (*ahf*-tāy-ker-nern) *v* endorse

aftrap (*ahf*-trahp) *c* kick-off

***aftrekken** (*ahf*-treh-kern) *v* deduct; subtract

afvaardiging (ah-faar-der-gɪng) *c* (pl ~en) delegation

afval (*ah*-fahl) *nt* garbage, litter, rubbish, refuse

afvegen (ahf-*fāy*-gern) *v* wipe

afvoer (ah-*fōōr*) *c* drain

zich ***afvragen** (ah-*fraa*-gern) wonder

afwachten (*ahf*-vahkh-tern) *v* await

afwassen (*ahf*-vah-sern) *v* wash up

afwateren (*ahf*-vaa-ter-rern) *v* drain

afwenden (*ahf*-vehn-dern) *v* avert

afwezig (ahf-*vāy*-zerkh) *adj* absent

afwezigheid (ahf-*vāy*-zerkh-hayt) *c* absence

***afwijken** (*ahf*-vay-kern) *v* deviate

afwijking (*ahf*-vay-kɪng) *c* (pl ~en) aberration

***afwijzen** (*ahf*-vay-zern) *v* reject

afwisselen (*ahf*-vɪ-ser-lern) *v* vary; **afwisselend** alternate

afwisseling (*ahf*-vɪ-ser-lɪng) *c* variation

***afzeggen** (*ahf*-seh-gern) *v* cancel

afzetting (*ahf*-seh-tɪng) *c* (pl ~en) deposit

afzonderlijk (ahf-*son*-derr-lerk) *adj* individual; separate; *adv* apart

agenda (aa-*gehn*-daa) *c* (pl ~'s) diary; agenda

agent (aa-*gehnt*) *c* (pl ~en) policeman; distributor, agent

agentschap (aa-*gehnt*-skhahp) *nt* (pl ~pen) agency

agrarisch (aa-*graa*-reess) *adj* agrarian

agressief (ah-greh-*seef*) *adj* aggressive

akelig (*aa*-ker-lerkh) *adj* nasty

akker (*ah*-kerr) *c* (pl ~s) field

akkoord (ah-*kōārt*) *nt* (pl ~en) agreement

akte (*ahk*-ter) *c* (pl ~n, ~s) act, certificate

aktentas (*ahk*-tern-tahss) *c* (pl ~sen) briefcase, attaché case

al (ahl) *adj* all; *adv* already

alarm (aa-*lahrm*) *nt* alarm

alarmeren (aa-lahr-*māy*-rern) *v* alarm

album (*ahl*-berm) *nt* (pl ~s) album

alcohol (*ahl*-kōā-hol) *c* alcohol

alcoholisch (ahl-kōā-*hōā*-leess) *adj* alcoholic

aldoor (*ahl*-dōār) *adv* all the time

alfabet (*ahl*-faa-beht) *nt* alphabet

algebra (*ahl*-ger-braa) *c* algebra

algemeen (ahl-ger-*māyn*) *adj* general; universal, public; **in het ~** in general

Algerije (ahl-ger-*ray*-er) Algeria

Algerijn (ahl-ger-*rayn*) *c* (pl ~en) Algerian

Algerijns (ahl-ger-*rayns*) *adj* Algerian

alhoewel (ahl-hōō-*vehl*) *conj* though

alikruik (*aa*-lee-krur^ewk) *c* (pl ~en) winkle

alimentatie (ah-lee-mehn-*taa*-tsee) *c* alimony

alinea (aa-*lee*-nāy-aa) *c* (pl ~'s) paragraph

alledaags (ah-ler-*daakhs*) *adj* ordinary; everyday

alleen (ah-*lāyn*) *adv* only; alone

allemaal (ah-ler-*maal*) *num* ALL

allergie (ah-lehr-*gee*) *c* (pl ~ën) allergy

allerlei (*ah*-lerr-lay) *adj* various; all sorts of

alles (*ah*-lerss) *pron* everything

almachtig (ahl-*mahkh*-terkh) *adj* omnipotent

almanak (*ahl*-maa-nahk) *c* (pl ~ken) almanac

als (ahls) *conj* if; when; as, like

alsof (ahl-*zof*) *conj* as if; ***doen ~** pretend

alstublieft (ahl-stew-*bleeft*) here you

are; please

alt (ahlt) *c* (pl ~en) alto

altaar (*ahl*-taar) *nt* (pl altaren) altar

alternatief (ahl-terr-naa-*teef*) *nt* (pl -tieven) alternative

altijd (*ahl*-tayt) *adv* always, ever

amandel (aa-*mahn*-derl) *c* (pl ~en, ~s) almond; **amandelen** tonsils *pl*

amandelontsteking (aa-*mahn*-derl-ont-stāy-kıng) *c* (pl ~en) tonsilitis

ambacht (*ahm*-bahkht) *nt* (pl ~en) trade

ambassade (ahm-bah-*saa*-der) *c* (pl ~s) embassy

ambassadeur (ahm-bah-saa-*dūr*) *c* (pl ~s) ambassador

ambitieus (ahm-bee-ts*Ÿ*ū̄rss) *adj* ambitious

ambt (ahmt) *nt* (pl ~en) office

ambtenaar (*ahm*-ter-naar) *c* (pl -naren) civil servant

ambulance (ahm-bew̄-*lahn*-ser) *c* (pl ~s) ambulance

Amerika (aa-*māy*-ree-kaa) America

Amerikaan (aa-māy-ree-*kaan*) *c* (pl -kanen) American

Amerikaans (aa-māy-ree-*kaans*) *adj* American

amethist (ah-mer-*tist*) *c* (pl ~en) amethyst

amicaal (aa-mee-*kaal*) *adj* friendly

ammonia (ah-*mōa*-nee-*ʸ*aa) *c* ammonia

amnestie (ahm-nehss-*tee*) *c* amnesty

amulet (aa-mew̄-*leht*) *c* (pl ~ten) lucky charm, charm

amusant (aa-mew̄-*zahnt*) *adj* amusing; entertaining

amusement (aa-mew̄-zer-*mehnt*) *nt* amusement; entertainment

amuseren (aa-mew̄-*zāy*-rern) *v* amuse

analfabeet (ahn-ahl-faa-*bāyt*) *c* (pl -beten) illiterate

analist (ah-naa-*list*) *c* (pl ~en) analyst

analyse (ah-naa-*lee*-zer) *c* (pl ~n, ~s) analysis

analyseren (ah-naa-lee-*zāy*-rern) *v* analyse

analyticus (ah-naa-*lee*-tee-kerss) *c* (pl -ci) analyst, psychoanalyst

ananas (*ah*-nah-nahss) *c* (pl ~sen) pineapple

anarchie (ah-nahr-*khee*) *c* anarchy

anatomie (ah-naa-tōā-*mee*) *c* anatomy

ander (*ahn*-derr) *adj* other; different; **een** ~ another; **onder andere** among other things

anders (*ahn*-derrs) *adv* else; otherwise

andersom (ahn-derr-*som*) *adv* the other way round

angst (ahngst) *c* (pl ~en) fright, fear; terror

angstig (*ahng*-sterkh) *adj* afraid

angstwekkend (ahngst-*veh*-kernt) *adj* terrifying

animo (*aa*-nee-mōā) *c* zest

anker (*ahng*-kerr) *nt* (pl ~s) anchor

annexeren (ah-nehk-*sāy*-rern) *v* annex

annonce (ah-*nawng*-ser) *c* (pl ~s) advertisement

annuleren (ah-new̄-*lāy*-rern) *v* cancel

annulering (ah-new̄-*lāy*-rıng) *c* (pl ~en) cancellation

anoniem (ah-nōā-*neem*) *adj* anonymous

ansichtkaart (*ahn*-zıkht-kaart) *c* (pl ~en) postcard, picture postcard

ansjovis (ahn-*shōā*-viss) *c* (pl ~sen) anchovy

antenne (ahn-*teh*-ner) *c* (pl ~s) aerial

antibioticum (ahn-tee-bee-*ʸōā*-tee-kerm) *nt* (pl -ca) antibiotic

antiek (ahn-*teek*) *adj* antique

antipathie (ahn-tee-paa-*tee*) *c* dislike

antiquair (ahn-tee-*kair*) *c* (pl ~s) antique dealer

antiquiteit (ahn-tee-kvee-*tayt*) *c* (pl ~en) antique

antivries (ahn-tee-*vreess*) *c* antifreeze

antwoord (*ahnt*-vōart) *nt* (pl ~en) reply, answer; **als ~** in reply

antwoorden (*ahnt*-vōar-dern) *v* reply, answer

apart (aa-*pahrt*) *adv* apart, separately

aperitief (aa-pāy-ree-*teef*) *nt/c* (pl -tieven) aperitif

apotheek (aa-pōa-*tāyk*) *c* (pl -theken) pharmacy, chemist's; drugstore *nAm*

apotheker (aa-pōa-*tāy*-kerr) *c* (pl ~s) chemist

apparaat (ah-paa-*raat*) *nt* (pl -raten) appliance; machine; apparatus

appartement (ah-pahr-ter-*mehnt*) *nt* (pl ~en) apartment *nAm*

appel (*ah*-perl) *c* (pl ~s) apple

applaudisseren (ah-plou-dee-*sāy*-rern) *v* clap

applaus (ah-*plouss*) *nt* applause

april (ah-*prIl*) April

aquarel (aa-kvaa-*rehl*) *c* (pl ~len) water-colour

ar (ahr) *c* (pl ~ren) sleigh

Arabier (aa-raa-*beer*) *c* (pl ~en) Arab

Arabisch (aa-raa-beess) *adj* Arab

arbeid (*ahr*-bayt) *c* labour, work

arbeidbesparend (*ahr*-bayt-ber-spaa-rernt) *adj* labour-saving

arbeider (*ahr*-bay-derr) *c* (pl ~s) labourer, workman, worker

arbeidsbureau (*ahr*-bayts-bēw-rōa) *nt* (pl ~s) employment exchange

archeologie (ahr-khāy-ōa-lōa-*gee*) *c* archaeology

archeoloog (ahr-khāy-ōa-*lōakh*) *c* (pl -logen) archaeologist

archief (ahr-*kheef*) *nt* (pl -chieven) archives *pl*

architect (ahr-shee-*tehkt*) *c* (pl ~en) architect

architectuur (ahr-shee-tehk-*tēwr*) *c* architecture

arena (aa-*rāy*-naa) *c* (pl ~'s) bullring

arend (*aa*-rernt) *c* (pl ~en) eagle

Argentijn (ahr-gern-*tayn*) *c* (pl ~en) Argentinian

Argentijns (ahr-gern-*tayns*) *adj* Argentinian

Argentinië (ahr-gern-*tee*-nee-ᵞer) Argentina

argument (ahr-gēw-*mehnt*) *nt* (pl ~en) argument

argumenteren (ahr-gēw-mehn-*tāy*-rern) *v* argue

argwaan (*ahrkh*-vaan) *c* suspicion

argwanend (ahrkh-*vaa*-nernt) *adj* suspicious

arm¹ (ahrm) *adj* poor

arm² (ahrm) *c* (pl ~en) arm

armband (*ahrm*-bahnt) *c* (pl ~en) bracelet; bangle

armoede (*ahr*-mōō-der) *c* poverty

armoedig (ahr-*mōō*-derkh) *adj* poor

aroma (aa-*rōā*-maa) *nt* aroma

arrestatie (ah-rehss-*taa*-tsee) *c* (pl ~s) arrest

arresteren (ah-rehss-*tāy*-rern) *v* arrest

arrogant (ah-rōā-*gahnt*) *adj* presumptuous

artikel (ahr-*tee*-kerl) *nt* (pl ~en, ~s) article; item

artisjok (ahr-tee-*shok*) *c* (pl ~ken) artichoke

artistiek (ahr-tIss-*teek*) *adj* artistic

arts (ahrts) *c* (pl ~en) doctor

as¹ (ahss) *c* (pl ~sen) axle

as² (ahss) *c* ash

asbak (*ahss*-bahk) *c* (pl ~ken) ashtray

asbest (*ahss*-behst) *nt* asbestos

asfalt (*ahss*-fahlt) *nt* asphalt

asiel (aa-*zeel*) *nt* asylum

aspect (ahss-*pehkt*) *nt* (pl ~en) aspect

asperge (ahss-*pehr*-zher) *c* (pl ~s) asparagus

aspirine (ahss-pee-*ree*-ner) *c* aspirin

assistent (ah-see-*stehnt*) *c* (pl ~en)

assistant

associëren (ah-sōa-*shāy*-rern) *v* associate

assortiment (ah-sor-tee-*mehnt*) *nt* (pl ~en) assortment

assurantie (ah-sēw-*rahn*-see) *c* (pl -ties, -tiën) insurance

astma (*ahss*-maa) *nt* asthma

atheïst (aa-*tāy*-*ist*) *c* (pl ~en) atheist

Atlantische Oceaan (aht-*lahn*-tee-ser ōa-say-*aan*) Atlantic

atleet (aht-*lāyt*) *c* (pl -leten) athlete

atletiek (aht-lāy-*teek*) *c* athletics *pl*

atmosfeer (aht-moss-*fāyr*) *c* atmosphere

atomisch (aa-*tōa*-meess) *adj* atomic

atoom (aa-*tōam*) *nt* (pl atomen) atom; **atoom-** atomic

attent (ah-*tehnt*) *adj* considerate

attest (ah-*tehst*) *nt* (pl ~en) certificate

attractie (ah-*trahk*-see) *c* (pl ~s) attraction

aubergine (ōa-behr-*zhee*-ner) *c* (pl ~s) eggplant

augustus (ou-*gerss*-terss) August

aula (*ou*-laa) *c* (pl ~'s) auditorium

Australië (ou-*straa*-lee-Yer) Australia

Australiër (ou-*straa*-lee-Yerr) *c* (pl ~s) Australian

Australisch (ou-*straa*-leess) *adj* Australian

auteur (ōa-*tūrr*) *c* (pl ~s) author

authentiek (ōa-tehn-*teek*) *adj* authentic

auto (*ōa*-tōa) *c* (pl ~'s) car; motorcar, automobile

automaat (ōa-tōa-*maat*) *c* (pl -maten) slot-machine

automatisch (ōa-tōa-*maa*-teess) *adj* automatic

automatisering (ōa-tōa-maa-tee-*zāy*-ring) *c* automation

automobielclub (ōa-tōa-mōa-*beel*-klerp) *c* (pl ~s) automobile club

automobilisme (ōa-tōa-mōa-bee-*liss*-mer) *nt* motoring

automobilist (ōa-tōa-mōa-bee-*list*) *c* (pl ~en) motorist

autonoom (ōa-tōa-*nōam*) *adj* autonomous

autoped (*ōa*-tōa-peht) *c* (pl ~s) scooter

autopsie (ōa-top-*see*) *c* autopsy

***autorijden** (*ōa*-tōa-ray-dern) *v* motor

autorit (*ōa*-tōa-rit) *c* (pl ~ten) drive

autoritair (ōa-tōa-ree-*tair*) *adj* authoritarian

autoriteiten (ōa-tōa-ree-*tay*-tern) *pl* authorities *pl*

autoverhuur (ōa-tōa-verr-*hēwr*) *c* car hire; car rental *Am*

autoweg (*ōa*-tōa-vehkh) *c* (pl ~en) highway *nAm*

avond *c* (pl ~en) night, evening

avondeten (aa-vernt-*āy*-tern) *nt* dinner; supper

avondkleding (aa-vernt-klāy-dıng) *c* evening dress

avondschemering (aa-vernt-skhāy-mer-ring) *c* dusk

avontuur (aa-von-*tēwr*) *nt* (pl -turen) adventure

Aziaat (aa-zee-Yaat) *c* (pl Aziaten) Asian

Aziatisch (aa-zee-Yaa-teess) *adj* Asian

Azië (*aa*-zee-Yer) Asia

azijn (aa-*zayn*) *c* vinegar

B

baai (baaee) *c* (pl ~en) bay

baan (baan) *c* (pl banen) job

baard (baart) *c* (pl ~en) beard

baarmoeder (*baar*-mōo-derr) *c* womb

baars (baars) *c* (pl baarzen) bass,

perch

baas (baass) c (pl bazen) boss; master

baat (baat) c benefit; profit

babbelen (bah-ber-lern) v chat

babbelkous (bah-berl-kouss) c (pl ~en) chatterbox

babbeltje (bah-berl-tᵛer) nt (pl ~s) chat

baby (bāy-bee) c (pl ~'s) baby

bacil (bah-sil) c (pl ~len) germ

bacterie (bahk-tāy-ree) c (pl -riën) bacterium

bad (baht) nt (pl ~en) bath; een ~ *nemen bathe

baden (baa-dern) v bathe

badhanddoek (baht-hahn-dōōk) c (pl ~en) bath towel

badjas (baht-ᵛahss) c (pl ~sen) bathrobe

badkamer (baht-kaa-merr) c (pl ~s) bathroom

badmuts (baht-merts) c (pl ~en) bathing-cap

badpak (baht-pahk) nt (pl ~ken) bathing-suit

badplaats (baht-plaats) c (pl ~en) seaside resort

badstof (baht-stof) c towelling

badzout (baht-sout) nt bath salts

bagage (bah-gaa-zher) c baggage; luggage

bagagedepot (bah-gaa-zher-dāy-pōa) nt (pl ~s) left luggage office; baggage deposit office Am

bagagenet (bah-gaa-zher-neht) nt (pl ~ten) luggage rack

bagageoverschot (bah-gaa-zher-ōa-verr-skhot) nt overweight

bagagerek (bah-gaa-zher-rehk) nt (pl ~ken) luggage rack

bagageruimte (bah-gaa-zher-rurᵉʷm-ter) c (pl ~n, ~s) boot

bagagewagen (bah-gaa-zher-vaa-gern) c (pl ~s) luggage van

bakboord (bahk-bōart) nt port

baken (baa-kern) nt (pl ~s) landmark

bakermat (baa-kerr-maht) c cradle

bakkebaarden (bah-ker-baar-dern) pl whiskers pl, sideburns pl

*****bakken** (bah-kern) v bake; fry

bakker (bah-kerr) c (pl ~s) baker

bakkerij (bah-ker-ray) c (pl ~en) bakery

baksteen (bahk-stāyn) c (pl -stenen) brick

bal¹ (bahl) c (pl ~len) ball

bal² (bahl) nt (pl ~s) ball

balans (bah-lahns) c (pl ~en) balance

baldadig (bahl-daa-derkh) adj rowdy

balie (baa-lee) c (pl ~s) counter

balk (bahlk) c (pl ~en) beam

balkon (bahl-kon) nt (pl ~s) balcony; circle

ballet (bah-leht) nt (pl ~ten) ballet

balling (bah-ling) c (pl ~en) exile

ballingschap (bah-ling-skhahp) c exile

ballon (bah-lon) c (pl ~s) balloon

ballpoint (bol-poᵛnt) c (pl ~s) ballpoint-pen; Biro

bamboe (bahm-bōō) nt bamboo

banaan (baa-naan) c (pl bananen) banana

band (bahnt) c (pl ~en) tape; band; tyre, tire; **lekke ~** flat tyre, puncture

bandenspanning (bahn-der-spah-ning) c tyre pressure

bandepech (bahn-der-pehkh) c blowout, puncture

bandiet (bahn-deet) c (pl ~en) bandit

bandrecorder (bahnt-rer-kor-derr) c (pl ~s) tape-recorder, recorder

bang (bahng) adj frightened, afraid

bank (bahngk) c (pl ~en) bank; bench

bankbiljet (bahngk-bil-ᵛeht) nt (pl ~ten) banknote

banket (bahng-keht) nt (pl ~ten) banquet

banketbakker (bahng-*keht*-bah-kerr) *c* (pl ~s) confectioner

banketbakkerij (bahng-keht-bah-ker-*ray*) *c* (pl ~en) pastry shop

banketzaal (bahng-*keht*-saal) *c* (pl -zalen) banqueting-hall

bankrekening (*bahngk*-rāy-ker-nɪng) *c* (pl ~en) bank account

bankroet (bahngk-*rōōt*) *adj* bankrupt

bar (bahr) *c* (pl ~s) bar; saloon

baret (baa-*reht*) *c* (pl ~ten) beret

bariton (*baa*-ree-ton) *c* (pl ~s) baritone

barjuffrouw (*bahr*-ᵞer-frou) *c* (pl ~en) barmaid

barman (*bahr*-mahn) *c* (pl ~nen) bartender, barman

barmhartig (bahr-*mahr*-terkh) *adj* merciful

barnsteen (*bahrn*-stāyn) *nt* amber

barok (baa-*rok*) *adj* baroque

barometer (bah-rōa-*māy*-terr) *c* (pl ~s) barometer

barrière (bah-ree-*ᵞai*-rer) *c* (pl ~s) barrier

barst (bahrst) *c* (pl ~en) crack

***barsten** (*bahrs*-tern) *v* crack, *burst, *split; *get cracked

bas (bahss) *c* (pl ~sen) bass

baseren (baa-*zāy*-rern) *v* base

basiliek (baa-zee-*leek*) *c* (pl ~en) basilica

basis (*baa*-zerss) *c* (pl bases) basis; base

basiscrème (*baa*-zerss-kraim) *c* (pl ~s) foundation cream

bast (bahst) *c* (pl ~en) bark

bastaard (*bahss*-taart) *c* (pl ~en, ~s) bastard

baten (*baa*-tern) *v* *be of use

batterij (bah-ter-*ray*) *c* (pl ~en) battery

beambte (ber-*ahm*-ter) *c* (pl ~n) clerk

beantwoorden (ber-*ahnt*-vōar-dern) *v* answer

bebost (ber-*bost*) *adj* wooded

bebouwen (ber-*bou*-ern) *v* cultivate

bed (beht) *nt* (pl ~den) bed

bedaard (ber-*daart*) *adj* quiet

bedachtzaam (ber-*dahkht*-saam) *adj* cautious

bedanken (ber-*dahng*-kern) *v* thank

bedaren (ber-*daa*-rern) *v* calm down

beddegoed (*beh*-der-gōōt) *nt* bedding

bedeesd (ber-*dāyst*) *adj* timid

bedekken (ber-*deh*-kern) *v* cover

bedelaar (*bāy*-der-laar) *c* (pl ~s) beggar

bedelen (*bāy*-der-lern) *v* beg

***bedelven** (ber-*dehl*-vern) *v* bury

***bedenken** (ber-*dehng*-kern) *v* *think of

***bederven** (ber-*dehr*-vern) *v* *spoil; mess up

bedevaart (*bāy*-der-vaart) *c* (pl ~en) pilgrimage

bediende (ber-*deen*-der) *c* (pl ~n, ~s) domestic, servant; valet; boy

bedienen (ber-*dee*-nern) *v* serve; wait on; attend on

bediening (ber-*dee*-nɪng) *c* service

bedieningsgeld (ber-*dee*-nɪngs-khehlt) *nt* service charge

bedoelen (ber-*dōō*-lern) *v* *mean; intend

bedoeling (ber-*dōō*-lɪng) *c* (pl ~en) purpose, intention

bedrag (ber-*drahkh*) *nt* (pl ~en) amount

***bedragen** (ber-*draa*-gern) *v* amount to

bedreigen (ber-*dray*-gern) *v* threaten

bedreiging (ber-*dray*-gɪng) *c* (pl ~en) threat

***bedriegen** (ber-*dree*-gern) *v* deceive; cheat

bedrijf (ber-*drayf*) *nt* (pl bedrijven)

business, concern; plant; act

bedrijvig (ber-*dray*-verkh) *adj* active

bedroefd (ber-*drōōft*) *adj* sad, sorry

bedroefdheid (ber-*drōōft*-hayt) *c* sadness; grief

bedrog (ber-*drokh*) *nt* deceit; fraud

beëindigen (ber-*ayn*-der-gern) *v* end, finish

beek (bāyk) *c* (pl beken) brook, stream

beeld (bāylt) *nt* (pl ~en) picture, image

beeldhouwer (*bāylt*-hou-err) *c* (pl ~s) sculptor

beeldhouwwerk (*bāylt*-hou-vehrk) *nt* (pl ~en) sculpture

beeldscherm (*bāylt*-skhehrm) *nt* (pl ~en) screen

been¹ (bāyn) *nt* (pl benen) leg

been² (bāyn) *nt* (pl beenderen, benen) bone

beer (bāyr) *c* (pl beren) bear

beest (bāyst) *nt* (pl ~en) beast

beestachtig (*bāyst*-ahkh-terkh) *adj* brutal

beet (bāyt) *c* (pl beten) bite

beetje (*bāy*-tYer) *nt* bit

*****beetnemen** (*bāyt*-nāy-mern) *v* kid

beetwortel (*bāyt*-vor-terl) *c* (pl ~s, ~en) beetroot

befaamd (ber-*faamt*) *adj* noted

begaafd (ber-*gaaft*) *adj* gifted, talented

*****begaan** (ber-*gaan*) *v* commit

begeerlijk (ber-*gāyr*-lerk) *adj* desirable

begeerte (ber-*gāyr*-ter) *c* (pl ~n) desire

begeleiden (ber-ger-*lay*-dern) *v* accompany; conduct

begeren (ber-*gāy*-rern) *v* desire

begin (ber-*gin*) *nt* start, beginning; **begin-** initial

beginneling (ber-*gi*-ner-ling) *c* (pl ~en) learner, beginner

*****beginnen** (ber-*gi*-nern) *v* start, commence, *begin

beginner (ber-*gi*-nerr) *c* (pl ~s) learner

beginsel (ber-*gin*-serl) *nt* (pl ~en, ~s) principle

begraafplaats (ber-*graaf*-plaats) *c* (pl ~en) cemetery

begrafenis (ber-*graa*-fer-niss) *c* (pl ~sen) burial; funeral

*****begraven** (ber-*graa*-vern) *v* bury

*****begrijpen** (ber-*gray*-pern) *v* *understand; *see, *take; **begrijpend** sympathetic

begrip (ber-*grip*) *nt* (pl ~pen) notion; idea, conception; understanding

begroeid (ber-*grōō*ᵉᵉt) *adj* overgrown

begroting (ber-*grōā*-ting) *c* (pl ~en) budget

begunstigde (ber-*gern*-sterkh-der) *c* (pl ~n) payee

begunstigen (ber-*gern*-ster-gern) *v* favour

beha (bāy-*haa*) *c* (pl ~'s) brassiere, bra

behalen (ber-*haa*-lern) *v* obtain

behalve (ber--*hahl*-ver) *prep* but, except; beyond, besides

behandelen (ber-*hahn*-der-lern) *v* treat, handle

behandeling (ber-*hahn*-der-ling) *c* (pl ~en) treatment

behang (ber-*hahng*) *nt* wallpaper

beheer (ber-*hāyr*) *nt* management; administration

beheersen (ber-*hāyr*-sern) *v* master

beheksen (ber-*hehk*-sern) *v* bewitch

zich *behelpen met (ber-*hehl*-pern) *make do with

behendig (ber-*hehn*-derkh) *adj* skilful

beheren (ber-*hāy*-rern) *v* manage

behoedzaam (ber-*hōōt*-saam) *adj* wary

behoefte (ber-*hōōf*-ter) *c* (pl ~n) need, want

behoeven (ber-*hōō*-vern) *v* need; **ten behoeve van** on behalf of

behoorlijk (ber-*hōar*-lerk) *adj* proper

behoren (ber-*hōa*-rern) *v* belong to; *ought

behoudend (ber-*hou*-dernt) *adj* conservative

beide (*bay*-der) *adj* both; either; **een van ~** either; **geen van ~** neither

beige (*bai*-zher) *adj* beige

beïnvloeden (ber-*ın*-vlōō-dern) *v* influence; affect

beitel (*bay*-terl) *c* (pl ~s) chisel

bejaard (ber-*Y*aart) *adj* aged; elderly

bek (behk) *c* (pl ~ken) mouth; beak

bekend (ber-*kehnt*) *adj* well-known

bekende (ber-*kehn*-der) *c* (pl ~n) acquaintance

bekendmaken (ber-*kehnt*-maa-kern) *v* announce

bekendmaking (ber-*kehnt*-maa-kıng) *c* (pl ~en) announcement

bekennen (ber-*keh*-nern) *v* admit, confess

bekentenis (ber-*kehn*-ter-nıss) *c* (pl ~sen) confession

beker (*bāy*-kerr) *c* (pl ~s) mug; tumbler; cup

bekeren (ber-*kāy*-rern) *v* convert

*bekijken (ber-*kay*-kern) *v* regard, view

bekken (*beh*-kern) *nt* (pl ~s) basin; pelvis

beklagen (ber-*klaa*-gern) *v* pity

bekleden (ber-*klāy*-dern) *v* upholster

beklemmen (ber-*kleh*-mern) *v* oppress

*beklimmen (ber-*klı*-mern) *v* ascend

beklimming (ber-*klı*-mıng) *c* (pl ~en) ascent

beknopt (ber-*knopt*) *adj* concise; brief

zich bekommeren om (ber-*ko*-mer-rern) care about

bekoring (ber-*kōā*-rıng) *c* (pl ~en) attraction, charm

bekritiseren (ber-kree-tee-*zāy*-rern) *v* criticize

bekrompen (ber-*krom*-pern) *adj* narrow-minded

bekronen (ber-*krōa*-nern) *v* crown

bekwaam (ber-*kvaam*) *adj* able, capable; skilful

bekwaamheid (ber-*kvaam*-hayt) *c* (pl -heden) ability, faculty, capacity

bel (behl) *c* (pl ~len) bell; bubble

belachelijk (ber-*lah*-kher-lerk) *adj* ridiculous, ludicrous

belang (ber-*lahng*) *nt* (pl ~en) interest; importance; **van ~** *zijn matter

belangrijk (ber-*lahng*-rayk) *adj* important; capital

belangstellend (ber-lahng-*steh*-lernt) *adj* interested

belangstelling (ber-*lahng*-steh-lıng) *c* interest

belastbaar (ber-*lahst*-baar) *adj* dutiable

belasten (ber-*lahss*-tern) *v* charge; tax; **belast met** in charge of

belasting (ber-*lahss*-tıng) *c* (pl ~en) charge; tax; taxation

belastingvrij (ber-lahss-tıng-*vray*) *adj* duty-free; tax-free

beledigen (ber-*lāy*-der-gern) *v* insult; offend; **beledigend** offensive

belediging (ber-*lāy*-der-gıng) *c* (pl ~en) insult; offence

beleefd (ber-*lāyft*) *adj* polite; civil

belegering (ber-*lāy*-ger-rıng) *c* (pl ~en) siege

beleggen (ber-*leh*-gern) *v* invest

belegging (ber-*leh*-gıng) *c* (pl ~en) investment

beleid (ber-*layt*) *nt* policy

belemmeren (ber-*leh*-mer-rern) *v* impede

beletsel (ber-*leht*-serl) *nt* (pl ~s, ~en) impediment

beletten (ber-*leh*-tern) v prevent

beleven (ber-*lay*-vern) v experience

Belg (behlkh) c (pl ~en) Belgian

België (*behl*-gee-Yer) Belgium

Belgisch (*behl*-geess) adj Belgian

belichting (ber-*likh*-ting) c exposure

belichtingsmeter (ber-*likh*-tings-may-terr) c (pl ~s) exposure meter

*** belijden** (ber-*lay*-dern) v confess

bellen (*beh*-lern) v *ring

belofte (ber-*lof*-ter) c (pl ~n) promise

belonen (ber-*loa*-nern) v reward

beloning (ber-*loa*-ning) c (pl ~en) reward; prize

beloven (ber-*loa*-vern) v promise

bemachtigen (ber-*mahkh*-ter-gern) v secure

bemanning (ber-*mah*-ning) c (pl ~en) crew

bemerken (ber-*mehr*-kern) v notice; perceive

bemiddelaar (ber-*mi*-der-laar) c (pl ~s) mediator

bemiddeld (ber-*mi*-derlt) adj well-to-do

bemiddelen (ber-*mi*-der-lern) v mediate

bemind (ber-*mint*) adj beloved

zich bemoeien met (ber-*moo*ee-ern) interfere with

benadrukken (ber-*naa*-drer-kern) v emphasize, stress

benaming (ber-*naa*-ming) c (pl ~en) denomination

benauwd (ber-*nout*) adj stuffy

bende (*behn*-der) c (pl ~n, ~s) gang

beneden (ber-*nay*-dern) prep under, below; adv underneath, beneath; below; downstairs; **naar ~** downwards, down; downstairs

benieuwd (ber-*nee*∞t) adj curious

benijden (ber-*nay*-dern) v envy

benoemen (ber-*noo*-mern) v nominate, appoint

benoeming (ber-*noo*-ming) c (pl ~en) nomination, appointment

benutten (ber-*ner*-tern) v utilize

benzine (behn-*zee*-ner) c petrol; fuel; gasoline nAm, gas nAm

benzinepomp (behn-*zee*-ner-pomp) c (pl ~en) petrol pump; fuel pump Am; gas pump Am

benzinestation (behn-*zee*-ner-staa-shon) nt (pl ~s) service station, petrol station, filling station; gas station Am

benzinetank (behn-*zee*-ner-tehngk) c (pl ~s) petrol tank

beoefenen (ber-*oo*-fer-nern) v practise

beogen (ber-*oa*-gern) v aim at

beoordelen (ber-*oar*-day-lern) v judge

beoordeling (ber-*oar*-day-ling) c (pl ~en) judgment

bepaald (ber-*paalt*) adj definite; certain

bepalen (ber-*paa*-lern) v define, determine; stipulate

bepaling (ber-*paa*-ling) c (pl ~en) stipulation; definition

beperken (ber-*pehr*-kern) v limit

beperking (ber-*pehr*-king) c (pl ~en) restriction

beproeven (ber-*proo*-vern) v attempt

beraad (ber-*raat*) nt deliberation

beraadslagen (ber-*raat*-slaa-gern) v deliberate

beramen (ber-*raa*-mern) v devise

bereid (ber-*rayt*) adj prepared, willing

bereiden (ber-*ray*-dern) v cook

bereidwillig (ber-*rayt*-vi-lerkh) adj cooperative

bereik (ber-*rayk*) nt reach; range

bereikbaar (ber-*rayk*-baar) adj attainable

bereiken (ber-*ray*-kern) v reach; achieve, accomplish, attain

berekenen (ber-*ray*-ker-nern) v calculate; charge

berekening (ber-*rāy*-ker-nıng) *c* (pl ~en) calculation

berg (behrkh) *c* (pl ~en) mountain; mount

bergachtig (*behrkh*-ahkh-terkh) *adj* mountainous

bergketen (*behrkh*-kāy-tern) *c* (pl ~s) mountain range

bergkloof (*behrkh*-klōāf) *c* (pl -kloven) glen

bergpas (*behrkh*-pahss) *c* (pl ~sen) mountain pass

bergplaats (*behrkh*-plaats) *c* (pl ~en) depository

bergrug (*behrkh*-rerg) *c* (pl ~gen) ridge

bergsport (*behrkh*-sport) *c* mountaineering

bericht (ber-*rıkht*) *nt* (pl ~en) message; notice

berispen (ber-*rıss*-pern) *v* reprimand, scold

berk (behrk) *c* (pl ~en) birch

beroemd (ber-*rōōmt*) *adj* famous

beroep (ber-*rōōp*) *nt* (pl ~en) profession; appeal; **beroeps-** professional

beroerd (ber-*rōōrt*) *adj* miserable

beroerte (ber-*rōōr*-ter) *c* (pl ~n, ~s) stroke

berouw (ber-*rou*) *nt* repentance

beroven (ber-*rōā*-vern) *v* rob

beroving (ber-*rōā*-vıng) *c* (pl ~en) robbery

berucht (ber-*rerkht*) *adj* notorious

bes (behss) *c* (pl ~sen) berry; currant; **zwarte ~** black-currant

beschaafd (ber-*skhaaft*) *adj* civilized; cultured

beschaamd (ber-*skhaamt*) *adj* ashamed

beschadigen (ber-*skhaa*-der-gern) *v* damage

beschaving (ber-*skhaa*-vıng) *c* (pl ~en) civilization; culture

bescheiden (ber-*skhay*-dern) *adj* modest

bescheidenheid (ber-*skhay*-dern-hayt) *c* modesty

beschermen (ber-*skhehr*-mern) *v* protect

bescherming (ber-*skhehr*-mıng) *c* protection

beschikbaar (ber-*skhık*-baar) *adj* available

beschikken over (ber-*skhı*-kern) dispose of

beschikking (ber-*skhı*-king) *c* disposal

beschimmeld (ber-*skhı*-merlt) *adj* mouldy

beschouwen (ber-*skhou*-ern) *v* consider; regard; reckon

*** beschrijven** (ber-*skhray*-vern) *v* describe

beschrijving (ber-*skhray*-vıng) *c* (pl ~en) description

beschuldigen (ber-*skherl*-der-gern) *v* accuse; blame

beschutten (ber-*skher*-tern) *v* shelter

beschutting (ber-*skher*-tıng) *c* cover, shelter

beseffen (ber-*seh*-fern) *v* realize

beslag (ber-*slahkh*) *nt* batter; **beslag leggen op** impound, confiscate

beslissen (ber-*slı*-sern) *v* decide

beslissing (ber-*slı*-sıng) *c* (pl ~en) decision

beslist (ber-*slıst*) *adv* without fail

besluit (ber-*slurᵉʷt*) *nt* (pl ~en) decision

*** besluiten** (ber-*slurᵉʷ*-tern) *v* decide

besmettelijk (ber-*smeh*-ter-lerk) *adj* contagious, infectious

besmetten (ber-*smeh*-tern) *v* infect

besneeuwd (ber-*snāyᵒᵒ*-t) *adj* snowy

bespelen (ber-*spāy*-lern) *v* play

bespottelijk (ber-*spo*-ter-lerk) *adj* ridiculous, ludicrous

bespotten (ber-*spo*-tern) *v* ridicule; mock

***bespreken** (ber-*sprāy*-kern) *v* engage, reserve; discuss

bespreking (ber-*sprāy*-kıng) *c* (pl ~en) booking; review; discussion

best (behst) *adj* best

bestaan (ber-*staan*) *nt* existence

***bestaan** (ber-*staan*) *v* exist; ~ uit consist of

bestanddeel (ber-*stahn*-dāyl) *nt* (pl -delen) ingredient; element

besteden (ber-*stāy*-dern) *v* *spend

bestek (ber-*stehk*) *nt* (pl ~ken) cutlery

bestelauto (ber-*stehl*-ōa-tōa) *c* (pl ~'s) van; delivery van, pick-up van

bestelformulier (ber-*stehl*-for-mēw-leer) *nt* (pl ~en) order-form

bestellen (ber-*steh*-lern) *v* order

bestelling (ber-*steh*-lıng) *c* (pl ~en) order

bestemmen (ber-*steh*-mern) *v* destine

bestemming (ber-*steh*-mıng) *c* (pl ~en) destination

bestendig (ber-*stehn*-derkh) *adj* permanent

***bestijgen** (ber-*stay*-gern) *v* mount

bestraten (ber-*straa*-tern) *v* pave

***bestrijden** (ber-*stray*-dern) *v* combat

besturen (ber-*stēw*-rern) *v* *drive

bestuur (ber-*stēwr*) *nt* (pl besturen) direction; board; rule

bestuurlijk (ber-*stēwr*-lerk) *adj* administrative

bestuursrecht (ber-*stēwrs*-rehkht) *nt* administrative law

betalen (ber-*taa*-lern) *v* *pay

betaling (ber-*taa*-lıng) *c* (pl ~en) payment

betasten (ber-*tahss*-tern) *v* *feel

betekenen (ber-*tāy*-ker-nern) *v* *mean

betekenis (ber-*tāy*-ker-nıss) *c* (pl ~sen) meaning; sense

beter (*bāy*-terr) *adj* better; superior

beteugelen (ber-*tūr*-ger-lern) *v* curb

betogen (ber-*tōā*-gern) *v* demonstrate

betoging (ber-*tōā*-gıng) *c* (pl ~en) demonstration

beton (ber-*ton*) *nt* concrete

betoveren (ber-*tōā*-ver-rern) *v* bewitch; **betoverend** enchanting, glamorous

betovering (ber-*tōā*-ver-rıng) *c* (pl ~en) spell

betrappen (ber-*trah*-pern) *v* *catch

***betreden** (ber-*trāy*-dern) *v* enter

***betreffen** (ber-*treh*-fern) *v* concern; affect, touch; **wat betreft** as regards

betreffende (ber-*treh*-fern-der) *prep* as regards, regarding, about, concerning

betrekkelijk (ber-*treh*-ker-lerk) *adj* relative

***betrekken** (ber-*treh*-kern) *v* implicate, *get involved; obtain

betrekking (ber-*treh*-kıng) *c* (pl ~en) post, position, job; reference; **met ~ tot** regarding, with reference to

betreuren (ber-*trur*-rern) *v* regret

betrokken (ber-*tro*-kern) *adj* cloudy, overcast; concerned, involved

betrouwbaar (ber-*trou*-baar) *adj* trustworthy, reliable

betuigen (ber-*tur*ᵉʷ-gern) *v* express

betwijfelen (ber-*tvay*-fer-lern) *v* doubt, query

betwisten (ber-*tvıss*-tern) *v* dispute

beu (būr) *adj* tired of, fed up with

beuk (būrk) *c* (pl ~en) beech

beul (būrl) *c* (pl ~en) executioner

beurs (būrrs) *c* (pl beurzen) purse; stock exchange; fair; grant

beurt (būrrt) *c* (pl ~en) turn

bevaarbaar (ber-*vaar*-baar) *adj* navigable

***bevallen** (ber-*vah*-lern) *v* please

bevallig (ber-*vah*-lerkh) *adj* graceful

bevalling (ber-*vah*-ling) *c* (pl ~en) delivery, childbirth

* **bevaren** (ber-*vaa*-rern) *v* sail

bevatten (ber-*vah*-tern) *v* contain; include

bevel (ber-*vehl*) *nt* (pl ~en) command, order

* **bevelen** (ber-*vay*-lern) *v* command, order

bevelhebber (ber-*vehl*-heh-berr) *c* (pl ~s) commander

beven (*bay*-vern) *v* tremble

bever (*bay*-verr) *c* (pl ~s) beaver

bevestigen (ber-*vehss*-ter-gern) *v* acknowledge, confirm; fasten; **bevestigend** affirmative

bevestiging (ber-*vehss*-ter-ging) *c* (pl ~en) confirmation

zich * **bevinden** (ber-*vin*-dern) *be*

bevlieging (ber-*vlee*-ging) *c* (pl ~en) whim

bevochtigen (ber-*vokh*-ter-gern) *v* damp, moisten

bevoegd (ber-*vookht*) *adj* qualified

bevoegdheid (ber-*vookht*-hayt) *c* (pl -heden) qualification

bevolking (ber-*vol*-king) *c* population

bevoorrechten (ber-*voa*-raykh-tern) *v* favour

bevorderen (ber-*vor*-der-rern) *v* promote

bevredigen (ber-*vray*-der-gern) *v* satisfy

bevrediging (ber-*vray*-der-ging) *c* (pl ~en) satisfaction

* **bevriezen** (ber-*vree*-zern) *v* *freeze

bevrijding (ber-*vray*-ding) *c* liberation

bevuild (ber-*vur^ew/t*) *adj* soiled

bewaken (ber-*vaa*-kern) *v* guard

bewaker (ber-*vaa*-kerr) *c* (pl ~s) guard; warden

bewapenen (ber-*vaa*-per-nern) *v* arm

bewaren (ber-*vaa*-rern) *v* *hold; preserve; *keep

bewaring (ber-*vaa*-ring) *c* preservation

beweeglijk (ber-*vaykh*-lerk) *adj* mobile

beweegreden (ber-*vaykh*-ray-dern) *c* (pl ~en) cause

* **bewegen** (ber-*vay*-gern) *v* move; stir

beweging (ber-*vay*-ging) *c* (pl ~en) movement; motion

beweren (ber-*vay*-rern) *v* claim

bewijs (ber-*vayss*) *nt* (pl bewijzen) proof, evidence; token; voucher

* **bewijzen** (ber-*vay*-zern) *v* prove

bewind (ber-*vint*) *nt* rule, government

bewolking (ber-*vol*-king) *c* clouds

bewolkt (ber-*volkt*) *adj* cloudy

bewonderen (ber-*von*-der-rern) *v* admire

bewondering (ber-*von*-der-ring) *c* admiration

bewonen (ber-*voa*-nern) *v* inhabit

bewoner (ber-*voa*-nerr) *c* (pl ~s) inhabitant; occupant

bewoonbaar (ber-*voan*-baar) *adj* habitable, inhabitable

bewust (ber-*verst*) *adj* conscious, aware

bewusteloos (ber-*verss*-ter-lōass) *adj* unconscious

bewustzijn (ber-*verst*-sayn) *nt* consciousness

bezem (*bay*-zerm) *c* (pl ~s) broom

bezeren (ber-*zay*-rern) *v* *hurt

bezet (ber-*zeht*) *adj* engaged, occupied

bezetten (ber-*zeh*-tern) *v* occupy

bezetting (ber-*zeh*-ting) *c* (pl ~en) occupation

bezielen (ber-*zee*-lern) *v* inspire

bezienswaardigheid (ber-zeen-*svaar*-derkh-hayt) *c* (pl -heden) sight

bezig (*bay*-zerkh) *adj* engaged, busy

zich * **bezighouden met** (*bay*-zerkh-hou-dern) attend to

bezinksel (ber-*zingk*-serl) *nt* (pl ~s) deposit

bezit (ber-*zit*) *nt* property; possession

*bezitten (ber-*zi*-tern) *v* possess, own

bezitter (ber-*zi*-terr) *c* (pl ~s) owner

bezittingen (ber-*zi*-ting-ern) *pl* belongings *pl*

bezoek (ber-*zook*) *nt* (pl ~en) call, visit

*bezoeken (ber-*zoo*-kern) *v* visit; call on

bezoeker (ber-*zoo*-kerr) *c* (pl ~s) visitor

bezoekuren (ber-*zook*-ēw-rern) *pl* visiting hours

bezonnen (ber-*zo*-nern) *adj* sober

bezorgd (ber-*zorkht*) *adj* anxious, concerned

bezorgdheid (ber-*zorkht*-hayt) *c* worry, anxiety

bezorgen (ber-*zor*-gern) *v* deliver; supply

bezorging (ber-*zor*-ging) *c* delivery

bezwaar (ber-*zvaar*) *nt* (pl bezwaren) objection; ~ ***hebben tegen** object to; mind

*bezwijken (ber-*zvay*-kern) *v* collapse; succumb

bibberen (*bi*-ber-rern) *v* shiver

bibliotheek (bee-blee-*Yōa*-tāyk) *c* (pl -theken) library

*bidden (*bi*-dern) *v* pray

biecht (beekht) *c* (pl ~en) confession

biechten (*beekh*-tern) *v* confess

*bieden (*bee*-dern) *v* offer

biefstuk (*beef*-sterk) *c* (pl ~ken) steak

bier (beer) *nt* (pl ~en) beer; ale

bies (beess) *c* (pl biezen) rush

bieslook (*beess*-lōak) *nt* chives *pl*

biet (beet) *c* (pl ~en) beet

big (bikh) *c* (pl ~gen) piglet

bij[1] (bay) *prep* near, at, with, by; to

bij[2] (bay) *c* (pl ~en) bee

bijbel (*bay*-berl) *c* (pl ~s) bible

bijbetekenis (*bay*-ber-tāy*-ker-niss) *c* (pl ~sen) connotation

bijdrage (*bay*-draa-ger) *c* (pl ~n) contribution

bijeen (bay-*āyn*) *adv* together

*bijeenbrengen (bay-*āyn*-breh-ngern) *v* assemble

*bijeenkomen (bay-*āyng*-kōa-mern) *v* gather

bijeenkomst (bay-*āyng*-komst) *c* (pl ~en) meeting; rally; assembly, congress

bijenkorf (*bay*-er-korf) *c* (pl -korven) beehive

bijgebouw (*bay*-ger-bou) *nt* (pl ~en) annex

bijgeloof (*bay*-ger-lōaf) *nt* superstition

bijgevolg (bay-ger-*volkh*) *adv* consequently

*bijhouden (*bay*-hou-dern) *v* *keep up with

bijknippen (*bay*-kni-pern) *v* trim

bijkomend (*bay*-kōa-mernt) *adj* additional

bijkomstig (bay-*kom*-sterkh) *adj* additional; subordinate

bijl (bayl) *c* (pl ~en) axe

bijlage (*bay*-laa-ger) *c* (pl ~n) annex; enclosure

bijna (*bay*-naa) *adv* nearly, almost

bijnaam (*bay*-naam) *c* (pl -namen) nickname

bijouterie (bee-zhōo-ter-*ree*) *c* jewellery

*bijsluiten (*bay*-slur^{ew}-tern) *v* enclose

*bijstaan (*bay*-staan) *v* assist, aid

bijstand (*bay*-stahnt) *c* assistance

*bijten (*bay*-tern) *v* *bite

bijvoegen (*bay*-vōo-gern) *v* attach

bijvoeglijk naamwoord (bay-*vōōkh*-lerk *naam*-vōart) adjective

bijvoorbeeld (ber-*vōar*-bāylt) *adv* for instance, for example

bijwonen (*bay*-vōa-nern) *v* assist at, attend

bijwoord (*bay*-vōart) *nt* (pl ~en) adverb

bijziend (bay-*zeent*) *adj* short-sighted

bijzonder (bee-*zon*-derr) *adj* special, particular; peculiar; **in het ~** in particular, specially

bijzonderheid (bee-*zon*-derr-hayt) *c* (pl -heden) detail

bil (bɪl) *c* (pl ~len) buttock

biljart (bɪl-*Yahrt*) *nt* billiards *pl*

billijk (*bɪ*-lerk) *adj* right, fair, reasonable

***binden** (*bɪn*-dern) *v* *bind; tie

binnen (*bɪ*-nern) *prep* within, inside; *adv* inside, indoors; in; indoor; **naar ~** inwards; **van ~** within, inside

binnenband (*bɪ*-ner-bahnt) *c* (pl ~en) inner tube

***binnengaan** (*bɪ*-ner-gaan) *v* enter, *go in

binnenkant (*bɪ*-ner-kahnt) *c* interior, inside

***binnenkomen** (*bɪ*-nern-kōa-mern) *v* enter

binnenkomst (*bɪ*-ner-komst) *c* entrance

binnenkort (bɪ-ner-*kort*) *adv* shortly

binnenlands (*bɪ*-ner-lahnts) *adj* domestic

binnenst (*bɪ*-nerst) *adj* inside; **binnenste buiten** *adv* inside out

***binnenvallen** (*bɪ*-ner-vah-lern) *v* invade

biologie (bee-Yōa-lōa-*gee*) *c* biology

bioscoop (bee-Yoss-*kōap*) *c* (pl -scopen) cinema; pictures; movie theater *Am*, movies *Am*

biscuit (bɪss-*kvee*) *nt* (pl ~s) cookie *nAm*

bisschop (*bɪss*-khop) *c* (pl ~pen) bishop

bitter (*bɪ*-terr) *adj* bitter

blaar (blaar) *c* (pl blaren) blister

blaas (blaass) *c* (pl blazen) bladder; blister

blaasontsteking (*blaass*-ont-stāy-kɪng) *c* (pl ~en) cystitis

blad[1] (blaht) *nt* (pl ~eren, blaren) leaf

blad[2] (blaht) *nt* (pl ~en) sheet; magazine

bladgoud (*blaht*-khout) *nt* gold leaf

bladzijde (*blaht*-say-der) *c* (pl ~n) page

blaffen (*blah*-fern) *v* bark; bay

blanco (*blahng*-kōa) *adj* blank

blank (blahngk) *adj* white

blankvoren (*blahngk*-fōa-rern) *c* (pl ~s) roach

blauw (blou) *adj* blue

***blazen** (*blaa*-zern) *v* *blow

blazer (*blāy*-zerr) *c* (pl ~s) blazer

bleek (blāyk) *adj* pale

bleken (*blāy*-kern) *v* bleach

blessure (bleh-*sēw*-rer) *c* (pl ~s) injury

blij (blay) *adj* glad; happy, joyful

blijkbaar (*blayk*-baar) *adv* apparently

***blijken** (*blay*-kern) *v* prove; appear

blijspel (*blay*-spehl) *nt* (pl ~en) comedy

***blijven** (*blay*-vern) *v* stay, remain; *keep; **blijvend** lasting; permanent

blik (blɪk) *nt* (pl ~ken) tin, can; *c* look; glimpse, glance; **een ~ *werpen** glance

blikopener (*blɪk*-ōa-per-nerr) *c* (pl ~s) tin-opener, can opener

bliksem (*blɪk*-serm) *c* lightning

blind[1] (blɪnt) *nt* (pl ~en) shutter

blind[2] (blɪnt) *adj* blind

blindedarm (*blɪn*-der-*dahrm*) *c* (pl ~en) appendix

blindedarmontsteking (blɪn-der-*dahrm*-ont-stāy-king) *c* (pl ~en) appendicitis

***blinken** (*blɪng*-kern) *v* *shine; **blinkend** bright

blocnote (*blok*-nōat) *c* (pl ~s) writing-

pad
bloed (bloot) *nt* blood
bloedarmoede (bloot-ahr-moo-der) *c* anaemia
bloeddruk (bloo-drerk) *c* blood pressure
bloeden (bloo-dern) *v* *bleed
bloeding (bloo-ding) *c* (pl ~en) haemorrhage
bloedsomloop (bloot-som-loap) *c* circulation
bloedvat (bloot-faht) *nt* (pl ~en) blood-vessel
bloedvergiftiging (bloot-ferr-gif-ter-ging) *c* blood-poisoning
bloem¹ (bloom) *c* flour
bloem² (bloom) *c* (pl ~en) flower
bloemblad (bloom-blaht) *nt* (pl ~en) petal
bloembol (bloom-bol) *c* (pl ~len) bulb
bloemenwinkel (bloo-mer-ving-kerl) *c* (pl ~s) flower-shop
bloemist (bloo-mist) *c* (pl ~en) florist
bloemkool (bloom-koal) *c* (pl -kolen) cauliflower
bloemlezing (bloom-lay-zing) *c* (pl ~en) anthology
bloemperk (bloom-pehrk) *nt* (pl ~en) flowerbed
blok (blok) *nt* (pl ~ken) block; **blokje** *nt* cube
blokkeren (blo-kay-rern) *v* block
blond (blont) *adj* fair
blondine (blon-dee-ner) *c* (pl ~s) blonde
bloot (bloat) *adj* bare; naked
blootleggen (bloat-leh-gern) *v* uncover
blootstelling (bloat-steh-ling) *c* (pl ~en) exposure
blouse (bloo-zer) *c* (pl ~s) blouse
blozen (bloa-zern) *v* blush
blussen (bler-sern) *v* extinguish
bocht (bokht) *c* (pl ~en) turning, bend; curve, turn

bode (boa-der) *c* (pl ~n, ~s) messenger
bodem (boa-derm) *c* (pl ~s) bottom; ground; soil
boef (boof) *c* (pl boeven) villain
boei (booee) *c* (pl ~en) buoy
boeien (booee-ern) *v* fascinate
boek (book) *nt* (pl ~en) book
boeken (boo-kern) *v* book
boekenstalletje (boo-ker-stah-ler-tΥer) *nt* (pl ~s) bookstand
boeket (boo-keht) *nt* (pl ~ten) bouquet
boekhandel (book-hahn-derl) *c* (pl ~s) bookstore
boekhandelaar (book-hahn-der-laar) *c* (pl -laren) bookseller
boekwinkel (book-ving-kerl) *c* (pl ~s) bookstore
boel (bool) *c* lot
boer (boor) *c* (pl ~en) farmer; peasant; knave
boerderij (boor-der-ray) *c* (pl ~en) farm; farmhouse
boerin (boo-rin) *c* (pl ~nen) farmer's wife
boete (boo-ter) *c* (pl ~n, ~s) penalty, fine
boetseren (boot-say-rern) *v* model
bof (bof) *c* mumps
bok (bok) *c* (pl ~ken) goat
boksen (bok-sern) *v* box
bokswedstrijd (boks-veht-strayt) *c* (pl ~en) boxing match
bol (bol) *c* (pl ~len) bulb; sphere
Boliviaan (boa-lee-vee-Υaan) *c* (pl -vianen) Bolivian
Boliviaans (boa-lee-vee-Υaans) *adj* Bolivian
Bolivië (boa-lee-vee-Υer) Bolivia
bom (bom) *c* (pl ~men) bomb
bombarderen (bom-bahr-day-rern) *v* bomb
bon (bon) *c* (pl ~nen) coupon; tick-

et ; voucher

bonbon (bom-*bon*) *c* (pl ~s) chocolate

bond (bont) *c* (pl ~en) league, federation

bondgenoot (*bont*-kher-nōat) *c* (pl -noten) associate

bondgenootschap (*bont*-kher-nōat-skhahp) *nt* (pl ~pen) alliance

bons (bons) *c* (pl bonzen) bump

bont (bont) *adj* gay, colourful ; *nt* furs

bontjas (*bon*-tⱽahss) *c* (pl ~sen) fur coat

bontwerker (*bon*-tvehr-kerr) *c* (pl ~s) furrier

bonzen (*bon*-zern) *v* bump

boodschap (*bōat*-skhahp) *c* (pl ~pen) errand ; message

boodschappentas (*bōat*-skhah-per-tahss) *c* (pl ~sen) shopping bag

boog (bōakh) *c* (pl bogen) arch ; bow

boogvormig (*bōakh*-for-merkh) *adj* arched

boom (bōam) *c* (pl bomen) tree

boomgaard (*bōam*-gaart) *c* (pl ~en) orchard

boomkwekerij (*bōam*-kvāy-ker-*ray*) *c* (pl ~en) nursery

boon (bōan) *c* (pl bonen) bean

boor (bōar) *c* (pl boren) drill

boord (bōart) *nt/c* (pl ~en) collar ; **aan boord** aboard ; **van boord *gaan** disembark

boordeknoopje (*bōar*-der-knōa-pⱽer) *nt* (pl ~s) collar stud

boos (bōass) *adj* cross

boosaardig (bōa-*zaar*-derkh) *adj* malicious, vicious

boosheid (*bōass*-hayt) *c* anger, temper

boot (bōat) *c* (pl boten) boat

bootje (*bōa*-tⱽer) *nt* (pl ~s) dinghy

boottocht (*bōa*-tokht) *c* (pl ~en) cruise

bord (bort) *nt* (pl ~en) dish, plate ; board

bordeel (bor-*dāyl*) *nt* (pl -delen) brothel

borduren (bor-*dew*-rern) *v* embroider

borduurwerk (bor-*dew*-vehrk) *nt* (pl ~en) embroidery

boren (*bōa*-rern) *v* drill, bore

borg (borkh) *c* (pl ~en) guarantor

borgsom (*borkh*-som) *c* (pl ~men) bail

borrel (*boa*-rerl) *c* (pl ~s) drink

borrelhapje (bo-rerl-hahp-ⱽer) *nt* (pl ~s) appetizer

borst (borst) *c* (pl ~en) chest ; breast, bosom

borstel (*bor*-sterl) *c* (pl ~s) brush

borstelen (*bor*-ster-lern) *v* brush

borstkas (*borst*-kahss) *c* (pl ~sen) chest

bos (boss) *nt* (pl ~sen) forest, wood ; *c* bunch

bosje (*bo*-sher) *nt* (pl ~s) grove

boswachter (*boss*-vahkh-terr) *c* (pl ~s) forester

bot¹ (bot) *adj* dull, blunt

bot² (bot) *nt* (pl ~ten) bone

boter (*bōa*-terr) *c* butter

boterham (*bōa*-terr-hahm) *c* (pl ~men) sandwich

botsen (*bot*-sern) *v* bump ; collide, crash

botsing (*bot*-sing) *c* (pl ~en) collision, crash

bougie (bōo-*zhee*) *c* (pl ~s) sparking-plug

bout (bout) *c* (pl ~en) bolt

boutique (bōo-*teek*) *c* (pl ~s) boutique

bouw (bou) *c* construction

bouwen (*bou*-ern) *v* *build ; construct

bouwkunde (*bou*-kern-der) *c* architecture

bouwvallig (bou-*vah*-lerkh) *adj* dilapidated

boven (*bōa*-vern) *prep* above, over ;

adv above; upstairs; **naar** ~ upwards, up; upstairs

bovendek (*bōa*-vern-dehk) *nt* main deck

bovendien (bōa-vern-*deen*) *adv* furthermore, moreover, besides

bovenkant (*bōa*-verng-kahnt) *c* (pl ~en) top side, top

bovenop (bōa-vern-*op*) *prep* on top of

bovenst (*bōa*-verst) *adj* upper, top

braaf (braaf) *adj* good

braak (braak) *adj* waste

braam (braam) *c* (pl bramen) blackberry

* **braden** (*braa*-dern) *v* fry; roast

braken (*braa*-kern) *v* vomit

brand (brahnt) *c* (pl ~en) fire

brandalarm (*brahnt*-aa-lahrm) *nt* fire-alarm

brandblusapparaat (*brahnt*-blerss-ahpaa-raat) *nt* (pl -raten) fire-extinguisher

branden (*brahn*-dern) *v* *burn

brandkast (*brahnt*-kahst) *c* (pl ~en) safe

brandmerk (*brahnt*-mehrk) *nt* (pl ~en) brand

brandpunt (*brahnt*-pernt) *nt* (pl ~en) focus

brandspiritus (*brahnt*-spee-ree-terss) *c* methylated spirits

brandstof (*brahnt*-stof) *c* (pl ~fen) fuel

brandtrap (*brahn*-trahp) *c* (pl ~pen) fire-escape

brandvrij (*brahnt*-fray) *adj* fireproof

brandweer (*brahn*-tvāyr) *c* fire-brigade

brandwond (*brahn*-tvont) *c* (pl ~en) burn

brasem (*braa*-serm) *c* (pl ~s) bream

Braziliaan (braa-zee-lee-*Yaan*) *c* (pl -lianen) Brazilian

Braziliaans (braa-zee-lee-*Yaans*) *adj* Brazilian

Brazilië (braa-*zee*-lee-Yer) Brazil

breed (brāyt) *adj* broad, wide

breedte (*brāy*-ter) *c* (pl ~n, ~s) breadth, width

breedtegraad (*brāy*-ter-graat) *c* (pl -graden) latitude

breekbaar (*brāyk*-baar) *adj* fragile

breekijzer (*brāy*-kay-zerr) *nt* (pl ~s) crowbar

breien (*bray*-ern) *v* *knit

* **breken** (*brāy*-kern) *v* *break; *burst; crack; fracture

* **brengen** (*breh*-ngern) *v* *bring; *take

bres (brehss) *c* (pl ~sen) gap, breach

bretels (brer-*tehls*) *pl* braces *pl*; suspenders *plAm*

breuk (brurk) *c* (pl ~en) break; fracture; hernia

brief (breef) *c* (pl brieven) letter; **aangetekende** ~ registered letter

briefkaart (*breef*-kaart) *c* (pl ~en) card, postcard

briefopener (*breef*-ōā-per-nerr) *c* (pl ~s) paper-knife

briefpapier (*breef*-paa-peer) *nt* notepaper

briefwisseling (*breef*-vɪ-ser-lɪng) *c* correspondence

bries (breess) *c* breeze

brievenbus (*bree*-ver-berss) *c* (pl ~sen) letter-box, pillar-box; mailbox *nAm*

bril (brɪl) *c* (pl ~len) spectacles, glasses

briljant (brɪl-*Yahnt*) *adj* brilliant

Brit (brɪt) *c* (pl ~ten) Briton

Brits (brɪts) *adj* British

broche (bro-sher) *c* (pl ~s) brooch

brochure (bro-*shēw*-rer) *c* (pl ~s) brochure

broeder (*brōō*-derr) *c* (pl ~s) brother

broederschap (*brōō*-derr-skhahp) *c*

fraternity

broeikas (broō^{ee}-kahss) c (pl ~sen) greenhouse

broek (brook) c (pl ~en) trousers pl, slacks pl; pants plAm; **korte ~** shorts pl

broekpak (brook-pahk) nt (pl ~ken) pant-suit

broer (broor) c (pl ~s) brother

brok (brok) nt (pl ~ken) morsel; lump

bromfiets (brom-feets) c (pl ~en) moped

brommer (bro-merr) c (pl ~s) motorbike nAm

bron (bron) c (pl ~nen) well; fountain, source, spring; **geneeskrachtige ~** spa

bronchitis (brong-khee-terss) c bronchitis

brons (brons) nt bronze

bronzen (bron-zern) adj bronze

brood (broāt) nt (pl broden) bread; loaf

broodje (broā-t^yer) nt (pl ~s) roll, bun

broos (broāss) adj fragile

brouwen (brou-ern) v brew

brouwerij (brou-er-ray) c (pl ~en) brewery

brug (brerkh) c (pl ~gen) bridge

bruid (brur^{ew}t) c (pl ~en) bride

bruidegom (brur^{ew}-der-gom) c (pl ~s) bridegroom

bruikbaar (brur^{ew}k-baar) adj usable; useful

bruiloft (brur^{ew}-loft) c (pl ~en) wedding

bruin (brur^{ew}n) adj brown

brullen (brer-lern) v roar

brunette (brew̄-neh-ter) c (pl ~s) brunette

brutaal (brew̄-taal) adj bold, impertinent, insolent

bruto (broō-toā) adj gross

budget (ber-jeht) nt (pl ~ten, ~s) budget

buffet (bew̄-feht) nt (pl ~ten) buffet

bui (bur^{ew}) c (pl ~en) shower; spirit

buidel (bur^{ew}-derl) c (pl ~s) pouch

buigbaar (bur^{ew}kh-baar) adj flexible

*buigen (bur^{ew}-gern) v *bend; bow

buigzaam (bur^{ew}kh-saam) adj supple

buik (bur^{ew}k) c (pl ~en) belly

buikpijn (bur^{ew}k-payn) c stomachache

buis (bur^{ew}ss) c (pl buizen) tube

buiten (bur^{ew}-tern) prep outside, out of; adv out; outside, outdoors; **naar ~** outwards

buitengewoon (bur^{ew}-ter-ger-voān) adj extraordinary, exceptional

buitenhuis (bur^{ew}-ter-hur^{ew}ss) nt (pl -huizen) cottage

buitenkant (bur^{ew}-ter-kahnt) c (pl ~en) outside, exterior

in het buitenland (ın ert bur^{ew}-ternlahnt) abroad

buitenlander (bur^{ew}-ter-lahn-derr) c (pl ~s) alien, foreigner

buitenlands (bur^{ew}-ter-lahnts) adj alien, foreign

buitensporig (bur^{ew}-ter-spoā-rerkh) adj excessive

buitenwijk (bur^{ew}-ter-vayk) c (pl ~en) suburb; outskirts pl

zich bukken (ber-kern) *bend down

Bulgaar (berl-gaar) c (pl -garen) Bulgarian

Bulgaars (berl-gaars) adj Bulgarian

Bulgarije (berl-gaa-ray-er) Bulgaria

bult (berlt) c (pl ~en) lump

bumper (berm-perr) c (pl ~s) bumper, fender

bundel (bern-derl) c (pl ~s) bundle

bundelen (bern-der-lern) v bundle

burcht (berrkht) c (pl ~en) stronghold

bureau (bew̄-roā) nt (pl ~s) agency, office; bureau, desk; **~ voor ge-**

vonden voorwerpen lost property office

bureaucratie (bew-roa-kraa-*tsee*) *c* bureaucracy

burgemeester (berr-ger-*mayss*-terr) *c* (pl ~s) mayor

burger (*berr*-gerr) *c* (pl ~s) citizen; civilian; **burger-** civilian, civic

burgerlijk (*berr*-gerr-lerk) *adj* bourgeois, middle-class; ~ **recht** civil law

bus (berss) *c* (pl ~sen) coach, bus; tin, canister

buste (*bew*-ster) *c* (pl ~s, ~n) bust

bustehouder (*bew*-ster-hou-derr) *c* (pl ~s) brassiere, bra

buur (bewr) *c* (pl buren) neighbour

buurman (*bewr*-mahn) *c* neighbour

buurt (bewrt) *c* (pl ~en) neighbourhood, vicinity

C

cabaret (kaa-baa-*reht*) *nt* (pl ~s) cabaret

cabine (kaa-*bee*-ner) *c* (pl ~s) cabin

cadeau (kaa-*doa*) *nt* (pl ~s) gift, present

café (kah-*fay*) *nt* (pl ~s) café; public house, pub

cafetaria (kah-fer-taa-ree-Yaa) *c* (pl ~'s) cafeteria

caissière (kah-*shai*-rer) *c* (pl ~s) cashier

cake (kayk) *c* (pl ~s) cake

calcium (*kahl*-see-Yerm) *nt* calcium

calorie (kah-loa-*ree*) *c* (pl ~ën) calorie

calvinisme (kahl-vee-*niss*-mer) *nt* Calvinism

camee (kaa-*may*) *c* (pl ~ën) cameo

campagne (kahm-*pah*-ñer) *c* (pl ~s) campaign

camping (*kehm*-ping) *c* (pl ~s) camping site, camping

Canada (*kaa*-naa-daa) Canada

Canadees (kaa-naa-*dayss*) *adj* Canadian

capabel (kaa-*paa*-berl) *adj* able

capaciteit (kaa-paa-see-*tayt*) *c* (pl ~en) capacity

cape (kayp) *c* (pl ~s) cape

capitulatie (kah-pee-tew-*laa*-tsee) *c* (pl ~s) capitulation

capsule (kahp-*sew*-ler) *c* (pl ~s) capsule

caravan (*keh*-rer-vern) *c* (pl ~s) caravan

carbonpapier (kahr-*bon*-paa-peer) *nt* carbon paper

carburateur (kahr-bew-raa-*turr*) *c* (pl ~s) carburettor

carillon (kaa-rɪl-*Yon*) *nt* (pl ~s) chimes *pl*

carnaval (*kahr*-naa-vahl) *nt* carnival

carrière (kah-ree-*Yai*-rer) *c* (pl ~s) career

carrosserie (kah-ro-ser-*ree*) *c* (pl ~ën) coachwork; motor body *Am*

carter (*kahr*-terr) *nt* crankcase

casino (kaa-*zee*-noa) *nt* (pl ~'s) casino

catacombe (kah-tah-*kom*-ber) *c* (pl ~n) catacomb

catalogus (kah-*taa*-loa-gerss) *c* (pl -gussen, -gi) catalogue

catarre (kaa-*tahr*) *c* catarrh

catastrofe (kaa-taa-*straw*-fer) *c* (pl ~s) catastrophe, disaster

categorie (kaa-ter-goa-*ree*) *c* (pl ~ën) category

cavia (*kaa*-vee-Yaa) *c* (pl ~'s) guinea-pig

cel (sehl) *c* (pl ~len) cell

celibaat (say-lee-*baat*) *nt* celibacy

cellofaan (seh-loa-*faan*) *nt* cellophane

celsius (*sehl*-see-Yerss) centigrade

cement (ser-*mehnt*) *nt* cement

censuur (sehn-*zewr*) c censorship

centimeter (*sehn*-tee-may-terr) c (pl ~s) centimetre; tape-measure

centraal (sehn-*traal*) adj central; ~ **station** central station; **centrale verwarming** central heating

centraliseren (sehn-traa-lee-*zay*-rern) v centralize

centrifuge (sehn-tree-*few*-zher) c (pl ~s) dryer

centrum (*sehn*-trerm) nt (pl centra) centre

ceramiek (say-raa-*meek*) c ceramics pl

ceremonie (say-rer-*moa*-nee) c (pl -niën, -nies) ceremony

certificaat (sehr-tee-fee-*kaat*) nt (pl -caten) certificate

chalet (shaa-*leht*) nt (pl ~s) chalet

champagne (shahm-*pah*-ñer) c (pl ~s) champagne

champignon (shahm-pee-*ñon*) c (pl ~s) mushroom

chantage (shahn-*taa*-zher) c blackmail

chanteren (shahn-*tay*-rern) v blackmail

chaos (*khaa*-oss) c chaos

chaotisch (khaa-*oa*-teess) adj chaotic

charlatan (*shahr*-laa-tahn) c (pl ~s) quack

charmant (shahr-*mahnt*) adj charming

charme (*shahr*-mer) c (pl ~s) charm; glamour

chartervlucht (*chahr*-terr-vlerkht) c (pl ~en) charter flight

chassis (shah-*see*) nt (pl ~) chassis

chauffeur (shoa-*furr*) c (pl ~s) driver, chauffeur

chef (shehf) c (pl ~s) boss, manager, chief

chef-kok (shehf-*kok*) c (pl ~s) chef

chemie (khay-*mee*) c chemistry

chemisch (*khay*-meess) adj chemical

cheque (shehk) c (pl ~s) cheque; check nAm

chequeboekje (*shehk*-boo-kᵛer) nt (pl ~s) cheque-book; check-book nAm

chic (sheek) adj smart

Chileen (shee-*layn*) c (pl -lenen) Chilean

Chileens (shee-*layns*) adj Chilean

Chili (*shee*-lee) Chile

China (*shee*-naa) China

Chinees (shee-*nayss*) adj Chinese

chirurg (shee-*rerrkh*) c (pl ~en) surgeon

chloor (khloar) nt chlorine

chocola (shoa-koa-*laa*) c chocolate

chocolademelk (shoa-koa-*laa*-der-mehlk) c chocolate

christelijk (*kriss*-ter-lerk) adj Christian

christen (*kriss*-tern) c (pl ~en) Christian

Christus (*kriss*-terss) Christ

chronisch (*khroa*-neess) adj chronic

chronologisch (khroa-noa-*loa*-geess) adj chronological

chroom (khroam) nt chromium

cijfer (*say*-ferr) nt (pl ~s) number, figure; digit; mark

cilinder (see-*lin*-derr) c (pl ~s) cylinder

cilinderkop (see-*lin*-derr-kop) c (pl ~pen) cylinder head

cipier (see-*peer*) c (pl ~s) jailer

circa (*sir*-kaa) adv approximately

circulatie (sir-kew-*laa*-tsee) c circulation

circus (*sir*-kerss) nt (pl ~sen) circus

cirkel (*sir*-kerl) c (pl ~s) circle

citaat (see-*taat*) nt (pl citaten) quotation

citeren (see-*tay*-rern) v quote

citroen (see-*troon*) c (pl ~en) lemon

civiel (see-*veel*) adj civil

clausule (klou-*sew*-ler) c (pl ~s) clause

clavecimbel (klaa-ver-*sim*-berl) c (pl ~s) harpsichord

claxon (klahk-son) c (pl ~s) horn, hooter

claxonneren (klahk-so-nāȳ-rern) v hoot; toot vAm, honk vAm

clementie (klāȳ-mehn-tsee) c mercy

cliënt (klee-Yehnt) c (pl ~en) customer, client

closetpapier (klōā-zeht-pah-peer) nt toilet-paper

cocaïne (kōā-kaa-ee-ner) c cocaine

code (kōā-der) c (pl ~s) code

coffeïne (ko-fāȳ-ee-ner) c caffeine

coffeïnevrij (ko-fāȳ-ee-ner-vray) adj decaffeinated

cognac (ko-ñahk) c cognac

coiffure (kvah-fēw-rer) c (pl ~s) hairdo

colbert (kol-bair) c (pl ~s) jacket

collectant (ko-lehk-tahnt) c (pl ~en) collector

collecteren (ko-lehk-tāȳ-rern) v collect

collectie (ko-lehk-see) c (pl ~s) collection

collectief (ko-lehk-teef) adj collective

collega (ko-lāȳ-gaa) c (pl ~'s) colleague

college (ko-lāȳ-zher) nt (pl ~s) lecture

Colombia (kōā-lom-bee-Yaa) Colombia

Colombiaan (kōā-lom-bee-Yaan) c (pl -bianen) Colombian

Colombiaans (kōā-lom-bee-Yaans) adj Colombian

coma (kōā-maa) nt coma

combinatie (kom-bee-naa-tsee) c (pl ~s) combination

combineren (kom-bee-nāȳ-rern) v combine

comfortabel (kom-for-taa-berl) adj comfortable

comité (ko-mee-tāȳ) nt (pl ~s) committee

commentaar (ko-mehn-taar) nt (pl -taren) comment

commercieel (ko-mehr-shāȳl) adj commercial

commissie (ko-mi-see) c (pl ~s) committee; commission

commode (ko-mōā-der) c (pl ~s) bureau nAm

commune (ko-mēw-ner) c (pl ~s) commune

communicatie (ko-mēw-nee-kaa-tsee) c communication

communiqué (ko-mēw-nee-kāȳ) nt (pl ~s) communiqué

communisme (ko-mēw-niss-mer) nt communism

communist (ko-mēw-nist) c (pl ~en) communist

compact (kom-pahkt) adj compact

compagnon (kom-pah-ñon) c (pl ~s) partner

compensatie (kom-pehn-zaa-tsee) c (pl ~s) compensation

compenseren (kom-pehn-zāȳ-rern) v compensate

compleet (kom-plāȳt) adj complete

complex (kom-plehks) nt (pl ~en) complex

compliment (kom-plee-mehnt) nt (pl ~en) compliment

componist (kom-pōā-nist) c (pl ~en) composer

compositie (kom-pōā-zee-tsee) c (pl ~s) composition

compromis (kom-prōā-mee) nt (pl ~sen) compromise

concentratie (kon-sehn-traa-tsee) c (pl ~s) concentration

concentreren (kon-sehn-trāȳ-rern) v concentrate

conceptie (kon-sehp-see) c conception

concert (kon-sehrt) nt (pl ~en) concert

concertzaal (kon-sehrt-saal) c (pl -zalen) concert hall

concessie (kon-seh-see) c (pl ~s) concession

concierge (kon-*shehr*-zheh) *c* (pl ~s) janitor; caretaker, concierge

conclusie (kong-*klew̄*-zee) *c* (pl ~s) conclusion

concreet (kong-*krāȳt*) *adj* concrete

concurrent (kong-kew̄-*rehnt*) *c* (pl ~en) competitor; rival

concurrentie (kong-kew̄-*rehn*-tsee) *c* competition; rivalry

conditie (kon-*dee*-tsee) *c* (pl ~s) condition

conducteur (kon-derk-*tūrr*) *c* (pl ~s) conductor; ticket collector

conferencier (kon-fer-rahng-*shāȳ*) *c* (pl ~s) entertainer

conferentie (kon-fer-*rehn*-see) *c* (pl ~s) conference

conflict (kon-*flıkt*) *nt* (pl ~en) conflict

congregatie (kong-grāȳ-*gaa*-tsee) *c* (pl ~s) congregation

congres (kong-*grehss*) *nt* (pl ~sen) congress

consequentie (kon-ser-*kvehn*-see) *c* (pl ~s) consequence

conservatief (kon-zerr-vaa-*teef*) *adj* conservative

conservatorium (kon-zerr-vaa-*tōā*-ree-Yerm) *nt* (pl -ria) music academy

conserven (kon-*sehr*-vern) *pl* tinned food

consideratie (kon-see-der-*raa*-tsee) *c* consideration

constant (kon-*stahnt*) *adj* even

constateren (koan-staa-*tāȳ*-rern) *v* note, ascertain; diagnose

constipatie (kon-stee-*paa*-tsee) *c* constipation

constructie (kon-*strerk*-see) *c* (pl ~s) construction

construeren (kon-strew̄ᵒᵒ-*āȳ*-rern) *v* construct

consul (*kon*-zerl) *c* (pl ~s) consul

consulaat (kon-zew̄-*laat*) *nt* (pl -laten) consulate

consult (kon-*zerlt*) *nt* (pl ~en) consultation

consultatiebureau (kon-zerl-*taa*-tsee-bew̄-rōā) *nt* (pl ~s) health centre

consument (kon-zew̄-*mehnt*) *c* (pl ~en) consumer

contact (kon-*tahkt*) *nt* (pl ~en) contact; touch

contactlenzen (kon-*tahkt*-lehn-zern) *pl* contact lenses

contanten (kon-*tahn*-tern) *pl* cash

continent (kon-tee-*nehnt*) *nt* (pl ~en) continent

continentaal (kon-tee-nehn-*taal*) *adj* continental

contra (*kon*-traa) *prep* versus

contract (kon-*trahkt*) *nt* (pl ~en) agreement, contract

contrast (kon-*trahst*) *nt* (pl ~en) contrast

controle (kon-*traw*-ler) *c* (pl ~s) control; supervision, inspection

controleren (kon-trōā-*lāȳ*-rern) *v* control, check

controlestrook (kon-*traw*-ler-strōāk) *c* (-stroken) counterfoil, stub

controversieel (kon-trōā-vehr-*zhāȳl*) *adj* controversial

conversatie (kon-verr-*zaa*-tsee) *c* (pl ~s) conversation

coöperatie (kōā-ōā-per-*raa*-tsee) *c* (pl ~s) co-operation

coöperatief (kōā-ōā-per-raa-*teef*) *adj* co-operative

coördinatie (kōā-or-dee-*naa*-tsee) *c* co-ordination

coördineren (kōā-or-dee-*nāȳ*-rern) *v* co-ordinate

corpulent (kor-pew̄-*lehnt*) *adj* corpulent, stout

correct (ko-*rehkt*) *adj* correct

correctie (ko-*rehk*-see) *c* (pl ~s) correction

correspondent (ko-rehss-pon-*dehnt*) *c*

(pl ~en) correspondent

correspondentie (ko-rehss-pon-*dehn*-see) *c* correspondence

corresponderen (ko-rehss-pon-*day*-rern) *v* correspond

corrigeren (ko-ree-*zhay*-rern) *v* correct

corrupt (ko-*rerpt*) *adj* corrupt

couchette (kōō-*sheh*-ter) *c* (pl ~s) berth

coupé (kōō-*pay*) *c* (pl ~s) compartment; ~ **voor rokers** smoking-compartment

couplet (kōō-*pleht*) *nt* (pl ~ten) stanza

coupon (kōō-*pon*) *c* (pl ~s) coupon

crèche (krehsh) *c* (pl ~s) nursery

crediteren (kray-dee-*tay*-rern) *v* credit

creëren (kray-*ay*-rern) *v* create

crematie (kray-*maa*-tsee) *c* (pl ~s) cremation

crème (kraim) *c* (pl ~s) cream; **vochtinbrengende** ~ moisturizing cream

cremeren (kray-*may*-rern) *v* cremate

criminaliteit (kree-mee-naa-lee-*tayt*) *c* criminality

crimineel (kree-mee-*nayl*) *adj* criminal

crisis (*kree*-serss) *c* (pl -ses) crisis

criticus (*kree*-tee-kerss) *c* (pl -ci) critic

croquant (krōa-*kahnt*) *adj* crisp

Cuba (*kew*-baa) Cuba

Cubaan (*kew*-baan) *c* (pl -banen) Cuban

Cubaans (*kew*-baans) *adj* Cuban

cultuur (kerl-*tewr*) *c* (pl -turen) culture

cursiefschrift (kerr-*zeef*-skhrift) *nt* italics *pl*

cursus (*kerr*-zerss) *c* (pl ~sen) course

cyclus (*see*-klerss) *c* (pl ~sen) cycle

D

daad (daat) *c* (pl daden) deed, act

daar (daar) *adv* there

daarheen (daar-*hayn*) *adv* there

daarom (*daa*-rom) *conj* therefore

dadel (*daa*-derl) *c* (pl ~s) date

dadelijk (*daa*-der-lerk) *adv* at once, immediately; presently

dag (dahkh) *c* (pl ~en) day; **dag!** hello!; good-bye!; **per** ~ per day

dagblad (*dahkh*-blaht) *nt* (pl ~en) daily

dagboek (*dahkh*-bōōk) *nt* (pl ~en) diary

dagelijks (*daa*-ger-lerks) *adj* daily

dageraad (*daa*-ger-raat) *c* daybreak, dawn

daglicht (*dahkh*-likht) *nt* daylight

dagvaarding (*dahkh*-vaar-dǐng) *c* (pl ~en) summons

dak (dahk) *nt* (pl ~en) roof

dakpan (*dahk*-pahn) *c* (pl ~nen) tile

dal (dahl) *nt* (pl ~en) valley

dalen (*daa*-lern) *v* descend

dam (dahm) *c* (pl ~men) dam; dike

dambord (*dahm*-bort) *nt* (pl ~en) draught-board

dame (*daa*-mer) *c* (pl ~s) lady

damestoilet (*daa*-merss-tvah-leht) *nt* (pl ~ten) powder-room, ladies' room

damp (dahmp) *c* (pl ~en) vapour

damspel (*dahm*-spehl) *nt* draughts; checkers *plAm*

dan (dahn) *adv* then; *conj* than; **nu en** ~ occasionally

dankbaar (*dahngk*-baar) *adj* grateful, thankful

dankbaarheid (*dahngk*-baar-hayt) *c* gratitude

danken (*dahng*-kern) *v* thank; **dank u**

thank you; **te ~ *hebben aan** owe

dans (dahns) *c* (pl ~en) dance

dansen (*dahn*-sern) *v* dance

danszaal (*dahn*-saal) *c* (pl -zalen) ballroom

dapper (*dah*-perr) *adj* brave, courageous

dapperheid (*dah*-perr-hayt) *c* courage

darm (dahrm) *c* (pl ~en) gut, intestine; **darmen** bowels *pl*

das (dahss) *c* (pl ~sen) necktie, tie; scarf

dat (daht) *pron* which; *conj* that

datum (*daa*-term) *c* (pl data) date

dauw (dou) *c* dew

de (der) *art* the *art*

debat (der-*baht*) *nt* (pl ~ten) discussion, debate

debatteren (dāy-bah-*tāy*-rern) *v* argue

debet (*dāy*-beht) *nt* debit

december (dāy-*sehm*-berr) December

deeg (dāykh) *nt* dough

deel (dāyl) *nt* (pl delen) part; share; volume

*deelnemen (*dāyl*-nāy-mern) *v* participate

deelnemer (*dāyl*-nāy-merr) *c* (pl ~s) participant

deels (dāyls) *adv* partly

Deen (dāyn) *c* (pl Denen) Dane

Deens (dāyns) *adj* Danish

defect[1] (der-*fehkt*) *adj* defective, faulty

defect[2] (der-*fehkt*) *nt* (pl ~en) fault

defensie (dāy-*fehn*-zee) *c* defence

definiëren (dāy-fi-ni-*āy*-rern) *v* define

definitie (dāy-fee-*nee*-tsee) *c* (pl ~s) definition

degelijk (*dāy*-ger-lerk) *adj* thorough; sound

dek (dehk) *nt* deck

deken (*dāy*-kern) *c* (pl ~s) blanket

dekhut (*dehk*-hert) *c* (pl ~ten) deck cabin

deksel (*dehk*-serl) *nt* (pl ~s) lid; cover, top

dekzeil (*dehk*-sayl) *nt* (pl ~en) tarpaulin

delegatie (dāy-ler-*gaa*-tsee) *c* (pl ~s) delegation

delen (*dāy*-lern) *v* divide; share

delfstof (*dehlf*-stof) *c* (pl ~fen) mineral

delicatessen (dāy-lee-kaa-*teh*-sern) *pl* delicatessen

delicatessenwinkel (dāy-lee-kaa-*teh*-ser-ving-kerl) *c* (pl ~s) delicatessen

delikaat (dāy-lee-*kaat*) *adj* delicate

deling (*dāy*-ling) *c* (pl ~en) division

delinquent (dāy-ling-*kvehnt*) *c* (pl ~en) criminal

*delven (*dehl*-vern) *v* *dig

democratie (dāy-mōā-kraa-*tsee*) *c* (pl ~ën) democracy

democratisch (dāy-mōā-*kraa*-teess) *adj* democratic

demonstratie (dāy-mon-*straa*-tsee) *c* (pl ~s) demonstration

demonstreren (dāy-mon-*strāy*-rern) *v* demonstrate

den (dehn) *c* (pl ~nen) fir-tree

Denemarken (*dāy*-ner-mahr-kern) Denmark

denkbeeld (*dehngk*-bāyld) *nt* (pl ~en) idea

denkbeeldig (dehngk-*bāyl*-derkh) *adj* imaginary

*denken (*dehng*-kern) *v* *think; guess, reckon; **~ aan** *think of

denker (*dehng*-kerr) *c* (pl ~s) thinker

denneboom (*deh*-ner-bōām) *c* (pl -bomen) fir-tree

deodorant (dāy-ᵛōā-dōā-*rahnt*) *c* deodorant

departement (dāy-pahr-ter-*mehnt*) *nt* (pl ~en) department

deponeren (dāy-pōā-*nāy*-rern) *v* bank

depressie (dāy-*preh*-see) *c* (pl ~s) depression

deprimeren (dāy-pree-*māy*-rern) v depress

derde (*dehr*-der) num third

dergelijk (*dehr*-ger-lerk) adj such; similar

dermate (*dehr*-maa-ter) adv so

dertien (*dehr*-teen) num thirteen

dertiende (*dehr*-teen-der) num thirteenth

dertig (*dehr*-terkh) num thirty

dertigste (*dehr*-terkh-ster) num thirtieth

deserteren (dāy-zehr-*tāy*-rern) v desert

deskundig (dehss-*kern*-derkh) adj expert

deskundige (dehss-*kern*-der-ger) c (pl ~n) expert

dessert (deh-*sair*) nt (pl ~s) dessert

detail (dāy-*tigh*) nt (pl ~s) detail

detailhandel (dāy-*tigh*-hahn-derl) c retail trade

detaillist (dāy-tah-*Yist*) c (pl ~en) retailer

detectiveroman (dāy-*tehk*-tɪf-rōā-mahn) c (pl ~s) detective story

deugd (dūrkht) c (pl ~en) virtue

deugniet (*dūrkh*-neet) c (pl ~en) rascal

deuk (dūrk) c (pl ~en) dent

deur (dūrr) c (pl ~en) door

deurbel (*dūrr*-behl) c (pl ~len) doorbell

deurwaarder (*dūrr*-vaar-derr) c (pl ~s) bailiff

devaluatie (dāy-vaa-lēw-*vaa*-tsee) c (pl ~s) devaluation

devalueren (dāy-vaa-lēw-*vāy*-rern) v devalue

devies (der-*veess*) nt (pl deviezen) motto

deze (*dāy*-zer) pron this; these

dia (*dee*-Yaa) c (pl ~s) slide

diabetes (dee-Yaa-*bāy*-terss) c diabetes

diabeticus (dee-Yaa-*bāy*-tee-kerss) c (pl -ci) diabetic

diagnose (dee-Yahkh-*nōā*-zer) c (pl ~n, ~s) diagnosis; **een ~ stellen** diagnose

diagonaal[1] (dee-Yaa-gōā-*naal*) adj diagonal

diagonaal[2] (dee-Yaa-gōā-*naal*) c (pl -nalen) diagonal

dialect (dee-Yaa-*lehkt*) nt (pl ~en) dialect

diamant (dee-Yaa-*mahnt*) c (pl ~en) diamond

diarree (dee-Yah-*rāy*) c diarrhoea

dicht (dɪkht) adj dense; thick; closed, shut

dichtbevolkt (dɪkht-ber-*volkt*) adj populous

dichtbij (dɪkht-*bay*) adj near

dichtdraaien (*dɪkh*-draa ee-ern) v turn off

dichter (*dɪkh*-terr) c (pl ~s) poet

dichtkunst (*dɪkht*-kernst) c poetry

*dichtslaan (*dɪkht*-slaan) v slam

dictaat (dɪk-*taat*) nt (pl -taten) dictation

dictafoon (dɪk-taa-*fōān*) c (pl ~s) dictaphone

dictator (dɪk-*taa*-tor) c (pl ~s) dictator

dictee (dɪk-*tāy*) nt (pl ~s) dictation

dicteren (dɪk-*tāy*-rern) v dictate

die (dee) pron that; those; who

dieet (dee-*Yāyt*) nt diet

dief (deef) c (pl dieven) robber, thief

diefstal (*deef*-stahl) c (pl ~len) robbery, theft

dienblad (*deen*-blaht) nt (pl ~en) tray

dienen (*dee*-nern) v serve

dienst (deenst) c (pl ~en) service; **in ~ *nemen** engage

dienstplichtige (deenst-*plɪkh*-ter-ger) c (pl ~n) conscript

dienstregeling (*deenst*-rāy-ger-lɪng) c (pl ~en) schedule, timetable

diep (deep) adj deep; low

diepte (deep-ter) c (pl ~n, ~s) depth

diepvrieskast (deep-freess-kahst) c (pl ~en) deep-freeze

diepzinnig (deep-sı-nerkh) adj profound

dier (deer) nt (pl ~en) animal

dierbaar (deer-baar) adj dear; precious

dierenarts (dee-rern-ahrts) c (pl ~en) veterinary surgeon

dierenriem (dee-rer-reem) c zodiac

dierentuin (dee-rer-tur^{ew}n) c (pl ~en) zoological gardens; zoo

diesel (dee-serl) c diesel

difterie (dıf-ter-ree) c diphtheria

dij (day) c (pl ~en) thigh

dijk (dayk) c (pl ~en) dike; dam

dik (dık) adj corpulent; thick; fat, stout, big

dikte (dık-ter) c (pl ~n, ~s) thickness; fatness

dikwijls (dık-verls) adv frequently, often

ding (dıng) nt (pl ~en) thing

dinsdag (dıns-dahkh) c Tuesday

diploma (dee-plōa-maa) nt (pl ~'s) certificate, diploma; **een ~ behalen** graduate

diplomaat (dee-plōa-maat) c (pl -maten) diplomat

direct (dee-rehkt) adj direct; adv straight away

directeur (dee-rerk-tūrr) c (pl ~en, ~s) executive, manager, director; headmaster, principal

directie (dee-rehk-see) c (pl ~s) management

dirigent (dee-ree-gehnt) c (pl ~en) conductor

dirigeren (dee-ree-gāy-rern) v conduct

discipline (di-see-plee-ner) c discipline

disconto (dıss-kon-tōa) nt (pl ~'s) bank-rate

discreet (dıss-krāyt) adj modest

discussie (dıss-ker-see) c (pl ~s) discussion, argument

discussiëren (dıss-ker-shāy-rern) v discuss; argue

distel (dıss-terl) c (pl ~s) thistle

district (dıss-trıkt) nt (pl ~en) district

dit (dıt) pron this

divan (dee-vahn) c (pl ~s) couch

docent (dōa-sehnt) c (pl ~en) teacher

doch (dokh) conj but

dochter (dokh-terr) c (pl ~s) daughter

doctor (dok-tor) c (pl ~en, ~s) doctor

document (dōa-kēw-mehnt) nt (pl ~en) document

dodelijk (dōa-der-lerk) adj mortal, fatal

doden (dōa-dern) v kill

doek (dōok) c (pl ~en) cloth; nt curtain

doel (dōol) nt (pl ~en) objective, aim, purpose; object, goal, design, target

doelman (dōol-mahn) c (pl ~nen) goalkeeper

doelmatig (dōol-maa-terkh) adj efficient

doelpunt (dōol-pernt) nt (pl ~en) goal

doeltreffend (dōol-treh-fernt) adj effective

*****doen** (dōon) v *do; cause to

dof (dof) adj mat, dim

dok (dok) nt (pl ~ken) dock

dokter (dok-terr) c (pl ~s) doctor, physician

dom¹ (dom) adj dumb, stupid

dom² (dom) c cathedral

dominee (dōa-mee-nāy) c (pl ~s) clergyman, parson, rector

dompelaar (dom-per-laar) c (pl ~s) immersion heater

donateur (dōa-naa-tūrr) c (pl ~s) donor

donder (don-derr) c thunder

donderdag (don-derr-dahkh) c Thurs-

day
donderen (*don*-der-rern) *v* thunder
donker (*dong*-kerr) *adj* dark, dim
dons (dons) *nt* down; **donzen dekbed** eiderdown
dood (dōat) *adj* dead; *c* death
doodstraf (*dōat*-strahf) *c* death penalty
doof (dōaf) *adj* deaf
dooi (dōa^ee) *c* thaw
dooien (*dōa^ee*-ern) *v* thaw
dooier (*dōa^ee*-err) *c* (pl ~s) yolk
doolhof (*dōal*-hof) *nt* (pl -hoven) maze; labyrinth
doop (dōap) *c* baptism, christening
doopsel (*dōap*-serl) *nt* baptism
door (dōar) *prep* through; by
doorboren (dōar-*bōa*-rern) *v* pierce
*****doorbrengen** (*dōar*-breh-ngern) *v* *spend
doordat (dōar-*daht*) *conj* because
*****doordringen** (*dōar*-drı-ngern) *v* penetrate
*****doorgaan** (*dōar*-gaan) *v* continue, *go on; carry on; *go ahead; ~ **met** *keep on
doorgang (*dōar*-gahng) *c* (pl ~en) passage
doorlichten (*dōar*-lıkh-tern) *v* X-ray
doorlopend (dōar-*lōa*-pernt) *adj* continuous
doormaken (*dōar*-maa-kern) *v* *go through
doorn (dōarn) *c* (pl ~en, ~s) thorn
doorreis (*dōa*-rayss) *c* passage
doorslag (*dōar*-slahkh) *c* (pl ~en) carbon copy
doorweken (dōar-*vāy*-kern) *v* soak
doorzichtig (dōar-*zıkh*-terkh) *adj* transparent, sheer
*****doorzoeken** (dōar-*zōō*-kern) *v* search
doos (dōass) *c* (pl dozen) box
dop (dop) *c* (pl ~pen) shell
dopen (*dōa*-pern) *v* baptize, christen

dor (dor) *adj* arid
dorp (dorp) *nt* (pl ~en) village
dorst (dorst) *c* thirst
dorstig (*dors*-terkh) *adj* thirsty
dosis (*dōa*-zerss) *c* (pl doses) dose
dossier (do-*shāy*) *nt* (pl ~s) file
douane (dōō-*vaa*-ner) *c* Customs *pl*
douanebeambte (dōō-*vaa*-ner-ber-ahm-ter) *c* (pl ~n) Customs officer
douche (dōōsh) *c* (pl ~s) shower
doven (*dōa*-vern) *v* extinguish
dozijn (dōa-*zayn*) *nt* (pl ~en) dozen
draad (draat) *c* (pl draden) thread; wire
draagbaar (*draakh*-baar) *adj* portable
draaglijk (*draakh*-lerk) *adj* tolerable
draai (draa^ee) *c* (pl ~en) turn; twist
draaideur (*draa^ee*-dürr) *c* (pl ~en) revolving door
draaien (*draa^ee*-ern) *v* turn; twist; *spin
draaimolen (*draa^ee*-mōa-lern) *c* (pl ~s) merry-go-round
draaiorgel (*draa^ee*-or-gerl) *nt* (pl ~s) street-organ
draak (draak) *c* (pl draken) dragon
*****dragen** (*draa*-gern) *v* carry, *bear; *wear
drager (*draa*-gerr) *c* (pl ~s) bearer
drama (*draa*-maa) *nt* (pl ~'s) drama
dramatisch (draa-*maa*-teess) *adj* dramatic
drang (drahng) *c* urge
drank (drahngk) *c* (pl ~en) drink, beverage; **sterke ~** spirits, liquor
dreigement (dray-ger-*mernt*) *nt* (pl ~en) threat
dreigen (*dray*-gern) *v* threaten
drek (drehk) *c* muck
drempel (*drehm*-perl) *c* (pl ~s) threshold
dresseren (dreh-*sāy*-rern) *v* train
drie (dree) *num* three
driehoek (*dree*-hōok) *c* (pl ~en) tri-

angle

driehoekig (dree-*hoo*-kerkh) *adj* triangular

driekwart (*dree*-kvahrt) *adj* three-
quarter

driemaandelijks (*dree*-maan-der-lerks)
adj quarterly

drift (drıft) *c* passion

driftig (*drıf*-terkh) *adj* quick-tempered; hot-tempered, irascible

drijfkracht (*drayf*-krahkht) *c* driving
force

*****drijven** (*dray*-vern) *v* float

*****dringen** (*drı*-ngern) *v* push; **drin-
gend** pressing, urgent

drinkbaar (*drıngk*-baar) *adj* for drink-
ing

*****drinken** (*drıng*-kern) *v* *drink

drinkwater (*drıngk*-vaa-terr) *nt* drinking-water

droefheid (*droof*-hayt) *c* sorrow

droevig (*droo*-verkh) *adj* sad

drogen (*droa*-gern) *v* dry

drogisterij (droa-gıss-ter-*ray*) *c* (pl
~en) pharmacy, chemist's; drug-
store *nAm*

dromen (*droa*-mern) *v* *dream

dronken (*drong*-kern) *adj* drunk; intoxicated

droog (droakh) *adj* dry

droogleggen (*droakh*-leh-gern) *v* drain

droogte (*droakh*-ter) *c* drought

droom (droam) *c* (pl dromen) dream

droombeeld (*droam*-baylt) *nt* (pl ~en)
illusion

drop (drop) *c* liquorice

druiven (*drur*ew-vern) *pl* grapes *pl*

druk (drerk) *adj* busy; crowded; *c*
pressure

drukken (*drer*-kern) *v* press; print

drukknop (*drer*-knop) *c* (pl ~pen)
push-button

drukte (*drerk*-ter) *c* bustle; fuss, excitement

drukwerk (*drerk*-vehrk) *nt* printed
matter

druppel (*drer*-perl) *c* (pl ~s) drop

dubbel (*der*-berl) *adj* double

dubbelzinnig (der-berl-zı-nerkh) *adj*
ambiguous

duidelijk (*dur*ew-der-lerk) *adj* distinct,
plain, clear; apparent, evident; obvious

duif (dur*ew*f) *c* (pl duiven) pigeon

duikbril (*dur*ewk-brıl) *c* (pl ~len)
goggles *pl*

*****duiken** (*dur*ew-kern) *v* dive

duim (dur*ew*m) *c* (pl ~en) thumb

duin (dur*ew*n) *nt* (pl ~en) dune

duister (*dur*ew-sterr) *adj* obscure,
dark; *nt* gloom

duisternis (*dur*ew-sterr-nıss) *c* dark

Duits (dur*ew*ts) *adj* German

Duitser (*dur*ewt-serr) *c* (pl ~s) German

Duitsland (*dur*ewts-lahnt) Germany

duivel (*dur*ew-verl) *c* (pl ~s) devil

duizelig (*dur*ew-zer-lerkh) *adj* giddy,
dizzy

duizeligheid (*dur*ew-zer-lerkh-hayt) *c*
giddiness, dizziness

duizeling (*dur*ew-zer-lıng) *c* (pl ~en)
vertigo

duizend (*dur*ew-zernt) *num* thousand

dulden (*derl*-dern) *v* *bear

dun (dern) *adj* thin; sheer

dupe (*dew*-per) *c* (pl ~s) victim

duren (*dew*-rern) *v* last

durf (derrf) *c* nerve

durven (*derr*-vern) *v* dare

dus (derss) *conj* so

dutje (*der*-t^yer) *nt* (pl ~s) nap

duur (dewr) *adj* dear, expensive; *c*
duration

duurzaam (*dewr*-zaam) *adj* lasting,
permanent

duw (dew^{oo}) *c* (pl ~en) push

duwen (*dew*^{oo}-ern) *v* push

dwaas¹ (dvaass) *adj* foolish, crazy, silly

dwaas² (dvaass) *c* (pl dwazen) fool

dwalen (*dvaa*-lern) *v* err

dwerg (dvehrkh) *c* (pl ~en) dwarf

*__dwingen__ (*dvi*-ngern) *v* force; compel

dynamo (dee-*naa*-mōa) *c* (pl ~'s) dynamo

dysenterie (dee-sehn-ter-*ree*) *c* dysentery

E

eb (ehp) *c* low tide

ebbehout (*eh*-ber-hout) *nt* ebony

echo (*eh*-khōa) *c* (pl ~'s) echo

echt (ehkht) *adj* genuine, true, authentic, real; *adv* really; *c* matrimony

echtelijk (*ehkh*-ter-lerk) *adj* matrimonial

echter (*ehkh*-terr) *conj* however, yet

echtgenoot (*ehkht*-kher-nōat) *c* (pl -noten) husband

echtgenote (*ehkht*-kher-nōa-ter) *c* (pl ~n) wife

echtpaar (*ehkht*-paar) *nt* (pl -paren) married couple

echtscheiding (*ehkht*-skhay-ding) *c* (pl ~en) divorce

economie (āy-kōa-nōa-*mee*) *c* economy

economisch (āy-kōa-*nōa*-meess) *adj* economic

econoom (āy-kōa-*nōam*) *c* (pl -nomen) economist

Ecuador (āy-kvaa-*dor*) Ecuador

Ecuadoriaan (āy-kvaa-dōa-ree-ᵞaan) *c* (pl -rianen) Ecuadorian

eczeem (ehk-*sāym*) *nt* eczema

edel (*āy*-derl) *adj* noble

edelmoedigheid (āy-derl-*mōō*-derkh-hayt) *c* generosity

edelsteen (*āy*-derl-stāyn) *c* (pl -stenen) gem, stone

editie (āy-*dee*-tsee) *c* (pl ~s) edition

eed (āyt) *c* (pl eden) oath, vow

eekhoorn (*āyk*-hōarn) *c* (pl ~s) squirrel

eelt (āylt) *nt* callus

een¹ (ern) *art* a *art*

een² (āyn) *num* one

eenakter (*āyn*-ahk-terr) *c* (pl ~s) one-act play

eend (āynt) *c* (pl ~en) duck

eender (*āyn*-derr) *adj* alike

eenheid (*āyn*-hayt) *c* (pl -heden) unit; unity

eenmaal (*āyn*-maal) *adv* once

eenrichtingsverkeer (āyn-*rikh*-tings-ferr-kāyr) *nt* one-way traffic

eens (āyns) *adv* once; some time, some day; **het ~ *zijn** agree

eentonig (āyn-*tōa*-nerkh) *adj* monotonous

eenvoudig (āyn-*vou*-derkh) *adj* plain, simple; *adv* simply

eenzaam (*āyn*-zaam) *adj* lonely

eenzijdig (āyn-*zay*-derkh) *adj* one-sided

eer (āyr) *c* honour; glory

eerbied (*āyr*-beet) *c* respect

eerbiedig (āyr-*bee*-derkh) *adj* respectful

eerbiedwaardig (āyr-beet-*vaar*-derkh) *adj* venerable

eerder (*āyr*-derr) *adv* before; rather

eergevoel (*āyr*-ger-vōōl) *nt* sense of honour

eergisteren (*āyr*-giss-ter-rern) *adv* the day before yesterday

eerlijk (*āyr*-lerk) *adj* honest; fair, straight

eerlijkheid (*āyr*-lerk-hayt) *c* honesty

eerst (āyrst) *adj* first; primary, initial; *adv* at first

eersteklas (*āyr*-ster-klahss) *adj* first-class

eersterangs (*āyr*-ster-rahngs) *adj* first-rate

eerstvolgend (*āyrst-fol*-gernt) *adj* following

eervol (*āyr*-vol) *adj* honourable

eerzaam (*āyr*-zaam) *adj* respectable; honourable

eerzuchtig (*āyr*-zerkh-terkh) *adj* ambitious

eetbaar (*āyt*-baar) *adj* edible

eetkamer (*āyt*-kaa-merr) *c* (pl ~s) dining-room

eetlepel (*āyt*-lāy-perl) *c* (pl ~s) tablespoon

eetlust (*āyt*-lerst) *c* appetite

eetservies (*āyt*-sehr-veess) *nt* (pl -viezen) dinner-service

eetzaal (*āyt*-saal) *c* (pl -zalen) dining-room

eeuw (*āy*⁰⁰) *c* (pl ~en) century

eeuwig (*āy*⁰⁰-erkh) *adj* eternal

eeuwigheid (*āy*⁰⁰-erkh-hayt) *c* eternity

effect (eh-*fehkt*) *nt* (pl ~en) effect; **effecten** stocks and shares

effectenbeurs (eh-*fehk*-term-būrrs) *c* (pl -beurzen) stock market, stock exchange

effectief (eh-fehk-*teef*) *adj* effective

effen (*eh*-fern) *adj* level; smooth, even

efficiënt (eh-fee-*shehnt*) *adj* efficient

egaal (*āy*-gaal) *adj* level

egaliseren (*āy*-gaa-lee-*zāy*-rern) *v* level

egel (*āy*-gerl) *c* (pl ~s) hedgehog

egocentrisch (*āy*-gōa-*sehn*-treess) *adj* self-centred

egoïsme (*āy*-gōa-*viss*-mer) *nt* selfishness

egoïstisch (*āy*-gōa-*viss*-teess) *adj* selfish

Egypte (*āy*-*gip*-ter) Egypt

Egyptenaar (*āy*-*gip*-ter-naar) *c* (pl -naren) Egyptian

Egyptisch (*āy*-*gip*-teess) *adj* Egyptian

ei (ay) *nt* (pl ~eren) egg

eierdooier (ay-err-dōā⁰ᵉ-err) *c* (pl ~s) egg-yolk

eierdopje (ay-err-dop-ʸer) *nt* (pl ~s) egg-cup

eigen (ay-gern) *adj* own

eigenaar (ay-ger-naar) *c* (pl ~s, -naren) owner, proprietor

eigenaardig (ay-ger-*naar*-derkh) *adj* singular, peculiar

eigenaardigheid (ay-ger-*naar*-derkh-hayt) *c* (pl -heden) peculiarity

eigendom (ay-gern-dom) *nt* (pl ~men) property; possessions

eigengemaakt (ay-gern-ger-maakt) *adj* home-made

eigenlijk (ay-gern-lerk) *adj* actual; *adv* as a matter of fact, really

eigenschap (ay-gern-skhahp) *c* (pl ~pen) property, quality

eigentijds (ay-gern-tayts) *adj* contemporary

eigenwijs (ay-gern-*vayss*) *adj* pigheaded

eik (ayk) *c* (pl ~en) oak

eikel (ay-kerl) *c* (pl ~s) acorn

eiland (ay-lahnt) *nt* (pl ~en) island

einde (ayn-der) *nt* end, finish; ending, issue

eindelijk (ayn-der-lerk) *adv* at last

eindigen (ayn-der-gern) *v* finish

eindpunt (aynt-pernt) *nt* (pl ~en) terminal

eindstreep (aynt-strāyp) *c* (pl -strepen) finish

eis (ayss) *c* (pl ~en) demand, claim

eisen (ay-sern) *v* demand

eiwit (ay-vıt) *nt* (pl ~ten) protein

ekster (ehk-sterr) *c* (pl ~s) magpie

eksteroog (ehk-sterr-ōākh) *nt* (pl -ogen) corn

eland (*āy*-lahnt) *c* (pl ~en) moose

elastiek (*āy*-lahss-*teek*) *nt* (pl ~en) rubber band, elastic

elastisch (āy-*lahss*-teess) *adj* elastic

elders (*ehl*-derrs) *adv* elsewhere

elegant (āy-ler-*gahnt*) *adj* elegant

elegantie (āy-ler-*gahnt*-see) *c* elegance

elektricien (āy-lehk-tree-*shang*) *c* (pl ~s) electrician

elektriciteit (āy-lehk-tree-see-*tayt*) *c* electricity

elektriciteitscentrale (āy-lehk-tree-see-*tayt*-sehn-traa-ler) *c* power-station

elektrisch (āy-lehk-*treess*) *adj* electric

elektronisch (āy-lehk-*trōa*-neess) *adj* electronic

element (āy-ler-*mehnt*) *nt* (pl ~en) element

elementair (āy-ler-mehn-*tair*) *adj* primary

elf[1] (ehlf) *num* eleven

elf[2] (ehlf) *c* (pl ~en) elf

elfde (*ehlf*-der) *num* eleventh

elftal (*ehlf*-tahl) *nt* (pl ~len) soccer team

elimineren (āy-lee-mee-*nāy*-rern) *v* eliminate

elk (ehlk) *adj* each, every

elkaar (ehl-*kaar*) *pron* each other

elleboog (*eh*-ler-*bōakh*) *c* (pl -bogen) elbow

ellende (eh-*lehn*-der) *c* misery

ellendig (eh-*lehn*-derkh) *adj* miserable

email (āy-*migh*) *nt* enamel

emailleren (āy-migh-āy-rern) *v* glaze

emancipatie (āy-mahn-see-*paa*-tsee) *c* emancipation

embargo (ehm-*bahr*-gōa) *nt* embargo

embleem (ehm-*blāym*) *nt* (pl -blemen) emblem

emigrant (āy-mee-*grahnt*) *c* (pl ~en) emigrant

emigratie (āy-mee-*graa*-tsee) *c* emigration

emigreren (āy-mee-*grāy*-rern) *v* emigrate

eminent (āy-mee-*nehnt*) *adj* outstanding

emmer (*eh*-merr) *c* (pl ~s) bucket, pail

emotie (āy-*mōa*-tsee) *c* (pl ~s) emotion

employé (ahm-plvah-*ʸāy*) *c* (pl ~s) employee

en (ehn) *conj* and

encyclopedie (ehn-see-klōa-pāy-*dee*) *c* (pl ~ën) encyclopaedia

endeldarm (*ehn*-derl-dahrm) *c* (pl ~en) rectum

endosseren (ahn-do-*sāy*-rern) *v* endorse

energie (āy-nehr-*zhee*) *c* energy; power

energiek (āy-nehr-*zheek*) *adj* energetic

eng (ehng) *adj* narrow; creepy

engel (*eh*-ngerl) *c* (pl ~en) angel

Engeland (*eh*-nger-lahnt) England; Britain

Engels (*eh*-ngerls) *adj* English; British

Engelsman (*eh*-ngerls-mahn) *c* (pl Engelsen) Englishman; Briton

enig (*āy*-nerkh) *adj* sole, only; *pron* any; **enige** *pron* some

enigszins (*āy*-nerkh-sıns) *adv* somewhat

enkel[1] (*ehng*-kerl) *adj* single; **enkele** *pron* some

enkel[2] (*ehng*-kerl) *c* (pl ~s) ankle

enkeling (*ehng*-ker-lıng) *c* (pl ~en) individual

enkelvoud (*ehng*-kerl-vout) *nt* singular

enorm (āy-*norm*) *adj* tremendous, enormous, huge

enquête (ahng-*kai*-ter) *c* (pl ~s) enquiry

enthousiasme (ahn-tōō-*zhahss*-mer) *nt* enthusiasm

enthousiast (ahn-tōō-*zhahst*) *adj* enthusiastic; keen

entree (ahn-*trāy*) *c* entry; entrance-fee

entresol (ahng-trer-*sol*) c (pl ~s)
mezzanine

envelop (ahng-ver-*lop*) c (pl ~pen)
envelope

enzovoort (*ehn*-zōa-vōart) and so on,
etcetera

epidemie (āy-pee-der-*mee*) c (pl ~ën)
epidemic

epilepsie (āy-pee-lehp-*see*) c epilepsy

epiloog (āy-pee-*lōakh*) c (pl -logen)
epilogue

episch (*āy*-peess) adj epic

episode (āy-pee-*zōa*-der) c (pl ~n, ~s)
episode

epos (*āy*-poss) nt (pl epen, ~sen) epic

equipe (āy-*keep*) c (pl ~s) team

equivalent (āy-kvee-vaa-*lehnt*) adj
equivalent

er (ehr) adv there; *pron* of them

erbarmelijk (ehr-*bahr*-mer-lerk) adj
lamentable

eredienst (*āy*-rer-deenst) c (pl ~en)
worship

eren (*āy*-rern) v honour

erf (ehrf) nt (pl erven) yard

erfelijk (ehr-fer-lerk) adj hereditary

erfenis (ehr-fer-niss) c (pl ~sen) inheritance; legacy

erg (ehrkh) adj bad; adv very; **erger**
worse; **ergst** worst

ergens (*ehr*-gerns) adv somewhere

ergeren (*ehr*-ger-rern) v annoy

ergernis (*ehr*-gerr-niss) c annoyance

erkennen (ehr-*keh*-nern) v recognize;
acknowledge

erkenning (ehr-*keh*-ning) c (pl ~en)
recognition

erkentelijk (ehr-*kehn*-ter-lerk) adj
grateful

ernst (ehrnst) c seriousness; gravity

ernstig (*ehrn*-sterkh) adj serious;
grave, bad, severe

erts (ehrts) nt (pl ~en) ore

* **ervaren** (ehr-*vaa*-rern) v experience

ervaring (ehr-*vaa*-ring) c (pl ~en) experience

erven (*ehr*-vern) v inherit

erwt (ehrt) c (pl ~en) pea

escorte (ehss-*kor*-ter) nt (pl ~s) escort

escorteren (ehss-kor-*tāy*-rern) v escort

esdoorn (*ehss*-dōarn) c (pl ~s) maple

eskader (ehss-*kaa*-derr) nt (pl ~s)
squadron

essay (eh-*sāy*) nt (pl ~s) essay

essentie (e-*sehn*-see) c essence

essentieel (eh-sehn-*shāyl*) adj vital,
essential

etage (āy-*taa*-zher) c (pl ~s) floor,
storey; apartment nAm

etalage (āy-taa-*laa*-zher) c (pl ~s)
shop-window

etappe (āy-*tah*-per) c (pl ~n, ~s)
stage

eten (*āy*-tern) nt food

* **eten** (*āy*-tern) v *eat

ether (*āy*-terr) c ether

Ethiopië (āy-tee-*Yōa*-pee-Yer) Ethiopia

Ethiopiër (āy-tee-*Yōa*-pee-Yerr) c (pl
~s) Ethiopian

Ethiopisch (āy-tee-*Yōa*-peess) adj
Ethiopian

etiket (āy-tee-*keht*) nt (pl ~ten) label,
tag

etiketteren (āy-tee-keh-*tāy*-rern) v
label

etmaal (*eht*-maal) nt (pl -malen)
twenty-four hours

ets (ehts) c (pl ~en) etching

ettelijk (*eh*-ter-lerk) adj several

etter (*eh*-terr) c pus

etui (āy-*tvee*) nt (pl ~s) case

Europa (ūr-*rōa*-paa) Europe

Europeaan (ūr-rōa-pāy-*aan*) c (pl
-anen) European

Europees (ūr-rōa-*pāyss*) adj European

evacueren (āy-vaa-kew-*vāy*-rern) v
evacuate

evangelie (āy-vahng-*gāy*-lee) nt (pl -liën, ~s) gospel

even (<i>āȳ</i>-vern) *adj* even; *adv* equally, as

evenaar (<i>āȳ</i>-ver-naar) *c* equator

evenals (<i>āȳ</i>-ver-nahls) *conj* as well as

evenaren (<i>āȳ</i>-ver-<i>naa</i>-rern) *v* equal

eveneens (<i>āȳ</i>-ver-<i>nāȳns</i>) *adv* as well as, likewise, also

evenredig (<i>āȳ</i>-ver-<i>rāȳ</i>-derkh) *adj* proportional

eventueel (<i>āȳ</i>-vern-tēw-<i>vāȳl</i>) *adj* possible, eventual

evenveel (<i>āȳ</i>-ver-<i>vāȳl</i>) *adv* as much

evenwel (<i>āȳ</i>-ver-<i>vehl</i>) *adv* however

evenwicht (<i>āȳ</i>-ver-vıkht) *nt* balance

evenwijdig (<i>āȳ</i>-ver-<i>vay</i>-derkh) *adj* parallel

evenzeer (<i>āȳ</i>-ver-<i>zāȳr</i>) *adv* as much

evenzo (<i>āȳ</i>-ver-<i>zōā</i>) *adv* likewise

evolutie (<i>āȳ</i>-vōā-<i>lēw</i>-tsee) *c* (pl ~s) evolution

exact (ehk-<i>sahkt</i>) *adj* precise

examen (ehk-<i>saa</i>-mern) *nt* (pl ~s) examination

excentriek (ehk-sehn-<i>treek</i>) *adj* eccentric

exces (ehk-<i>sehss</i>) *nt* (pl ~sen) excess

exclusief (ehks-klēw-<i>zeef</i>) *adj* exclusive

excursie (ehks-<i>kerr</i>-zee) *c* (pl ~s) day trip, excursion

excuseren (ehks-kēw-<i>zāȳ</i>-rern) *v* excuse

excuus (ehks-<i>kēwss</i>) *nt* (pl excuses) apology, excuse

exemplaar (ehk-serm-<i>plaar</i>) *nt* (pl -plaren) specimen; copy

exotisch (ehk-<i>sōā</i>-teess) *adj* exotic

expeditie (ehks-per-<i>dee</i>-tsee) *c* (pl ~s) expedition

experiment (ehks-pāȳ-ree-<i>mehnt</i>) *nt* (pl ~en) experiment

experimenteren (ehks-pāȳ-ree-mehn-<i>tāȳ</i>-rern) *v* experiment

expert (ehks-<i>pair</i>) *c* (pl ~s) expert

expliciet (ehks-plee-<i>seet</i>) *adj* explicit

exploiteren (ehks-plvah-<i>tāȳ</i>-rern) *v* exploit

explosie (ehks-<i>plōā</i>-zee) *c* (pl ~s) blast, explosion

explosief (ehks-plōā-<i>zeef</i>) *adj* explosive

export (<i>ehk</i>-sport) *c* exports *pl*, export

exporteren (ehk-spor-<i>tāȳ</i>-rern) *v* export

expositie (ehks-spōā-<i>zee</i>-tsee) *c* (pl ~s) exhibition; display

expresse- (ehk-<i>spreh</i>-ser) express; special delivery

extase (ehk-<i>staa</i>-zer) *c* ecstasy

extra (<i>ehk</i>-straa) *adj* additional, extra; spare

extravagant (ehk-straa-vaa-<i>gahnt</i>) *adj* extravagant

extreem (ehk-<i>strāȳm</i>) *adj* extreme

ezel (<i>āȳ</i>-zerl) *c* (pl ~s) ass; donkey

F

faam (faam) *c* fame

fabel (<i>faa</i>-berl) *c* (pl ~s, ~en) fable

fabriceren (faa-bree-<i>sāȳ</i>-rern) *v* manufacture

fabriek (faa-<i>breek</i>) *c* (pl ~en) factory; mill, works *pl*

fabrikant (faa-bree-<i>kahnt</i>) *c* (pl ~en) manufacturer

faciliteit (faa-see-lee-<i>tayt</i>) *c* (pl ~en) facility

factor (<i>fahk</i>-tor) *c* (pl ~en) factor

factureren (fahk-tēw-<i>rāȳ</i>-rern) *v* bill

factuur (fahk-<i>tēwr</i>) *c* (pl -turen) invoice

facultatief (faa-kerl-taa-<i>teef</i>) *adj* optional

faculteit (faa-kerl-<i>tayt</i>) *c* (pl ~en) faculty

faience (faa-^Yahng-ser) c faience

failliet (fah-^Yeet) adj bankrupt

fakkel (fah-kerl) c (pl ~s) torch

falen (faa-lern) v fail

familiaar (fah-mee-lee-^Yaar) adj familiar

familie (faa-mee-lee) c (pl ~s) family

familielid (faa-mee-lee-lıt) nt (pl -leden) relative

fanatiek (faa-naa-teek) adj fanatical

fanfarekorps (fahm-faa-rer-korps) nt (pl ~en) brass band

fantasie (fahn-taa-zee) c (pl ~ën) fantasy, fancy

fantastisch (fahn-tahss-teess) adj fantastic

farce (fahrs) c (pl ~n) farce

farmacologie (fahr-maa-kōa-lōa-gee) c pharmacology

fascinerend (fah-see-nāy-rernt) adj glamorous

fascisme (fah-siss-mer) nt fascism

fascist (fah-sıst) c (pl ~en) fascist

fascistisch (fah-siss-teess) adj fascist

fase (faa-zer) c (pl ~s, ~n) stage, phase

fataal (faa-taal) adj fatal

fatsoen (faht-sōōn) nt decency

fatsoenlijk (faht-sōōn-lerk) adj decent

fauteuil (fōa-tur^{ew}) c (pl ~s) armchair

favoriet (faa-vōa-reet) c (pl ~en) favourite

fazant (faa-zahnt) c (pl ~en) pheasant

februari (fāy-brew-vaa-ree) February

federaal (fāy-der-raal) adj federal

federatie (fāy-der-raa-tsee) c (pl ~s) federation

fee (fay) c (pl ~ën) fairy

feest (fāyst) nt (pl ~en) feast

feestdag (fāyss-dahkh) c (pl ~en) holiday

feestelijk (fāy-ster-lerk) adj festive

feestje (fāy-sher) nt (pl ~s) party

feilloos (fay-lōass) adj faultless

feit (fayt) nt (pl ~en) fact; **in feite** in fact

feitelijk (fay-ter-lerk) adj factual; adv as a matter of fact, actually, in effect

fel (fehl) adj fierce

felicitatie (fāy-lee-see-taa-tsee) c (pl ~s) congratulation

feliciteren (fāy-lee-see-tāy-rern) v congratulate; compliment

feodaal (fāy-^Yōa-daal) adj feudal

festival (fehss-tee-vahl) nt (pl ~en) festival

feuilleton (fur^{ew}-er-ton) nt (pl ~s) serial

fiasco (fee-^Yahss-kōa) nt (pl ~'s) failure

fiche (fee-sher) c (pl ~s) chip

fictie (fık-see) c (pl ~s) fiction

fiets (feets) c (pl ~en) cycle, bicycle

fietser (fee-tserr) c (pl ~s) cyclist

figuur (fee-ge^{ew}r) c (pl -guren) figure; diagram

fijn (fayn) adj enjoyable; fine; delicate

fijnhakken (fayn-hah-kern) v mince

*__fijnmalen__ (fayn-maa-lern) v *grind

fijnproever (faym-prōō-verr) c (pl ~s) gourmet

fijnstampen (fayn-stahm-pern) v mash

filiaal (fee-lee-^Yaal) nt (-ialen) branch

Filippijn (fee-lı-payn) c (pl ~en) Filipino

Filippijnen (fee-lı-pay-nern) pl Philippines pl

Filippijns (fee-lı-payns) adj Philippine

film (fılm) c (pl ~s) film; movie

filmcamera (fılm-kaa-mer-raa) c (pl ~'s) camera

filmen (fıl-mern) v film

filmjournaal (fılm-zhōōr-naal) nt newsreel

filosofie (fee-lōa-zōa-fee) c (pl ~ën) philosophy

filosoof (fee-lōā-*zōāf*) c (pl -sofen) philosopher

filter (*fil*-terr) nt (pl ~s) filter

Fin (fin) c (pl ~nen) Finn

financieel (fee-nahn-*shāyl*) adj financial

financiën (fee-*nahn*-see-Yern) pl finances pl

financieren (fee-nahn-*see*-rern) v finance

Finland (*fin*-lahnt) Finland

Fins (fins) adj Finnish

firma (*fir*-maa) c (pl ~'s) company, firm

fitting (*fi*-ting) c (pl ~en) socket

fjord (fYort) c (pl ~en) fjord

flacon (flaa-*kon*) c (pl ~s) flask

flamingo (flaa-*ming*-gōā) c (pl ~'s) flamingo

flanel (flaa-*nehl*) nt flannel

flat (fleht) c (pl ~s) flat; apartment nAm

flatgebouw (*fleht*-kher-bou) nt (pl ~en) block of flats; apartment house Am

flauw (flou) adj faint

*****flauwvallen** (*flou*-vah-lern) v faint

fles (flehss) c (pl ~sen) bottle

flesopener (*fleh*-zōā-per-nerr) c (pl ~s) bottle opener

flessehals (*fleh*-ser-hahls) c bottleneck

flets (flehts) adj dull

flink (flingk) adj considerable; brave, plucky

flits (flits) c (pl ~en) flash

flitslampje (*flits*-lahm-pYer) nt (pl ~s) flash-bulb

fluisteren (*flurew*ss-ter-rern) v whisper

fluit (flurew*t) c (pl ~en) flute

*****fluiten** (*flurew*-tern) v whistle

fluitje (*flurew*-tYer) nt (pl ~s) whistle

fluweel (flew-*vāyl*) nt velvet

foefje (*fōō*-fYer) nt (pl ~s) trick

foei! (fōōee) shame!

fok (fok) c (pl ~ken) foresail

fokken (*fo*-kern) v *breed; raise

folklore (fol-*klōā*-rer) c folklore

fonds (fons) nt (pl ~en) fund

fonetisch (fōā-*nāy*-teess) adj phonetic

fonkelend (*fong*-ker-lernt) adj sparkling

fontein (fon-*tayn*) c (pl ~en) fountain

fooi (fōāee) c (pl ~en) tip; gratuity

foppen (*fo*-pern) v fool

forceren (for-*sāy*-rern) v strain; force

forel (fōā-*rehl*) c (pl ~len) trout

forens (fōā-*rehns*) c (pl ~en, forenzen) commuter

formaat (for-*maat*) nt (pl -maten) size

formaliteit (for-maa-lee-*tayt*) c (pl ~en) formality

formeel (for-*māyl*) adj formal

formule (for-*mēw*-ler) c (pl ~s) formula

formulier (for-mēw-*leer*) nt (pl ~en) form

fornuis (for-*nurew*ss) nt (pl -nuizen) cooker, stove

fors (fors) adj robust

fort (fort) nt (pl ~en) fort

fortuin (for-*turew*n) nt (pl ~en) fortune

foto (*fōā*-tōā) c (pl ~'s) photograph, photo

fotocopie (fōā-tōā-kōā-*pee*) c (pl ~ën) photostat

fotograaf (fōā-tōā-*graaf*) c (pl -grafen) photographer

fotograferen (fōā-tōā-graa-*fāy*-rern) v photograph

fotografie (fōā-tōā-graa-*fee*) c photography

fototoestel (*fōā*-tōā-tōō-stehl) nt (pl ~len) camera

fotowinkel (*fōā*-tōā-ving-kerl) c (pl ~s) camera shop

fouilleren (fōō-*Yāy*-rern) v search

fout[1] (fout) adj mistaken, wrong

fout² (fout) *c* (pl ~en) error, mistake, fault

foutloos (*fout*-lōass) *adj* faultless

foyer (fvah-Yáy) *c* (pl ~s) foyer; lobby

fractie (*frahk*-see) *c* (pl ~s) fraction

fragment (frahkh-*mehnt*) *nt* (pl ~en) fragment; extract

framboos (frahm-*bōass*) *c* (pl -bozen) raspberry

franje (*frah*-ñer) *c* (pl ~s) fringe

frankeren (frahng-*káy*-rern) *v* stamp

frankering (frahng-*káy*-ring) *c* (pl ~en) postage

franko (*frahng*-kōä) *adj* postage paid, post-paid

Frankrijk (*frahng*-krayk) France

Frans (frahns) *adj* French

Fransman (*frahns*-mahn) *c* (pl Fransen) Frenchman

frappant (frah-*pahnt*) *adj* striking

fraude (*frou*-der) *c* (pl ~s) fraud

frequent (frer-*kvehnt*) *adj* frequent

frequentie (frer-*kvehn*-tsee) *c* (pl ~s) frequency

fris (friss) *adj* fresh

frisdrank (*friss*-drahngk) *c* soft drink

frites (freet) *pl* chips

fruit (frur^{ew}t) *nt* fruit

fuif (fur^{ew}f) *c* (pl fuiven) party

functie (*ferngk*-see) *c* (pl ~s) function

functioneren (ferngk-shōä-*náy*-rern) *v* work

fundamenteel (fern-daa-mehn-*táyl*) *adj* fundamental, basic

fusie (*few*-zee) *c* (pl ~s) merger

fysica (*fee*-zee-kaa) *c* physics

fysiek (fee-*zeek*) *adj* physical

fysiologie (fee-zee-Yōä-lōä-*gee*) *c* physiology

G

* **gaan** (gaan) *v* *go; * ~ **door** pass through

gaarne (*gaar*-ner) *adv* gladly

gaas (gaass) *nt* gauze

* **gadeslaan** (*gaa*-der-slaan) *v* watch

gal (gahl) *c* gall, bile

galblaas (*gahl*-blaass) *c* (pl -blazen) gall bladder

galerij (gah-ler-*ray*) *c* (pl ~en) arcade; gallery

galg (gahlkh) *c* (pl ~en) gallows *pl*

galop (gaa-*lop*) *c* gallop

galsteen (*gahl*-stáyn) *c* (pl -stenen) gallstone

gammel (*gah*-merl) *adj* ramshackle, shaky

gang (gahng) *c* (pl ~en) corridor; gait, pace; course

gangbaar (*gahng*-baar) *adj* current

gangpad (*gahng*-paht) *nt* (pl ~en) aisle

gans (gahns) *c* (pl ganzen) goose

gapen (*gaa*-pern) *v* yawn

garage (gaa-*raa*-zher) *c* (pl ~s) garage

garanderen (gaa-rahn-*dáy*-rern) *v* guarantee

garantie (gaa-*rahn*-tsee) *c* (pl ~s) guarantee

garderobe (gahr-der-*raw*-ber) *c* (pl ~s) wardrobe, cloakroom; checkroom *nAm*

garen (*gaa*-rern) *nt* (pl ~s) thread, yarn; **garen- en bandwinkel** haberdashery

garnaal (gahr-*naal*) *c* (pl -nalen) prawn, shrimp

gas (gahss) *nt* (pl ~sen) gas

gasfabriek (*gahss*-faa-breek) *c* (pl ~en) gasworks

gasfornuis (*gahss*-for-nur^{ew}ss) *nt* (pl

-nuizen) gas cooker

gaskachel (*gahss*-kah-kherl) *c* (pl ~s) gas stove

gaspedaal (*gahss*-per-daal) *nt* (pl -dalen) accelerator

gasstel (*gah*-stehl) *nt* (pl ~len) gas cooker

gast (gahst) *c* (pl ~en) guest

gastheer (*gahst*-hāyr) *c* (pl -heren) host

gastvrij (gahst-*fray*) *adj* hospitable

gastvrijheid (gahst-*fray*-hayt) *c* hospitality

gastvrouw (*gahst*-frou) *c* (pl ~en) hostess

gat (gaht) *nt* (pl ~en) hole

gauw (gou) *adv* soon

gave (*gaa*-ver) *c* (pl ~n) gift, faculty

gazon (gaa-*zon*) *nt* (pl ~s) lawn

geadresseerde (ger-ah-dreh-*sāyr*-der) *c* (pl ~n) addressee

geaffecteerd (ger-ah-fehk-*tāyrt*) *adj* affected

Geallieerden (ger-ah-lee-*Yāyr*-dern) *pl* Allies *pl*

gearmd (ger-*ahrmt*) *adv* arm-in-arm

gebaar (ger-*baar*) *nt* (pl gebaren) sign

gebak (ger-*bahk*) *nt* cake, pastry

gebaren (ger-*baa*-rern) *v* gesticulate

gebed (ger-*beht*) *nt* (pl ~en) prayer

gebergte *nt* mountain range

gebeuren (ger-*būr*-rern) *v* occur; happen

gebeurtenis (ger-*būrr*-ter-nıss) *c* (pl ~sen) event; happening, occurrence

gebied (ger-*beet*) *nt* (pl ~en) region; zone, area, field, territory

geblokt (ger-*blokt*) *adj* chequered

gebogen (ger-*bōā*-gern) *adj* curved

geboorte (ger-*bōār*-ter) *c* (pl ~n) birth

geboorteland (ger-*bōār*-ter-lahnt) *nt* native country

geboorteplaats (ger-*bōār*-ter-plaats) *c* place of birth

geboren (ger-*bōā*-rern) *adj* born

gebouw (ger-*bou*) *nt* (pl ~en) construction, building

gebrek (ger-*brehk*) *nt* (pl ~en) deficiency, fault; want, lack, shortage

gebrekkig (ger-*breh*-kerkh) *adj* defective, faulty

gebruik (ger-*brur^ew*k) *nt* (pl ~en) use, usage; custom

gebruikelijk (ger-*brur^ew*-ker-lerk) *adj* customary; common, usual

gebruiken (ger-*brur^ew*-kern) *v* use; employ; apply

gebruiker (ger-*brur^ew*-kerr) *c* (pl ~s) user

gebruiksaanwijzing (ger-*brur^ew*k-saan-vay-zıng) *c* (pl ~en) directions for use

gebruiksvoorwerp (ger-*brur^ew*ks-fōar-vehrp) *nt* (pl ~en) utensil

gebruind (ger-*brur^ew*nt) *adj* tanned

gebrul (ger-*brerl*) *nt* roar

gecompliceerd (ger-kom-plee-*sāyrt*) *adj* complicated

gedachte (ger-*dahkh*-ter) *c* (pl ~n) thought; idea

gedachtenstreepje (ger-*dahkh*-ter-strāyp-Yer) *nt* (pl ~s) dash

gedeelte (ger-*dāyl*-ter) *nt* (pl ~n, ~s) part

gedeeltelijk (ger-*dāyl*-ter-lerk) *adj* partial; *adv* partly

gedelegeerde (ger-dāy-ler-*gāyr*-der) *c* (pl ~n) delegate

gedenkteken (ger-*dehngk*-tāy-kern) *nt* (pl ~s) memorial; monument

gedenkwaardig (ger-dehngk-*vaar*-derkh) *adj* memorable

gedetailleerd (ger-dāy-tah-*Yāyrt*) *adj* detailed

gedetineerde (ger-dāy-tee-*nāyr*-der) *c* (pl ~n) prisoner

gedicht (ger-*dıkht*) *nt* (pl ~en) poem

geding (ger-*dıng*) *nt* (pl ~en) lawsuit

gediplomeerd (ger-dee-plōa-*māyrt*) *adj* qualified

gedrag (ger-*drahkh*) *nt* conduct, behaviour

zich *gedragen (ger-*draa*-gern) act, behave

geduld (ger-*derlt*) *nt* patience

geduldig (ger-*derl*-derkh) *adj* patient

gedurende (ger-*dēw*-rern-der) *prep* during; for

gedurfd (ger-*derrft*) *adj* daring

geel (gāyl) *adj* yellow

geelkoper (*gāyl*-kōa-perr) *nt* brass

geelzucht (*gāyl*-zerkht) *c* jaundice

geëmailleerd (ger-āy-mah-*Yāyrt*) *adj* enamelled

geen (gāyn) *adj* no

geenszins (*gāyn*-sins) *adv* by no means

geest (gāyst) *c* (pl ~en) spirit, mind; soul; ghost

geestelijk (*gāy*-ster-lerk) *adj* spiritual, mental

geestelijke (*gāy*-ster-ler-ker) *c* (pl ~n) clergyman

geestig (*gāy*-sterkh) *adj* witty, humorous

geeuwen (*gāy*ᵒᵒ-ern) *v* yawn

gefluister (ger-*flurᵉʷ*-sterr) *nt* whisper

gegadigde (ger-*gaa*-derkh-der) *c* (pl ~n) candidate

gegeneerd (ger-zher-*nāyrt*) *adj* embarrassed

gegeven (ger-*gāy*-vern) *nt* (pl ~s) data *pl*

gegrond (ger-*gront*) *adj* well-founded

gehandicapt (ger-*hehn*-dee-kehpt) *adj* disabled

geheel (ger-*hāyl*) *adj* entire, whole, total; *adv* completely; *nt* whole

geheelonthouder (ger-*hāyl*-ont-hou-derr) *c* (pl ~s) teetotaller

geheim¹ (ger-*haym*) *adj* secret

geheim² (ger-*haym*) *nt* (pl ~en) secret

geheimzinnig (ger-haym-*zɪ*-nerkh) *adj* mysterious

geheugen (ger-*hūr*-gern) *nt* memory

gehoor (ger-*hōar*) *nt* hearing

gehoorzaam (ger-*hōar*-zaam) *adj* obedient

gehoorzaamheid (ger-*hōar*-zaam-hayt) *c* obedience

gehoorzamen (ger-*hōar*-zaa-mern) *v* obey

gehorig (ger-*hōa*-rerkh) *adj* noisy

gehucht (ger-*herkht*) *nt* (pl ~en) hamlet

geïnteresseerd (ger-ɪn-trer-*sāyrt*) *adj* interested

geïsoleerd (ger-ee-zōa-*lāyrt*) *adj* isolated

geit (gayt) *c* (pl ~en) goat

geiteleer (*gay*-ter-lāyr) *nt* kid

gek¹ (gehk) *adj* crazy, mad

gek² (gehk) *c* (pl ~ken) fool

geklets (ger-*klehts*) *nt* chat; rubbish

gekleurd (ger-*klūrrt*) *adj* coloured

gekraak (ger-*kraak*) *nt* crack

gekruid (ger-*krurᵉʷ*t) *adj* spiced

gelaatstrek (ger-*laats*-trehk) *c* (pl ~ken) feature

gelach (ger-*lahkh*) *nt* laughter

geld (gehlt) *nt* money; **buitenlands ~** foreign currency; **contant ~** cash

geldbelegging (*gehlt*-ber-leh-gɪng) *c* (pl ~en) investment

*gelden (*gehl*-dern) *v* apply

geldig (*gehl*-derkh) *adj* valid

geldstuk (*gehlt*-sterk) *nt* (pl ~ken) coin

geleden (ger-*lāy*-dern) ago; **kort ~** recently

geleerde (ger-*lāyr*-der) *c* (pl ~n) scholar, scientist

gelegen (ger-*lay*-gern) *adj* situated

gelegenheid (ger-*lāy*-gern-hayt) *c* (pl ~heden) occasion, chance, opportunity

gelei (zher-*lay*) *c* (pl ~en) jelly

geleidehond (ger-*lay*-der-hont) *c* (pl ~en) guide-dog

geleidelijk (ger-*lay*-der-lerk) *adj* gradual

gelijk (ger-*layk*) *adj* equal, like, alike; level, even; ~ *hebben* * be right; ~ **maken** equalize

gelijkenis (ger-*lay*-ker-niss) *c* (pl ~sen) resemblance, similarity

gelijkgezind (ger-layk-kher-*zint*) *adj* like-minded

gelijkheid (ger-*layk*-hayt) *c* equality

gelijkstroom (ger-*layk*-strōam) *c* direct current

gelijktijdig (ger-layk-*tay*-derkh) *adj* simultaneous

gelijkwaardig (ger-layk-*vaar*-derkh) *adj* equivalent

gelofte (ger-*lof*-ter) *c* (pl ~n) vow

geloof (ger-*lōaf*) *nt* belief; faith

geloofwaardig (ger-*lōaf*-vaar-derkh) *adj* credible

geloven (ger-*lōa*-vern) *v* believe

geluid (ger-*lur*ewt) *nt* (pl ~en) sound; noise

geluiddicht (ger-lur*ew*-*dikht*) *adj* soundproof

geluk (ger-*lerk*) *nt* happiness; luck, fortune

gelukkig (ger-*ler*-kerkh) *adj* happy; fortunate

gelukwens (ger-*lerk*-vehns) *c* (pl ~en) congratulation

gelukwensen (ger-*lerk*-vehn-sern) *v* congratulate, compliment

gemak (ger-*mahk*) *nt* leisure; ease; comfort

gemakkelijk (ger-*mah*-ker-lerk) *adj* easy; convenient

gematigd (ger-*maa*-terkht) *adj* moderate

gember (*gehm*-berr) *c* ginger

gemeen (ger-*māyn*) *adj* foul, mean

gemeenschap (ger-*māyn*-skhahp) *c* (pl ~pen) community

gemeenschappelijk (ger-māyn-*skhah*-per-lerk) *adj* common

gemeente (ger-*māyn*-ter) *c* (pl ~n, ~s) congregation

gemeentebestuur (ger-*māyn*-ter-ber-stewr) *nt* municipality

gemeentelijk (ger-*māyn*-ter-lerk) *adj* municipal

gemêleerd (ger-meh-*lāyrt*) *adj* mixed

gemengd (ger-*mehngt*) *adj* mixed; miscellaneous

gemiddeld (ger-*mi*-derlt) *adj* average, medium; *adv* on the average

gemiddelde (ger-*mi*-derl-der) *nt* (pl ~n) average, mean

gemis (ger-*miss*) *nt* want, lack

genade (ger-*naa*-der) *c* mercy; grace

geneeskunde (ger-*nāyss*-kern-der) *c* medicine

geneeskundig (ger-*nāyss*-*kern*-derkh) *adj* medical

geneesmiddel (ger-*nāyss*-mi-derl) *nt* (pl ~en) medicine; remedy, drug

genegen (ger-*nāy*-gern) *adj* inclined

genegenheid (ger-*nāy*-gern-hayt) *c* affection

geneigd (ger-*naykht*) *adj* inclined

generaal (gāy-ner-*raal*) *c* (pl ~s) general

generatie (gāy-ner-*raa*-tsee) *c* (pl ~s) generation

generator (gāy-ner-*raa*-tor) *c* (pl ~en, ~s) generator

*genezen** (ger-*nāy*-zern) *v* heal; cure • recover

genezing (ger-*nāy*-zing) *c* (pl ~en) cure; recovery

genie (zher-*nee*) *nt* (pl ~ën) genius

*genieten van** (ger-*nee*-tern) enjoy

genoeg (ger-*nōōkh*) *adv* enough; sufficient

genoegen (ger-*nōō*-gern) *nt* (pl ~s)

pleasure

genootschap (ger-*nōāt*-skhahp) *nt* (pl ~pen) society; association

genot (ger-*not*) *nt* joy; delight; enjoyment

geologie (gāy-ʸōā-lōā-*gee*) *c* geology

gepast (ger-*pahst*) *adj* suitable, proper

gepensioneerd (ger-pehn-shōā-*nāyrt*) *adj* retired

geraamte (ger-*raam*-ter) *nt* (pl ~n, ~s) skeleton

geraas (ger-*raass*) *nt* roar

gerecht (ger-*rehkht*) *nt* (pl ~en) dish; law court

gerechtigheid (ger-*rehkh*-terkh-hayt) *c* justice

gereed (ger-*rāyt*) *adj* ready

gereedschap (ger-*rāyt*-skhahp̄) *nt* (pl ~pen) tool; utensil, implement

gereedschapskist (ger-*rāyt*-skhahps-kıst) *c* (pl ~en) tool kit

geregeld (ger-*rāy*-gerlt) *adj* regular

gereserveerd (ger-rāy-zehr-*vāyrt*) *adj* reserved

gerief (ger-*reef*) *nt* comfort

geriefelijk (ger-*ree*-fer-lerk) *adj* comfortable, easy; convenient

gering (ger-*rıng*) *adj* minor; slight, small; **geringst** least

geroddel (ger-*ro*-derl) *nt* gossip

gerst (gehrst) *c* barley

gerucht (ger-*rerkht*) *nt* (pl ~en) rumour

geruit (ger-*rurᵉʷt*) *adj* chequered

gerust (ger-*rerst*) *adj* confident

geruststellen (ger-*rerst*-steh-lern) *v* reassure

gescheiden (ger-*skhay*-dern) *adj* separate

geschenk (ger-*skhehngk*) *nt* (pl ~en) gift, present

geschiedenis (ger-*skhee*-der-nıss) *c* history

geschiedkundig (ger-skheet-*kern*-derkh) *adj* historical

geschiedkundige (ger-skheet-*kern*-der-ger) *c* (pl ~n) historian

geschikt (ger-*skhıkt*) *adj* convenient, suitable, proper, appropriate, fit; ~ *zijn qualify

geschil (ger-*skhıl*) *nt* (pl ~len) dispute

geslacht (ger-*slahkht*) *nt* (pl ~en) sex; gender

geslachtsziekte (ger-*slahkht*-seek-ter) *c* (pl ~n, ~s) venereal disease

gesloten (ger-*slōā*-tern) *adj* closed, shut

gesp (gehsp) *c* (pl ~en) buckle

gespannen (ger-*spah*-nern) *adj* tense

gespierd (ger-*speert*) *adj* muscular

gespikkeld (ger-*spı*-kerlt) *adj* spotted

gesprek (ger-*sprehk*) *nt* (pl ~ken) discussion, conversation, talk; **interlokaal** ~ trunk-call; **lokaal** ~ local call

gestalte (ger-*stahl*-ter) *c* (pl ~n. ~s) figure

gesticht (ger-*stıkht*) *nt* (pl ~en) asylum

gestorven (ger-*stor*-vern) *adj* dead

gestreept (ger-*strāypt*) *adj* striped

getal (ger-*tahl*) *nt* (pl ~len) number

getij (ger-*tay*) *nt* (pl ~en) tide

getrouw (ger-*trou*) *adj* true

getuige (ger-*turᵉʷ*-ger) *c* (pl ~n) witness

getuigen (ger-*turᵉʷ*-gern) *v* testify

getuigschrift (ger-*turᵉʷkh*-skhrıft) *nt* (pl ~en) certificate

getypt (ger-*teept*) *adj* typewritten

geur (gūr) *c* (pl ~en) smell, odour; scent

gevaar (ger-*vaar*) *nt* (pl -varen) danger; risk, peril

gevaarlijk (ger-*vaar*-lerk) *adj* dangerous; perilous

geval (ger-*vahl*) *nt* (pl ~len) case; instance; event; **in elk** ~ at any rate, anyway; **in ~ van** in case of

gevangene (ger-*vah*-nger-ner) *c* (pl ~n) prisoner

gevangenis (ger-*vah*-nger-niss) *c* (pl ~sen) prison; gaol, jail

gevangenschap (ger-*vah*-ngern-skhahp) *c* imprisonment

gevarieerd (ger-vaa-ree-*Yayrt*) *adj* varied

gevecht (ger-*vehkht*) *nt* (pl ~en) combat, battle, fight

gevel (*gay*-verl) *c* (pl ~s) façade

geveltop (*gay*-verl-top) *c* (pl ~pen) gable

*geven (*gay*-vern) *v* *give; ~ **om** mind

gevoel (ger-*vool*) *nt* feeling; sensation

gevoelig (ger-*voo*-lerkh) *adj* sensitive

gevoelloos (ger-*voo*-lōass) *adj* numb

gevogelte (ger-*voa*-gerl-ter) *nt* fowl; poultry

gevolg (ger-*volkh*) *nt* (pl ~en) result, consequence; issue, effect; **ten gevolge van** owing to

gevolgtrekking (ger-*volkh*-treh-king) *c* (pl ~en) conclusion

gevorderd (ger-*vor*-derrt) *adj* advanced

gevuld (ger-*verlt*) *adj* stuffed

gewaad (ger-*vaat*) *nt* (pl gewaden) robe

gewaagd (ger-*vaakht*) *adj* risky

gewaarwording (ger-*vaar*-vor-ding) *c* (pl ~en) perception; sensation

gewapend (ger-*vaa*-pernt) *adj* armed

geweer (ger-*vayr*) *nt* (pl geweren) rifle, gun

gewei (ger-*vay*) *nt* (pl ~en) antlers *pl*

geweld (ger-*vehlt*) *nt* violence; force

gewelddaad (ger-*vehl*-daat) *c* (pl -daden) outrage

gewelddadig (ger-vehl-*daa*-derkh) *adj* violent

geweldig (ger-*vehl*-derkh) *adj* terrific;

huge

gewelf (ger-*vehlf*) *nt* (pl gewelven) arch, vault

gewend (ger-*vehnt*) *adj* accustomed

gewest (ger-*vehst*) *nt* (pl ~en) province

geweten (ger-*vay*-tern) *nt* conscience

gewicht (ger-*vikht*) *nt* (pl ~en) weight

gewichtig (ger-*vikh*-terkh) *adj* important; big

gewillig (ger-*vi*-lerkh) *adj* co-operative

gewond (ger-*vont*) *adj* injured

gewoon (ger-*vōan*) *adj* normal, ordinary; common, regular, plain; simple; customary, habitual; accustomed; ~ ***zijn** *be used to; would

gewoonlijk (ger-*vōan*-lerk) *adj* customary; *adv* as a rule, usually

gewoonte (ger-*vōan*-ter) *c* (pl ~n, ~s) habit; custom

gewoonweg (ger-*vōan*-vehkh) *adv* simply

gewricht (ger-*vrikht*) *nt* (pl ~en) joint

gezag (ger-*zahkh*) *nt* authority

gezagvoerder (ger-*zahkh*-fōōr-derr) *c* (pl ~s) captain

gezamenlijk (ger-*zaa*-mer-lerk) *adj* joint

gezang (ger-*zahng*) *nt* (pl ~en) hymn

gezant (ger-*zahnt*) *c* (pl ~en) envoy

gezellig (ger-*zeh*-lerkh) *adj* cosy

gezelschap (ger-*zehl*-skhahp) *nt* (pl ~pen) company; society

gezet (ger-*zeht*) *adj* corpulent; stout

gezicht (ger-*zikht*) *nt* (pl ~en) face; sight

gezichtscrème (ger-*zikhts*-kraim) *c* (pl ~s) face-cream

gezichtsmassage (ger-*zikhts*-mah-saa-zher) *c* (pl ~s) face massage

gezichtspoeder (ger-*zikhts*-pōō-derr) *nt/c* (pl ~s) face-powder

gezien (ger-*zeen*) *prep* considering

gezin (ger-*zin*) *nt* (pl ~nen) family

gezond (ger-*zont*) *adj* healthy; well; wholesome

gezondheid (ger-*zont*-hayt) *c* health

gezondheidsattest (ger-*zont*-hayts-ah-tehst) *nt* (pl ~en) health certificate

gezwel (ger-*zvehl*) *nt* (pl ~len) tumour, growth

gids (gits) *c* (pl ~en) guide; guidebook

giechelen (*gee*-kher-lern) *v* giggle

gier (geer) *c* (pl ~en) vulture

gierig (*gee*-rerkh) *adj* avaricious; stingy

* **gieten** (*gee*-tern) *v* pour

gietijzer (*gee*-tay-zerr) *nt* cast iron

gift (gift) *c* (pl ~en) donation

giftig (*gif*-terkh) *adj* poisonous

gijzelaar (*gay*-zer-laar) *c* (pl ~s) hostage

gil (gil) *c* (pl ~len) scream, yell, shriek

gillen (*gi*-lern) *v* scream, yell, shriek

ginds (gins) *adv* over there

gips (gips) *nt* plaster

gissen (*gi*-sern) *v* guess

gissing (*gi*-sing) *c* (pl ~en) guess

gist (gist) *c* yeast

gisten (*giss*-tern) *v* ferment

gisteren (*giss*-ter-rern) *adv* yesterday

gitaar (gee-*taar*) *c* (pl -taren) guitar

glad (glaht) *adj* slippery; smooth

glans (glahns) *c* gloss

glanzen (*glahn*-zern) *v* *shine; **glanzend** glossy

glas (glahss) *nt* (pl glazen) glass; **gebrandschilderd** ~ stained glass

glazen (*glaa*-zern) *adj* glass

gletsjer (*gleht*-sherr) *c* (pl ~s) glacier

gleuf (glürf) *c* (pl gleuven) slot

glibberig (*gli*-ber-rerkh) *adj* slippery

glijbaan (*glay*-baan) *c* (pl -banen) slide

* **glijden** (*glay*-dern) *v* glide, *slide

glimlach (*glim*-lahkh) *c* smile

glimlachen (*glim*-lah-khern) *v* smile

glimp (glimp) *c* glimpse

globaal (glōa-*baal*) *adj* broad

gloed (glōot) *c* glow

gloeien (*glōō*ee-ern) *v* glow

gloeilamp (*glōō*ee-lahmp) *c* (pl ~en) light bulb

glooien (*glōā*ee-ern) *v* slope

glooiing (*glōā*ee-ing) *c* (pl ~en) ramp

glorie (*glōā*-ree) *c* glory

gluren (*glew*-rern) *v* peep

gobelin (gōa-ber-*lang*) *c* (pl ~s) tapestry

god (got) *c* (pl ~en) god

goddelijk (go-der-lerk) *adj* divine

godin (gōa-*din*) *c* (pl ~nen) goddess

godsdienst (*gots*-deenst) *c* (pl ~en) religion

godsdienstig (gots-*deen*-sterkh) *adj* religious

goed (gōōt) *adj* good; right, correct; kind; *adv* well; **goed!** all right!

goederen (*gōō*-der-rern) *pl* goods *pl*

goederentrein (*gōō*-der-rern-trayn) *c* (pl ~en) goods train; freight-train *nAm*

goedgelovig (gōōt-kher-*lōā*-verkh) *adj* credulous

goedgestemd (gōōt-kher-*stehmt*) *adj* good-tempered

goedhartig (gōōt-*hahr*-terkh) *adj* good-natured

goedkeuren (*gōōt*-kūr-rern) *v* approve

goedkeuring (*gōōt*-kur-ring) *c* (pl ~en) approval

goedkoop (gōōt-*kōap*) *adj* cheap; inexpensive

gok (gok) *c* chance

golf¹ (golf) *c* (pl golven) wave; gulf

golf² (golf) *nt* golf

golfbaan (*golf*-baan) *c* (pl -banen) golf-links, golf-course

golfclub (*golf*-klerp) *c* (pl ~s) golfclub

golflengte (*golf*-lehng-ter) *c* (pl ~n, ~s) wave-length

golvend (*gol*-vernt) *adj* wavy, undulating

gom (gom) *c/nt* (pl ~men) eraser

gondel (*gon*-derl) *c* (pl ~s) gondola

goochelaar (*gōā*-kher-laar) *c* (pl ~s) magician

gooi (*gōā*ee) *c* (pl ~en) throw

gooien (*gōā*ee-ern) *v* *throw; *cast; toss

goot (*gōat*) *c* (pl goten) gutter

gootsteen (*gōat*-stāyn) *c* (pl -stenen) sink

gordijn (gor-*dayn*) *nt* (pl ~en) curtain

gorgelen (*gor*-ger-lern) *v* gargle

goud (gout) *nt* gold

gouden (*gou*-dern) *adj* golden

goudmijn (*gout*-mayn) *c* (pl ~en) goldmine

goudsmid (*gout*-smit) *c* (pl -smeden) goldsmith

gouvernante (gōō-verr-*nahn*-ter) *c* (pl ~s) governess

gouverneur (gōō-verr-*nūrr*) *c* (pl ~s) governor

graad (graat) *c* (pl graden) degree; grade

graaf (graaf) *c* (pl graven) count; earl

graafschap (*graaf*-skhahp) *nt* (pl ~pen) county

graag (graakh) *adv* gladly, willingly

graan (graan) *nt* (pl granen) corn, grain

graat (graat) *c* (pl graten) bone, fishbone

gracht (grahkht) *c* (pl ~en) canal; moat

graf (grahf) *nt* (pl graven) grave; tomb

grafiek (graa-*feek*) *c* (pl ~en) graph, diagram; chart

grafisch (*graa*-feess) *adj* graphic

grafsteen (*grahf*-stāyn) *c* (pl -stenen) tombstone, gravestone

gram (grahm) *nt* (pl ~men) gram

grammatica (grah-*maa*-tee-kaa) *c* grammar

grammaticaal (grah-maa-tee-*kaal*) *adj* grammatical

grammofoon (grah-mōā-*fōān*) *c* (pl ~s) gramophone

grammofoonplaat (grah-mōā-*fōān*-plaat) *c* (pl -platen) disc, record

graniet (graa-*neet*) *nt* granite

grap (grahp) *c* (pl ~pen) joke

grappig (*grah*-perkh) *adj* funny, humorous

gras (grahss) *nt* grass

grasspriet (*grahss*-spreet) *c* (pl ~en) blade of grass

grasveld (*grahss*-fehlt) *nt* (pl ~en) lawn

gratie (*graa*-tsee) *c* grace; pardon

gratis (*graa*-terss) *adv* free of charge, free, gratis

grauw (grou) *adj* grey

* graven (*graa*-vern) *v* *dig

graveren (graa-*vāy*-rern) *v* engrave

graveur (graa-*vūrr*) *c* (pl ~s) engraver

gravin (graa-*vın*) *c* (pl ~nen) countess

gravure (graa-*vēw*-rer) *c* (pl ~s, ~n) engraving

grazen (*graa*-zern) *v* graze

greep (grāyp) *c* (pl grepen) grip; grasp, clutch

grendel (*grehn*-derl) *c* (pl ~s) bolt

grens (grehns) *c* (pl grenzen) frontier, border; boundary, bound

grenzeloos (*grehn*-zer-lōāss) *adj* unlimited

greppel (*greh*-perl) *c* (pl ~s) ditch

Griek (greek) *c* (pl ~en) Greek

Griekenland (*gree*-kern-lahnt) Greece

Grieks (greeks) *adj* Greek

griep (greep) *c* flu, influenza

griet (greet) *c* (pl ~en) brill

griezelig (*gree*-zer-lerkh) *adj* scary,

creepy

grijns (grayns) c grin

grijnzen (grayn-zern) v grin

***grijpen** (gray-pern) v *catch, grip, grasp, seize

grijs (grayss) adj grey

gril (grıl) c (pl ~len) whim, fancy, fad

grind (grınt) nt gravel

grinniken (grı-ner-kern) v chuckle

groef (groof) c (pl groeven) groove

groei (grooee) c growth

groeien (grooee-ern) v *grow

groen (groon) adj green

groente c (pl ~n, ~s) greens pl, vegetable

groenteboer (groon-ter-boor) c (pl ~en) greengrocer; vegetable merchant

groep (groop) c (pl ~en) group; bunch, set, party

groet (groot) c (pl ~en) greeting

groeten (groo-tern) v greet; salute

groeve (groo-ver) c (pl ~n) pit

grof (grof) adj gross, coarse; rude

grommen (gro-mern) v growl

grond (gront) c ground; earth, soil; **begane** ~ ground floor

grondig (gron-derkh) adj thorough

grondslag (gront-slahkh) c (pl ~en) basis, base

grondstof (gront-stof) c (pl ~fen) raw material

grondwet (gront-veht) c (pl ~ten) constitution

groot (groat) adj big; great, large, tall; major; **grootst** major, main; **groter** major; superior

***grootbrengen** (groat-breh-ngern) v *bring up, raise; rear

Groot-Brittannië (groat-brı-tah-nee-ʸer) Great Britain

groothandel (groat-hahn-derl) c wholesale

grootmoeder (groat-moo-derr) c (pl

~s) grandmother

grootouders (groat-ou-derrs) pl grandparents pl

groots (groats) adj grand, superb, magnificent

grootte (groa-ter) c (pl ~n, ~s) size

grootvader (groat-faa-derr) c (pl ~s) grandfather

gros (gross) nt (pl ~sen) gross

grossier (gro-seer) c (pl ~s) wholesale dealer

grot (grot) c (pl ~ten) cave; grotto

gruis (grurewss) nt grit

gruwelijk (grew-ver-lerk) adj horrible

gul (gerl) adj generous

gulp (gerlp) c (pl ~en) fly

gulzig (gerl-zerkh) adj greedy

gunnen (ger-nern) v grant

gunst (gernst) c (pl ~en) favour

gunstig (gern-sterkh) adj favourable

guur (gewr) adj bleak

gymnast (gım-nahst) c (pl ~en) gymnast

gymnastiek (gım-nahss-teek) c gymnastics pl

gymnastiekbroek (gım-nahss-teek-brook) c (pl ~en) trunks pl

gymnastiekzaal (gım-nahss-teek-saal) c (pl -zalen) gymnasium

gymschoenen (gım-skhoo-nern) pl gym shoes, plimsolls pl; sneakers plAm

gynaecoloog (gee-nāy-koā-loākh) c (pl -logen) gynaecologist

H

haai (haaee) c (pl ~en) shark

haak (haak) c (pl haken) hook; **tussen twee haakjes** by the way

haalbaar (haal-baar) adj attainable, realizable

haan (haan) *c* (pl hanen) cock
haar¹ (haar) *nt* (pl haren) hair
haar² (haar) *pron* her
haarborstel (*haar*-bor-sterl) *c* (pl ~s) hairbrush
haarcrème (*haar*-kraim) *c* (pl ~s) hair cream
haard (haart) *c* (pl ~en) hearth, fireplace
haardroger (*haar*-drōa-gerr) *c* (pl ~s) hair-dryer
haarlak (*haar*-lahk) *c* (pl ~ken) hairspray
haarnetje (*haar*-neh-t^yer) *nt* (pl ~s) hair-net
haarolie (*haar*-ōā-lee) *c* hair-oil
haarspeld (*haar*-spehlt) *c* (pl ~en) hairpin, hair-grip; *bobby pin Am*
haarstukje (*haar*-ster-k^yer) *nt* (pl ~s) hair piece
haarversteviger (*haar*-verr-stāy-ver-gerr) *c* setting lotion
haas (haass) *c* (pl hazen) hare
haast¹ (haast) *adv* nearly, almost
haast² (haast) *c* haste, hurry
zich haasten (*haass*-tern) hasten, rush, hurry
haastig (*haass*-terkh) *adj* hasty; *adv* in a hurry
haat (haat) *c* hatred, hate
hachelijk (*hah*-kher-lerk) *adj* precarious, critical
hagel (*haa*-gerl) *c* hail
hak (hahk) *c* (pl ~ken) heel
haken (*haa*-kern) *v* crochet
hakken (*hah*-kern) *v* chop
hal (hahl) *c* (pl ~len) lobby, hall
halen (*haa*-lern) *v* *get, fetch; *make; *catch; *laten ~ *send for
half (hahlf) *adj* half; semi-; *adv* half
hallo! (hah-*lōa*) hello!
hals (hahls) *c* (pl halzen) throat; neck
halsband (*hahls*-bahnt) *c* (pl ~en) collar

halsketting (*hahls*-keh-tٖing) *c* (pl ~en) necklace
halt! (hahlt) stop!
halte (*hahl*-ter) *c* (pl ~n, ~s) stop
halveren (hahl-*vāy*-rern) *v* halve
halverwege (*hahl*-verr-vāy-ger) *adv* halfway
ham (hahm) *c* (pl ~men) ham
hamer (*haa*-merr) *c* (pl ~s) hammer; **houten ~** mallet
hand (hahnt) *c* (pl ~en) hand; **hand-** manual; **met de ~ gemaakt** hand-made
handbagage (*hahnt*-bah-gaa-zher) *c* hand luggage; hand baggage *Am*
handboeien (*hahnt*-bōo^{ee}-ern) *pl* handcuffs *pl*
handboek (*hahnt*-bōōk) *nt* (pl ~en) handbook
handcrème (*hahnt*-kraim) *c* (pl ~s) hand cream
handdoek (*hahn*-dōōk) *c* (pl ~en) towel
handdruk (*hahn*-drerk) *c* handshake
handel (*hahn*-derl) *c* commerce, trade; business; ~ *drijven trade; **handels-** commercial
handelaar (*hahn*-der-laar) *c* (pl ~s, -laren) tradesman, merchant; dealer, trader
handelen (*hahn*-der-lern) *v* act
handeling (*hahn*-der-lÍng) *c* (pl ~en) action; deed, plot
handelsmerk (*hahn*-derls-mehrk) *nt* (pl ~en) trademark
handelsrecht (*hahn*-derls-rehkht) *nt* commercial law
handelswaar (*hahn*-derls-vaar) *c* merchandise
handenarbeid (*hahn*-der-nahr-bayt) *c* handicraft
handhaven (*hahnt*-haa-vern) *v* maintain
handig (*hahn*-derkh) *adj* handy

handkoffertje (*hahnt*-ko-ferr-t^{y}er) *nt* (pl ~s) grip *nAm*

handpalm (*hahnt*-pahlm) *c* (pl ~en) palm

handrem (*hahnt*-rehm) *c* (pl ~men) hand-brake

handschoen (*hahnt*-skhoon) *c* (pl ~en) glove

handschrift (*hahnt*-skhrift) *nt* (pl ~en) handwriting

handtas (*hahn*-tahss) *c* (pl ~sen) handbag, bag

handtekening (*hahn*-tāy-ker-ning) *v* (pl ~en) signature

handvat (*hahnt*-faht) *nt* (pl ~ten) handle

handvol (*hahnt*-fol) *c* handful

handwerk (*hahnt*-vehrk) *nt* handwork, handicraft; needlework

hangbrug (*hahng*-brerkh) *c* (pl ~gen) suspension bridge

***hangen** (*hah*-ngern) *v* *hang

hangmat (*hahng*-maht) *c* (pl ~ten) hammock

hangslot (*hahng*-slot) *nt* (pl ~en) padlock

hanteerbaar (hahn-*tāyr*-baar) *adj* manageable

hanteren (hahn-*tāy*-rern) *v* handle

hap (hahp) *c* (pl ~pen) bite

hard (hahrt) *adj* hard; loud

harddraverij (hahr-draa-ver-*ray*) *c* (pl ~en) horserace

hardnekkig (hahrt-*neh*-kerkh) *adj* obstinate, dogged, stubborn

hardop (hahrt-*op*) *adv* aloud

harig (*haa*-rerkh) *adj* hairy

haring (*haa*-ring) *c* (pl ~en) herring

hark (hahrk) *c* (pl ~en) rake

harmonie (hahr-mōa-*nee*) *c* harmony

harnas (*hahr*-nahss) *nt* (pl ~sen) armour

harp (hahrp) *c* (pl ~en) harp

hars (hahrs) *nt/c* resin

hart (hahrt) *nt* (pl ~en) heart

hartaanval (*hahr*-taan-vahl) *c* (pl ~len) heart attack

hartelijk (*hahr*-ter-lerk) *adj* hearty, cordial; sympathetic

harteloos (*hahr*-ter-lōass) *adj* heartless

hartklopping (*hahrt*-klo-ping) *c* (pl ~en) palpitation

hartstocht (*hahrts*-tokht) *c* passion

hartstochtelijk (hahrts-*tokh*-ter-lerk) *adj* passionate

hatelijk (*haa*-ter-lerk) *adj* spiteful

haten (*haa*-tern) *v* hate

haven (*haa*-vern) *c* (pl ~s) port, harbour

havenarbeider (*haa*-vern-ahr-bay-derr) *c* (pl ~s) docker

haver (*haa*-verr) *c* oats *pl*

havik (*haa*-vik) *c* (pl ~en) hawk

hazelnoot (*haa*-zerl-nōat) *c* (pl -noten) hazelnut

hazewind (haa-zer-*vint*) *c* (pl ~en) greyhound

***hebben** (*heh*-bern) *v* *have

Hebreeuws (hāy-*brāy*^{oo}ss) *nt* Hebrew

hebzucht (*hehp*-serkht) *c* greed

hebzuchtig (hehp-*serkh*-terkh) *adj* greedy

hechten (*hehkh*-tern) *v* attach; sew up

hechtenis (*hehkh*-ter-niss) *c* custody

hechting (*hehkh*-ting) *c* (pl ~en) stitch

hechtpleister (*hehkht*-play-sterr) *c* (pl ~s) adhesive tape

heden (*hāy*-dern) *nt* present

hedendaags (*hāy*-dern-daakhs) *adj* contemporary

heel (hāyl) *adj* entire, whole; unbroken; *adv* quite

heelal (hāy-*lahl*) *nt* universe

heelhuids (*hāyl*-hur^{ew}ts) *adj* unhurt

***heengaan** (*hāyng*-gaan) *v* depart

heer (hāyr) *c* (pl heren) gentleman

heerlijk (*hāyr*-lerk) *adj* lovely, wonderful; delightful, delicious

heerschappij (*hāyr-skhah-pay*) *c* (pl ~en) rule; dominion

heersen (*hāyr-sern*) *v* rule

heerser (*hāyr-serr*) *c* (pl ~s) ruler

hees (hāyss) *adj* hoarse

heet (hāyt) *adj* hot; warm

hefboom (*hehf-bōam*) *c* (pl -bomen) lever

*****heffen** (*heh-fern*) *v* raise

heftig (*hehf-terkh*) *adj* violent

heg (hehkh) *c* (pl ~gen) hedge

heide (*hay-der*) *c* (pl ~n) heath; moor; heather

heiden (*hay-dern*) *c* (pl ~en) heathen, pagan

heidens (*hay-derns*) *adj* heathen, pagan

heiig (*hay-erkh*) *adj* hazy

heilbot (*hayl-bot*) *c* (pl ~ten) halibut

heilig (*hay-lerkh*) *adj* holy, sacred

heiligdom (*hay-lerkh-dom*) *nt* (pl ~men) shrine

heilige (*hay-ler-ger*) *c* (pl ~n) saint

heiligschennis (*hay-lerkh-skheh-nerss*) *c* sacrilege

heimwee (*haym-vāy*) *nt* homesickness

hek (hehk) *nt* (pl ~ken) fence; gate; railing

hekel (*hāy-kerl*) *c* dislike; **een ~ *****hebben aan** hate, dislike

heks (hehks) *c* (pl ~en) witch

hel (hehl) *c* hell

helaas (*hāy-laass*) *adv* unfortunately

held (hehlt) *c* (pl ~en) hero

helder (*hehl-derr*) *adj* clear; serene; bright

heleboel (*hāy-ler-bōōl*) *c* plenty

helemaal (*hāy-ler-maal*) *adv* entirely, altogether, completely, wholly; quite; at all

helft (hehlft) *c* (pl ~en) half

hellen (*heh-lern*) *v* slant; **hellend** slanting

helling (*heh-ling*) *c* (pl ~en) slope; hillside; gradient, incline

helm (hehlm) *c* (pl ~en) helmet

*****helpen** (*hehl-pern*) *v* help; assist, aid

helper (*hehl-perr*) *c* (pl ~s) helper

hem (hehm) *pron* him

hemd (hehmt) *nt* (pl ~en) shirt; vest; undershirt

hemel (*hāy-merl*) *c* (pl ~s, ~en) sky; heaven

hen[1] (hehn) *pron* them

hen[2] (hehn) *c* (pl ~nen) hen

hendel (*hehn-derl*) *c* (pl ~s) lever

hengel (*heh-ngerl*) *c* (pl ~s) fishing rod

hengelen (*heh-nger-lern*) *v* angle, fish

hennep (*heh-nerp*) *c* hemp

herberg (*hehr-behrkh*) *c* (pl ~en) hostel, tavern, inn

herbergen (*hehr-behr-gern*) *v* lodge

herbergier (*hehr-behr-geer*) *c* (pl ~s) inn-keeper

herdenking (*hehr-dehng-king*) *c* (pl ~en) commemoration

herder (*hehr-derr*) *c* (pl ~s) shepherd

herenhuis (*hāy-rern-hur^ewss*) *nt* (pl -huizen) mansion, manor-house

herenigen (*heh-rāy-ner-gern*) *v* reunite

herentoilet (*hāy-rern-tvah-leht*) *nt* (pl ~ten) men's room

herfst (hehrfst) *c* autumn; fall *nAm*

herhalen (*hehr-haa-lern*) *v* repeat

herhaling (*hehr-haa-ling*) *c* (pl ~en) repetition

herinneren (*heh-ri-ner-rern*) *v* remind; **zich ~** remember, recollect, recall

herinnering (*heh-ri-ner-ring*) *c* (pl ~en) memory; remembrance

herkennen (*hehr-keh-nern*) *v* recognize

herkomst (*hehr-komst*) *c* origin

hernia (*hehr-nee-^yaa*) *c* slipped disc

herrie (*heh-ree*) *c* noise; fuss

*****herroepen** (*heh-rōō-pern*) *v* recall

hersenen (*hehr*-ser-nern) *pl* brain

hersenschudding (*hehr*-sern-skherding) *c* (pl ~en) concussion

herstel (*hehr-stehl*) *nt* repair; recovery; revival

herstellen (*hehr-steh-lern*) *v* repair, mend; **zich** ~ recover

hert (hehrt) *nt* (pl ~en) deer

hertog (*hehr-tokh*) *c* (pl ~en) duke

hertogin (*hehr-tōa-gin*) *c* (pl ~nen) duchess

hervatten (*hehr-vah-tern*) *v* resume, recommence

***herzien** (*hehr-zeen*) *v* revise

herziening (*hehr-zee-ning*) *c* (pl ~en) revision

het (heht, ert) *art* the; *pron* it

***heten** (*hāy-tern*) *v* *be called

heteroseksueel (*hāy-ter-rōa-sehk-sēw-vāyl*) *adj* heterosexual

hetzij ... hetzij (heht-*say*) either ... or

heup (hūrp) *c* (pl ~en) hip

heuvel (*hūr-verl*) *c* (pl ~s) hill; mound

heuvelachtig (*hūr-ver-lahkh-terkh*) *adj* hilly

heuveltop (*hūr*-verl-top) *c* (pl ~pen) hilltop

hevig (*hāy*-verkh) *adj* severe, violent; intense

hiel (heel) *c* (pl ~en) heel

hier (heer) *adv* here

hiërarchie (hee-^yer-rahr-*khee*) *c* (pl ~ën) hierarchy

hij (hay) *pron* he

hijgen (*hay*-gern) *v* pant

***hijsen** (*hay*-sern) *v* hoist

hijskraan (*hayss*-kraan) *c* (pl -kranen) crane

hik (hik) *c* hiccup

hinderen (*hin*-der-rern) *v* hinder; bother, embarrass

hinderlaag (*hin*-derr-laakh) *c* (pl -lagen) ambush

hinderlijk (*hin*-derr-lerk) *adj* annoying

hindernis (*hin*-derr-niss) *c* (pl ~sen) obstacle

hinken (*hing*-kern) *v* limp

historisch (hee-*stōa*-reess) *adj* historic

hitte (*hi*-ter) *c* heat

hobbelig (*ho*-ber-lerkh) *adj* bumpy

hobby (*ho*-bee) *c* (pl ~'s) hobby

hoe (hōō) *adv* how; ~ ... **hoe** the ... the; ~ **dan ook** anyhow, any way; at any rate

hoed (hōōt) *c* (pl ~en) hat

hoede (*hōō*-der) *c* custody

zich hoeden (*hōō*-dern) beware

hoef (hōōf) *c* (pl hoeven) hoof

hoefijzer (*hōōf*-ay-zerr) *nt* (pl ~s) horseshoe

hoek (hōōk) *c* (pl ~en) corner; angle

hoer (hōōr) *c* (pl ~en) whore

hoes (hōōss) *c* (pl hoezen) sleeve

hoest (hōōst) *c* cough

hoesten (*hōōss*-tern) *v* cough

hoeveel (*hōō*-vāyl) *pron* how much; how many

hoeveelheid (hōō-*vāyl*-hayt) *c* (pl -heden) quantity; amount

hoeven (*hōō*-vern) *v* need

hoewel (hōō-*vehl*) *conj* although, though

hof (hof) *nt* (pl hoven) court

hoffelijk (*ho*-fer-lerk) *adj* courteous

hokje (*ho*-k^yer) *nt* (pl ~s) booth

hol[1] (hol) *nt* (pl ~en) den; cavern

hol[2] (hol) *adj* hollow

Holland (*ho*-lahnt) Holland

Hollander (*ho*-lahn-derr) *c* (pl ~s) Dutchman

Hollands (*ho*-lahnts) *adj* Dutch

holte (*hol*-ter) *c* (pl ~s, ~n) cavity

homoseksueel (hōa-mōa-sehk-sēw-vāyl) *adj* homosexual

hond (hont) *c* (pl ~en) dog

hondehok (*hon*-der-hok) *nt* (pl ~ken) kennel

honderd (*hon*-derrt) *num* hundred

hondsdolheid (honts-*dol*-hayt) *c* rabies

Hongaar (hong-*gaar*) *c* (pl -garen) Hungarian

Hongaars (hong-*gaars*) *adj* Hungarian

Hongarije (hong-gaa-*ray*-er) Hungary

honger (*ho*-ngerr) *c* hunger

hongerig (*ho*-nger-rerkh) *adj* hungry

honing (*hōā*-ning) *c* honey

honkbal (*hongk*-bahl) *nt* baseball

honorarium (hōa-nōa-*raa*-ree-Yerm) *nt* (pl -ria) fee

hoofd (hōaft) *nt* (pl ~en) head; **het ~ *bieden aan** face; **hoofd-** primary, main, chief; cardinal, capital; **over het ~ *zien** overlook; **uit het ~** by heart; **uit het ~ leren** memorize

hoofdkussen (*hōāft*-ker-sern) *nt* (pl ~s) pillow

hoofdkwartier (*hōāft*-kvahr-teer) *nt* (pl ~en) headquarters *pl*

hoofdleiding (*hōāft*-lay-ding) *c* (pl ~en) mains *pl*

hoofdletter (*hōāft*-leh-terr) *c* (pl ~s) capital letter

hoofdlijn (*hōāft*-layn) *c* (pl ~en) main line

hoofdonderwijzer (*hōāft*-on-derr-vay-zerr) *c* (pl ~s) head teacher

hoofdpijn (*hōāft*-payn) *c* headache

hoofdstad (*hōāft*-staht) *c* (pl -steden) capital

hoofdstraat (*hōāft*-straat) *c* (pl -straten) main street, thoroughfare

hoofdweg (*hōāft*-vehhk) *c* (pl ~en) main road, thoroughfare; highway

hoofdzakelijk (*hōāft*-saa-ker-lerk) *adv* mainly

hoog (hōakh) *adj* high; tall; **hoger** upper; superior; **hoogst** foremost, extreme

hooghartig (hōakh-*hahr*-terkh) *adj* haughty

hoogleraar (hōakh-*lāy*-raar) *c* (pl -leraren, ~s) professor

hoogmoedig (hōakh-*mōō*-derkh) *adj* proud

hoogovens (*hōakh*-ōā-verns) *pl* ironworks

hoogseizoen (*hōakh*-say-zōōn) *nt* high season, peak season

hoogstens (*hōakh*-sterns) *adv* at most

hoogte (*hōakh*-ter) *c* (pl ~n, ~s) height; altitude

hoogtepunt (*hōakh*-ter-pernt) *nt* (pl ~en) height

hooguit (*hōakh*-ur^(ew)t) *adv* at most

hoogvlakte (*hōakh*-flahk-ter) *c* (pl ~n, ~s) uplands *pl*; plateau

hooi (hōa^(ee)) *nt* hay

hooikoorts (*hōa*^(ee)-kōarts) *c* hay fever

hoon (hōan) *c* scorn

hoop[1] (hōap) *c* (pl hopen) heap, lot

hoop[2] (hōap) *c* hope ·

hoopvol (*hōap*-fol) *adj* hopeful

hoorbaar (*hōar*-baar) *adj* audible

hoorn (*hōā*-rern) *c* (pl ~en, ~s) horn

hop (hop) *c* hop

hopeloos (*hōā*-per-lōass) *adj* hopeless

hopen (*hōā*-pern) *v* hope

horen (*hōā*-rern) *v* *hear

horizon (*hōā*-ree-zon) *c* horizon

horizontaal (hōa-ree-zon-*taal*) *adj* horizontal

horloge (hor-*lōā*-zher) *nt* (pl ~s) watch

horlogebandje (hor-*lōā*-zher-bahn-t^(Yer)) *nt* (pl ~s) watch-strap

horlogemaker (hor-*lōā*-zher-maa-kerr) *c* (pl ~s) watch-maker

hors d'œuvre (awr-*dūr*-vrer) *c* (pl ~s) hors-d'œuvre

hospes (*hoss*-perss) *c* (pl ~sen) landlord

hospita (*hoss*-pee-taa) *c* (pl ~'s) landlady

hospitaal (*hoss*-pee-taal) *nt* (pl -talen) hospital

hotel (hōa-*tehl*) nt (pl ~s) hotel

***houden** (*hou*-dern) v *hold; *keep; ~ **van** love; like, care for, *be fond of; **niet** ~ **van** dislike

houding (*hou*-ding) c (pl ~en) position; attitude

hout (hout) nt wood

houtblok (*hout*-blok) nt (pl ~ken) log

houten (*hou*-tern) adj wooden

houtskool (*houts*-kōal) c charcoal

***houtsnijden** (*hout*-snay-dern) v carve

houtsnijwerk (*hout*-snay-vehrk) nt wood-carving

houtzagerij (hout-saa-ger-*ray*) c (pl ~en) saw-mill

houvast (hou-*vahst*) nt grip

houweel (hou-*vāyl*) nt (pl ~welen) pick-axe

huichelaar (*hur*ew-kher-laar) c (pl ~s) hypocrite

huichelachtig (*hur*ew-kherl-ahkh-terkh) adj hypocritical

huichelarij (hur*ew*-kher-laa-*ray*) c hypocrisy

huichelen (*hur*ew-kher-lern) v simulate

huid (hur*ew*t) c (pl ~en) skin; hide

huidcrème (*hur*ew t-kraim) c (pl ~s) skin cream

huidig (*hur*ew-derkh) adj current

huiduitslag (*hur*ew t-ur*ew*t-slahkh) c rash

huilen (*hur*ew-lern) v cry, *weep

huis (hur*ew*ss) nt (pl huizen) house; home; **naar** ~ home

huisarts (*hur*ew ss-ahrts) c (pl ~en) general practitioner

huisbaas (*hur*ew ss-baass) c (pl -bazen) landlord

huisdier (*hur*ew ss-deer) nt (pl ~en) pet

huiselijk (*hur*ew -ser-lerk) adj domestic

huishouden (*hur*ew ss-hou-dern) nt (pl ~s) household; housework, housekeeping

huishoudster (*hur*ew ss-hout-sterr) c (pl ~s) housekeeper

huiskamer (*hur*ew ss-kaa-merr) c (pl ~s) living-room

huisonderwijzer (*hur*ew ss-on-derr-vay-zerr) c (pl ~s) tutor

huissleutel (*hur*ew-slūr-terl) c (pl ~s) latchkey

huisvrouw (*hur*ew ss-frou) c (pl ~en) housewife

huizenblok (*hur*ew-zern-blok) nt (pl ~ken) house block Am

hulde (*herl*-der) c tribute, homage

huldigen (*herl*-der-gern) v honour

hulp (herlp) c help; assistance, aid; **eerste** ~ first-aid; **eerste hulppost** first-aid post

hulpvaardig (herlp-*faar*-derkh) adj helpful

humeur (hēw-*mūrr*) nt (pl ~en) mood

humor (*hēw*-mor) c humour

humoristisch (hēw-mōa-*riss*-teess) adj humorous

hun (hern) pron their

huppelen (*her*-per-lern) v hop, skip

huren (*hēw*-rern) v hire, rent; lease

hut (hert) c (pl ~ten) hut; cabin

huur (hēwr) c (pl huren) rent; **te** ~ for hire

huurcontract (*hēw*r-kon-trahkt) nt (pl ~en) lease

huurder (*hēw*r-derr) c (pl ~s) tenant

huurkoop (*hēw*r-kōap) c hire-purchase

huwelijk (*hēw*-ver-lerk) nt (pl ~en) wedding, marriage

huwelijksreis (*hēw*-ver-lerks-rayss) c (pl -reizen) honeymoon

huwen (*hēw*ᵒᵒ-ern) v marry

hygiëne (hee-gee-ʸ*āy*-ner) c hygiene

hygiënisch (hee-gee-ʸ*āy*-neess) adj hygienic

hypocriet (hee-pōa-*kreet*) adj hypocritical

hypotheek (hee-pōa-*tāyk*) c (pl -theken) mortgage

hysterisch (hee-*stāy*-reess) *adj* hysterical

I

ideaal[1] (ee-dāy-*Yaal*) *adj* ideal

ideaal[2] (ee-dāy-*Yaal*) *nt* (pl idealen) ideal

idee (ee-*dāy*) *nt/c* (pl ~ën, ~s) idea

identiek (ee-dehn-*teek*) *adj* identical

identificatie (ee-dehn-tee-fi-*kaa*-tsee) *c* identification

identificeren (ee-dehn-tee-fee-*sāy*-rern) *v* identify

identiteit (ee-dehn-ti-*tayt*) *c* identity

identiteitskaart (ee-dehn-tee-*tayts*-kaart) *c* (pl ~en) identity card

idiomatisch (ee-dee-*Yōa*-maa-teess) *adj* idiomatic

idioom (ee-dee-*Yōam*) *nt* (pl idiomen) idiom

idioot[1] (ee-dee-*Yōat*) *adj* idiotic

idioot[2] (ee-dee-*Yōat*) *c* (pl idioten) idiot

idool (ee-*dōal*) *nt* (pl idolen) idol

ieder (*ee*-derr) *pron* each, every; everyone

iedereen (ee-der-*rāyn*) *pron* everyone, everybody; anyone

iemand (*ee*-mahnt) *pron* someone, somebody

iep (eep) *c* (pl ~en) elm

Ier (eer) *c* (pl ~en) Irishman

Ierland (*eer*-lahnt) Ireland

Iers (eers) *adj* Irish

iets (eets) *pron* something; some

ijdel (*ay*-derl) *adj* vain; idle

ijs (ayss) *nt* ice; ice-cream

ijsbaan (*ayss*-baan) *c* (pl -banen) skating-rink

ijsje (*ay*-sher) *nt* (pl ~s) ice-cream

ijskast (*ayss*-kahst) *c* (pl ~en) fridge, refrigerator

ijskoud (*ayss*-kout) *adj* freezing

IJsland (*ayss*-lahnt) Iceland

IJslander (*ayss*-lahn-derr) *c* (pl ~s) Icelander

IJslands (*ayss*-lahnts) *adj* Icelandic

ijswater (*ayss*-vaa-terr) *nt* iced water

ijver (*ay*-verr) *c* zeal; diligence

ijverig (*ay*-ver-rerkh) *adj* zealous; diligent

ijzer (*ay*-zerr) *nt* iron

ijzerdraad (*ay*-zerr-draat) *nt* wire

ijzeren (*ay*-zer-rern) *adj* iron

ijzerwaren (*ay*-zerr-vaa-rern) *pl* hardware

ik (ɪk) *pron* I

ikoon (ee-*kōan*) *c* (pl ikonen) icon

illegaal (ee-ler-*gaal*) *adj* illegal

illusie (ɪ-*lēw*-zee) *c* (pl ~s) illusion

illustratie (ɪ-lēw-*straa*-tsee) *c* (pl ~s) illustration

illustreren (ɪ-lēw-*strāy*-rern) *v* illustrate

imitatie (ee-mee-*taa*-tsee) *c* (pl ~s) imitation

imiteren (ee-mee-*tāy*-rern) *v* imitate

immigrant (ɪ-mee-*grahnt*) *c* (pl ~en) immigrant

immigratie (ɪ-mee-*graa*-tsee) *c* immigration

immigreren (ɪ-mee-*grāy*-rern) *v* immigrate

immuniteit (ɪ-mēw-nee-*tayt*) *c* immunity

impliceren (ɪm-plee-*sāy*-rern) *v* imply, involve

imponeren (ɪm-pōa-*nāy*-rern) *v* impress

impopulair (ɪm-pōa-pēw-*lair*) *adj* unpopular

import (*ɪm*-port) *c* import

importeren (ɪm-por-*tāy*-rern) *v* import

importeur (ɪm-por-*tūrr*) *c* (pl ~s) importer

impotent (im-pōa-*tehnt*) *adj* impotent

impotentie (im-pōa-*tehn*-see) *c* impotence

improviseren (im-prōa-vee-*sāy*-rern) *v* improvise

impuls (im-*perls*) *c* (pl ~en) impulse

impulsief (im-perl-*zeef*) *adj* impulsive

in (in) *prep* in; into, inside; at

inademen (*in*-aa-der-mern) *v* inhale

inbegrepen (*in*-ber-grāy-pern) *adj* included; alles ~ all in

inboorling (*im*-bōar-ling) *c* (pl ~en) native

*inbreken (*im*-brāy-kern) *v* burgle

inbreker (*im*-brāy-kerr) *c* (pl ~s) burglar

incasseren (ing-kah-*sāy*-rern) *v* cash

incident (in-see-*dehnt*) *nt* (pl ~en) incident

inclusief (ing-klew-*zeef*) *adv* inclusive

incompleet (ing-kom-*plāyt*) *adj* incomplete

indelen (*in*-dāy-lern) *v* classify

zich *indenken (*in*-dehng-kern) imagine

inderdaad (in-derr-*daat*) *adv* indeed

index (*in*-dehks) *c* (pl ~en) index

India (*in*-dee-ʸah) India

Indiaan (in-dee-ʸaan) *c* (pl Indianen) Indian

Indiaans (in-dee-ʸaans) *adj* Indian

indien (in-*deen*) *conj* in case, if

Indiër (*in*-dee-ʸerr) *c* (pl ~s) Indian

indigestie (in-dee-*gehss*-tee) *c* indigestion

indirect (in-dee-*rehkt*) *adj* indirect

Indisch (*in*-deess) *adj* Indian

individu (in-dee-vee-*dew*) *nt* (pl ~en, ~'s) individual

individueel (in-dee-vee-dew-*vāyl*) *adj* individual

Indonesië (in-dōa-*nāy*-zee-ʸer) Indonesia

Indonesiër (in-dōa-*nāy*-zee-ʸerr) *c* (pl ~s) Indonesian

Indonesisch (in-dōa-*nāy*-zeess) *adj* Indonesian

indringer (*in*-dri-ngerr) *c* (pl ~s) trespasser

indruk (*in*-drerk) *c* (pl ~ken) impression; ~ maken op impress

indrukken (*in*-drer-kern) *v* press

indrukwekkend (in-drerk-*veh*-kernt) *adj* impressive, imposing

industrie (in-derss-*tree*) *c* (pl ~ën) industry

industrieel (in-derss-tree-ʸāyl) *adj* industrial

industriegebied (in-derss-*tree*-ger-beet) *nt* (pl ~en) industrial area

ineens (i-*nāyns*) *adv* suddenly; at once

inenten (*in*-ehn-tern) *v* vaccinate, inoculate

inenting (*in*-ehn-ting) *c* (pl ~en) vaccination, inoculation

infanterie (*in*-fahn-ter-ree) *c* infantry

infectie (in-*fehk*-see) *c* (pl ~s) infection

inferieur (in-fāy-ree-ʸūrr) *adj* inferior

inflatie (in-*flaa*-tsee) *c* inflation

informatie (in-for-*maa*-tsee) *c* (pl ~s) information; enquiry; ~ *inwinnen *v* inquire

informatiebureau (in-for-*maa*-tsee-bew-rōa) *nt* (pl ~s) inquiry office

informeel (in-for-*māyl*) *adj* informal

informeren (in-for-*māy*-rern) *v* enquire; inform

infrarood (*in*-fraa-rōat) *adj* infra-red

*ingaan (*ing*-gaan) *v* enter; *take effect

ingang (*ing*-gahng) *c* (pl ~en) entrance, way in; entry; met ~ van as from

ingenieur (in-zhern-*ʸūrr*) *c* (pl ~s) engineer

ingenomen (*ing*-ger-nōa-mern) *adj*

pleased

ingevolge (ing-ger-*vol*-ger) *prep* in accordance with

ingewanden (*ing*-ger-vahn-dern) *pl* bowels *pl*, intestines, insides

ingewikkeld (ing-ger-*vi*-kerlt) *adj* complicated; complex

ingrediënt (ing-gray-dee-*Yehnt*) *nt* (pl ~en) ingredient

*****ingrijpen** (*ing*-gray-pern) *v* intervene

inhalen (*in*-haa-lern) *v* *overtake; pass *vAm*; ~ **verboden** no overtaking; no passing *Am*

inham (*in*-hahm) *c* (pl ~men) creek, inlet

inheems (in-*hāyms*) *adj* native

inhoud (*in*-hout) *c* contents *pl*

*****inhouden** (*in*-hou-dern) *v* contain; imply; restrain

inhoudsopgave (*in*-houts-op-khaa-ver) *c* (pl ~n) table of contents

initiatief (ee-nee-shaa-*teef*) *nt* (pl -tieven) initiative

injectie (in-*Yehk*-see) *c* (pl ~s) shot, injection

inkomen (*ing*-kōā-mern) *nt* (pl ~s) revenue, income

inkomsten (*ing*-kom-stern) *pl* earnings *pl*

inkomstenbelasting (*ing*-kom-ster-ber-lahss-ting) *c* income-tax

inkt (ingkt) *c* ink

inleiden (*in*-lay-dern) *v* introduce; **inleidend** preliminary

inleiding (*in*-lay-ding) *c* (pl ~en) introduction

inlichten (*in*-likh-tern) *v* inform

inlichting (*in*-likh-ting) *c* (pl ~en) information

inlichtingenkantoor (*in*-likh-ti-nger-kahn-tōar) *nt* (pl -toren) information bureau

inmaken (*in*-maa-kern) *v* preserve

inmenging (*in*-mehng-ing) *c* (pl ~en) interference

inmiddels (in-*mi*-derls) *adv* in the meantime

*****innemen** (*i*-nāy-mern) *v* *take up; occupy; capture

inneming (*i*-nāy-ming) *c* capture

innen (*i*-nern) *v* cash

inpakken (*im*-pah-kern) *v* wrap; pack up, pack

inrichten (*in*-rikh-tern) *v* furnish

inrichting (*in*-rikh-ting) *c* (pl ~en) institution

inschakelen (*in*-skhaa-ker-lern) *v* switch on; plug in

*****inschenken** (*in*-skhehng-kern) *v* pour

inschepen (*in*-skhāy-pern) *v* embark

inscheping (*in*-skhāy-ping) *c* embarkation

*****inschrijven** (*in*-skhray-vern) *v* enter, book; **zich ~** register, check in

inschrijvingsformulier (*in*-skhray-vings-for-mēw-leer) *nt* (pl ~en) registration form

inscriptie (in-*skrip*-see) *c* (pl ~s) inscription

insekt (in-*sehkt*) *nt* (pl ~en) insect; bug *nAm*

insekticide (in-sehk-tee-*see*-der) *c* (pl ~n) insecticide

inslikken (*in*-sli-kern) *v* swallow

*****insluiten** (*in*-slur^ew-tern) *v* *shut in; encircle; include; enclose

inspanning (*in*-spah-ning) *c* (pl ~en) strain, effort

inspecteren (in-spehk-*tāy*-rern) *v* inspect

inspecteur (in-spehk-*tūrr*) *c* (pl ~s) inspector

inspectie (in-*spehk*-see) *c* (pl ~s) inspection

*****inspuiten** (*in*-spur^ew-tern) *v* inject

installatie (in-stah-*laa*-tsee) *c* (pl ~s) installation

installeren (in-stah-*lāy*-rern) *v* install

instappen (*in*-stah-pern) v *get on; embark

instellen (*in*-steh-lern) v institute

instelling (*in*-steh-lıng) c (pl ~en) institution, institute

instemmen (*in*-steh-mern) v consent; ~ **met** approve of

instemming (*in*-steh-mıng) c approval, consent

instinct (ın-*stıngkt*) nt (pl ~en) instinct

instituut (ın-stee-*tewt*) nt (pl -tuten) institute

instorten (*in*-stor-tern) v collapse

instructie (ın-*strerk*-see) c (pl ~s) direction

instrument (ın-strew-*mehnt*) nt (pl ~en) instrument

intact (ın-*tahkt*) adj intact

integendeel (ın-*tāy*-gern-*dāyl*) on the contrary

intellect (ın-ter-*lehkt*) nt intellect

intellectueel (ın-ter-lehk-tew-*vāyl*) adj intellectual

intelligent (ın-ter-lee-*gehnt*) adj clever, intelligent

intelligentie (ın-ter-lee-*gehn*-see) c intelligence

intens (ın-*tehns*) adj intense

interessant (ın-ter-rer-*sahnt*) adj interesting

interesse (ın-ter-*reh*-ser) c interest

interesseren (ın-ter-reh-*sāy*-rern) v interest

intermezzo (ın-terr-*mehd*-zōa) nt (pl ~'s) interlude

intern (ın-*tehrn*) adj internal; resident

internaat (ın-terr-*naat*) nt (pl -naten) boarding-school

internationaal (ın-terr-naht-shōa-*naal*) adj international

intiem (ın-*teem*) adj intimate

introduceren (ın-trōa-dew-*sāy*-rern) v introduce

intussen (ın-*ter*-sern) adv meanwhile

inval (*in*-vahl) c (pl ~len) brain-wave, idea; raid, invasion

invalide¹ (ın-vaa-*lee*-der) adj disabled, invalid

invalide² (ın-vaa-*lee*-der) c (pl ~n) invalid

invasie (ın-*vaa*-zee) c (pl ~s) invasion

inventaris (ın-vehn-*taa*-rerss) c (pl ~sen) inventory

investeerder (ın-vehss-*tāyr*-derr) c (pl ~s) investor

investeren (ın-vehss-*tāy*-rern) v invest

investering (ın-vehss-*tāy*-rıng) c (pl ~en) investment

inviteren (ın-vee-*tāy*-rern) v invite

invloed (*in*-vlōot) c (pl ~en) influence

invloedrijk (*in*-vlōot-rayk) adj influential

invoegen (*in*-vōo-gern) v insert

invoer (*in*-vōor) c import

invoeren (*in*-vōo-rern) v introduce; import

invoerrecht (*in*-vōo-rehkht) nt (pl ~en) duty, import duty

invullen (*in*-ver-lern) v fill in; fill out *Am*

inwendig (ın-*vehn*-derkh) adj inner; internal

inwilligen (*in*-vı-ler-gern) v grant

inwoner (*in*-vōa-nerr) c (pl ~s) inhabitant; resident

inzet (*in*-zeht) c (pl ~ten) bet

inzetten (*in*-zeh-tern) v launch

inzicht (*in*-zıkht) nt (pl ~en) insight

*inzien (*in*-zeen) v *see

Iraaks (ee-*raaks*) adj Iraqi

Iraans (ee-*raans*) adj Iranian

Irak (ee-*raak*) Iraq

Irakees (ee-raa-*kāyss*) c (pl -kezen) Iraqi

Iran (ee-*raan*) Iran

Iraniër (ee-*raa*-nee-ᵞerr) c (pl ~s) Iranian

ironie (ee-rōa-*nee*) *c* irony

ironisch (ee-*rōa*-neess) *adj* ironical

irriteren (ı-ree-*tāy*-rern) *v* annoy, irritate

isolatie (ee-zōā-*laa*-tsee) *c* insulation; isolation

isolator (ee-zōā-*laa*-tor) *c* (pl ~en, ~s) insulator

isolement (ee-zōā-ler-*mehnt*) *nt* isolation

isoleren (ee-zōā-*lāy*-rern) *v* insulate; isolate

Israël (*iss*-raa-ehl) Israel

Israëliër (iss-raa-*āy*-lee-Yerr) *c* (pl ~s) Israeli

Israëlisch (iss-raa-*āy*-leess) *adj* Israeli

Italiaan (ee-taa-lee-*Yaan*) *c* (pl -lianen) Italian

Italiaans (ee-taa-lee-*Yaans*) *adj* Italian

Italië (ee-*taa*-lee-Yer) Italy

ivoor (ee-*vōar*) *nt* ivory

J

ja (Yaa) yes

jaar (Yaar) *nt* (pl jaren) year

jaarboek (*Yaar*-bōōk) *nt* (pl ~en) annual

jaargetijde (*Yaar*-ger-tay-der) *nt* (pl ~n) season

jaarlijks (*Yaar*-lerks) *adj* annual, yearly; *adv* per annum

jacht[1] (Yahkht) *c* hunt; chase

jacht[2] (Yahkht) *nt* (pl ~en) yacht

jachthuis (*Yahkht*-hurᵉʷss) *nt* (pl -huizen) lodge

jade (*Yaa*-der) *nt/c* jade

jagen (*Yaa*-gern) *v* hunt

jager (*Yaa*-gerr) *c* (pl ~s) hunter

jaloers (Yaa-*lōōrs*) *adj* envious, jealous

jaloezie (Yaa-lōō-*zee*) *c* (pl ~ën) jealousy; blind

jam (zhehm) *c* jam

jammer! (*Yah*-merr) what a pity!

januari (Yah-nēw-*vaa*-ree) January

Japan (Yaa-*pahn*) Japan

Japanner (Yaa-*pah*-nerr) *c* (pl ~s) Japanese

Japans (Yaa-*pahns*) *adj* Japanese

japon (Yaa-*pon*) *c* (pl ~nen) dress; gown

jarretelgordel (zhah-rer-*tehl*-gor-derl) *c* (pl ~s) suspender belt; garter belt *Am*

jas (Yahss) *c* (pl ~sen) coat

jasje (*Yah*-sher) *nt* (pl ~s) jacket

je (Yer) *pron* you; yourself; yourselves

jegens (*Yāy*-gerns) *prep* towards

jeugd (Yūrkht) *c* youth

jeugdherberg (*Yūrkht*-hehr-behrkh) *c* (pl ~en) youth hostel

jeugdig (*Yūrkh*-derkh) *adj* juvenile

jeuk (Yūrk) *c* itch

jeuken (*Yūī*-kern) *v* itch

jicht (Yikht) *c* gout

joch (Yokh) *nt* boy, lad

jodium (*Yōā*-dee-Yerm) *nt* iodine

Joegoslaaf (*Yōō*-gōā-slaaf) *c* (pl -slaven) Jugoslav, Yugoslav

Joegoslavië (*Yōō*-gōā-slaa-vee-er) Jugoslavia, Yugoslavia

Joegoslavisch (*Yōō*-gōā-slaa-veess) *adj* Jugoslav

jong (Yong) *adj* young; **jonger** junior

jongen (*Yo*-ngern) *c* (pl ~s) boy; lad

jood (Yōat) *c* (pl joden) Jew

joods (Yōats) *adj* Jewish

Jordaans (Yor-*daans*) *adj* Jordanian

Jordanië (Yor-*daa*-nee-Yer) Jordan

Jordaniër (Yor-*daa*-nee-Yerr) *c* (pl ~s) Jordanian

jou (You) *pron* you

journaal (zhōōr-*naal*) *nt* news

journalist (zhōōr-naa-*list*) *c* (pl ~en) journalist

journalistiek (zhoor-naa-lıss-*teek*) *c* journalism

jouw (Yow) *pron* your

jubileum (Yēw-bee-*lay*-Yerm) *nt* (pl ~s, -lea) jubilee

juffrouw (Yer-frou) *c* (pl ~en) miss

juichen (Yurew-khern) *v* cheer

juist (Yurewst) *adj* right, correct, just; proper, appropriate

juistheid (Yurewst-hayt) *c* correctness

juk (Yerk) *nt* (pl ~ken) yoke

jukbeen (Yerk-bayn) *nt* (pl ~deren, -benen) cheek-bone

juli (Yēw-lee) July

jullie (Yer-lee) *pron* you; your

juni (Yēw-nee) June

juridisch (Yēw-ree-deess) *adj* legal

jurist (Yēw-rıst) *c* (pl ~en) lawyer

jurk (Yerrk) *c* (pl ~en) frock, robe, dress

jury (zhēw-ree) *c* (pl ~'s) jury

jus (zhēw) *c* gravy

juweel (Yēw-*vayl*) *nt* (pl -welen) jewel; gem; **juwelen** jewellery

juwelier (Yēw-ver-*leer*) *c* (pl ~s) jeweller

K

kaak (kaak) *c* (pl kaken) jaw

kaal (kaal) *adj* bald; naked, bare

kaap (kaap) *c* (pl kapen) cape

kaars (kaars) *c* (pl ~en) candle

kaart (kaart) *c* (pl ~en) map; card; **groene ~** green card

kaartenautomaat (*kaar*-tern-ōā-tōā-maat) *c* (pl -maten) ticket machine

kaartje (*kaar*-tYer) *nt* (pl ~s) ticket

kaas (kaass) *c* (pl kazen) cheese

kabaal (kaa-*baal*) *nt* racket

kabel (*kaa*-berl) *c* (pl ~s) cable

kabeljauw (kah-berl-*You*) *c* (pl ~en) cod

kabinet (kaa-bee-*neht*) *nt* (pl ~ten) cabinet

kachel (*kah*-kherl) *c* (pl ~s) heater; stove

kade (*kaa*-der) *c* (pl ~n) quay; embankment; dock, wharf

kader (*kaa*-derr) *nt* (pl ~s) cadre

kajuit (kaa-*Yurewt*) *c* (pl ~en) cabin

kaki (*kaa*-kee) *nt* khaki

kalender (kaa-*lehn*-derr) *c* (pl ~s) calendar

kalf (kahlf) *nt* (pl kalveren) calf

kalfsleer (*kahlfs*-layr) *nt* calf skin

kalfsvlees (*kahlfs*-flayss) *nt* veal

kalk (kahlk) *c* lime

kalkoen (kahl-*kōōn*) *c* (pl ~en) turkey

kalm (kahlm) *adj* calm; sedate, quiet, serene

kalmeren (kahl-*may*-rern) *v* calm down

kam (kahm) *c* (pl ~men) comb

kameel (kaa-*mayl*) *c* (pl kamelen) camel

kamer (*kaa*-merr) *c* (pl ~s) room; chamber

kameraad (kah-mer-*raat*) *c* (pl -raden) comrade

kamerbewoner (*kaa*-merr-ber-vōā-nerr) *c* (pl ~s) lodger

kamerjas (*kaa*-merr-Yahss) *c* (pl ~sen) dressing-gown

kamerlid (*kaa*-merr-lıt) *nt* (pl -leden) Member of Parliament

kamermeisje (*kaa*-merr-may-sher) *nt* (pl ~s) chambermaid

kamertemperatuur (*kaa*-merr-tehm-per-raa-tēwr) *c* room temperature

kamgaren (*kahm*-gaa-rern) *nt* worsted

kammen (*kah*-mern) *v* comb

kamp (kahmp) *nt* (pl ~en) camp

kampeerder (kahm-*payr*-derr) *c* (pl ~s) camper

kampeerterrein (kahm-*payr*-teh-rayn)

nt (~en) camping site

kampeerwagen (kahm-*pāyr*-vaa-gern) *c* (pl ~s) trailer *nAm*

kamperen (kahm-*pāy*-rern) *v* camp

kampioen (kahm-pee-*Yōōn*) *c* (pl ~en) champion

kan (kahn) *c* (pl ~nen) jug

kanaal (kaa-*naal*) *nt* (pl kanalen) canal; channel; **het Kanaal** English Channel

kanarie (kaa-*naa*-ree) *c* (pl ~s) canary

kandelaber (kahn-der-*laa*-berr) *c* (pl ~s) candelabrum

kandidaat (kahn-dee-*daat*) *c* (pl -daten) candidate

kaneel (kaa-*nāyl*) *c* cinnamon

kangoeroe (*kahng*-ger-rōō) *c* (pl ~s) kangaroo

kanker (*kahng*-kerr) *c* cancer

kano (*kaa*-nōa) *c* (pl ~'s) canoe

kanon (kaa-*non*) *nt* (pl ~nen) gun

kans (kahns) *c* (pl ~en) chance; opportunity

kansel (*kahn*-serl) *c* (pl ~s) pulpit

kant[1] (kahnt) *c* (pl ~en) side; way; edge; **aan de andere ~ van** across

kant[2] (kahnt) *nt* lace

kantine (kahn-*tee*-ner) *c* (pl ~s) canteen

kantlijn (*kahnt*-layn) *c* (pl ~en) margin

kantoor (kahn-*tōar*) *nt* (pl -toren) office

kantoorbediende (kahn-*tōar*-ber-deen-der) *c* (pl ~n, ~s) clerk

kantoorboekhandel (kahn-*tōar*-bōōk-hahn-derl) *c* (pl ~s) stationer's

kantooruren (kahn-*tōar*-ēw-rern) *pl* business hours, office hours

kap (kahp) *c* (pl ~pen) hood

kapel (kaa-*pehl*) *c* (pl ~len) chapel

kapelaan (kah-per-*laan*) *c* (pl ~s) chaplain

kapen (*kaa*-pern) *v* hijack

kaper (*kaa*-perr) *c* (pl ~s) hijacker

kapitaal (kah-pee-*taal*) *nt* capital

kapitalisme (kah-pee-taa-*liss*-mer) *nt* capitalism

kapitein (kah-pee-*tayn*) *c* (pl ~s) captain

kapot (kaa-*pot*) *adj* broken

kapper (*kah*-perr) *c* (pl ~s) barber; hairdresser

kapsel (*kahp*-serl) *nt* (pl ~s) hair-do

kapstok (*kahp*-stok) *c* (pl ~ken) hat rack

kar (kahr) *c* (pl ~ren) cart

karaat (kaa-*raat*) *nt* carat

karaf (kaa-*rahf*) *c* (pl ~fen) carafe

karakter (kaa-*rahk*-terr) *nt* (pl ~s) character

karakteristiek (kaa-rahk-ter-riss-*teek*) *adj* characteristic

karaktertrek (kaa-*rahk*-terr-trehk) *c* (pl ~ken) characteristic

karamel (kaa-raa-*mehl*) *c* (pl ~s, ~len) caramel

karbonade (kahr-bōa-*naa*-der) *c* (pl ~s) cutlet, chop

kardinaal[1] (kahr-dee-*naal*) *c* (pl -nalen) cardinal

kardinaal[2] (kahr-dee-*naal*) *adj* cardinal

karper (*kahr*-perr) *c* (pl ~s) carp

karton (kahr-*ton*) *nt* cardboard

kartonnen (kahr-*to*-nern) *adj* cardboard; **~ doos** carton

karwei (kahr-*vay*) *nt* (pl ~en) job

kas (kahss) *c* (pl ~sen) greenhouse

kasjmier (*kahsh*-meer) *nt* cashmere

kassa (*kah*-saa) *c* (pl ~'s) pay-desk; box-office

kassier (kah-*seer*) *c* (pl ~s) cashier

kast (kahst) *c* (pl ~en) cupboard, closet

kastanje (kahss-*tah*-ñer) *c* (pl ~s) chestnut

kastanjebruin (kahss-*tah*-ñer-brur^(ew)n) *adj* auburn

kasteel (kahss-*tāy*l) *nt* (pl -telen) castle

kat (kaht) *c* (pl ~ten) cat

kathedraal (kaa-tāy-*draal*) *c* (pl -dralen) cathedral

katholiek (kaa-tōa-*leek*) *adj* catholic

katoen (kaa-*tōōn*) *nt/c* cotton

katoenen (kaa-*tōō*-nern) *adj* cotton

katoenfluweel (kaa-*tōōn*-flew-vāyl) *nt* velveteen

katrol (kaa-*trol*) *c* (pl ~len) pulley

kattekwaad (*kah*-ter-kvaat) *nt* mischief

kauwen (*kou*-ern) *v* chew

kauwgom (*kou*-gom) *c/nt* chewing-gum

kaviaar (kaa-vee-*ᵞaar*) *c* caviar

kazerne (kaa-*zehr*-ner) *c* (pl ~s, ~n) barracks *pl*

keel (kāyl) *c* (pl kelen) throat

keelontsteking (*kāy*l-ont-stāy-kɪng) *c* (pl ~en) laryngitis

keelpijn (*kāy*l-payn) *c* sore throat

keer (kāyr) *c* (pl keren) time

keerpunt (*kāy*r-pernt) *nt* (pl ~en) turning-point

keerzijde (*kāy*r-zay-der) *c* (pl ~n) reverse

kegelbaan (*kāy*-gerl-baan) *c* (pl -banen) bowling alley

kegelspel (*kāy*-gerl-spehl) *nt* bowling

keizer (*kay*-zerr) *c* (pl ~s) emperor

keizerin (kay-zer-*rɪn*) *c* (pl ~nen) empress

keizerlijk (*kay*-zer-lerk) *adj* imperial

keizerrijk (*kay*-zer-rayk) *nt* (pl ~en) empire

kelder (*kehl*-derr) *c* (pl ~s) cellar

kelner (*kehl*-nerr) *c* (pl ~s) waiter

kenmerk (*kehn*-mehrk) *nt* (pl ~en) characteristic, feature

kenmerken (*kehn*-mehr-kern) *v* characterize, mark; **kenmerkend** characteristic, typical

kennel (*keh*-nerl) *c* (pl ~s) kennel

kennen (*keh*-nern) *v* *know

kenner (*keh*-nerr) *c* (pl ~s) connoisseur

kennis¹ (*keh*-nerss) *c* knowledge

kennis² (*keh*-nerss) *c* (pl ~sen) acquaintance

kenteken (*kehn*-tāy-kern) *nt* (pl ~s) registration number; licence number *Am*

Kenya (*kāy*-nee-ᵞaa) Kenya

kerel (*kāy*-rerl) *c* (pl ~s) fellow

keren (*kāy*-rern) *v* turn

kerk (kehrk) *c* (pl ~en) church; chapel

kerkhof (*kehrk*-hof) *nt* (pl -hoven) cemetery, graveyard, churchyard

kerktoren (*kehrk*-tōa-rern) *c* (pl ~s) steeple

kermis (*kehr*-merss) *c* (pl ~sen) fair

kern (kehrn) *c* (pl ~en) nucleus; heart, core; essence; **kern-** nuclear

kernenergie (*kehrn*-āy-nehr-zhee) *c* nuclear energy

kerrie (*keh*-ree) *c* curry

kers (kehrs) *c* (pl ~en) cherry

Kerstmis (*kehrs*-merss) Xmas, Christmas

kerven (*kehr*-vern) *v* carve

ketel (*kāy*-terl) *c* (pl ~s) kettle

keten (*kāy*-tern) *c* (pl ~s, ~en) chain

ketting (*keh*-tɪng) *c* (pl ~en) chain

keuken (*kūr*-kern) *c* (pl ~s) kitchen

keurig (*kūr*-rerkh) *adj* neat

keus (kūrss) *c* (keuzen) pick, choice

keuze (*kūr*-zer) *c* (pl ~n) selection, choice

kever (*kāy*-verr) *c* (pl ~s) beetle; bug

kiekje (*keek*-ᵞer) *nt* (pl ~s) snapshot

kiel (keel) *c* (pl ~en) keel

kiem (keem) *c* (pl ~en) germ

kier (keer) *c* (pl ~en) chink

kies (keess) *c* (pl kiezen) molar

kiesdistrict (*keess*-dɪss-trɪkt) *nt* (pl

~en) constituency

kieskeurig (keess-_kūr_-rerkh) adj particular

kiesrecht (_keess_-rehkht) nt franchise, suffrage

kietelen (_kee_-ter-lern) v tickle

kieuw (kee⁰⁰) c (pl ~en) gill

kievit (_kee_-veet) c (pl ~en) pewit

kiezel (_kee_-zerl) c (pl ~s) pebble; gravel

***kiezen** (_kee_-zern) v *choose; pick; elect

***kijken** (_kay_-kern) v look; ~ **naar** look at; watch

kijker (_kay_-kerr) c (pl ~s) spectator

kijkje (_kayk_-Yer) nt (pl ~s) look

kikker (_kı_-kerr) c (pl ~s) frog

kil (kıl) adj chilly

kilo (_kee_-lōā) nt (pl ~'s) kilogram

kilometer (_kee_-lōā-māy-terr) c (pl ~s) kilometre

kilometertal (_kee_-lōā-māy-terr-tahl) nt distance in kilometres

kim (kım) c horizon

kin (kın) c (pl ~nen) chin

kind (kınt) nt (pl ~eren) child; kid

kinderjuffrouw (_kın_-derr-Yer-frou) c (pl ~en) nurse

kinderkamer (_kın_-derr-kaa-merr) c (pl ~s) nursery

kinderverlamming (_kın_-derr-verr-lahmıng) c polio

kinderwagen (_kın_-derr-vaa-gern) c (pl ~s) pram; baby carriage Am

kinine (kee-_nee_-ner) c quinine

kiosk (kee-_Y_osk) c (pl ~en) kiosk

kip (kıp) c (pl ~pen) hen; chicken

kippevel (_kı_-per-vehl) nt goose-flesh

kist (kıst) c (pl ~en) chest

klaar (klaar) adj ready

klaarblijkelijk (klaar-_blay_-ker-lerk) adv apparently

klaarmaken (_klaar_-maa-kern) v prepare; cook

klacht (klahkht) c (pl ~en) complaint

klachtenboek (_klahkh_-tern-bōōk) nt (pl ~en) complaints book

klagen (_klaa_-gern) v complain

klank (klahngk) c (pl ~en) sound; tone

klant (klahnt) c (pl ~en) customer; client

klap (klahp) c (pl ~pen) blow; smack, slap'

klappen (_klah_-pern) v clap

klaproos (_klahp_-rōāss) c (pl -rozen) poppy

klas (klahss) c (pl ~sen) class; form

klasgenoot (_klahss_-kher-nōāt) c (pl -noten) class-mate

klasse (_klah_-ser) c (pl ~n) class

klassiek (klah-_seek_) adj classical

klauw (klou) c (pl ~en) claw

klaver (_klaa_-verr) c (pl ~s) clover; shamrock

zich kleden (_klāy_-dern) dress

kleding (_klāy_-dıng) c clothes pl

kleedhokje (_klāyt_-hok-Yer) nt (pl ~s) cabin

kleedje (_klāy_-tYer) nt (pl ~s) rug

kleedkamer (_klāyt_-kaa-merr) c (pl ~s) dressing-room

kleerborstel (_klāyr_-bor-sterl) c (pl ~s) clothes-brush

kleerhanger (_klāyr_-hah-ngerr) c (pl ~s) hanger, coat-hanger

kleerkast (_klāyr_-kahst) c (pl ~en) closet nAm

kleermaker (_klāyr_-maa-kerr) c (pl ~s) tailor

klei (klay) c clay

klein (klayn) adj little, small; minor, petty, short; **kleiner** minor; **kleinst** least

kleindochter (_klayn_-dokh-terr) c (pl ~s) granddaughter

kleingeld (_klayn_-gehlt) nt change, petty cash

kleinhandel (*klayn*-hahn-derl) *c* retail trade

kleinhandelaar (*klayn*-hahn-der-laar) *c* (pl -laren, ~s) retailer

kleinood (*klay*-nōat) *nt* (pl -noden) gem

kleinzoon (*klayn*-zōan) *c* (pl -zonen) grandson

klem (klehm) *c* (pl ~men) clamp

klemschroef (*klehm*-skhrōof) *c* (pl -schroeven) clamp

kleren (*klāy*-rern) *pl* clothes *pl*

klerenhaak (*klāy*-rern-haak) *c* (pl -haken) peg

klerenkast (*klāy*-rer-kahst) *c* (pl ~en) wardrobe

klerk (klehrk) *c* (pl ~en) clerk

kletsen (*kleht*-sern) *v* chat; talk rubbish

kleur (klürr) *c* (pl ~en) colour

kleurecht (*klürr*-ehkht) *adj* fast-dyed

kleurenblind (*klür*-rerm-blint) *adj* colour-blind

kleurenfilm (*klür*-rer-film) *c* (pl ~s) colour film

kleurrijk (*klür*-rayk) *adj* colourful

kleurstof (*klürr*-stof) *c* (pl ~fen) colourant

kleuter (*klür*-terr) *c* (pl ~s) tot

kleuterschool (*klür*-terr-skhōal) *c* (pl -scholen) kindergarten

kleven (*klāy*-vern) *v* *stick

kleverig (*klāy*-ver-rerkh) *adj* sticky

klier (kleer) *c* (pl ~en) gland

klimaat (klee-*maat*) *nt* (pl -maten) climate

***klimmen** (*kli*-mern) *v* climb

klimop (kli-*mop*) *c* ivy

kliniek (klee-*neek*) *c* (pl ~en) clinic

***klinken** (*kling*-kern) *v* sound

klinker (*kling*-kerr) *c* (pl ~s) vowel

klip (klip) *c* (pl ~pen) cliff

klok (klok) *c* (pl ~ken) clock; bell

klokhuis (*klok*-hur^ewss) *nt* (pl -huizen) core

klomp (klomp) *c* (pl ~en) wooden shoe

klont (klont) *c* (pl ~en) lump

klonterig (*klon*-ter-rerkh) *adj* lumpy

kloof (klōaf) *c* (pl kloven) cleft; chasm

klooster (*klōa*-sterr) *nt* (pl ~s) monastery; convent, cloister

klop (klop) *c* (pl ~pen) knock, tap

kloppen (*klo*-pern) *v* knock, tap; whip

klucht (klerkht) *c* (pl ~en) farce

kluis (klur^ewss) *c* (pl kluizen) safe, vault

knaap (knaap) *c* (pl knapen) boy

knalpot (*knahl*-pot) *c* (pl ~ten) silencer; muffler *nAm*

knap (knahp) *adj* smart, clever; pretty, handsome, good-looking

knappend (*knah*-pernt) *adj* crisp

knapzak (*knahp*-sahk) *c* (pl ~ken) knapsack

kneuzen (*knür*-zern) *v* bruise

kneuzing (*knür*-zing) *c* (pl ~en) bruise

knie (knee) *c* (pl ~ën) knee

knielen (*knee*-lern) *v* *kneel

knieschijf (*knee*-skhayf) *c* (pl -schijven) kneecap

***knijpen** (*knay*-pern) *v* pinch

knik (knik) *c* nod

knikken (*kni*-kern) *v* nod

knikker (*kni*-kerr) *c* (pl ~s) marble

knippen (*kni*-pern) *v* *cut

knoflook (*knof*-lōak) *nt/c* garlic

knokkel (*kno*-kerl) *c* (pl ~s) knuckle

knoop (knōap) *c* (pl knopen) button; knot

knooppunt (*knōa*-pernt) *nt* (pl ~en) junction

knoopsgat (*knōaps*-khaht) *nt* (pl ~en) buttonhole

knop (knop) *c* (pl ~pen) bud; knob

knopen (*knōa*-pern) *v* button; tie, knot

knots (knots) *c* (pl ~en) club

knuffelen (*kner*-fer-lern) *v* cuddle

knuppel (*kner*-perl) *c* (pl ~s) club; cudgel

knus (knerss) *adj* cosy

koe (kōō) *c* (pl koeien) cow

koeiehuid (kōō^{ee}-er-hur^{ew}t) *c* (pl ~en) cow-hide

koek (kōōk) *c* (pl ~en) cake

koekepan (kōō-ker-pahn) *c* (pl ~nen) frying-pan

koekje (kōōk-Yer) *nt* (pl ~s) biscuit; cracker *nAm*

koekoek (kōō-kōōk) *c* (pl ~en) cuckoo

koel (kōōl) *adj* cool

koelkast (kōōl-kahst) *c* (pl ~en) fridge, refrigerator

koelsysteem (kōōl-see-stāym) *nt* (pl -temen) cooling system

koeltas (kōōl-tahss) *c* (pl ~sen) ice-bag

koepel (kōō-perl) *c* (pl ~s) dome

koers (kōōrss) *c* (pl ~en) exchange rate; course

koets (kōōts) *c* (pl ~en) carriage, coach

koffer (ko-ferr) *c* (pl ~s) case, suit-case, bag; trunk

kofferruimte (ko-fer-rur^{ew}m-ter) *c* trunk *nAm*

koffie (ko-fee) *c* coffee

kogel (kōā-gerl) *c* (pl ~s) bullet

kok (kok) *c* (pl ~s) cook

koken (kōā-kern) *v* cook; boil

kokosnoot (kōā-koss-nōāt) *c* (pl -noten) coconut

kolen (kōā-lern) *pl* coal

kolom (kōā-*lom*) *c* (pl ~men) column

kolonel (kōā-lōā-*nehl*) *c* (pl ~s) colonel

kolonie (kōā-*lōā*-nee) *c* (pl ~s, -niën) colony

kolonne (kōā-*lo*-ner) *c* (pl ~s) column

kom (kom) *c* (pl ~men) basin

komedie (kōā-*māy*-dee) *c* (pl ~s) comedy

* **komen** (kōā-mern) *v* *come

komfort (koam-*fōār*) *nt* comfort

komiek (kōā-*meek*) *c* (pl ~en) comedian

komisch (kōā-meess) *adj* comic

komkommer (kom-*ko*-merr) *c* (pl ~s) cucumber

komma (ko-maa) *c* (pl ~'s) comma

kompas (kom-*pahss*) *nt* (pl ~sen) compass

komplot (kom-*plot*) *nt* (pl ~ten) plot, intrigue

komst (komst) *c* coming; arrival

konijn (kōā-*nayn*) *nt* (pl ~en) rabbit

koning (kōā-nıng) *c* (pl ~en) king

koningin (kōā-nı-*ngın*) *c* (pl ~nen) queen

koninklijk (kōā-nıng-klerk) *adj* royal

koninkrijk (kōā-nıng-krayk) *nt* (pl ~en) kingdom

kooi (kōā^{ee}) *c* (pl ~en) cage; bunk, berth

kookboek (kōāk-bōāk) *nt* (pl ~en) cookery-book; cookbook *nAm*

kool (kōāl) *c* (pl kolen) cabbage

koop (kōāp) *c* purchase; **te** ~ for sale

koophandel (kōāp-hahn-derl) *c* trade

koopje (kōāp-Yer) *nt* (pl ~s) bargain

koopman (kōāp-mahn) *c* (pl kooplieden) dealer, merchant

koopprijs (kōā-prayss) *c* (pl -prijzen) purchase price

koopwaar (kōāp-vaar) *c* merchandise

koor (kōār) *nt* (pl ~en) choir

koord (kōārt) *nt* (pl ~en) cord

koorts (kōārts) *c* fever

koortsig (kōārt-serkh) *adj* feverish

kop (kop) *c* (pl ~pen) head; headline

* **kopen** (kōā-pern) *v* *buy; purchase

koper[1] (kōā-perr) *nt* brass; copper

koper[2] (kōā-perr) *c* (pl ~s) buyer, purchaser

koperwerk (*kōa*-perr-vehrk) *nt* brassware

kopie (kōa-*pee*) *c* (pl ~ën) copy

kopiëren (kōa-pee-*Yay*-rern) *v* copy

kopje (*kop*-Yer) *nt* (pl ~s) cup

koplamp (*kop*-lahmp) *c* (pl ~en) headlight, headlamp

koppeling (*ko*-per-ling) *c* clutch

koppelteken (*ko*-perl-tay-kern) *nt* (pl ~s) hyphen

koppig (*ko*-perkh) *adj* obstinate, headstrong

koraal (kōa-*raal*) *c* (pl -ralen) coral

koren (*kōa*-rern) *nt* corn, grain

korenveld (*kōa*-rer-vehlt) *nt* (pl ~en) cornfield

korhoen (*kor*-hōōn) *nt* (pl ~ders) grouse

korrel (*ko*-rerl) *c* (pl ~s) corn, grain

korset (kor-*seht*) *nt* (pl ~ten) corset

korst (korst) *c* (pl ~en) crust

kort (kort) *adj* brief, short

korting (*kor*-ting) *c* (pl ~en) discount, reduction, rebate

kortsluiting (*kort*-slur^ew-ting) *c* short circuit

kortstondig (kort-*ston*-derkh) *adj* momentary

kosmetica (koss-*may*-tee-kaa) *pl* cosmetics *pl*

kost (kost) *c* food, fare; livelihood; **~ en inwoning** room and board, board and lodging, bed and board

kostbaar (*kost*-baar) *adj* precious, valuable, expensive

kostbaarheden (*kost*-baar-hay-dern) *pl* valuables *pl*

kosteloos (*koss*-ter-lōass) *adj* free of charge

kosten (*koss*-tern) *v* *cost; *pl* cost, expenditure

koster (*koss*-terr) *c* (pl ~s) sexton

kostganger (*kost*-khah-ngerr) *c* (pl ~s) boarder

kostuum (koss-*tewm*) *nt* (pl ~s) suit

kotelet (kōa-ter-*leht*) *c* (pl ~ten) chop

kou (kou) *c* cold; **~ vatten** catch a cold

koud (kout) *adj* cold

kous (kouss) *c* (pl ~en) stocking

kraag (kraakh) *c* (pl kragen) collar

kraai (kraa^ee) *c* (pl ~en) crow

kraakbeen (*kraak*-bayn) *nt* cartilage

kraal (kraal) *c* (pl kralen) bead

kraam (kraam) *c* (pl kramen) stand, stall; booth

kraan (kraan) *c* (pl kranen) tap; faucet *nAm*

krab (krahp) *c* (pl ~ben) crab

krabben (*krah*-bern) *v* scratch

kracht (krahkht) *c* (pl ~en) force, strength; energy, power

krachtig (*krahkh*-terkh) *adj* strong

kraken (*kraa*-kern) *v* creak, crack

kralensnoer (*kraa*-ler-snōōr) *nt* (pl ~en) beads *pl*

kramp (krahmp) *c* (pl ~en) cramp; convulsion

krankzinnig (krahngk-*sı*-nerkh) *adj* insane; lunatic, crazy, mad

krankzinnige (krahngk-*sı*-ner-ger) *c* (pl ~n) lunatic

krankzinnigheid (krahngk-*sı*-nerkh-hayt) *c* lunacy

krant (krahnt) *c* (pl ~en) newspaper, paper

krantenkiosk (*krahn*-ter-kee-Yosk) *c* (pl ~en) newsstand

krantenverkoper (*krahn*-ter-verr-kōa-perr) *c* (pl ~s) newsagent

krap (krahp) *adj* tight

kras (krahss) *c* (pl ~sen) scratch

krassen (*krah*-sern) *v* scratch

krat (kraht) *nt* (pl ~ten) crate

krater (*kraa*-terr) *c* (pl ~s) crater

krediet (krer-*deet*) *nt* (pl ~en) credit

kredietbrief (krer-*deet*-breef) *c* (pl -brieven) letter of credit

kreeft (krāyft) *c* (pl ~en) lobster

kreek (krāyk) *c* (pl kreken) creek

kreet (krāyt) *c* (pl kreten) cry

krekel (krāy-kerl) *c* (pl ~s) cricket

krenken (krehng-kern) *v* offend, injure

krent (krehnt) *c* (pl ~en) currant

kreuken (krūr-kern) *v* crease

kreunen (krūr-nern) *v* moan, groan

kreupel (krehng-perl) *adj* lame, crippled

kribbe (krı-ber) *c* (pl ~n) manger

kriebel (kree-berl) *c* (pl ~s) itch

*krijgen (kray-gern) *v* *get; receive

krijgsgevangene (kraykhs-kher-vahnger-ner) *c* (pl ~n) prisoner of war

krijgsmacht (kraykhs-mahkht) *c* (pl ~en) military force

krijt (krayt) *nt* chalk

krik (krık) *c* (pl ~ken) jack

*krimpen (krım-pern) *v* *shrink

krimpvrij (krımp-vray) *adj* shrinkproof

kring (krıng) *c* (pl ~en) ring, circle

kringloop (krıng-lōap) *c* (pl -lopen) cycle

kristal (krıss-tahl) *nt* (pl ~len) crystal

kristallen (krıss-tah-lern) *adj* crystal

kritiek (kree-teek) *adj* critical; *c* criticism

kritisch (kree-teess) *adj* critical

kroeg (krōōkh) *c* (pl ~en) public house; pub

kroes (krōōss) *c* (pl kroezen) mug

krokodil (krōa-kōa-dıl) *c* (pl ~len) crocodile

krom (krom) *adj* crooked; curved, bent

kromming (kro-mıng) *c* (pl ~en) curve, bend

kronen (krōa-nern) *v* crown

kronkelen (krong-ker-lern) *v* *wind

kronkelig (krong-ker-lerkh) *adj* winding

kroon (krōan) *c* (pl kronen) crown

kruid (krurᵉwt) *nt* (pl ~en) herb; **kruiden** spices; *v* flavour

kruidenier (krurᵉw-der-*neer*) *c* (pl ~s) grocer

kruidenierswaren (krurᵉw-der-*neers*-vaa-rern) *pl* groceries *pl*

kruidenierswinkel (krurᵉw-der-*neers*-vıng-kerl) *c* (pl ~s) grocer's

kruier (krurᵉw-err) *c* (pl ~s) porter

kruik (krurᵉwk) *c* (pl ~en) pitcher

kruimel (krurᵉw-merl) *c* (pl ~s) crumb

*kruipen (krurᵉw-pern) *v* *creep, crawl

kruis (krurᵉwss) *nt* (pl ~en) cross

kruisbeeld (krurᵉwss-bāylt) *nt* (pl ~en) crucifix

kruisbes (krurᵉwss-behss) *c* (pl ~sen) gooseberry

kruisigen (krurᵉw-ser-gern) *v* crucify

kruisiging (krurᵉw-ser-gıng) *c* (pl ~en) crucifixion

kruising (krurᵉw-sıng) *c* (pl ~en) crossing, junction

kruispunt (krurᵉwss-pernt) *nt* (pl ~en) crossroads, intersection

kruissnelheid (krurᵉw-snehl-hayt) *c* cruising speed

kruistocht (krurᵉwss-tokht) *c* (pl ~en) crusade

kruit (krurᵉwt) *nt* gunpowder

kruiwagen (krurᵉw-vaa-gern) *c* (pl ~s) wheelbarrow

kruk (krerk) *c* (pl ~ken) crutch

krukas (krerk-ahss) *c* crankshaft

krul (krerl) *c* (pl ~len) curl

krullen (krer-lern) *v* curl; **krullend** curly

krulspeld (krerl-spehlt) *c* (pl ~en) curler

krultang (krerl-tahng) *c* (pl ~en) curling-tongs *pl*

kubus (kēw-berss) *c* (pl ~sen) cube

kudde (ker-der) *c* (pl ~n, ~s) herd, flock

kuiken (kurᵉw-kern) *nt* (pl ~s) chicken

kuil (kurᵉwl) *c* (pl ~en) hole; pit

kuis (kurᵉwss) *adj* chaste

kuit   241   kwitantie

kuit¹ (kur^{ew}t) c roe

kuit² (kur^{ew}t) c (pl ~en) calf

kundig (kern-derkh) adj capable

* kunnen (ker-nern) v *can, *be able to; *might, *may

kunst (kernst) c (pl ~en) art; schone kunsten fine arts

kunstacademie (kernst-ah-kaa-dáy-mee) c (pl ~s) art school

kunstenaar (kern-ster-naar) c (pl ~s) artist

kunstenares (kern-ster-naa-rehss) c (pl ~sen) artist

kunstgalerij (kernst-khah-ler-ray) c (pl ~en) art gallery

kunstgebit (kernst-kher-bıt) nt (pl ~ten) denture, false teeth

kunstgeschiedenis (kernst-kher-skhee-der-niss) c art history

kunstijsbaan (kernst-ayss-baan) c (pl -banen) skating-rink

kunstje (kern-sher) nt (pl ~s) trick

kunstmatig (kernst-maa-terkh) adj artificial

kunstnijverheid (kernst-nay-verr-hayt) c arts and crafts

kunsttentoonstelling (kerns-tern-tōan-steh-lıng) c (pl ~en) art exhibition

kunstverzameling (kernst-ferr-zaa-mer-lıng) c (pl ~en) art collection

kunstwerk (kernst-vehrk) nt (pl ~en) work of art

kunstzijde (kernst-say-der) c rayon

kunstzinnig (kernst-sı-nerkh) adj artistic

kurk (kerrk) c (pl ~en) cork

kurketrekker (kerr-ker-treh-kerr) c (pl ~s) corkscrew

kus (kerss) c (pl ~sen) kiss

kussen¹ (ker-sern) v kiss

kussen² (ker-sern) nt (pl ~s) cushion; pillow; kussentje nt pad

kussensloop (ker-ser-slōap) c/nt (pl -slopen) pillow-case

kust (kerst) c (pl ~en) coast, shore; seaside, seashore

kuur (kēwr) c (pl kuren) cure

kwaad¹ (kvaat) adj angry, cross; mad; ill

kwaad² (kvaat) nt (pl kwaden) evil; mischief, harm

kwaadaardig (kvaa-daar-derkh) adj malignant

kwaal (kvaal) c (pl kwalen) ailment

kwadraat (kvaa-draat) nt (pl -draten) square

kwakzalver (kvahk-sahl-verr) c (pl ~s) quack

kwal (kvahl) c (pl ~len) jelly-fish

kwalijk * nemen (kvaa-lerk náy-mern) resent; neem me niet kwalijk! sorry!

kwaliteit (kvaa-lee-tayt) c (pl ~en) quality

kwart (kvahrt) nt (pl ~en) quarter

kwartaal (kvahr-taal) nt (pl -talen) quarter

kwartel (kvahr-terl) c (pl ~s) quail

kwartier (kvahr-teer) nt quarter of an hour

kwast (kvahst) c (pl ~en) brush

kweken (kvāy-kern) v cultivate, *grow

kwellen (kveh-lern) v torment

kwelling (kveh-lıng) c (pl ~en) torment

kwestie (kvehss-tee) c (pl ~s) matter, question, issue

kwetsbaar (kvehts-baar) adj vulnerable

kwetsen (kveht-sern) v injure; *hurt, wound

kwijtraken (kvayt-raa-kern) v *lose; *mislay

kwik (kvık) nt mercury

kwistig (kvıss-terkh) adj lavish

kwitantie (kvee-tahn-see) c (pl ~s) receipt

L

la (laa) *c* (pl ~den) drawer

laag¹ (laakh) *adj* low; **lager** *adj* inferior

laag² (laakh) *c* (pl lagen) layer

laagland (*laakh*-lahnt) *nt* lowlands *pl*

laan (laan) *c* (pl lanen) avenue

laars (laars) *c* (pl laarzen) boot

laat (laat) *adj* late; **laatst** *adj* last; ultimate, final; *adv* lately; **later** *adv* afterwards; **te ~** late; overdue

labiel (laa-*beel*) *adj* unstable

laboratorium (laa-bōa-raa-*tōa*-ree-ᵛerm) *nt* (pl -ria) laboratory

lach (lahkh) *c* laugh

***lachen** (*lah*-khern) *v* laugh

ladder (*lah*-derr) *c* (pl ~s) ladder

lade (*laa*-der) *c* (pl ~n) drawer

***laden** (*laa*-dern) *v* load; charge

ladenkast (*laa*-der-kahst) *c* (pl ~en) chest of drawers

lading (*laa*-dɪng) *c* (pl ~en) charge, load; freight, cargo

laf (lahf) *adj* cowardly

lafaard (*lah*-faart) *c* (pl ~s) coward

lagune (laa-*gēw*-ner) *c* (pl ~s) lagoon

lak (lahk) *c* (pl ~ken) lacquer, varnish

laken (*laa*-kern) *nt* (pl ~s) sheet

lakken (*lah*-kern) *v* varnish

lam¹ (lahm) *adj* lame

lam² (lahm) *nt* (pl ~meren) lamb

lambrizering (lahm-bree-*zāy*-rɪng) *c* panelling

lamp (lahmp) *c* (pl ~en) lamp

lampekap (*lahm*-per-kahp) *c* (pl ~pen) lampshade

lamsvlees (*lahms*-flāyss) *nt* lamb

lanceren (lahn-*sāy*-rern) *v* launch

land (lahnt) *nt* (pl ~en) country, land; **aan ~** ashore; **aan ~ *gaan** land

landbouw (*lahnt*-bou) *c* agriculture; **landbouw-** agrarian

landen (*lahn*-dern) *v* land

landengte (*lahnt*-ehng-ter) *c* (pl ~n, ~s) isthmus

landgenoot (*lahnt*-kher-nōat) *c* (pl -noten) countryman

landgoed (*lahnt*-khōot) *nt* (pl ~eren) estate

landhuis (*lahnt*-hurᵉʷss) *nt* (pl -huizen) country house

landkaart (*lahnt*-kaart) *c* (pl ~en) map

landloper (*lahnt*-lōa-perr) *c* (pl ~s) tramp

landloperij (lahnt-lōa-per-*ray*) *c* vagrancy

landschap (*lahnt*-skhahp) *nt* (pl ~pen) scenery, landscape

landsgrens (*lahnts*-khrehns) *c* (pl -grenzen) boundary

landtong (*lahn*-tong) *c* (pl ~en) headland

lang (lahng) *adj* long; tall

langdurig (lahng-*dēw*-rerkh) *adj* long

langs (lahngs) *prep* along; past

langspeelplaat (*lahng*-spāyl-plaat) *c* (pl -platen) long-playing record

langwerpig (lahng-*vehr*-perkh) *adj* oblong

langzaam (*lahng*-zaam) *adj* slow

langzamerhand (lahng-zaa-merr-*hahnt*) *adv* gradually

lantaarn (lahn-*taa*-rern) *c* (pl ~s) lantern

lantaarnpaal (lahn-*taa*-rerm-paal) *c* (pl -palen) lamp-post

las (lahss) *c* (pl ~sen) joint

lassen (*lah*-sern) *v* weld

last (lahst) *c* (pl ~en) charge; load, burden; trouble, nuisance, bother

laster (*lahss*-terr) *c* slander

lastig (*lahss*-terkh) *adj* troublesome, inconvenient; difficult

***laten** (*laa*-tern) *v* *let; allow to;

*leave; *have

Latijns-Amerika (lah-tayn-zaa-*māy*-ree-kaa) Latin America

Latijns-Amerikaans (lah-tayn-zaa-*māy*-ree-*kaans*) *adj* Latin-American

lauw (lou) *adj* lukewarm, tepid

lawaai (laa-*vaa^{ee}*) *nt* noise

lawaaierig (laa-*vaa^{ee}*-er-rerkh) *adj* noisy

lawine (laa-*vee*-ner) *c* (pl ~s, ~n) avalanche

laxeermiddel (lahk-*sāyr*-mı-derl) *nt* (pl ~en) laxative

ledemaat (*lāy*-der-maat) *c* (pl maten) limb

lederen (*lāy*-der-rern) *adj* leather

ledigen (*lāy*-der-gern) *v* empty

leed (lāyt) *nt* affliction, sorrow

leeftijd (*lāyf*-tayt) *c* (pl ~en) age

leeg (lāykh) *adj* empty

leek (lāyk) *c* (pl leken) layman

leer[1] (lāyr) *c* teachings *pl*

leer[2] (lāyr) *nt* leather

leerboek (*lāyr*-bōok) *nt* (pl ~en) textbook

leerling (*lāyr*-lıng) *c* (pl ~en) pupil; scholar

leerzaam (*lāyr*-zaam) *adj* instructive

leesbaar (*lāyss*-baar) *adj* legible

leeslamp (*lāyss*-lahmp) *c* (pl ~en) reading-lamp

leeszaal (*lāy*-saal) *c* (pl -zalen) reading-room

leeuw (lāy^{oo}) *c* (pl ~en) lion

leeuwerik (*lāy^{oo}*-er-rık) *c* (pl ~en) lark

lef (lehf) *nt* guts

legalisatie (*lāy*-gaa-lee-*zaa*-tsee) *c* legalization

legatie (ler-*gaa*-tsee) *c* (pl ~s) legation

leger (*lāy*-gerr) *nt* (pl ~s) army

leggen (*leh*-gern) *v* *lay, *put

legpuzzel (*lehkh*-per-zerl) *c* (pl ~s) jigsaw puzzle

lei (lay) *nt* slate

leiden (*lay*-dern) *v* head, direct; guide, *lead, conduct

leider (*lay*-derr) *c* (pl ~s) leader

leiderschap (*lay*-derr-skhahp) *nt* leadership

leiding[1] (*lay*-dıng) *c* lead

leiding[2] (*lay*-dıng) *c* (pl ~en) pipe

lek[1] (lehk) *adj* leaky; punctured

lek[2] (lehk) *nt* (pl ~ken) leak

lekken (*leh*-kern) *v* leak

lekker (*leh*-kerr) *adj* good; nice, enjoyable, delicious, tasty

lekkernij (leh-kerr-*nay*) *c* (pl ~en) delicacy

lelie (*lāy*-lee) *c* (pl ~s) lily

lelijk (*lāy*-lerk) *adj* ugly

lemmet (*leh*-mert) *nt* (pl ~en) blade

lenen (*lāy*-nern) *v* *lend; borrow

lengte (*lehng*-ter) *c* (pl ~n, ~s) length; **in de ~** lengthways

lengtegraad (*lehng*-ter-graat) *c* (pl -graden) longitude

lenig (*lāy*-nerkh) *adj* supple

lening (*lāy*-nıng) *c* (pl ~en) loan

lens (lehns) *c* (pl lenzen) lens

lente (*lehn*-ter) *c* (pl ~s) spring

lepel (*lāy*-perl) *c* (pl ~s) spoon; spoonful

lepra (*lāy*-praa) *c* leprosy

leraar (*lāy*-raar) *c* (pl leraren, ~s) master, teacher; instructor

lerares (*lāy*-raa-*rehss*) *c* (pl ~sen) teacher

leren[1] (*lāy*-rern) *v* *teach; *learn

leren[2] (*lāy*-rern) *adj* leather

les (lehss) *c* (pl ~sen) lesson

leslokaal (*lehss*-lōa-kaal) *nt* (pl -kalen) classroom

lessenaar (*leh*-ser-naar) *c* (pl ~s) desk

letsel (*leht*-serl) *nt* (pl ~s) injury

letten op (*leh*-tern) attend to, *pay attention to; watch, mind

letter (*leh*-terr) *c* (pl ~s) letter

lettergreep (*leh*-terr-grāyp) c (pl -grepen) syllable

letterkundig (leh-terr-*kern*-derkh) adj literary

leugen (*lūr*-gern) c (pl ~s) lie

leuk (lūrk) adj enjoyable; funny, jolly

leunen (*lūr*-nern) v *lean

leuning (*lūr*-ning) c (pl ~en) arm; rail

leunstoel (*lūrn*-stool) c (pl ~en) easy chair, armchair

leus (lūrss) c (pl leuzen) slogan

leven[1] (*lāy*-vern) v live; **levend** alive; live

leven[2] (*lāy*-vern) nt (pl ~s) life; lifetime; **in** ~ alive

levendig (*lāy*-vern-derkh) adj lively; brisk, vivid

levensmiddelen (*lāy*-verns-mɪ-der-lern) pl foodstuffs pl

levensstandaard (*lāy*-vern-stahn-daart) c standard of living

levensverzekering (*lāy*-verns-ferr-zāy-ker-rɪng) c (pl ~en) life insurance

lever (*lāy*-verr) c (pl ~s) liver

leveren (*lāy*-ver-rern) v furnish, provide, supply

levering (*lāy*-ver-rɪng) c (pl ~en) delivery, supply

*lezen (*lāy*-zern) v *read

lezing (*lāy*-zɪng) c (pl ~en) lecture

Libanees[1] (lee-baa-*nāyss*) adj Lebanese

Libanees[2] (lee-bah-*nāyss*) c (pl -nezen) Lebanese

Libanon (*lee*-baa-non) Lebanon

liberaal (lee-ber-*raal*) adj liberal

Liberia (lee-*bāy*-ree-Yaa) Liberia

Liberiaan (lee-bāy-ree-Yaan) c (pl -rianen) Liberian

Liberiaans (lee-bāy-ree-Yaans) adj Liberian

licentie (lee-*sehn*-see) c (pl ~s) licence

lichaam (*lɪ*-khaam) nt (pl lichamen) body

licht[1] (lɪkht) adj light; pale; gentle, slight

licht[2] (lɪkht) nt (pl ~en) light

lichtbruin (*lɪkht*-brurᵉʷn) adj fawn

lichtgevend (*lɪkht*-kher-vernt) adj luminous

lichting (*lɪkh*-tɪng) c (pl ~en) collection

lichtpaars (*lɪkht*-paars) adj mauve

lid (lɪt) nt (pl leden) member; associate

lidmaatschap (*lɪt*-maat-skhahp) nt membership

lidwoord (*lɪt*-vōart) nt (pl ~en) article

lied (leet) nt (pl ~eren) song

lief (leef) adj dear; sweet; affectionate, adorable

liefdadigheid (leef-*daa*-derkh-hayt) c charity

liefde (*leef*-der) c (pl ~s) love

liefdesgeschiedenis (*leef*-derss-kher-skhee-der-nɪss) c (pl ~sen) love-story

*liefhebben (*leef*-heh-bern) v love

liefhebberij (leef-heh-ber-*ray*) c (pl ~en) hobby

liefje (*leef*-Yer) nt (pl ~s) sweetheart

*liegen (*lee*-gern) v lie

lies (leess) c (pl liezen) groin

lieveling (*lee*-ver-lɪng) c (pl ~en) darling, sweetheart; favourite, pet; **lievelings-** favourite, pet

liever (*lee*-verr) adv sooner, rather; ~ ***hebben** prefer

lift (lɪft) c (pl ~en) lift; elevator nAm

liften (*lɪf*-tern) v hitchhike

lifter (*lɪf*-terr) c (pl ~s) hitchhiker

*liggen (*lɪ*-gern) v *lie; ***gaan** ~ *lie down

ligging (*lɪ*-gɪng) c location; situation, site

ligstoel (*lɪkh*-stool) c (pl ~en) deck chair

lijden (*lay*-dern) nt suffering

*lijden (*lay*-dern) v suffer

lijf (layf) nt (pl lijven) body

lijfwacht (*layf*-vahkht) c (pl ~en) bodyguard

lijk (layk) nt (pl ~en) corpse

*lijken (lay-kern) v seem, appear; look; ~ **op** resemble

lijm (laym) c glue, gum

lijn (layn) c (pl ~en) line; leash

lijnboot (*layn*-bōat) c (pl -boten) liner

lijst (layst) c (pl ~en) list; frame

lijster (*lay*-sterr) c (pl ~s) thrush

lijvig (*lay*-verkh) adj bulky

likdoorn (*lik*-dōa-rern) c (pl ~s) corn

likeur (lee-*kūrr*) c (pl ~en) liqueur

likken (*li*-kern) v lick

limiet (lee-*meet*) c (pl ~en) limit

limoen (lee-*mōon*) c (pl ~en) lime

limonade (lee-mōa-*naa*-der) c (pl ~s) lemonade

linde (*lin*-der) c (pl ~n) limetree, lime

lingerie (lang-zher-*ree*) c lingerie

liniaal (lee-nee-*ᵞaal*) c (pl -alen) ruler

links (lingks) adj left; left-hand

linkshandig (lingks-*hahn*-derkh) adj left-handed

linnen (*li*-nern) nt linen

linnengoed (*li*-ner-gōot) nt linen

lint (lint) nt (pl ~en) ribbon; tape

lip (lip) c (pl ~pen) lip

lippenboter (*li*-per-bōa-terr) c lipsalve

lippenstift (*li*-per-stift) c lipstick

list (list) c (pl ~en) ruse, artifice

listig (*liss*-terkh) adj sly

liter (*lee*-terr) c (pl ~s) litre

literair (lee-ter-*rair*) adj literary

literatuur (lee-ter-raa-*tēwr*) c literature

lits-jumeaux (lee-zhēw-*mōa*) nt twin beds

litteken (*li*-tāy-kern) nt (pl ~s) scar

locomotief (lōa-kōa-mōa-*teef*) c (pl -tieven) engine, locomotive

loeien (*lōoᵉᵉ*-ern) v roar

lof (lof) c glory, praise

logé (lōa-*zhāy*) c (pl ~'s) guest

logeerkamer (lōa-*zhāy*r-kaa-merr) c (pl ~s) spare room, guest-room

logeren (lōa-*zhāy*-rern) v stay

logica (*lōa*-gee-kaa) c logic

logies (lōa-*zheess*) nt lodgings pl, accommodation; ~ **en ontbijt** bed and breakfast

logisch (*lōa*-geess) adj logical

lokaal (lōa-*kaal*) adj local

lol (lol) c fun

lonen (*lōa*-nern) v *pay

long (long) c (pl ~en) lung

longontsteking (*long*-ont-stāy-king) c (pl ~en) pneumonia

lont (lont) c (pl ~en) fuse

lood (lōat) nt lead

loodgieter (*lōat*-khee-terr) c (pl ~s) plumber

loodrecht (*lōat*-rehkht) adj perpendicular

loods (lōats) c (pl ~en) pilot

loon (lōan) nt (pl lonen) wages pl; salary, pay

loonsverhoging (*lōa*ns-ferr-hōa-ging) c (pl ~en) raise nAm

loop (lōap) c course; gait, walk

loopbaan (*lōa*-baan) c (pl -banen) career

loopplank (*lōa*-plahngk) c (pl ~en) gangway

*lopen (*lōa*-pern) v walk; *go

los (loss) adj loose

losgeld (*loass*-khehlt) nt (pl ~en) ransom

losknopen (*loss*-knōa-pern) v unbutton; untie

losmaken (*loss*-maa-kern) v unfasten, *undo, detach; loosen

losschroeven (*lo*-skhrōo-vern) v unscrew

lossen (*lo*-sern) v unload, discharge

lot¹ (lot) nt lot, fortune, destiny, fate

lot² (lot) nt (pl ~en) lot

loterij (lōa-ter-*ray*) *c* (pl ~en) lottery
lotion (lōa-*shon*) *c* (pl ~s) lotion
loyaal (lōa-*Yaal*) *adj* loyal
lucht (lerkht) *c* air; breath; sky
luchtdicht (*lerkh*-dıkht) *adj* airtight
luchtdruk (*lerkh*-drerk) *c* atmospheric pressure
luchten (*lerkh*-tern) *v* air, ventilate
luchtfilter (*lerkht*-fıl-terr) *nt* (pl ~s) air-filter
luchthaven (*lerkht*-haa-vern) *c* (pl ~s) airport
luchtig (*lerkh*-terkh) *adj* airy
luchtpost (*lerkht*-post) *c* airmail
luchtvaartmaatschappij (*lerkht*-faart-maat-skhah-pay) *c* (pl ~en) airline
luchtverversing (*lerkht*-ferr-vehr-sıng) *c* air-conditioning, ventilation
luchtziekte (*lerkht*-seek-ter) *c* air-sickness
lucifer (*lew̄*-see-fehr) *c* (pl ~s) match
lucifersdoosje (*lew̄*-see-fehrs-dōa-sher) *nt* (pl ~s) match-box
lui (lur*ew*) *adj* lazy; idle
luid (lur*ew*t) *adj* loud
luidspreker (*lur*ew*t*-sprāy-kerr) *c* (pl ~s) loud-speaker
luier (*lur*ew*-err) *c* (pl ~s) nappy; diaper *nAm*
luik (lur*ew*k) *nt* (pl ~en) hatch; shutter
luis (lur*ew*ss) *c* (pl luizen) louse
luisteraar (*lur*ew*ss*-ter-raar) *c* (pl ~s) listener
luisteren (*lur*ew*ss*-ter-rern) *v* listen
luisterrijk (*lur*ew*ss*-ter-rayk) *adj* magnificent
lukken (*ler*-kern) *v* succeed
lunch (lernsh) *c* (pl ~es) lunch
lus (lerss) *c* (pl ~sen) loop
lusten (*lerss*-tern) *v* like; fancy
luxe (*lew̄k*-ser) *c* luxury
luxueus (lew̄k-sew̄-*ūrss*) *adj* luxurious

M

maag (maakh) *c* (pl magen) stomach; **maag-** gastric
maagd (maakht) *c* (pl ~en) virgin
maagpijn (*maakh*-payn) *c* stomachache
maagzuur (*maakh*-sew̄r) *nt* heartburn
maagzweer (*maakh*-svāyr) *c* (pl -zweren) gastric ulcer
maal[1] (maal) *nt* (pl malen) meal
maal[2] (maal) *c* (pl malen) time
maal[3] (maal) *prep* times
maaltijd (*maal*-tayt) *c* (pl ~en) meal; **warme ~** dinner
maan (maan) *c* (pl manen) moon
maand (maant) *c* (pl ~en) month
maandag (*maan*-dahkh) *c* Monday
maandblad (*maant*-blaht) *nt* (pl ~en) monthly magazine
maandelijks (*maan*-der-lerks) *adj* monthly
maandverband (*maant*-ferr-bahnt) *nt* sanitary towel
maanlicht (*maan*-lıkht) *nt* moonlight
maar (maar) *conj* but; yet; *adv* only
maart (maart) March
maas (maass) *c* (pl mazen) mesh
maat (maat) *c* (pl maten) size, measure; **extra grote ~** outsize; **op ~ gemaakt** tailor-made; made to order
maatregel (*maat*-rāy-gerl) *c* (pl ~en, ~s) measure
maatschappelijk (maat-*skhah*-per-lerk) *adj* social
maatschappij (maat-skhah-*pay*) *c* (pl ~en) company; society
maatstaf (*maat*-stahf) *c* (pl -staven) standard
machine (mah-*shee*-ner) *c* (pl ~s) engine, machine

machinerie (mah-shee-ner-*ree*) c machinery

macht (mahkht) c (pl ~en) power; force, might; authority

machteloos (*mahkh*-ter-lōass) adj powerless

machtig (*mahkh*-terkh) adj powerful, mighty

machtiging (*mahkh*-ter-gɪng) c (pl ~en) authorization

magazijn (maa-gaa-*zayn*) nt (pl ~en) store-house, warehouse

mager (*maa*-gerr) adj lean, thin

magie (maa-*gee*) c magic

magistraat (maa-gɪss-*traat*) c (pl -straten) magistrate

magneet (mahkh-*nāyt*) c (pl -neten) magneto

magnetisch (mahkh-*nāy*-teess) adj magnetic

maillot (maa-*Yōā*) c (pl ~s) tights pl

maïs (mighss) c maize

maïskolf (*mighss*-kolf) c (pl -kolven) corn on the cob

maître d'hôtel (mai-trer-dōā-*tehl*) head-waiter

maîtresse (meh-*tray*-ser) c (pl ~s, ~n) mistress

majoor (maa-*Yōār*) c (pl ~s) major

mak (mahk) adj tame

makelaar (*maa*-ker-laar) c (pl ~s) broker, house agent

maken (*maa*-kern) v *make; **te ~ *hebben met** *deal with

makreel (maa-*krāyl*) c (pl -relen) mackerel

mal (mahl) adj foolish, silly

malaria (maa-*laa*-ree-Yaa) c malaria

Maleis (maa-*layss*) nt Malay

Maleisië (maa-*lay*-zee-Yer) Malaysia

Maleisisch (maa-*lay*-zeess) adj Malaysian

***malen** (*maa*-lern) v *grind

mals (mahls) adj tender

mammoet (*mah*-mōōt) c (pl ~en, ~s) mammoth

man (mahn) c (pl ~nen) man; husband

manchet (mahn-*sheht*) c (pl ~ten) cuff

manchetknopen (mahn-*sheht*-knōā-pern) pl cuff-links pl

mand (mahnt) c (pl ~en) hamper, basket

mandaat (mahn-*daat*) nt (pl -daten) mandate

mandarijn (mahn-daa-*rayn*) c (pl ~en) mandarin, tangerine

manege (maa-*nāy*-zher) c (pl ~s) riding-school

manicure (maa-nee-*kēw*-rer) c (pl ~s) manicure

manicuren (maa-nee-*kēw*-rern) v manicure

manier (maa-*neer*) c (pl ~en) manner; way, fashion

mank (mahngk) adj lame

mannelijk (*mah*-ner-lerk) adj male; masculine

mannequin (mah-ner-*kang*) c (pl ~s) model, mannequin

mantel (*mahn*-terl) c (pl ~s) coat, cloak

manufacturier (mah-nēw-fahk-tēw-*reer*) c (pl ~s) draper

manuscript (maa-nerss-*krɪpt*) nt (pl ~en) manuscript

marcheren (mahr-*shāy*-rern) v march

margarine (mahr-gaa-*ree*-ner) c margarine

marge (*mahr*-zher) c (pl ~s) margin

marine (maa-*ree*-ner) c navy; **marine-** naval

maritiem (mah-ree-*teem*) adj maritime

markt (mahrkt) c (pl ~en) market; **zwarte ~** black market

marktplein (*mahrkt*-playn) nt (pl ~en) market-place

marmelade (mahr-mer-*laa*-der) *c* (pl ~s, ~n) marmalade

marmer (*mahr*-merr) *nt* marble

Marokkaan (mah-ro-*kaan*) *c* (pl -kanen) Moroccan

Marokkaans (mah-ro-*kaans*) *adj* Moroccan

Marokko (maa-*ro*-kōā) Morocco

mars (mahrs) *c* (pl ~en) march

martelaar (*mahr*-ter-laar) *c* (pl ~s, -laren) martyr

martelen (*mahr*-ter-lern) *v* torture

marteling (*mahr*-ter-lıng) *c* (pl ~en) torture

mascara (mahss-*kaa*-raa) *c* mascara

masker (*mahss*-kerr) *nt* (pl ~s) mask

massa (*mah*-saa) *c* (pl ~'s) bulk, mass; crowd

massage (mah-*saa*-zher) *c* (pl ~s) massage

massaproduktie (mah-saa-prōā-derk-see) *c* mass production

masseren (mah-*sāy*-rern) *v* massage

masseur (mah-*sūrr*) *c* (pl ~s) masseur

massief (mah-*seef*) *adj* solid, massive

mast (mahst) *c* (pl ~en) mast

mat¹ (maht) *adj* dull, mat, dim

mat² (maht) *c* (pl ~ten) mat

materiaal (maa-tree-*Yaal*) *nt* (pl -rialen) material

materie (mah-*tāy*-ree) *c* (pl -riën, ~s) matter

materieel (maa-tree-*Yāyl*) *adj* material

matig (*maa*-terkh) *adj* moderate

matras (maa-*trahss*) *c* (pl ~sen) mattress

matroos (maa-*trōāss*) *c* (pl matrozen) sailor

mausoleum (mou-sōā-*lāy*-Yerm) *nt* (pl ~s, -lea) mausoleum

mazelen (*maa*-zer-lern) *pl* measles

me (mer) *pron* me; myself

mechanisch (māy-*khaa*-neess) *adj* mechanical

mechanisme (māy-khaa-*nıss*-mer) *nt* (pl ~n) mechanism; machinery

medaille (māy-*dah*-Yer) *c* (pl ~s) medal

mededelen (*māy*-der-dāy-lern) *v* notify, communicate, inform

mededeling (*māy*-der-dāy-lıng) *c* (pl ~en) communication, information

medegevoel (*māy*-der-ger-vōōl) *nt* sympathy

medelijden (*māy*-der-lay-dern) *nt* pity; ~ *hebben met pity

medeplichtige (māy-der-*plıkh*-ter-ger) *c* (pl ~n) accessary

medewerking (*māy*-der-vehr-kıng) *c* co-operation

medisch (*māy*-deess) *adj* medical

mediteren (māy-dee-*tāy*-rern) *v* meditate

*meebrengen** (*māy*-breh-ngern) *v* *bring

meedelen (*māy*-dāy-lern) *v* communicate

meel (māyl) *nt* flour

meemaken (*māy*-maa-kern) *v* *go through

*meenemen** (*māy*-nāy-mern) *v* *take away

meer¹ (māyr) *adj* more; ~ dan over; niet ~ no longer

meer² (māyr) *nt* (pl meren) lake

meerderheid (*māyr*-derr-hayt) *c* majority; bulk

meerderjarig (māyr-derr-*Yaa*-rerkh) *adj* of age

meervoud (*māyr*-vout) *nt* (pl ~en) plural

meest (māyst) *adj* most

meestal (*māy*-stahl) *adv* mostly

meester (*māy*-sterr) *c* (pl ~s) master; schoolmaster, teacher

meesteres (māy-ster-*rehss*) *c* (pl ~sen) mistress

meesterwerk (*māy*-sterr-vehrk) *nt* (pl

~en) masterpiece

meetellen (*māy*-teh-lern) v count

meetkunde (*māyt*-kern-der) c geometry

meeuw (*māy*ᵒᵒ) c (pl ~en) gull; seagull

mei (may) May

meid (mayt) c (pl ~en) housemaid, maid

meineed (*may*-nāyt) c (pl -eden) perjury

meisje (*may*-sher) nt (pl ~s) girl

meisjesnaam (*may*-sherss-naam) c (pl -namen) maiden name

mejuffrouw (mer-ᵞer-frou) c miss

melden (*mehl*-dern) v report

melding (*mehl*-dıng) c (pl ~en) mention

melk (mehlk) c milk

melkboer (*mehlk*-bōōr) c (pl ~en) milkman

melodie (māy-lōā-*dee*) c (pl ~ën) melody; tune

melodieus (māy-lōā-dee-ᵞ*ūrss*) adj tuneful

melodrama (māy-lōā-*draa*-maa) nt (pl ~'s) melodrama

meloen (mer-*lōōn*) c (pl ~en) melon

memorandum (māy-mōā-*rahn*-derm) nt (pl -randa) memo

men (mehn) pron one

meneer (mer-*nāyr*) c mister; sir

menen (*māy*-nern) v consider; *mean

mengen (*meh*-ngern) v mix

mengsel (*mehng*-serl) nt (pl ~s) mixture

menigte (*māy*-nerkh-ter) c (pl ~n, ~s) crowd

mening (*māy*-nıng) c (pl ~en) opinion; view; **van ~ verschillen** disagree

mens (mehnss) c (pl ~en) man; **mensen** people pl

menselijk (*mehn*-ser-lerk) adj human;

~ **wezen** human being

mensheid (*mehns*-hayt) c humanity, mankind

menstruatie (mehn-strēw-*vaa*-tsee) c menstruation

menukaart (mer-*nēw*-kaart) c (pl ~en) menu

merel (*māy*-rerl) c (pl ~s) blackbird

merg (mehrkh) nt marrow

merk (mehrk) nt (pl ~en) brand

merkbaar (*mehrk*-baar) adj noticeable, perceptible

merken (*mehr*-kern) v notice; mark

merkteken (*mehrk*-tāy-kern) nt (pl ~s) mark

merrie (*meh*-ree) c (pl ~s) mare

mes (mehss) nt (pl ~sen) knife

messing (*meh*-sıng) nt brass

mest (mehst) c dung, manure

mesthoop (*mehst*-hōāp) c (pl -hopen) dunghill

met (meht) prep with; by

metaal (māy-*taal*) nt (pl metalen) metal

metalen (māy-*taa*-lern) adj metal

meteen (mer-*tāyn*) adv at once, straight away, immediately, instantly; presently

*meten (*māy*-tern) v measure

meter (*māy*-terr) c (pl ~s) metre; meter; gauge

metgezel (*meht*-kher-zehl) c (pl ~len) companion

methode (māy-*tōā*-der) c (pl ~n, ~s) method

methodisch (māy-*tōā*-deess) adj methodical

metrisch (*māy*-treess) adj metric

metro (*māy*-trōā) c (pl ~'s) underground

metselaar (*meht*-ser-laar) c (pl ~s) bricklayer

metselen (*meht*-ser-lern) v *lay bricks

meubilair (mūr-bee-*lair*) nt furniture

meubileren (mūr-bee-*lāy*-rern) v furnish

mevrouw (mer-*vrou*) madam

Mexicaan (mehk-see-*kaan*) c (pl -canen) Mexican

Mexicaans (mehk-see-*kaans*) adj Mexican

Mexico (*mehk*-see-kōa) Mexico

microfoon (mee-krōa-*fōan*) c (pl ~s) microphone

middag (*mɪ*-dahkh) c (pl ~en) afternoon; midday; noon

middageten (*mɪ*-dahkh-āy-tern) nt luncheon, lunch; dinner

middel¹ (*mɪ*-derl) nt (pl ~en) means; remedy; **antiseptisch** ~ antiseptic; **insektenwerend** ~ insect repellent; **kalmerend** ~ tranquillizer, sedative; **pijnstillend** ~ anaesthetic; **stimulerend** ~ stimulant; **verdovend** ~ drug

middel² (*mɪ*-derl) nt (pl ~s) waist

middeleeuwen (*mɪ*-derl-āyᵒᵒ-ern) pl Middle Ages

middeleeuws (*mɪ*-derl-āyᵒᵒss) adj mediaeval

Middellandse Zee (*mɪ*-der-lahnt-ser-zāy) Mediterranean

middelmatig (*mɪ*-derl-*maa*-terkh) adj moderate; medium

middelpunt (*mɪ*-derl-pernt) nt (pl ~en) centre

middelst (*mɪ*-derlst) adj middle

midden (*mɪ*-dern) nt midst, middle; **midden-** medium; ~ **in** amid; **te** ~ **van** amid; among

middernacht (*mɪ*-derr-*nahkht*) c midnight

midzomer (*mɪt*-sōa-merr) c midsummer

mier (meer) c (pl ~en) ant

mierikswortel (*mee*-rɪks-vor-terl) c (pl ~s) horseradish

migraine (mee-*grai*-ner) c migraine

mijl (mayl) c (pl ~en) mile

mijlpaal (*mayl*-paal) c (pl -palen) milestone; landmark

mijn¹ (mayn) pron my

mijn² (mayn) c (pl ~en) mine

mijnbouw (*mayn*-bou) c mining

mijnheer (mer-*nāyr*) mister

mijnwerker (*mayn*-vehr-kerr) c (pl ~s) miner

mikken op (*mɪ*-kern) aim at

mikpunt (*mɪk*-pernt) nt (pl ~en) target

mild (mɪlt) adj liberal

milieu (meel-*Yūr*) nt (pl ~s) milieu; environment

militair¹ (mee-lee-*tair*) adj military

militair² (mee-lee-*tair*) c (pl ~en) soldier

miljoen (mɪl-*Yōon*) nt million

miljonair (mɪl-*Yōa*-nair) c (pl ~s) millionaire

min (mɪn) prep minus

minachting (*mɪn*-ahkh-tɪng) c contempt

minder (*mɪn*-derr) adv less

minderheid (*mɪn*-derr-hayt) c (pl -heden) minority

minderjarig (mɪn-derr-*Yaa*-rerkh) adj under age

minderjarige (mɪn-derr-*Yaa*-rer-ger) c (pl ~n) minor

minderwaardig (mɪn-derr-*vaar*-derkh) adj inferior

mineraal (mee-ner-*raal*) nt (pl -ralen) mineral

mineraalwater (mee-ner-*raal*-vaa-terr) nt mineral water

miniatuur (mee-nee-Yaa-*tewr*) c (pl -turen) miniature

minimum (*mee*-nee-merm) nt (pl -ma) minimum

minister (mee-*nɪss*-terr) c (pl ~s) minister

ministerie (mee-nɪss-*tāy*-ree) nt (pl

~s) ministry

minnaar (*mi-naar*) c (pl ~s) lover

minst (minst) *adj* least

minstens (*min*-sterns) *adv* at least

minuscuul (mee-nerss-*kewl*) *adj* tiny, minute

minuut (mee-*newt*) c (pl minuten) minute

mis (miss) c (pl ~sen) Mass

misbruik (*miss*-brurewk) *nt* misuse, abuse

misdaad (*miss*-daat) c (pl -daden) crime

misdadig (miss-*daa*-derkh) *adj* criminal

misdadiger (*miss*-daa-der-gerr) c (pl ~s) criminal

zich *misdragen (miss-*draa*-gern) misbehave

misgunnen (miss-*kher*-nern) v grudge

mishagen (miss-*haa*-gern) v displease

miskraam (*miss*-kraam) c (pl -kramen) miscarriage

mislukking (miss-*ler*-king) c (pl ~en) failure

mislukt (miss-*lerkt*) *adj* unsuccessful

mismaakt (miss-*maakt*) *adj* deformed

misplaatst (miss-*plaatst*) *adj* misplaced

misschien (mi-*skheen*) *adv* perhaps; maybe

misselijk (*mi*-ser-lerk) *adj* sick; disgusting

misselijkheid (*mi*-ser-lerk-hayt) c nausea, sickness

missen (*mi*-sern) v lack; miss; spare

misstap (*mi*-stahp) c (pl ~pen) slip

mist (mist) c fog, mist

mistig (*miss*-terkh) *adj* foggy, misty

mistlamp (*mist*-lahmp) c (pl ~en) foglamp

*misverstaan (*miss*-ferr-staan) v *misunderstand

misverstand (*miss*-ferr-stahnt) *nt* (pl

~en) misunderstanding

misvormd (miss-*formt*) *adj* deformed

mits (mits) *conj* provided that

mobiel (mōa-*beel*) *adj* mobile

modder (*mo*-derr) c mud

modderig (*mo*-der-rerkh) *adj* muddy

mode (*mōa*-der) c (pl ~s) fashion

model (mōa-*dehl*) *nt* (pl ~len) model

modelleren (mōa-deh-*lay*-rern) v model

modern (mōa-*dehrn*) *adj* modern.

modieus (mōa-dee-Yurss) *adj* fashionable

modiste (mōa-*diss*-ter) c (pl ~s) milliner

moe (mōo) *adj* tired; weary

moed (mōot) c courage

moeder (*mo*-derr) c (pl ~s) mother

moedertaal (*mōo*-derr-taal) c native language, mother tongue

moedig (*mōo*-derkh) *adj* brave, courageous

moeilijk (*mōoee*-lerk) *adj* difficult; hard

moeilijkheid (*mōoee*-lerk-hayt) c (pl -heden) difficulty

moeite (*mōo*ee-ter) c (pl ~n) trouble; pains, difficulty; **de ~ waard *zijn** *be worth-while; **~ *doen** bother

moer (mōor) c (pl ~en) nut

moeras (mōo-*rahss*) *nt* (pl ~sen) swamp; bog, marsh

moerassig (mōo-*rah*-serkh) *adj* marshy

moerbei (*mōor*-bay) c (pl ~en) mulberry

moestuin (*mōoss*-turewn) c (pl ~en) kitchen garden

*moeten (*mōo*-tern) v *must; *have to; need to, *ought to, *be obliged to, *should

mogelijk (*mōa*-ger-lerk) *adj* possible

mogelijkheid (*mōa*-ger-lerk-hayt) c (pl -heden) possibility

*mogen (*mōa*-gern) v *be allowed;

*may; like

mogendheid (*mōā*-gernt-hayt) *c* (pl -heden) power

mohair (*mōā-hair*) *nt* mohair

molen (*mōā*-lern) *c* (pl ~s) mill; windmill

molenaar (*mōā*-ler-naar) *c* (pl ~s) miller

mollig (*mo*-lerkh) *adj* plump

moment (*mōā-mehnt*) *nt* (pl ~en) moment

momentopname (*mōā-mehnt*-op-naa-mer) *c* (pl ~n) snapshot

monarchie (*mōā-nahr-khee*) *c* (pl ~ën) monarchy

mond (mont) *c* (pl ~en) mouth

mondeling (*mon*-der-lıng) *adj* oral, verbal

monding (*mon*-dıng) *c* (pl ~en) mouth

mondspoeling (*mont*-spōō-lıng) *c* mouthwash

monetair (*mōā-nāy-tair*) *adj* monetary

monnik (*mo*-nerk) *c* (pl ~en) monk

monoloog (*mōā-nōā-lōākh*) *c* (pl -logen) monologue

monopolie (*mōā-nōā-pōā*-lee) *nt* (pl ~s) monopoly

monster (*mon*-sterr) *nt* (pl ~s) sample

monteren (mon-*tāy*-rern) *v* assemble

monteur (mon-*tūrr*) *c* (pl ~s) mechanic

montuur (mon-*tewr*) *nt* (pl -turen) frame

monument (*mōā-new-mehnt*) *nt* (pl ~en) monument

mooi (mōā*ee*) *adj* beautiful; pretty, fine; nice, lovely, fair

moord (mōārt) *c* (pl ~en) assassination, murder

moordenaar (*mōār*-der-naar) *c* (pl ~s) murderer

mop (mop) *c* (pl ~pen) joke

mopperen (*mo*-per-rern) *v* grumble

moraal (mōā-*raal*) *c* moral

moraliteit (mōā-raa-lee-*tayt*) *c* morality

moreel (mōā-*rāyl*) *adj* moral

morfine (mor-*fee*-ner) *c* morphine, morphia

morgen[1] (*mor*-gern) *adv* tomorrow

morgen[2] (*mor*-gern) *c* (pl ~s) morning

morsen (*mor*-sern) *v* *spill

mos (moss) *nt* (pl ~sen) moss

moskee (moss-*kāy*) *c* (pl ~ën) mosque

mossel (*mo*-serl) *c* (pl ~s, ~en) mussel

mosterd (*moss*-terrt) *c* mustard

mot (mot) *c* (pl ~ten) moth

motel (mōā-*tehl*) *nt* (pl ~s) motel

motie (*mōā*-tsee) *c* (pl ~s) motion

motief (mōā-*teef*) *nt* (pl motieven) motive; pattern

motor (*mōā*-terr) *c* (pl ~en, ~s) engine, motor

motorboot (*mōā*-terr-bōāt) *c* (pl -boten) motor-boat

motorfiets (*mōā*-terr-feets) *c* (pl ~en) motor-cycle

motorkap (*mōā*-terr-kahp) *c* (pl ~pen) bonnet; hood *nAm*

motorpech (*mōā*-terr-pehkh) *c* breakdown

motorschip (*mōā*-terr-skhıp) *nt* (pl -schepen) launch

motregen (*mot*-rāy-gern) *c* drizzle

mousseline (mōō-ser-*lee*-ner) *c* muslin

mousserend (mōō-*sāy*-rernt) *adj* sparkling

mouw (mou) *c* (pl ~en) sleeve

mozaïek (mōā-zaa-*eek*) *nt* (pl ~en) mosaic

mug (merkh) *c* (pl ~gen) mosquito

muil (mur*ew*l) *c* (pl ~en) mouth

muildier (*mur*ew*l*-deer) *nt* (pl ~en) mule

muilezel (*murewl*-āȳ-zerl) *c* (pl ~s) mule

muis (murewss) *c* (pl muizen) mouse

muiterij (murew-ter-ray) *c* (pl ~en) mutiny

mul (merl) *c* mullet

munt (mernt) *c* (pl ~en) coin; token; mint

munteenheid (mernt-āȳn-hayt) *c* (pl -heden) monetary unit

muntstuk (mernt-sterk) *nt* (pl ~ken) coin

mus (merss) *c* (pl ~sen) sparrow

museum (mew-zāȳ-verm) *nt* (pl ~s, -sea) museum

musical (mʸōō-zi-kerl) *c* (pl ~s) musical comedy, musical

musicus (mēw-zee-kerss) *c* (pl -ci) musician

muskiet (merss-keet) *c* (pl ~en) mosquito

muskietennet (merss-kee-ter-neht) *nt* (pl ~ten) mosquito-net

muts (merts) *c* (pl ~en) cap

muur (mēwr) *c* (pl muren) wall

muziek (mēw-zeek) *c* music

muziekinstrument (mēw-zeek-ın-strēw-mehnt) *nt* (pl ~en) musical instrument

muzikaal (mēw-zee-kaal) *adj* musical

mysterie (mee-stāȳ-ree) *nt* (pl ~s) mystery

mysterieus (mee-stāȳ-ree-ʸūrss) *adj* mysterious

mythe (mee-ter) *c* (pl ~n) myth

N

na (naa) *prep* after

naad (naat) *c* (pl naden) seam

naadloos (naat-lōāss) *adj* seamless

naaien (naaee-ern) *v* sew

naaimachine (naaee-mah-shee-ner) *c* (pl ~s) sewing-machine

naaister (naaee-sterr) *c* (pl ~s) dressmaker

naakt (naakt) *adj* nude, naked, bare

naaktstrand (naakt-strahnt) *nt* (pl ~en) nudist beach

naald (naalt) *c* (pl ~en) needle

naam (naam) *c* (pl namen) name; reputation; denomination; **in ~ van** on behalf of

naar[1] (naar) *prep* to, towards; at, for

naar[2] (naar) *adj* nasty, unpleasant

naast (naast) *prep* next to, beside

nabij (naa-bay) *adj* near, close

nabijheid (naa-bay-hayt) *c* vicinity

nabijzijnd (naa-bay-zaynt) *adj* nearby

nabootsen (naa-bōāt-sern) *v* imitate

naburig (naa-bōō-rerkh) *adj* neighbouring

nacht (nahkht) *c* (pl ~en) night; **'s nachts** by night; overnight

nachtclub (nahkht-klerp) *c* (pl ~s) nightclub, cabaret

nachtcrème (nahkht-kraim) *c* (pl ~s) night-cream

nachtegaal (nahkh-ter-gaal) *c* (pl -galen) nightingale

nachtelijk (nahkh-ter-lerk) *adj* nightly

nachtjapon (nahkht-ʸaa-pon) *c* (pl ~nen) nightdress

nachttarief (nahkh-taa-reef) *nt* (pl -rieven) night rate

nachttrein (nahkh-trayn) *c* (pl ~en) night train

nachtvlucht (nahkht-flerkht) *c* (pl ~en) night flight

nadat (naa-daht) *conj* after

nadeel (naa-dāȳl) *nt* (pl -delen) disadvantage

nadelig (naa-dāȳ-lerkh) *adj* harmful

*****nadenken** (naa-dehng-kern) *v* *think; **nadenkend** thoughtful

nader (naa-derr) *adj* further

naderen (*naa*-der-rern) v approach; **naderend** oncoming

naderhand (naa-derr-*hahnt*) adv afterwards

nadien (naa-*deen*) adv afterwards

nadruk (*naa*-drerk) c stress; accent

nagedachtenis (*naa*-ger-dahkh-ter-niss) c memory

nagel (*naa*-gerl) c (pl ~s) nail

nagelborstel (*naa*-gerl-bors-terl) c (pl ~s) nailbrush

nagellak (*naa*-ger-lahk) c nail-polish

nagelschaar (*naa*-gerl-skhaar) c (pl -scharen) nail-scissors pl

nagelvijl (*naa*-gerl-vayl) c (pl ~en) nail-file

naïef (naa-*eef*) adj naïve

najaar (*naa*-Yaar) nt autumn

* **najagen** (*naa*-Yaa-gern) v chase

* **nakijken** (*naa*-kay-kern) v check

* **nalaten** (*naa*-laa-tern) v fail

nalatig (naa-*laa*-terkh) adj neglectful

namaak (*naa*-maak) c imitation

namaken (*naa*-maa-kern) v copy

namelijk (*naa*-mer-lerk) adv namely

namens (*naa*-merns) adv on behalf of, in the name of

namiddag (naa-*mi*-dahkh) c (pl ~en) afternoon

narcis (nahr-*siss*) c (pl ~sen) daffodil

narcose (nahr-*kōā*-zer) c narcosis

narcoticum (nahr-*kōā*-tee-kerm) nt (pl -ca) narcotic

narigheid (*naa*-rerkh-hayt) c (pl -heden) misery

naseizoen (*naa*-say-zōōn) nt low season

nastreven (*naa*-strāy-vern) v aim at, pursue

nat (naht) adj wet; damp, moist

natie (*naa*-tsee) c (pl ~s) nation

nationaal (naa-tshōā-*naal*) adj national; **nationale klederdracht** national dress

nationaliseren (naa-tshōā-naa-lee-*zāy*-rern) v nationalize

nationaliteit (naa-tshōā-naa-lee-*tayt*) c (pl ~en) nationality

natuur (naa-*tēw̄r*) c nature

natuurkunde (naa-*tēw̄r*-kern-der) c physics

natuurkundige (naa-tēw̄r-*kern*-der-ger) c (pl ~n) physicist

natuurlijk (naa-*tēw̄r*-lerk) adj natural; adv of course, naturally

natuurreservaat (naa-*tēw̄*-rāy-zerr-vaat) nt (pl -vaten) national park

nauw (nou) adj narrow; tight

nauwelijks (*nou*-er-lerks) adv hardly; scarcely, barely

nauwkeurig (nou-*kūr*-rerkh) adj accurate; precise, careful, exact

navel (*naa*-verl) c (pl ~s) navel

navigatie (naa-vee-*gaa*-tsee) c navigation

navraag (*naa*-vraakh) c inquiry; demand

* **navragen** (*naa*-vraa-gern) v query, inquire

* **nazenden** (*naa*-zehn-dern) v forward

nederig (*nāy*-der-rerkh) adj humble

nederlaag (*nāy*-derr-laakh) c (pl -lagen) defeat

Nederland (*nāy*-derr-lahnt) the Netherlands

Nederlander (*nāy*-derr-lahn-derr) c (pl ~s) Dutchman

Nederlands (*nāy*-derr-lahnts) adj Dutch

nee (nāy) no

neef (nāyf) c (pl neven) cousin; nephew

neen (nāyn) no

neer (nāyr) adv down; downwards

* **neerlaten** (*nāyr*-laa-tern) v lower

* **neerslaan** (*nāyr*-slaan) v knock down

neerslachtig (nāyr-*slahkh*-terkh) adj

down, low, blue, depressed

neerslachtigheid (nāyr-slahkh-terkh-hayt) c depression

neerslag (nāyr-slahkh) c precipitation

neerstorten (nāyr-stor-tern) v crash

negatief (nāy-gaa-teef) adj negative

negen (nāy-gern) num nine

negende (nāy-gern-der) num ninth

negentien (nāy-gern-teen) num nineteen

negentiende (nāy-gern-teen-der) num nineteenth

negentig (nāy-gern-terkh) num ninety

neger (nāy-gerr) c (pl ~s) Negro

negeren (ne-gāy-rern) v ignore

negligé (nāy-glee-zhāy) nt (pl ~s) negligee

neigen (nay-gern) v *be inclined to; ~ tot to tend to

neiging (nay-ging) c (pl ~en) inclination, tendency; **de ~** *hebben tend

nek (nehk) c (pl ~ken) nape of the neck

***nemen** (nāy-mern) v *take; **op zich ~** *take charge of

neon (nāy-Yon) nt neon

nergens (nehr-gerns) adv nowhere

nerts (nehrts) nt (pl ~en) mink

nerveus (nehr-vūrss) adj nervous

nest (nehst) nt (pl ~en) nest; litter

***net¹** (neht) adj tidy, neat

net² (neht) nt (pl ~ten) net

netnummer (neht-ner-merr) nt (pl ~s) area code

netto (neh-tōa) adj net

netvlies (neht-fleess) nt (pl -vliezen) retina

netwerk (neht-vehrk) nt (pl ~en) network

neuriën (nūr-ree-Yern) v hum

neurose (nūr-rōā-zer) c (pl ~n, ~s) neurosis

neus (nūrss) c (pl neuzen) nose

neusbloeding (nūrss-blōō-ding) c (pl ~en) nosebleed

neusgat (nūrss-khaht) nt (pl ~en) nostril

neushoorn (nūrss-hōārn) c (pl ~s) rhinoceros

neutraal (nūr-traal) adj neutral

nevel (nāy-verl) c (pl ~s, ~en) haze, mist

nicht (nikht) c (pl ~en) cousin; niece

nicotine (nee-kōā-tee-ner) c nicotine

niemand (nee-mahnt) pron nobody, no one

nier (neer) c (pl ~en) kidney

niet (neet) adv not

nietig (nee-terkh) adj petty, insignificant; void

nietje (nee-tYer) nt (pl ~s) staple

niets (neets) pron nothing; nil

nietsbetekenend (neets-ber-tāy-ker-nernt) adj insignificant

nietszeggend (neet-seh-gernt) adj meaningless

niettemin (nee-ter-mɪn) adv nevertheless

nieuw (nee∞) adj new

nieuwjaar (nee∞-Yaar) New Year

nieuws (nee∞ss) nt news; tidings pl

nieuwsberichten (nee∞ss-ber-rikh-tern) pl news

nieuwsgierig (nee∞-skhee-rerkh) adj curious, inquisitive

nieuwsgierigheid (nee∞-skhee-rerkh-hayt) c curiosity

Nieuw-Zeeland (nee∞-zāy-lahnt) New Zealand

niezen (nee-zern) v sneeze

Nigeria (nee-gāy-ree-Yaa) Nigeria

Nigeriaan (nee-gāy-ree-Yaan) c (pl -rianen) Nigerian

Nigeriaans (nee-gāy-ree-Yaans) adj Nigerian

nijptang (nayp-tahng) c (pl ~en) pincers pl

nikkel (nɪ-kerl) nt nickel

niks (nıks) *pron* nothing

nimmer (nı-*merr*) *adv* never

niveau (nee-*voā*) *nt* (pl ~s) level

nivelleren (nee-ver-*lāy*-rern) *v* level

noch ... noch (nokh) neither ... nor

nodig (*noā*-derkh) *adj* necessary; ~ ***hebben** need

noemen (*noō*-mern) *v* call; name, mention

nog (nokh) *adv* still, yet; ~ **een** another; ~ **eens** once more; ~ **wat** some more

noga (*noā*-gaa) *c* nougat

nogal (*no*-gahl) *adv* pretty, fairly, rather, quite

nogmaals (*nokh*-maals) *adv* once more

nokkenas (*no*-ker-nahss)-*c* (pl ~sen) camshaft

nominaal (*noā*-mee-*naal*) *adj* nominal

nominatie (*noā*-mee-*naa*-tsee) *c* (pl ~s) nomination

non (non) *c* (pl ~nen) nun

nonnenklooster (*no*-ner-klōass-terr) *nt* (pl ~s) nunnery

nood (noāt) *c* (pl noden) distress; misery

noodgedwongen (*noāt*-kher-*dvo*-ngern) *adv* by force

noodgeval (*noāt*-kher-vahl) *nt* (pl ~len) emergency

noodlot (*noāt*-lot) *nt* destiny, fate

noodlottig (noāt-*lo*-terkh) *adj* fatal

noodsein (*noāt*-sayn) *nt* (pl ~en) distress signal

noodtoestand (*noāt*-tōō-stahnt) *c* emergency

nooduitgang (*noāt*-ur^ewt-khahng) *c* (pl ~en) emergency exit

noodzaak (*noāt*-saak) *c* need, necessity

noodzakelijk (noāt-*saa*-ker-lerk) *adj* necessary

noodzaken (*noāt*-saa-kern) *v* force

nooit (noā^eet) *adv* never

Noor (noār) *c* (pl Noren) Norwegian

noord (noārt) *c* north

noordelijk (*noār*-der-lerk) *adj* northern, northerly, north

noorden (*noār*-dern) *nt* north

noordoosten (noārt-*oāss*-tern) *nt* north-east

noordpool (*noārt*-poāl) *c* North Pole

noordwesten (noārt-*vehss*-tern) *nt* north-west

Noors (noārs) *adj* Norwegian

Noorwegen (*noār*-vāy-gern) Norway

noot (noāt) *c* (pl noten) nut; note

nootmuskaat (noāt-merss-*kaat*) *c* nutmeg

norm (norm) *c* (pl ~en) standard

normaal (nor-*maal*) *adj* normal, regular

nota (*noā*-taa) *c* (pl ~'s) bill

notaris (noā-*taa*-rerss) *c* (pl ~sen) notary

notedop (*noā*-ter-dop) *c* (pl ~pen) nutshell

notekraker (*noā*-ter-kraa-kerr) *c* (pl ~s) nutcrackers *pl*

noteren (noā-*tāy*-rern) *v* note; list

notie (*noā*-tsee) *c* notion

notitie (noā-*tee*-tsee) *c* (pl ~s) note

notitieboek (noā-*tee*-tsee-bōōk) *nt* (pl ~en) notebook

notulen (noā-*tēw*-lern) *pl* minutes

nou (nou) *adv* now

november (noā-*vehm*-berr) November

nu (nēw) *adv* now; ~ **en dan** now and then; **tot ~ toe** so far

nuance (nēw-*ahng*-ser) *c* (pl ~s, ~n) nuance

nuchter (*nerkh*-terr) *adj* sober; down-to-earth, matter-of-fact

nucleair (nēw-klāy-*Yair*) *adj* nuclear

nul (nerl) *c* (pl ~len) nought, zero

nummer (*ner*-merr) *nt* (pl ~s) number; act

nummerbord (*ner*-merr-bort) *nt* (pl ~en) registration plate ; licence plate *Am*

nut (nert) *nt* utility, use

nutteloos (*ner*-ter-lōass) *adj* useless

nuttig (*ner*-terkh) *adj* useful

nylon (*nay*-lon) *nt* nylon

O

oase (ōā-*vaa*-zer) *c* (pl ~n, ~s) oasis

ober (*ōā*-berr) *c* (pl ~s) waiter

object (op-*Yehkt*) *nt* (pl ~en) object

objectief (op-*Yehk-teef*) *adj* objective

obligatie (*ōā*-blee-*gaa*-tsee) *c* (pl ~s) bond

obsceen (op-*sāyn*) *adj* obscene

obscuur (op-*skewr*) *adj* obscure

observatie (op-sehr-*vaa*-tsee) *c* (pl ~s) observation

observatorium (op-sehr-vaa-*tōā*-ree-Yerm) *nt* (pl -ria) observatory

observeren (op-sehr-*vāy*-rern) *v* observe

obsessie (op-*seh*-see) *c* (pl ~s) obsession

obstipatie (op-stee-*paa*-tsee) *c* constipation

oceaan (ōā-sāy-*Yaan*) *c* (pl oceanen) ocean

ochtend (*okh*-ternt) *c* (pl ~en) morning

ochtendblad (*okh*-ternt-blaht) *nt* (pl ~en) morning paper

ochtendeditie (*okh*-ternt-āy-dee-tsee) *c* (pl ~s) morning edition

ochtendschemering (*okh*-ternt-skhāy-mer-ring) *c* dawn

octopus (*ok*-tōā-perss) *c* (pl ~sen) octopus

octrooi (ok-*trōā*ᵉᵉ) *nt* (pl ~en) patent

oefenen (*ōō*-fer-nern) *v* practise, exercise

oefening (*ōō*-fer-nıng) *c* (pl ~en) exercise

oeroud (*ōōr*-out) *adj* ancient

oerwoud (*ōōr*-vout) *nt* (pl ~en) jungle

oester (*ōōss*-terr) *c* (pl ~s) oyster

oever (*ōō*-verr) *c* (pl ~s) river bank ; bank, shore

of (of) *conj* or ; whether ; ~ ... **of** either ... or ; whether ... or

offensief¹ (o-fehn-*seef*) *adj* offensive

offensief² (o-fehn-*seef*) *nt* (pl -sieven) offensive

offer (*o*-ferr) *nt* (pl ~s) sacrifice

officieel (o-fee-*shāyl*) *adj* official

officier (o-fee-*seer*) *c* (pl ~en, ~s) officer

officieus (o-fee-*shūrss*) *adj* unofficial

ofschoon (of-*skhōān*) *conj* although, though

ogenblik (*ōā*-germ-blık) *nt* (pl ~ken) moment, instant

ogenblikkelijk (*ōā*-germ-*blı*-ker-lerk) *adv* instantly

ogenschaduw (*ōā*-ger-skhaa-dew°°) *c* eye-shadow

oktober (ok-*tōā*-berr) October

olie (*ōā*-lee) *c* oil

olieachtig (*ōā*-lee-ahkh-terkh) *adj* oily

oliebron (*ōā*-lee-bron) *c* (pl ~nen) oil-well

oliedruk (*ōā*-lee-drerk) *c* oil pressure

oliefilter (*ōā*-lee-fıl-terr) *nt* (pl ~s) oil filter

oliën (*ōā*-lee-Yern) *v* lubricate

olieraffinaderij (*ōā*-lee-rah-fee-naa-der-ray) *c* (pl ~en) oil-refinery

olieverfschilderij (*ōā*-lee-vehrf-skhıl-der-ray) *nt* (pl ~en) oil-painting

olifant (*ōā*-lee-fahnt) *c* (pl ~en) elephant

olijf (*ōā*-*layf*) *c* (pl olijven) olive

olijfolie (*ōā*-*layf*-ōā-lee) *c* olive oil

om (om) *prep* round, about, around ;

~ **te** to, in order to

oma (*ōa*-maa) *c* (pl ~'s) grandmother

*__ombrengen__ (*om*-breh-ngern) *v* kill

omcirkelen (om-*sır*-ker-lern) *v* encircle

omdat (om-*daht*) *conj* because; as

omdraaien (*om*-draa^ee-ern) *v* turn; invert; **zich** ~ turn round

omelet (ōā-mer-*leht*) *nt* (pl ~ten) omelette

*__omgaan met__ (*om*-gaan) associate with, mix with

omgang (*om*-gahng) *c* intercourse

omgekeerd (*om*-ger-kāyrt) *adj* reverse

*__omgeven__ (om-*gāy*-vern) *v* surround, circle

omgeving (om-*gāy*-ving) *c* environment, surroundings *pl*; setting

omheen (om-*hāyn*) *adv* about

omheining (om-*hay*-ning) *c* (pl ~en) fence

omhelzen (om-*hehl*-zern) *v* hug, embrace

omhelzing (om-*hehl*-zing) *c* (pl ~en) hug, embrace

omhoog (om-*hōāk*) *adv* up; ~ *__gaan__ ascend

omkeer (*om*-kāyr) *c* reverse

omkeren (*om*-kāy-rern) *v* turn over, turn, turn round

*__omkomen__ (*om*-kōā-mern) *v* perish

*__omkopen__ (*om*-kōā-pern) *v* bribe, corrupt

omkoping (*om*-kōā-ping) *c* (pl ~en) bribery, corruption

omlaag (om-*laakh*) *adv* down

omleiding (om-*lay*-ding) *c* (pl ~en) detour

omliggend (*om*-lı-gernt) *adj* surrounding

omloop (*om*-lōāp) *c* circulation

omrekenen (*om*-rāy-ker-nern) *v* convert

omrekentabel (*om*-rāy-ker-taa-behl) *c* (pl ~len) conversion chart

omringen (om-*ring*-ern) *v* encircle, surround, circle

*__omschrijven__ (oam-*skhray*-vern) *v* define

omslag (*om*-slahkh) *c/nt* (pl ~en) cover, jacket

omslagdoek (*om*-slahkh-dōōk) *c* (pl ~en) shawl

omstandigheid (om-*stahn*-derkh-hayt) *c* (pl -heden) circumstance; condition

omstreden (om-*strāy*-dern) *adj* controversial

omstreeks (om-*strāyks*) *adv* about

omtrek (*om*-trehk) *c* (pl ~ken) contour, outline

omtrent (om-*trehnt*) *prep* about, concerning

omvang (*om*-vahng) *c* bulk, size; extent

omvangrijk (om-*vahng*-rayk) *adj* bulky, big; extensive

omvatten (om-*vah*-tern) *v* comprise

omver (om-*vehr*) *adv* down, over

omweg (*om*-vehkh) *c* (pl ~en) detour

omwenteling (*om*-vehn-ter-ling) *c* (pl ~en) revolution

omwisselen (*om*-vı-ser-lern) *v* switch

omzet (*om*-zeht) *c* (pl ~ten) turnover

omzetbelasting (*om*-zeht-ber-lahss-ting) *c* turnover tax; sales tax

onaangenaam (on-*aan*-ger-naam) *adj* unpleasant, disagreeable

onaanvaardbaar (on-aan-*vaart*-baar) *adj* unacceptable

onaardig (on-*aar*-derkh) *adj* unkind

onafgebroken (on-*ahf*-kher-brōā-kern) *adj* continuous

onafhankelijk (on-ahf-*hahng*-ker-lerk) *adj* independent

onafhankelijkheid (on-ahf-*hahng*-ker-lerk-hayt) *c* independence

onbeantwoord (om-ber-*ahnt*-vōārt) *adj* unanswered

onbebouwd (om-ber-*bout*) *adj* uncultivated

onbeduidend (om-ber-*dur^{ew}*-dernt) *adj* petty, insignificant

onbegaanbaar (om-ber-*gaam*-baar) *adj* impassable

onbegrijpelijk (om-ber-*gray*-per-lerk) *adj* puzzling

onbehaaglijk (om-ber-*haakh*-lerk) *adj* uneasy

onbekend (om-ber-*kehnt*) *adj* unfamiliar, unknown

onbekwaam (om-ber-*kvaam*) *adj* unable, incompetent, incapable

onbelangrijk (om-ber-*lahng*-rayk) *adj* unimportant; insignificant

onbeleefd (om-ber-*lā̄yft*) *adj* impolite

onbemind (om-ber-*mɪnt*) *adj* unpopular

onbepaald (om-ber-*paalt*) *adj* indefinite; onbepaalde wijs infinitive

onbeperkt (om-ber-*pehrkt*) *adj* unlimited

onbeschaamd (om-ber-*skhaamt*) *adj* impudent, impertinent, insolent

onbeschaamdheid (om-ber-*skhaamt*-hayt) *c* impertinence, insolence

onbescheiden (om-ber-*skhay*-dern) *adj* immodest

onbeschermd (om-ber-*skhehrmt*) *adj* unprotected

onbeschoft (oam-ber-*skhoft*) *adj* impertinent

onbetrouwbaar (om-ber-*trou*-baar) *adj* untrustworthy, unreliable

onbevoegd (om-ber-*vōōkht*) *adj* unqualified; unauthorized

onbevredigend (om-ber-*vrā̄y*-der-gernt) *adj* unsatisfactory

onbewoonbaar (om-ber-*vōām*-baar) *adj* uninhabitable

onbewoond (om-ber-*vōānt*) *adj* uninhabited

onbewust (om-ber-*verst*) *adj* unaware

onbezet (om-ber-*zeht*) *adj* unoccupied

onbezonnen (om-ber-*zo*-nern) *adj* rash

onbezorgd (om-ber-*zorkht*) *adj* carefree

onbillijk (om-bɪ-lerk) *adj* unfair

onbreekbaar (om-*brā̄yk*-baar) *adj* unbreakable

ondankbaar (on-*dahngk*-baar) *adj* ungrateful

ondanks (*on*-dahngks) *prep* despite, in spite of

ondenkbaar (on-*dehngk*-baar) *adj* inconceivable

onder (*on*-derr) *prep* under; beneath; below; among, amid

onderaan (on-der-*raan*) *adv* below

*onderbreken (on-derr-*brā̄y*-kern) *v* interrupt

onderbreking (on-derr-*brā̄y*-kɪng) *c* (pl ~en) interruption

*onderbrengen (*on*-derr-breh-ngern) *v* accommodate

onderbroek (*on*-derr-brōōk) *c* (pl ~en) briefs *pl*, pants *pl*, panties *pl*; shorts *plAm*; underpants *plAm*

onderdaan (*on*-derr-daan) *c* (pl -danen) subject

onderdak (*on*-derr-dahk) *nt* accommodation

onderdeel (*on*-derr-dā̄yl) *nt* (pl -delen) spare part

onderdrukken (on-derr-*drer*-kern) *v* suppress

*ondergaan (on-derr-*gaan*) *v* suffer

ondergang (*on*-derr-gahng) *c* destruction; ruination, ruin

ondergeschikt (on-derr-ger-*skhɪkt*) *adj* subordinate; secondary, minor

ondergetekende (on-derr-ger-*tā̄y*-kern-der) *c* (pl ~n) undersigned

ondergoed (*on*-derr-gōōt) *nt* underwear

ondergronds (on-derr-*gronts*) *adj* underground

ondergrondse (on-derr-*gron*-tser) *c* subway *nAm*

onderhandelen (on-derr-*hahn*-der-lern) *v* negotiate

onderhandeling (on-derr-*hahn*-der-lıng) *c* (pl ~en) negotiation

onderhevig aan (on-derr-*hāy*-verkh aan) subject to; liable to; **aan bederf onderhevig** perishable

onderhoud (*on*-derr-hout) *nt* upkeep; maintenance

*****onderhouden** (on-derr-*hou*-dern) *v* entertain

onderling (*on*-derr-lıng) *adj* mutual

*****ondernemen** (on-derr-*nāy*-mern) *v* *undertake

onderneming (on-derr-*nāy*-mıng) *c* (pl ~en) enterprise, undertaking; concern, company

onderrichten (on-der-*rıkh*-tern) *v* instruct

onderrok (*on*-derr-rok) *c* (pl ~ken) slip

onderschatten (on-derr-*skhah*-tern) *v* underestimate

onderscheid (*on*-derr-skhayt) *nt* distinction; difference; ~ **maken** distinguish

*****onderscheiden** (on-derr-*skhay*-dern) *v* distinguish

onderst (*on*-derrst) *adj* bottom

ondersteboven (on-derr-ster-*bōā*-vern) *adv* upside-down

ondersteunen (on-derr-*stūr*-nern) *v* *hold up, support

onderstrepen (on-derr-*strāy*-pern) *v* underline

onderstroom (*on*-derr-strōam) *c* (pl -stromen) undercurrent

ondertekenen (on-derr-*tāy*-ker-nern) *v* sign

ondertitel (*on*-derr-tee-terl) *c* (pl ~s) subtitle

ondertussen (on-derr-*ter*-sern) *adv* in the meantime, meanwhile

*****ondervinden** (on-derr-*vın*-dern) *v* experience

ondervoeding (on-derr-*vōō*-dıng) *c* malnutrition

*****ondervragen** (on-derr-*vraa*-gern) *v* interrogate

onderwerp (*on*-derr-vehrp) *nt* (pl ~en subject; topic, theme

*****onderwerpen** (on-derr-*vehr*-pern) *v* subject; **zich ~** submit

onderwijs (*on*-derr-vayss) *nt* tuition; education, instruction

*****onderwijzen** (on-derr-*vay*-zern) *v* *teach

onderwijzer (on-derr-*vay*-zerr) *c* (pl ~s) schoolteacher, schoolmaster, master, teacher

onderzoek (*on*-derr-zōōk) *nt* (pl ~en) enquiry, investigation, inquiry; check-up, examination; research

*****onderzoeken** (on-derr-*zōō*-kern) *v* enquire, investigate, examine; explore

ondeugend (on-*dūr*-gernt) *adj* naughty, mischievous

ondiep (on-*deep*) *adj* shallow

ondoeltreffend (on-dōol-*treh*-fehnt) *adj* inefficient

ondraaglijk (on-*draakh*-lerk) *adj* unbearable

onduidelijk (on-*dur^{ew}*-der-lerk) *adj* ambiguous

onecht (on-*ehkht*) *adj* false

het oneens *****zijn** (ert on-*āyns* zayn) disagree

oneerlijk (on-*āyr*-lerk) *adj* crooked, dishonest; unfair

oneetbaar (on-*āyt*-baar) *adj* inedible

oneffen (on-*eh*-fern) *adj* uneven

oneindig (on-*ayn*-derkh) *adj* infinite, endless; immense

onenigheid (on-*āy*-nerkh-hayt) *c* (pl -heden) dispute

onervaren (on-ehr-*vaa*-rern) *adj* inexperienced

neven (on-*āy*-vern) *adj* odd

nevenwichtig (on-*āy*-ver-*vĭkh*-terkh)
adj unsteady

nfatsoenlijk (om-faht-*sōōn*-lerk) *adj*
indecent

ngeacht (ong-*ger*-ahkht) *prep* in
spite of

ngebruikelijk (ong-ger-*brur*ᵉʷ-ker-
lerk) *adj* unusual

ngeduldig (ong-ger-*derl*-derkh) *adj*
impatient; eager

ngedurig (ong-ger-*deū̄w*-rerkh) *adj*
restless

ngedwongen (ong-ger-*dvo*-ngern)
adj casual

ngedwongenheid (ong-ger-*dvo*-nger-
hayt) *c* ease

ngeldig (ong-*gehl*-derkh) *adj* invalid

ngelegen (ong-ger-*lāy*-gern) *adj* inconvenient

ngelijk (ong-ger-*layk*) *adj* unequal;
uneven; ~ *hebben* *be wrong

ngelofelijk (ong-ger-*lōā*-fer-lerk) *adj*
incredible

ngeluk (*ong*-ger-lerk) *nt* (pl ~ken)
accident; misfortune

ngelukkig (ong-ger-*ler*-kerkh) *adj* unhappy; unlucky, unfortunate

ngelukkigerwijs (ong-ger-ler-ker-gerr-
vayss) *adv* unfortunately

ngemak (*ong*-ger-mahk) *nt* (pl ~ken)
inconvenience

ngemakkelijk (ong-ger-*mah*-ker-lerk)
adj uncomfortable

ngemeubileerd (ong-ger-mūr-bee-
*lāy*rt) *adj* unfurnished

ngeneeslijk (ong-ger-*nāy*ss-lerk)
incurable

ngepast (ong-ger-*pahst*) *adj* unsuitable; improper

ngerief (*ong*-ger-reef) *nt* inconvenience

ngerijmd (ong-ger-*raymt*) *adj* absurd

ongerust (ong-ger-*rerst*) *adj* worried;
zich ~ *maken* worry

ongeschikt (ong-ger-*skhikt*) *adj* unfit

ongeschoold (ong-ger-*skhōā*lt) *adj* uneducated; unskilled

ongetrouwd (ong-ger-*trout*) *adj* single

ongetwijfeld (ong-ger-*tvay*-ferlt) *adv*
undoubtedly

ongeval (*ong*-ger-vahl) *nt* (pl ~len)
accident

ongeveer (ong-ger-*vāyr*) *adv* about,
approximately

ongevoelig (ong-ger-*vōō*-lerkh) *adj* insensitive

ongewenst (ong-ger-*vehnst*) *adj* undesirable

ongewoon (ong-ger-*vōān*) *adj* uncommon, unusual

ongezond (ong-ger-*zont*) *adj* unhealthy, unsound

ongunstig (ong-*gerns*-terkh) *adj* unfavourable

onhandig (on-*hahn*-derkh) *adj* clumsy,
awkward

onheil (*on*-hayl) *nt* calamity, disaster;
mischief

onheilspellend (on-hayl-*speh*-lernt)
adj sinister; ominous

onherroepelijk (on-heh-*rōō*-per-lerk)
adj irrevocable

onherstelbaar (on-hehr-*stehl*-baar) *adj*
irreparable

onjuist (oñ-*ur*ᵉʷst) *adj* incorrect

onkosten (*ong*-koss-tern) *pl* expenses
pl

onkruid (*ong*-krur*ᵉʷ*t) *nt* weed

onlangs (*on*-lahngs) *adv* recently;
lately

onleesbaar (on-*lāy*ss-baar) *adj* illegible

onmetelijk (o-*māy*-ter-lerk) *adj* vast,
immense

onmiddellijk (o-*mɪ*-der-lerk) *adj* immediate, prompt; *adv* immediately,

instantly

onmogelijk (o-*mōā*-gèr-lerk) *adj* impossible

onnauwkeurig (o-nou-*kūr*-rerkh) *adj* inaccurate; incorrect

onnodig (o-*nōā*-derkh) *adj* unnecessary

onontbeerlijk (on-ont-*bāyr*-lerk) *adj* essential

onopvallend (on-op-*fah*-lernt) *adj* inconspicuous

onopzettelijk (on-op-*seh*-ter-lerk) *adj* unintentional

onoverkomelijk (on-ōā-verr-*kōā*-mer-lerk) *adj* prohibitive

onovertroffen (on-ōā-verr-*tro*-fern) *adj* unsurpassed

onpartijdig (om-pahr-*tay*-derkh) *adj* impartial

onpersoonlijk (om-pehr-*sōān*-lerk) *adj* impersonal

onplezierig (om-pler-*zee*-rerkh) *adj* unpleasant

onrecht (*on*-rehkht) *nt* injustice; wrong; ~ *aandoen wrong

onrechtvaardig (on-rehkht-*faar*-derkh) *adj* unjust

onredelijk (on-*rāy*-der-lerk) *adj* unreasonable

onregelmatig (on-rāy-gerl-*maa*-terkh) *adj* irregular

onrein (on-*rayn*) *adj* unclean

onrust (*on*-rerst) *c* unrest

onrustig (on-*rerss*-terkh) *adj* restless

ons (ons) *pron* our; us; ourselves

onschadelijk (on-*skhaa*-der-lerk) *adj* harmless

onschatbaar (on-*skhaht*-baar) *adj* priceless

onschuld (*on*-skherlt) *c* innocence

onschuldig (on-*skherl*-derkh) *adj* innocent

ontbijt (ont-*bayt*) *nt* breakfast

** ontbinden** (ont-*bin*-dern) *v* dissolve

* **ontbreken** (ont-*brāy*-kern) *v* fail; **ontbrekend** missing

ontdekken (on-*deh*-kern) *v* detect, discover

ontdekking (on-*deh*-king) *c* (pl ~en) discovery

ontdooien (on-*dōā*ee-ern) *v* thaw

ontevreden (on-ter-*vrāy*-dern) *adj* dissatisfied; discontented

* **ontgaan** (ont-*khaan*) *v* escape

ontglippen (ont-*khli*-pern) *v* slip

onthaal (ont-*haal*) *nt* reception

* **ontheffen** (ont-*heh*-fern) *v* exempt; ~ **van** discharge of

* **onthouden** (ont-*hou*-dern) *v* remember; deny; **zich ~ van** abstain from

onthullen (ont-*her*-lern) *v* reveal

onthulling (ont-*her*-ling) *c* (pl ~en) revelation

onthutsen (ont-*hert*-sern) *v* overwhelm

ontkennen (ont-*keh*-nern) *v* deny; **ontkennend** negative

ontkoppelen (ont-*ko*-per-lern) *v* disconnect

ontkurken (ont-*kerr*-kern) *v* uncork

ontleden (ont-*lāy*-dern) *v* analyse; *break down

ontlenen (ont-*lāy*-nern) *v* borrow

ontmoeten (ont-*mōō*-tern) *v* encounter; *meet

ontmoeting (ont-*mōō*-ting) *c* (pl ~en) encounter, meeting

* **ontnemen** (ont-*nāy*-mern) *v* deprive of

ontoegankelijk (on-tōō-*gahng*-ker-lerk) *adj* inaccessible

ontploffen (ont-*plo*-fern) *v* explode

ontplooien (ont-*plōā*ee-ern) *v* expand

ontroeren (oant-*rōō*-rern) *v* move

ontroering (oant-*rōō*-ring) *c* emotion

ontrouw (*on*-trou) *adj* unfaithful

ontruimen (ont-*rur*ew-mern) *v* vacate

ontschepen (ont-*skhāy*-pern) *v* disembark

* ontslaan (ont-*slaan*) v dismiss, fire

ontslag * nemen (ont-*slahkh nāy*-mern) resign

ontslagneming (ont-*slahkh*-nāy-mıng) c resignation

ontsmetten (ont-*smeh*-tern) v disinfect

ontsmettingsmiddel (ont-*smeh*-tıngsmı-derl) nt (pl ~en) disinfectant

ontsnappen (ont-*snah*-pern) v escape

ontsnapping (ont-*snah*-pıng) c (pl ~en) escape

ontspannen (ont-*spah*-nern) adj easygoing

zich ontspannen (ont-*spah*-nern) relax

ontspanning (ont-*spah*-ning) c relaxation; recreation

* ontstaan (ont-*staan*) v *arise

* ontsteken (ont-*stāy*-kern) v *become septic

ontsteking (ont-*stāy*-kıng) c (pl ~en) ignition; ignition coil; inflammation

ontstemmen (ont-*steh*-mern) v displease

* ontvangen (ont-*fah*-ngern) v receive; entertain

ontvangst (ont-*fahngst*) c (pl ~en) receipt; reception

ontvlambaar (ont-*flahm*-baar) adj inflammable

ontvluchten (ont-*flerkh*-tern) v escape

ontvouwen (ont-*fou*-ern) v unfold

ontwaken (ont-*vaa*-kern) v wake up

ontwerp (ont-*vehrp*) nt (pl ~en) design

* ontwerpen (ont-*vehr*-pern) v design

* ontwijken (ont-*vay*-kern) v avoid

ontwikkelen (ont-*vı*-ker-lern) v develop

ontwikkeling (ont-*vı*-ker-lıng) c (pl ~en) development

ontwricht (ont-*frıkht*) adj dislocated

ontzag (ont-*sahkh*) nt respect

* ontzeggen (ont-*seh*-gern) v deny

ontzettend (ont-*seh*-ternt) adj dreadful, terrible

onuitstaanbaar (on-ur^{ew}t-*staam*-baar) adj intolerable

onvast (*on*-vahst) adj unsteady

onveilig (on-*vay*-lerkh) adj unsafe

onverdiend (*on*-verr-deent) adj unearned

onverklaarbaar (on-verr-*klaar*-baar) adj unaccountable

onvermijdelijk (on-verr-*may*-der-lerk) adj unavoidable, inevitable

onverschillig (on-verr-*skhı*-lerkh) adj indifferent

onverstandig (on-verr-*stahn*-derkh) adj unwise

onverwacht (*on*-verr-vahkht) adj unexpected

onvoldoende (on-vol-*dōōn*-der) adj insufficient; inadequate

onvolledig (on-vo-*lāy*-derkh) adj incomplete

onvolmaakt (on-vol-*maakt*) adj imperfect

onvoorwaardelijk (on-vōar-*vaar*-derlerk) adj unconditional

onvoorzien (on-vōar-*zeen*) adj unexpected

onvriendelijk (on-*vreen*-der-lerk) adj unkind, unfriendly

onwaar (*on*-vaar) adj untrue, false

onwaarschijnlijk (on-vaar-*skhayn*-lerk) adj unlikely, improbable

onweer (*on*-vāyr) nt thunderstorm

onweerachtig (on-vāyr-ahkh-terkh) adj thundery

onwel (on-*vehl*) adj unwell

onwerkelijk (on-*vehr*-ker-lerk) adj unreal

onwetend (on-*vāy*-ternt) adj ignorant

onwettig (on-*veh*-terkh) adj unlawful, illegal

onwillig (on-*vi*-lerkh) *adj* unwilling

onyx (*ōō*-niks) *nt* onyx

onzeker (on-*zāy*-kerr) *adj* doubtful, uncertain

onzelfzuchtig (on-zehlf-*serkh*-terkh) *adj* unselfish

onzichtbaar (on-*zikht*-baar) *adj* invisible

onzijdig (on-*zay*-derkh) *adj* neuter

onzin (*on*-zin) *c* nonsense, rubbish

oog (ōākh) *nt* (pl ogen) eye

oogarts (*ōākh*-ahrts) *c* (pl ~en) oculist

ooggetuige (*ōā*-kher-tur^{ew}-ger) *c* (pl ~n) eye-witness

ooglid (*ōākh*-lit) *nt* (pl -leden) eyelid

oogst (ōākhst) *c* (pl ~en) harvest; crop

ooievaar (*ōā^{ee}*-er-vaar) *c* (pl ~s) stork

ooit (ōā^{ee}t) *adv* ever

ook (ōāk) *adv* also, too; as well

oom (ōām) *c* (pl ~s) uncle

oor (ōār) *nt* (pl oren) ear

oorbel (*ōār*-behl) *c* (pl ~len) earring

oordeel (*ōār*-dāyl) *nt* (pl -delen) judgment

oordelen (*ōār*-dāy-lern) *v* judge

oorlog (*ōār*-lokh) *c* (pl ~en) war

oorlogsschip (*ōār*-lokh-skhip) *nt* (pl -schepen) man-of-war

oorpijn (*ōār*-payn) *c* earache

oorsprong (*ōār*-sprong) *c* (pl ~en) origin

oorspronkelijk (*ōār*-*sprong*-ker-lerk) *adj* original

oorzaak (*ōār*-zaak) *c* (pl -zaken) cause; reason

oost (ōāst) *c* east; **oost-** eastern

oostelijk (*o*-ster-lerk) *adj* eastern, easterly

oosten (*ōā*-stern) *nt* east

Oostenrijk (*ōā*-stern-rayk) Austria

Oostenrijker (*ōā*-stern-ray-kerr) *c* (pl ~s) Austrian

Oostenrijks (*ōā*-stern-rayks) *adj* Austrian

oosters (*ōā*-sterrs) *adj* oriental

op (op) *prep* on, upon; at, in; *adv* up; finished

opa (*ōā*-paa) *c* (pl ~'s) grandfather, granddad

opaal (ōā-*paal*) *c* (pl opalen) opal

opbellen (*o*-beh-lern) *v* call, ring up, phone; call up *Am*

*opbergen (o-behr-gern) v *put away

opblaasbaar (o-*blaass*-baar) *adj* inflatable

*opblazen (o-*blaa*-zern) v inflate

opbouw (*o*-bou) *c* construction

opbouwen (*o*-bou-ern) *v* erect; construct

opbrengst (*o*-brehngst) *c* (pl ~en) produce

opdat (ob-*daht*) *conj* so that

opdracht (*op*-drahkht) *c* (pl ~en) order; assignment

*opdragen aan (*oap*-draa-gern) assign to

opeens (op-*āyns*) *adv* suddenly

opeisen (*o*-pay-sern) *v* claim

open (*ōā*-pern) *adj* open

openbaar (*ōā*-perm-*baar*) *adj* public

openbaren (*ōā*-perm-*baa*-rern) *v* reveal

opendraaien (*ōā*-per-draa^{ee}ern) *v* turn on

openen (*ōā*-per-nern) *v* unlock; open

openhartig (*ōā*-per-*hahr*-terkh) *adj* open

opening (*ōā*-per-ning) *c* (pl ~en) opening

openingstijden (*ōā*-per-nings-tay-dern) *pl* business hours

opera (*ōā*-per-raa) *c* (pl ~'s) opera; opera house

operatie (*ōā*-per-*raa*-tsee) *c* (pl ~s) operation, surgery

opereren (*ōā*-per-*rāy*-rern) *v* operate

operette (*ōā*-per-*reh*-ter) *c* (pl ~s) operetta

*opgaan (*op*-khaan) *v* *rise

opgeruimd (*op*-kher-rur^{ew}mt) *adj* good-humoured

opgetogen (*oap*-kher-tōa-gern) *adj* delighted

*opgeven (*oap*-khāy-vern) *v* declare; *give up

opgewekt (*op*-kher-vehkt) *adj* cheerful

opgraving (*op*-khraa-vɪng) *c* (pl ~en) excavation

ophaalbrug (*op*-haal-brerkh) *c* (pl ~gen) drawbridge

ophalen (*op*-haa-lern) *v* collect, pick up

*ophangen (*op*-hah-ngern) *v* *hang

ophanging (*op*-hah-ngɪng) *c* suspension

ophef (*op*-hehf) *c* fuss

*opheffen (*op*-heh-fern) *v* discontinue

ophelderen (*op*-hehl-der-rern) *v* clarify

*ophouden (*op*-hou-dern) *v* cease; ~ met stop; quit

opinie (ōa-*pee*-nee) *c* (pl ~s) opinion

opkomst (*op*-komst) *c* rise; attendance

oplage (*op*-laa-ger) *c* (pl ~n) issue

opleiden (*op*-lay-dern) *v* educate

opletten (*op*-leh-tern) *v* *pay attention; oplettend attentive

oplichten (*op*-lɪkh-tern) *v* cheat, swindle

oplichter (*op*-lɪkh-terr) *c* (pl ~s) swindler

*oplopen (*op*-lōa-pern) *v* increase; contract

oplosbaar (op-*loss*-baar) *adj* soluble

oplossen (*op*-lo-sern) *v* dissolve; solve

oplossing (*op*-lo-sɪng) *c* (pl ~en) solution

opmerkelijk (op-*mehr*-ker-lerk) *adj* remarkable; noticeable, striking

opmerken (*op*-mehr-kern) *v* notice, note; remark

opmerking (*op*-mehr-kɪng) *c* (pl ~en) remark

opname (*op*-naa-mer) *c* (pl ~n) recording; shot

*opnemen (*op*-nāy-mern) *v* *draw

opnieuw (op-*nee*^{oo}) *adv* again

opofferen (*op*-o-fer-rern) *v* sacrifice

oponthoud (*op*-ont-hout) *nt* delay

oppassen (*o*-pah-sern) *v* look out, beware

oppasser (*o*-pah-serr) *c* (pl ~s) attendant

opperhoofd (*o*-perr-hōaft) *nt* (pl ~en) chieftain

oppervlakkig (o-perr-*vlah*-kerkh) *adj* superficial

oppervlakte (*o*-perr-vlahk-ter) *c* (pl ~n, ~s) surface; area

oppositie (o-pōa-*see*-tsee) *c* (pl ~s) opposition

oprapen (*op*-raa-pern) *v* pick up

oprecht (op-*rehkht*) *adj* honest, sincere

oprichten (*op*-rɪkh-tern) *v* found; erect

*oprijzen (*op*-ray-zern) *v* *arise

oproer (*op*-rōor) *nt* revolt, rebellion

opruimen (*op*-rur^{ew}-mern) *v* tidy up

opruiming (*op*-rur^{ew}-mɪng) *c* clearance sale

opscheppen (*op*-skheh-pern) *v* boast

*opschieten (*op*-skhee-tern) *v* hurry

opschorten (*op*-skhor-tern) *v* *put off

*opschrijven (*op*-skhray-vern) *v* *write down

*opslaan (*op*-slaan) *v* store

opslag¹ (*op*-slahkh) *c* storage

opslag² (*op*-slahkh) *c* rise; raise *nAm*

opslagplaats (*op*-slahkh-plaats) *c* (pl ~en) depot

*opsluiten (*op*-slur^{ew}-tern) *v* lock up

opsporen (*op*-spōa-rern) *v* trace

*opstaan (*op*-staan) *v* *get up, *rise

opstand (*op*-stahnt) *c* (pl ~en) rising, revolt, rebellion; in ~ *komen revolt

opstapelen (*op*-staa-per-lern) *v* pile

opstel (*op*-stehl) *nt* (pl ~len) essay

opstellen (*op*-steh-lern) *v* *draw up, *make up

***opstijgen** (*op*-stay-gern) *v* ascend

optellen (*op*-teh-lern) *v* add; count

optelling (*op*-teh-lıng) *c* (pl ~en) addition

opticien (op-tee-*shang*) *c* (pl ~s) optician

optillen (*op*-tı-lern) *v* lift; raise

optimisme (op-tee-*mıss*-mer) *nt* optimism

optimist (op-tee-*mıst*) *c* (pl ~en) optimist

optimistisch (op-tee-*mıss*-teess) *adj* optimistic

optocht (*op*-tokht) *c* (pl ~en) parade

optreden (*op*-trāy-dern) *nt* (pl ~s) appearance

***optreden** (*op*-trāy-dern) *v* act; appear

***opvallen** (*op*-fah-lern) *v* attract attention; **opvallend** striking

opvatten (*op*-fah-tern) *v* conceive

opvatting (*op*-fah-tıng) *c* (pl ~en) view

opvoeden (*op*-fōō-dern) *v* *bring up, educate

opvoeding (*op*-fōō-dıng) *c* education

opvolgen (*op*-fol-gern) *v* succeed

***opvouwen** (*op*-fou-ern) *v* fold

opvrolijken (*op*-frōā-ler-kern) *v* cheer up

opvullen (*op*-fer-lern) *v* fill up

***opwinden** (*op*-vın-dern) *v* *wind; excite

opwinding (*op*-vın-dıng) *c* excitement

opzettelijk (op-*seh*-ter-lerk) *adj* deliberate, intentional; on purpose

opzicht (*op*-sıkht) *nt* (pl ~en) respect

opzichter (*op*-sıkh-terr) *c* (pl ~s) supervisor; warden

opzienbarend (op-seen-*baa*-rernt) *adj* sensational

opzij (op-*say*) *adv* aside; sideways

***opzoeken** (*op*-sōō-kern) *v* look up

oranje (ōā-*rah*-ñer) *adj* orange

orde[1] (*or*-der) *c* order; method; **in ~** in order; **in orde!** okay!, all right!

orde[2] (*or*-der) *c* (pl ~n, ~s) congregation

ordenen (*or*-der-nern) *v* arrange

ordinair (or-dee-*nair*) *adj* common, vulgar

orgaan (or-*gaan*) *nt* (pl organen) organ

organisatie (or-gaa-nee-*zaa*-tsee) *c* (pl ~s) organization

organisch (or-*gaa*-neess) *adj* organic

organiseren (or-gaa-nee-*zāy*-rern) *v* organize

orgel (*or*-gerl) *nt* (pl ~s) organ

zich oriënteren (ōā-ree-Yehn-*tāy*-rern) orientate

origine (ōā-ree-*zhee*-ner) *c* origin

origineel (ōā-ree-zhee-*nāyl*) *adj* original

orkaan (or-*kaan*) *c* (pl orkanen) hurricane

orkest (or-*kehst*) *nt* (pl ~en) orchestra; band

orlon (*or*-lon) *nt* orlon

ornamenteel (or-naa-mehn-*tāyl*) *adj* ornamental

orthodox (or-tōā-*doks*) *adj* orthodox

os (oss) *c* (pl ~sen) ox

oud (out) *adj* old; ancient; aged; **ouder** elder; **oudst** eldest, elder

oudbakken (out-*bah*-kern) *adj* stale

ouderdom (*ou*-derr-dom) *c* age; old age

ouders (*ou*-derrs) *pl* parents *pl*

ouderwets (ou-derr-*vehts*) *adj* old-fashioned, ancient; out of date; quaint

oudheden (*out*-hāy-dern) *pl* antiquities *pl*

Oudheid (*out*-hayt) c antiquity

oudheidkunde (*out*-hayt-kern-der) c archaeology

ouverture (ōō-verr-*tēw*-rer) c (pl ~s, ~n) overture

ouvreuse (ōō-*vrūr*-zer) c (pl ~s) usherette

ovaal (ō*ā*-*vaal*) adj oval

oven (ō*ā*-vern) c (pl ~s) oven; furnace

over (ō*ā*-verr) prep about; over; across; in; adv over

overal (ō*ā*-verr-ahl) adv everywhere; anywhere, throughout

overall (ōā-verr-*rahl*) c (pl ~s) overalls pl

overblijfsel (ō*ā*-verr-blayf-serl) nt (pl ~s, ~en) remnant

*overblijven** (ō*ā*-verr-blay-vern) v remain

overbodig (ōā-verr-*bōā*-derkh) adj superfluous; redundant

*overbrengen** (ō*ā*-verr-breh-ngern) v transfer

overdag (ōā-verr-*dahkh*) adv by day

*overdenken** (ōā-verr-*dehng*-kern) v *think over

*overdrijven** (ōā-verr-*dray*-vern) v exaggerate; **overdreven** extravagant

*overeenkomen** (ō*ā*-ver-*rāyng*-kōā-mern) v agree; correspond

overeenkomst (ō*ā*-ver-*rāyng*-komst) c (pl ~en) agreement, settlement

overeenkomstig (ō*ā*-ver-*rāyng*-*kom*-sterkh) adj similar; prep according to

overeenstemming (ō*ā*-ver-*rāyn*-steh-ming) c agreement

overeind (ō*ā*-ver-*raynt*) adv upright; erect

overgang (ō*ā*-verr-gahng) c (pl ~en) transition

overgave (ō*ā*-verr-gaa-ver) c surrender

*overgeven** (ō*ā*-verr-*gāy*-vern) v vomit; **zich** *overgeven** surrender

overhaast (ōā-verr-*haast*) adj rash

overhalen (ō*ā*-verr-haa-lern) v persuade

overheersing (ō*ā*-verr-*hāyr*-sing) c domination

overheid (ō*ā*-verr-hayt) c (pl -heden) authorities pl

overhemd (ō*ā*-verr-hehmt) nt (pl ~en) shirt

overig (ō*ā*-ver-rerkh) adj remaining

overigens (ō*ā*-ver-rer-gerns) adv though

overjas (ō*ā*-verr-Yahss) c (pl ~sen) topcoat, overcoat

aan de overkant (aan der ō*ā*-verr-kahnt) across

overleg (ōā-verr-*lehkh*) nt deliberation

overleggen (ōā-verr-*leh*-gern) v deliberate

overleven (ōā-verr-*lāy*-vern) v survive

overleving (ōā-verr-*lāy*ving) c survival

*overlijden** (ōā-verr-*lay*-dern) v depart, die

overmaken (ō*ā*-verr-maa-kern) v remit

overmoedig (ōā-verr-*mōō*-derkh) adj presumptuous

*overnemen** (ō*ā*-verr-*nāy*-mern) v *take over

overreden (ōā-ver-*rāy*-dern) v persuade

overschot (ō*ā*-verr-skhot) nt (pl ~ten) surplus

*overschrijden** (ōā-verr-*skhray*-dern) v exceed

overschrijving (ō*ā*-verr-skhray-ving) c (pl ~en) money order

*overslaan** (ō*ā*-verr-slaan) v skip

overspannen (ōā-verr-*spah*-nern) adj overstrung

overstappen (ō*ā*-verr-stah-pern) v change

oversteekplaats (ō*ā*-verr-stāyk-plaats) c (pl ~en) crossing

*oversteken (ōā-verr-stāy-kern) v
cross

overstroming (ōā-verr-strōā-mıng) c
(pl ~en) flood

overstuur (ōā-verr-stewr) adj upset

overtocht (ōā-verr-tokht) c (pl ~en)
crossing, passage

*overtreden (ōā-verr-trāy-dern) v offend

overtreding (ōā-verr-trāy-dıng) c (pl
~en) offence

*overtreffen (ōā-verr-treh-fern) v
*outdo, exceed

overtuigen (ōā-verr-tur^ew-gern) v convince; persuade

overtuiging (ōā-verr-tur^ew-gıng) c (pl
~en) conviction; persuasion

overval (ōā-verr-vahl) c (pl ~len)
hold-up

oververmoeid (ōā-verr-verr-mōō^eet)
adj over-tired

overvloed (ōā-verr-vlōōt) c abundance; plenty

overvloedig (ōā-verr-vlōō-derkh) adj
abundant, plentiful

overvol (ōā-verr-vol) adj crowded

overweg (ōā-verr-vehkh) c (pl ~en)
level crossing, crossing

*overwegen (ōā-verr-vāy-gern) v consider

overweging (ōā-verr-vāy-gıng) c (pl
~en) consideration

overweldigen (ōā-verr-vehl-der-gern) v
overwhelm

zich overwerken (ōā-verr-vehr-kern) v
overwork

*overwinnen (ōā-verr-vı-nern) v conquer; *overcome

overwinning (ōā-verr-vı-nıng) c (pl
~en) victory

overzees (ōā-verr-zāyss) adj overseas

overzicht (ōā-verr-zıkht) nt (pl ~en)
survey

P

paal (paal) c (pl palen) post, pole

paar (paar) nt (pl paren) pair; couple

paard (paart) nt (pl ~en) horse

paardebloem (paar-der-blōōm) c (pl
~en) dandelion

paardekracht (paar-der-krahkht) c
horsepower

paardesport (paar-der-sport) c riding

*paardrijden (paart-ray-dern) v *ride

paarlemoer (paar-ler-mōōr) nt mother-of-pearl

paars (paars) adj purple

pacht (pahkht) c (pl ~en) lease

pacifisme (pah-see-fıss-mer) nt pacifism

pacifist (pah-see-fıst) c (pl ~en) pacifist

pacifistisch (pah-see-fıss-teess) adj
pacifist

pad¹ (paht) nt (pl ~en) path; lane,
trail

pad² (paht) c (pl ~den) toad

paddestoel (pah-der-stōōl) c (pl ~en)
toadstool; mushroom

padvinder (paht-fın-derr) c (pl ~s)
scout, boy scout

padvindster (paht-fınt-sterr) c (pl ~s)
girl guide

pagina (paa-gee-naa) c (pl ~'s) page

pak (pahk) nt (pl ~ken) package

pakhuis (pahk-hur^ewss) nt (pl -huizen)
warehouse

Pakistaan (paa-kee-staan) c (pl -stanen) Pakistani

Pakistaans (paa-kee-staans) adj Pakistani

Pakistan (paa-kıss-tahn) Pakistan

pakje (pahk-Yer) nt (pl ~s) parcel,
packet

pakken (pah-kern) v *take

pakket (pah-*keht*) nt (pl ~ten) parcel

pakpapier (*pahk*-paa-peer) nt wrapping paper

paleis (paa-*layss*) nt (pl paleizen) palace

paling (*paa*-ling) c (pl ~en) eel

palm (pahlm) c (pl ~en) palm

pan (pahn) c (pl ~nen) pan

pand (pahnt) nt (pl ~en) security; house, premises pl

pandjesbaas (*pahn*-tʸerss-baass) c (pl -bazen) pawnbroker

paneel (paa-*nāyl*) nt (pl panelen) panel

paniek (paa-*neek*) c panic

panne (*pah*-ner) c breakdown

pantoffel (pahn-*to*-ferl) c (pl ~s) slipper

panty (*pehn*-tee) c (pl panties) pantyhose

papa (*pah*-paa) c (pl ~'s) daddy

papaver (paa-*paa*-verr) c (pl ~s) poppy

papegaai (pah-per-*gaa*ᵉᵉ) c (pl ~en) parrot

papier (paa-*peer*) nt (pl ~en) paper

papieren (paa-*pee*-rern) adj paper; ~ **servet** paper napkin; ~ **zak** paper bag; ~ **zakdoek** kleenex

parade (paa-*raa*-der) c (pl ~s) parade

paraferen (paa-raa-*fāy*-rern) v initial

paragraaf (paa-raa-*graaf*) c (pl -grafen) paragraph

parallel (paa-raa-*plew*) adj parallel

paraplu (paa-raa-*plew*) c (pl ~'s) umbrella

parasol (paa-raa-*sol*) c (pl ~s) sunshade

pardon! (pahr-*don*) sorry!

parel (*paa*-rerl) c (pl ~s, ~en) pearl

parfum (pahr-*ferm*) nt (pl ~s) perfume

park (pahrk) nt (pl ~en) park

parkeermeter (pahr-*kāyr*-māy-terr) c (pl ~s) parking meter

parkeerplaats (pahr-*kāyr*-plaats) c (pl ~en) car park; parking lot *Am*

parkeertarief (pahr-*kāyr*-taa-reef) nt (pl -tarieven) parking fee

parkeerzone (pahr-*kāyr*-zaw-ner) c (pl ~s) parking zone

parkeren (pahr-*kāy*-rern) v park

parkiet (pahr-*keet*) c (pl ~en) parakeet

parlement (pahr-ler-*mehnt*) nt (pl ~en) parliament

parlementair (pahr-ler-mehn-*tair*) adj parliamentary

parochie (pah-*ro*-khee) c (pl ~s) parish

particulier (pahr-tee-kēw-*leer*) adj private

partij (pahr-*tay*) c (pl ~en) party; side; batch

partijdig (pahr-*tay*-derkh) adj partial

partner (*pahrt*-nerr) c (pl ~s) partner; associate

pas[1] (pahss) c (pl ~sen) step

pas[2] (pahss) adv just

Pasen (*paa*-sern) Easter

pasfoto (*pahss*-fōa-tōa) c (pl ~'s) passport photograph

paskamer (*pahss*-kaa-merr) c (pl ~s) fitting room

paspoort (*pahss*-pōart) nt (pl ~en) passport

paspoortcontrole (*pahss*-pōart-kon-traw-ler) c passport control

passage (pah-*saa*-zher) c (pl ~s) excerpt; passage

passagier (pah-saa-*zheer*) c (pl ~s) passenger

passen (*pah*-sern) v try on; fit; ~ **bij** match; **passend** appropriate; convenient, adequate, proper; ~ **op** look after; attend to

passeren (pah-*sāy*-rern) v pass; by-pass, pass by

passie (*pah*-see) c passion

passief (pah-*seef*) *adj* passive

pasta (*pahss*-taa) *c* (pl ~'s) paste

pastorie (pahss-tōa-*ree*) *c* (pl ~ën) parsonage, vicarage, rectory

patent (paa-*tehnt*) *nt* (pl ~en) patent

pater (*paa*-terr) *c* (pl ~s) father

patient (paa-*shehnt*) *c* (pl ~en) patient

patrijs (paa-*trayss*) *c* (pl patrijzen) partridge

patrijspoort (paa-*trayss*-pōart) *c* (pl ~en) porthole

patriot (paa-tree-ᵛot) *c* (pl ~ten) patriot

patroon (paa-*trōan*) *nt* (pl patronen) pattern; *c* cartridge

patrouille (paa-*trōō*-ᵛer) *c* (pl ~s) patrol

patrouilleren (paa-trōō-ᵛ*āy*-rern) *v* patrol

paus (pouss) *c* (pl ~en) pope

pauw (pou) *c* (pl ~en) peacock

pauze (*pou*-zer) *c* (pl ~s) pause; break; interval, intermission

pauzeren (pou-*zāy*-rern) *v* pause

paviljoen (paa-vil-ᵛ*ōōn*) *nt* (pl ~en, ~s) pavilion

pech (pehkh) *c* bad luck

pedaal (per-*daal*) *nt/c* (pl pedalen) pedal

peddel (*peh*-derl) *c* (pl ~s) paddle

pedicure (*pāy*-dee-*kēw*-rer) *c* (pl ~s) pedicure, chiropodist

peen (pāyn) *c* (pl penen) carrot

peer (pāyr) *c* (pl peren) pear; light bulb

pees (pāyss) *c* (pl pezen) sinew, tendon

peetvader (*pāyt*-faa-derr) *c* (pl ~s) godfather

peil (payl) *nt* (pl ~en) level

pelgrim (*pehl*-grim) *c* (pl ~s) pilgrim

pelikaan (pāy-lee-*kaan*) *c* (pl -kanen) pelican

pels (pehls) *c* (pl pelzen) fur

pen (pehn) *c* (pl ~nen) pen

penicilline (pāy-nee-see-*lee*-ner) *c* penicillin

penningmeester (*peh*-ning-m.ᵛyss-terr) *c* (pl ~s) treasurer

penseel (pehn-*sāyl*) *nt* (pl -selen) paint-brush

pensioen (pehn-*shōōn*) *nt* (pl ~en) pension

pension (pehn-*shon*) *nt* (pl ~s) board; boarding-house, guesthouse, pension; **vol** ~ full board, board and lodging, bed and board

peper (*pāy*-perr) *c* pepper

pepermunt (*pāy*-perr-*mernt*) *c* peppermint

per (pehr) *prep* by

perceel (pehr-*sāyl*) *nt* (pl -celen) plot

percentage (pehr-sehn-*taa*-zher) *nt* (pl ~s) percentage

percolator (pehr-kōa-*laa*-tor) *c* (pl ~s) percolator

perfectie (pehr-*fehk*-see) *c* perfection

periode (*pāy*-ree-ᵛ*ōa*-der) *c* (pl ~s, ~n) period; term

periodiek (pāy-ree-ᵛ*ōa*-deek) *adj* periodical

permanent (pehr-maa-*nehnt*) *adj* permanent; *c* permanent wave

permissie (pehr-*mi*-see) *c* permission

perron (peh-*ron*) *nt* (pl ~s) platform

perronkaartje (peh-*ron*-kaar-tᵛer) *nt* (pl ~s) platform ticket

Pers (pehrs) *c* (pl Perzen) Persian

pers (pehrs) *c* press

persconferentie (*pehrs*-kon-fer-rehn-tsee) *c* (pl ~s) press conference

persen (*pehr*-sern) *v* press

personeel (pehr-sōa-*nāyl*) *nt* personnel

personentrein (pehr-*sōa*-ner-trayn) *c* (pl ~en) passenger train

persoon (pehr-*sōan*) *c* (pl -sonen) person; **per** ~ per person

persoonlijk (pehr-*sōān*-lerk) *adj* personal; private

persoonlijkheid (pehr-*sōān*-lerk-hayt) *c* (pl -heden) personality

perspectief (pehr-spehk-*teef*) *nt* (pl -tieven) perspective

Perzië (*pehr*-zee-Yer) Persia

perzik (*pehr*-zık) *c* (pl ~en) peach

Perzisch (*pehr*-zeess) *adj* Persian

pessimisme (peh-see-*miss*-mer) *nt* pessimism

pessimist (peh-see-*mist*) *c* (pl ~en) pessimist

pessimistisch (peh-see-*miss*-teess) *adj* pessimistic

pet (peht) *c* (pl ~ten) cap

peterselie (pāy-terr-*sāy*-lee) *c* parsley

petitie (per-*tee*-tsee) *c* (pl ~s) petition

petroleum (pāy-*trōā*-lāy-Yerm) *c* petroleum; kerosene, paraffin

peuter (*pūr*-terr) *c* (pl ~s) toddler

pianist (pee-Yaa-*nist*) *c* (pl ~en) pianist

piano (pee-Yaa-nōā) *c* (pl ~'s) piano

piccolo (*pee*-kōā-lōā) *c* (pl ~'s) pageboy, bellboy

picknick (*pik*-nık) *c* (pl ~s) picnic

picknicken (*pik*-nı-kern) *v* picnic

pick-up (*pik*-erp) *c* (pl ~s) record-player

pienter (*peen*-terr) *adj* bright, smart, clever

pier (peer) *c* (pl ~en) pier, jetty

pijl (payl) *c* (pl ~en) arrow

pijn (payn) *c* (pl ~en) ache, pain; ~ **doen* *hurt; ache

pijnlijk (*payn*-lerk) *adj* sore, painful; embarrassing, awkward

pijnloos (*payn*-lōāss) *adj* painless

pijp (payp) *c* (pl ~en) pipe; tube

pijpestoker (*pay*-per-stōā-kerr) *c* (pl ~s) pipe cleaner

pijptabak (*payp*-taa-bahk) *c* pipe tobacco

pikant (pee-*kahnt*) *adj* spicy; savoury

pil (pıl) *c* (pl ~len) pill

pilaar (pee-*laar*) *c* (pl pilaren) column, pillar

piloot (pee-*lōāt*) *c* (pl piloten) pilot

pils (pıls) *nt* beer

pincet (pın-*seht*) *c* (pl ~ten) tweezers *pl*

pinda (*pın*-daa) *c* (pl ~'s) peanut

pinguin (*pın*-gvın) *c* (pl ~s) penguin

pink (pıngk) *c* (pl ~en) little finger

Pinksteren (*pıngk*-ster-rern) Whitsun

pion (pee-Yon) *c* (pl ~nen) pawn

pionier (pee-Yōā-*neer*) *c* (pl ~s) pioneer

piraat (pee-*raat*) *c* (pl piraten) pirate

piste (*peess*-ter) *c* (pl ~s) ring

pistool (peess-*tōāl*) *nt* (pl pistolen) pistol

pit (pıt) *c* (pl ~ten) stone, pip

pittoresk (pee-tōā-*rehsk*) *adj* picturesque

plaag (plaakh) *c* (pl plagen) plague

plaat (plaat) *c* (pl platen) plate, sheet; picture

plaats (plaats) *c* (pl ~en) place; spot, locality, site; seat; room; **in** ~ **van** instead of

plaatselijk (*plaat*-ser-lerk) *adj* local; regional

plaatsen (*plaat*-sern) *v* *lay, *put, place; locate

*plaatshebben (*plaats*-heh-bern) *v* *take place

plaatskaartenbureau (*plaats*-kaar-ter-bēw-rōā) *nt* (pl ~s) box-office

plaatsvervanger (*plaats*-ferr-vah-ngerr) *c* (pl ~s) deputy, substitute

plafond (plaa-*font*) *nt* (pl ~s) ceiling

plagen (*plaa*-gern) *v* tease

plakband (*plahk*-bahnt) *nt* scotch tape, adhesive tape

plakboek (*plahk*-bōōk) *nt* (pl ~en)

scrap-book

plakken (*plah*-kern) v *stick; paste

plan (plahn) nt (pl ~nen) plan; project, scheme; **van ~ *zijn** intend

planeet (plaa-*nāyt*) c (pl -neten) planet

planetarium (plaa-ner-*taa*-ree-^Yerm) nt (pl ~s, -ria) planetarium

plank (plahngk) c (pl ~en) board, plank; shelf

plannen (*pleh*-nern) v plan

plant (plahnt) c (pl ~en) plant

plantage (plahn-*taa*-zher) c (pl ~s) plantation

planten (*plahn*-tern) v plant

plantengroei (*plahn*-ter-grōō^{ee}) c vegetation

plantkunde (*plahnt*-kern-der) c botany

plantsoen (plahnt-*sōōn*) nt (pl ~en) public garden

plas (plahss) c (pl ~sen) puddle

plastic (*pleh*-stik) adj plastic

plat (plaht) adj flat; even, level

platenspeler (*plaa*-ter-spāy-lerr) c (pl ~s) record-player

platina (*plaa*-tee-naa) nt platinum

plattegrond (plah-ter-*gront*) c (pl ~en) map, plan

platteland (plah-ter-*lahnt*) nt countryside, country; **plattelands-** rural

platzak (*plaht*-sahk) broke

plaveien (plaa-*vay*-ern) v pave

plaveisel (plaa-*vay*-serl) nt pavement

plechtig (*plehkh*-terkh) adj solemn

pleegouders (*plāykh*-ou-derrs) pl foster-parents pl

plegen (*plāy*-gern) v commit

pleidooi (play-*dōā^{ee}*) nt (pl ~en) plea

plein (playn) nt (pl ~en) square

pleister[1] (*play*-sterr) c (pl ~s) plaster

pleister[2] (*play*-sterr) nt plaster

pleiten (*play*-tern) v plead

plek (plehk) c (pl ~ken) spot; **blauwe ~** bruise; **zere ~** sore

plezier (pler-*zeer*) nt pleasure; fun

plicht (plikht) c (pl ~en) duty

ploeg[1] (plōōkh) c (pl ~en) plough

ploeg[2] (plōōkh) c (pl ~en) team; shift; gang

ploegen (*plōō*-gern) v plough

plooi (plōā^{ee}) c (pl ~en) crease

plooihoudend (plōā^{ee}-*hou*-dernt) adj permanent press

plotseling (*plot*-ser-ling) adj sudden

plukken (*pler*-kern) v pick

plus (plerss) prep plus

pneumatisch (pnūr-*maa*-teess) adj pneumatic

pocketboek (*po*-kert-bōōk) nt (pl ~en) paperback

poeder (*pōō*-derr) nt/c (pl ~s) powder

poederdons (*pōō*-derr-dons) c (pl -donzen) powder-puff

poederdoos (*pōō*-derr-dōāss) c (pl -dozen) powder compact

poelier (pōō-*leer*) c (pl ~s) poulterer

poes (pōōss) c (pl poezen) pussy-cat

poetsen (*pōō*-tsern) v brush; polish

pogen (*pōā*-gern) v try

poging (*pōā*-ging) c (pl ~en) try, attempt; effort

pokken (*po*-kern) pl smallpox

Polen (*pōā*-lern) Poland

polio (*pōā*-lee-^Yōā) c polio

polis (*pōā*-lerss) c (pl ~sen) policy

politicus (pōā-*lee*-tee-kerss) c (pl -ci) politician

politie (pōā-*lee*-tsee) c police pl

politieagent (pōā-*lee*-tsi-aa-gehnt) c (pl ~en) policeman

politiebureau (pōā-*lee*-tsee-bēw-rōā) nt (pl ~s) police-station

politiek (pōā-lee-*teek*) adj political; c policy; politics

pols (pols) c (pl ~en) wrist; pulse

polshorloge (*pols*-hor-lōā-zher) nt (pl ~s) wrist-watch

polsslag (*pol*-slahkh) c pulse

pomp (pomp) *c* (pl ~en) pump

pompelmoes (*pom*-perl-mōōss) *c* (pl -moezen) grapefruit

pompen (*pom*-pern) *v* pump

pond (pont) *nt* pound

Pool (pōāl) *c* (pl Polen) Pole

Pools (pōāls) *adj* Polish

poort (pōārt) *c* (pl ~en) gate

poosje (*pōā*-sher) *nt* while

poot (pōāt) *c* (pl poten) leg; paw

pop (pop) *c* (pl ~pen) doll

popeline (*pōā*-per-*lee*-ner) *nt/c* poplin

popmuziek (*pop*-mēw-zeek) *c* pop music

poppenkast (*po*-per-kahst) *c* puppet-show

populair (pōā-pēw-*lair*) *adj* popular

porselein (por-seh-*layn*) *nt* porcelain, china

portefeuille (por-ter-fur^{ew}-Yer) *c* (pl ~s) pocket-book, wallet

portemonnee (por-ter-mo-*nāy*) *c* (pl ~s) purse

portie (*por*-see) *c* (pl ~s) portion; helping

portier (por-*teer*) *c* (pl ~s) doorman, door-keeper, porter

portret (por-*treht*) *nt* (pl ~ten) portrait

Portugal (*por*-tēw-gahl) Portugal

Portugees (por-tēw-*gāyss*) *adj* Portuguese

positie (pōā-*zee*-tsee) *c* (pl ~s) position

positief (pōā-zee-*teef*) *adj* positive

post[1] (post) *c* mail, post

post[2] (post) *c* (pl ~en) entry

postbode (*post*-bōā-der) *c* (pl ~s, ~n) postman

postcode (*post*-kōā-der) *c* (pl ~s) zip code *Am*

posten (*poss*-tern) *v* mail, post

poste restante (post-rehss-*tahnt*) poste restante

posterijen (poss-ter-*ray*-ern) *pl* postal service

postkantoor (*post*-kahn-tōār) *nt* (pl -toren) post-office

postwissel (*post*-vi-serl) *c* (pl ~s) postal order; mail order *Am*

postzegel (*post*-sāy-gerl) *c* (pl ~s) postage stamp, stamp

postzegelautomaat (*post*-sāy-gerl-ōā-tōā-maat) *c* (pl -maten) stamp machine

pot (pot) *c* (pl ~ten) pot; jar

potlood (*pot*-lōāt) *nt* (pl -loden) pencil

praatje (*praa*-t^Yer) *nt* (pl ~s) chat

pracht (prahkht) *c* splendour

prachtig (*prahkh*-terkh) *adj* lovely, wonderful, marvellous; splendid, gorgeous, fine

praktijk (prahk-*tayk*) *c* (pl ~en) practice

praktisch (*prahk*-teess) *adj* practical

praten (*praa*-tern) *v* talk

precies (prer-*seess*) *adj* precise, very, exact; *adv* exactly; just

predikant (prāy-dee-*kahnt*) *c* (pl ~en) clergyman, minister, vicar, rector

preek (prāyk) *c* (pl preken) sermon

preekstoel (*prāyk*-stōōl) *c* (pl ~en) pulpit

preken (*prāy*-kern) *v* preach

premie (*prāy*-mee) *c* (pl ~s) premium

premier (prer-m^Y*āy*) *c* (pl ~s) premier, Prime Minister

prent (prehnt) *c* (pl ~en) picture; print, engraving

prentbriefkaart (*prehnt*-breef-kaart) *c* (pl ~en) picture postcard

president (prāy-zee-*dehnt*) *c* (pl ~en) president

prestatie (prehss-*taa*-tsee) *c* (pl ~s) achievement; feat

presteren (prehss-*tāy*-rern) *v* achieve

prestige (prehss-*tee*-zher) *nt* prestige

pret (preht) *c* fun; gaiety, pleasure

prettig (*preh*-terkh) *adj* enjoyable, pleasant; nice

preventief (prāy-vehn-*teef*) *adj* preventive

priester (*pree*-sterr) *c* (pl ~s) priest

prijs (prayss) *c* (pl prijzen) price-list; charge, cost, rate; prize, award; **op ~ stellen** appreciate

prijsdaling (*prayss*-daa-lıng) *c* (pl ~en) slump

prijslijst (*prayss*-layst) *c* (pl ~en) price list

prijzen (*pray*-zern) *v* price

* **prijzen** (*pray*-zern) *v* praise

prijzig (*pray*-zerkh) *adj* expensive

prik[1] (prık) *c* (pl ~ken) sting

prik[2] (prık) *c* fizz

prikkel (*prı*-kerl) *c* (pl ~s) impulse

prikkelbaar (*prı*-kerl-baar) *adj* irritable

prikkelen (*prı*-ker-lern) *v* irritate

prikken (*prı*-kern) *v* prick

prima (*pree*-maa) *adj* first-rate

primair (*pree*-mair) *adj* primary

principe (prın-*see*-per) *nt* (pl ~s) principle

prins (prıns) *c* (pl ~en) prince

prinses (prın-*sehss*) *c* (pl ~sen) princess

prioriteit (pree-Yōa-ree-*tayt*) *c* (pl ~en) priority

privé (pree-*vāy*) *adj* private

privéleven (pree-*vāy*-lāy-vern) *nt* privacy

proberen (prōa-*bāy*-rern) *v* try; attempt; test

probleem (prōa-*blāym*) *nt* (pl -blemen) problem

procédé (prōa-ser-*dāy*) *nt* (pl ~s) process

procedure (prōa-ser-*dēw*-rer) *c* (pl ~s) procedure

procent (prōa-*sehnt*) *nt* (pl ~en) percent

proces (prōa-*sehss*) *nt* (pl ~sen) process; lawsuit

processie (prōa-*seh*-see) *c* (pl ~s) procession

producent (prōa-dēw-*sehnt*) *c* (pl ~en) producer

produceren (prōa-dēw-*sāy*-rern) *v* produce

produkt (prōa-*derkt*) *nt* (pl ~en) product; produce

produktie (prōa-*derk*-see) *c* (pl ~s) production; output

proef (prōof) *c* (pl proeven) experiment; trial, test

proeven (*prōō*-vern) *v* taste

profeet (prōa-*fāyt*) *c* (pl -feten) prophet

professor (prōa-*feh*-sor) *c* (pl ~en, ~s) professor

profiteren (prōa-fee-*tāy*-rern) *v* profit, benefit

programma (prōa-*grah*-maa) *nt* (pl ~'s) programme

progressief (prōa-greh-*seef*) *adj* progressive

project (prōa-Yehkt) *nt* (pl ~en) project

promenade (pro-mer-*naa*-der) *c* (pl ~s) esplanade, promenade

promotie (prōa-*mōā*-tsee) *c* (pl ~s) promotion

prompt (prompt) *adj* prompt

propaganda (prōa-paa-*gahn*-daa) *c* propaganda

propeller (prōa-*ɲeh*-lerr) *c* (pl ~s) propeller

proportie (prōa-*por*-see) *c* (pl ~s) proportion

prospectus (pro-*spehk*-terss) *c* (pl ~sen) prospectus

prostituée (pro-stee-tēw-*vāy*) *c* (pl ~s) prostitute

protest (prōa-*tehst*) *nt* (pl ~en) protest

protestants (prōa-terss-*tahnts*) *adj*

Protestant

protesteren (prōa-tehss-*tay*-rern) *v* protest

provinciaal (prōa-vin-*shaal*) *adj* provincial

provincie (prōa-*vin*-see) *c* (pl ~s) province

provisiekast (prōa-*vee*-zee-kahst) *c* (pl ~en) larder

pruik (prurᵉʷk) *c* (pl ~en) wig

pruim (prurᵉʷm) *c* (pl ~en) plum; prune

prullenmand (*prer*-ler-mahnt) *c* (pl ~en) wastepaper-basket

psychiater (psee-khee-*Yaa*-terr) *c* (pl ~s) psychiatrist

psychisch (*psee*-kheess) *adj* psychic

psychologie (psee-khōa-lōa-*gee*) *c* psychology

psychologisch (psee-khōa-*lōa*-geess) *adj* psychological

psycholoog (psee-khōa-*lōakh*) *c* (pl -logen) psychologist

publiceren (pēw-blee-*say*-rern) *v* publish

publiek (pēw-*bleek*) *adj* public; *nt* audience, public

publikatie (pēw-blee-*kaa*-tsee) *c* (pl ~s) publication

puimsteen (*purᵉʷ*m-stāyn) *nt* pumice stone

puistje (*purᵉʷ*-sher) *nt* (pl ~s) pimple

punaise (pēw-*nai*-zer) *c* (pl ~s) drawing-pin; thumbtack *nAm*

punctueel (perngk-tēw-*vāyl*) *adj* punctual

punt (pernt) *nt* (pl ~en) point; item, issue; *c* full stop, period; tip

punteslijper (*pern*-ter-slay-perr) *c* (pl ~s) pencil-sharpener

puntkomma (pernt-*ko*-maa) *c* semicolon

put (pert) *c* (pl ~ten) well

puur (pēwr) *adj* neat; sheer

puzzel (*per*-zerl) *c* (pl ~s) puzzle

pyjama (pee-*Yaa*-maa) *c* (pl ~'s) pyjamas *pl*

Q

quarantaine (kaa-rahn-*tai*-ner) *c* quarantine

quota (*kvōa*-taa) *c* (pl ~'s) quota

R

raad¹ (raat) *c* advice, counsel

raad² (raat) *c* (pl raden) council

raadplegen (*raat*-plāy-gern) *v* consult

raadpleging (*raat*-plāy-ging) *c* (pl ~en) consultation

raadsel (*raat*-serl) *nt* (pl ~s, ~en) riddle, puzzle; mystery, enigma

raadslid (*raats*-lit) *nt* (pl -leden) councillor

raadsman (*raats*-mahn) *c* (pl -lieden) counsellor; solicitor

raaf (raaf) *c* (pl raven) raven

raam (raam) *nt* (pl ramen) window

raar (raar) *adj* curious, odd, strange, queer, quaint

rabarber (raa-*bahr*-berr) *c* rhubarb

racket (*reh*-kert) *nt* (pl ~s) racquet

* **raden** (*raa*-dern) *v* guess

radiator (raa-dee-*Yaa*-tor) *c* (pl ~s, ~en) radiator

radicaal (raa-dee-*kaal*) *adj* radical

radijs (raa-*dayss*) *c* (pl radijzen) radish

radio (raa-dee-*Yōa*) *c* (pl ~'s) wireless, radio

rafelen (*raa*-fer-lern) *v* fray

raffinaderij (rah-fee-naa-der-*ray*) *c* (pl ~en) refinery

rage (*raa*-zher) *c* (pl ~s) craze

raken (*raa*-kern) v *hit

raket (raa-*keht*) c (pl ~ten) rocket

ramp (rahmp) c (pl ~en) calamity, disaster

rampzalig (rahm-*psaa*-lerkh) adj disastrous

rand (rahnt) c (pl ~en) edge, border; brim, rim, verge

rang (rahng) c (pl ~en) rank; class

rangschikken (*rahng*-skhı-kern) v arrange; sort, grade

rantsoen (rahnt-*soon*) nt (pl ~en) ration

ranzig (*rahn*-zerkh) adj rancid

rapport (rah-*port*) nt (pl ~en) report

rapporteren (rah-por-*tay*-rern) v report

rariteit (raa-ree-*tayt*) c (pl ~en) curio

ras (rahss) nt (pl ~sen) race; breed; **rassen-** racial

rasp (rahsp) c (pl ~en) grater

raspen (*rahss*-pern) v grate

rat (raht) c (pl ~ten) rat

rauw (rou) adj raw

ravijn (raa-*vayn*) nt (pl ~en) gorge

razen (*raa*-zern) v rage

razend (*raa*-zernt) adj furious

razernij (raa-zerr-*nay*) c rage

reactie (ray-*Yahk*-see) c (pl ~s) reaction

reageren (ray-*Yah-gay*-rern) v react

recent (rer-*sehnt*) adj recent

recept (rer-*sehpt*) nt (pl ~en) recipe; prescription

receptie (rer-*sehp*-see) c (pl ~s) reception office

receptioniste (rer-sehp-shoa-*nıss*-ter) c (pl ~s) receptionist

recht¹ (rehkht) nt (pl ~en) right; law, justice

recht² (rehkht) adj straight

rechtbank (*rehkht*-bahngk) c (pl ~en) court

rechtdoor (rehkh-*doar*) adv straight on, straight ahead

rechter¹ (*rehkh*-terr) adj right-hand

rechter² (*rehkh*-terr) c (pl ~s) judge

rechthoek (*rehkht*-hook) c (pl ~en) oblong, rectangle

rechthoekig (rehkht-*hoo*-kerkh) adj rectangular

rechtopstaand (rehkh-*top*-staant) adj erect, upright

rechts (rehkhts) adj right-hand, right

rechtschapen (rehkht-*skhaa*-pern) adj honourable

rechtstreeks (*rehkh*-strāyks) adj direct

rechtszaak (*rehkht*-saak) c (pl -zaken) trial

rechtuit (rehkh-*tur^ew^t*) adv straight ahead

rechtvaardig (raykht-*faar*-derkh) adj just, righteous, right

rechtvaardigheid (rehkht-*faar*-derkh-hayt) c justice

reclame (rer-*klaa*-mer) c advertising, publicity

reclamespot (rer-*klaa*-mer-spot) c (pl ~s) commercial

record (rer-*kawr*) nt (pl ~s) record

recreatie (rāy-krāy-*Yaa*-tsee) c recreation

recreatiecentrum (rāy-krāy-*Yaa*-tsee-sehn-trerm) nt (pl -tra) recreation centre

rector (*rehk*-tor) c (pl ~en, ~s) headmaster, principal

reçu (rer-*sew*) nt (pl ~'s) receipt

redakteur (rāy-dahk-*turr*) c (pl ~en, ~s) editor

redden (*reh*-dern) v save, rescue

redder (*reh*-derr) c (pl ~s) saviour

redding (*reh*-dıng) c (pl ~en) rescue

reddingsgordel (*reh*-dıngs-khor-derl) c (pl ~s) lifebelt

rede¹ (*rāy*-der) c sense; reason

rede² (*rāy*-der) c (pl ~s) speech

redelijk (*rāy*-der-lerk) adj reasonable

reden (*rāy*-dern) c (pl ~en) reason

redeneren (rāy-der-nāy-rern) v reason

reder (rāy-derr) c (pl ~s) shipowner

redetwisten (rāy-der-tvɪss-tern) v argue

reduceren (rāy-dew-sāy-rern) v reduce

reductie (rer-derk-see) c (pl ~s) discount, reduction, rebate

reeds (rāyts) adv already

reekalf (rāy-kahlf) nt (pl -kalveren) fawn

reeks (rāyks) c (pl ~en) series; sequence

referentie (rer-fer-rehn-tsee) c (pl ~s) reference

reflector (rer-flehk-tor) c (pl ~s, ~en) reflector

reformatie (rāy-for-maa-tsee) c reformation

regel (rāy-gerl) c (pl ~s) line; rule; **in de ~** as a rule

regelen (rāy-ger-lern) v arrange; settle; regulate

regeling (rāy-ger-lɪng) c (pl ~en) arrangement; settlement; regulation

regelmatig (rāy-gerl-maa-terkh) adj regular

regen (rāy-gern) c rain

regenachtig (rāy-gern-ahkh-terkh) adj rainy

regenboog (rāy-ger-bōakh) c (pl -bogen) rainbow

regenbui (rāy-ger-bur^ew) c (pl ~en) shower

regenen (rāy-ger-nern) v rain

regenjas (rāy-ger-^yahss) c (pl ~sen) mackintosh, raincoat

regeren (rer-gāy-rern) v rule, govern, reign

regering (rer-gāy-rɪng) c (pl ~en) government; reign

regie (rer-gee) c (pl ~s) direction

regime (rer-zheem) nt (pl ~s) régime

regisseren (rāy-gee-sāy-rern) v direct

regisseur (rāy-gee-suŕr) c (pl ~s) director

register (rer-gɪss-terr) nt (pl ~s) record; index

registratie (rāy-gɪss-traa-tsee) c registration

reglement (rāy-gler-mehnt) nt (pl ~en) regulation

reiger (ray-gerr) c (pl ~s) heron

rein (rayn) adj pure

reinigen (ray-ner-gern) v clean; **chemisch ~** dry-clean

reiniging (ray-ner-gɪng) c cleaning

reinigingsmiddel (ray-ner-gɪngs-mɪderl) nt (pl ~en) cleaning fluid

reis (rayss) c (pl reizen) journey; trip, voyage

reisagent (rayss-aa-gehnt) c (pl ~en) travel agent

reisbureau (rayss-bew-rōa) nt (pl ~s) travel agency

reischeque (ray-shehk) c (pl ~s) traveller's cheque

reiskosten (rayss-koss-tern) pl fare; travelling expenses

reisplan (rayss-plahn) nt (pl ~nen) itinerary

reisroute (rayss-rōō-ter) c (pl ~s, ~n) itinerary

reisverzekering (rayss-ferr-zāy-kerrɪng) c travel insurance

reiswieg (rayss-veekh) c (pl ~en) carry-cot

reizen (ray-zern) v travel

reiziger (ray-zer-gerr) c (pl ~s) traveller

rek (rehk) c elasticity

rekbaar (rehk-baar) adj elastic

rekenen (rāy-ker-nern) v reckon

rekening (rāy-ker-nɪng) c (pl ~en) account; bill; check nAm

rekenkunde (rāy-kerng-kern-der) c arithmetic

rekken (reh-kern) v stretch

rekruut (rer-krēwt) c (pl rekruten) recruit

rel (rehl) c (pl ~len) riot

relatie (rer-*laa*-tsee) c (pl ~s) relation; connection

relatief (rer-laa-*teef*) adj relative; comparative

reliëf (rerl-*Yehf*) nt (pl ~s) relief

relikwie (rer-ler-*kvee*) c (pl ~ën) relic

reling (*rāy*-lıng) c (pl ~en) rail

rem (rehm) c (pl ~men) brake

remlichten (*rehm*-lıkh-tern) pl brake lights

remtrommel (*rehm*-tro-mehl) c (pl ~s) brake drum

renbaan (*rehn*-baan) c (pl -banen) race-course; track; race-track

rendabel (rehn-*daa*-berl) adj paying

rendier (*rehn*-deer) nt (pl ~en) reindeer

rennen (*reh*-nern) v *run

renpaard (*rehn*-paart) nt (pl ~en) race-horse

rente (*rehn*-ter) c (pl ~n, ~s) interest

reparatie (rāy-paa-*raa*-tsee) c (pl ~s) reparation

repareren (rāy-paa-*rāy*-rern) v repair, fix; mend

repertoire (rer-pehr-*tvaar*) nt (pl ~s) repertory

repeteren (rer-per-*tāy*-rern) v rehearse

repetitie (rer-per-*tee*-tsee) c (pl ~s) rehearsal

representatief (rer-prāy-zehn-taa-*teef*) adj representative

reproduceren (rāy-prōa-dew-*sāy*-rern) v reproduce

reproduktie (rāy-prōa-*derk*-see) c (pl ~s) reproduction

reptiel (rehp-*teel*) nt (pl ~en) reptile

republiek (rāy-pew-*bleek*) c (pl ~en) republic

republikeins (rāy-pew-blee-*kayns*) adj republican

reputatie (rāy-pew-*taa*-tsee) c reputa-

tion; fame

reserve (rer-*zehr*-ver) c (pl ~s) reserve; **reserve**- spare

reserveband (rer-*zehr*-ver-bahnt) c (pl ~en) spare tyre

reserveren (rer-zehr-*vāy*-rern) v reserve; book

reservering (rer-zehr-*vāy*-rıng) c (pl ~en) reservation; booking

reservewiel (rer-*zehr*-ver-veel) nt (pl ~en) spare wheel

reservoir (rer-zerr-*vvaar*) nt (pl ~s) reservoir; container

resoluut (rāy-zōa-*lōōt*) adj resolute

respect (rer-*spehkt*) nt respect; esteem, regard

respectabel (reh-spehk-*taa*-berl) adj respectable

respecteren (reh-spehk-*tāy*-rern) v respect

respectievelijk (reh-spehk-*tee*-ver-lerk) adj respective

rest (rehst) c (pl ~en) rest; remainder; remnant

restant (rehss-*tahnt*) nt (pl ~en) remainder; remnant

restaurant (reh-stōa-*rahnt*) nt (pl ~s) restaurant

restauratiewagen (rehss-tōa-*raa*-tsee-vaa-gern) c (pl ~s) dining-car

restrictie (rer-*strık*-see) c (pl ~s) qualification

resultaat (rāy-zerl-*taat*) nt (pl -taten) result; outcome, issue

resulteren (rāy-zerl-*tāy*-rern) v result

resumé (rāy-zew-*māy*) nt (pl ~s) summary

retour (rer-*tōōr*) round trip Am

retourvlucht (rer-*tōōr*-vlerkht) c (pl ~en) return flight

reumatiek (rūr-maa-*teek*) c rheumatism

reus (rūrss) c (pl reuzen) giant

reusachtig (rūr-*zahkh*-terkh) adj huge;

gigantic, enormous, immense
revalidatie (rāy-vaa-lee-*daa*-tsee) *c* rehabilitation
revers (rer-*vair*) *c* (pl ~) lapel
reviseren (rāy-vee-*zāy*-rern) *v* overhaul
revolutie (rāy-vōa-*lew*-tsee) *c* (pl ~s) revolution
revolutionair (rāy-vōa-lew-tshōa-*nair*) *adj* revolutionary
revolver (rer-*vol*-verr) *c* (pl ~s) gun, revolver
revue (rer-*vew*) *c* (pl ~s) revue
rib (rıp) *c* (pl ~ben) rib
ribfluweel (*rıp*-flew-vāyl) *nt* corduroy
richten (*rıkh*-tern) *v* direct; ~ **op** aim at
richting (*rıkh*-tıng) *c* (pl ~en) direction; way
richtingaanwijzer (*rıkh*-tıng-aan-vay-zerr) *c* (pl ~s) trafficator, indicator; directional signal *Am*
richtlijn (*rıkht*-layn) *c* (pl ~en) directive
ridder (*rı*-derr) *c* (pl ~s) knight
riem (reem) *c* (pl ~en) belt; strap; lead
riet (reet) *nt* reed; cane
rif (rıf) *nt* (pl ~fen) reef
rij (ray) *c* (pl ~en) row, rank; line; file, queue; **in de ~ *staan** queue; stand in line *Am*
rijbaan (*ray*-baan) *c* (pl -banen) carriageway; roadway *nAm*
rijbewijs (*ray*-ber-vayss) *nt* driving licence
*rijden (*ray*-dern) *v* *drive; *ride
*rijgen (*ray*-gern) *v* thread
rijk¹ (rayk) *adj* rich; wealthy
rijk² (rayk) *nt* (pl ~en) kingdom, empire; **rijks-** imperial
rijkdom (*rayk*-dom) *c* (pl ~men) wealth, riches *pl*
rijm (raym) *nt* (pl ~en) rhyme
rijp (rayp) *adj* ripe, mature

rijpheid (*rayp*-hayt) *c* maturity
rijst (rayst) *c* rice
rijstrook (*rıcv*-strōak) *c* (pl -stroken) lane
rijtuig (*ray*-tur^ew g) *nt* (pl ~en) carriage; coach
rijweg (*ray*-vehkh) *c* drive
rijwiel (*ray*-veel) *nt* (pl ~en) cycle; bicycle
rillen (*rı*-lern) *v* shiver; tremble
rillerig (*rı*-ler-rerkh) *adj* shivery
rilling (*rı*-lıng) *c* (pl ~en) chill; shiver, shudder
rimpel (*rım*-perl) *c* (pl ~s) wrinkle
ring (rıng) *c* (pl ~en) ring
ringweg (*rıng*-vehkh) *c* (pl ~en) bypass
riool (ree-*Yōal*) *nt* (pl riolen) sewer
risico (*ree*-zee-kōa) *nt* (pl ~'s) risk; chance, hazard
riskant (rıss-*kahnt*) *adj* risky
rit (rıt) *c* (pl ~ten) ride
ritme (*rıt*-mer) *nt* (pl ~n) rhythm
ritssluiting (*rıt*-slur^ew-tıng) *c* (pl ~en) zipper, zip
rivaal (ree-*vaal*) *c* (pl rivalen) rival
rivaliseren (ree-vaa-lee-*zāy*-rern) *v* rival
rivaliteit (ree-vaa-lee-*tayt*) *c* rivalry
rivier (ree-*veer*) *c* (pl ~en) river
riviermonding (ree-*veer*-mon-dıng) *c* (pl ~en) estuary
rivieroever (ree-*veer*-ōō-verr) *c* (pl ~s) riverside
rob (rop) *c* (pl ~ben) seal
robijn (rōa-*bayn*) *c* (pl ~en) ruby
roddelen (*ro*-der-lern) *v* gossip
roede (*rōō*-der) *c* (pl ~n) rod
roeiboot (*rōō^ee*-bōat) *c* (pl -boten) rowing-boat
roeien (*rōō^ee*-ern) *v* row
roeiriem (*rōō^ee*-reem) *c* (pl ~en) oar
roem (rōōm) *c* glory; celebrity, fame
Roemeen (rōō-*māyn*) *c* (pl -menen)

Rumanian

Roemeens (rōō-*mayns*) *adj* Rumanian

Roemenië (rōō-*may*-nee-Yer) Rumania

roep (rōōp) *c* call, cry

***roepen** (*rōō*-pern) *v* call; cry, shout

roer (rōōr) *nt* rudder, helm

roeren (*rōō*-rern) *v* stir

roerend (*rōō*-rernt) *adj* movable

roest (rōōst) *nt* rust

roestig (*rōō*ss-terkh) *adj* rusty

rok (rok) *c* (pl ~ken) skirt

roken (*rōa*-kern) *v* smoke

roker (*rōa*-kerr) *c* (pl ~s) smoker

rol (rol) *c* (pl ~len) roll

rolgordijn (*rol*-gor-dayn) *nt* (pl ~en) blind

rollen (*ro*-lern) *v* roll

rolstoel (*rol*-stōōl) *c* (pl ~en) wheelchair

roltrap (*rol*-trahp) *c* (pl ~pen) escalator

roman (rōa-*mahn*) *c* (pl ~s) novel

romance (rōa-*mahng*-ser) *c* (pl ~s, ~n) romance

romanschrijver (rōa-*mahn*-skhray-verr) *c* (pl ~s) novelist

romantisch (rōa-*mahn*-teess) *adj* romantic

romig (*rōa*-merkh) *adj* creamy

rommel (*ro*-merl) *c* mess; litter; trash, junk

rond (ront) *adj* round; *prep* around

ronde (*ron*-der) *c* (pl ~n, ~s) round

rondom (ront-*om*) *adv* around; *prep* round

rondreis (*ront*-rayss) *c* (pl -reizen) tour

rondreizend (*ront*-ray-zernt) *adj* itinerant

***rondtrekken** (*ront*-treh-kern) *v* tramp

***rondzwerven** (*ront*-svehr-vern) *v* wander

röntgenfoto (*rernt*-gern-fōa-tōa) *c* (pl ~'s) X-ray

rood (rōat) *adj* red

roodborstje (*rōat*-bor-sher) *nt* (pl ~s) robin

roodkoper (*rōat*-kōa-perr) *nt* copper

roof (rōaf) *c* robbery

roofdier (*rōaf*-deer) *nt* (pl ~en) beast of prey

rook (rōak) *c* smoke

rookcoupé (*rōa*-kōō-pāy) *c* (pl ~s) smoker

rookkamer (*rōa*-kaa-merr) *c* smoking-room

room (rōam) *c* cream

roomkleurig (rōam-*klūr*-rerkh) *adj* cream

rooms-katholiek (rōams-kah-tōa-*leek*) *adj* Roman Catholic

roos[1] (rōass) *c* (pl rozen) rose

roos[2] (rōass) *c* dandruff

rooster (*rōa*-sterr) *nt* (pl ~s) grate; schedule

roosteren (*rōa*-ster-rern) *v* grill, roast

rot (rot) *adj* rotten

rotan (*rōa*-tahn) *nt* rattan

rotonde (rōa-*ton*-der) *c* (pl ~s) roundabout

rots (rots) *c* (pl ~en) rock; cliff

rotsachtig (*rot*-sahkh-terkh) *adj* rocky

rotsblok (*rots*-blok) *nt* (pl ~ken) boulder

rouge (rōō-zher) *c/nt* rouge

roulette (rōō-*leh*-ter) *c* roulette

route (*rōō*-ter) *c* (pl ~s) route

routine (rōō-*tee*-ner) *c* routine

rouw (rou) *c* mourning

royaal (rōa-*Yaal*) *adj* generous; liberal

roze (*raw*-zer) *adj* rose, pink

rozenkrans (*rōa*-zer-krahns) *c* (pl ~en) rosary, beads *pl*

rozijn (rōa-*zayn*) *c* (pl ~en) raisin

rubber (*rer*-berr) *nt* rubber

rubriek (rēw-*breek*) *c* (pl ~en) column

rug (rerkh) *c* (pl ~gen) back

ruggegraat (*rer*-ger-graat) *c* spine, backbone

rugpijn (*rerkh*-payn) *c* backache

rugzak (*rerkh*-sahk) *c* (pl ~ken) rucksack

* **ruiken** (*rur*^{ew}-kern) *v* *smell

ruil (rur^{ew}l) *c* exchange

ruilen (*rur*^{ew}-lern) *v* exchange; swap

ruim[1] (rur^{ew}m) *adj* broad, large; roomy, spacious

ruim[2] (rur^{ew}m) *nt* (pl ~en) hold

ruimte (*rur*^{ew}m-ter) *c* room, space

ruïne (rew-*vee*-ner) *c* (pl ~s) ruins

ruïneren (rew-vee-*nāy*-rern) *v* ruin

ruit (rur^{ew}t) *c* (pl ~en) check; pane

ruitenwisser (*rur*^{ew}-ter-vi-serr) *c* (pl ~s) windscreen wiper; windshield wiper *Am*

ruiter (*rur*^{ew}-terr) *c* (pl ~s) horseman; rider

ruk (rerk) *c* (pl ~ken) tug, wrench

rumoer (rew-*mōōr*) *nt* noise

rundvlees (*rernt*-flāyss) *nt* beef

Rus (rerss) *c* (pl ~sen) Russian

Rusland (*rerss*-lahnt) Russia

Russisch (*rer*-seess) *adj* Russian

rust (rerst) *c* rest; quiet; half-time

rusteloosheid (rerss-ter-*lōāss*-hayt) *c* unrest

rusten (*rerss*-tern) *v* rest

rusthuis (*rerst*-hur^{ew}ss) *nt* (pl -huizen) rest-home

rustiek (rerss-*teek*) *adj* rustic

rustig (*rerss*-terkh) *adj* calm, quiet; restful, tranquil

ruw (rew^{oo}) *adj* rough, harsh

ruzie (*rew*-zee) *c* (pl ~s) row, quarrel, dispute; ~ **maken** quarrel

S

saai (saa^{ee}) *adj* dull, boring

sacharine (sah-khaa-*ree*-ner) *c* saccharin

saffier (sah-*feer*) *nt* sapphire

salaris (saa-*laa*-riss) *nt* (pl ~sen) salary; pay

saldo (*sahl*-dōa) *nt* (pl ~'s, saldi) balance

salon (saa-*lon*) *c* (pl ~s) drawing-room, lounge; salon

samen (*saa*-mern) *adv* together

* **samenbinden** (*saa*-mer-bın-dern) *v* bundle

* **samenbrengen** (*saa*-mer-breh-ngern) *v* combine

samenhang (*saa*-mer-hahng) *c* coherence

samenleving (*saa*-mer-lāy-vıng) *c* (pl ~en) community

samenloop (*saa*-mer-lōap) *c* concurrence

samenstellen (*saa*-mer-steh-lern) *v* compose, compile

samenstelling (*saa*-mer-steh-lıng) *c* (pl ~en) composition

* **samenvallen** (*saa*-mer-vah-lern) *v* coincide

samenvatting (*saa*-mer-vah-tıng) *c* (pl ~en) résumé, summary

samenvoegen (*saa*-mer-vōō-gern) *v* join

samenwerking (saa-mer-vehr-kıng) *c* co-operation

* **samenzweren** (saa-mer-zvāy-rern) *v* conspire

samenzwering (saa-mer-zvāy-rıng) *c* (pl ~en) plot

sanatorium (saa-naa-*tōā*-ree-^yerm) *nt* (pl ~s, -ria) sanatorium

sandaal (sahn-*daal*) *c* (pl -dalen) sandal

sanitair (saa-nee-*tair*) *adj* sanitary

Saoedi-Arabië (saa-ōō-dee-aa-*raa*-bee-^yer) Saudi Arabia

Saoedi-Arabisch (saa-ōō-dee-aa-*raa*-beess) *adj* Saudi Arabian

sap (sahp) *nt* (pl ~pen) juice·

sappig (*sah*-perkh) *adj* juicy

sardine (sahr-*dee*-ner) *c* (pl ~s) sardine

satelliet (saa-ter-*leet*) *c* (pl ~en) satellite

satijn (saa-*tayn*) *nt* satin

sauna (*sou*-naa) *c* (pl ~'s) sauna

saus (souss) *c* (pl sauzen) sauce

Scandinavië (skahn-dee-*naa*-vee-ᵞer) Scandinavia

Scandinaviër (skahn-dee-*naa*-vee-ᵞerr) *c* (pl ~s) Scandinavian

Scandinavisch (skahn-dee-*naa*-veess) *adj* Scandinavian

scène (*sai*-ner) *c* (pl ~s) scene

schaafwond (*skhaaf*-vont) *c* (pl ~en) graze

schaak! (skhaak) check!

schaakbord (*skhaak*-bort) *nt* (pl ~en) checkerboard *nAm*

schaakspel (*skhaak*-spehl) *nt* chess

schaal (skhaal) *c* (pl schalen) dish; bowl; scale

schaaldier (*skhaal*-deer) *nt* (pl ~en) shellfish

schaamte (*skhaam*-ter) *c* shame

schaap (skhaap) *nt* (pl schapen) sheep

schaar (skhaar) *c* (pl scharen) scissors *pl*

schaars (skhaars) *adj* scarce

schaarste (*skhaar*-ster) *c* scarcity

schaats (skhaats) *c* (pl ~en) skate

schaatsen (*skhaat*-sern) *v* skate

schade (*skhaa*-der) *c* damage; harm, mischief

schadelijk (*skhaa*-der-lerk) *adj* harmful; hurtful

schadeloosstelling (*skhaa*-der-lōa-steh-lɪng) *c* (pl ~en) indemnity

schaden (*skhaa*-dern) *v* harm

schadevergoeding (*skhaa*-der-verr-gōo-dɪng) *c* (pl ~en) compensation, indemnity

schaduw (*skhaa*-deꟿᵒᵒ) *c* (pl ~en) shade; shadow

schaduwrijk (*skhaa*-deꟿᵒᵒ-rayk) *adj* shady

schakel (*skhaa*-kerl) *c* (pl ~s) link

schakelaar (*skhaa*-ker-laar) *c* (pl ~s) switch

schakelbord (*skhaa*-kerl-bort) *nt* switchboard

schakelen (*skhaa*-ker-lern) *v* change gear

zich schamen (*skhaa*-mern) **be ashamed

schandaal (skhahn-*daal*) *nt* (pl -dalen) scandal

schande (*skhahn*-deh) *c* disgrace, shame

schapevlees (*skhaa*-per-vlāyss) *nt* mutton

scharnier (skhahr-*neer*) *nt* (pl ~en) hinge

schat (skhaht) *c* (pl ~ten) treasure; darling

schatkist (*skhaht*-kɪst) *c* treasury

schatten (*skhah*-tern) *v* evaluate, estimate, value; appreciate

schatting (*skhah*-tɪng) *c* (pl ~en) estimate; appreciation

schedel (*skhāy*-derl) *c* (pl ~s) skull

scheef (skhāyf) *adj* slanting

scheel (skhāyl) *adj* cross-eyed

scheepswerf (*skhāyps*-vehrf) *c* (pl -werven) shipyard

scheepvaart (*skhāyp*-faart) *c* navigation

scheepvaartlijn (*skhāyp*-faart-layn) *c* (pl ~en) shipping line

scheerapparaat (*skhāyr*-ah-paa-raat) *nt* (pl -raten) safety-razor, electric razor, shaver

scheercrème (*skhāyr*-kraim) *c* (pl ~s) shaving-cream

scheerkwast (*skhāyr*-kvahst) *c* (pl ~en) shaving-brush

scheermesje (*skhāyr*-meh-sher) *nt* (pl

~s) razor-blade

scheerzeep (*skhāyr*-zāyp) *c* shaving-soap

* **scheiden** (*skhay*-dern) *v* separate; divide, part; divorce

scheiding (*skhay*-dıng) *c* (pl ~en) division; parting

scheidsrechter (*skhayts*-rehkh-terr) *c* (pl ~s) umpire

scheikunde (*skhay*-kern-der) *c* chemistry

scheikundig (skhay-*kern*-derkh) *adj* chemical

* **schelden** (*skhehl*-dern) *v* scold

schelm (skhehlm) *c* (pl ~en) rascal

schelp (skhehlp) *c* (pl ~en) shell

schelvis (*skhehl*-vıss) *c* haddock

schema (*skhāy*-maa) *nt* (pl ~'s, ~ta) diagram; scheme

schemering (*skhāy*-mer-rıng) *c* twilight

schending (*skhehn*-dıng) *c* (pl ~en) violation

* **schenken** (*skhehng*-kern) *v* pour; donate

schenking (*skhehng*-kıng) *c* (pl ~en) donation

* **scheppen** (*skheh*-pern) *v* create

schepsel (*skhehp*-serl) *nt* (pl ~s) creature

zich * **scheren** (*skhāy*-rern) shave

scherm (skhehrm) *nt* (pl ~en) screen

schermen (*skhehr*-mern) *v* fence

scherp (skhehrp) *adj* sharp; keen

schets (skhehts) *c* (pl ~en) sketch

schetsboek (*skhehts*-boōk) *nt* (pl ~en) sketch-book

schetsen (*skheht*-sern) *v* sketch

scheur (skhūrr) *c* (pl ~en) tear

scheuren (*skhū̄r*-rern) *v* rip, *tear

schiereiland (*skheer*-ay-lahnt) *nt* peninsula

* **schieten** (*skhee*-tern) *v* *shoot, fire

schietschijf (*skheet*-skhayf) *c* (pl -schijven) mark

schijf (skhayf) *c* (pl schijven) disc

schijn (skhayn) *c* semblance

schijnbaar (*skhaym*-baar) *adj* apparent

* **schijnen** (*skhay*-nern) *v* appear, seem; *shine

schijnheilig (skhayn-*hay*-lerkh) *adj* hypocritical

schijnwerper (*skhayn*-vehr-perr) *c* (pl ~s) spotlight, searchlight

schikken (*skhı*-kern) *v* suit

schikking (*skhı*-kıng) *c* (pl ~en) settlement

schil (skhıl) *c* (pl ~len) skin; peel

schilder (*skhıl*-derr) *c* (pl ~s) painter

schilderachtig (*skhıl*-derr-ahkh-terkh) *adj* scenic, picturesque

schilderen (*skhıl*-der-rern) *v* paint

schilderij (skhıl-der-*ray*) *nt* (pl ~en) painting, picture

schildpad (*skhıl*-paht) *c* (pl ~den) turtle

schilfer (*skhıl*-ferr) *c* (pl ~s) chip

schillen (*skhı*-lern) *c* peel

schimmel (*skhı*-merl) *c* (pl ~s) mildew

schip (skhıp) *nt* (pl schepen) ship; boat, vessel

schitterend (*skhı*-ter-rernt) *adj* brilliant, splendid

schittering (*skhı*-ter-rıng) *c* (pl ~en) glare

schoeisel (*skhoō^ee*-serl) *nt* footwear

schoen (skhoōn) *c* (pl ~en) shoe

schoenmaker (*skhoōn*-maa-kerr) *c* (pl ~s) shoemaker

schoensmeer (*skhoōn*-smāyr) *c* shoe polish

schoenveter (*skhoōn*-fāy-terr) *c* (pl ~s) shoe-lace

schoenwinkel (*skhoōn*-vıng-kerl) *c* (pl ~s) shoe-shop

schoft (skhoft) *c* (pl ~en) bastard

schok (skhok) *c* (pl ~ken) shock

schokbreker (*skhok*-brāy-kerr) *c* (pl ~s) shock absorber

schokken (*skho*-kern) *v* shock

schol (skhol) *c* (pl ~len) plaice

schommel (*skho*-merl) *c* (pl ~s) swing

schommelen (*skho*-mer-lern) *v* rock, *swing

school (skhōal) *c* (pl scholen) school; college; **middelbare ~** secondary school

schoolbank (*skhōal*-bahngk) *c* (pl ~en) desk

schoolbord (*skhōal*-bort) *nt* (pl ~en) blackboard

schoolhoofd (*skhōal*-hōaft) *nt* (pl ~en) headmaster, head teacher

schooljongen (*skhōal*-ᵞo-ngern) *c* (pl ~s) schoolboy

schoolmeester (*skhōal*-māyss-terr) *c* (pl ~s) teacher

schoolmeisje (*skhōal*-may-sher) *nt* (pl ~s) schoolgirl

schoolslag (*skhōal*-slahkh) *c* breast-stroke

schooltas (*skhōal*-tahss) *c* (pl ~sen) satchel

schoon (skhōan) *adj* clean

schoonheid (*skhōan*-hayt) *c* (pl -heden) beauty

schoonheidsbehandeling (*skhōan*-hayts-ber-hahn-der-lɪng) *c* (pl ~en) beauty treatment

schoonheidsmasker (*skhōan*-hayts-mahss-kerr) *nt* (pl ~s) face-pack

schoonheidsmiddelen (*skhōan*-hayts-mɪ-der-lern) *pl* cosmetics *pl*

schoonheidssalon (*skhōan*-hayts-saa-lon) *c* (pl ~s) beauty salon, beauty parlour

schoonmaak (*skhōa*-maak) *c* cleaning

schoonmaken (*skhōa*-maa-kern) *v* clean

schoonmoeder (*skhōa*-mōō-derr) *c* (pl ~s) mother-in-law

schoonouders (*skhōan*-ou-derrs) *pl* parents-in-law *pl*

schoonvader (*skhōan*-vaa-derr) *c* (pl ~s) father-in-law

schoonzoon (*skhōan*-zōan) *c* (pl -zonen) son-in-law

schoonzuster (*skhōan*-zerss-terr) *c* (pl ~s) sister-in-law

schoorsteen (*skhōar*-stāyn) *c* (pl -stenen) chimney

schop (skhop) *c* (pl ~pen) kick; spade, shovel

schoppen (*skho*-pern) *v* kick

schor (skhor) *adj* hoarse

schorsen (*skhor*-sern) *v* suspend

schort (skhort) *c* (pl ~en) apron

Schot (skhot) *c* (pl ~ten) Scot

schot (skhot) *nt* (pl ~en) shot

schotel (*skhōa*-terl) *c* (pl ~s) dish; **schoteltje** *nt* saucer

Schotland (*skhot*-lahnt) Scotland

Schots (skhots) *adj* Scottish, Scotch

schouder (*skhou*-derr) *c* (pl ~s) shoulder

schouwburg (*skhou*-berrkh) *c* (pl ~en) theatre

schouwspel (*skhou*-spehl) *nt* (pl ~en) spectacle

schram (skhrahm) *c* (pl ~men) scratch

schrappen (*skhrah*-pern) *v* scrape

schrede (*skhrāy*-der) *c* (pl ~n) pace

schreeuw (skhrāyᵒᵒ) *c* (pl ~en) scream, cry, shout

schreeuwen (*skhrāyᵒᵒ*-ern) *v* scream, cry, shout

schriftelijk (*skhrɪf*-ter-lerk) *adj* written; *adv* in writing

schrijfbehoeften (*skhrayf*-ber-hōōf-tern) *pl* stationery

schrijfblok (*skhrayf*-blok) *nt* (pl ~ken) writing-pad

schrijfmachine (*skhrayf*-mah-shee-ner) *c* (pl ~s) typewriter schrijfmachinepapier (*skhrayf*-mah-shee-ner-paa-peer) nt typing paper

schrijfpapier (*skhrayf*-paa-peer) nt notepaper; writing-paper

schrijftafel (*skhrayf*-taa-ferl) c (pl ~s) bureau

schrijn (skhrayn) c (pl ~en) shrine

*schrijven (*skhray*-vern) v *write

schrijver (*skhray*-vehr) c (pl ~s) author, writer

schrik (skhrik) c fright, scare; ~ *aanjagen terrify

schrikkeljaar (*skhri*-kerl-Yaar) nt leap-year

*schrikken (*skhri*-kern) v *be frightened; *doen ~ frighten, scare

schrobben (*skhro*-bern) v scrub

schroef (skhrōōf) c (pl schroeven) screw; propeller

schroefsleutel (*skhrōōf*-slūr-terl) c (pl ~s) spanner

schroevedraaier (*skhrōō*-ver-draa-Yerr) c (pl ~s) screw-driver

schroeven (*skhrōō*-vern) v screw

schroot (skhrōat) nt scrap-iron

schub (skherp) c (pl ~ben) scale

schudden (*skher*-dern) v *shake; shuffle

schuifdeur (*skhur*ewf-dūrr) c (pl ~en) sliding door

schuilplaats (*skhur*ewl-plaats) c (pl ~en) cover; shelter

schuim (skhur*ew*m) nt froth, lather, foam

schuimen (*skhur*ew-mern) v foam

schuimrubber (*skhur*ewm-rer-berr) nt foam-rubber

schuin (skhur*ew*n) adj slanting

*schuiven (*skhur*ew-vern) v push

schuld¹ (skherlt) c guilt; fault, blame; de ~ *geven aan blame

schuld² (skherlt) c (pl ~en) debt

schuldeiser (*skherlt*-ay-serr) c (pl ~s) creditor

schuldig (*skherl*-derkh) adj guilty; ~ *bevinden convict; ~ *zijn owe

schuur (skhēwr) c (pl schuren) barn; shed

schuurpapier (*skhēwr*-paa-peer) nt sandpaper

schuw (skhew^oo) adj shy

scoren (*skōā*-rern) v score

seconde (ser-*kon*-der) c (pl ~n) second

secretaresse (si-krer-taa-*reh*-ser) c (pl ~n) secretary

secretaris (si-krer-*taa*-rerss) c (pl ~sen) secretary; clerk

sectie (*sehk*-see) c (pl ~s) section

secundair (*sāy*-kern-*dair*) adj secondary

secuur (ser-*kēwr*) adj precise

sedert (*sāy*-derrt) prep since

sein (sayn) nt (pl ~en) signal

seinen (*say*-nern) v signal

seizoen (say-*zōōn*) nt (pl ~en) season; buiten het ~ off season

seksualiteit (sehk-sēw-vaa-lee-*tayt*) c sexuality

seksueel (sehk-sēw-*vāyl*) adj sexual

selderij (*sehl*-der-ray) c celery

select (ser-*lehkt*) adj select

selecteren (*sāy*-lehk-*tāy*-rern) v select

selectie (*sāy*-*lehk*-see) c selection

senaat (ser-*naat*) c senate

senator (ser-*naa*-tor) c (pl ~en) senator

seniel (ser-*neel*) adj senile

sensatie (sehn-*zaa*-tsee) c (pl ~s) sensation

sensationeel (sehn-zaa-tshōā-*nāyl*) adj sensational

sentimenteel (sehn-tee-mehn-*tāyl*) adj sentimental

september (sehp-*tehm*-berr) September

septisch (*sehp*-teess) adj septic

serie (*sāy*-ree) c (pl ~s) series

serieus (sā̄y-ree-ᵛū̄ss) *adj* serious

serum (sā̄y-rerm) *nt* (pl ~s, sera) serum

serveerster (sehr-vā̄yr-sterr) *c* (pl ~s) waitress

servet (sehr-veht) *nt* (pl ~ten) napkin, serviette

sfeer (sfā̄yr) *c* atmosphere; sphere

shag (shehk) *c* cigarette tobacco

shampoo (shahm-pō̄a) *c* shampoo

Siam (see-ᵛahm) Siam

Siamees (see-ᵛaa-mā̄yss) *adj* Siamese

sifon (see-fon) *c* (pl ~s) syphon, siphon

sigaar (see-gaar) *c* (pl sigaren) cigar

sigarenwinkel (see-gaa-rer-vɪng-kerl) *c* (pl ~s) cigar shop

sigarenwinkelier (see-gaa-rer-vɪng-ker-leer) *c* (pl ~s) tobacconist

sigaret (see-gaa-reht) *c* (pl ~ten) cigarette

sigarettenkoker (see-gaa-reh-ter-kō̄a-kehr) *c* (pl ~s) cigarette-case

sigarettepijpje (see-gaa-reh-ter-payp-ᵛer) *nt* (pl ~s) cigarette-holder

signaal (see-ñaal) *nt* (pl ~nalen) signal

signalement (see-ñaa-ler-mehnt) *nt* (pl ~en) description

simpel (sɪm-perl) *adj* simple

sinaasappel (see-naa-sah-perl) *c* (pl ~en, ~s) orange

sinds (sɪns) *conj* since

sindsdien (sɪns-deen) *adv* since

singel (sɪ-ngerl) *c* (pl ~s) canal

sirene (see-rā̄y-ner) *c* (pl ~s) siren

siroop (see-rō̄ap) *c* syrup

situatie (see-tēw-vaa-tsee) *c* (pl ~s) situation

sjaal (shaal) *c* (pl ~s) shawl; scarf

skelet (sker-leht) *nt* (pl ~ten) skeleton

ski (skee) *c* (pl ~'s) ski

skibroek (skee-brōōk) *c* (pl ~en) ski pants

skiën (skee-ᵛern) *v* ski

skiër (skee-ᵛerr) *c* (pl ~s) skier

skilift (skee-lɪft) *c* (pl ~en) ski-lift

skischoenen (skee-skhō̄ō-nern) *pl* ski boots

skistokken (skee-sto-kern) *pl* ski sticks; ski poles *Am*

sla (slaa) *c* lettuce; salad

slaaf (slaaf) *c* (pl slaven) slave

*****slaan** (slaan) *v* *beat; *hit, *strike; smack, slap

slaap¹ (slaap) *c* sleep; in ~ asleep

slaap² (slaap) *c* (pl slapen) temple

slaapkamer (slaap-kaa-merr) *c* (pl ~s) bedroom

slaappil (slaap-pɪl) *c* (pl ~len) sleeping-pill

slaapwagen (slaap-vaa-gern) *c* (pl ~s) sleeping-car

slaapzaal (slaap-saal) *c* (pl ~zalen) dormitory

slaapzak (slaap-sahk) *c* (pl ~ken) sleeping-bag

slachtoffer (slahkht-o-ferr) *nt* (pl ~s) victim; casualty

slag¹ (slahkh) *c* (pl ~en) blow; battle

slag² (slahkh) *nt* sort

slagader (slahkh-aa-derr) *c* (pl ~s) artery

slagboom (slahkh-bō̄am) *c* (pl -bomen) barrier

slagen (slaa-gern) *v* manage, succeed; pass

slager (slaa-gerr) *c* (pl ~s) butcher

slagzin (slahkh-sɪn) *c* (pl ~nen) slogan

slak (slahk) *c* (pl ~ken) snail

slang (slahng) *c* (pl ~en) snake

slank (slahngk) *adj* slim, slender

slaolie (slaa-ō̄a-lee) *c* salad-oil

slap (slahp) *adj* limp; weak

slapeloos (slaa-per-lō̄ass) *adj* sleepless

slapeloosheid (slaa-per-lō̄ass-hayt) *c* insomnia

*****slapen** (slaa-pern) *v* *sleep

slaperig (slaa-per-rerkh) *adj* sleepy

slecht (slehkht) *adj* bad; poor; ill; wicked, evil; **slechter** worse; **slechtst** worst

slechts (slehkhts) *adv* only, merely

slede (*slāy*-der) *c* (pl ~n) sledge

slee (slāy) *c* (pl ~ën) sleigh, sledge

sleepboot (*slāy*-bōat) *c* (pl -boten) tug

slepen (*slāy*-pern) *v* drag, haul; tug, tow

sleutel (*slur̄*-terl) *c* (pl ~s) key; wrench

sleutelbeen (*slur̄*-terl-bāyn) *nt* (pl -beenderen, -benen) collarbone

sleutelgat (*slur̄*-terl-gaht) *nt* (pl ~en) keyhole

*****slijpen** (slay-pern) *v* sharpen

slijterij (slay-ter-*ray*) *c* (pl ~en) off-licence

slikken (*slı*-kern) *v* swallow

slim (slım) *adj* clever

slip (slıp) *c* (pl ~s) briefs *pl*; panties *pl*

slippen (*slı*-pern) *v* slip; skid

slof (slof) *c* (pl ~fen) slipper; carton

slokje (*slok*-Yer) *nt* (pl ~s) sip

sloot (slōat) *c* (pl sloten) ditch

slopen (*slōa*-pern) *v* demolish

slordig (*slor*-derkh) *adj* untidy; slovenly, sloppy, careless

slot¹ (slot) *nt* (pl ~en) lock; castle; **op ~ *doen** lock

slot² (slot) *nt* end, issue

sluier (*slur̄ew*-err) *c* (pl ~s) veil

sluipschutter (*slur̄ewp*-skher-terr) *c* (pl ~s) sniper

sluis (slur̄ewss) *c* (pl sluizen) lock, sluice

*****sluiten** (*slur̄ew*-tern) *v* close, *shut; fasten

sluiting (*slur̄ew*-tıng) *c* (pl ~en) fastener

sluw (slēw⁰⁰) *adj* cunning

smaak (smaak) *c* (pl smaken) taste; flavour

smakelijk (*smaa*-ker-lerk) *adj* savoury, tasty; appetizing

smakeloos (*smaa*-ker-lōass) *adj* tasteless

smaken (*smaa*-kern) *v* taste

smal (smahl) *adj* narrow

smaragd (smaa-*rahkht*) *nt* emerald

smart (smahrt) *c* (pl ~en) grief

smartlap (*smahrt*-lahp) *c* (pl ~pen) tear-jerker

smeerolie (*smāyr*-ōa-lee) *c* lubrication oil

smeersysteem (*smāyr*-see-stāym) *nt* lubrication system

smeken (*smāy*-kern) *v* beg

*****smelten** (*smehl*-tern) *v* melt

smeren (*smāy*-rern) *v* lubricate, grease

smerig (*smāy*-rerkh) *adj* dirty; foul, filthy

smering (*smāy*-rıng) *c* lubrication

smet (smeht) *c* (pl ~ten) blot

smid (smıt) *c* (pl smeden) smith, blacksmith

smoking (*smōa*-kıng) *c* (pl ~s) dinner-jacket; tuxedo *nAm*

smokkelen (*smo*-ker-lern) *v* smuggle

snaar (snaar) *c* (pl snaren) string

snavel (*snaa*-verl) *c* (pl ~s) beak

snee (snāy) *c* (pl ~ën) cut; slice

sneeuw (snāy⁰⁰) *c* snow

sneeuwen (*snāy⁰⁰*-ern) *v* snow

sneeuwslik (*snāy⁰⁰*-slık) *nt* slush

sneeuwstorm (*snāy⁰⁰*-storm) *c* (pl ~en) snowstorm, blizzard

snel (snehl) *adj* fast, swift, rapid

snelheid (*snehl*-hayt) *c* (pl -heden) speed; **maximum ~** speed limit

snelheidsbeperking (*snehl*-hayts-ber-pehr-kıng) *c* speed limit

snelheidsmeter (*snehl*-hayts-māy-terr) *c* speedometer

snelheidsovertreding (*snehl*-hayts-ōa-verr-trāy-dıng) *c* speeding

snelkookpan (*snehl*-kōak-pahn) *c* (pl

~nen) pressure-cooker

snellen (*sneh*-lern) v dash

sneltrein (*snehl*-trayn) c (pl ~en) express train

snelweg (*snehl*-vehkh) c (pl ~en) motorway

****snijden** (*snay*-dern) v *cut; carve

snijwond (*snay*-vont) c (pl ~en) cut

snipper (*snɪ*-perr) c (pl ~s) scrap

snoek (snōōk) c (pl ~en) pike

snoep (snōōp) nt sweets; candy *nAm*

snoepgoed (*snōōp*-khōōt) nt sweets; candy *nAm*

snoepje (*snōōp*-Yer) nt (pl ~s) sweet; candy *nAm*

snoepwinkel (*snōōp*-vɪng-kerl) c (pl ~s) sweetshop; candy store *Am*

snoer (snōōr) nt (pl ~en) line, cord; flex; electric cord

snor (snor) c (pl ~ren) moustache

snorkel (*snor*-kerl) c (pl ~s) snorkel

snugger (*sner*-gerr) adj bright

snuit (snur^ewt) c (pl ~en) snout

snurken (*snerr*-kern) v snore

sociaal (sōa-*shaal*) adj social

socialisme (sōa-shaa-*lɪss*-mer) nt socialism

socialist (sōa-shaa-*lɪst*) c (pl ~en) socialist

socialistisch (sōa-shaa-*lɪss*-teess) adj socialist

sociëteit (sōa-see-Yer-*tayt*) c (pl ~en) club

sodawater (*sōa*-daa-vaa-terr) nt sodawater

soep (sōōp) c (pl ~en) soup

soepbord (*sōō*-bort) nt (pl ~en) soupplate

soepel (*sōō*-perl) adj supple, flexible

soeplepel (*sōōp*-lāy-perl) c (pl ~s) soup-spoon

sofa (*sōa*-faa) c (pl ~'s) sofa

sok (sok) c (pl ~ken) sock

soldaat (sol-*daat*) c (pl -daten) soldier

soldeerbout (sol-*dāyr*-bout) c (pl ~en) soldering-iron

solderen (sol-*dāy*-rern) v solder

solide (sōa-*lee*-der) adj (pl ~en) solid

sollicitatie (so-lee-see-*taa*-tsee) c (pl ~s) application

solliciteren (so-lee-see-*tāy*-rern) v apply

som (som) c (pl ~men) sum; amount; **ronde ~** lump sum

somber (*som*-berr) adj gloomy, sombre

sommige (*so*-mer-ger) pron some

soms (soms) adv sometimes

soort (sōart) c/nt (pl ~en) sort, kind; breed, species

sorteren (sor-*tāy*-rern) v assort, sort

sortering (sor-*tāy*-rɪng) c (pl ~en) assortment

souterrain (sōō-ter-rang) nt (pl ~s) basement

souvenir (sōō-ver-*neer*) nt (pl ~s) souvenir

Sovjet-Unie (sof-Yeht-ēw-nee) Soviet Union

spaak (spaak) c (pl spaken) spoke

Spaans (spaans) adj Spanish

spaarbank (*spaar*-bahngk) c (pl ~en) savings bank

spaargeld (*spaar*-gehlt) nt savings pl

spaarzaam (*spaar*-zaam) adj economical

spade (*spaa*-der) c (pl ~n) spade

spalk (spahlk) c (pl ~en) splint

Spanjaard (*spah*-ñaart) c (pl ~en) Spaniard

Spanje (*spah*-ñer) Spain

spannend (*spah*-nernt) adj exciting

spanning (*spah*-nɪng) c (pl ~en) tension; pressure, strain, stress

sparen (*spaa*-rern) v save; economize

spat (spaht) c (pl ~ten) stain, spot, speck

spatader (*spaht*-aa-derr) c (pl ~s,

~en) varicose vein

spatbord (*spaht*-bort) *nt* (pl ~en) mud-guard

spatiëren (spaa-*tshāy*-rern) *v* space

spatten (*spah*-tern) *v* splash

specerij (spāy-ser-*ray*) *c* (pl ~en) spice

speciaal (spāy-*shaal*) *adj* special; particular, peculiar

zich specialiseren (spāy-shaa-lee-*zāy*-rern) specialize

specialist (spāy-shaa-*list*) *c* (pl ~en) specialist

specialiteit (spāy-shaa-lee-*tayt*) *c* (pl ~en) speciality

specifiek (spāy-see-*feek*) *adj* specific

specimen (*spāy*-see-mehn) *nt* (pl ~s) specimen

speculeren (spāy-kēw-*lāy*-rern) *v* speculate

speeksel (*spāyk*-serl) *nt* spit

speelgoed (*spāyl*-gōot) *nt* toy

speelgoedwinkel (*spāyl*-gōot-ving-kerl) *c* (pl ~s) toyshop

speelkaart (*spāyl*-kaart) *c* (pl ~en) playing-card

speelplaats (*spāyl*-plaats) *c* (pl ~en) playground

speelterrein (*spāyl*-teh-rayn) *nt* (pl ~en) recreation ground

speer (spāyr) *c* (pl speren) spear

spek (spehk) *nt* bacon

spel[1] (spehl) *nt* (pl ~en) game

spel[2] (spehl) *nt* (pl ~len) play

speld (spehlt) *c* (pl ~en) pin

spelen (*spāy*-lern) *v* play

speler (*spāy*-lerr) *c* (pl ~s) player

spellen (*speh*-lern) *v* *spell

spelling (*speh*-ling) *c* spelling

spelonk (spāy-*longk*) *c* (pl ~en) cave

spiegel (*spee*-gerl) *c* (pl ~s) looking-glass, mirror

spiegelbeeld (*spee*-gerl-bāylt) *nt* (pl ~en) reflection

spier (speer) *c* (pl ~en) muscle

spijbelen (*spay*-ber-lern) *v* play truant

spijker (*spay*-kerr) *c* (pl ~s) nail

spijkerbroek (*spay*-kerr-brōok) *c* (pl ~en) jeans *pl*

spijskaart (*spayss*-kaart) *c* (pl ~en) menu

spijsvertering (*spayss*-ferr-tāy-ring) *c* digestion

spijt (spayt) *c* regret

spin (spin) *c* (pl ~nen) spider

spinazie (spee-*naa*-zee) *c* spinach

*spinnen** (*spi*-nern) *v* *spin

spinneweb (*spi*-ner-vehp) *nt* (pl ~ben) spider's web, cobweb

spion (spee-*ʸon*) *c* (pl ~nen) spy

spiritusbrander (*spee*-ree-terss-brahn-derr) *c* (pl ~s) spirit stove

spit[1] (spit) *nt* (pl ~ten) spit

spit[2] (spit) *nt* lumbago

spits[1] (spits) *adj* pointed

spits[2] (spits) *c* (pl ~en) peak; spire

spitsuur (*spits*-ēwr) *nt* (pl -uren) rush-hour, peak hour

*splijten** (*splay*-tern) *v* *split

splinter (*splin*-terr) *c* (pl ~s) splinter

splinternieuw (*splin*-terr-nee∞) *adj* brand-new

zich splitsen (*split*-sern) fork

spoed (spōot) *c* haste, speed

spoedcursus (*spōot*-kerr-zerss) *c* (pl ~sen) intensive course

spoedgeval (*spōot*-kher-vahl) *nt* (pl ~len) emergency

spoedig (*spōo*-derkh) *adv* soon, shortly

spoel (spōol) *c* (pl ~en) spool

spoelen (*spōo*-lern) *v* rinse

spoeling (*spōo*-ling) *c* (pl ~en) rinse

spons (spons) *c* (pl sponzen) sponge

spook (spōak) *nt* (pl spoken) ghost, phantom; spook

spoor (spōar) *nt* (pl sporen) trace; trail, track

spoorbaan (*spōar*-baan) *c* (pl -banen)

railway; railroad *nAm*

spoorweg (*spoor*-vehkh) *c* (pl ~en) railway; railroad *nAm*

sport (sport) *c* sport

sportjasje (*sport*-ʸah-sher) *nt* (pl ~s) sports-jacket, blazer

sportkleding (*sport*-klāy-dıng) *c* sportswear

sportman (*sport*-mahn) *c* (pl ~en) sportsman

sportwagen (*sport*-vaa-gern) *c* (pl ~s) sports-car

spot (spot) *c* mockery

spraak (spraak) *c* speech; **ter sprake *brengen** *bring up

spraakzaam (*spraak*-saam) *adj* talkative

sprakeloos (*spraa*-ker-lōass) *adj* speechless

spreekkamer (*sprāy*-kaa-merr) *c* (pl ~s) surgery

spreekuur (*sprāyk*-ēwr) *nt* (pl -uren) consultation hours

spreekwoord (*sprāyk*-vōart) *nt* (pl ~en) proverb

spreeuw (sprāyᵒᵒ) *c* (pl ~en) starling

sprei (spray) *c* (pl ~en) counterpane, quilt

spreiden (*spray*-dern) *v* *spread

*spreken (*sprāy*-kern) *v* *speak, talk

*springen (*sprı*-ngern) *v* jump; *leap

springstof (*sprıng*-stof) *c* (pl ~fen) explosive

sprinkhaan (*sprıngk*-haan) *c* (pl -hanen) grasshopper

sproeier (*sprōō*ᵉᵉ-err) *c* (pl ~s) atomizer

sprong (sprong) *c* (pl ~en) jump; hop, leap

sprookje (*sprōāk*-ʸer) *nt* (pl ~s) fairytale

spruitjes (*sprⁱᵉʷ*-tʸerss) *pl* sprouts *pl*

spuit (spurᵉʷt) *c* (pl ~en) syringe

spuitbus (*spurᵉʷt*-berss) *c* (pl ~sen) atomizer

spuitwater (*spurᵉʷt*-vaa-terr) *nt* soda-water

spuug (spewkh) *nt* spit

spuwen (*spewᵒᵒ*-ern) *v* *spit

staal (staal) *nt* steel; **roestvrij ~** stainless steel

*staan (staan) *v* *stand; **goed ~** *become; suit

staart (staart) *c* (pl ~en) tail

staat (staat) *c* (pl staten) state; **in ~ stellen** enable; **in ~ *zijn om** *be able to; **staats-** national

staatsburgerschap (*staats*-berr-gerr-skhahp) *nt* citizenship

staatshoofd (*staats*-hōaft) *nt* (pl ~en) head of state

staatsman (*staats*-mahn) *c* (pl -lieden) statesman

stabiel (staa-*beel*) *adj* stable

stad (staht) *c* (pl steden) town; city

stadhuis (staht-*hurᵉʷ*ss) *nt* (pl -huizen) town hall

stadion (*staa*-dee-ʸon) *nt* (pl ~s) stadium

stadium (*staa*-dee-ʸerm) *nt* (pl stadia) stage

stadscentrum (*staht*-sehn-trerm) *nt* (pl -tra) town centre

stadslicht (*stahts*-lıkht) *nt* (pl ~en) parking light

stadsmensen (*stahts*-mehn-sern) *pl* townspeople *pl*

staf (stahf) *c* staff

staken (*staa*-kern) *v* *strike; stop, discontinue

staking (*staa*-kıng) *c* (pl ~en) strike

stal (stahl) *c* (pl ~len) stable

stallen (*stah*-lern) *v* garage

stalles (*stah*-lerss) *pl* stall; orchestra seat *Am*

stam (stahm) *c* (pl ~men) trunk; tribe

stamelen (*staa*-mer-lern) *v* falter

stampen (*stahm*-pern) v stamp, thump

stampvol (*stahmp*-fol) adj chock-full

stand (stahnt) c score; **tot ~ *brengen** realize

standbeeld (*stahnt*-baylt) nt (pl ~en) statue

standpunt (*stahnt*-pernt) nt (pl ~en) point of view

standvastig (stahnt-*fahss*-terkh) adj steadfast

stang (stahng) c (pl ~en) rod, bar

stap (stahp) c (pl ~pen) step; pace; move

stapel (*staa*-perl) c (pl ~s) stack, heap, pile

stappen (*stah*-pern) v step

staren (*staa*-rern) v gaze, stare

start (stahrt) c take-off

startbaan (*stahrt*-baan) c runway

starten (*stahr*-tern) v *take off

startmotor (*stahrt*-mōa-terr) c starter motor

statiegeld (*staa*-tsee-gehlt) nt deposit

station (staa-*shon*) nt (pl ~s) station; depot *nAm*

stationschef (staa-*shon*-shehf) c (pl ~s) station-master

statistiek (staa-tiss-*teek*) c (pl ~en) statistics *pl*

stedelijk (*stāy*-der-lerk) adj urban

steeds (stāyts) adv continually

steeg (stāykh) c (pl stegen) alley, lane

steek (stāyk) c (pl steken) stitch; sting, bite

steel (stāyl) c (pl stelen) stem; handle

steelpan (*stāyl*-pahn) c (pl ~nen) saucepan

steen (stāyn) c (pl stenen) stone; brick

steengroeve (*stāyn*-grōo-ver) c (pl ~n) quarry

steenpuist (*stāyn*-pur^ewst) c (pl ~en) boil

steigers (*stay*-gerrs) pl scaffolding

steil (stayl) adj steep

stekelvarken (*stāy*-kerl-vahr-kern) nt (pl ~s) porcupine

*steken (*stāy*-kern) v *sting

stekker (*steh*-kerr) c (pl ~s) plug

stel (stehl) nt (pl ~len) set

*stelen (*stāy*-lern) v *steal

stellen (*steh*-lern) v *put

stelling (*steh*-lıng) c (pl ~en) thesis

stelsel (*stehl*-serl) nt (pl ~s) system; **tientallig ~** decimal system

stem (stehm) c (pl ~men) voice; vote

stemmen (*steh*-mern) v vote

stemming[1] (*steh*-mıng) c mood; atmosphere; spirits

stemming[2] (*steh*-mıng) c (pl ~en) vote

stempel (*stehm*-perl) c (pl ~s) stamp

stemrecht (*stehm*-rehkht) nt suffrage

stenen (*stāy*-nern) adj stone

stenograaf (stāy-nōa-*graaf*) c (pl -grafen) stenographer

stenografie (stāy-nōa-graa-*fee*) c shorthand

step-in (stehp-ın) c (pl ~s) girdle

ster (stehr) c (pl ~ren) star

sterfelijk (*stehr*-fer-lerk) adj mortal

steriel (ster-*reel*) adj sterile

steriliseren (stāy-ree-li-*zāy*-rern) v sterilize

sterk (stehrk) adj powerful, strong; **sterke drank** spirits

sterkte (*stehrk*-ter) c strength

sterrenkunde (*steh*-rer-kern-der) c astronomy

*sterven (*stehr*-vern) v die

steun (stūrn) c assistance, support; relief

steunen (*stūr*-nern) v support

steunkousen (*stūrn*-kou-sern) pl support hose

steurgarnaal (*stūrr*-gahr-naal) c (pl -nalen) prawn

stevig (*stāy*-verkh) adj solid, firm

stichten (*stikh*-tern) *v* found

stichting (*stikh*-ting) *c* (pl ~en) foundation

stiefkind (*steef*-kint) *nt* (pl ~eren) stepchild

stiefmoeder (*steef*-mōō-derr) *c* (pl ~s) stepmother

stiefvader (*stee*-faa-derr) *c* (pl ~s) stepfather

stier (steer) *c* (pl ~en) bull

stierengevecht (*stee*-rer-ger-vehkht) *nt* (pl ~en) bullfight

stijf (stayf) *adj* stiff

stijfsel (*stayf*-serl) *nt* starch

stijgbeugel (*staykh*-būr-gerl) *c* (pl ~s) stirrup

*stijgen (*stay*-gern) *v* *rise; climb

stijging (*stay*-ging) *c* rise; climb, ascent

stijl (stayl) *c* (pl ~en) style

*stijven (*stay*-vern) *v* starch

stikken (*sti*-kern) *v* choke

stikstof (*stik*-stof) *c* nitrogen

stil (stil) *adj* silent; quiet; still

Stille Oceaan (*sti*-ler ōa-*say*-aan) Pacific Ocean

stilstaand (*stil*-staant) *adj* stationary

stilte (*stil*-ter) *c* (pl ~s) silence; stillness, quiet

stimuleren (stee-mēw-*lay*-rern) *v* stimulate

*stinken (*sting*-kern) *v* *smell; *stink; **stinkend** smelly

stipt (stipt) *adj* punctual

stoel (stool) *c* (pl ~en) chair; seat

stoep (stōōp) *c* (pl ~en) sidewalk *nAm*

stoet (stōōt) *c* (pl ~en) procession

stof¹ (stof) *nt* dust

stof² (stof) *c* (pl ~fen) fabric, cloth, material; matter; **stoffen** drapery; **vaste ~** solid

stoffelijk (*sto*-fer-lerk) *adj* substantial, material

stoffig (*sto*-ferkh) *adj* dusty

stofzuigen (*stof*-sur^(ew)-gern) *v* hoover; vacuum *vAm*

stofzuiger (*stof*-sur^(ew)-gerr) *c* (pl ~s) vacuum cleaner

stok (stokl) *c* (pl ~ken) stick; cane

stokpaardje (*stok*-paar-t^(y)er) *nt* (pl ~s) hobby-horse

stola (*stōā*-laa) *c* (pl ~'s) stole

stollen (*sto*-lern) *v* coagulate

stom (stom) *adj* mute, dumb

stomerij (stōā-mer-*ray*) *c* (pl ~en) dry-cleaner's

stomp (stomp) *adj* blunt

stompen (*stom*-pern) *v* punch

stookolie (*stōāk*-ōā-lee) *c* fuel oil

stoom (stōām) *c* steam

stoomboot (*stōām*-bōāt) *c* (pl boten) steamer

stoot (stōāt) *c* (pl stoten) bump

stop (stop) *c* (pl ~pen) stopper, cork

stopgaren (*stop*-khaa-rern) *nt* darning wool

stoplicht (*stop*-likht) *nt* (pl ~en) traffic light

stoppen (*sto*-pern) *v* stop, halt; *put; darn

stoptrein (*stop*-trayn) *c* (pl ~en) stopping train, local train

storen (*stōā*-rern) *v* disturb; trouble

storing (*stōā*-ring) *c* (pl ~en) disturbance

storm (storm) *c* (pl ~en) storm; gale, tempest

stormachtig (*storm*-ahkh-terkh) *adj* stormy

stormlamp (*storm*-lahmp) *c* (pl ~en) hurricane lamp

stortbui (*stort*-bur^(ew)) *c* (pl ~en) downpour

storten (*stor*-tern) *v* *shed; deposit

storting (*stor*-ting) *c* (pl ~en) remittance, deposit

*stoten (*stōā*-tern) *v* bump

stout (stout) *adj* naughty, bad

stoutmoedig (stout-*mōō*-derkh) *adj* bold

straal (straal) *c* (pl stralen) squirt, spout, jet; ray, beam; radius

straalvliegtuig (*straal*-vleekh-tur^{ew}kh) *nt* (pl ~en) turbojet, jet

straat (straat) *c* (pl straten) street; road

straatweg (*straat*-vehkh) *c* (pl ~en) causeway

straf (strahf) *c* (pl ~fen) punishment; penalty

straffen (*strah*-fern) *v* punish

strafrecht (*strahf*-rehkht) *nt* criminal law

strafschop (*strahf*-skhop) *c* (pl ~pen) penalty kick

strak (strahk) *adj* tight; **strakker maken** tighten

straks (strahks) *adv* in a moment

strand (strahnt) *nt* (pl ~en) beach

streek (strāȳk) *c* (pl streken) region; district, country, area; trick

streep (strāȳp) *c* (pl strepen) line; stripe

streng (strehng) *adj* strict, harsh; severe

stretcher (*streht*-sherr) *c* (pl ~s) camp-bed; cot *nAm*

streven (*strāȳ*-vern) *v* aspire

strijd (strayt) *c* fight, combat, battle; struggle, strife, contest

*strijden (*stray*-dern) *v* *fight; struggle

strijdkrachten (*strayt*-krahkh-tern) *pl* armed forces

*strijken (*stray*-kern) *v* iron; *strike, lower

strijkijzer (*strayk*-ay-zerr) *nt* (pl ~s) iron

strikje (*strik*-^yer) *nt* (pl ~s) bow tie

strikt (strikt) *adj* strict

stripverhaal (*strip*-ferr-haal) *nt* (pl -ha-

len) comics *pl*

stro (strōa) *nt* straw

strodak (*strōa*-dahk) *nt* (pl ~en) thatched roof

stromen (*strōa*-mern) *v* stream, flow

stroming (*strōa*-ming) *c* (pl ~en) current

strook (strōak) *c* (pl stroken) strip

stroom (strōam) *c* (pl stromen) stream; current

stroomafwaarts (strōam-*ahf*-vaarts) *adv* downstream

stroomopwaarts (strōam-*op*-vaarts) *adv* upstream

stroomverdeler (*strōam*-verr-dāȳ-lerr) *c* distributor

stroomversnelling (*strōam*-verr-sneh-ling) *c* (pl ~en) rapids *pl*

stroop (strōap) *c* syrup

stropen (*strōa*-pern) *v* poach

structuur (strerk-*tēwr*) *c* (pl -turen) structure; fabric, texture

struik (strur^{ew}k) *c* (pl ~en) scrub, bush, shrub

struikelen (*strur^{ew}*-ker-lern) *v* stumble

struisvogel (*strurss*-fōa-gerl) *c* (pl ~s) ostrich

studeerkamer (stēw-*dāȳr*-kaa-merr) *c* study

student (stēw-*dehnt*) *c* (pl ~en) student

studente (stēw-*dehn*-ter) *c* (pl ~s) student

studeren (stēw-*dāȳ*-rern) *v* study

studie (*stēw*-dee) *c* (pl ~s) study

studiebeurs (*stēw*-dee-bēurs) *c* (pl -beurzen) scholarship

stuitend (*stur^{ew}*-ternt) *adj* revolting

stuk¹ (sterk) *adj* broken; ~ ***gaan** *break down

stuk² (sterk) *nt* (pl ~ken) part, piece; lump, chunk; fragment; stretch

sturen (*stēw*-rern) *v* *send; navigate

stuurboord (*stēwr*-bōart) *nt* starboard

stuurkolom (*stewr*-kōa-lom) *c* steering-column

stuurman (*stewr*-mahn) *c* (pl -lieden, -lui) steersman, helmsman

stuurwiel (*stewr*-veel) *nt* steering-wheel

subsidie (serp-*see*-dee) *c* (pl ~s) subsidy

substantie (serp-*stahn*-see) *c* (pl ~s) substance

subtiel (serp-*teel*) *adj* subtle

succes (serk-*sehss*) *nt* (pl ~sen) success

succesvol (serk-*sehss*-fol) *adj* successful

suède (sew-*vai*-der) *nt/c* suede

suf (serf) *adj* dumb

suiker (*surew*-kerr) *c* sugar

suikerklontje (*surew*-kerr-klon-t Yer) *nt* (pl ~s) lump of sugar

suikerzieke (*surew*-kerr-zee-ker) *c* (pl ~n) diabetic

suikerziekte (*surew*-kerr-zeek-ter) *c* diabetes

suite (*svee*-ter) *c* (pl ~s) suite

summier (ser-*meer*) *adj* concise

superieur (sew-per-ree-Y*ürr*) *adj* superior

superlatief (sew-perr-laa-*teef*) *c* (pl -tieven) superlative

supermarkt (*sew*-perr-mahrkt) *c* (pl ~en) supermarket

supplement (ser-pler-*mehnt*) *nt* (pl ~en) supplement

suppoost (ser-*pōast*) *c* (pl ~en) custodian, usher

surfplank (*serrf*-plahngk) *c* (pl ~en) surf-board

surveilleren (serr-vay-Y*ai*-rern) *v* patrol

Swahili (svaa-*hee*-lee) *nt* Swahili

symbool (sim-*bōal*) *nt* (pl -bolen) symbol

symfonie (sim-fōa-*nee*) *c* (pl ~ën) symphony

sympathie (sim-paa-*tee*) *c* (pl ~ën) sympathy

sympathiek (sim-paa-*teek*) *adj* nice

symptoom (sim-*tōam*) *nt* (pl -tomen) symptom

synagoge (see-naa-*gōa*-ger) *c* (pl ~n) synagogue

synoniem (see-nōa-*neem*) *nt* (pl ~en) synonym

synthetisch (sin-*tāy*-teess) *adj* synthetic

Syrië (*see*-ree-Yer) Syria

Syriër (*see*-ree-Yerr) *c* (pl ~s) Syrian

Syrisch (*see*-reess) *adj* Syrian

systeem (seess-*tāym*) *nt* (pl -temen) system

systematisch (seess-tāy-*maa*-teess) *adj* systematic

T

taai (taa ee) *adj* tough

taak (taak) *c* (pl taken) task; duty

taal (taal) *c* (pl talen) language; speech

taalgids (*taal*-gits) *c* (pl ~en) phrase-book

taart (taart) *c* (pl ~en) cake

tabak (taa-*bahk*) *c* tobacco

tabakswinkel (taa-*bahks*-ving-kerl) *c* (pl ~s) tobacconist's

tabakszak (taa-*bahk*-sahk) *c* (pl ~ken) tobacco pouch

tabel (taa-*behl*) *c* (pl ~len) chart, table

tablet (taa-*bleht*) *nt* (pl ~ten) tablet

taboe (taa-*bōo*) *nt* (pl ~s) taboo

tachtig (*tahkh*-terkh) *num* eighty

tactiek (tahk-*teek*) *c* (pl ~en) tactics *pl*

tafel (*taa*-ferl) *c* (pl ~s) table

tafellaken (taa-fer-laa-kern) nt (pl ~s) table-cloth

tafeltennis (taa-ferl-teh-nerss) nt table tennis, ping-pong

taille (tah-Yer) c (pl ~s) waist

tak (tahk) c (pl ~ken) branch, bough

talenpracticum (taa-ler-prahk-tee-kerm) nt (pl -tica) language laboratory

talent (taa-lehnt) nt (pl ~en) faculty, talent

talkpoeder (tahlk-pōō-derr) nt/c talc powder

talrijk (tahl-rayk) adj numerous

tam (tahm) adj tame

tamelijk (taa-mer-lerk) adv pretty, fairly, quite, rather

tampon (tahm-pon) c (pl ~s) tampon

tand (tahnt) c (pl ~en) tooth

tandarts (tahn-dahrts) c (pl ~en) dentist

tandenborstel (tahn-der-bors-terl) c (pl ~s) toothbrush

tandestoker (tahn-der-stōa-kerr) c (pl ~s) toothpick

tandpasta (tahnt-pahss-taa) c/nt (pl ~'s) toothpaste

tandpijn (tahnt-payn) c toothache

tandpoeder (tahnt-pōō-derr) nt/c toothpowder

tandvlees (tahnt-flāyss) nt gum

tang (tahng) c (pl ~en) tongs pl, pliers pl

tank (tehngk) c (pl ~s) tank

tankschip (tehnk-skhɪp) nt (pl -schepen) tanker

tante (tahn-ter) c (pl ~s) aunt

tapijt (taa-payt) nt (pl ~en) carpet

tarief (taa-reef) nt (pl tarieven) rate, tariff ; fare

tarwe (tahr-ver) c wheat

tas (tahss) c (pl ~sen) bag

tastbaar (tahst-baar) adj palpable ; tangible

tastzin (tahst-sɪn) c touch

taxeren (tahk-sāy-rern) v estimate

taxi (tahk-see) c (pl ~'s) cab, taxi

taxichauffeur (tahk-see-shōa-fūrr) c (pl ~s) cab-driver, taxi-driver

taximeter (tahk-see-māy-terr) c taximeter

taxistandplaats (tahk-see-stahnt-plaats) c (pl ~en) taxi rank ; taxi stand Am

te (ter) adv too

technicus (tehkh-nee-kerss) c (pl -ci) technician

techniek (tehkh-neek) c (pl ~en) technique

technisch (tehkh-neess) adj technical

technologie (tehkh-nōa-lōa-gee) c technology

teder (tāy-derr) adj delicate, tender

teef (tāyf) c (pl teven) bitch

teen (tāyn) c (pl tenen) toe

teer (tāyr) adj gentle, tender ; c/nt tar

tegel (tāy-gerl) c (pl ~s) tile

tegelijk (ter-ger-layk) adv at the same time ; at once

tegelijkertijd (ter-ger-lay-kerr-tayt) adv simultaneously

tegemoetkomend (ter-ger-mōōt-kōa-mernt) adj oncoming

tegemoetkoming (ter-ger-mōōt-kōa-mɪng) c (pl ~en) concession

tegen (tāy-gern) prep against

tegendeel (tāy-ger-dāyl) nt contrary, reverse

tegengesteld (tāy-ger-ger-stehlt) adj contrary, opposite

*tegenkomen (tāy-ger-kōa-mern) v *come across, *meet ; run into

tegenover (tāy-ger-nōa-verr) prep opposite, facing

tegenslag (tāy-ger-slahkh) c (pl ~en) misfortune ; reverse

*tegenspreken (tāy-ger-sprāy-kern) v contradict

tegenstander (*tāy*-ger-stahn-derr) *c* (pl ~s) opponent

tegenstelling (*tāy*-ger-steh-lıng) *c* (pl ~en) contrast

tegenstrijdig (tāy-ger-*stray*-derkh) *adj* contradictory

***tegenvallen** (*tāy*-ger-vah-lern) *v* *be disappointing

***tegenwerpen** (*tāy*-ger-vehr-pern) *v* object

tegenwerping (*tāy*-ger-vehr-pıng) *c* (pl ~en) objection

tegenwoordig (tāy-ger-*vōar*-derkh) *adj* present; *adv* nowadays

tegenwoordigheid (tāy-ger-*vōar*-derkh-hayt) *c* presence

tegenzin (*tāy*-ger-zın) *c* aversion

tehuis (ter-*hur*ewss) *nt* (pl tehuizen) home; asylum

teint (taint) *c* complexion

teken (*tāy*-kern) *nt* (pl ~s, ~en) sign; indication, signal; token

tekenen (*tāy*-ker-nern) *v* *draw, sketch; sign

tekenfilm (*tāy*-ker-fılm) *c* (pl ~s) cartoon

tekening (*tāy*-ker-nıng) *c* (pl ~en) drawing, sketch

tekort (ter-*kort*) *nt* (pl ~en) shortage; deficit; ~ *schieten fail

tekortkoming (ter-*kort*-kōa-mıng) *c* (pl ~en) shortcoming

tekst (tehkst) *c* (pl ~en) text

tel (tehl) *c* (pl ~len) second

telefoneren (tāy-ler-fōa-*nāy*-rern) *v* phone

telefoniste (tāy-ler-fōa-*nıss*-ter) *c* (pl ~n, ~s) operator, telephonist

telefoon (tāy-ler-*fōan*) *c* (pl ~s) phone, telephone

telefoonboek (tāy-ler-*fōan*-bōōk) *nt* (pl ~en) telephone directory; telephone book *Am*

telefooncel (tāy-ler-*fōan*-sehl) *c* (pl ~len) telephone booth

telefooncentrale (tāy-ler-*fōan*-sehn-traa-ler) *c* (pl ~s) telephone exchange

telefoongesprek (tāy-ler-*fōan*-ger-sprehk) *nt* (pl ~ken) telephone call

telefoongids (tāy-ler-*fōan*-gıts) *c* (pl ~en) telephone directory; telephone book *Am*

telefoonhoorn (tāy-ler-*fōan*-hōa-rern) *c* (pl ~s) receiver

telefoontje (tāy-ler-*fōan*-tyer) *nt* (pl ~s) call

telegraferen (tāy-ler-graa-*fāy*-rern) *v* cable, telegraph

telegram (tāy-ler-*grahm*) *nt* (pl ~men) cable, telegram

telelens (*tāy*-ler-lehns) *c* (pl -lenzen) telephoto lens

telepathie (tāy-lāy-paa-*tee*) *c* telepathy

teleurstellen (ter-*lūrr*-steh-lern) *v* disappoint; *let down

teleurstelling (ter-*lūrr*-steh-lıng) *c* (pl ~en) disappointment

televisie (tāy-ler-*vee*-zee) *c* television

televisietoestel (tāy-ler-*vee*-zee-tōō-stehl) *nt* (pl ~len) television set

telex (*tāy*-lehks) *c* telex

telkens (*tehl*-kerns) *adv* again and again

tellen (*teh*-lern) *v* count

telmachine (*tehl*-mah-shee-ner) *c* (pl ~s) adding-machine

telwoord (*tehl*-vōart) *nt* (pl ~en) numeral

temmen (*teh*-mern) *v* tame

tempel (*tehm*-perl) *c* (pl ~s) temple

temperatuur (tehm-per-raa-*tewr*) *c* (pl -turen) temperature

tempo (*tehm*-pōa) *nt* pace

tendens (tehn-*dehns*) *c* (pl -denzen) tendency

tenminste (ter-*mın*-ster) *adv* at least

tennis (teh-nerss) nt tennis

tennisbaan (teh-nerss-baan) c (pl -banen) tennis-court

tennisschoenen (teh-ner-skhoō-nern) pl tennis shoes

tenslotte (tehn-slo-ter) adv at last

tent (tehnt) c (pl ~en) tent

tentdoek (tehnt-doōk) nt canvas

tentoonstellen (tehn-tōan-steh-lern) v exhibit; *show

tentoonstelling (tehn-tōan-steh-ling) c (pl ~en) exposition, exhibition; display, show

tenzij (tehn-zay) conj unless

teraardebestelling (tehr-aar-der-ber-steh-ling) c (pl ~en) burial

terecht (ter-rehkht) adj just; adv rightly

terechtstelling (ter-rehkht-steh-ling) c (pl ~en) execution

terloops (tehr-lōaps) adj casual

term (tehrm) c (pl ~en) term

termijn (tehr-mayn) c (pl ~en) term

terpentijn (tehr-pern-tayn) c turpentine

terras (teh-rahss) nt (pl ~sen) terrace

terrein (teh-rayn) nt (pl ~en) terrain; grounds

terreur (ter-rūrr) c terrorism

terrorisme (teh-ro-riss-mer) nt terrorism

terrorist (teh-rōa-rist) c (pl ~en) terrorist

terug (ter-rerkh) adv back

terugbetalen (ter-rerkh-ber-taa-lern) v *repay; reimburse, refund

terugbetaling (terrerkh-ber-taa-ling) c (pl ~en) repayment, refund

*** terugbrengen** (ter-rerkh-brehng-ern) v *bring back

*** teruggaan** (ter-rerkh-khaan) v *go back, *get back

teruggang (ter-rer-khahng) c depression, recession

terugkeer (ter-rerkh-kāyr) c return

terugkeren (ter-rerkh-kay-rern) v return; turn back

*** terugkomen** (ter-rerkh-kōa-mern) v return

terugreis (ter-rerkh-rayss) c return journey

*** terugroepen** (ter-rerkh-rōō-pern) v recall

terugsturen (ter-rerkh-stēw-rern) v *send back

*** terugtrekken** (ter-rerkh-treh-kern) v *withdraw

*** terugvinden** (ter-rerkh-fin-dern) v recover

terugweg (ter-rerkh-vehkh) c way back

*** terugzenden** (ter-rerkh-sehn-dern) v *send back

terwijl (terr-vayl) conj whilst, while

terylene (teh-ree-lāyn) nt terylene

terzijde (tehr-zay-der) adv aside

test (tehst) c (pl ~s) test

testament (tehss-taa-mehnt) nt (pl ~en) will

testen (tehss-tern) v test

tevens (tāy-verns) adv also

tevergeefs (ter-verr-gāyfs) adv in vain

tevoren (ter-vōa-rern) adv before; **van ~** in advance

tevreden (ter-vrāy-dern) adj satisfied, content

tewaterlating (ter-vaa-terr-laa-ting) c launching

*** teweegbrengen** (ter-vāykh-brehngern) v effect

tewerkstellen (ter-vehrk-steh-lern) v employ

tewerkstelling (ter-vehrk-steh-ling) c (pl ~en) employment

textiel (tehks-teel) c/nt textile

Thailand (tigh-lahnt) Thailand

Thailander (tigh-lahn-derr) c (pl ~s) Thai

Thailands (tigh-lahnts) adj Thai

thans (tahns) *adv* now

theater (tāȳ-ᵞaa-terr) *nt* (pl ~s) theatre

thee (tāȳ) *c* tea

theedoek (tāȳ-dook) *c* (pl ~en) teacloth

theekopje (tāȳ-kop-ᵞay) *nt* (pl ~s) teacup

theelepel (tāȳ-lāȳ-perl) *c* (pl ~s) teaspoon

theepot (tāȳ-pot) *c* (pl ~ten) teapot

theeservies (tāȳ-sehr-veess) *nt* (pl -viezen) tea-set

thema (tāȳ-maa) *nt* (pl ~'s) theme; exercise

theologie (tāȳ-ᵞoa-lōa-gee) *c* theology

theoretisch (tāȳ-ᵞōa-rāȳ-teess) *adj* theoretical

theorie (tāȳ-ᵞōa-ree) *c* (pl ~ën) theory

therapie (tāȳ-raa-pee) *c* (pl ~ën) therapy

thermometer (tehr-mōa-māȳ-terr) *c* (pl ~s) thermometer

thermosfles (tehr-moss-flehss) *c* (pl ~sen) vacuum flask, thermos flask

thermostaat (tehr-moss-taat) *c* (pl -staten) thermostat

thuis (tur^ewss) *adv* home, at home

tien (teen) *num* ten

tiende (teen-der) *num* tenth

tiener (tee-nerr) *c* (pl ~s) teenager

tijd (tayt) *c* (pl ~en) time; **de laatste ~** lately; **op ~** in time; **vrije ~** spare time, leisure

tijdbesparend (tayt-ber-spaa-rernt) *adj* time-saving

tijdelijk (tay-der-lerk) *adj* temporary

tijdens (tay-derns) *prep* during

tijdgenoot (tayt-kher-nōat) *c* (pl -noten) contemporary

tijdperk (tayt-pehrk) *nt* (pl ~en) period

tijdschrift (tayt-skhrift) *nt* (pl ~en) review, periodical, journal

tijger (tay-gerr) *c* (pl ~s) tiger

tijm (taym) *c* thyme

tikken (ti-kern) *v* type

timmerhout (ti-merr-hout) *nt* timber

timmerman (ti-merr-mahn) *c* (pl -lieden, -lui) carpenter

tin (tin) *nt* tin, pewter

tiran (tee-rahn) *c* (pl ~nen) tyrant

titel (tee-terl) *c* (pl ~s) title; heading; degree

toch (tokh) *adv* still; *conj* yet

tocht (tokht) *c* draught

toe (tōo) *adj* closed

toebehoren (tōo-ber-hōa-rern) *v* belong; *pl* accessories *pl*

toedienen (tōo-dee-nern) *v* administer

toegang (tōo-gahng) *c* admittance, admission, access; entry, entrance; approach

toegankelijk (tōo-gahng-ker-lerk) *adj* accessible

* **toegeven** (tōo-gāȳ-vern) *v* admit, acknowledge; *give in, indulge

toehoorder (tōo-hōar-derr) *c* (pl ~s) auditor

toekennen (tōo-keh-nern) *v* award

toekomst (tōo-komst) *c* future

toekomstig (tōo-kom-sterkh) *adj* future

toelage (tōo-laa-ger) *c* (pl ~n) allowance, grant

* **toelaten** (tōo-laa-tern) *v* admit

toelating (tōo-laa-ting) *c* (pl ~en) admission

toelichten (tōo-likh-tern) *v* elucidate

toelichting (tōo-likh-ting) *c* (pl ~en) explanation

toen (tōon) *conj* when; *adv* then

toename (tōo-naa-mer) *c* increase

* **toenemen** (tōo-nāȳ-mern) *v* increase; **toenemend** progressive

toenmalig (tōon-maa-lerkh) *adj* contemporary

toepassen (tōo-pah-sern) *v* apply

oepassing (*tōō*-pah-sɪng) *c* (pl ~en)
application

oereikend (tōō-*ray*-kernt) *adj* adequate

oerisme (tōō-*rɪss*-mer) *nt* tourism

oerist (tōō-*rɪst*) *c* (pl ~en) tourist

oeristenklasse (tōō-*rɪss*-ter-klah-ser) *c*
tourist class

oernooi (tōōr-*nōā^ee*) *nt* (pl ~en) tournament

oeschouwer (tōō-skhou-err) *c* (pl ~s)
spectator

* **toeschrijven aan** (*tōō*-skhray-vern)
assign to

* **toeslaan** (*tōō*-slaan) *v* *strike

oeslag (*tōō*-slahkh) *c* (pl ~en) surcharge

oespraak (*tōō*-spraak) *c* (pl -spraken)
speech

* **toestaan** (*tōō*-staan) *v* allow, permit

toestand (*tōō*-stahnt) *c* (pl ~en) state;
condition

toestel (*tōō*-stehl) *nt* (pl ~len) apparatus, appliance; aircraft; extension

toestemmen (*tōō*-steh-mern) *v* agree,
consent

toestemming (*tōō*-steh-mɪng) *c* authorization, permission; consent

toetje (*tōō*-t^yer) *nt* (pl ~s) sweet

toeval (*tōō*-vahl) *nt* chance; luck

toevallig (tōō-*vah*-lerkh) *adj* accidental, casual, incidental; *adv* by
chance

toevertrouwen (*tōō*-verr-trou-ern) *v*
commit

toevoegen (*tōō*-vōō-gern) *v* add

toevoeging (*tōō*-vōō-gɪng) *c* (pl ~en)
addition

toewijden (*tōō*-vay-dern) *v* dedicate

* **toewijzen** (*tōō*-vay-zern) *v* allot

toezicht (*tōō*-zɪkht) *nt* supervision; ~
* **houden op** supervise

toffee (to-*fā^y*) *c* (pl ~s) toffee

toilet (tvah-*leht*) *nt* (pl ~ten) toilet,
lavatory, bathroom; washroom
nAm

toiletbenodigdheden (tvah-*leht*-ber-nōā-derkht-hā^y-dern) *pl* toiletry

toiletpapier (tvah-*leht*-paa-peer) *nt*
toilet-paper

toilettafel (tvah-*leh*-taa-ferl) *c* (pl ~s)
dressing-table

toilettas (tvah-*leh*-tahss) *c* (pl ~sen)
toilet case

tol (tol) *c* toll

tolk (tolk) *c* (pl ~en) interpreter

tolken (*tol*-kern) *v* interpret

tolweg (*tol*-verkh) *c* (pl ~en) turnpike
nAm

tomaat (tōa-*maat*) *c* (pl tomaten) tomato

ton (ton) *c* (pl ~nen) cask, barrel; ton

toneel (tōa-*nā^yl*) *nt* drama; stage

toneelkijker (tōa-*nā^yl*-kay-kerr) *c* (pl
~s) binoculars *pl*

toneelschrijver (tōa-*nā^yl*-skhray-verr) *c*
(pl ~s) dramatist, playwright

toneelspeelster (tōa-*nā^yl*-spā^yl-sterr) *c*
(pl ~s) actress

toneelspelen (tōa-*nā^yl*-spā^y-lern) *v* act

toneelspeler (tōa-*nā^yl*-spā^y-lerr) *c* (pl
~s) actor; comedian

toneelstuk (tōa-*nā^yl*-sterk) *nt* (pl
~ken) play

tonen (*tōa*-nern) *v* *show; display

tong (tong) *c* (pl ~en) tongue; sole

tonicum (*tōa*-nee-kerm) *nt* (pl -ca, ~s)
tonic

tonijn (tōa-*nayn*) *c* (pl ~en) tuna

toon (tōan) *c* (pl tonen) tone; note

toonbank (*tōam*-bahngk) *c* (pl ~en)
counter

toonladder (*tōan*-lah-derr) *c* (pl ~s)
scale

toonzaal (*tōan*-zaal) *c* (pl -zalen)
showroom

toorn (*tōa*-rern) *c* anger

top (top) *c* (pl ~pen) peak; top, summit

toppunt (*to*-pernt) *nt* (pl ~en) height; zenith

toren (*tōā*-rern) *c* (pl ~s) tower

tot (tot) *prep* until, to, till; *conj* till; ~ **aan** till; ~ **zover** so far

totaal[1] (tōa-*taal*) *adj* total, overall; utter

totaal[2] (tōa-*taal*) *nt* (pl totalen) total; **in** ~ altogether

totalisator (tōa-taa-lee-*zaa*-tor) *c* (pl ~s) totalizator

totalitair (tōa-taa-lee-*tair*) *adj* totalitarian

totdat (to-*daht*) *conj* till

touw (tou) *nt* (pl ~en) twine, rope, string

toverkunst (*tōā*-verr-kernst) *c* magic

traag (traakh) *adj* slow; slack

traan (traan) *c* (pl tranen) tear

trachten (*trahkh*-tern) *v* try, attempt

tractor (*trahk*-tor) *c* (pl ~en, ~s) tractor

traditie (traa-*dee*-tsee) *c* (pl ~s) tradition

traditioneel (traa-dee-shōa-*nāyl*) *adj* traditional

tragedie (traa-*gāy*-dee) *c* (pl ~s) tragedy

tragisch (*traa*-geess) *adj* tragic

trainen (*trāy*-nern) *v* drill, train

tralie (*traa*-lee) *c* (pl ~s) bar

tram (trehm) *c* (pl ~s) tram; streetcar *nAm*

transactie (trahn-*zahk*-see) *c* (pl ~s) deal, transaction

transatlantisch (trahn-zaht-*lahn*-teess) *adj* transatlantic

transformator (trahns-for-*maa*-tor) *c* (pl ~en, ~s) transformer

transpiratie (trahn-spee-*raa*-tsee) *c* perspiration

transpireren (trahn-spee-*rāy*-rern) *v* perspire

transport (trahn-*sport*) *nt* (pl ~en) transportation

transporteren (trahn-spor-*tāy*-rern) *v* transport

trap (trahp) *c* (pl ~pen) stairs *pl*, staircase; kick

trapleuning (*trahp*-lūr-nng) *c* (pl ~en) banisters *pl*

trappen (*trah*-pern) *v* kick

trechter (*trehkh*-terr) *c* (pl ~s) funnel

trede (*trāy*-der) *c* (pl ~n) step

***treffen** (*treh*-fern) *v* *hit; *strike

trefpunt (*trehf*-pernt) *nt* (pl ~en) meeting-place

trein (trayn) *c* (pl ~en) train; **doorgaande** ~ through train

trek[1] (trehk) *c* (pl ~ken) trait

trek[2] (trehk) *c* appetite

***trekken** (*treh*-kern) *v* pull; *draw; extract; hike

trekker (*treh*-kerr) *c* (pl ~s) trigger

trekking (*treh*-kng) *c* (pl ~en) draw

treuren (*trūr*-rern) *v* grieve

treurig (*trūr*-rerkh) *adj* sad

treurspel (*trūrr*-spehl) *nt* (pl ~en) drama

tribune (tree-*bēw*-ner) *c* (pl ~s) stand

tricotgoederen (tree-*kōā*-gōo-der-rern) *pl* hosiery

triest (treest) *adj* depressing

trillen (*trl*-lern) *v* tremble; vibrate

triomf (tree-*ʸomf*) *c* (pl ~en) triumph

triomfantelijk (tree-ʸom-*fahn*-ter-lerk) *adj* triumphant

troepen (*trōō*-pern) *pl* troops *pl*

trommel (*tro*-merl) *c* (pl ~s) canister; drum

trommelvlies (*tro*-merl-vleess) *nt* (pl -vliezen) ear-drum

trompet (trom-*peht*) *c* (pl ~ten) trumpet

troon (trōan) *c* (pl tronen) throne

troost (trōast) *c* comfort

troosten (*trōass*-tern) *v* comfort

troostprijs (*trōast*-prayss) *c* (pl -prijzen) consolation prize

tropen (*trōā*-pern) *pl* tropics *pl*

tropisch (*trōā*-peess) *adj* tropical

trots (trots) *adj* proud; *c* pride

trottoir (tro-*tvaar*) *nt* (pl ~s) pavement; sidewalk *nAm*

trottoirband (tro-*tvaar*-bahnt) *c* (pl ~en) curb

trouw (trou) *adj* true, faithful

trouwen (*trou*-ern) *v* marry

trouwens (*trou*-erns) *adv* besides

trouwring (*trou*-rıng) *c* (pl ~en) wedding-ring

trui (trur^ew) *c* (pl ~en) jersey

Tsjech (ts^Yehkh) *c* (pl ~en) Czech

Tsjechisch (ts^Yeh-kheess) *adj* Czech

Tsjechoslowakije (ts^Yeh-khōā-slōā-vaa-kay-er) Czechoslovakia

tube (tēw-ber) *c* (pl ~s) tube

tuberculose (tēw-behr-kēw-*lōā*-zer) *c* tuberculosis

tuin (tur^ewn) *c* (pl ~en) garden

tuinbouw (*tur^ew*m-bou) *c* horticulture

tuinman (*tur^ew*n-mahn) *c* (pl -lieden, -lui) gardener

tuit (tur^ewt) *c* (pl ~en) nozzle

tulp (terlp) *c* (pl ~en) tulip

tumor (*tēw*-mor) *c* (pl ~s) tumour

Tunesië (tēw-*nāy*-zee-^Yer) Tunisia

Tunesiër (tēw-*nāy*-zee-^Yerr) *c* (pl ~s) Tunisian

Tunesisch (tēw-*nāy*-zeess) *adj* Tunisian

tuniek (tēw-*neek*) *c* (pl ~en) tunic

tunnel (*ter*-nerl) *c* (pl ~s) tunnel

turbine (terr-*bee*-ner) *c* (pl ~s) turbine

Turk (terrk) *c* (pl ~en) Turk

Turkije (terr-*kay*-er) Turkey

Turks (terrks) *adj* Turkish; **~ bad** Turkish bath

tussen (*ter*-sern) *prep* between; among, amid

tussenbeide *komen (ter-serm-*bay*-

der *kōā*-mern) interfere

tussenpersoon (*ter*-ser-pehr-sōan) *c* (pl -sonen) intermediary

tussenpoos (*ter*-ser-pōass) *c* (pl -pozen) interval

tussenruimte (*ter*-ser-rur^ewm-ter) *c* (pl ~n, ~s) space

tussenschot (*ter*-ser-skhot) *nt* (pl ~ten) partition; diaphragm

tussentijd (*ter*-ser-tayt) *c* interim

twaalf (tvaalf) *num* twelve

twaalfde (*tvaalf*-der) *num* twelfth

twee (*tvāy*) *num* two

tweede (*tvāy*-der) *num* second

tweedehands (tvāy-der-*hahnts*) *adj* second-hand

tweedelig (tvāy-*dāy*-lerkh) *adj* two-piece

tweeling (*tvāy*-lıng) *c* (pl ~en) twins *pl*

tweemaal (*tvāy*-maal) *adv* twice

tweesprong (*tvāy*-sprong) *c* (pl ~en) fork, road fork

tweetalig (tvāy-*taa*-lerkh) *adj* bilingual

twijfel (*tvay*-ferl) *c* (pl ~s) doubt

twijfelachtig (*tvay*-ferl-ahkh-terkh) *adj* doubtful

twijfelen (*tvay*-fer-lern) *v* doubt

twijg (tvaykh) *c* (pl ~en) twig

twintig (*tvın*-terkh) *num* twenty

twintigste (*tvın*-terkh-ster) *num* twentieth

twist (tvıst) *c* (pl ~en) quarrel

twisten (*tvıss*-tern) *v* quarrel, dispute

tyfus (*tee*-ferss) *c* typhoid

type (*tee*-per) *nt* (pl ~n, ~s) type

typen (*tee*-pern) *v* type

typisch (*tee*-peess) *adj* typical

typiste (tee-*pı*-ster) *c* (pl ~s, ~n) typist

U

u (ew) *pron* you
ui (ur^{ew}) *c* (pl ~en) onion
uil (ur^{ew}l) *c* (pl ~en) owl
uit (ur^{ew}t) *prep* from, out of; for; *adv* out
uitademen (ur^{ew}t-aa-der-mern) *v* expire, exhale
uitbarsting (ur^{ew}t-bahr-stern) *c* (pl ~en) outbreak
uitbenen (ur^{ew}t-bāy-nern) *v* bone
***uitblinken** (ur^{ew}t-bling-kern) *v* excel
uitbreiden (ur^{ew}t-bray-dern) *v* extend, enlarge, expand
uitbreiding (ur^{ew}t-bray-ding) *c* (pl ~en) extension
uitbuiten (ur^{ew}t-bur^{ew}-tern) *v* exploit
uitbundig (ur^{ew}t-*bern*-derkh) *adj* exuberant
uitdagen (ur^{ew}-daa-gern) *v* dare, challenge
uitdaging (ur^{ew}-daa-ging) *c* (pl ~en) challenge
uitdelen (ur^{ew}-dāy-lern) *v* distribute; *deal
***uitdoen** (ur^{ew}-dōōn) *v* *put out
uitdrukkelijk (ur^{ew}-drer-ker-lerk) *adj* express, explicit
uitdrukken (-ur^{ew}-drer-kern) *v* express
uitdrukking (ur^{ew}-drer-king) *c* (pl ~en) expression; phrase
uiteindelijk (ur^{ew}t-*ayn*-der-lerk) *adj* eventual; *adv* at last
uiten (ur^{ew}-tern) *v* express; utter
uiteraard (ur^{ew}-ter-*raart*) *adv* of course, naturally
uiterlijk (ur^{ew}-ter-lerk) *adj* outward, external, exterior; *nt* outside; look
uiterst (ur^{ew}-terrst) *adj* extreme; utmost, very
uiterste (ur^{ew}-terr-ster) *nt* (pl ~n) extreme

***uitgaan** (ur^{ew}t-khaan) *v* *go out
uitgang (ur^{ew}t-khahng) *c* (pl ~en) way out, exit; issue
uitgangspunt (ur^{ew}t-khahngs-pernt) *nt* (pl ~en) starting-point
uitgave (ur^{ew}t-khaa-ver) *c* (pl ~n) expense, expenditure; edition, issue
uitgebreid (ur^{ew}t-kher-brayt) *adj* comprehensive, extensive
uitgelezen (ur^{ew}t-kher-lāy-zern) *adj* select
uitgestrekt (ur^{ew}t-kher-strehkt) *adj* vast
***uitgeven** (ur^{ew}t-khāy-vern) *v* *spend; publish, issue
uitgever (ur^{ew}t-khāy-verr) *c* (pl ~s) publisher
uitgezonderd (ur^{ew}t-kher-zon-derrt) *prep* except
uitgifte (ur^{ew}t-khif-ter) *c* (pl ~n) issue
***uitglijden** (ur^{ew}t-khlay-dern) *v* slip
uithoudingsvermogen (ur^{ew}t-hou-dings-ferr-mōa-gern) *nt* stamina
uiting (ur^{ew}-ting) *c* (pl ~en) expression
***uitkiezen** (ur^{ew}t-kee-zern) *v* select
***uitkijken** (ur^{ew}t-kay-kern) *v* watch out, look out; ~ **naar** watch for
zich uitkleden (ur^{ew}t-klāy-dern) undress
***uitkomen** (ur^{ew}t-kōa-mern) *v* *come out; *come true; *be convenient; ~ **op** open on
uitkomst (ur^{ew}t-komst) *c* (pl ~en) issue
uitlaat (ur^{ew}t-laat) *c* (pl -laten) exhaust
uitlaatgassen (ur^{ew}t-laat-khah-sern) *pl* exhaust gases
uitlaatpijp (ur^{ew}t-laat-payp) *c* (pl ~en) exhaust
***uitladen** (ur^{ew}t-laa-dern) *v* unload, discharge

uitleg (*ur^{ew}t*-lehkh) *c* explanation

uitleggen (*ur^{ew}t*-leh-gern) *v* explain

uitlenen (*ur^{ew}t*-lāy-nern) *v* *lend

uitleveren (*ur^{ew}t*-lāy-ver-rern) *v* extradite

uitmaken (*ur^{ew}t*-maa-kern) *v* matter; determine; *put out

uitnodigen (*ur^{ew}t*-nōa-der-gern) *v* invite; ask

uitnodiging (*ur^{ew}t*-nōa-der-gıng) *c* (pl ~en) invitation

uitoefenen (*ur^{ew}t*-ōō-fer-nern) *v* exercise

uitpakken (*ur^{ew}t*-pah-kern) *v* unpack; unwrap

uitputten (*ur^{ew}t*-per-tern) *v* exhaust

uitrekenen (*ur^{ew}t*-rāy-ker-nern) *v* calculate

uitrit (*ur^{ew}t*-rıt) *c* (pl ~ten) exit

uitroep (*ur^{ew}t*-rōōp) *c* (pl ~en) exclamation

* **uitroepen** (*ur^{ew}t*-rōō-pern) *v* exclaim

uitrusten (*ur^{ew}t*-rerss-tern) *v* rest; equip

uitrusting (*ur^{ew}t*-rerss-tıng) *c* (pl ~en) equipment; gear, kit, outfit

uitschakelen (*ur^{ew}t*-skhaa-ker-lern) *v* switch off; disconnect

* **uitscheiden** (*ur^{ew}t*-skhay-dern) *v* quit

* **uitschelden** (*ur^{ew}t*-skhehl-dern) *v* call names

uitslag (*ur^{ew}t*-slahkh) *c* (pl ~en) result; rash

* **uitsluiten** (*ur^{ew}t*-slur^{ew}-tern) *v* exclude

uitsluitend (*ur^{ew}t*-*slur^{ew}*-ternt) *adv* solely, exclusively

uitspraak (*ur^{ew}t*-spraak) *c* (pl -spraken) pronunciation; verdict

uitspreiden (*ur^{ew}t*-spray-dern) *v* expand

* **uitspreken** (*ur^{ew}t*-sprāy-kern) *v* pronounce

uitstapje (*ur^{ew}t*-stahp-^yer) *nt* (pl ~s) trip, excursion

uitstappen (*ur^{ew}t*-stah-pern) *v* *get off

uitstekend (*ur^{ew}t*-stāy-kernt) *adj* fine, excellent

uitstel (*ur^{ew}t*-stehl) *nt* delay; respite

uitstellen (*ur^{ew}t*-steh-lern) *v* delay, postpone; adjourn

* **uittrekken** (*ur^{ew}*-treh-kern) *v* extract

uitverkocht (*ur^{ew}t*-ferr-kokht) *adj* sold out

uitverkoop (*ur^{ew}t*-ferr-kōap) *c* sales

* **uitvinden** (*ur^{ew}t*-fın-dern) *v* invent

uitvinder (*ur^{ew}t*-fın-derr) *c* (pl ~s) inventor

uitvinding (*ur^{ew}t*-fın-dıng) *c* (pl ~en) invention

uitvoer (*ur^{ew}t*-fōōr) *c* exportation

uitvoerbaar (*ur^{ew}t*-*fōōr*-baar) *adj* feasible

uitvoeren (*ur^{ew}t*-fōō-rern) *v* carry out; implement, perform, execute; export

uitvoerend (*ur^{ew}t*-fōō-rernt) *adj* executive; **uitvoerende macht** executive

uitvoerig (*ur^{ew}t*-fōō-rerkh) *adj* detailed

uitwerken (*ur^{ew}t*-vehr-kern) *v* elaborate

* **uitwijzen** (*ur^{ew}t*-vay-zern) *v* expel

uitwisselen (*ur^{ew}t*-vi-ser-lern) *v* exchange

* **uitzenden** (*ur^{ew}t*-sehn-dern) *v* *broadcast, transmit

uitzending (*ur^{ew}t*-sehn-dıng) *c* (pl ~en) broadcast, transmission

uitzicht (*ur^{ew}t*-sıkht) *nt* (pl ~en) view

uitzondering (*ur^{ew}t*-son-der-rıng) *c* (pl ~en) exception

uitzonderlijk (*ur^{ew}t*-*son*-derr-lerk) *adj* exceptional

* **uitzuigen** (*ur^{ew}t*-sur^{ew}-gern) *v* *bleed

ultraviolet (erl-traa-vee-^yōa-*leht*) *adj* ultraviolet

unaniem (ēw-naa-*neem*) *adj* unanimous

unie (ēw-nee) c (pl ~s) union
uniek (ēw-neek) adj unique
uniform[1] (ēw-nee-form) adj uniform
uniform[2] (ēw-nee-form) nt/c (pl ~en) uniform
universeel (ēw-nee-vehr-zāyl) adj universal
universiteit (ēw-nee-vehr-zee-tayt) c (pl ~en) university
urgent (err-gehnt) adj pressing
urgentie (err-gehn-see) c urgency
urine (ēw-ree-ner) c urine
Uruguay (ōō-rōō-gvigh) Uruguay
Uruguayaan (ōō-rōō-gvah-ᵞaan) c (pl -yanen) Uruguayan
Uruguayaans (ōō-rōō-gvah-ᵞaans) adj Uruguayan
uur (ēwr) nt (pl uren) hour; **om ... ~** at ... o'clock; **uur-** hourly
uw (ēw°°) pron your

V

vaag (vaakh) adj vague; faint; dim
vaak (vaak) adv often
vaandel (vaan-derl) nt (pl ~s) banner
vaardig (vaar-derkh) adj skilled, skilful
vaardigheid (vaar-derkh-hayt) c (pl -heden) skill; art
vaart (vaart) c speed
vaartuig (vaar-tur°kh) nt (pl ~en) vessel
vaarwater (vaar-vaa-terr) nt waterway
vaas (vaass) c (pl vazen) vase
vaatje (vaa-tᵞer) nt (pl ~s) keg
vaatwerk (vaat-vehrk) nt crockery
vacant (vaa-kahnt) adj vacant
vacature (vah-kah-tēw-rer) c (pl ~s) vacancy
vacuüm (vaa-kēw-erm) nt vacuum
vader (vaa-derr) c (pl ~s) father; dad
vaderland (vaa-derr-lahnt) nt native country, fatherland

vagebond (vaa-ger-bont) c (pl ~en) tramp
vak (vahk) nt (pl ~ken) profession, trade; section
vakantie (vaa-kahn-see) c (pl ~s) holiday, vacation; **met ~** on holiday
vakantiekamp (vaa-kahn-see-kahmp) nt (pl ~en) holiday camp
vakantieoord (vaa-kahn-see-ōart) nt (pl ~en) holiday resort
vakbond (vahk-bont) c (pl ~en) trade-union
vakkundig (vah-kern-derkh) adj skilled
vakman (vahk-mahn) c (pl -lieden) expert
val[1] (vahl) c fall
val[2] (vahl) c (pl ~len) trap
valk (vahlk) c (pl ~en) hawk
vallei (vah-lay) c (pl ~en) valley
***vallen** (vah-lern) v *fall; ***laten ~** drop
vals (vahls) adj false
valuta (vaa-lēw-taa) c (pl ~'s) currency
van (vahn) prep of; from; off; with
vanaf (vah-nahf) prep from, as from
vanavond (vah-naa-vernt) adv tonight
vandaag (vahn-daakh) adv today
***vangen** (vah-ngern) v *catch; capture
vangrail (vahng-rāyl) c (pl ~s) crash barrier
vangst (vahngst) c (pl ~en) capture
vanille (vaa-nee-ᵞer) c vanilla
vanmiddag (vah-mı-dahkh) adv this afternoon
vanmorgen (vah-mor-gern) adv this morning
vannacht (vah-nahkht) adv tonight
vanwege (vahn-vāy-ger) prep on account of, for, owing to, because of
vanzelfsprekend (vahn-zehlf-sprāy-kernt) adj self-evident

*varen (*vaa*-rern) *v* sail, navigate

variëren (vaa-ree-*Yāy*-rern) *v* vary

variététheater (vaa-ree-*Yāy-tāy-tāy-Yaa*-terr) *nt* (pl ~s) variety theatre; music-hall

variétévoorstelling (vaa-ree-*Yāy-tāy*-vōar-steh-lɪng) *c* (pl ~en) variety show

varken (*vahr*-kern) *nt* (pl ~s) pig

varkensleer (*vahr*-kerss-lāȳr) *nt* pigskin

varkensvlees (*vahr*-kerss-flāȳss) *nt* pork

vaseline (vaa-zer-*lee*-ner) *c* vaseline

vast (vahst) *adj* fixed, firm; steady, permanent; *adv* tight; ~ **menu** set menu

vastberaden (vahss-ber-*raa*-dern) *adj* resolute

vastbesloten (vahss-ber-*slōā*-tern) *adj* determined

vasteland (vahss-ter-*lahnt*) *nt* mainland; continent

*vasthouden (*vahst*-hou-dehn) *v* *hold; **zich** ~ *hold on

vastmaken (*vahst*-maa-kern) *v* fasten; attach

vastomlijnd (vahss-tom-laynt) *adj* definite

vastspelden (*vahst*-spehl-dern) *v* pin

vaststellen (*vahst*-steh-lern) *v* establish, determine

vat (vaht) *nt* (pl ~en) cask, barrel; vessel

*vechten (*vehkh*-tern) *v* *fight; combat, battle

vee (vāȳ) *nt* cattle *pl*

veearts (*vāȳ*-ahrts) *c* (pl ~en) veterinary surgeon

veel (vāȳl) *adj* much, many; *adv* much, far

veelbetekenend (vāȳl-ber-*tāy*-kernernt) *adj* significant

veelomvattend (vāȳl-om-*vah*-ternt)

adj extensive

veelvuldig (vāȳl-*verl*-derkh) *adj* frequent

veelzijdig (vāȳl-*zay*-derkh) *adj* all-round

veen (vāȳn) *nt* moor

veer (vāȳr) *c* (pl veren) feather; spring

veerboot (*vāȳr*-bōat) *c* (pl -boten) ferry-boat

veertien (*vāȳr*-teen) *num* fourteen; ~ **dagen** fortnight

veertiende (*vāȳr*-teen-der) *num* fourteenth

veertig (*vāȳr*-terkh) *num* forty

vegen (*vāȳ*-gern) *v* *sweep; wipe

vegetariër (vāȳ-ger-*taa*-ree-Yerr) *c* (pl ~s) vegetarian

veilig (*vay*-lerkh) *adj* safe; secure

veiligheid (*vay*-lerkh-hayt) *c* safety; security

veiligheidsgordel (*vay*-lerkh-hayts-khor-derl) *c* (pl ~s) safety-belt; seatbelt

veiligheidsspeld (*vay*-lerkh-hayt-spehlt) *c* (pl ~en) safety-pin

veiling (*vay*-lɪng) *c* (pl ~en) auction

vel (vehl) *nt* (pl ~len) skin

veld (vehlt) *nt* (pl ~en) field

veldbed (*vehlt*-beht) *nt* (pl ~den) camp-bed

veldkijker (*vehlt*-kay-kerr) *c* (pl ~s) field glasses

velg (vehlkh) *c* (pl ~en) rim

Venezolaan (vāȳ-nāȳ-zōā-*laan*) *c* (pl -lanen) Venezuelan

Venezolaans (vāȳ-nāȳ-zōā-*laans*) *adj* Venezuelan

Venezuela (vāȳ-nāȳ-zēw-*vāȳ*-laa) Venezuela

vennoot (ver-*nōāt*) *c* (pl -noten) associate

vensterbank (*vehn*-sterr-bahngk) *c* (pl ~en) window-sill

vent (vehnt) *c* chap, guy

ventiel (vehn-*teel*) *nt* (pl ~en) valve

ventilatie (vehn-tee-*laa*-tsee) *c* (pl ~s)
ventilation

ventilator (vehn-ti-*laa*-tor) *c* (pl ~s,
~en) ventilator, fan

ventilatorriem (vehn-tee-*laa*-to-reem) *c*
(pl ~en) fan belt

ventileren (vehn-tee-*lāȳ*-rern) *v* ventilate

ver (vehr) *adj* far; remote, far-away,
distant

verachten (verr-*ahkh*-tern) *v* scorn,
despise

verachting (verr-*ahkh*-ting) *c* scorn,
contempt

verademing (verr-*aa*-der-ming) *c* relief

veranda (ver-*rahn*-daa) *c* (pl ~'s) veranda

veranderen (verr-*ahn*-der-rern) *v*
change; alter, transform; vary; ~
in turn into

verandering (verr-*ahn*-der-ring) *c* (pl
~en) change; alteration; variation

veranderlijk (verr-*ahn*-derr-lerk) *adj*
variable

verantwoordelijk (verr-ahnt-*vōār*-der-
lerk) *adj* responsible

verantwoordelijkheid (verr-ahnt-*vōār*-
der-lerk-hayt) *c* (pl -heden) responsibility

verantwoorden (verr-ahnt-vōār-dern) *v*
account for

verband (verr-*bahnt*) *nt* (pl ~en) connection, relation; bandage

verbandkist (verr-*bahnt*-kist) *c* (pl
~en) first-aid kit

verbazen (verr-*baa*-zern) *v* astonish,
amaze, surprise; **zich** ~ marvel

verbazing (verr-*baa*-zing) *c* astonishment, amazement, surprise

zich verbeelden (verr-*bāȳl*-dern)
fancy, imagine

verbeelding (verr-*bāȳl*-ding) *c* imagin-

ation

***verbergen** (verr-*behr*-gern) *v* *hide;
conceal

verbeteren (verr-*bāȳ*-ter-rern) *v* improve; correct

verbetering (verr-*bāȳ*-ter-ring) *c* (pl
~en) improvement; correction

***verbieden** (verr-*bee*-dern) *v* prohibit,
*forbid

***verbinden** (verr-*bin*-dern) *v* link,
connect, join; dress; **zich** ~ engage

verbinding (verr-*bin*-ding) *c* (pl ~en)
link; connection; **zich in** ~ **stellen
met** contact

verblijf (verr-*blayf*) *nt* (pl -blijven) stay

verblijfsvergunning (verr-*blayfs*-ferr-
ger-ning) *c* (pl ~en) residence permit

***verblijven** (verr-*blay*-vern) *v* stay

verblinden (verr-*blin*-dern) *v* blind;
verblindend glaring

verbod (verr-*bot*) *nt* (pl ~en) prohibition

verboden (verr-*bōā*-dern) *adj* prohibit-
ed; ~ **te parkeren** no parking; ~ **te
roken** no smoking; ~ **toegang** no
entry, no admittance; ~ **voor voetgangers** no pedestrians

verbond (verr-*bont*) *nt* (pl ~en) union

verbouwen (verr-*bou*-ern) *v* cultivate,
raise

verbranden (verr-*brahn*-dern) *v* *burn

verbruiken (verr-*brur*^{ew}-kern) *v* use up

verbruiker (verr-*brur*^{ew}-kerr) *c* (pl ~s)
consumer

verdacht (verr-*dahkht*) *adj* suspicious

verdachte (verr-*dahkh*-teh) *c* (pl ~n)
suspect; accused

verdampen (verr-*dahm*-pern) *v* evaporate

verdedigen (verr-*dāȳ*-der-gern) *v* defend

verdediging (verr-*dāȳ*-der-ging) *c* defence

verdelen (verr-*dāy*-lern) *v* divide

***verdenken** (verr-*dehng*-kern) *v* suspect

verdenking (verr-*dehng*-king) *c* (pl ~en) suspicion

verder (*vehr*-derr) *adj* further; *adv* beyond; ~ **dan** beyond

verdienen (verr-*dee*-nern) *v* earn; *make; deserve, merit

verdienste (verr-*deens*-ter) *c* (pl ~n) merit; **verdiensten** *pl* earnings *pl*

verdieping (verr-*dee*-ping) *c* (pl ~en) storey, floor

verdikken (verr-*dı*-kern) *v* thicken

verdoving (verr-*dōā*-ving) *c* (pl ~en) anaesthesia

verdraaien (verr-*draa*ᵉᵉ-ern) *v* wrench

verdrag (verr-*drahkh*) *nt* (pl ~en) treaty

***verdragen** (verr-*draa*-gern) *v* endure, *bear; sustain

verdriet (verr-*dreet*) *nt* grief, sorrow

verdrietig (verr-*dree*-terkh) *adj* sad

***verdrijven** (verr-*dray*-vern) *v* chase

***verdrinken** (verr-*dring*-kern) *v* drown; *be drowned

verdrukken (verr-*drer*-kern) *v* oppress

verduidelijken (verr-*dur*ᵉʷ-der-ler-kern) *v* clarify

verduistering (verr-*dur*ᵉʷ*ss*-ter-rehn) *c* (pl ~en) eclipse

verdunnen (verr-*der*-nern) *v* dilute

verdwaald (verr-*dvaalt*) *adj* lost

***verdwijnen** (verr-*dvay*-nern) *v* vanish, disappear

vereisen (verr-*ay*-sern) *v* demand, require; **vereist** requisite

vereiste (verr-*ayss*-ter) *c* (pl ~n) requirement

Verenigde Staten (verr-*āy*-nerkh-der-*staa*-tern) United States, the States

verenigen (verr-*āy*-ner-gern) *v* join; unite; **verenigd** joint

vereniging (verr-*āy*-ner-ging) *c* (pl ~en) association; union, society, club

verf (vehrf) *c* (pl verven) paint; dye

verfdoos (*vehrf*-dōass) *c* (pl -dozen) paint-box

verfrissen (verr-*frı*-sern) *v* refresh

verfrissing (verr-*frı*-sing) *c* (pl ~en) refreshment

vergadering (verr-*gaa*-der-ring) *c* (pl ~en) meeting; assembly

vergeefs (verr-*gāyfs*) *adj* vain; *adv* in vain

vergeetachtig (verr-*gāyt*-ahkh-terkh) *adj* forgetful

***vergelijken** (vehr-ger-*lay*-kern) *v* compare

vergelijking (vehr-ger-*lay*-king) *c* (pl ~en) comparison

***vergeten** (verr-*gāy*-tern) *v* *forget

***vergeven** (verr-*gāy*-vern) *v* *forgive

zich vergewissen van (verr-ger-*vı*-sern) ascertain

vergezellen (verr-ger-*zeh*-lern) *v* accompany

vergiet (verr-*geet*) *nt* (pl ~en) strainer

vergif (verr-*gıf*) *nt* poison

vergiffenis (verr-*gı*-fer-nıss) *c* pardon

vergiftig (verr-*gıf*-terkh) *adj* toxic

vergiftigen (verr-*gıf*-teh-gern) *v* poison

zich vergissen (verr-*gı*-sern) *be mistaken; err

vergissing (verr-*gı*-sing) *c* (pl ~en) oversight; error, mistake

vergoeden (verr-*gōō*-dern) *v* *make good, reimburse; remunerate

vergoeding (verr-*gōō*-ding) *c* (pl ~en) remuneration

vergrootglas (verr-*grōāt*-khlahss) *nt* (pl -glazen) magnifying glass

vergroten (verr-*grōā*-tern) *v* enlarge

vergroting (verr-*grōā*-ting) *c* (pl ~en) enlargement

verguld (verr-*gerlt*) *adj* gilt

vergunning (verr-*ger*-ning) *c* (pl ~en)

licence, permit, permission; **een ~ verlenen** license

verhaal (verr-*haal*) *nt* (pl -halen) story; tale

verhandeling (verr-*hahn*-der-lıng) *c* (pl ~en) essay

verheugd (verr-*hūrkht*) *adj* glad

verhinderen (verr-*hın*-der-rern) *v* prevent

verhogen (verr-*hōa*-gern) *v* raise

verhoging (verr-*hōa*-gıng) *c* (pl ~en) rise, increase

verhoor (verr-*hōar*) *nt* (pl -horen) examination, interrogation

verhouding (verr-*hou*-dıng) *c* (pl ~en) affair

verhuizen (verr-*hur*ew-zern) *v* move

verhuizing (verr-*hur*ew-zıng) *c* (pl ~en) move

verhuren (verr-*hēw*-rern) *v* *let; lease

verifiëren (vāy-ree-fee-*y*āy-rern) *v* verify

vering (*vāy*-rıng) *c* suspension

verjaardag (verr-*y*aar-dahkh) *c* (pl ~en) birthday; anniversary

***verjagen** (verr-*y*aa-gern) *v* chase

verkeer (verr-*kāy*r) *nt* traffic

verkeerd (verr-*kāy*rt) *adj* false, wrong

verkeersbureau (verr-*kāy*rs-bēw-rōa) *nt* (pl ~s) tourist office

verkeersopstopping (verr-*kāy*rz-op-sto-pıng) *c* (pl ~en) traffic jam

verkennen (verr-*keh*-nern) *v* explore

***verkiezen** (verr-*kee*-zern) *v* elect

verkiezing (verr-*kee*-zıng) *c* (pl ~en) election

verklaarbaar (verr-*klaar*-baar) *adj* accountable

verklaren (verr-*klaa*-rern) *v* state, declare; explain

verklaring (verr-*klaa*-rıng) *c* (pl ~en) statement, declaration; explanation

zich verkleden (verr-*klāy*-dern) change

verkleuren (verr-*klūr*-rern) *v* fade; discolour

verknoeien (verr-*knōō*ee-ern) *v* muddle

verkoop (vehr-kōap) *c* sale

verkoopbaar (verr-*kōa*-baar) *adj* saleable

verkoopster (verr-*kōa*p-sterr) *c* (pl ~s) salesgirl

***verkopen** (verr-*kōa*-pern) *v* *sell; **in het klein ~** retail

verkoper (verr-*kōa*-perr) *c* (pl ~s) salesman; shop assistant

verkorten (verr-*kor*-tern) *v* shorten

verkoudheid (verr-*kout*-hayt) *c* cold

verkrachten (verr-*krahkh*-tern) *v* rape

verkrijgbaar (verr-*kraykh*-baar) *adj* obtainable, available

***verkrijgen** (verr-*kray*-gern) *v* obtain

verlagen (verr-*laa*-gern) *v* lower, reduce; *cut

verlammen (verr-*lah*-mern) *v* paralise

verlangen¹ (verr-*lah*-ngern) *v* wish, desire; **~ naar** long for

verlangen² (verr-*lah*-ngern) *nt* (pl ~s) wish; longing

verlaten (verr-*laa*-tern) *adj* desert

***verlaten** (verr-*laa*-tern) *v* *leave; desert

verleden (verr-*lāy*-dern) *adj* previous; *nt* past

verlegen (verr-*lāy*-gern) *adj* shy; embarrassed

verlegenheid (verr-*lāy*-gern-hayt) *c* shyness, timidity; **in ~ *brengen** embarrass

verleiden (verr-*lay*-dern) *v* seduce

verleiding (verr-*lay*-dıng) *c* (pl ~en) temptation

verlenen (verr-*lāy*-nern) *v* grant; extend

verlengen (verr-*leh*-ngern) *v* lengthen; extend; renew

verlenging (verr-*leh*-ngıng) *c* (pl ~en) extension

verlengsnoer (verr-*lehng*-snoor) *nt* (pl ~en) extension cord

verlichten (verr-*lıkh*-tern) *v* illuminate; relieve

verlichting (verr-*lıkh*-tıng) *c* lighting, illumination; relief

verliefd (verr-*leeft*) *adj* in love

verlies (verr-*leess*) *nt* (pl -liezen) loss

*****verliezen** (verr-*lee*-zern) *v* *lose

verlof (verr-*lof*) *nt* (pl -loven) leave; permission

verloofd (verr-*lōaft*) *adj* engaged

verloofde (verr-*lōaf*-der) *c* (pl ~n) fiancé; fiancée

verlossen (verr-*lo*-sern) *v* deliver; redeem

verlossing (verr-*lo*-sıng) *c* (pl ~en) delivery

verloving (verr-*lōa*-vıng) *c* (pl ~en) engagement

verlovingsring (verr-*lōa*-vıngs-rıng) *c* (pl ~en) engagement ring

vermaak (verr-*maak*) *nt* entertainment, amusement

vermageren (verr-*maa*-ger-rern) *v* slim

vermakelijk (verr-*maa*-ker-lerk) *adj* entertaining

vermaken (verr-*maa*-kern) *v* entertain, amuse

vermeerderen (verr-*māyr*-der-rern) *v* increase

vermelden (verr-*mehl*-dern) *v* mention

vermelding (verr-*mehl*-dıng) *c* (pl ~en) mention

vermenigvuldigen (verr-māy-nerkh-*ferl*-der-gern) *v* multiply

vermenigvuldiging (verr-māy-nerkh-*ferl*-der-gıng) *c* (pl ~en) multiplication

*****vermijden** (verr-*may*-dern) *v* avoid

verminderen (verr-*mın*-der-rern) *v* decrease, lessen, reduce

vermindering (verr-*mın*-der-rıng) *c* (pl ~en) decrease

vermiste (verr-*mıss*-ter) *c* (pl ~n) missing person

vermoedelijk (verr-*mōō*-der-lerk) *adj* presumable, probable

vermoeden (verr-*mōō*-dern) *v* suspect

vermoeien (verr-*mōō*ᵉᵉ-ern) *v* tire; **vermoeid** weary, tired

vermogen (verr-*mōa*-gern) *nt* (pl ~s) ability, faculty; capacity

zich vermommen (verr-*mo*-mern) disguise

vermomming (verr-*mo*-mıng) *c* (pl ~en) disguise

vermoorden (verr-*mōar*-dern) *v* murder

vernielen (verr-*nee*-lern) *v* wreck, destroy

vernietigen (verr-*nee*-ter-gern) *v* destroy

vernietiging (verr-*nee*-ter-gıng) *c* destruction

vernieuwen (verr-*nee*ᵒᵒ-ern) *v* renew

vernis (verr-*nıss*) *nt/c* varnish

veronderstellen (verr-on-derr-*steh*-lern) *v* assume, suppose

verontreiniging (verr-ont-*ray*-ner-gıng) *c* (pl ~en) pollution

verontschuldigen (verr-ont-*skherl*-der-gern) *v* excuse; **zich ~** apologize

verontschuldiging (verr-ont-*skherl*-der-gıng) *c* (pl ~en) apology

verontwaardiging (verr-ont-*vaar*-der-gıng) *c* indignation

veroordeelde (verr-*ōār*-dāyl-der) *c* (pl ~n) convict

veroordelen (verr-*ōār*-dāy-lern) *v* sentence

veroordeling (verr-*ōār*-dāy-lıng) *c* (pl ~en) conviction

veroorloven (verr-*ōār*-lōa-vern) *v* allow, permit; **zich ~** afford

veroorzaken (verr-*ōār*-zaa-kern) *v* cause

veroveraar (verr-*ōa*-ver-raar) *c* (pl ~s)

conqueror
veroveren (verr-*ōā*-ver-rern) *v* conquer
verovering (verr-*ōā*-ver-rɪng) *c* (pl
~en) conquest
verpachten (verr-*pahkh*-tern) *v* lease
verpakking (verr-*pah*-kɪng) *c* (pl ~en)
packing
verpanden (verr-*pahn*-dern) *v* pawn
verplaatsen (verr-*plaat*-sern) *v* move
verpleegster (verr-*plāykh*-sterr) *c* (pl
~s) nurse
verplegen (verr-*plāy*-gern) *v* nurse
verplicht (verr-*plɪkht*) *adj* obligatory,
compulsory; ~ *zijn om *be obliged to
verplichten (verr-*plɪkh*-tern) *v* oblige
verplichting (verr-*plɪkh*-tɪng) *c* (pl
~en) engagement
verraad (ver-*raat*) *nt* treason
verraden (ver-*raa*-dern) *v* betray
verrader (ver-*raa*-derr) *c* (pl ~s) traitor
verrassen (ver-*rah*-sern) *v* surprise
verrassing (ver-*rah*-sɪng) *c* (pl ~en)
surprise
verrekijker (veh-rer-*kay*-kerr) *c* (pl ~s)
binoculars *pl*
verreweg (veh-rer-*vehkh*) *adv* by far
verrichten (ver-*rɪkh*-tern) *v* perform
verrukkelijk (ver-*rer*-ker-lerk) *adj* delightful, wonderful
verrukking (ver-*rer*-kɪng) *c* (pl ~en)
delight; **in ~ *brengen** delight
vers[1] (vehrs) *adj* fresh
vers[2] (vehrs) *nt* (pl verzen) verse
verschaffen (verr-*skhah*-fern) *v* furnish, provide
verscheidene (verr-*skhay*-der-ner)
num various; several
verscheidenheid (verr-*skhay*-dern-hayt) *c* (pl -heden) variety
verschepen (verr-*skhāy*-pern) *v* ship
verschieten (verr-*skhee*-tern) *v* fade
verschijnen (verr-*skhay*-nern) *v* appear

verschijning (verr-*skhay*-nɪng) *c* (pl
~en) apparition
verschijnsel (verr-*skhayn*-serl) *nt* (pl
~en, ~s) phenomenon
verschil (verr-*skhɪl*) *nt* (pl ~len) difference; distinction, contrast
verschillen (verr-*skhɪ*-lern) *v* differ;
vary
verschillend (verr-*skhɪ*-lernt) *adj* unlike, different; distinct
verschrikkelijk (verr-*skhrɪ*-ker-lerk) *adj*
terrible; horrible, frightful, awful
verschuldigd (verr-*skherl*-derkht) *adj*
due; ~ *zijn* owe
versie (*vehr*-zee) *c* (pl ~s) version
versiering (verr-*see*-rɪng) *c* (pl ~en)
decoration
versiersel (verr-*seer*-serl) *nt* (pl ~s,
~en) ornament
verslaan (verr-*slaan*) *v* defeat, *beat
verslag (verr-*slahkh*) *nt* (pl ~en) report, account
verslaggever (verr-*slah*-khāy-verr) *c* (pl
~s) reporter
zich *verslapen (verr-*slaa*-pern) *oversleep
versleten (verr-*slāy*-tern) *adj* worn-out, worn, threadbare
verslijten (verr-*slay*-tern) *v* wear out
versnellen (verr-*sneh*-lern) *v* accelerate
versnelling (verr-*sneh*-lɪng) *c* (pl ~en)
gear
versnellingsbak (verr-*sneh*-lɪngs-bahk)
c (pl ~ken) gear-box
versnellingspook (verr-*sneh*-lɪngs-pōā)
c gear lever
versperren (verr-*speh*-rern) *v* block
verspillen (verr-*spɪ*-lern) *v* waste
verspilling (verr-*spɪ*-lɪng) *c* waste
verspreiden (verr-*spray*-dern) *v* scatter, *shed
verstaan (verr-*staan*) *v* *understand
verstand (verr-*stahnt*) *nt* brain; wits

pl, reason; **gezond** ~ sense

verstandig (verr-*stahn*-derkh) *adj* sensible

verstellen (verr-*steh*-lern) *v* patch

verstijfd (verr-*stayft*) *adj* numb

verstoppen (verr-*sto*-pern) *v* *hide

verstoren (verr-*stōā*-rern) *v* disturb; upset

***verstrijken** (verr-*stray*-kern) *v* expire

verstuiken (verr-*stur*^*ew*-kern) *v* sprain

verstuiking (verr-*stur*^*ew*-king) *c* (pl ~en) sprain

verstuiver (verr-*stur*^*ew*-verr) *c* (pl ~s) atomizer

versturen (verr-*stew*-rern) *v* *send off, dispatch

vertalen (verr-*taa*-lern) *v* translate

vertaler (verr-*taa*-lerr) *c* (pl ~s) translator

vertaling (verr-*taa*-ling) *c* (pl ~en) translation; version

verteerbaar (verr-*tāyr*-baar) *adj* digestible

vertegenwoordigen (verr-tāy-ger-*vōār*-der-gern) *v* represent

vertegenwoordiger (verr-tāy-ger-*vōār*-der-gerr) *c* (pl ~s) agent

vertegenwoordiging (verr-tāy-ger-*vōār*-der-ging) *c* (pl ~en) representation; agency

vertellen (verr-*ter*-lern) *v* *tell; relate

vertelling (verr-*teh*-ling) *c* (pl ~en) tale

verteren (verr-*tāy*-rern) *v* digest

verticaal (vehr-tee-*kaal*) *adj* vertical

vertolken (verr-*tol*-kern) *v* interpret

vertonen (verr-*tōā*-nern) *v* exhibit; display

vertragen (verr-*traa*-gern) *v* delay, slow down

vertraging (verr-*traa*-ging) *c* (pl ~en) delay

vertrek[1] (verr-*trehk*) *nt* departure

vertrek[2] (verr-*trehk*) *nt* (pl ~ken) room

***vertrekken** (verr-*treh*-kern) *v* *leave; depart, *set out, pull out

vertrektijd (verr-*trehk*-tayt) *c* (pl ~en) time of departure

vertrouwd (verr-*trout*) *adj* familiar

vertrouwelijk (verr-*trou*-er-lerk) *adj* confidential

vertrouwen (verr-*trou*-ern) *nt* confidence, trust, faith; *v* trust; ~ **op** rely on

vervaardigen (verr-*vaar*-der-gern) *v* manufacture

vervaldag (verr-*vahl*-dahkh) *c* expiry

vervallen (verr-*vah*-lern) *adj* expired; due

***vervallen** (verr-*vah*-lern) *v* expire

vervalsen (verr-*vahl*-sern) *v* forge, counterfeit

vervalsing (verr-*vahl*-sing) *c* (pl ~en) fake

***vervangen** (verr-*vah*-ngern) *v* replace, substitute

vervanging (verr-*vah*-nging) *c* substitute

vervelen (verr-*vāy*-lern) *v* bore; bother

vervelend (verr-*vāy*-lernt) *adj* dull, boring, annoying; unpleasant

verven (vehr-vern) *v* paint; dye

vervloeken (verr-*vlōō*-kern) *v* curse

vervoer (verr-*vōōr*) *nt* transport

vervolg (verr-*volkh*) *nt* (pl ~en) sequel

vervolgen (verr-*vol*-gern) *v* continue; pursue

vervolgens (verr-*vol*-gerss) *adv* then

vervuiling (verr-*vur*^*ew*-ling) *c* pollution

verwaand (verr-*vaant*) *adj* conceited, snooty

verwaarlozen (verr-*vaar*-lōā-zern) *v* neglect

verwaarlozing (verr-*vaar*-lōā-zing) *c* neglect

verwachten (verr-*vahkh*-tern) *v* expect; anticipate

verwachting (verr-*vahkh*-ting) *c* (pl ~en) expectation; outlook; **in ~ pregnant**

verwant (verr-*vahnt*) *adj* related

verwante (verr-*vahn*-ter) *c* (pl ~n) relation

verward (verr-*vahrt*) *adj* confused

verwarmen (verr-*vahr*-mern) *v* heat, warm

verwarming (verr-*vahr*-ming) *c* heating

verwarren (verr-*vah*-rern) *v* confuse; *mistake

verwarring (verr-*vah*-ring) *c* confusion; disturbance; **in ~ brengen** embarrass

verwekken (verr-*veh*-kern) *v* generate

verwelkomen (verr-*vehl*-kōā-mern) *v* welcome

verwennen (verr-*veh*-nern) *v* *spoil

*__verwerpen__ (verr-*vehr*-pern) *v* turn down, reject

*__verwerven__ (verr-*vehr*-vern) *v* acquire

verwezenlijken (verr-*vāy*-zer-ler-kern) *v* realize

verwijden (verr-*vay*-dern) *v* widen

verwijderen (verr-*vay*-der-rern) *v* remove

verwijdering (verr-*vay*-der-ring) *c* removal

verwijt (verr-*vayt*) *nt* (pl ~en) reproach; blame

*__verwijten__ (verr-*vay*-tern) *v* reproach

*__verwijzen naar__ (verr-*vay*-zern) refer to

verwijzing (verr-*vay*-zing) *c* (pl ~en) reference

verwonden (verr-*von*-dern) *v* wound, injure

verwonderen (verr-*von*-der-rern) *v* amaze

verwondering (verr-*von*-der-ring) *c* wonder

verwonding (verr-*von*-ding) *c* (pl ~en) injury

verzachten (verr-*zahkh*-tern) *v* soften

verzamelaar (verr-*zaa*-mer-laar) *c* (pl ~s) collector

verzamelen (verr-*zaa*-mer-lern) *v* gather; collect

verzameling (verr-*zaa*-mer-ling) *c* (pl ~en) collection

verzekeren (verr-*zāy*-ker-rern) *v* assure; insure

verzekering (verr-*zāy*-ker-ring) *c* (pl ~en) insurance

verzekeringspolis (verr-*zāy*-ker-rings-pōā-lerss) *c* (pl ~sen) insurance policy

*__verzenden__ (verr-*zehn*-dern) *v* despatch, dispatch

verzending (verr-*zehn*-ding) *c* expedition

verzet (verr-*zeht*) *nt* resistance

zich verzetten (verr-*zeh*-tern) oppose

verzilveren (verr-*zil*-ver-rern) *v* cash

*__verzinnen__ (verr-*zi*-nern) *v* invent

verzinsel (verr-*zin*-serl) *nt* (pl ~s) fiction

verzoek (verr-*zōōk*) *nt* (pl ~en) request

*__verzoeken__ (verr-*zōō*-kern) *v* request, ask

verzoening (verr-*zōō*-ning) *c* (pl ~en) reconciliation

verzorgen (verr-*zor*-gern) *v* look after, *take care of; tend

verzorging (verr-*zor*-ging) *c* care

verzwikken (verr-*zvi*-kern) *v* sprain

vest (vehst) *nt* (pl ~en) cardigan; waistcoat, jacket; vest *nAm*

vestigen (*vehss*-ter-gern) *v* establish; **zich ~ settle down**

vesting (*vehss*-ting) *c* (pl ~en) fortress

vet[1] (veht) *adj* fat; greasy

vet[2] (veht) *nt* (pl ~ten) fat; grease

veter (*vāy*-terr) *c* (pl ~s) lace

vettig (*veh*-terkh) *adj* greasy, fatty

vezel (*vāy*-zerl) *c* (pl ∼s) fibre

via (*vee*-ʸaa) *prep* via

viaduct (vee-ʸaa-*derkt*) *c/nt* (pl ∼en) viaduct

vibratie (vee-*braa*-tsee) *c* (pl ∼s) vibration

vice-president (vee-ser-prāy-zee-dehnt) *c* (pl ∼en) vice-president

vier (veer) *num* four

vierde (*veer*-der) *num* fourth

vieren (*vee*-rern) *v* celebrate

viering (*vee*-ring) *c* (pl ∼en) celebration

vierkant (*veer*-kahnt) *adj* square; *nt* square

vies (veess) *adj* dirty

vijand (*vay*-ahnt) *c* (pl ∼en) enemy

vijandig (vay-*ahn*-derkh) *adj* hostile

vijf (vayf) *num* five

vijfde (*vayf*-der) *num* fifth

vijftien (*vayf*-teen) *num* fifteen

vijftiende (*vayf*-teen-der) *num* fifteenth

vijftig (*vayf*-terkh) *num* fifty

vijg (vaykh) *c* (pl ∼en) fig

vijl (vayl) *c* (pl ∼en) file

vijver (*vay*-verr) *c* (pl ∼s) pond

villa (*vee*-laa) *c* (pl ∼'s) villa

vilt (vilt) *nt* felt

***vinden** (*vin*-dern) *v* *find; *come across; consider

vindingrijk (*vin*-ding-rayk) *adj* inventive

vinger (*vi*-ngerr) *c* (pl ∼s) finger

vingerafdruk (*vi*-ngerr-ahf-drerk) *c* (pl ∼ken) fingerprint

vingerhoed (*vi*-ngerr-hōōt) *c* (pl ∼en) thimble

vink (vingk) *c* (pl ∼en) finch

violet (vee-ʸō-*leht*) *adj* violet

viool (vee-ʸōal) *c* (pl violen) violin

viooltje (vee-ʸōal-tʸer) *nt* (pl ∼s) violet

vis (viss) *c* (pl ∼sen) fish

visakte (*viss*-ahk-ter) *c* (pl ∼n, ∼s) fishing licence

visgraat (*viss*-khraat) *c* (pl -graten) fishbone

vishaak (*viss*-haak) *c* (pl -haken) fishing hook

visie (*vee*-zee) *c* vision

visite (vee-*zee*-ter) *c* (pl ∼s) visit; call

visitekaartje (vi-*zee*-ter-kaar-tʸer) *nt* (pl ∼s) visiting-card

viskuit (*viss*-kur-ewt) *c* roe

vislijn (*viss*-layn) *c* (pl ∼en) fishing line

visnet (*viss*-neht) *nt* (pl ∼ten) fishing net

vissen (*vi*-sern) *v* fish

visser (*vi*-serr) *c* (pl ∼s) fisherman

visserij (vi-ser-*ray*) *c* fishing industry

vistuig (*viss*-tur-ewkh) *nt* fishing tackle, fishing gear

visum (*vee*-zerm) *nt* (pl visa) visa

viswinkel (*viss*-ving-kerl) *c* (pl ∼s) fish shop

vitamine (vee-taa-*mee*-ner) *c* (pl ∼n, ∼s) vitamin

vitrine (vee-*tree*-ner) *c* (pl ∼s) showcase

vlag (vlahkh) *c* (pl ∼gen) flag

vlak (vlahk) *adj* flat; smooth; level, plane

vlakgom (*vlahk*-khom) *c/nt* (pl ∼men) rubber

vlakte (*vlahk*-ter) *c* (pl ∼n, ∼s) plain

vlam (vlahm) *c* (pl ∼men) flame

vlees (vlāyss) *nt* meat; flesh

vlek (vlehk) *c* (pl ∼ken) stain, spot, blot

vlekkeloos (*vleh*-ker-lōass) *adj* stainless, spotless

vlekken (*vleh*-kern) *v* stain

vlekkenwater (*vleh*-ker-vaa-terr) *nt* stain remover

vleugel (*vlūr*-gerl) *c* (pl ∼s) wing;

grand piano

vlieg (vleekh) *c* (pl ~en) fly

*vliegen (vlee-gern) *v* *fly

vliegramp (vleekh-rahmp) *c* (pl ~en) plane crash

vliegtuig (vleekh-tur^{ew}kh) *nt* (pl ~en) aircraft, aeroplane, plane; airplane *nAm*

vliegveld (vleekh-fehlt) *nt* (pl ~en) airfield

vlijt (vlayt) *c* diligence

vlijtig (vlay-terkh) *adj* industrious; diligent

vlinder (vlin-derr) *c* (pl ~s) butterfly

vlinderdasje (vlin-derr-dah-sher) *nt* (pl ~s) bow tie

vlinderslag (vlin-derr-slahkh) *c* butterfly stroke

vloed (vloot) *c* flood

vloeibaar (vloo^{ee}-baar) *adj* liquid, fluid

vloeien (vloo^{ee}-ern) *v* flow; **vloeiend** fluent

vloeipapier (vloo^{ee}-paa-peer) *nt* blotting paper

vloeistof (vloo^{ee}-stof) *c* (pl ~fen) fluid

vloek (vlook) *c* (pl ~en) curse

vloeken (vloo-kern) *v* curse, *swear

vloer (vloor) *c* (pl ~en) floor

vloerkleed (vloor-klāyt) *nt* (pl -kleden) carpet

vloot (vlōat) *c* (pl vloten) fleet

vlot (vlot) *nt* (pl ~ten) raft

vlotter (vlo-terr) *c* (pl ~s) float

vlucht (vlerkht) *c* (pl ~en) flight

vluchten (vlerkh-tern) *v* escape

vlug (vlerkh) *adj* fast, quick, rapid; *adv* soon

vocaal (vōa-kaal) *adj* vocal

vocabulaire (vōa-kaa-bew-lair) *nt* vocabulary

vocht (vokht) *nt* damp

vochtig (vokh-terkh) *adj* humid, moist; damp, wet

vochtigheid (vokh-terkh-hayt) *c* humidity, moisture

vod (vot) *nt* (pl ~den) rag

voeden (vōō-dern) *v* *feed

voedsel (vōōt-serl) *nt* food; fare

voedselvergiftiging (vōōt-serl-verr-gif-ter-ging) *c* food poisoning

voedzaam (vōōt-saam) *adj* nutritious, nourishing

zich voegen bij (vōō-gern) join

voelen (vōō-lern) *v* *feel; sense

voeren (vōō-rern) *v* carry

voering (vōō-ring) *c* (pl ~en) lining

voertuig (vōōr-tur^{ew}kh) *nt* (pl ~en) vehicle

voet (vōōt) *c* (pl ~en) foot; **te ~** on foot, walking

voetbal (vōōt-bahl) *nt* soccer

voetbalwedstrijd (vōōt-bahl-veht-strayt) *c* (pl ~en) football match

voetganger (vōōt-khah-ngerr) *c* (pl ~s) pedestrian

voetpad (vōōt-paht) *nt* (pl ~en) footpath

voetpoeder (vōōt-pōō-derr) *nt/c* foot powder

voetrem (vōōt-rehm) *c* foot-brake

vogel (vōā-gerl) *c* (pl ~s) bird

vol (vol) *adj* full; full up

volbloed (vol-blōt) *adj* thoroughbred

*volbrengen (vol-breh-ngern) *v* accomplish

voldaan (vol-daan) *adj* satisfied

voldoende (vol-dōōn-der) *adj* sufficient, enough; ~ *zijn *do, suffice

voldoening (vol-dōō-ning) *c* satisfaction

volgen (vol-gern) *v* follow; **volgend** subsequent, next, following

volgens (vol-gerns) *prep* according to

volgorde (vol-gor-der) *c* order, sequence

*volhouden (vol-hou-dern) *v* *keep up; insist

volk (volk) *nt* (pl ~en, ~eren) people; nation; folk; **volks-** national; popular; vulgar

volkomen (voal-*kōā*-mern) *adj* perfect; *adv* completely

volkorenbrood (vol-*kōā*-rerm-brōat) *nt* wholemeal bread

volksdans (*volks*-dahns) *c* (pl ~en) folk-dance

volkslied (*volks*-leet) *nt* (pl ~eren) folk song; national anthem

volledig (vo-*lāy*-derkh) *adj* complete

volmaakt (vol-*maakt*) *adj* perfect

volmaaktheid (vol-*maakt*-hayt) *c* perfection

volslagen (vol-*slaa*-gern) *adj* total, utter

volt (volt) *c* volt

voltage (vol-*taa*-zher) *c/nt* (pl ~s) voltage

voltooien (vol-*tōā*ᵉᵉ-ern) *v* complete

volume (vōā-*lēw*-mer) *nt* (pl ~n, ~s) volume

volwassen (vol-*vah*-sern) *adj* adult; grown-up

volwassene (vol-*vah*-ser-ner) *c* (pl ~n) adult; grown-up

vonk (vongk) *c* (pl ~en) spark

vonnis (*vo*-nerss) *nt* (pl ~sen) verdict, sentence

voogd (vōākht) *c* (pl ~en) tutor, guardian

voogdij (vōākh-*day*) *c* custody

voor (vōār) *prep* before; ahead of, in front of; for; to

vooraanstaand (vōār-*aan*-staant) *adj* leading, outstanding

***voorafgaan** (vōār-*ahf*-khaan) *v* precede

vooraal (vōa-*rahl*) *adv* essentially, especially, most of all

voorbarig (vōār-*baa*-rerkh) *adj* premature

voorbeeld (*vōār*-bāylt) *nt* (pl ~en) example, instance

voorbehoedmiddel (*vōār*-ber-hōōt-mɪderl) *nt* (pl ~en) contraceptive

voorbehoud (*vōār*-ber-hout) *nt* qualification

voorbereiden (*vōār*-ber-ray-dern) *v* prepare

voorbereiding (*vōār*-ber-ray-dɪng) *c* (pl ~en) preparation

voorbij (vōār-*bay*) *adj* past, over; *prep* past, beyond

***voorbijgaan** (vōār-*bay*-gaan) *v* pass

voorbijganger (vōār-*bay*-gah-ngerr) *c* (pl ~s) passer-by

voordat (*vōār*-daht) *conj* before

voordeel (*vōār*-dāyl) *nt* (pl -delen) advantage; profit, benefit

voordelig (vōār-*dāy*-lerkh) *adj* advantageous; cheap

zich *voordoen (*vōār*-dōōn) occur

voorgaand (*vōār*-khaant) *adj* previous, preceding

voorganger (*vōār*-gah-ngerr) *c* (pl ~s) predecessor

voorgerecht (*vōār*-ger-rehkht) *nt* (pl ~en) hors-d'œuvre

voorgrond (*vōār*-gront) *c* foreground

voorhanden (vōār-*hahn*-dern) *adj* available

voorheen (vōār-*hāyn*) *adv* formerly

voorhoofd (*vōār*-hōāft) *nt* (pl ~en) forehead

voorjaar (*vōār*-ʸaar) *nt* springtime, spring

voorkant (*vōār*-kahnt) *c* front

voorkeur (*vōār*-kūrr) *c* preference; **de ~ *geven aan** prefer

voorkomen[1] (*vōār*-kōā-mern) *nt* look, appearance

***voorkomen**[2] (*vōār*-kōā-mern) *v* occur, happen

***voorkomen**[3] (vōār-*kōā*-mern) *v* prevent; anticipate

voorkomend (vōār-*kōā*-mernt) *adj* obliging

voorletter (*vōar*-leh-terr) *c* (pl ~s) initial

voorlopig (vōar-*lōa*-perkh) *adj* provisional, temporary; preliminary

voormalig (vōar-*maa*-lerkh) *adj* former

voorman (*vōar*-mahn) *c* (pl ~nen) foreman

voornaam¹ (vōar-*naam*) *adj* distinguished; **voornaamst** *adj* principal, main, leading, chief

voornaam² (*vōar*-naam) *c* (pl -namen) first name, Christian name

voornaamwoord (*vōar*-naam-vōart) *nt* (pl ~en) pronoun

voornamelijk (vōar-*naa*-mer-lerk) *adv* especially

*vooroordeel (*vōar*-ōar-dāyl) *nt* (pl -delen) prejudice

vooroorlogs (vōar-*ōar*-lokhs) *adj* prewar

voorraad (*vōa*-raat) *c* (pl -raden) stock, store, supply; provisions *pl*; **in ~** ***hebben** stock

voorrang (*vōa*-rahng) *c* priority; right of way

voorrecht (*vōa*-rehkht) *nt* (pl ~en) privilege

voorruit (*vōa*-rur^ew^t) *c* (pl ~en) windscreen; windshield *nAm*

*voorschieten (*vōar*-skhee-tern) *v* advance

voorschot (*vōar*-skhot) *nt* (pl ~ten) advance

voorschrift (*vōar*-skhrɪft) *nt* (pl ~en) regulation

*voorschrijven (*vōar*-skhray-vern) *v* prescribe

voorspellen (vōar-*speh*-lern) *v* predict, forecast

voorspelling (vōar-*speh*-lɪng) *c* (pl ~en) forecast

voorspoed (*vōar*-spōōt) *c* prosperity

voorsprong (*vōar*-sprong) *c* lead

voorstad (*vōar*-staht) *c* (pl -steden) suburb

voorstander (*vōar*-stahn-derr) *c* (pl ~s) advocate

voorstel (*vōar*-stehl) *nt* (pl ~len) proposition, proposal; suggestion

voorstellen (*vōar*-steh-lern) *v* propose, suggest; present, introduce; represent; **zich ~** conceive, fancy, imagine

voorstelling (*vōar*-steh-lɪng) *c* (pl ~en) show, performance

voortaan (*vōar*-taan) *adv* henceforth

voortduren (*vōar*-dēw-rern) *v* continue; **voortdurend** continuous, continual

*voortgaan (*vōart*-khaan) *v* continue; proceed

voortreffelijk (vōar-*treh*-fer-lerk) *adj* excellent; exquisite

voorts (vōarts) *adv* moreover

voortzetten (*vōart*-seh-tern) *v* carry on, continue

vooruit (vōa-*rur^ew^t*) *adv* ahead, forward; in advance

vooruitbetaald (vōa-*rur^ew^t*-ber-taalt) *adj* prepaid

*vooruitgaan (vōa-*rur^ew^t*-khaan) *v* advance

vooruitgang (vōa-*rur^ew^t*-khahng) *c* progress, advance

vooruitstrevend (vōa-rur^ew^t-*strāy*-vernt) *adj* progressive

vooruitzicht (vōa-*rur^ew^t*-sɪkht) *nt* (pl ~en) prospect

voorvader (*vōar*-vaa-derr) *c* (pl ~s, ~en) ancestor

voorvechter (*vōar*-vehkh-terr) *c* (pl ~s) champion

voorvoegsel (*vōar*-vōōkh-serl) *nt* (pl ~s) prefix

voorwaarde (*vōar*-vaar-der) *c* (pl ~n) condition; term

voorwaardelijk (vōar-*vaar*-der-lerk) *adj*

conditional

voorwaarts (*vōar*-vaarts) *adv* onwards, forward

voorwenden (*vōar*-vehn-dern) *v* pretend

voorwendsel (*vōar*-vehnt-serl) *nt* (pl ~s, ~en) pretext, pretence

voorwerp (*vōar*-vehrp) *nt* (pl ~en) object; **gevonden voorwerpen** lost and found

voorzetsel (*vōar*-zeht-serl) *nt* (pl ~s) preposition

voorzichtig (*vōar*-zıkh-terkh) *adj* careful; gentle

voorzichtigheid (*vōar*-zıkh-terkh-hayt) *c* caution

* **voorzien** (vōar-*zeen*) *v* anticipate; ~ **van** furnish with

voorzitter (*vōar*-zı-terr) *c* (pl ~s) chairman, president

voorzorg (*vōar*-zorkh) *c* (pl ~en) precaution

voorzorgsmaatregel (*vōar*-zorkhs-maat-rāy-gerl) *c* (pl ~en) precaution

vorderen (*vor*-der-rern) *v* *get on; confiscate, claim

vorig (*vō-a*-rerkh) *adj* last; past

vork (vork) *c* (pl ~en) fork

vorm (vorm) *c* (pl ~en) shape; form

vormen (*vor*-mern) *v* shape; form

vorming (*vor*-ming) *c* background

vorst[1] (vorst) *c* (pl ~en) ruler, monarch, sovereign

vorst[2] (vorst) *c* frost

vos (voss) *c* (pl ~sen) fox

vouw (vou) *c* (pl ~en) fold; crease

* **vouwen** (*vou*-ern) *v* fold

vraag (vraakh) *c* (pl vragen) question; inquiry, query

vraaggesprek (*vraa*-kher-sprehk) *nt* (pl ~ken) interview

vraagstuk (*vraakh*-sterk) *nt* (pl ~ken) problem, question

vraagteken (*vraakh*-tāy-kern) *nt* (pl ~s) question mark

vracht (vrahkht) *c* (pl ~en) freight, cargo

vrachtwagen (*vrahkht*-vaa-gern) *c* (pl ~s) lorry; truck *nAm*

* **vragen** (*vraa*-gern) *v* ask; beg; **vragend** interrogative

vrede (*vrāy*-der) *c* peace

vreedzaam (*vrāyt*-saam) *adj* peaceful

vreemd (vrāymt) *adj* strange; odd, queer; foreign

vreemde (*vrāym*-der) *c* (pl ~n) stranger

vreemdeling (*vrāym*-der-lıng) *c* (pl ~en) foreigner; stranger, alien

vrees (vrāyss) *c* dread, fear

vreselijk (*vrāy*-ser-lerk) *adj* terrible; horrible, dreadful, frightful

vreugde (*vrūrkh*-der) *c* (pl ~n) gladness, joy

vrezen (*vrāy*-zern) *v* dread, fear

vriend (vreent) *c* (pl ~en) friend

vriendelijk (*vreen*-der-lerk) *adj* friendly; kind

vriendschap (*vreent*-skhahp) *c* (pl ~pen) friendship

vriendschappelijk (vreent-*skhah*-per-lerk) *adj* friendly

vriespunt (*vreess*-pernt) *nt* freezing-point

* **vriezen** (*vree*-zern) *v* *freeze

vrij (vray) *adj* free; *adv* pretty, fairly, quite, rather

vrijdag (*vray*-dahkh) *c* Friday

vrijgevig (vray-*gāy*-verkh) *adj* liberal

vrijgezel (vray-ger-*zehl*) *c* (pl ~len) bachelor

vrijheid (*vray*-hayt) *c* (pl ~heden) freedom, liberty

vrijkaart (*vray*-kaart) *c* (pl ~en) free ticket

vrijpostig (vray-*poss*-terkh) *adj* bold

vrijspraak (*vray*-spraak) *c* acquittal

vrijstellen (*vray*-steh-lern) *v* exempt;

vrijgesteld exempt

vrijstelling (*vray*-steh-l-ing) *c* (pl ~en) exemption

vrijwel (*vray*-vehl) *adv* practically

vrijwillig (vray-*vi*-lerkh) *adj* voluntary

vrijwilliger (vray-*vi*-ler-gerr) *c* (pl ~s) volunteer

vroedvrouw (*vrōōt*-frou) *c* (pl ~en) midwife

vroeg (vrōōkh) *adj* early

vroeger (*vrōō*-gerr) *adj* prior, previous, former; *adv* formerly

vrolijk (*vrōā*-lerk) *adj* gay, cheerful, merry, joyful

vrolijkheid (*vrōā*-lerk-hayt) *c* gaiety

vroom (vrōām) *adj* pious

vrouw (vrou) *c* (pl ~en) woman; wife

vrouwelijk (*vrou*-er-lerk) *adj* female; feminine

vrouwenarts (*vrou*-ern-ahrts) *c* (pl ~en) gynaecologist

vrucht (vrerkht) *c* (pl ~en) fruit

vruchtbaar (*vrerkht*-baar) *adj* fertile

vruchtensap (*vrerkh*-ter-sahp) *nt* (pl ~pen) squash

vuil (vur*ew*l) *adj* filthy, dirty; *nt* dirt

vuilnis (*vur*ew*l*-niss) *nt* garbage

vuilnisbak (*vur*ew*l*-niss-bahk) *c* (pl ~ken) rubbish-bin, dustbin; trash can *Am*

vuist (vur*ew*st) *c* (pl ~en) fist

vuistslag (*vur*ew*st*-slahkh) *c* (pl ~en) punch

vulgair (verl-*gair*) *adj* vulgar

vulkaan (verl-*kaan*) *c* (pl -kanen) volcano

vullen (*ver*-lern) *v* fill

vulling (*ver*-ling) *c* (pl ~en) stuffing, filling; refill

vulpen (*verl*-pehn) *c* (pl ~nen) fountain-pen

vuur (ve*w*r) *nt* (pl vuren) fire

vuurrood (*ve*w*-rōat) *adj* scarlet, crimson

vuursteen (*ve*w*r-stāyn) *c* (pl -stenen) flint

vuurtoren (*ve*w*r-tōa-rern) *c* (pl ~s) lighthouse

vuurvast (*ve*w*r-vahst) *adj* fireproof

W

****waaien** (*vaa*ee-ern) *v* *blow

waaier (*vaa*ee-err) *c* (pl ~s) fan

waakzaam (*vaak*-saam) *adj* vigilant

waanzin (*vaan*-zin) *c* madness

waanzinnig (vaan-*zi*-nerkh) *adj* mad

waar[1] (vaar) *adj* true; very

waar[2] (vaar) *adv* where; *conj* where; ~ **dan ook** anywhere; ~ **ook** wherever

waarborg (*vaar*-borkh) *c* (pl ~en) guarantee

waard (vaart) *adj* worthy of; ~ **zijn* *be worth

waarde (*vaar*-der) *c* (pl ~n) worth, value

waardeloos (vaar-der-lōass) *adj* worthless

waarderen (vaar-*dāy*-rern) *v* appreciate

waardering (vaar-*dāy*-ring) *c* appreciation

waardevol (*vaar*-der-vol) *adj* valuable

waardig (*vaar*-derkh) *adj* dignified

waarheid (*vaar*-hayt) *c* (pl -heden) truth

waarheidsgetrouw (*vaar*-hayts-kher-trou) *adj* truthful

****waarnemen** (*vaar*-nāy-mern) *v* observe

waarneming (*vaar*-nāy-ming) *c* (pl ~en) observation

waarom (vaa-*rom*) *adv* why; what for

waarschijnlijk (vaar-*skhayn*-lerk) *adj* probable, likely; *adv* probably

vaarschuwen (*vaar*-skhēw⁰⁰-ern) *v* warn; caution; notify

vaarschuwing (*vaar*-skhēw⁰⁰-ıng) *c* (pl ~en) warning

vaas (vaass) *nt* haze

vachten (*vahkh*-tern) *v* wait; ~ **op** await

vachtkamer (*vahkht*-kaa-merr) *c* (pl ~s) waiting-room

vachtlijst (*vahkht*-layst) *c* (pl ~en) waiting-list

vachtwoord (*vahkht*-vōart) *nt* (pl ~en) password

vaden (*vaa*-dern) *v* wade

vafel (*vaa*-ferl) *c* (pl ~s) waffle, wafer

vagen¹ (*vaa*-gern) *c* (pl ~s) cart

vagen² (*vaa*-gern) *v* dare, venture, risk

vagon (vaa-*gon*) *c* (pl ~s) carriage, waggon; passenger car *Am*

vakker (*vah*-kerr) *adj* awake; ~ *worden* wake up

valgelijk (*vahl*-ger-lerk) *adj* revolting, disgusting

valnoot (*vahl*-nōat) *c* (pl -noten) walnut

vals (vahls) *c* (pl ~en) waltz

valvis (*vahl*-vıss) *c* (pl ~sen) whale

vand (vahnt) *c* (pl ~en) wall

vandelaar (*vahn*-der-laar) *c* (pl ~s) walker

vandelen (*vahn*-der-lern) *v* stroll, walk

vandeling (*vahn*-der-lıng) *c* (pl ~en) stroll, walk

vandelstok (*vahn*-derl-stok) *c* (pl ~ken) walking-stick

vandkleed (*vahnt*-klāyt) *nt* (pl -kleden) tapestry

vandluis (*vahnt*-lurᵉʷss) *c* (pl -luizen) bug

vang (vahng) *c* (pl ~en) cheek

vanhoop (*vahn*-hōap) *c* despair

vanhopen (*vahn*-hōa-pern) *v* despair

wanhopig (vahn-*hōa*-perkh) *adj* desperate

wankel (*vahn*-kerl) *adj* unsteady

wankelen (*vahn*-ker-lern) *v* falter

wanneer (vah-*nāyr*) *adv* when; *conj* when; ~ **ook** whenever

wanorde (*vahn*-or-der) *c* disorder

want (vahnt) *conj* for

wanten (*vahn*-tern) *pl* mittens *pl*

wantrouwen (*vahn*-trou-ern) *nt* suspicion; *v* mistrust

wapen (*vaa*-pern) *nt* (pl ~s, ~en) weapon, arm

warboel (*vahr*-bōol) *c* muddle, mess

waren (*vaa*-rern) *pl* goods *pl*, wares *pl*

warenhuis (*vaa*-rer-hurᵉʷss) *nt* (pl -huizen) department store

warm (vahrm) *adj* warm; hot; ~ *eten* dine

warmte (*vahrm*-ter) *c* warmth; heat

warmwaterkruik (vahrm-*vaa*-terr-krurᵉʷk) *c* (pl ~en) hot-water bottle

was¹ (vahss) *c* laundry, washing

was² (vahss) *c* wax

wasbaar (*vahss*-baar) *adj* washable

wasbekken (*vahss*-beh-kern) *nt* (pl ~s) wash-basin

wasecht (vahss-*ehkht*) *adj* fast-dyed

wasgoed (*vahss*-khōot) *nt* washing

wasmachine (*vahss*-mah-shee-ner) *c* (pl ~s) washing-machine

wasmiddel (*vahss*-mı-derl) *nt* (pl ~en) detergent

waspoeder (*vahss*-pōo-derr) *nt* (pl ~s) washing-powder

*wassen (*vah*-sern) *v* wash

wassenbeeldenmuseum (vah-ser-*bāyl*-der-mēw-zāy-ᵞerm) *nt* (pl ~s, -musea) waxworks *pl*

wasserette (vah-ser-*reh*-ter) *c* (pl ~s) launderette

wasserij (vah-ser-*ray*) *c* (pl ~en) laundry

wastafel (*vahss*-taa-ferl) *c* (pl ~s)

wash-stand

wasverzachter (*vahss*-ferr-zahkh-terr) *c* (pl ~s) water-softener

wat (vaht) *pron* what; *adv* how; ~ **dan ook** whatever; anything

water (*vaa*-terr) *nt* water; **hoog** ~ high tide; **laag** ~ low tide; **stromend** ~ running water; **zoet** ~ fresh water

waterdicht (*vaa*-terr-dikht) *adj* rainproof, waterproof

waterkers (*vaa*-terr-kehrs) *c* watercress

watermeloen (*vaa*-terr-mer-lōōn) *c* (pl ~en) watermelon

waterpas (*vaa*-terr-pahss) *c* (pl ~sen) level

waterpokken (*vaa*-terr-po-kern) *pl* chickenpox

waterpomp (*vaa*-terr-pomp) *c* (pl ~en) water pump

waterski (*vaa*-terr-skee) *c* (pl ~'s) water ski

waterstof (*vaa*-terr-stof) *c* hydrogen

waterstofperoxyde (*vaa*-terr-stof-pehr-ok-see-der) *nt* peroxide

waterval (*vaa*-terr-vahl) *c* (pl ~len) waterfall

waterverf (*vaa*-terr-vehrf) *c* water-colour

watten (*vah*-tern) *pl* cotton-wool

wazig (*vaa*-zerkh) *adj* hazy

we (ver) *pron* we

wedden (*veh*-dern) *v* *bet

weddenschap (*veh*-der-skhahp) *c* (pl ~pen) bet

wederverkoper (*vāy*-derr-verr-kōā-perr) *c* (pl ~s) retailer

wederzijds (*vāy*-derr-*zayts*) *adj* mutual

wedijveren (*veht*-ay-ver-rern) *v* compete

wedloop (*veht*-lōāp) *c* (pl -lopen) race

wedstrijd (*veht*-strayt) *c* (pl ~en) competition, contest; match

weduwe (*vāy*-de`ʷ`ᵒᵒ-er) *c* (pl ~n) widow

weduwnaar (*vāy*-deʷ`ᵒᵒ`-naar) *c* (pl ~s) widower

weeën (*vāy*-ern) *pl* labour

weefsel (*vāyf*-serl) *nt* (pl ~s) tissue

weegschaal (*vāykh*-skhaal) *c* (pl -schalen) weighing-machine, scales *pl*

week (vāyk) *c* (pl weken) week

weekdag (*vāyk*-dahkh) *c* (pl ~en) weekday

weekend (*vee*-kehnt) *nt* (pl ~s) weekend

weemoed (*vāy*-mōōt) *c* melancholy

weer¹ (vāyr) *nt* weather

weer² (vāyr) *adv* again

weerbericht (*vāyr*-ber-rıkht) *nt* (pl ~en) weather forecast

*weerhouden (*vāyr*-*hou*-dern) *v* restrain

weerkaatsen (vāyr-*kaat*-sern) *v* reflect

weerkaatsing (vāyr-*kaat*-sıng) *c* reflection

weerklank (*vāyr*-klahngk) *c* echo

weerzinwekkend (*vāyr*-zın-*veh*-kernt) *adj* repulsive, repellent, revolting

wees (vāyss) *c* (pl wezen) orphan

weg¹ (vehkh) *adv* gone, away; lost; off

weg² (vehkh) *c* (pl ~en) way; road; **doodlopende** ~ cul-de-sac; **op** ~ **naar** bound for

*wegen (*vāy*-gern) *v* weigh

wegenkaart (*vāy*-ger-kaart) *c* (pl ~en) road map

wegennet (*vāy*-ger-neht) *nt* (pl ~ten) road system

wegens (*vāy*-gerns) *prep* because of, for

*weggaan (*veh*-khaan) *v* *go away

wegkant (*vehkh*-kahnt) *c* (pl ~en) roadside, wayside

*weglaten (*vehkh*-laa-tern) *v* omit, *leave out

wegnemen (*vehkh*-nāy-mern) v *take out, *take away

egomlegging (*vaykh*-om-leh-ging) c (pl ~en) diversion

egrestaurant (*vehkh*-rehss-tōa-rahnt) nt (pl ~s) roadhouse; roadside restaurant

egwerp- (*vehkh*-vehrp) disposable

egwijzer (*vehkh*-vay-zerr) c (pl ~s) milepost, signpost

wegzenden (*vehkh*-sehn-dern) v dismiss

ei (vay) c (pl ~den) meadow

eigeren (*vay*-ger-rern) v refuse; deny

eigering (*vay*-ger-ring) c (pl ~en) refusal

eiland (*vay*-lahnt) nt (pl ~en) pasture

einig (*vay*-nerkh) adj little; few

ekelijks (*vāy*-ker-lerks) adj weekly

eken (*vāy*-kern) v soak

ekken (*veh*-kern) v *awake, *wake

ekker (*veh*-kerr) c (pl ~s) alarm-clock

eldra (*vehl*-draa) adv soon, shortly

elk (vehlk) pron which; ~ **ook** whichever

elkom (*vehl*-kom) adj welcome; nt welcome

ellicht (veh-*likht*) adv perhaps

ellust (*veh*-lerst) c (pl ~en) lust

elnu! (vehl-*new*) well!

elvaart (*vehl*-vaart) c prosperity

elvarend (vehl-*vaa*-rernt) adj prosperous

elwillendheid (vehl-*vi*-lernt-hayt) c goodwill

elzijn (*vehl*-zayn) nt welfare

ending (*vehn*-ding) c (pl ~en) turn

enk (vehngk) c (pl ~en) sign

enkbrauw (*vehngk*-brou) c (pl ~en) eyebrow

enkbrauwstift (*vehngk*-brou-stift) c (pl ~en) eye-pencil

wennen (*veh*-nern) v accustom

wens (vehns) c (pl ~en) wish, desire

wenselijk (*vehn*-ser-lerk) adj desirable

wensen (*vehn*-sern) v wish, desire; want

wereld (*vāy*-rerlt) c (pl ~en) world

wereldberoemd (*vāy*-rerlt-ber-rōōmt) adj world-famous

wereldbol (*vāy*-rerlt-bol) c globe

werelddeel (*vāy*-rerl-dāyl) nt (pl -delen) continent

wereldomvattend (*vāy*-rerlt-om-vah-ternt) adj global, world-wide

wereldoorlog (*vāy*-rerlt-ōar-lokh) c (pl ~en) world war

werk (vehrk) nt work; labour; occupation, employment; business; **te ~ *gaan** proceed; ~ **in uitvoering** road up

werkdag (*vehrk*-dahkh) c (pl ~en) working day

werkelijk (*vehr*-ker-lerk) adj actual, true; substantial, very; adv really

werkelijkheid (*vehr*-ker-lerk-hayt) c reality

werkeloos (*vehr*-ker-lōass) adj unemployed; idle

werkeloosheid (vehr-ker-*lōass*-hayt) c unemployment

werken (*vehr*-kern) v work; operate

werkgever (*vehrk*-khāy-verr) c (pl ~s) employer

werking (*vehr*-king) c operation, working; **buiten ~** out of order

werknemer (*vehrk*-nāy-merr) c (pl ~s) employee

werkplaats (*vehrk*-plaats) c (pl ~en) workshop

werktuig (*vehrk*-tur^ewkh) nt (pl ~en) tool; utensil, implement

werkvergunning (*vehrk*-ferr-ger-ning) c (pl ~en) work permit; labor permit *Am*

werkwoord (*vehrk*-vōart) *nt* (pl ~en) verb

***werpen** (*vehr*-pern) *v* *cast, *throw

wesp (vehsp) *c* (pl ~en) wasp

west (vehst) *c* west

westelijk (*vehss*-ter-lerk) *adj* westerly

westen (*vehss*-tern) *nt* west

westers (*vehss*-terrs) *adj* western

wet (veht) *c* (pl ~ten) law

***weten** (*vay*-tern) *v* *know

wetenschap (*vāy*-ter-skhahp) *c* (pl ~pen) science

wetenschappelijk (vāy-ter-*skhah*-per-lerk) *adj* scientific

wettelijk (*veh*-ter-lerk) *adj* legal

wettig (*veh*-terkh) *adj* legal, lawful; legitimate

***weven** (*vāy*-vern) *v* *weave

wever (*vāy*-verr) *c* (pl ~s) weaver

wezen[1] (*vāy*-zern) *nt* (pl ~s) creature, being

wezen[2] (*vāy*-zern) *nt* essence

wezenlijk (*vāy*-zer-lerk) *adj* essential

wie (vee) *pron* who; whom; ~ **dan ook** anybody; ~ **ook** whoever

wieg (veekh) *c* (pl ~en) cradle

wiel (veel) *nt* (pl ~en) wheel

wielrijder (*veel*-ray-derr) *c* (pl ~s) cyclist

wierook (*vee*-rōak) *c* incense

wig (vikh) *c* (pl ~gen) wedge

wijd (vayt) *adj* broad, wide

wijden (*vay*-dern) *v* devote

wijk (vayk) *c* (pl ~en) quarter, district

wijn (vayn) *c* (pl ~en) wine

wijngaard (*vayn*-gaart) *c* (pl ~en) vineyard

wijnkaart (*vayng*-kaart) *c* (pl ~en) wine-list

wijnkelder (*vayng*-kehl-derr) *c* (pl ~s) wine-cellar

wijnkelner (*vayng*-kehl-nerr) *c* (pl ~s) wine-waiter

wijnkoper (*vayng*-kōa-perr) *c* (pl ~s) wine-merchant

wijnoogst (*vayn*-ōakhst) *c* (pl ~en) vintage

wijnstok (*vayn*-stok) *c* (pl ~ken) vine

wijs[1] (vayss) *adj* wise

wijs[2] (vayss) *c* (pl wijzen) tune

wijsbegeerte (*vayss*-ber-gāyr-ter) *c* philosophy

wijsgeer (*vayss*-khāyr) *c* (pl -geren) philosopher

wijsheid (*vayss*-hayt) *c* (pl -heden) wisdom

wijsvinger (*vayss*-fı-ngerr) *c* (pl ~s) index finger

wijting (*vay*-tıng) *c* (pl ~en) whiting

wijze (*vay*-zer) *c* (pl ~n) manner, way

***wijzen** (*vay*-zern) *v* point; direct

wijzigen (*vay*-zer-gern) *v* change, alter, modify

wijziging (*vay*-zer-gıng) *c* (pl ~en) change, alteration

wil (vıl) *c* will

wild (vılt) *adj* wild; savage, fierce; *nt* game

wildpark (*vılt*-pahrk) *nt* (pl ~en) game reserve

willekeurig (vı-ler-*kūr*-rerkh) *adj* arbitrary

***willen** (*vı*-lern) *v* want; *will

wilskracht (*vıls*-krahkht) *c* will-power

wimper (*vim*-perr) *c* (pl ~s) eyelash

wind (vınt) *c* (pl ~en) wind

***winden** (*vın*-dern) *v* *wind; twist

winderig (*vın*-der-rerkh) *adj* windy, gusty

windmolen (*vınt*-mōa-lern) *c* (pl ~s) windmill

windstoot (*vınt*-stōat) *c* (pl -stoten) gust

windvlaag (*vınt*-flaakh) *c* (pl -vlagen) blow

winkel (*vıng*-kerl) *c* (pl ~s) store, shop

winkelcentrum (*vıng*-kerl-sehn-trerm) *nt* (pl -tra) shopping centre

winkelen (*ving*-ker-lern) *v* shop

winkelier (ving-ker-*leer*) *c* (pl ~s) shopkeeper

winnaar (*wi*-naar) *c* (pl ~s) winner

winnen (*wi*-nern) *v* *win; gain

winst (vinst) *c* (pl ~en) profit; gain, winnings *pl*, benefit

winstgevend (vinst-*khayy*-vernt) *adj* profitable

winter (*vin*-terr) *c* (pl ~s) winter

wintersport (*vin*-terr-sport) *c* winter sports

wip (vip) *c* (pl ~pen) seesaw

wirwar (*vir*-vahr) *c* muddle

wiskunde (*viss*-kern-der) *c* mathematics

wiskundig (viss-*kern*-derkh) *adj* mathematical

wissel (*vi*-serl) *c* (pl ~s) draft

wisselen (*vi*-ser-lern) *v* change; exchange

wisselgeld (*vi*-serl-gehlt) *nt* change

wisselkantoor (*vi*-serl-kahn-toar) *nt* (pl -toren) money exchange, exchange office

wisselkoers (*vi*-serl-koors) *c* (pl ~en) exchange rate

wisselstroom (*vi*-serl-stroam) *c* alternating current

wit (vit) *adj* white

wittebroodsweken (*vi*-ter-broats-vayy-kern) *pl* honeymoon

witvis (*vit*-fiss) *c* (pl ~sen) whitebait

woede (*voo*-der) *c* anger, rage

woeden (*voo*-dern) *v* rage

woedend (*voo*-dernt) *adj* furious

woensdag (*voons*-dahkh) *c* Wednesday

woest (voost) *adj* wild, fierce; desert

woestijn (vooss-*tayn*) *c* (pl ~en) desert

wol (vol) *c* wool

wolf (volf) *c* (pl wolven) wolf

wolk (volk) *c* (pl ~en) cloud

wolkbreuk (*volk*-brurk) *c* (pl ~en) cloud-burst

wolkenkrabber (*vol*-ker-krah-berr) *c* (pl ~s) skyscraper

wollen (*vo*-lern) *adj* woollen

wond (vont) *c* (pl ~en) wound

wonder (*von*-derr) *nt* (pl ~en) wonder, miracle; marvel

wonderbaarlijk (von-derr-*baar*-lerk) *adj* miraculous

wonen (*voa*-nern) *v* live; reside

woning (*voa*-ning) *c* (pl ~en) house

woonachtig (voan-*ahkh*-terkh) *adj* resident

woonboot (*voan*-boat) *c* (pl -boten) houseboat

woonkamer (*voang*-kaa-merr) *c* (pl ~s) living-room

woonplaats (*voam*-plaats) *c* (pl ~en) domicile, residence

woonwagen (*voan*-vaa-gern) *c* (pl ~s) caravan

woord (voart) *nt* (pl ~en) word

woordenboek (*voar*-der-book) *nt* (pl ~en) dictionary

woordenlijst (*voar*-der-layst) *c* (pl ~en) vocabulary

woordenschat (*voar*-der-skhaht) *c* vocabulary

woordenwisseling (*voar*-der-vi-ser-ling) *c* (pl ~en) argument

***worden** (*vor*-dern) *v* *become; *go, *get, *grow

worm (vorm) *c* (pl ~en) worm

worp (vorp) *c* (pl ~en) cast

worst (vorst) *c* (pl ~en) sausage

worstelen (*vor*-ster-lern) *v* struggle

worsteling (*voar*-ster-ling) *c* (pl ~en) struggle

wortel (*vor*-terl) *c* (pl ~s, ~en) root; carrot

woud (vout) *nt* (pl ~en) forest

wraak (vraak) *c* revenge

wrak (vrahk) *nt* (pl ~ken) wreck

wreed (vrāyt) *adj* harsh, cruel

*wrijven (vray-vern) *v* rub

wrijving (vray-ving) *c* (pl ~en) friction

wurgen (verr-gern) *v* strangle, choke

Z

zaad (zaat) *nt* (pl zaden) seed

zaag (zaakh) *c* (pl zagen) saw

zaagsel (zaakh-serl) *nt* sawdust

zaaien (zaaᵉᵉ-ern) *v* *sow

zaak (zaak) *c* (pl zaken) cause; case, matter; business

zaal (zaal) *c* (pl zalen) hall

zacht (zahkht) *adj* soft; gentle, smooth, mild, mellow

zadel (zaa-derl) *nt* (pl ~s) saddle

zak (zahk) *c* (pl ~ken) pocket; sack, bag

zakdoek (zahk-dōōk) *c* (pl ~en) handkerchief; **papieren ~** tissue

zakelijk (zaa-ker-lerk) *adj* business-like

zaken (zaa-kern) *pl* business; **voor ~** on business; **~ *doen met** *deal with

zakenman (zaa-ker-mahn) *c* (pl -lieden, -lui) businessman

zakenreis (zaa-ker-rayss) *c* (pl -reizen) business trip

zakhorloge (zahk-hor-lōā-zher) *nt* (pl ~s) pocket-watch

zakkam (zah-kahm) *c* (pl ~men) pocket-comb

zakken (zah-kern) *v* fail

zaklantaarn (zahk-lahn-taa-rern) *c* (pl ~s) torch, flash-light

zakmes (zahk-mehss) *nt* (pl ~sen) pocket-knife, penknife

zalf (zahlf) *c* (pl zalven) ointment, salve

zalm (zahlm) *c* (pl ~en) salmon

zand (zahnt) *nt* sand

zanderig (zahn-der-rerkh) *adj* sandy

zanger (zah-ngerr) *c* (pl ~s) vocalist, singer

zangeres (zah-nger-rehss) *c* (pl ~sen) singer

zaterdag (zaa-terr-dahkh) *c* Saturday

ze (zer) *pron* she; they

zebra (zāy-braa) *c* (pl ~'s) zebra

zebrapad (zāy-braa-paht) *nt* (pl ~en) pedestrian crossing; crosswalk *nAm*

zedelijk (zāy-der-lerk) *adj* moral

zeden (zāy-dern) *pl* morals

zee (zāy) *c* (pl ~ën) sea

zeeëgel (zāy-āy-gerl) *c* (pl ~s) sea-urchin

zeef (zāyf) *c* (pl zeven) sieve

zeegezicht (zāy-ger-zikht) *nt* (pl ~en) seascape

zeehaven (zāy-haa-vern) *c* (pl ~s) sea-port

zeehond (zāy-hont) *c* (pl ~en) seal

zeekaart (zāy-kaart) *c* (pl ~en) chart

zeekust (zāy-kerst) *c* (pl ~en) sea-coast

zeeman (zāy-mahn) *c* (pl -lieden, -lui) seaman

zeemeermin (zāy-māyr-mɪn) *c* (pl ~nen) mermaid

zeemeeuw (zāy-māyᵒᵒ) *c* (pl ~en) seagull

zeep (zāyp) *c* soap

zeeppoeder (zāy-pōō-derr) *nt* soap powder

zeer (zāyr) *adj* sore; *adv* very, quite

zeeschelp (zāy-skhehlp) *c* (pl ~en) sea-shell

zeevogel (zāy-vōā-gerl) *c* (pl ~s) sea-bird

zeewater (zāy-vaa-terr) *nt* sea-water

zeeziek (zāy-zeek) *adj* seasick

zeeziekte (zāy-zeek-ter) *c* seasickness

zegel (zāy-gerl) *nt* (pl ~s) seal

zegen (zāy-gern) *c* blessing

zegenen (zāy-ger-nern) *v* bless

egevieren (*zaȳ*-ger-vee-rern) *v* triumph

zeggen (*zeh*-gern) *v* *say; *tell

eil (zayl) *nt* (pl ~en) sail

eilboot (*zayl*-bōat) *c* (pl -boten) sailing-boat

eilclub (*zayl*-klerp) *c* (pl ~s) yachtclub

eilsport (*zayl*-sport) *c* yachting

eker (*zaȳ*-kerr) *adv* surely; *adj* certain, sure; ~ **niet** by no means

ekering (*zaȳ*-ker-rıng) *c* (pl ~en) fuse

elden (*zehl*-dern) *adv* seldom, rarely

eldzaam (*zehlt*-saam) *adj* rare; uncommon, infrequent

elf (zehlf) *pron* myself; yourself; himself; herself; oneself; ourselves; yourselves; themselves

elfbediening (*zehlf*-ber-dee-nıng) *c* self-service

elfbedieningsrestaurant (*zehlf*-ber-dee-nıngs-rehss-tōa-rahnt) *nt* (pl ~s) self-service restaurant

elfbestuur (*zehlf*-ber-stēwr) *nt* self-government

elfde (*zehlf*-der) *adj* same

elfmoord (*zehlf*-mōart) *c* (pl ~en) suicide

elfs (zehlfs) *adv* even

elfstandig (zehlf-*stahn*-derkh) *adj* independent; self-employed; ~ **naamwoord** noun

elfstrijkend (zehlf-*stray*-kernt) *adj* drip-dry, wash and wear

elfzuchtig (zehlf-*serkh*-terkh) *adj* egoistic

zenden (*zehn*-dern) *v* *send

ender (*zehn*-derr) *c* (pl ~s) transmitter

ending (*zehn*-dıng) *c* (pl ~en) consignment

enit (*zaȳ*-nıt) *nt* zenith

enuw (zay-nēw⁰⁰) *c* (pl ~en) nerve

enuwachtig (*zaȳ*-nēw⁰⁰-ahkh-terkh) *adj* nervous

zenuwpijn (*zaȳ*-nēw⁰⁰-payn) *c* (pl ~en) neuralgia

zes (zehss) *num* six

zesde (*zehss*-der) *num* sixth

zestien (*zehss*-teen) *num* sixteen

zestiende (*zehss*-teen-der) *num* sixteenth

zestig (*zehss*-terkh) *num* sixty

zet (zeht) *c* (pl ~ten) move; push

zetel (*zaȳ*-terl) *c* (pl ~s) chair; seat

zetpil (*zeht*-pıl) *c* (pl ~len) suppository

zetten (zeh-tern) *v* place; *lay, *set, *put; **in elkaar** ~ assemble

zeurpiet (*zūrr*-peet) *c* (pl ~en) bore

zeven[1] (*zaȳ*-vern) *num* seven

zeven[2] (*zaȳ*-vern) *v* strain, sift, sieve

zevende (*zaȳ*-vern-der) *num* seventh

zeventien (*zaȳ*-vern-teen) *num* seventeen

zeventiende (*zaȳ*-vern-teen-der) *num* seventeenth

zeventig (*zaȳ*-vern-terkh) *num* seventy

zich (zıkh) *pron* himself; herself; themselves

zicht (zıkht) *nt* sight; visibility; **op** ~ on approval

zichtbaar (*zıkht*-baar) *adj* visible

ziek (zeek) *adj* ill, sick

ziekenauto (*zee*-kern-ōa-tōa) *c* (pl ~'s) ambulance

ziekenhuis (*zee*-ker-hur⁰ᵉʷss) *nt* (pl -huizen) hospital

ziekenzaal (*zee*-ker-zaal) *c* (pl -zalen) infirmary

ziekte (*zeek*-ter) *c* (pl ~n, ~s) disease; ailment, illness, sickness

ziel (zeel) *c* (pl ~en) soul

***zien** (zeen) *v* *see; notice; **er uit** ~ look; ***laten** ~ *show

zienswijze (*zeens*-vay-zer) *c* (pl ~n) outlook

zigeuner (zee-*gūr*-nerr) *c* (pl ~s) gipsy

zijbeuk (*zay*-bürk) *c* (pl ~en) aisle

zijde[1] (*zay*-der) *c* silk

zijde[2] (*zay*-der) *c* (pl ~n) side

zijden (*zay*-dern) *adj* silken

zijlicht (*zay*-lıkht) *nt* sidelight

zijn (zayn) *pron* his

* **zijn** (zayn) *v* *be

zijrivier (*zay*-ree-veer) *c* (pl ~en) tributary

zijstraat (*zay*-straat) *c* (pl -straten) side-street

zilver (*zıl*-verr) *nt* silver

zilveren (*zıl*-ver-rern) *adj* silver

zilverpapier (*zıl*-verr-paa-peer) *nt* tinfoil

zilversmid (*zıl*-verr-smıt) *c* (pl -smeden) silversmith

zilverwerk (*zıl*-verr-vehrk) *nt* silverware

zin[1] (zın) *c* sense; desire; ~ *hebben in *feel like, fancy

zin[2] (zın) *c* (pl ~nen) sentence

* **zingen** (*zı*-ngern) *v* *sing

zink (zıngk) *nt* zinc

* **zinken** (*zıng*-kern) *v* *sink

zinloos (*zın*-lōass) *adj* senseless

zintuig (*zın*-tur^{ew}kh) *nt* (pl ~en) sense

zitkamer (*zıt*-kaa-merr) *c* (pl ~s) sitting-room

zitplaats (*zıt*-plaats) *c* (pl ~en) seat

* **zitten** (*zı*-tern) *v* *sit; *gaan ~ *sit down

zitting (*zı*-tıng) *c* (pl ~en) session

zitvlak (*zıt*-flahk) *nt* bottom

zo (zōa) *adv* so, thus; such; **zo'n** such a

zoals (zōa-*ahls*) *conj* like, as; such as

zodat (zōa-*daht*) *conj* so that

zodra (zōa-*draa*) *conj* as soon as

* **zoeken** (*zōō*-kern) *v* look for; *seek, search; hunt for

zoeker (*zōō*-kerr) *c* (pl ~s) view-finder

zoen (zōōn) *c* (pl ~en) kiss

zoet (zōōt) *adj* sweet; good; ~ **ma-**

ken sweeten

zoetzuur (*zōōt*-seẅr) *nt* pickles *pl*

zogen (*zōa*-gern) *v* nurse

zogenaamd (zōa-ger-*naamt*) *adj* so-called

zolder (*zol*-derr) *c* (pl ~s) attic

zomer (*zōa*-merr) *c* (pl ~s) summer

zomertijd (*zōa*-merr-tayt) *c* summer time

zon (zon) *c* (pl ~nen) sun

zondag (*zon*-dahkh) *c* Sunday

zonde (*zon*-der) *c* (pl ~n) sin

zondebok (*zon*-der-bok) *c* (pl ~ken) scapegoat

zonder (*zon*-derr) *prep* without

zonderling (*zon*-derr-lıng) *adj* funny, queer

zone (*zaw*-ner) *c* (pl ~s) zone

zonlicht (*zon*-lıkht) *nt* sunlight

zonnebaden (zo-ner-*baa*-dern) *v* sunbathe

zonnebrand (zo-ner-brahnt) *c* sunburn

zonnebrandolie (zo-ner-brahnt-ōa-lee) *c* suntan oil

zonnebril (zo-ner-bril) *c* (pl ~len) sunglasses *pl*

zonnescherm (zo-ner-skhehrm) *nt* (pl ~en) awning

zonneschijn (zo-ner-skhayn) *c* sunshine

zonnesteek (zo-ner-stäyk) *c* sunstroke

zonnig (*zo*-nerkh) *adj* sunny

zonsondergang (zons-*on*-derr-gahng) *c* (pl ~en) sunset

zonsopgang (zons-*op*-khahng) *c* (pl ~en) sunrise

zoogdier (*zōakh*-deer) *nt* (pl ~en) mammal

zool (zōal) *c* (pl zolen) sole

zoölogie (zōa-ōa-lōa-*gee*) *c* zoology

zoom (zōam) *c* (pl zomen) hem

zoon (zōan) *c* (pl zonen) son

zorg (zorkh) *c* (pl ~en) concern, worry, care; trouble

zorgen voor (*zor*-gern) look after, *take care of; see to

zorgvuldig (zorkh-*ferl*-derkh) *adj* careful

zorgwekkend (zorkh-*veh*-kernt) *adj* critical

zorgzaam (zorkh-saam) *adj* thoughtful

zout (zout) *nt* salt; *adj* salty

zoutvaatje (*zout*-faa-t^yer) *nt* (pl ~s) salt-cellar

zoveel (zōā-vāyl) *adv* so much

zowel ... als (zōā-*veh*...ahls) both ... and

zuid (zur^{ew}t) *c* south

Zuid-Afrika (zur^{ew}t-*aa*-free-kaa) South Africa

zuidelijk (*zur^{ew}*-der-lerk) *adj* southern, southerly

zuiden (*zur^{ew}*-dern) *nt* south

zuidoosten (zur^{ew}t-*ōāss*-tern) *nt* southeast

zuidpool (*zur^{ew}t*-pōāl) *c* South Pole

zuidwesten (zur^{ew}t-*vehss*-tern) *nt* south-west

zuigeling (*zur^{ew}*-ger-ling) *c* (pl ~en) infant

*****zuigen** (*zur^{ew}*-gern) *v* suck

zuiger (*zur^{ew}*-gerr) *c* (pl ~s) piston

zuigerring (*zur^{ew}*-ger-ring) *c* (pl ~en) piston ring

zuigerstang (*zur^{ew}*-gerr-stahng) *c* (pl ~en) piston-rod

zuil (zur^{ew}l) *c* (pl ~en) column, pillar

zuilengang (*zur^{ew}*-ler-gahng) *c* (pl ~en) arcade

zuinig (*zur^{ew}*-nerkh) *adj* economical, thrifty

zuivelwinkel (*zur^{ew}*-verl-ving-kerl) *c* (pl ~s) dairy

zuiver (*zur^{ew}*-verr) *adj* pure, clean

zulk (zerlk) *adj* such

*****zullen** (*zer*-lern) *v* will, *shall

zus (zerss) *c* (pl ~sen) sister

zuster (*zerss*-terr) *c* (pl ~s) sister; nurse

zuur[1] (zewr) *adj* sour

zuur[2] (zewr) *nt* (pl zuren) acid

zuurstof (*zewr*-stof) *c* oxygen

zwaaien (*zvaa^{ee}*-ern) *v* *swing; wave

zwaan (zvaan) *c* (pl zwanen) swan

zwaar (zvaar) *adj* heavy

zwaard (zvaart) *nt* (pl ~en) sword

zwaartekracht (*zvaar*-ter-krahkht) *c* gravity

zwager (*zvaa*-gerr) *c* (pl ~s) brother-in-law

zwak (zvahk) *adj* feeble, weak; faint; dim

zwakheid (*zvahk*-hayt) *c* (pl -heden) weakness

zwaluw (*zvaa*-lēw^{oo}) *c* (pl ~en) swallow

zwanger (*zvah*-ngerr) *adj* pregnant

zwart (zvahrt) *adj* black

Zweden (*zvāy*-dern) Sweden

Zweed (zvāyt) *c* (pl Zweden) Swede

Zweeds (zvāyts) *adj* Swedish

zweefvliegtuig (*zvāy*-fleekh-tur^{ew}kh) *nt* (pl ~en) glider

zweep (zvāyp) *c* (pl zwepen) whip

zweer (zvāyr) *c* (pl zweren) ulcer, sore

zweet (zvāyt) *nt* sweat, perspiration

*****zwellen** (*zveh*-lern) *v* *swell

zwelling (*zveh*-ling) *c* (pl ~en) swelling

zwembad (*zvehm*-baht) *nt* (pl ~en) swimming pool

zwembroek (*zvehm*-brōōk) *c* (pl ~en) swimming-trunks, bathing-trunks, bathing-suit

*****zwemmen** (*zveh*-mern) *v* *swim

zwemmer (*zveh*-merr) *c* (pl ~s) swimmer

zwempak (*zvehm*-pahk) *nt* (pl ~ken) swim-suit

zwemsport (*zvehm*-sport) *c* swimming

zwendelarij (zvehn-der-laa-*ray*) *c* (pl ~en) swindle

*zweren (*zvāy*-rern) *v* *swear, vow

*zwerven (*zvehr*-vern) *v* roam, wander

zweten (*zvāy*-tern) *v* sweat, perspire

*zwijgen (*zvay*-gern) *v* *be silent, *keep quiet; **tot ~ *brengen** silence; **zwijgend** silent

zwijn (zvayn) *nt* (pl ~en) pig

Zwitser (*zvɪt*-serr) *c* (pl ~s) Swiss

Zwitserland (*zvɪt*-serr-lahnt) Switzerland

Zwitsers (*zvɪt*-serrs) *adj* Swiss

zwoegen (*zvōō*-gern) *v* labour

Food

aalbes redcurrant
aardappel potato
~ **puree** mashed potatoes
aardbei strawberry
abrikoos apricot
amandel almond
~ **broodje** a sweet roll with almond-paste filling
ananas pineapple
andijvie endive (US chicory)
~ **stamppot** mashed potato and endive casserole
anijs aniseed
ansjovis anchovy
appel apple
~ **beignet** fritter
~ **bol** dumpling
~ **flap** puff-pastry containing an apple slice
~ **gebak** cake
~ **moes** sauce
Ardense pastei rich pork mixture cooked in a pastry crust, served cold in slices
artisjok artichoke
asperge asparagus
~ **punt** tip
aubergine aubergine (US eggplant)
augurk gherkin (US pickle)

avondeten dinner, supper
azijn vinegar
baars perch
babi pangang slices of roast suck-(l)ing pig, served with a sweet-and-sour sauce
bami goreng a casserole of noodles, vegetables, diced pork and shrimps
banaan banana
banketletter pastry with an almond-paste filling
basilicum basil
bediening service
belegd broodje roll with a variety of garnishes
belegen kaas pungent-flavoured cheese
biefstuk fillet of beef
~ **van de haas** small round fillet of beef
bieslook chive
bitterbal small, round breaded meatball served as an appetizer
blinde vink veal bird; thin slice of veal rolled around stuffing
bloedworst black pudding (US blood sausage)
~ **met appelen** with cooked apples

bloemkool cauliflower
boerenkool met worst kale mixed with mashed potatoes and served with smoked sausage
boerenomelet omelet with diced vegetables and bacon
bokking bloater
boon bean
borrelhapje appetizer
borststuk breast, brisket
bosbes bilberry (US blueberry)
bot 1) flounder 2) bone
boter butter
boterham slice of buttered bread
bouillon broth
braadhaantje spring chicken
braadworst frying sausage
braam blackberry
brasem bream
brood bread
  ~maaltijd bread served with cold meat, eggs, cheese, jam or other garnishes
  ~pudding kind of bread pudding with eggs, cinnamon and rum flavouring
broodje roll
  ~halfom buttered roll with liver and salted beef
  ~kaas buttered roll with cheese
bruine bonen met spek red kidney beans served with bacon
Brussels lof chicory (US endive)
caramelpudding caramel mould
caramelvla caramel custard
champignon mushroom
chocola(de) chocolate
citroen lemon
cordon bleu veal scallop stuffed with ham and cheese
dadel date
dagschotel day's special
dame blanche vanilla ice-cream

with hot chocolate sauce
dille dill
doperwt green pea
dragon tarragon
drie-in-de-pan small, fluffy pancake filled with currants
druif grape
duif pigeon
Duitse biefstuk hamburger steak
Edam, Edammer kaas firm, mild-flavoured yellow cheese, coated with red wax
eend duck
ei egg
eierpannekoek egg pancake
erwt pea
erwtensoep met kluif pea soup with diced, smoked sausages, pork fat, pig's trotter (US feet), parsley, leeks and celery
exclusief not included
fazant pheasant
filet fillet
  ~américain steak tartare
flensje small, thin pancake
foe yong hai omelet with leeks, onions, and shrimps served in a sweet-and-sour sauce
forel trout
framboos raspberry
Friese nagelkaas cheese made from skimmed milk, flavoured with cloves
frikadel meatball
frites, frieten chips (US french fries)
gaar well-done
gans goose
garnaal shrimp, prawn
gebak pastry, cake
gebakken fried
gebonden soep cream soup
gebraden roasted
gedroogde pruim prune

gehakt 1) minced 2) minced meat
~**bal** meatball
gekookt boiled
gekruid seasoned
gemarineerd marinated
gember ginger
~**koek** gingerbread
gemengd assorted, mixed
gepaneerd breaded
gepocheerd ei poached egg
geraspt grated
gerecht course, dish
gerookt smoked
geroosterd brood toast
gerst barley
gestoofd braised
gevogelte fowl
gevuld stuffed
gezouten salted
Goudakaas, Goudse kaas a renowned Dutch cheese, similar to *Edam*, large, flat and round; it gains in flavour with maturity
griesmeel semolina
~**pudding** semolina pudding
griet brill
groente vegetable
Haagse bluf dessert of whipped egg-whites, served with redcurrant sauce
haantje cockerel
haas hare
hachee hash of minced meat, onions and spices
half, halve half
hardgekookt ei hard-boiled egg
haring herring
hart heart
havermoutpap (oatmeal) porridge
hazelnoot hazelnut
heilbot halibut
heldere soep consommé, clear soup
hersenen brains

hete bliksem potatoes, bacon and apples, seasoned with butter, salt and sugar
Hollandse biefstuk loin section of a porterhouse or T-bone steak
Hollandse nieuwe freshly caught, filleted herring
honing honey
houtsnip 1) woodcock 2) cheese sandwich on rye bread
hutspot met klapstuk hotch-potch of mashed potatoes, carrots and onions served with boiled beef
huzarensla salad of potatoes, hard-boiled eggs, cold meat, gherkins, beetroot and mayonnaise
ijs ice, ice-cream
inclusief included
Italiaanse salade mixed salad with tomatoes, olives and tunny fish
jachtschotel a casserole of meat, onions and potatoes, often served with apple sauce
jonge kaas fresh cheese
jus gravy
kaas cheese
~**balletje** baked cheese ball
kabeljauw cod
kalfslapje, kalfsoester veal cutlet
kalfsrollade roast veal
kalfsvlees veal
kalkoen turkey
kapucijners met spek peas served with fried bacon, boiled potatoes, onions and green salad
karbonade chop, cutlet
karper carp
kastanje chestnut
kaviaar caviar
kerrie curry
kers cherry
kievitsei plover's egg
kip chicken

kippeborst breast of chicken

kippebout leg of chicken

knakworst small frankfurter sausage

knoflook garlic

koek 1) cake 2) gingerbread

koekje biscuit (US cookie)

koffietafel light lunch consisting of bread and butter with a variety of garnishes, served with coffee

kokosnoot coconut

komijnekaas cheese flavoured with cumin seeds

komkommer cucumber

konijn rabbit

koninginnesoep cream of chicken

kool cabbage

~ **schotel met gehakt** casserole of meatballs and cabbage

kotelet chop, cutlet

koud cold

~ **vlees** cold meat (US cold cuts)

krab crab

krabbetje spare rib

krent currant

kroepoek large, deep-fried shrimp wafer

kroket croquette

kruiderij herb, seasoning

kruidnagel clove

kruisbes gooseberry

kwark fresh white cheese

kwartel quail

kweepeer quince

lamsbout leg of lamb

lamsvlees lamb

langoest spiny lobster

Leidse kaas cheese flavoured with cumin seeds

lekkerbekje fried, filleted haddock or plaice

lendestuk sirloin

lever liver

linze lentil

loempia spring roll (US egg roll)

maïskolf corn on the cob

makreel mackerel

mandarijntje tangerine

marsepein marzipan

meikaas a creamy cheese with high fat content

meloen melon

menu van de dag set menu

mossel mussel

mosterd mustard

nagerecht dessert

nasi goreng a casserole of rice, fried onions, meat, chicken, shrimps, vegetables and seasoning, usually topped with a fried egg

nier kidney

~ **broodje** roll filled with kidneys and chopped onions

noot nut

oester oyster

olie oil

~ **bol** fritter with raisins

olijf olive

omelet fines herbes herb omelet

omelet met kippelevertjes chicken liver omelet

omelet nature plain omelet

ongaar underdone (US rare)

ontbijt breakfast

~ **koek** honey cake

~ **spek** bacon, rasher

ossehaas fillet of beef

ossestaart oxtail

oude kaas any mature and strong cheese

paddestoel mushroom

paling eel

~ **in 't groen** braised in white sauce garnished with chopped parsley and other greens

pannekoek pancake

~ **met stroop** pancake served with treacle (US syrup)

pap porridge

paprika green or red (sweet) pepper

patates frites chips (US french fries)

pastei pie, pasty

patrijs partridge

peer pear

pekeltong salt(ed) tongue

pekelvlees slices of salted meat

peper pepper

~ **koek** gingerbread

perzik peach

peterselie parsley

piccalilly pickle

pinda peanut

~ **kaas** peanut butter

pisang goreng fried banana

poffertje fritter served with sugar and butter

pompelmoes grapefruit

portie portion

postelein purslane (edible plant)

prei leek

prinsessenboon French bean (US green bean)

pruim plum

rabarber rhubarb

radijs radish

rauw raw

reebout, reerug venison

reine-claude greengage

rekening bill

ribstuk rib of beef

rijst rice

~ **tafel** an Indonesian preparation composed of some 30 dishes including stewed vegetables, spit-roasted meat and fowl, served with rice, various sauces, fruit, nuts and spices

rivierkreeft crayfish

rode biet beetroot

rode kool red cabbage

roerei scrambled egg

roggebrood rye bread

rolmops Bismarck herring

rolpens fried slices of spiced and pickled minced beef and tripe, topped with an apple slice

rookspek smoked bacon

rookworst smoked sausage

roomboter butter

roomijs ice-cream

rosbief roast beef

rozemarijn rosemary

runderlap beefsteak

rundvlees beef

Russische eieren Russian eggs; hard-boiled egg-halves garnished with mayonnaise, herring, shrimps, capers, anchovies and sometimes caviar; served on lettuce

salade salad

sambal kind of spicy paste consisting mainly of ground pimentos, usually served with *rijsttafel*, *bami* or *nasi goreng*

sardien sardine

saté, sateh skewered pieces of meat covered with a spicy peanut sauce

saucijzebroodje sausage roll

saus sauce, gravy

schaaldier shellfish

schapevlees mutton

scharretong lemon sole

schelvis haddock

schildpadsoep turtle soup

schnitzel cutlet

schol plaice

schuimomelet fluffy dessert omelet

selderij celery

sinaasappel orange

sjaslik skewered chunks of meat, grilled, then braised in a spicy sauce of tomatoes, onions and bacon

sla salad, lettuce

slaboon French bean (US green bean)

slagroom whipped cream

slak snail

sneeuwbal kind of cream puff, sometimes filled with currants and raisins

snijboon sliced French bean

soep soup

  ∼ **van de dag** soup of the day

sorbet water ice (US sherbet)

speculaas spiced almond biscuit

spek bacon

sperzieboon French bean (US green bean)

spiegelei fried egg

spijskaart menu, bill of fare

spinazie spinach

sprits a kind of shortbread

spruitje brussels sprout

stamppot a stew of vegetables and mashed potatoes

steur sturgeon

stokvis stockfish (dried cod)

stroop treacle (US syrup)

suiker sugar

taart cake

tarbot turbot

tartaar steak tartare

  ∼ **speciaal** extra-large portion, of prime quality

tijm thyme

tjap tjoy chop suey; a dish of fried meat and vegetables served with rice

toeristenmenu tourist menu

tomaat tomato

tong 1) tongue 2) sole

tonijn tunny (US tuna)

toost toast

tosti grilled cheese-and-ham sandwich

tournedos thick round fillet cut of prime beef (US rib or rib-eye steak)

truffel truffle

tuinboon broad bean

ui onion

uitsmijter two slices of bread garnished with ham or roast beef and topped with two fried eggs

vanille vanilla

varkenshaas pork tenderloin

varkenslapje pork fillet

varkensvlees pork

venkel fennel

vermicellisoep consommé with thin noodles

vers fresh

vijg fig

vis fish

vla custard

vlaai fruit tart

Vlaamse karbonade small slices of beef and onions braised in broth, with beer sometimes added

vlees meat

voorgerecht starter or first course

vrucht fruit

vruchtensalade fruit salad

wafel wafer

walnoot walnut

warm hot

waterkers watercress

waterzooi chicken poached in white wine and shredded vegetables, cream and egg-yolk

wentelteefje French toast; slice of white bread dipped in egg batter and fried, then sprinkled with cinnamon and sugar

wijnkaart wine list

wijting whiting
wild game
 ∼ **zwijn** wild boar
wilde eend wild duck
witlof chicory (US endive)
 ∼ **op zijn Brussels** chicory rolled in a slice of ham and oven-browned with cheese sauce

worst sausage
wortel carrot
zachtgekookt ei soft-boiled egg
zalm salmon
zeekreeft lobster
zeevis saltwater fish
zout salt
zuurkool sauerkraut
zwezerik sweetbread

Drinks

advocaat egg liqueur
ananassap pineapple juice
aperitief aperitif
bessenjenever blackcurrant gin
bier beer
bisschopswijn mulled wine
bittertje bitter-tasting aperitif
boerenjongens Dutch brandy with raisins
boerenmeisjes Dutch brandy with apricots
borrel shot
brandewijn brandy
cassis blackcurrant liqueur
chocolademelk, chocomel(k) chocolate drink
citroenbrandewijn lemon brandy
citroenjenever lemon-flavoured gin
citroentje met suiker brandy flavoured with lemon peel, with sugar added
cognac brandy, cognac
donker bier porter; dark sweet-tasting beer
druivesap grape juice

frisdrank soft drink
gekoeld iced
genever see *jenever*
Geuzelambiek a strong Flemish bitter beer brewed from wheat and barley
jenever Dutch gin
jonge jenever/klare young Dutch gin
karnemelk buttermilk
kersenbrandewijn kirsch; spirit distilled from cherries
koffie coffee
 ∼ **met melk** with milk
 ∼ **met room** with cream
 ∼ **met slagroom** with whipped cream
 ∼ **verkeerd** white coffee; equal quantity of coffee and hot milk
 zwarte ∼ black
Kriekenlambiek a strong Brussels bitter beer flavoured with morello cherries
kwast hot or cold lemon squash
licht bier lager; light beer
likeur liqueur

limonade lemonade
melk milk
mineraalwater mineral water
oude jenever/klare Dutch gin aged in wood casks. yellowish in colour and more mature than *jonge jenever*
oranjebitter orange-flavoured bitter
pils general name for beer
sap juice
sinas orangeade
spuitwater soda water
sterkedrank liquor. spirit
tafelwater mineral water

thee tea
  ~ **met citroen** with lemon
  ~ **met suiker en melk** with sugar and milk
trappistenbier malt beer brewed (originally) by Trappist monks
vieux brandy bottled in Holland
vruchtesap fruit juice
warme chocola hot chocolate
wijn wine
  droge ~ dry
  rode ~ red
  witte ~ white
  zoete ~ sweet
wodka vodka

Dutch Irregular Verbs

The following list contains the most common strong and irregular verbs. If a compound verb or a verb with a prefix (*be-, con-, dis-, im-, in-, mis-, om-, on-, ont-, ver-*, etc.) is not listed, its forms may be found by looking up the basic verb, e.g. *verbinden* is conjugated as *binden*.

Infinitive	Past	Past participle	
bakken	bakte	gebakken	bake
barsten	barstte	gebarsten	burst, crack
bederven	bedierf	bedorven	spoil
bedriegen	bedroog	bedrogen	deceive
beginnen	begon	begonnen	begin
bergen	borg	geborgen	put
bevelen	beval	bevolen	order
bewegen	bewoog	bewogen	move
bezwijken	bezweek	bezweken	succumb
bidden	bad	gebeden	pray
bieden	bood	geboden	offer
bijten	beet	gebeten	bite
binden	bond	gebonden	tie
blazen	blies	geblazen	blow
blijken	bleek	gebleken	prove to be
blijven	bleef	gebleven	remain
blinken	blonk	geblonken	shine
braden	braadde	gebraden	fry
breken	brak	gebroken	break
brengen	bracht	gebracht	bring
buigen	boog	gebogen	bow
delven	delfde/dolf	gedolven	dig up
denken	dacht	gedacht	think
dingen	dong	gedongen	compete (for)
doen	deed	gedaan	do
dragen	droeg	gedragen	wear
drijven	dreef	gedreven	float
dringen	drong	gedrongen	push
drinken	dronk	gedronken	drink
druipen	droop	gedropen	drip
duiken	dook	gedoken	dive
dwingen	dwong	gedwongen	force
eten	at	gegeten	eat
fluiten	floot	gefloten	whistle
gaan	ging	gegaan	go
gelden	gold	gegolden	be valid
genezen	genas	genezen	heal
genieten	genoot	genoten	enjoy
geven	gaf	gegeven	give
gieten	goot	gegoten	pour
glijden	gleed	gegleden	slide
glimmen	glom	geglommen	shine
graven	groef	gegraven	dig

grijpen	greep	gegrepen	*catch*
hangen	hing	gehangen	*hang*
hebben	had	gehad	*have*
heffen	hief	geheven	*raise*
helpen	hielp	geholpen	*help*
heten	heette	geheten	*be called*
hijsen	hees	gehesen	*hoist*
houden	hield	gehouden	*keep*
jagen	jaagde/joeg	gejaagd	*chase*
kiezen	koos	gekozen	*choose*
kijken	keek	gekeken	*look*
klimmen	klom	geklommen	*climb*
klinken	klonk	geklonken	*sound*
knijpen	kneep	geknepen	*pinch*
komen	kwam	gekomen	*come*
kopen	kocht	gekocht	*buy*
krijgen	kreeg	gekregen	*get*
krimpen	kromp	gekrompen	*shrink*
kruipen	kroop	gekropen	*creep*
kunnen	kon	gekund	*can*
lachen	lachte	gelachen	*laugh*
laden	laadde	geladen	*load*
laten	liet	gelaten	*let*
lezen	las	gelezen	*read*
liegen	loog	gelogen	*tell lies*
liggen	lag	gelegen	*lie*
lijden	leed	geleden	*suffer*
lijken	leek	geleken	*seem*
lopen	liep	gelopen	*walk*
malen	maalde	gemalen	*grind*
meten	mat	gemeten	*measure*
moeten	moest	gemoeten	*must*
mogen	mocht	gemogen/gemoogd	*may*
nemen	nam	genomen	*take*
prijzen	prees	geprezen	*praise*
raden	raadde/ried	geraden	*guess*
rijden	reed	gereden	*ride*
rijgen	reeg	geregen	*thread*
rijzen	rees	gerezen	*rise*
roepen	riep	geroepen	*call*
ruiken	rook	geroken	*smell*
scheiden	scheidde	gescheiden	*separate*
schelden	schold	gescholden	*call names*
schenken	schonk	geschonken	*pour*
scheppen	schiep	geschapen	*create*
scheren	schoor	geschoren	*shave*
schieten	schoot	geschoten	*shoot*
schijnen	scheen	geschenen	*shine, seem to be*
schrijden	schreed	geschreden	*stride*
schrijven	schreef	geschreven	*write*
schrikken	schrok	geschrokken	*be frightened*

schuiven	schoof	geschoven	*shove*
slaan	sloeg	geslagen	*hit*
slapen	sliep	geslapen	*sleep*
slijpen	sleep	geslepen	*sharpen*
slijten	sleet	gesleten	*wear down*
sluipen	sloop	geslopen	*sneak*
sluiten	sloot	gesloten	*close*
smelten	smolt	gesmolten	*melt*
snijden	sneed	gesneden	*cut*
spinnen	spon	gesponnen	*spin*
splijten	spleet	gespleten	*split*
spreken	sprak	gesproken	*speak*
springen	sprong	gesprongen	*jump*
spuiten	spoot	gespoten	*squirt*
staan	stond	gestaan	*stand*
steken	stak	gestoken	*sting*
stelen	stal	gestolen	*steal*
sterven	stierf	gestorven	*die*
stijgen	steeg	gestegen	*rise*
stijven	steef	gesteven	*starch*
stinken	stonk	gestonken	*stink*
stoten	stootte/stiet	gestoten	*push*
strijden	streed	gestreden	*fight*
strijken	streek	gestreken	*iron*
treden	trad	getreden	*tread*
treffen	trof	getroffen	*hit*
trekken	trok	getrokken	*pull*
vallen	viel	gevallen	*fall*
vangen	ving	gevangen	*catch*
varen	voer	gevaren	*sail*
vechten	vocht	gevochten	*fight*
verbergen	verborg	verborgen	*hide*
verdwijnen	verdween	verdwenen	*disappear*
vergeten	vergat	vergeten	*forget*
verliezen	verloor	verloren	*lose*
vermijden	vermeed	vermeden	*avoid*
verslinden	verslond	verslonden	*devour*
vinden	vond	gevonden	*find*
vliegen	vloog	gevlogen	*fly*
voortspruiten	sproot voort	voortgesproten	*result*
vouwen	vouwde	gevouwen	*fold*
vragen	vroeg	gevraagd	*ask*
vriezen	vroor	gevroren	*freeze*
waaien	waaide/woei	gewaaid	*blow*
wassen	waste	gewassen	*wash*
wegen	woog	gewogen	*weigh*
werpen	wierp	geworpen	*throw*
werven	wierf	geworven	*recruit*
weten	wist	geweten	*know*
weven	weefde	geweven	*weave*
wijken	week	geweken	*yield*

wijten	weet	geweten	*impute*
wijzen	wees	gewezen	*show*
willen	wilde/wou	gewild	*want*
winden	wond	gewonden	*wind*
winnen	won	gewonnen	*win*
worden	werd	geworden	*become*
wreken	wreekte	gewroken	*revenge*
wrijven	wreef	gewreven	*rub*
zeggen	zei	gezegd	*say*
zenden	zond	gezonden	*send*
zien	zag	gezien	*see*
zijn	was	geweest	*be*
zingen	zong	gezongen	*sing*
zinken	zonk	gezonken	*sink*
zinnen	zon	gezonnen	*brood*
zitten	zat	gezeten	*sit*
zoeken	zocht	gezocht	*seek*
zuigen	zoog	gezogen	*suck*
zullen	zou	—	*shall, will*
zwellen	zwol	gezwollen	*swell*
zwemmen	zwom	gezwommen	*swim*
1) **zweren**	zwoer	gezworen	*swear*
2) **zweren**	zweerde/zwoor	gezworen	*ulcerate*
zwerven	zwierf	gezworven	*wander*
zwijgen	zweeg	gezwegen	*be silent*

Dutch Abbreviations

A°	*anno*	(built) in the year
afd.	*afdeling*	department
alg.	*algemeen*	general
A.N.W.B.	*Algemene Nederlandse Wielrijdersbond*	Dutch Touring Association
a.s.	*aanstaande*	next
a.u.b.	*alstublieft*	please
Bfr.	*Belgische frank*	Belgian franc
b.g.	*begane grond*	ground floor
b.g.g.	*bij geen gehoor*	if no answer
blz.	*bladzijde*	page
B.R.T.	*Belgische Radio en Televisie*	Belgian Broadcasting Company
B.T.W.	*Belasting Toegevoegde Waarde*	VAT, value added tax
b.v.	*bijvoorbeeld*	e.g.
B.V.	*besloten vennootschap*	limited liability company
C.S.	*Centraal Station*	main railway station
ct.	*cent*	1/100 of the guilder
dhr.	*de heer*	Mr.
drs.	*doctorandus*	Master of Arts
d.w.z.	*dat wil zeggen*	i.e.
EEG	*Europese Economische Gemeenschap*	EEC, European Economic Community (Common Market)
E.H.B.O.	*Eerste Hulp bij Ongelukken*	first aid
enz.	*enzovoort*	etc.
excl.	*exclusief*	exclusive, not included
fl/f	*gulden*	guilder
geb.	*geboren*	born
H.K.H.	*Hare Koninklijke Hoogheid*	Her Royal Highness
H.M.	*Hare Majesteit*	His/Her Majesty
hs	*huis*	ground floor
incl.	*inclusief*	inclusive, included
i.p(l).v.	*in plaats van*	in the place of
ir.	*ingenieur*	engineer
jl.	*jongstleden*	last
K.A.C.B.	*Koninklijke Automobielclub van België*	Royal Automobile Association of Belgium
km/u	*kilometer per uur*	kilometres per hour
K.N.A.C.	*Koninklijke Nederlandse Automobielclub*	Royal Dutch Automobile Association

K.N.M.I.	*Koninklijk Nederlands Meteorologisch Instituut*	Royal Dutch Meteorological Institute
m.a.w.	*met andere woorden*	in other words
Mej.	*mejuffrouw*	Miss
Mevr.	*mevrouw*	Mrs.
Mij.	*maatschappij*	company
Mr.	*meester in de rechten;*	barrister, lawyer;
	mijnheer	Mr.
N.A.V.O.	*Noordatlantische Verdragsorganisatie*	NATO
N.B.T.	*Nederlands Bureau voor Toerisme*	Dutch National Tourist Office
n.Chr.	*na Christus*	A.D.
nl.	*namelijk*	namely
n.m.	*namiddag*	afternoon
N.M.B.S.	*Nationale Maatschappij der Belgische Spoorwegen*	Belgian National Railways
N.P.	*niet parkeren*	no parking
N.S.	*Nederlandse Spoorwegen*	Dutch National Railways
N.V.	*naamloze vennootschap*	Ltd. or Inc.
p.a.	*per adres*	in care of
pk	*paardekracht*	horsepower
r.-k./R.-K.	*rooms-katholiek*	Roman Catholic
t.e.m.	*tot en met*	up to and including
t.o.v.	*ten opzichte van*	with regard to
v.a.	*volgens anderen, vanaf*	from
V.A.B.	*Vlaamse Automobilisten-bond*	Flemish Automobile Association
v.Chr.	*voor Christus*	B.C.
v.m.	*voormiddag*	morning
V.N.	*Verenigde Naties*	UN
V.S.	*Verenigde Staten*	USA
V.T.B.	*Vlaamse Toeristenbond*	Flemish Tourist Association
V.V.V.	*Vereniging voor Vreemdelingenverkeer*	tourist-information office
zgn.	*zogenaamd*	so-called
Z.K.H.	*Zijne Koninklijke Hoogheid*	His Royal Highness
z.o.z.	*zie ommezijde*	pto, please turn over

Numerals

Cardinal numbers

0	nul
1	een
2	twee
3	drie
4	vier
5	vijf
6	zes
7	zeven
8	acht
9	negen
10	tien
11	elf
12	twaalf
13	dertien
14	veertien
15	vijftien
16	zestien
17	zeventien
18	achttien
19	negentien
20	twintig
21	eenentwintig
22	tweeëntwintig
23	drieëntwintig
24	vierentwintig
30	dertig
40	veertig
50	vijftig
60	zestig
70	zeventig
80	tachtig
90	negentig
100	honderd
101	honderdeen
230	tweehonderddertig
1000	duizend
1001	duizendeen
1100	elfhonderd
2000	tweeduizend
000 000	een miljoen

Ordinal numbers

1e	eerste
2e	tweede
3e	derde
4e	vierde
5e	vijfde
6e	zesde
7e	zevende
8e	achtste
9e	negende
10e	tiende
11e	elfde
12e	twaalfde
13e	dertiende
14e	veertiende
15e	vijftiende
16e	zestiende
17e	zeventiende
18e	achttiende
19e	negentiende
20e	twintigste
21e	eenentwintigste
22e	tweeëntwintigste
23e	drieëntwintigste
24e	vierentwintigste
25e	vijfentwintigste
26e	zesentwintigste
30e	dertigste
40e	veertigste
50e	vijftigste
60e	zestigste
70e	zeventigste
80e	tachtigste
90e	negentigste
100e	honderdste
101e	honderdeerste
230e	tweehonderddertigste
1000e	duizendste
1001e	duizendeerste
1100e	elfhonderdste
2000e	tweeduizendste

Time

Although official time in Holland and Belgium is based on the 24-hour clock, the 12-hour system is used in conversation.

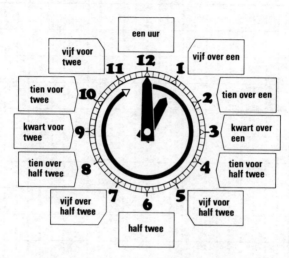

To avoid confusion, you can make use of the terms *'s morgens* (morning), and *'s middags* (afternoon) or *'s avonds* (evening).

Ik kom om vier uur 's morgens.	I'll come at 4 a.m.
Ik kom om vier uur 's middags.	I'll come at 4 p.m.
Ik kom om acht uur 's avonds.	I'll come at 8 p.m.

Days of the Week

zondag	Sunday	*donderdag*	Thursday
maandag	Monday	*vrijdag*	Friday
dinsdag	Tuesday	*zaterdag*	Saturday
woensdag	Wednesday		

Aantekeningen

Aantekeningen

Aantekeningen

Notes

Notes

Notes

Notes